LA BRUYÈRE

DANS

LA MAISON DE CONDÉ.

ÉTUDES BIOGRAPHIQUES ET HISTORIQUES

SUR LA FIN DU XVIIᵉ SIÈCLE,

PAR

ÉTIENNE ALLAIRE

TOME SECOND.

PARIS,

LIBRAIRIE DE FIRMIN-DIDOT ET Cⁱᵉ,

IMPRIMEURS DE L'INSTITUT, RUE JACOB, 56.

—

1886.

Tous droits réservés.

LA BRUYÈRE

DANS

LA MAISON DE CONDÉ.

TYPOGRAPHIE FIRMIN-DIDOT. — MESNIL (EURE).

LA BRUYÈRE
DANS
LA MAISON DE CONDÉ.

ÉTUDES BIOGRAPHIQUES ET HISTORIQUES

SUR LA FIN DU XVIIᵉ SIÈCLE,

PAR

ÉTIENNE ALLAIRE.

TOME SECOND.

PARIS,
LIBRAIRIE DE FIRMIN-DIDOT ET Cⁱᵉ,
IMPRIMEURS DE L'INSTITUT, RUE JACOB, 56.

1886.
Tous droits réservés.

LA BRUYÈRE

DANS

LA MAISON DE CONDÉ.

CHAPITRE XXII.

1687-1688.

État de la maison de Condé en 1687. — Quels changements apporte la mort de Condé dans les caractères de M. le Prince son fils, de Mme la Princesse, de M. le Duc et de Mme la Duchesse. — Situation particulière de la Bruyère auprès des Altesses auxquelles il est attaché. — Leçons de littérature à Mme la Duchesse, de blason à M. le Duc. — Quelles sont les graves occupations de M. le Duc. — Le carrosse d'un grand, ou la faveur de M. de Xaintrailles. — Les bonnes fortunes de M. le Duc. — Le roi casse la chambre des filles d'honneur de Mme la Dauphine. — De l'opinion morale et religieuse au commencement de l'an 1688. — Le livre des *Caractères* est achevé d'imprimer; cartons de la première édition. — Publication de l'ouvrage; effet qu'il produit à la cour, à la ville, jusqu'en Hollande, auprès des protestants et des catholiques. — L'*Histoire des variations* par Bossuet n'a pas d'abord un succès aussi prompt ni aussi étendu.

En 1687, on vendait à Paris, chez Bonnard, imprimeur-libraire, rue Saint-Jacques, *à l'Aigle*, une nouveauté datée de la fin de 1686 : c'était une grande et belle gravure qui représentait Henri-Jules de Bourbon, prince de Condé, sur un cheval au galop; M. le Prince avait le costume d'un général vainqueur, et brandissait le bâton du commandement, avec cette devise :

> A de nouveaux exploits par la gloire guidé,
> Ce prince encore vainqueur grossira notre histoire;
> Qu'il combatte, il suffit : au seul nom de Condé,
> L'on verra voler la victoire.

Basse flatterie! « Mon fils, vous n'avez plus de père! » lui avait dit le grand Condé mourant. La terrible signification de ces deux mots si simples sera expliquée ainsi par la Bruyère (1) : « Il apparaît de temps en temps sur la surface de la terre, des hommes rares, exquis, qui brillent par leur vertu, et dont les qualités éminentes jettent un éclat prodigieux. Semblables à ces étoiles extraordinaires dont on ignore les causes et dont on sait encore moins ce qu'elles deviennent après avoir disparu, ils n'ont ni aïeuls ni descendants. »

Henri-Jules de Bourbon, qu'on appelait maintenant M. le Prince, vit, à la mort de son père, un vide immense s'ouvrir sous ses pieds. Il contempla cet abîme avec effroi, et il éprouva une sorte de vertige. Les flatteurs avaient beau répéter (2) que son père lui avait transmis fidèlement les éminentes qualités dont il avait hérité de ses aïeux, et les avait développées par ses leçons domestiques pour qu'elles arrivassent plus brillantes encore à ses héritiers, il aimait à entendre ces mensonges, mais il n'y croyait pas. Dans la vie ordinaire, devant le roi, il ne laissait rien paraître; devant les courtisans, il gardait (3) l'air impassible d'un prince dont on admirait depuis longtemps l'esprit et le bon goût. Dans la maison de Condé, ce n'était plus le même homme (4). Souvent il demeurait enfermé sous je ne sais combien de verrous, et personne ne pouvait le voir : sa femme et ses enfants n'osaient pas même entrer dans sa chambre sans qu'il les mandât. Avec raison, la Bruyère trouvait ce sérieux affecté (5) : « Un homme qui n'a de l'esprit que dans une certaine médiocrité est sérieux et tout d'une pièce; il ne rit point, il ne badine jamais, il ne tire aucun fruit de la bagatelle; aussi incapable de s'élever aux grandes choses que de s'accommoder, même par relâchement, des petites, il sait à peine jouer avec ses enfants. » Souvent aussi M. le Prince changeait d'humeur.

---

(1) Chap. II, n° 22, 5° édition.
(2) *Pompe funèbre de feu M. le prince de Condé à Notre-Dame, Devises du mausolée*, par le P. Menestrier, p. 21, 26, 27, chez Michallet, 1687.
(3) *Mercure galant*, décembre 1687.
(4) *Recueil de Lassay*, t. I, p. 353.
(5) Chap. XI, n° 89.

Alors quittant tout d'un coup le rôle du sage des stoïciens (1), il s'agitait, il courait, il allait partout, à Paris, à Versailles, à Éconen, à Chantilly ; il examinait tout, il critiquait tout, et, jamais content, il se mettait en colère pour des bagatelles sans aucun motif. Oui, « cet homme qui se trouvait (2) naturellement et par lui-même au-dessus de tous les événements et de tous les maux, à qui rien ne saurait arracher une plainte, cet homme qui serait demeuré ferme et inébranlable sur les ruines de l'univers, se désespérait, étincelait des yeux et perdait la respiration pour un chien perdu ou une porcelaine mise en pièces. » Il pouvait être insensible aux injures, à l'ingratitude, et regarder froidement la douleur et la mort comme choses indifférentes, mais il s'était fait de l'héroïsme ou de la grandeur une idée fausse que la Bruyère corrige ainsi (3) : « La fausse grandeur est farouche et inaccessible : comme elle se sent faible, elle se cache, ou du moins ne se montre pas de front, et ne se fait voir qu'autant qu'il faut pour imposer et ne paraître point ce qu'elle est, je veux dire une vraie petitesse. La véritable grandeur est libre, douce, familière, populaire ; elle se laisse toucher et manier, elle ne perd rien à être vue de près ; plus on la connaît, plus on l'admire. Elle se courbe par bonté vers ses inférieurs et revient sans effort dans son naturel ; elle s'abandonne quelquefois, se néglige, se relâche de ses avantages, toujours en pouvoir de les reprendre et de les faire valoir ; elle rit, joue et badine, mais avec dignité : on l'approche tout ensemble avec liberté et avec retenue. Son caractère est noble et facile, inspire le respect et la confiance, et fait que les princes nous paraissent grands et très grands, sans nous faire sentir que nous sommes petits. »

Mme la Princesse, malgré sa modestie et sa soumission de novice à son mari, avait une véritable grandeur dans le caractère : elle soutint sans peine l'épreuve où la raison de M. le Prince faillit succomber. Elle n'avait jamais mis sa confiance en elle-même ; elle savait que le bras de Dieu qui la soutenait n'était pas raccourci. Tranquille et douce, elle s'occupa comme par le passé, non de ses plaisirs, mais de ses devoirs, et continua au milieu des tracasseries de M. le Prince, sans aigreur, sans impatience, à tout croire et tout souffrir ; mais elle tint son rang à la cour, et termina l'éducation de ses filles.

(1) *Recueil de Lassay*, t. I, p. 341, 342.
(2) Chap. XI, n° 3.
(3) Chap. II, n° 42.

M. le Duc et Mme la Duchesse étaient émancipés depuis longtemps, mais plutôt de nom que de fait. Condé laissait flotter les rênes qu'il tenait de sa main mourante. Après sa mort, M. le Duc et Mme la Duchesse devinrent entièrement libres. Néanmoins, pendant les premiers temps de ce grand deuil, ils ne s'aperçurent pas de leur liberté. La bienséance les empêchait de trop se dissiper, et ils employèrent souvent le temps dont ils pouvaient disposer à faire avec M. de la Bruyère des lectures qu'il s'efforça de rendre intéressantes. Il y était bien obligé : quel honneur pour ce pauvre gentilhomme d'instruire les Altesses auxquelles il était attaché !

Son ami Fleury lui donnait alors de bons conseils, que l'on retrouve dans les *Devoirs des maîtres et des domestiques* (1). La Bruyère semble répondre ainsi aux conseils de son ami Fleury (2) : « Vous dites qu'il faut être modeste ; les gens bien nés ne demandent pas mieux : faites seulement que les hommes n'empiètent pas sur ceux qui cèdent par modestie, et ne brisent pas ceux qui plient. De même l'on dit : « Il faut avoir des habits modestes. » Les personnes de mérite ne désirent rien davantage ; mais le monde veut de la parure, on lui en donne ; il est avide de la superfluité, on lui en montre. Quelques-uns n'estiment les autres que par de beau linge et par une riche étoffe ; l'on ne refuse pas toujours d'être estimé à ce prix (3). Il y a des endroits où il faut se faire voir : un galon d'or plus large ou plus étroit vous fait entrer ou refuser. » En faisant toutes ces concessions à l'étiquette, à la coutume, à sa charge, il se gardait bien d'en tirer vanité ; mais il n'en était pas non plus intimidé. Il bravait tranquillement le qu'en-dira-t-on : « Comme il faut se défendre de cette vanité qui nous fait penser que les autres nous regardent avec curiosité, avec estime, et ne parlent ensemble que pour s'entretenir de notre mérite et faire notre éloge (4), aussi devons-nous avoir une certaine confiance qui nous empêche de croire qu'on ne se parle à l'oreille que pour dire du mal de nous, ou que l'on ne rit que pour s'en moquer. » Mais il avait peine à supporter les dédains des gens du service. « Le suisse, le valet de chambre, l'homme de livrée, s'ils n'ont plus d'esprit que ne porte

---

(1) Paris, 1688, in-12.
(2) Chap. XI, n° 71.
(3) Inventaire du mobilier de la Bruyère, publié par M. Servois dans sa *Notice biographique,* p. CLXXXIII.
(4) Chap. XI, n° 73.

leur condition (1), ne jugent plus d'eux-mêmes par leur première bassesse, mais par l'élévation et la fortune des gens qu'ils servent, et mettent tous ceux qui entrent par leur porte, et montent par leur escalier, indifféremment au-dessous d'eux et de leurs maîtres : tant il est vrai qu'on est destiné à souffrir des grands et de ce qui leur appartient. »

La Bruyère se consolait de ces petites humiliations par la conscience qu'il avait de son dévouement désintéressé. « Celui qui, logé chez soi dans un palais, avec deux appartements pour les deux saisons (2), vient coucher au Louvre (ou à Versailles) dans un entresol, n'en use pas ainsi par modestie; et cet autre, qui, pour conserver une taille fine, s'abstient de vin et ne fait qu'un seul repas, n'est ni sobre ni tempérant; et d'un troisième, qui, importuné d'un ami pauvre, lui donne enfin quelque secours, l'on dit qu'il achète son repos, et nullement qu'il est libéral. Le motif seul fait le mérite des actions des hommes, et le désintéressement y met la perfection. » Il n'avait pas quitté sa maison et son petit chez-soi pour venir à la cour chercher les honneurs, les trésors, les postes, la fortune et la faveur (3); il ne voyait rien dans de tels avantages qui fût assez bon et assez solide pour remplir son cœur et pour mériter ses soins et ses désirs. Content de son sort, il disait : « Il ne faut rien exagérer (4), ni dire des cours le mal qui n'y est point : l'on n'y attente rien de pis contre le vrai mérite que de le laisser quelquefois sans récompense; on ne l'y méprise pas toujours, quand on a pu une fois le discerner; on l'oublie, et c'est là où l'on sait parfaitement ne faire rien, ou faire très peu de chose, pour ceux que l'on estime beaucoup. »

Achever l'histoire contemporaine avec M. le Duc, la littérature contemporaine avec Mme la Duchesse, ou continuer avec l'un et l'autre des lectures comme celles qui entraient dans sa charge : voilà quelle était l'ambition de la Bruyère. On fit quelque chose pour le satisfaire.

Il se servait depuis quelque temps du *Traité du sublime* pour exposer à Mme la Duchesse les principes de la belle littérature. La traduction du livre de Longin par Boileau était célèbre (5); le nom de

---

(1) Chap. IX, n° 33.
(2) Chap. II, n° 41.
(3) Chap. II, n° 43.
(4) Chap. VIII, n° 27.
(5) Paris, 1674 et 1683.

l'auteur et celui du traducteur la recommandaient également. La Bruyère, après avoir lu cet ouvrage à Son Altesse, en fit un résumé critique pour lui indiquer ce qu'elle devait retenir. Il avait déjà dit ce que c'est que l'éloquence; il ajouta (1) : « L'éloquence est au sublime ce que le tout est à sa partie. » Telle est bien la pensée de Longin. Mais alors plusieurs questions se présentent à l'esprit. « Qu'est-ce que le sublime? Il ne paraît pas qu'on l'ait défini (2). Est-ce une figure? Naît-il des figures, ou du moins de quelques figures? Tout genre d'écrire reçoit-il le sublime, ou s'il n'y a que les grands sujets qui en soient capables? Peut-il briller autre chose dans l'églogue (3) qu'un beau naturel, et dans les lettres familières comme dans les conversations qu'une grande délicatesse? ou plutôt le naturel et le délicat ne sont-ils pas le sublime des ouvrages dont ils font la perfection? Qu'est-ce que le sublime? où entre le sublime? » Il faut cependant parler des figures, dit Longin, car elles ne sont pas une des moindres parties du sublime lorsqu'on leur donne le tour qu'elles doivent avoir. Alors la Bruyère définit quelques figures. « Les synonymes (4) sont plusieurs dictions ou plusieurs phrases différentes qui signifient une même chose. L'antithèse (5) est une opposition de deux vérités qui se donnent du jour l'une à l'autre. La métaphore (6) ou la comparaison emprunte d'une chose étrangère une image sensible et naturelle d'une vérité. L'hyperbole exprime au delà de la vérité pour ramener l'esprit à la mieux connaître. Le sublime ne peint que la vérité, mais en un sujet noble; il la peint tout entière, dans sa cause et dans son effet; il est l'expression ou l'image la plus digne de cette vérité. Les esprits médiocres ne trouvent point l'unique expression et usent de synonymes. Les jeunes gens sont éblouis de l'éclat de l'antithèse et s'en servent. Les esprits justes, et qui aiment à faire des images qui soient précises, donnent naturellement dans la comparaison et la métaphore. Les esprits vifs, pleins de feu, et qu'une vaste imagination emporte hors des règles et de la justesse, ne peuvent s'assouvir de l'hyperbole. Pour le sublime, il n'y a, même entre les grands génies, que les plus élevés qui en soient capables. »

(1) Chap. I, n° 55. Longin, ch. I.
(2) Chap. I, n° 55. Longin, ch. V, VI, XIV.
(3) *Discours sur l'Églogue*, par Fontenelle, 1683.
(4) Chap. I, n° 55. Longin, ch. XXIV, XXV.
(5) Longin, ch. XXVI, XXXI.
(6) Longin, ch. XXXII.

« Oh! sans doute, cela est bon pour Balzac et Voiture, ou pour Messieurs du sublime, comme Racine et Boileau, dit M*me* la Duchesse; mais cela n'est bon à rien pour les femmes? » — « Je ne sais, répond la Bruyère (1), si l'on pourra jamais mettre dans les lettres plus d'esprit, plus de tour, plus d'agrément et plus de style que l'on n'en voit dans celles de Balzac et de Voiture; elles sont vides de sentiments qui n'ont régné que depuis leur temps, et qui doivent aux femmes leur naissance. Ce sexe va plus loin que le nôtre dans ce genre d'écrire. Elles trouvent sous leur plume des tours et des expressions qui souvent en nous ne sont l'effet que d'un long travail ou d'une pénible recherche; elles sont heureuses dans le choix des termes, qu'elles placent si juste, que, tout connus qu'ils sont, ils ont le charme de la nouveauté, et semblent être faits seulement pour l'usage où elles le mettent; il n'appartient qu'à elles de faire lire dans un seul mot tout un sentiment, et de rendre délicatement une pensée qui est délicate; elles ont un enchaînement de discours inimitable, qui se suit naturellement et qui n'est lié que par le sens. Si les femmes étaient toujours correctes, j'oserais dire que les lettres de quelques-unes d'entre elles seraient peut-être ce que nous avons dans notre langue de mieux écrit. » On a cherché qu'elles étaient les femmes dont parlait la Bruyère; il nous semble qu'il parle des femmes de son siècle en général, et que, s'il eût voulu en désigner d'autres que M*me* la Duchesse, il n'eût pas manqué de les faire connaître.

Avec M. le Duc, la Bruyère s'occupa des principes et de la pratique du blason (2). Il y avait déjà deux ans qu'il avait remarqué que Son Altesse les avait oubliés : il voulait les lui faire revoir, mais il n'en avait pas eu le temps. Pour donner à cette étude un peu aride quelque attrait et quelque nouveauté, il raconta une foule d'anecdotes sur la manière de devenir noble. Il était né dans une famille où l'on était fort au courant des meilleurs procédés en usage, et il avait été placé dans d'excellentes situations pour les bien étudier.

Un prince du sang trouve si naturel d'être noble, qu'il a peine à comprendre comment on ne l'est pas, ou, si on ne l'est pas, comment on veut l'être. La Bruyère pouvait lui citer ce passage des *Essais* de Montaigne (3) : « Un cadet de bonne maison, ayant pour son appanage une terre, sous le nom de laquelle il a esté cogneu et honnoré, ne peult

---

(1) Chap. I, n° 37.
(2) Lettre XI.
(3) *Essais de Montaigne*, chap. *Des noms.*

honnestement l'abandonner : dix ans aprez sa mort, la terre s'en va à un estranger qui en faict de mesme ; devinez où nous sommes de la cognoissance de ces hommes. Il ne faut pas aller querir d'autres exemples, que de notre maison royale, où autant de partages, autant de surnoms : cependant l'originel de la tige nous est eschappé. » Le public s'embrouillait facilement (1) au milieu de tous les changements de noms qui s'opéraient dans la noblesse ; et la confusion qui s'était introduite dans la dénomination des familles ouvrait la porte à l'usurpation. Par cette porte (2) se précipitèrent chevaliers, comtes et barons, qui sortaient du tiers état et se mêlèrent à la noblesse authentique. Le trouble des révolutions politiques leur était favorable ; mais ils pullulèrent aussi à l'ombre du gouvernement royal. Pour faire comprendre ce fait historique à M. le Duc, la Bruyère en appela souvent à sa propre expérience de la cour (3) : « N*** arrive avec grand bruit, il écarte le monde, se fait faire place : il gratte, il heurte presque (4). Il se nomme : on respire, et il n'entre qu'avec la foule. » — « C'est une véritable simplicité (5) que d'apporter à la cour la moindre roture et de n'y être pas gentilhomme. » Mais si M. Jourdain y était ridicule (6), Dorante faisait partout des dupes. « Tel abandonne son père, qui est connu et dont l'on cite le greffe ou la boutique (7), pour se retrancher sur son aïeul, qui, mort depuis longtemps, est inconnu et hors de prise ; il montre ensuite un gros revenu, une grande charge, de belles alliances, et pour être noble, il ne lui manque que des titres. » On en riait, et il passait dans la foule.

Pendant la Fronde (8), la haute noblesse, jusques et y compris Condé, s'efforça d'arrêter ce désordre. Vaine résistance au torrent ! « Un homme du peuple, à force d'assurer qu'il a vu un prodige, se persuade faussement qu'il a vu un prodige (9). Celui qui continue de cacher son âge pense enfin être aussi jeune qu'il veut le faire croire aux autres. De même le roturier qui dit par habitude qu'il tire son

---

(1) *Le Baron de la Crasse*, comédie de R. Poisson, sc. II.
(2) Cf. *Revue des Deux Mondes*, n° du 15 décembre 1882, article d'A. Maury.
(3) Chap. VIII, n 15.
(4) Molière, *Impromptu de Versailles. Remerciement au Roi*.
(5) Chap. VIII, n° 21.
(6) *Le Bourgeois gentilhomme*, de Molière.
(7) Chap. XIV, n° 2.
(8) Saint-Simon, éd. Chéruel, t. V, p. 438-441.
(9) Chap. XIV, n° 4.

origine de quelque ancien baron ou de quelque châtelain, dont il est vrai qu'il ne descend pas, a le plaisir de croire qu'il en descend. » D'ailleurs, « quelle est la roture un peu heureuse et établie (1) à qui il manque des armes, et dans ces armes une pièce honorable, des suppôts, un cimier, une devise, et peut-être le cri de guerre? Qu'est devenue la distinction des casques et des heaumes? Le nom et l'usage en sont abolis; il ne s'agit plus de les porter de front ou de côté, ouverts ou fermés, et ceux-ci de tant et tant de grilles : on n'aime pas les minuties, on passe droit aux couronnes, cela est plus simple; on s'en croit digne, on se les adjuge. Il reste encore aux meilleurs bourgeois une certaine pudeur qui les empêche de se parer d'une couronne de marquis, trop satisfaits de la comtale; quelques-uns même ne vont pas la chercher fort loin, et la font passer de leur enseigne (2) à leur carrosse. » — Vous riez sans doute? — Point du tout. « Un bon gentilhomme veut passer pour un petit seigneur (3), et il y parvient. Un grand seigneur affecte la principauté, et il use de tant de précautions, qu'à force de beaux noms, de disputes sur le rang et les préséances, de nouvelles armes et d'une généalogie que d'*Hosier* ne lui a pas faite, il devient enfin un petit prince. »

Pour le coup, cela n'est pas possible. — Non seulement c'est possible, mais encore c'est facile. D'abord, « certaines gens portent trois noms de peur d'en manquer (4) : ils en ont pour la campagne et pour la ville, pour les lieux de leur service ou de leur emploi. D'autres ont un seul nom dissyllabe, qu'ils anoblissent par des particules dès que leur fortune devient meilleure. Celui-ci par la suppression d'une syllabe fait de son nom obscur un nom illustre; celui-là par le changement d'une lettre en une autre se travestit, et de Syrus (nom d'esclave dans la comédie antique) (5), devient Cyrus » (nom d'un ancien conquérant). (M. de Xaintrailles s'appelait Roton de Saintrailles (6); il devient Poton de Xaintrailles, l'illustre compagnon de Jeanne d'Arc.) « Plusieurs suppriment leurs noms, qu'ils pourraient conserver sans honte, pour en adopter de plus beaux, où ils n'ont qu'à perdre, par la comparaison que l'on fait toujours d'eux qui les portent, avec les

---

(1) Chap. XIV, n° 5.
(2) *Menagiana*, t. III, p. 350.
(3) Chap. XIV, n° 7.
(4) Chap. XIV, n° 9.
(5) Cf. *l'Eunuque* de Térence.
(6) Saint-Simon, t. VIII, p. 122, t. II, p. 24, et le *Chansonnier*.

grands hommes qui les ont portés. Il s'en trouve enfin qui, nés à l'ombre des clochers de Paris, veulent être flamands ou italiens, comme si la roture n'était pas de tout pays ; allongent leurs noms français d'une terminaison étrangère, et croient que venir de bon lieu c'est venir de loin. »

Folie étrange ! A quoi sert pareille noblesse ? Qui peut y croire ? M. le Prince faisait là-dessus de bons contes et se moquait de l'évêque de Noyon. « Un homme de la cour qui n'a pas un assez beau nom, doit l'ensevelir sous un meilleur (1) ; mais s'il l'a tel qu'il ose le porter (2), il doit alors insinuer qu'il est de tous les noms le plus illustre, comme sa maison de toutes les maisons la plus ancienne : il doit tenir aux PRINCES LORRAINS, aux ROHANS, aux CHATILLONS, aux MONTMORENCIS, et s'il se peut, aux PRINCES DU SANG ; ne parler que de ducs, de cardinaux et de ministres ; faire entrer dans toutes les conversations ses aïeuls paternels et maternels, et y trouver place pour l'oriflamme et pour les croisades ; avoir des salles parées d'arbres généalogiques, d'écussons chargés de seize quartiers, et de tableaux de ses ancêtres et des alliés de ses ancêtres ; se piquer d'avoir un ancien château à tourelles, à créneaux et à mâchecoulis ; dire en toute rencontre : ma *race*, ma *branche*, *mon nom* et *mes armes;* dire de celui-ci qu'il n'est pas homme de qualité, de celle-là qu'elle n'est pas demoiselle ; ou si on lui dit qu'*Hyacinthe* (3) a eu le gros lot, demander s'il est gentilhomme. Quelques-uns riront de ces contre-temps, mais il les laissera rire ; d'autres en feront des contes, et il leur permettra de conter ; il dira toujours qu'il marche après la maison régnante ; et à force de le dire, il sera cru. »

M. de Clermont-Tonnerre, évêque de Noyon, était célèbre par sa vanité. Il prétendait marcher de pair avec les Condé, et se faisait reconduire par M. le Prince. On citait de lui mille faits et dits parfaitement ridicules ; mais nulle part on n'en riait plus que dans la maison de Condé. Le portrait que trace la Bruyère du personnage, de ses prétentions et du succès qu'il obtint, n'est pas trop chargé. Tout son appartement à Noyon était rempli de ses armes jusqu'aux plafonds et aux planchers. Dans sa galerie, une carte représentait les saints et

---

(1) Chap. VIII, n° 20.

(2) *Mémoires de Saint-Simon*, t. I, p. 280-281. *Journal de Dangeau*, Note de Saint-Simon sur le 28 février 1699, t. VII, p. 33-39.

(3) *Journal de Dangeau*, t. II, p. 33.

les saintes de sa maison. Et il fit publier leur histoire sous le nom de Cousin en 1698, avec son éloge. Aux deux côtés de cette galerie, on voyait deux grands tableaux généalogiques avec ces deux titres : 1° descente de la très auguste maison de Clermont-Tonnerre des empereurs d'Orient; 2° descente de la très auguste maison de Clermont-Tonnerre des empereurs d'Occident. Naturellement pour remonter si haut, il fallait avoir recours aux aïeux maternels. « A combien d'enfants, disait le moraliste (1), serait utile la loi qui déciderait que c'est le ventre qui anoblit (2)! mais à combien d'autres serait-elle contraire! »

La Bruyère se souvenait de ce que dit Platon des admirateurs de la noblesse, qui déclarent qu'un homme est bien né parce qu'il peut compter un certain nombre d'aïeux riches (3) : « Ces gens-là ont la vue basse et courte, et ne savent embrasser de leur regard la suite des siècles : ils sont incapables de calculer les milliers innombrables d'aïeux et d'ancêtres dont descend chacun de nous, ni la multitude infinie qui s'y trouve de riches et de pauvres, de rois et d'esclaves, de Grecs et de barbares. » Sénèque a résumé cette pensée en ces termes (4) : « Il n'y a pas de roi qui ne soit issu d'esclaves, pas d'esclave qui ne soit issu de rois. » La Bruyère a déjà dit la même chose (5) en termes moins absolus et plus proches de la vérité (6) : « Il y a peu de familles dans le monde qui ne touchent aux plus grands princes par une extrémité, et par l'autre au simple peuple. »

Cette philosophie était fort curieuse; mais M. le Duc avait son temps tout occupé par des affaires plus importantes. Lever et coucher du roi, grandes entrées, appartement, bals, spectacles, chasses et promenades, divertissements et voyages, il était de tout et partout. Il ne trouvait plus un seul instant qui lui appartînt : les jours, les semaines, les mois, passaient si vite! « Ceux qui emploient mal leur temps (7) sont les premiers à se plaindre de sa brièveté : comme ils le consument à s'habiller, à manger, à dormir, à de sots discours, à

---

(1) Chap. XIV, n° 11.
(2) Mss. Bibl. nationale L^{m3},213. *Réponse à M. de Noyon.*
(3) *Théétète* de Platon, éd. de Deux-Ponts, t. II, p. 118, 119.
(4) Quatrième lettre à Lucilius.
(5) Cf. chap. I de ce livre.
(6) Chap. XIV, n° 12.
(7) Chap. XII, n° 101. Cf. *le Chevalier à la mode*, par Dancourt, et le *Mercure galant*, octobre 1687, p. 380.

résoudre ce qu'ils vont faire demain et souvent à ne rien faire, ils en manquent pour leurs affaires et pour leurs plaisirs. Ceux au contraire qui en font meilleur usage en ont toujours de reste. »

Rempli de ces pensées, « il en coûtait à la Bruyère de faire assidûment sa cour, mais par une raison bien opposée à celle que l'on eût pu croire (1) : avec son mérite il avait trop de modestie pour penser qu'il fît le moindre plaisir aux princes s'il se trouvait sur leur passage, se postait devant leurs yeux et leur montrait son visage : il était plus proche de se persuader qu'il les importunait, et il avait besoin de toutes les raisons tirées de l'usage et de son devoir pour se résoudre à se montrer. Celui au contraire qui a bonne opinion de soi, et que le vulgaire appelle un glorieux, a du goût pour se faire voir, et il fait sa cour avec d'autant plus de confiance qu'il est incapable de s'imaginer que les grands dont il est vu pensent autrement de sa personne qu'il fait lui-même. »

« Les cours ne sauraient se passer (2) d'une certaine espèce de courtisans, hommes flatteurs, complaisants, insinuants, dévoués aux femmes, dont ils ménagent les plaisirs, étudient les faibles et flattent toutes les passions ; ils font les modes, raffinent sur le luxe et sur la dépense, et apprennent à ce sexe de prompts moyens de consumer de grandes sommes en habits, en meubles et en équipages ; ils ont eux-mêmes des habits où brillent l'invention et la richesse, et ils n'habitent d'anciens palais qu'après les avoir renouvelés et embellis ; ils mangent délicatement et avec réflexion ; il n'y a sorte de volupté qu'ils n'essaient, et dont ils ne puissent rendre compte. Ils doivent à eux-mêmes leur fortune, et ils la soutiennent avec la même adresse qu'ils l'ont élevée. Dédaigneux et fiers, ils n'abordent plus leurs pareils, ils ne les saluent plus ; ils parlent où les autres se taisent, entrent, pénètrent en des endroits et à des heures où les grands n'osent se faire voir : ceux-ci, avec de longs services, bien des plaies sur le corps, de beaux emplois ou de grandes dignités, ne montrent pas un visage si assuré, ni une contenance si libre. Ces gens ont l'oreille des plus grands princes, sont de tous leurs plaisirs et de toutes leurs fêtes, ne sortent pas du Louvre ou du Château, où ils marchent et agissent comme chez eux et dans leur domestique, semblent se multiplier en mille endroits, et sont toujours les premiers visages qui frappent les nouveaux venus à une

---

(1) Chap. II, n° 14.
(2) Chap. VIII, n° 18.

cour; ils embrassent, ils sont embrassés; ils rient, ils éclatent, ils sont plaisants, ils font des contes : personnes commodes, agréables, riches, qui prêtent, et qui sont sans conséquence. » Ces courtisans n'étaient pas rares à la cour de Louis XIV; on cite Lenglée comme celui qui réunissait le mieux les qualités de l'espèce. On n'en manquait pas non plus dans la maison de Condé (1) : Xaintrailles est celui qui se rapprochait le plus de l'idéal tracé par la Bruyère.

Nous avons vu comment M. de Xaintrailles, très petit et très mince gentilhomme, était venu du fond de la province dans la maison de Condé, où il avait été nommé premier écuyer de M. le duc de Bourbon. Nous avons vu aussi comment il avait été envoyé par M. le prince de Lorraine au-devant des princes de Conti; il avait déplu au roi pour cette action, et il avait été tenu à l'écart pendant tout le temps que dura l'exil du prince de Conti. Alors M. de Briord était gouverneur politique auprès du duc de Bourbon. Depuis que le prince de Conti avait obtenu sa grâce auprès du roi par les prières de Condé mourant, Xaintrailles était revenu à sa place auprès de M. le Duc. Mais il n'oubliait pas la leçon qu'il avait reçue de Sa Majesté. On lui trouvait à la cour une attitude singulière et embarrassée. Il y avait du louche dans sa conduite, du mystère dans ses mœurs (2). Molière a peint ce caractère dans *le Misanthrope*, sous le nom de Timante :

> C'est, de la tête aux pieds, un homme tout mystère,
> Qui vous jette en passant un coup d'œil égaré,
> Et sans aucune affaire est toujours affairé;
> De la moindre vétille il fait une merveille,
> Et jusques au bonjour il dit tout à l'oreille (3).

Mais Xaintrailles fut désigné à la fin de 1687 par M. le Prince pour être élu de la noblesse de Bourgogne. La Bruyère observa l'effet que produisit à la cour ce petit événement (4) : « Timante, toujours le même, et sans rien perdre de ce mérite qui lui a attiré la première fois de la réputation et des récompenses, ne laissait pas de dégénérer dans l'esprit des courtisans : ils étaient las de l'estimer; ils le saluaient

---

(1) Cf. *Mémoires de Saint-Simon* et *Notes sur Dangeau*.
(2) Acte II, sc. v. Cf. Note de Brossette. *Œuvres de Boileau*, éd. Fabri et Barillot, t. IV, p. 186.
(3) *Dissertation sur la Joconde*, de M. l'abbé Levayer. Timante est un M. Saint-Gilles de la vieille cour.
(4) Chap. VIII, n° 56.

froidement, ils ne lui souriaient plus, ils commençaient à ne plus le joindre, ils ne l'embrassaient plus, ils ne le tiraient plus à l'écart pour lui parler mystérieusement d'une chose indifférente, ils n'avaient plus rien à lui dire. Il lui fallait cette pension ou ce nouveau poste dont il vient d'être honoré pour faire revivre ses vertus à demi effacées de leur mémoire, et en rafraîchir l'idée : ils lui font comme dans les commencements, et encore mieux. »

M. de Xaintrailles n'avait auprès de M. le Duc ni le même titre que M. de Montausier auprès du Dauphin, ni la même vertu ; mais il avait, comme M. de Montausier (1), le propos moral et sentencieux ; et quoiqu'il ne commandât que l'écurie, il jouissait auprès de M. le Duc d'une grande autorité. La jeunesse du prince était pour lui la source d'une belle fortune (2). Il apprenait à M. le Duc à faire grande dépense (3), et en même temps il s'enrichissait ; il ne percevra pas moins de douze mille francs par an de sa magnifique sinécure dans les finances du gouvernement de Bourgogne ; mais, pour marquer son désintéressement, il assurait qu'il était moins touché du don que de la manière dont il lui avait été fait. « Ce qu'il y avait en cela de sûr et d'indubitable, observait la Bruyère (4), c'est qu'il le disait ainsi. Vraiment, c'est rusticité que de donner de mauvaise grâce : le plus fort et le plus pénible est de donner. Que coûte-t-il d'y ajouter un sourire ? » — Tous les courtisans à qui le prince venait d'accorder un bon gouvernement, une place éminente ou une forte pension, tenaient le même langage (5). La Bruyère appelait Xaintrailles Alcippe : c'était le nom d'un fameux joueur de piquet dans Molière (6) ; c'était aussi le nom d'une bonne ménagère dans Virgile (7), chargée de garder à la maison les agneaux nouvellement sevrés. Xaintrailles n'était déjà plus avec ceux avec qui il paraissait être : il était si plein de sa grandeur et si distrait (8), qu'il aurait appelé la Bruyère la Verdure. Il feignait de ne pas se souvenir de certains noms qu'il croyait obscurs (9), et il affectait de les corrompre en les pronon-

---

(1) Saint-Simon, *Mémoires*.
(2) Chap. VIII, n° 55.
(3) Saint-Simon. Addition à Dangeau.
(4) Chap. VIII, n° 45.
(5) *Lettres de Mme de Sévigné*, t. II, p. 334.
(6) Cf. *les Fâcheux*, acte II, scène II.
(7) *Églogues*, V, vers 14-15.
(8) Chap. XI, n° 7.
(9) Chap. V, n° 70.

çant, par la bonne opinion qu'il avait du sien. Bref, Xaintrailles, familier avec les grands, effronté avec les petits, toujours professeur de manières impertinentes, avait, malgré les plaisanteries de tous, si bien cheminé (1) dans la maison de Condé, qu'il ne connaissait plus ceux qui étaient entrés avec lui.

Vers l'automne de 1687, il gouvernait absolument M. le Duc et se promenait avec S. A. S. dans son carrosse. — « D'où vient, pensait la Bruyère (2), qu'Alcippe me salue aujourd'hui, me sourit, se jette hors d'une portière de peur de me manquer? Je ne suis pas riche, et je suis à pied : il doit, dans les règles, ne pas me voir. N'est-ce pas pour être vu lui-même dans un même fond avec un grand? » — Être vu dans un même fond avec un grand, c'était une grosse affaire en ce temps-là (3). Un jour, le Dauphin revenait de la chasse, où il avait été fort loin : son carrosse rompit ; il n'avait avec lui que le prince de Conti et M. de Sainte-Maure. Le carrosse de M. le Duc, qui l'attendait, se trouva fort heureusement à portée ; MM. de Xaintrailles et Sillery, premier écuyer du prince de Conti, mirent tous deux pied à terre, quoique le carrosse pût aisément contenir six personnes. Monseigneur y monta avec le prince de Conti et Sainte-Maure, et laissa Xaintrailles et Sillery sur le chemin ; mais fâché de l'aventure, il la conta au roi, qui, d'un ton sec et décidé : « Je le crois bien, dit-il : faire monter avec vous des domestiques de prince du sang, ce serait une belle chose, ou que, même sans vous, ils montassent dans votre carrosse! »

Xaintrailles avait toujours la passion du jeu (4). Un jour qu'à Fontainebleau il était engagé dans une partie sérieuse, M. le Duc profita de sa distraction pour se dérober finement, et partit avec trois ou quatre jeunes gens dans un fiacre qui les mena vite à Paris : ils y firent, dit-on, grande débauche. Peu après, le 22 octobre, le roi, qui attendait avec impatience que M. le Prince arrivât à Fontainebleau, lui dit qu'il n'était pas content de la conduite de M. le Duc (5). Sa Majesté ne voulait plus qu'il vît certains jeunes gens qui l'avaient accompagné dans un mauvais lieu à Paris. M. le Duc ne songea qu'à justifier ses amis ; il dit que c'était lui qu'on devait punir, et non pas ces

---

(1) Chap. VIII, n° 54.
(2) Chap. XI, n° 74.
(3) Note de Saint-Simon sur Dangeau, t. II, p. 27.
(4) Lettre de Bussy à Mme de Sévigné, t. VIII, p. 135-136.
(5) Dangeau, t. II, p. 54-55.

messieurs, qui avaient fait tout ce qu'ils avaient pu pour le retenir. Ces messieurs étaient le marquis de Bellefonds, fils unique du maréchal de ce nom et colonel de régiment de Royal-Comtois, le comte de Chémerault, colonel de l'un des quatorze nouveaux régiments, le marquis de Château-Renault, colonel du régiment de Cambrésis, tous hommes de valeur, mais courtisans assidus de Mgr le Dauphin. Dangeau cite encore le petit Broglie, l'ancien camarade de M. le Duc au collège Louis le Grand, qui amusait M. de Lamoignon par son caquet, dit Mme de Sévigné (1). Bussy-Rabutin ne daigne pas le nommer. Nous admettons comme la vérité le témoignage de M. le Duc devant le roi en faveur de ces messieurs. On se rappela comment, l'an passé dans l'intrigue de Mme de Polignac, le Dauphin avait abandonné ses amis et complices, et comment M. de Créqui avait payé doublement pour lui et pour les autres (2). Les amis de M. le Duc ne furent ni chassés ni punis : il fut fort loué de ce procédé-là.

Le roi se plaignait de Xaintrailles, et dit à M. le Prince qu'il s'étonnait qu'il fît entrer un homme comme celui-là dans son carrosse. « M. le Prince répondit, s'il faut en croire Bussy (3), que Monsieur son père y avait toujours fait entrer les chevaliers de Rivière, les Lussans et les Briords. Le roi lui répliqua qu'il y avait une grande différence entre ces gens-là et celui-ci. Je vois bien, ajoute Bussy, que S. M. ne croit pas que ce Xaintrailles-ci soit le Xaintrailles de Poton, et je le tiens pour bien averti. Cependant il est désigné successeur de la Tournelle dans l'élection de Bourgogne, si le discours du roi ne change pas ce choix. » Le discours du roi ne changera rien. Puisqu'on avait pardonné aux compagnons de M. le Duc, il faudra bien pardonner aussi à M. de Xaintrailles, qui n'était pas plus coupable qu'eux.

Ce qu'il y avait de plus immoral dans cette honteuse affaire, ce furent les louanges que reçut M. le Duc. « Si l'on savait rougir de soi, dit la Bruyère (4), que de crimes, non seulement cachés, mais publics et connus, ne s'épargnerait-on pas ! Mais les hommes sur la conduite des grands et des petits indifféremment (5) sont prévenus, charmés, enlevés par la réussite : il s'en faut peu qu'une sale entre-

---

(1) T. VIII, p. 388.
(2) Chap. IX, n° 38.
(3) Mme de Sévigné, t. VIII, p. 136.
(4) Chap. XI, n° 151.
(5) Chap. XII, n° 113.

prise ne soit louée comme la vertu même, et que le bonheur ne tienne lieu de toutes les vertus. » M. le Duc opposait à ces critiques un silence dédaigneux.

Les jeunes gens se moquaient bien de ce que pouvait dire la Bruyère. — « Que manque-t-il de nos jours à la jeunesse (1)? Elle peut et elle sait ; ou du moins quand elle saurait autant qu'elle peut, elle ne serait pas plus décisive. » — A quoi M. le Duc répondait que la Bruyère était un sot. M. le Prince l'avait entendu sans y faire attention. Il était venu à la cour, non pour s'occuper de ces bagatelles, mais sur le bruit que le roi allait faire une grande promotion de chevaliers du Saint-Esprit, et pour obtenir le cordon de l'ordre en faveur de M. le comte de Lussan. C'était ce M. de Lussan qui, à Senef, quand Condé tomba blessé dans les bras de son fils, le tira de dessous son cheval, l'emporta sur ses épaules, le remonta et lui sauva la vie. Condé lui avait promis la décoration du Saint-Esprit, et M. de Lussan ne l'avait jamais reçue. Alors (2), quoique gentilhomme de la chambre de Condé, il s'était retiré en Languedoc et n'était pas revenu à la cour ; il n'avait même pas assisté aux obsèques de Condé : il manquait de cœur, disait M. le Duc. « Faibles hommes (3)! Un grand dit de Timagène, votre ami, qu'il est un sot, et il se trompe. Je ne demande pas que vous répliquiez qu'il est homme d'esprit : osez seulement penser qu'il n'est pas un sot. De même il prononce d'Iphicrate qu'il manque de cœur ; vous lui avez vu faire une belle action : rassurez-vous, je vous dispense de la raconter, pourvu qu'après ce qu'a dit un prince, vous vous souveniez encore de la lui avoir vu faire. » — Timagène est le nom d'un vieil historien grec, et Iphicrate celui d'un général athénien, tous gens hors de mode.

M. le Duc, excité par ses succès, ne borna pas là ses plaisanteries. Le 26 octobre à Fontainebleau (4), on trouva dans la chambre des filles d'honneur de Mme la Dauphine un mauvais livre, intitulé *l'École des filles* (5), parce qu'il leur enseignait ce qu'elles ne devaient pas savoir. L'auteur avait été condamné à mort pour l'avoir publié. Ce livre était derrière le lit de Mlle de Montmorency d'Artois, la protégée

---

(1) Chap. VIII, n° 77.
(2) Dangeau, t. II, p. 259. Addition de Saint-Simon.
(3) Chap. VIII, n° 78.
(4) Dangeau.
(5) *L'École des filles*, par Hélot ; Paris, 1672, ou Fribourg, 1668, mais imprimé en Hollande.

de M. le Prince. — Grand scandale! — On voulut savoir qui avait donné ce livre. Mlle de Montmorency répondit que c'était M. le Duc pour une de ses compagnes. Celle-ci nia fortement. On ne put éclaircir ce dernier point, tant il y eut de dits, redits et contredits sur le même sujet. La jeunesse est si heureuse, que tout lui sourit; le mauvais livre avait le titre d'un livre de piété ou d'éducation, et il avait été accepté pour cela de la main de M. le Duc. La Bruyère explique ainsi ce qui se passa (1) : « On ouvre un livre de dévotion, et il touche; on en ouvre un autre qui est galant, et il fait son impression. Oserai-je dire que le cœur seul concilie les choses contraires, et admet les incompatibles? » Toutefois la plus grande faute de Mlle de Montmorency était de n'avoir pas su se taire. Mais Mme de Montchevreuil alla faire ses plaintes au roi, qui déclara ne vouloir plus s'occuper de ces demoiselles. La chambre des filles allait donc être cassée : qu'allaient-elles devenir? La plus grande désolation régnait parmi elles. La Dauphine, pour les consoler, leur promit sa protection, si elles se conduisaient mieux.

On loua beaucoup la généreuse tolérance de Mme la Dauphine. Les princesses ne sont pas faites pour la solitude (2) : elles se doivent au public. Encore qu'elles ne veuillent être qu'à Dieu, leur condition les oblige à se prêter quelquefois au monde, pour être comme des liens entre les souverains et les sujets qui les approchent, pour remplir les jours vides des courtisans et leur ôter l'ennui d'une triste et pénible oisiveté, pour calmer et suspendre par d'honnêtes et nécessaires divertissements les passions secrètes qui les dévorent, pour entretenir entre eux la paix et la société en les rassemblant tous les jours auprès du trône qu'ils révèrent. Les dames et les filles d'honneur qui entouraient les princesses devaient les aider à remplir ces fonctions politiques de la plus haute importance. Aussi la beauté heureuse, dit Saint-Simon (3), était sous Louis XIV la dot des dots. Une fille d'honneur, belle et considérée, qui savait cheminer dans une cour, fût-elle la fille d'un marmiton, comme Mme de Soubise, était sûre de faire une grande fortune par son mariage; ou si elle entrait dans une maison obérée sans y apporter un écu, comme Mlle de Laval en épousant M. de Roquelaure (4),

---

(1) Chap. IV, n° 73.
(2) Fléchier, *Oraison funèbre de la Dauphine.*
(3) T. V, p. 78.
(4) *Souvenirs de Mme de Caylus.*

son art et son crédit pouvaient rendre cette maison l'une des plus solidement riches du royaume. Tout dépendait de la bienveillance du roi, ou plutôt, depuis que le roi était dévot, de la bienveillance de Mme de Maintenon. Or Mme de Maintenon était indignée de ce qu'elle voyait à la cour : le prestige de sa puissance y avait attiré plus de dames qu'à l'ordinaire, et jamais il n'y eut plus de brouillerie avec les dames qu'à cette époque. Mme de Roquelaure fut insultée par un grand (1), qui se vantait d'avoir obtenu d'elle ce qu'elle ne lui avait point accordé. Elle se justifia fort bien ; l'on prétendit qu'il était amoureux d'elle et qu'il avait voulu se venger de sa cruauté. Mme d'Arpajon, dame d'honneur de la Dauphine, et qui avait moins d'esprit que Mme de Roquelaure, eut querelle avec le marquis de Bellefonds, fils du maréchal. Le roi se mit en colère. Le maréchal de Bellefonds mena son fils auprès de Mme d'Arpajon lui demander pardon, et il emmena chez lui une de ses filles qui avait été jusque-là auprès de la Dauphine. La fin du séjour à Fontainebleau fut attristée par divers incidents de ce genre ; à Versailles, ce fut encore pire. La cour pouvait changer de lieu, elle portait partout avec elle cette morale païenne qui accepte la raillerie comme une marque d'esprit. « O mon Dieu ! que vous êtes heureuses ! écrivait Mme de Maintenon aux dames de Saint-Cyr (2), que ne pouvez-vous voir de plus près les peines qu'on prend ici pour avoir de la joie et du plaisir, sans pouvoir y parvenir ! On est livré à toutes ses passions ; rien ne retient, et l'on ne peut se divertir. » — « Il y a, dit la Bruyère (3), une espèce de honte d'être heureux à la vue de certaines misères. » C'est précisément cette espèce de honte qu'il éprouvait alors.

Mais les jeunes gens de la cour étaient en belle humeur : ils s'amusaient (4) à conter les nouvelles les plus compromettantes pour les demoiselles d'honneur de la Dauphine, et n'épargnaient personne. Les événements les plus simples devenaient des aventures romanesques pour ces jeunes fats qui voulaient montrer leur esprit (5). Ils faisaient parler les femmes les plus respectables, et mettaient dans leur bouche de petites façons de parler ridicules. La Bruyère était indi-

---

(1) Dangeau.
(2) *Lettres historiques*, t. I, p. 55.
(3) Chap. XI, n° 82.
(4) Chap. V, n° 11.
(5) *Mercure galant*, p. 44, n° de novembre 1687. *Réponse en vers d'une demoiselle à qui l'on conseille d'aimer*

gné (1) : « Diseurs de bons mots, mauvais caractère : » je le dirais, s'il n'avait été dit. Ceux qui nuisent à la réputation ou à la fortune des autres, plutôt que de perdre un bon mot, concluait la Bruyère, méritent une peine infamante : cela n'a pas été dit, et je l'ose dire.

Tandis que M. le Duc avait sur les bras des affaires d'une telle importance, il ne pouvait ni entendre la Bruyère, ni achever de lire la *Vie d'Henri IV, roi de France*, par M. de Péréfixe, précepteur de Louis XIV. « L'on voit des gens brusques, inquiets, suffisants, qui, bien qu'oisifs et sans aucune affaire qui les appelle ailleurs, vous expédient, pour ainsi dire, en peu de paroles, et ne songent qu'à se dégager de vous ; on leur parle encore, qu'ils sont partis et ont disparu. Ils ne sont pas moins impertinents que ceux qui vous arrêtent seulement pour vous ennuyer : ils sont peut-être moins incommodes (2). » Incommoder la Bruyère n'était pas un crime ; mais offenser Mme de Maintenon, c'était une faute, et si grave qu'on ne la pardonnait point à M. le Duc. Heureusement M. le Prince avait de l'esprit pour son fils, et répara sa faute.

Le marquis de Nesle, fils aîné du marquis de Mailly et colonel du régiment de Condé, aimait la fille de M. de Coligny-Saligny, le héros de la bataille de Saint-Gothard et l'auteur des mémoires sur sa campagne de Hongrie. Mlle de Coligny était encore belle et bien faite ; lorsque M. de Nesle l'avait connue, elle passait pour un grand parti, parce que son frère unique était d'Église. Mais le père mourut, et l'abbé se sacrifia, dit de Visé (3), à la gloire de son nom ; il renonça, pour la soutenir, à l'état ecclésiastique. Alors la fortune des Coligny lui revint presque entière. Néanmoins M. de Nesle épousa sa sœur secrètement, le 22 mars 1687, sans avoir consulté ni son père ni sa mère, qui tenaient beaucoup à la grande fortune. Le comte de Mailly fit mieux : plus jeune, plus hardi et plus ambitieux que M. de Nesle son frère, il épousa, le 8 juillet 1687 (4), Mlle de Saint-Hermine. Elle arrivait du Poitou, nu-pieds, sans bas, pauvre et gauche comme une provinciale ; mais sa cousine Mme de Maintenon l'appelait sa nièce. Les vieux Mailly, dit Saint-Simon, trouvèrent ce mariage bien mauvais, pourtant il le fallut avaler. La toute-puissante faveur de Mme de Maintenon égalait l'énorme for-

---

(1) Chap. VIII, n° 80. *Pensées de Pascal*, p. 80, édit. Havet.
(2) Chap. V, n° 26.
(3) *Mercure galant*, décembre 1687.
(4) *Mémoires de Saint-Simon*, édit. Boislisle, t. I, p. 88, 89.

tune des Mailly. Alors M. de Nesle, pensant que son mariage valait bien celui de son cadet, finit par le déclarer, et demanda à ses parents de vouloir bien le reconnaître. La résistance des vieux Mailly était indomptable; ils voulaient d'autant moins pardonner à leur fils aîné, qu'avec leur pardon il fallait donner une dot. On accusait Mme de Maintenon de les soutenir, pour réserver leur héritage à sa nièce. M. le Prince aimait M. de Nesle, qui avait été blessé auprès de lui à la bataille de Senef, et il devinait les désirs de Mme de Maintenon. Il alla trouver le marquis et la marquise de Mailly, et leur démontra que leur fils aîné s'était cru obligé en honneur et conscience d'épouser Mlle de Coligny, avec laquelle il avait de grands engagements; et maintenant qu'elle était grosse de six mois, ils ne pouvaient plus lui refuser leur protection. M. le Prince, dit Saint-Simon (1) à ce propos, était un homme dont on avait peine à se défendre, quand il avait entrepris d'obtenir quelque chose par les grâces, par les délicates flatteries et par l'éloquence naturelle qu'il savait employer. Mais tout ce qu'il put obtenir fut que M. de Mailly verrait son fils. Il le vit; l'habileté de Mme de Maintenon fit le reste. Il consentit à donner une dot à son fils, mais non pas à loger le ménage. C'était tout ce que l'on voulait obtenir. Et Mme de Maintenon montra quelque indulgence pour M. le Duc et les jeunes gens de la cour. Sévère pour soi-même, elle n'était indulgente pour les autres (2) que par un excès de raison. M. le Prince l'avait bien deviné : il poussait jusqu'au plus haut degré l'art de lire dans le cœur d'autrui; mais personne ne fut plus aveugle pour lire dans le sien et juger ce qu'il faisait lui-même.

On célébra dans l'église Saint-Sulpice, à Paris, le service du bout de l'an de feu M. le Prince (3). La famille de Condé, une bonne partie de la cour et un grand nombre des personnes distinguées de la ville y assistèrent. M. le Prince donna ensuite à dîner à tous ceux qui voulurent venir manger avec lui. Il y eut huit tables, qui furent servies à l'hôtel de Condé avec beaucoup d'ordre, de délicatesse et de magnificence. Ce prince, écrit l'un des convives, n'avait jamais rien fait où toutes ces choses ne se soient trouvées (4). On peut dire à sa gloire que jamais fils n'a travaillé avec plus de soin ni avec plus d'éclat à

---

(1) Addition au journal de Dangeau, 29 novembre 1687.
(2) Chap. IV, n° 50.
(3) *Mercure galant*, n° de décembre, p. 226.
(4) *Ibid.*, p. 227.

tout ce que son devoir l'engageait de faire pour éterniser la mémoire d'un aussi grand homme que feu M. le Prince son père. « Le flatteur, pensait la Bruyère (1), n'a pas assez bonne opinion de soi ni des autres. » M. le Prince n'était pas dupe des flatteries bien payées que de Visé imprimait dans son *Mercure galant;* mais il considérait ces fadaises comme nécessaires à son jeu. « La vie de la cour (2) est un jeu sérieux, mélancolique, qui applique : il faut arranger ses pièces et ses batteries, avoir un dessein, le suivre, parer celui de son adversaire, hasarder quelquefois, et jouer de caprice; et après toutes ses rêveries et toutes ses mesures, on est échec, quelquefois mat; souvent, avec des pions qu'on ménage bien, on va à dame, et l'on gagne la partie : le plus fou l'emporte, ou le plus heureux. »

La cour de Mme la Dauphine était alors bien orageuse. Monseigneur, amoureux depuis quelque temps de Mlle de la Force, ne s'en cachait pas assez pour empêcher les moins clairvoyants de s'en apercevoir. Les courtisans dirent que si Mme de Montchevreuil, qui devait répondre au public de la conduite de Mlle de la Force, avait donné sa démission, c'était moins à cause des plaisanteries de M. le Duc que par la crainte de se voir exposée à déplaire ou à Monseigneur ou à Mme la Dauphine, et peut-être à tous les deux. On assurait que si le roi cassait la chambre des filles, il créerait des dames du palais de Mme la Dauphine; qu'auparavant, pour plaire à Monseigneur, il marierait Mlle de la Force et son amie Mlle de Biron, et qu'alors on rendrait les quatre autres filles d'honneur à leurs parents. « Mais en vérité, dit le marquis de Sourches (3), il semble qu'on déshonorât bien facilement tant de filles de qualité, parmi lesquelles il s'en trouvait de fort vertueuses, et entre autres Mlle de Bellefonds, à laquelle certainement tout le public rendit justice en cette occasion. » Mme la Dauphine était toujours triste : on attribua ses idées noires au malheur qu'elle avait eu de voir un vieux jésuite allemand, le père Freyg, son confesseur, tomber dans ses bras, mourant d'apoplexie. On parla (4) du mariage de Mlle de la Force avec le marquis de la Chastre, et de Mlle de Biron avec le marquis de Bouligneux. Le jeune la Chastre avait assez envie d'épouser Mlle de la Force; mais sa grand'mère n'y voulut jamais consentir. M. de Bouligneux déclara

---

(1) Chap. XII, n° 90.
(2) Chap. VIII, n° 64.
(3) T. II, p. 98.
(4) T. II, p. 103 et 109.

qu'il aimerait mieux mourir que d'épouser une fille d'honneur de Mme la Dauphine. Il fallut pourtant en finir. Mlle de Bellefonds ayant épousé le marquis du Châtelet, le roi rompit (17 janvier) la chambre des filles (1), non sans avoir parlé au Dauphin avec la majesté d'un grand roi, mais aussi avec la faiblesse d'un père. Monseigneur eut bien de la peine à obtenir que le roi gardât Mlle de la Force à la cour auprès de Mme d'Arpajon, jusqu'à ce qu'on lui eût procuré un mariage; il l'obtint pourtant. Mlle de Biron se retira avec Mme d'Urfé sa sœur, et ainsi ne quitta point la cour entièrement. Les autres filles d'honneur furent renvoyées. Mlle de Montmorency fut recueillie par Mme la Princesse, pour obéir au roi.

La comédie de *l'Homme à bonnes fortunes,* écrite et jouée par Baron, plut à Paris et à Versailles (2), si bien qu'elle fut choisie pour être entremêlée dans le grand ballet du carnaval, qui fut dansé à Marly le 28 janvier (3), avec des entrées de Mme la Duchesse et de la princesse de Conti. Le roi n'en fut pas trop content : il s'en alla au milieu du spectacle parce qu'il ne trouvait pas la comédie à son gré. La Bruyère a fait (4) la critique de la pièce, qu'il trouvait froide et insipide; mais il ne la publiera que plus tard, parce que c'est en même temps la critique de M. le Duc. On suppose facilement qu'il ne disait pas à Son Altesse tout ce qu'il pensait de sa conduite : « Tu es grand, tu es puissant (5) : ce n'est pas assez, fais que je t'estime, afin que je sois triste d'être déchu de tes bonnes grâces, ou de n'avoir pu les acquérir. »

Dans la maison de Condé, on croyait excuser M. le Duc en disant : c'est son humeur. C'était avouer, sans y penser, que de si grands défauts étaient irrémédiables. « Ce qu'on appelle humeur est une chose trop négligée parmi les hommes, observait le moraliste (6) : ils devraient comprendre qu'il ne leur suffit pas d'être bons, mais qu'ils doivent encore paraître tels, du moins s'ils tendent à être sociables, capables d'union et de commerce, c'est-à-dire à être des hommes. L'on n'exige pas des âmes malignes qu'elles aient de la douceur et de la

---

(1) De Sourches, t. II, p. 126 et 128.
(2) 27 décembre 1687.
(3) 28 janvier 1688.
(4) Chap. I, n° 52.
(5) Chap. VIII, n° 36.
(6) Chap. XI, n° 9.

souplesse; elle ne leur manque jamais, et elle leur sert de piège pour surprendre les simples, et pour faire valoir leurs artifices : l'on désirerait de ceux qui ont un bon cœur, qu'ils fussent toujours pliants, faciles, complaisants ; et qu'il fût moins vrai quelquefois que ce sont les méchants qui nuisent, et les bons qui font souffrir. »

M. le Duc se sentit atteint par les réflexions de la Bruyère (1) : « Je ne sais, dites-vous avec un air froid et dédaigneux, Philanthe a du mérite, de l'esprit, de l'agrément, de l'exactitude sur son devoir, de la fidélité et de l'attachement pour son maître et il est médiocrement considéré; il ne plaît pas, il n'est pas goûté. » — « Expliquez-vous : est-ce Philanthe, ou le grand qu'il sert, que vous condamnez ? » dit la Bruyère d'un air piqué. Question inutile : Philanthe déplaît, donc il a tort. La Bruyère ne fut pas longtemps à comprendre cette vérité. « Quand je vois d'une part auprès des grands, à leur table, et quelquefois dans leur familiarité (2), de ces hommes alertes, empressés, intrigants, aventuriers, esprits dangereux et nuisibles, et que je considère d'autre part quelle peine ont les personnes de mérite à en approcher, je ne suis pas toujours disposé à croire que les méchants soient soufferts par intérêt, ou que les gens de bien soient regardés comme inutiles; je trouve plus mon compte à me confirmer dans cette pensée, que grandeur et discernement sont deux choses différentes; et l'amour pour la vertu et pour les vertueux une troisième chose. » M. le Duc marchait sur les traces de Monseigneur. La Bruyère n'était pas humilié d'être traité comme Bossuet.

Vers ce temps-là, M. de Meaux vint à Paris et à Versailles pour faire imprimer son *Histoire des variations des églises protestantes.* Mais il avait d'autres soucis. Le pape Innocent XI était, dit Voltaire (3), un homme vertueux, un pontife sage, un prince courageux et magnifique. Louis XIV lui donnait toutes les mortifications qu'un roi de France peut donner à un pape sans rompre avec lui. Il y avait depuis longtemps dans Rome un abus difficile à déraciner, parce qu'il était fondé sur un point d'honneur dont se piquaient tous les rois catholiques. Leurs ambassadeurs étendaient le droit de franchise et d'asile, affecté à leur maison, jusqu'à une très grande distance, c'est-à-dire à tout leur quartier. Ces prétentions, soutenues contre toute justice, ren-

---

(1) Chap. IX, n° 8.
(2) Chap. IX, n° 13.
(3) *Siècle de Louis XIV*, ch. XIV.

daient la moitié de Rome un asile sûr pour tous les crimes (1). Par un autre abus, ce qui entrait dans Rome sous le nom des ambassadeurs ne payait point d'entrée; le commerce en souffrait, le fisc en était appauvri. Le pape Innocent XI obtint enfin de l'Empereur, du roi d'Espagne, du roi de Pologne et du nouveau roi d'Angleterre Jacques II, qu'ils renonçassent à ces droits injustes et abusifs. Le nonce du pape en France, Ranucci, proposa à Louis XIV de concourir comme les autres rois à la tranquillité et au bon ordre de la ville de Rome. Louis XIV, très mécontent du pape, répondit qu'il ne s'était jamais réglé sur l'exemple d'autrui, et que c'était à lui de servir d'exemple. M. de Lavardin, ambassadeur de France, se présenta en armes aux portes de Rome; le pape lui défendit d'entrer sous peine d'excommunication. Il entra néanmoins, escorté de 400 gardes de la marine, de 400 officiers volontaires et de 200 hommes de livrée, tous armés ; il prit possession de son palais, de ses quartiers et de l'église Saint-Louis des Français, autour desquels il posa des sentinelles et fit faire la ronde comme dans une place de guerre. Le cardinal d'Estrées, chargé des affaires de France à Rome, ne put plus être admis à l'audience du pape sans recevoir l'absolution ; et M. de Lavardin ne put pas approcher du saint-père, qui ne voulait pas l'écouter. Le roi, très blessé de cette résistance, fit déclarer au nonce Ranucci, par M. de Croissy, ministre des affaires étrangères, que jadis Avignon avait été donné aux papes contre les lois du royaume ; que ses prédécesseurs et lui n'avaient pas voulu rentrer dans leurs droits, parce qu'ils favorisaient les papes, dont ils avaient lieu d'être contents ; que présentement le pape en usait avec le roi d'une manière qui obligeait Sa Majesté de n'avoir plus la même condescendance ; que les parlements du royaume jugeraient cette affaire, et qu'après leur jugement rendu, le roi ferait exécuter l'arrêt. Le pape demeura inébranlable (2). A la cour de France, on parlait ouvertement de la nécessité de mettre le pape à la raison, comme on y avait mis les huguenots ; et l'on ne doutait pas que Sa Majesté, qui avait si bien su détruire cette secte indomptable, viendrait facilement à bout de la résistance de la cour de Rome. Bossuet était effrayé de voir tant d'arrogance et d'emportement dans des hommes qui auraient dû donner l'exemple de la modération et de la sa-

---

(1) *Siècle de Louis XIV*, ch. XIV.
(2) *Acte d'appel comme d'abus de la bulle du Pape portant excommunication de M. de Lavardin*; Paris, chez François Muguet, 1688, in-4º de 4 pages.

gesse. « Jusques où les hommes, dit la Bruyère (1), ne s'emportent-ils point par l'intérêt de la religion dont ils sont si peu persuadés et qu'ils pratiquent si mal. »

Au moment où l'*Histoire des varitions des églises protestantes* parut à Paris chez la veuve Cramoisy, Étienne Michallet achevait d'imprimer les *Caractères de Théophraste traduits du grec, avec les mœurs ou Caractères de ce siècle*. Mais la Bruyère, avant de livrer son ouvrage au public, y fit quelques corrections (2). Il rédigeait de nouveau avec plus d'étendue la fin du *Discours sur Théophraste*, et il insérait dans le texte de nombreux cartons, dont quelques-uns trahissent ses préoccupations du moment (3). Exemples :

1° « La prévention du peuple en faveur *de ses princes* est si aveugle, que s'ils s'avisaient d'être bons, cela irait jusqu'à l'idolâtrie (4), *le seul mal sous ce règne que l'on pouvait craindre.* » On n'eût pas manqué de voir là une attaque à la personne du roi. L'auteur substitua *des grands* à *de ses princes;* il supprima *le seul mal sous ce règne que l'on pouvait craindre*. Ainsi le sens se trouva complètement changé. Les princes du sang eux-mêmes ne pouvaient plus se plaindre.

2° « L'on est né quelquefois avec des mœurs faciles, de la complaisance et tout le désir de plaire; mais par les traitements que l'on reçoit de ceux avec qui l'on vit ou de qui l'on dépend, l'on est bientôt jeté hors de ses mesures et même de son naturel : l'on a des chagrins et une bile que l'on ne se connaissait point, l'on se voit une autre complexion, l'on est enfin étonné de se trouver dur et épineux (5). *Il y a des gens qui apportent en naissant chacun de leur part de quoi se haïr pendant toute leur vie et ne pouvoir se supporter.* » La Bruyère supprima cette dernière phrase : il n'avait pas de ces haines dont il parlait et il ne fallait pas les supposer chez d'autres, surtout en ces temps de querelles et de soupçons.

3° Après avoir fait le portrait de M. le Camus, évêque de Grenoble, nouvellement nommé cardinal par le pape en dépit du roi, la Bruyère avait ajouté (6) : « *Comment lui est venue, dit le peuple, cette nouvelle dignité ?* » On ne le savait que trop bien à la cour de France; le peuple

---

(1) Chap. XVI, n° 24.
(2) Servois, *Notice biographique*, t. III, p. 135-138.
(3) Servois, *Note sur l'exemplaire de M. de Villeneuve*.
(4) Chap. IX, n° 1.
(5) Chap. XI, n° 15.
(6) Chap. XI, n° 25.

n'avait pas le droit alors de poser de telles questions ; Sa Majesté n'avait pas à lui rendre compte de sa conduite. A l'impertinente question du peuple, la Bruyère substitua cette réflexion : « *Les temps sont changés, il est menacé sous ce règne d'un titre plus éminent.* » La menace ainsi datée est antérieure à la nomination du nouveau cardinal, et n'est plus si blessante pour le prince qu'on appelait (1) « la plus vive image de la Divinité ».

On a publié dans les éditions du dix-huitième siècle une lettre de Bussy-Rabutin datée de Paris, 10 mars 1688, et adressée à M. de Termes (2) : « J'ai lu avec plaisir, Monsieur, la traduction de Théophraste : elle m'a donné une grande idée de ce Grec ; quoique je n'entende pas sa langue, je crois que M. de la Bruyère a trop de sincérité pour ne l'avoir pas rendu fidèlement. Mais je pense aussi que le Grec ne se plaindrait pas de son traducteur, de la manière dont il l'a fait parler français. Si nous l'avons remercié comme nous l'avons dû faire, de nous avoir donné cette version, vous jugez bien quelles actions de grâces nous avons à lui rendre d'avoir joint à la peinture des mœurs des anciens celle des mœurs de ce siècle. Mais il faut avouer qu'après nous avoir montré le mérite de Théophraste par sa traduction, il nous l'a un peu obscurci par la suite. Il est entré plus avant que lui dans le cœur de l'homme ; il y est même entré plus délicatement et par des expressions plus fines. Ce ne sont point des portraits de fantaisie qu'il nous a donnés : il a travaillé d'après nature, et il n'y a pas une décision sur laquelle il n'ait eu quelqu'un en vue. Pour moi, qui ai le malheur d'une longue expérience du monde, j'ai trouvé à tous les portraits qu'il m'a faits des ressemblances peut-être aussi justes que ses propres originaux, et je crois que pour peu qu'on ait vécu, ceux qui liront son livre en pourront faire une galerie.

« Au reste, Monsieur, je suis de votre avis sur la destinée de cet ouvrage, que, dès qu'il paraîtra, il plaira fort aux gens qui ont de l'esprit, mais qu'à la longue il plaira encore davantage. Comme il y a un beau sens enveloppé sous des tours fins, il sautera aux yeux, c'est-à-dire à l'esprit, à la révision. Tout ce que je viens vous dire vous fait voir combien je vous suis obligé du présent que vous m'avez fait, et m'engage à vous demander ensuite la connaissance de M. de la Bruyère. Quoique tous ceux qui écrivent bien ne soient pas toujours

---

(1) Chap. XVI, n° 28.
(2) Correspondance de Bussy, édition de M. Lud. Lalanne, t. VI, p. 122.

de fort honnêtes gens, celui-ci me paraît avoir dans l'esprit un tour qui m'en donne bonne opinion et qui me fait souhaiter de le connaître. »

Il est regrettable que l'on n'ait pas retrouvé l'original de cette lettre, car elle exprime bien les sentiments du public lorsque parut le livre de la Bruyère. Voici la réponse à cette lettre (1) : « L'on n'écrit que pour être entendu ; mais il faut du moins en écrivant faire entendre de belles choses. L'on doit avoir une diction pure, et user de termes qui soient propres, il est vrai ; mais il faut que ces termes si propres expriment des pensées nobles, vives, solides, et qui renferment un très beau sens. C'est faire de la pureté et de la clarté du discours un mauvais usage que de les faire servir à une matière aride, infructueuse, qui est sans sel, sans utilité, sans nouveauté. Que sert aux lecteurs de comprendre aisément et sans peine des choses frivoles et puériles, quelquefois fades et communes, et d'être moins incertains de la pensée d'un auteur qu'ennuyés de son ouvrage ? Si l'on jette quelque profondeur dans certains écrits, si l'on affecte une finesse de tour, et quelquefois une trop grande délicatesse, ce n'est que par la bonne opinion qu'on a de ses lecteurs. »

Tous les lecteurs de la Bruyère n'avaient pas bonne opinion de lui. De Visé, directeur du *Mercure galant,* raconte ainsi (2) le succès du livre des *Caractères* : « Je me trouvai à la cour le premier jour que les *Caractères* parurent, et je remarquai de tous côtés des pelotons où l'on éclatait de rire. Les uns disaient : « Ce portrait est outré ; » les autres : « En voilà un qui l'est encore davantage. » — « On dit telle chose de madame une telle, disait un autre ; et monsieur un tel, quoique le plus honnête homme du monde, est très maltraité dans un autre endroit. » Enfin la conclusion était qu'il fallait acheter ce livre pour voir les portraits dont il est rempli, de peur que le libraire n'eût ordre d'en retrancher la meilleure partie. Voilà les effets que la satire produit. Les auteurs en sont souvent éblouis, et attribuent à la beauté de leurs ouvrages ce qui n'est dû qu'au mal qu'ils disent de quantité de personnes. » Ce témoignage d'un ennemi, que la Bruyère avait mis immédiatement au-dessous de rien, a bien sa valeur. L'exagération de certains détails est évidente ; mais le fond du tableau doit être assez vrai. La Bruyère répondit aussitôt à ces critiques avec un suprême

---

(1) Chap. I, n° 57.
(2) *Mercure galant,* juin 1693, p. 259-284.

dédain. « Un auteur sérieux, dit-il (1), n'est pas obligé de remplir son esprit de toutes les extravagances, de toutes les saletés, de tous les mauvais mots que l'on peut dire, et de toutes les ineptes applications que l'on peut faire au sujet de quelques endroits de son ouvrage, et encore moins de les supprimer. Il est convaincu que quelque scrupuleuse exactitude que l'on ait dans sa manière d'écrire, la raillerie froide des mauvais plaisants est un mal inévitable, et que les meilleures choses ne leur servent souvent qu'à leur faire rencontrer une sottise. » Il aurait pu ajouter que cette raillerie froide des mauvais plaisants ne s'attaque guère qu'aux livres qui sont lus et connus du public, c'est-à-dire dont le succès les importune.

En 1686, Mlle de Scudéry (2) signalait l'existence d'une assemblée de nouvellistes qui se tenait dans les jardins du Luxembourg à Paris. Cette assemblée durait encore en 1697, car Gourville dictait alors à ses secrétaires ces curieuses révélations. « Le plus ancien de mes domestiques se nomme Belleville : il est avec moi depuis trente-deux ans. Il est devenu fameux nouvelliste, fort accrédité dans l'assemblée du Luxembourg; au retour de là il ne sort guère de ma chambre, et m'entretient, quand je n'ai pas autre chose à faire. » Je suppose que Belleville parla mal des *Caractères* dans l'assemblée du Luxembourg. La Bruyère n'avait aucune sympathie pour M. de Gourville. et il n'est pas difficile de s'en apercevoir en lisant son livre. Il est possible que Gourville ait vu dans cette publication un acte d'hostilité ouverte. Dans ce cas Belleville était obligé de soutenir la cause de son maître. « Une médisance anonyme est plus odieuse qu'une franche calomnie. Attaquer M. de Gourville dans la maison de Condé, c'était décrier Leurs Altesses elles-mêmes. Une pareille trahison ne pouvait demeurer impunie. » Tel est à peu près, si je ne me trompe, ce que l'on dut dire dans l'assemblée du Luxembourg. C'est pourquoi la Bruyère rappela au sentiment de leur devoir les nouvellistes qui semblaient l'oublier (3) : « Le devoir du nouvelliste est de dire : « Il y a tel livre qui court, et qui est imprimé chez Cramoisy (ou chez Michallet), en tel caractère, il est bien relié et en beau papier, il se vend tant. » Il doit savoir jusques à l'enseigne du libraire qui le débite : sa folie est d'en vouloir faire la critique. » Notez que Belleville était entré chez M. de Gour-

---

(1) Chap. I, n° 28.
(2) *Conversations morales.*
(3) Chap. I, n° 33.

ville (1) pour avoir soin de sa petite écurie, quand il avait des chevaux, et qu'il devait connaître les livres moins bien que feu l'abbé Bourdelot ou le bibliothécaire Martin ; mais il avait suivi Gourville dans ses voyages et ses ambassades ; il avait pris goût à l'intrigue du cabinet, il savait de la politique assez pour s'en entretenir avec son maître, et c'est par là qu'il brillait le plus dans l'assemblée du Luxembourg. « Le sublime du nouvelliste, dit la Bruyère (2), est le raisonnement creux sur la politique. » Il est possible que Belleville ne s'en soit pas tenu à de vagues considérations politiques sur le livre de la Bruyère : peut-être les plus avisés du jardin du Luxembourg trouvèrent-ils, dans la peinture des mœurs contemporaines, de quoi susciter à l'auteur une grosse affaire : qui dira tout ce que peuvent imaginer des nouvellistes, lorsqu'ils sont sortis des bornes de leur devoir ? « Le nouvelliste se couche le soir tranquillement sur une nouvelle qui se corrompt la nuit, et qu'il est obligé d'abandonner le matin à son réveil (3). » Ils étaient capables, après bien des raisonnements creux, de conclure que l'auteur de ce libelle satirique avait été chassé de la maison de Condé, où M. de Gourville était tout-puissant ; Belleville s'endormait avec ce doux espoir, et le lendemain il apprenait, par M. de Gourville lui-même, que l'auteur des *Caractères* était fort tranquille auprès de ses Altesses, comme auparavant.

Henri Basñage, protestant français qui avait tout sacrifié pour être libre, rédigeait en Hollande l'*Histoire des ouvrages des savants*. Dans le numéro de mai 1688, il rendait compte du nouvel ouvrage qui venait de paraître à Paris chez E. Michallet ; il louait le *Discours sur Théophraste* et particulièrement la comparaison des mœurs d'Athènes avec celles de nos jours ; il y trouvait même les sentiments généreux d'un républicain. Mais les *Caractères du siècle* avaient par-dessus tout frappé son esprit indépendant. « Il y a ici, dit-il, des maximes d'une grande force, et qui sont tirées du bon sens et de la droite raison. Elles ne sont pas à la vérité toujours également bien développées ; mais la vivacité de l'imagination ne souffre pas tant d'exactitude partout. Ce qu'il y a de singulier est qu'en parlant des vices, il caractérise certaines personnes par des traits qui marquent extrêmement. Par exemple, à propos des richesses, il montre comme au doigt

---

(1) *Mémoires de Gourville*, p. 587.
(2) Chap. I, n° 33.
(3) Chap. I, n° 33.

les gens dont les aïeux seraient bien surpris de voir leur postérité enrichie de titres superbes et revêtue de dignités dont ils n'auraient pas seulement osé envisager l'éclat. Il ne s'embarrasse point de désigner certains prélats qui accumulent sur leurs têtes d'immenses revenus de l'Église, et qui les engloutissent par une profusion sans bornes et des équipages mondains... Une liberté si vigoureuse est bien rare aujourd'hui ; et cette noble intrépidité fait juger que l'auteur est capable de mettre en usage les préceptes les plus sévères de sa morale. »

La Bruyère reçut des catholiques pieux et éclairés qui habitaient en France des témoignages aussi éloquents d'estime et d'approbation. Ils furent les premiers à reconnaître le plan et l'économie du livre, qui ne tend qu'à découvrir le faux et le ridicule des attachements humains, pour défendre la providence de Dieu contre l'insulte des libertins (1). Chartreux, solitaires, abbés, jésuites et jansénistes, tous les ennemis des vices que l'auteur décriait, lurent son ouvrage et en particulier et en public, à leurs récréations ; ils en inspirèrent la lecture à leurs pensionnaires, à leurs élèves ; ils en dépeuplèrent les boutiques, et ils le conservèrent dans leurs bibliothèques.

L'*Histoire des variations,* qui devait avoir un plus grand retentissement, obtint d'abord un succès moins facile. Parmi les catholiques français, ceux qui étaient les plus engagés dans la querelle du roi avec le saint-père surent peu de gré à M. de Meaux de signaler au public l'écueil contre lequel les églises protestantes s'étaient brisées en morceaux. Cet avertissement, dont ils avaient grand besoin, blessait leur orgueil. Les protestants français ou étrangers (2) opposèrent aux raisons démonstratives de l'éloquent théologien des fins de non-recevoir, tirées des traitements cruels qu'on employait dans le royaume et même dans son diocèse pour opérer des conversions. Ils refusaient son livre (3) quand « il voulait les en régaler ». Au contraire, le livre de la Bruyère était bien accueilli et même recherché par les esprits forts qu'il combattait. Il leur parlait comme à des hommes d'esprit capables de le comprendre ; il s'adressait à leur raison pour les convaincre ; il leur laissait toute leur liberté pour décider suivant

---

(1) Préface du discours à l'Académie.
(2) *Bossuet, évêque de Meaux, dévoilé par un prêtre de son diocèse,* en 1690, par M. Charles Read ; Paris, chez Dentu, 1864.
(3) Spanheim, *Relation,* p. 275.

leurs lumières. Que pouvaient-ils demander de plus à un adversaire? Ils n'étaient pas habitués à ce qu'on leur fît la guerre d'une manière si polie et si agréable. Jamais livre n'avait encore mérité un succès plus prompt ni plus complet que les *Caractères de Théophraste, traduits du grec, avec les Caractères ou les Mœurs de ce siècle.*

CHAPITRE XXIII.

1688.

M. le Prince approuve le livre de la Bruyère; l'auteur se hâte de faire deux corrections nécessaires dans la deuxième édition. — M. le Prince reconnaît que la Bruyère peut lui être utile. — Vues politiques de M. le Prince. — Amitié de Mme la Duchesse avec Mlle de Bourbon; sa liaison avec Mme de Caylus. — Situation nouvelle du prince de Conti. — Préparatifs de son mariage avec Mlle de Bourbon. — Cérémonies et noces à Versailles. — Fête de l'hôtel de Conti à Paris. — Fête Dauphine à Chantilly. — Génie mécanique de M. le Prince. — Comment agit Gourville dans la maison de Condé. — Vanité des artistes et leurs prétentions. — Maladresse des connaisseurs. — Contes et faux bruits sur M. le Prince. — Sa véritable faute. — La Bruyère défend Son Altesse contre les critiques des mécontents, et remplit consciencieusement ses fonctions d'homme de lettres dans la maison de Condé.

Homme de goût, fort éclairé, rempli de mille belles connaissances (1), M. le Prince aimait à les faire valoir dans les occasions. Il avait trop d'esprit pour admirer le livre d'un homme de lettres de la maison de Condé, mais il avait aussi trop de discernement pour ne pas lui rendre justice. « Un auteur cherche vainement à se faire admirer par son ouvrage, dit la Bruyère (2). Les sots admirent quelquefois, mais ce sont des sots. Les personnes d'esprit ont en eux (*sic*) les semences de toutes les vérités et de tous les sentiments, rien ne leur est nouveau; ils admirent peu, ils approuvent. » M. le Prince pensait comme la Bruyère sur beaucoup de points, ou plutôt la Bruyère pensait comme Son Altesse, et peut-être même avait cité

(1) E. Spanheim, *Relation de la cour de France*, p. 86.
(2) Chap. I, n° 36.

quelques-uns de ses mots; mais il est un point où Son Altesse put faire entendre au moraliste qu'il avait peut-être dépassé le but. La Bruyère avait dit (1) qu'il y avait excès de précaution à parler toujours aux jeunes princes du soin de leur rang. Il est vrai que toute une cour met son devoir et une partie de sa politesse à les respecter; mais est-il vrai, comme l'avance le moraliste, qu'ils sont moins sujets à ignorer aucun des égards qui sont dus à leur naissance qu'à confondre les personnes et à les traiter indifféremment, et sans distinction des conditions et des titres? M. de la Bruyère n'avait-il pas lu avec M. le Duc tout l'*État de France* pour lui apprendre cette distinction? N'avait-il pas dirigé tout son enseignement historique et philosophique « pour régler la fierté naturelle du jeune prince, pour lui inspirer la bonté, l'honnêteté et l'esprit de discernement? » La Bruyère comprit sa faute et se hâta de la réparer.

Dans la première édition, il avait terminé son chapitre *Des jugements* par cette réflexion ironique (2) : « Ces enfants des dieux, pour ainsi dire, se tirent des règles de la nature, et en sont comme l'exception. Ils n'attendent presque rien du temps et des années. Le mérite chez eux devance l'âge. Ils naissent instruits, et ils sont plus tôt des hommes parfaits que le commun des hommes ne sort de l'enfance. » Ce qui rendait l'ironie plus blessante, c'est la petite note qu'il avait ajoutée : « enfants des dieux, fils, petits-fils, issus de rois ». Tous les princes du sang se trouvaient ainsi compris dans son injurieux dédain. A l'égard du Dauphin, il avait pris de sages précautions, lorsqu'il avait dit : « Un jeune prince (3) d'une race auguste, l'amour et l'espérance des peuples, plus grand que ses aïeux, fils d'un héros qui est son modèle, a déjà montré à l'univers, par ses diverses qualités et par une vertu anticipée, que les enfants des héros sont plus proches de l'être que les autres hommes. » A l'égard des autres princes, la Bruyère demeurait à découvert comme un insulteur public, et les princes qui se trouvaient les plus maltraités par lui étaient précisément les Altesses auxquelles il appartenait. Il fallait à tout prix faire disparaître cette ironie.

Combien de fois n'avait-on pas répété que la vertu se montre de bonne heure dans l'âme des héros! Condé dans les temps modernes,

---

(1) Chap. IX, n° 43.
(2) Chap. II, n° 33.
(3) Chap. XII, n° 106.

Alexandre dans l'antiquité, n'en sont-ils pas des preuves éclatantes ? N'avait-on pas remarqué jadis chez M. le Prince, dans sa jeunesse (1), cette vertu anticipée que l'on remarque aujourd'hui chez le Dauphin ? La Bruyère transporta vite (2) sa réflexion sur les enfants des dieux du chapitre *Des jugements,* où il se moque des erreurs des hommes, au chapitre *Du mérite personnel* (3), où tout est sérieux et grave ; il la plaça de manière que le doute devînt une affirmation en sens contraire, la malice un compliment, l'injure une flatterie. M. le Prince ne pouvait plus se plaindre : il était aussi bien traité que son père le grand Condé, qu'Alexandre ou le Dauphin. La remarque qui, dans la deuxième édition, suivait « les enfants des dieux », se trouva celle-ci (4) : « Un homme d'esprit et d'un caractère simple et droit peut tomber dans quelque piège ; il ne pense pas que personne veuille lui en dresser, et le choisir pour être sa dupe : cette confiance le rend moins précautionné, et les mauvais plaisants l'entament par cet endroit. Il n'y a qu'à perdre pour ceux qui en viendraient à une seconde charge : il n'est trompé qu'une fois. » Les mauvais plaisants revinrent à la charge ; alors voici ce qui se passa (5) : « Quelques-uns de ceux qui ont lu un ouvrage en rapportent certains traits dont ils n'ont pas compris le sens, et qu'ils altèrent encore par tout ce qu'ils y mettent du leur ; et ces traits ainsi corrompus et défigurés, qui ne sont autre chose que leurs propres pensées et leurs expressions, ils les exposent à la censure, soutiennent qu'ils sont mauvais, et tout le monde convient qu'ils sont mauvais ; mais l'endroit de l'ouvrage que ces critiques croient citer, et qu'en effet ils ne citent point, n'en est pas pire. »

Quoique M. le Prince n'admirât point le livre des *Caractères* et se contentât de l'approuver, il n'en était pas moins satisfait du succès qu'obtinrent la première et la deuxième édition. Cela ne pouvait que donner un peu de lustre à la maison dont l'auteur était gentilhomme, et même être de quelque utilité dans la conduite des projets politiques que nourrissait Son Altesse. La Bruyère était un homme de lettres assez fier, mais il n'était ni égoïste ni ambitieux : M. le Prince pourra commodément mettre en usage ses talents et sa bonne volonté. Il

---

(1) Spanheim, *Relation*, p. 86.
(2) Deuxième édition.
(3) Chap. II, n° 33.
(4) Chap. II, n° 36.
(5) Chap. I, n° 22, 4° édition.

avait de l'esprit ; il comprenait bien les vues et les intérêts des princes ; si on le dirige bien, il pourra dans certaines occasions rendre de vrais services.

Depuis que la maison de Condé avait perdu le titre de premier prince du sang, elle était dominée par la maison d'Orléans : ainsi le voulaient les lois de la monarchie et les traditions nationales. M. le Prince pouvait le regretter, il devait s'y résigner. Mais la maison de Condé était menacée par la faveur croissante des princes légitimés ; poussés par une puissance occulte, ils s'avançaient insensiblement vers toutes les dignités ; et M. le Prince n'avait pas même le droit de s'en plaindre. En effet, il ne pouvait plus rien revendiquer pour lui. N'avait-il pas longtemps demandé et enfin obtenu le mariage de son fils unique avec la fille de Mme de Montespan, comme le plus grand honneur que le roi pût accorder à la maison de Condé ? Mme la Duchesse n'était-elle pas la bru qu'il avait choisie lui-même, et désirée comme le plus cher objet de ses rêves ? Enfin, à cette occasion, n'avait-il pas reçu les grandes entrées après lesquelles il ne cessait de soupirer ? Que voulait-il de plus ? Le mariage de sa fille aînée, Mlle de Bourbon, avec le duc du Maine ? Mais puisque Mlle de Montpensier, qui avait donné une partie de sa fortune à M. le duc du Maine, s'opposait à ce mariage, il fallait bien y renoncer. « Tout l'esprit qui est au monde est inutile à qui n'en a point (1) : il n'a nulles vues, il est incapable de profiter de celles d'autrui. » Voilà ce qui blessait M. le Prince à la prunelle de l'œil, et troublait son regard quand il examinait l'état de sa maison.

Mme la Duchesse avait toujours à la cour de France son air vif et ouvert, ses manières libres et aisées, son humeur enjouée ; mais dans l'intimité de sa nouvelle famille elle devenait quelquefois rêveuse. Le roi dit un jour à Mme de Maintenon (2), en parlant des bâtards légitimés : « Ces gens-là ne devraient jamais se marier. » Comment M. le Prince ne s'apercevait-il pas de la situation délicate de Mme la Duchesse dans la maison de Condé ? Elle avait quelquefois des distractions. Quoi d'étonnant ? A son âge, c'était un charme de plus ; et ne conservait-elle pas toujours le plus joli, le plus brillant et le plus aimable petit minois de la cour ? Il est vrai qu'elle se fardait et que le

---

(1) Chap. XI, n° 87.
(2) *Souvenirs de Mme de Caylus.*

moraliste tonnait contre le fard (1) : « Si les femmes étaient telles naturellement qu'elles deviennent par artifice, qu'elles perdissent en un moment toute la fraîcheur de leur teint, qu'elles eussent le visage aussi allumé et aussi plombé qu'elles se le font par le rouge et par les peintures dont elles se fardent, elles seraient inconsolables. » Mais il fallait bien (2) que Mme la Duchesse effaçât les marques assez visibles de la petite vérole, comme sa sœur la princesse de Conti. Pourquoi donc était-elle quelquefois triste dans l'intimité ? « Tant que l'amour dure, il subsiste par soi-même et quelquefois par les choses qui semblent le devoir éteindre, par les caprices, par les rigueurs, par l'éloignement, par la jalousie (3). » Mais combien de temps l'amour de Mme la Duchesse pour son mari pouvait-il durer avec le régime que lui imposait M. le Duc ? M. le Prince avait d'autres soucis et ne pensait point à cela.

Mme la Duchesse n'avait pas été du tout insensible à la perte du grand Condé, qui avait montré tant de zèle pour son mariage et tant de joie de la voir mariée à son petit-fils ; elle n'oubliait pas qu'il s'était tué pour la venir voir, quand elle avait pensé mourir à Fontainebleau. Elle avait été touchée de l'admirable dévouement avec lequel Mme la Princesse l'avait soignée pendant sa maladie, lorsque Mme de Montespan sa mère l'avait abandonnée. Du reste, le roi son père lui avait alors témoigné d'autres sentiments que ceux de l'indifférence. Mais depuis ce moment, au milieu des chagrins que lui avait donnés M. le Duc, Mme la Princesse n'avait pu offrir à sa chère bru que les consolations d'une sagesse assez commune, et l'exemple plus rare de la patience et de la soumission à ce qu'on ne saurait empêcher. Les trois plus jeunes filles de Mme la Princesse, quoique assez rapprochées par leur âge de Mme la Duchesse, avaient peu de sympathie pour elle, et n'entretenaient avec elle que des relations mesurées par la prudence de leur mère. Elles regardaient à peine leur belle-sœur comme étant de leur famille ; piquée de cette réserve, elle les traitait comme des petites filles et, comparant la brièveté de leur taille à la grandeur de leur naissance, elle les appelait les poupées du sang. Elle ne jouait plus avec elles (4), mais elle avait trouvé dans Mlle de Bourbon, leur sœur

---

(1) Chap. III, n° 6.
(2) *Relation de Spanheim*, p. 92.
(3) Chap. IV, n° 5.
(4) Mme de Caylus.

aînée, une amie qui pouvait la comprendre. Si Mlle de Bourbon n'était pas mariée, elle avait cinq ans de plus que sa belle-sœur : leur courte expérience était à peu près égale. A la cour, elles partageaient leurs plaisirs mondains ; Mme la Duchesse partageait aussi avec Mlle de Bourbon ses secrètes tristesses, ce qui était bien plus doux au cœur de la jeune femme. A les entendre dans leurs entretiens, elles ne connaissaient que l'amitié, et elles étaient si heureuses ensemble, qu'elles ne voulaient pas connaître autre chose (1). Mme la Duchesse charmait Mlle de Bourbon par son aimable badinage, Mlle de Bourbon plaisait à Mme la Duchesse par la vivacité de son esprit et par la douceur de son caractère. Toutes deux étaient venues à la cour en même temps ; que de choses n'avaient-elles pas vues depuis ce temps-là ! que de curieuses remarques n'avaient-elles pas faites ! que d'impressions diverses ne pouvaient-elles pas se communiquer ! Elles ne croyaient pas à la plus grande partie des folies qu'on disait que l'amour avait fait faire dans tous les temps (2) ; et celles qu'elles avaient vues elles-mêmes, elles ne pouvaient les comprendre. Elles jugeaient les hommes de la même manière ; elles appréciaient leur mérite et leur bonne mine par l'impression qu'ils faisaient sur elles (3), et n'accordaient presque ni l'un ni l'autre à ceux pour qui elles ne sentaient rien.

Toutes les deux avaient beaucoup d'estime et d'affection pour M. le Duc, mais elles rendaient justice à M. le prince de Conti, qui avait tout à fait changé depuis qu'il était revenu à la cour. Le souvenir de Condé le protégeait. Mais il y avait aussi un contraste frappant entre l'élève de la Bruyère et celui de Fleury. On ne pouvait pas en apparence, dit Mme de Caylus (4), être moins fait pour l'amour que M. le Duc, et cependant il se donnait sans cesse pour un homme à bonnes fortunes. Au contraire, un air aimable était répandu sur toute la personne du prince de Conti, on trouvait de la grâce jusque dans ses maladresses ; et cependant il niait toutes les bonnes fortunes qu'on lui prêtait, et n'avouait que des coquetteries. Mlle de Bourbon parlait volontiers de son cousin le prince de Conti (5), mais n'arrêtait jamais les yeux sur lui. Mme la Duchesse ne parlait jamais des fredaines de

---

(1) Chap. III, n° 81.
(2) Chap. III, n° 81.
(3) Chap. III, n° 63.
(4) Éd. Asselineau, p. 191.
(5) Chap. III, n° 65.

son mari ; mais si elle n'était point jalouse (1), c'eût été se tromper que de la croire étrangère à ce sentiment juste, naturel, fondé en raison et sur l'expérience, qu'on appelle la délicatesse. « L'on n'est pas plus maître de toujours aimer (2), qu'on ne l'a été de ne pas aimer. »

En ce temps-là Mme la Dauphine, toujours souffrante et de plus en plus dégoûtée du monde, succombait à la fatigue de ses devoirs de princesse ; sa santé ruinée l'obligeait à garder souvent le lit et la chambre. Mme de Maintenon n'amusait guère les courtisans : ce n'était pas son office. Mme la princesse de Conti, malgré sa beauté, ne suffisait plus à charmer leur ennui. Il fallut que Mme la Duchesse vînt à leur aide et suppléât à l'insuffisance de sa sœur. Elle y mit tant de bonne grâce, que le roi en fut touché. Il chercha et trouva mille manières de lui faire comprendre combien il lui en savait gré.

Il l'appela dans son intimité, comme il l'avait fait à Fontainebleau avant qu'elle ne tombât malade, et la mit sur le même pied que Mme la princesse de Conti. Elle n'était pas veuve, mais M. le Duc fera bien de ne pas trop la délaisser : elle ne manquera jamais d'adorateurs, et elle trouvera toujours un asile assuré auprès du roi son père. Non seulement elle brillait à Trianon, mais le roi invitait aussi à Marly ses trois filles d'honneur Mlles de Doré, de la Roche-Aynard et de Paulmy ; il leur distribua de magnifiques cadeaux, soit à la rafle, soit en loterie, comme aux dames de la cour qu'il tenait le plus à contenter. En revanche, Mme la Duchesse devait faire bon accueil aux parentes et amies de Mme de Maintenon : elle subit sans aucun scrupule l'influence de la nouvelle société qui entourait son ancienne gouvernante. A Versailles, l'appartement des filles de Mme la Dauphine (3) avait été donné aux deux nièces de Mme de Maintenon, Mmes de Mailly et de Caylus. Il s'établit alors, sous la surveillance de Mme de Montchevreuil plus redoutable que jamais, une liaison particulière entre Mme de Caylus et Mme la Duchesse. « Je m'attachai à elle, dit Mme de Caylus (4) dans ses *Souvenirs*, malgré les remontrances de Mme de Maintenon. Elle eut beau me dire qu'il ne fallait rendre à ces gens-là que des respects et ne s'y jamais attacher, que les fautes qu'elle commettrait retomberaient sur moi, et que les choses raisonnables qu'on trouverait dans

---

(1) Chap. IV, n° 29.
(2) Chap. IV, n° 31.
(3) Dangeau, 21 janvier 1688.
(4) *Souvenirs*, p. 176.

sa conduite ne seraient attribuées qu'à elle ; je ne crus pas Mme de Maintenon ; mon goût l'emporta ; je me livrai tout entière à Mme la Duchesse et je m'en trouvai mal. » Cet attachement fut d'abord interrompu par une pénible grossesse de Mme de Caylus. Le 15 juillet 1688, dit le marquis de Sourches (1), elle accoucha d'un fils à Versailles, après avoir eu la fièvre plus de quatre mois de suite, et avoir été cinquante-quatre heures en travail ; mais sa couche la délivra de toutes ses incommodités.

Mme de Maintenon s'occupait de marier ses nièces et bien d'autres personnes sans conséquence ; mais elle ne faisait rien pour le charmant prince de Conti. A la cour, on murmurait contre la justice distributive de Mme de Maintenon. « Tels sont oubliés dans la distribution des grâces, et font dire d'eux : « Pourquoi les oublier ? » qui, si l'on s'en était souvenu, auraient fait dire : « Pourquoi s'en souvenir ? » D'où vient cette contrariété ? Est-ce du caractère de ces personnes, ou de l'incertitude de nos jugements, ou même de tous les deux (2) ? » Alors triomphait la philosophie de M. de Vendôme et autres libertins. Pourquoi le prince de Conti ne prenait-il pas une comédienne ? « La condition des comédiens était infâme chez les Romains et honorable chez les Grecs. Qu'est-elle chez nous ? On pense d'eux comme les Romains (3), et on vit avec eux comme les Grecs. Il suffisait à Bathylle d'être pantomime pour être couru des dames romaines ; à Rhoë de danser au théâtre ; à Roscie et à Nérine de représenter dans les chœurs, pour s'attirer une foule d'amants (4). La vanité et l'audace, suites d'une trop grande puissance, avaient ôté aux Romains le goût du secret et du mystère ; ils se plaisaient à faire du théâtre public celui de leurs amours ; ils n'étaient point jaloux de l'amphithéâtre, et partageaient avec la multitude les charmes de leurs maîtresses. Leur goût n'allait qu'à laisser voir qu'ils aimaient, non pas une belle personne ou une excellente comédienne, mais une comédienne. » — On s'est demandé si Bathylle était Le Basque ou Pécourt ; si Rhoë, Roscie et Nérine étaient la Rochois, la Massé, la Barbereau, etc. Eh ! qu'importe ? Le seul fait que la Bruyère nous indique clairement, c'est que les jeunes gens à la mode, surtout ceux à qui la vanité et l'audace, suite d'une trop

---

(1) T. II, p. 184.
(2) Chap. XII, n° 91.
(3) Chap. XII, n° 15.
(4) Chap. XII, n° 16.

grande puissance, avaient ôté le goût du secret et du mystère, affichaient alors d'avoir une comédienne pour maîtresse. Assurément cela n'eût pas été bien difficile au prince de Conti ; mais c'eût été une triste fin pour un prince si jeune encore, si beau, si aimable et si aimé de toute la cour. On l'avait destiné jadis à épouser l'infante de Portugal, pour qu'il pût un jour porter la couronne de ce royaume (1). Ce fut même le principal motif de l'envoi en Portugal de l'abbé de Saint-Romain, en qualité d'ambassadeur extraordinaire de France. Des événements imprévus s'y opposèrent, et particulièrement la mort de la reine de Portugal ; car le roi veuf songeait à se remarier et on lui destina Mlle de Bourbon comme seconde épouse (2). On en fit même ouverture à l'envoyé de Portugal qui vint de la part de son roi à la cour de France notifier la mort de la reine. Des ordres conformes furent donnés au ministre de France en Portugal. Mais cette affaire n'eut point de suite. Depuis lors le prince de Conti mena, comme nous l'avons vu, une vie fort agitée en divers pays ; et Mlle de Bourbon, une vie fort tranquille sous la protection de sa mère. Ils se virent souvent à Chantilly pendant l'exil du jeune et brillant prince, et l'on dit que Condé songeait à les unir ; mais alors c'était impossible. Après quoi, le bruit de la cour la destina au prince de Pologne, sous la condition d'être un jour la reine de ce pays ; mais la cour polonaise n'offrit ni les sûretés ni les dispositions requises. Voilà encore un projet de mariage à vau-l'eau. Celui que Mme de Montespan avait rêvé pour le duc du Maine eût été à peine une consolation : il ne put tenir. Celui qu'avait désiré feu M. le Prince était devenu possible. Mlle de Bourbon n'avait pas le bonheur de joindre une grande beauté à une grande naissance : le teint basané, les traits en mauresque, l'air un peu hagard, le nez camard et la taille assez petite n'étaient rachetés que par de fort beaux yeux et une expression de physionomie très agréable. « Elle se trouve ornée, dit Spanheim, d'un esprit vif et éclairé, de sentiments et d'inclinations fort nobles et bienfaisantes, et d'une humeur douce et engageante qui charme les personnes qu'elle aime et avec qui elle s'entretient. » Elle ne pouvait convenir au prince de Conti, son cousin, pour être sa maîtresse ; mais pour être son épouse trouvera-t-il mieux ? « Si une laide se fait aimer, dit la Bruyère (3),

---

(1) *Relation de Spanheim*, p. 93.
(2) *Ibid.*, p. 95.
(3) Chap. IV, n° 36.

ce ne peut être qu'éperdument : car il faut que ce soit par une étrange faiblesse de son amant, ou par de plus secrets et de plus invincibles charmes que ceux de la beauté. »

M. le Prince avait fait cette découverte au moins aussitôt que la Bruyère (1). Le 24 février 1688, il parla au roi du dessein qu'il avait de marier Mlle de Bourbon, sa fille, à M. le prince de Conti. « Le roi approuve fort ce mariage, dit Dangeau, mais il ne paraît pas qu'il veuille présentement rien faire de considérable pour M. le prince de Conti. Il lui a pardonné, mais il n'a pas tout à fait oublié ; ce mariage est encore fort secret, et l'on n'a parlé jusqu'ici d'aucune condition. » A peine M. le Prince eut-il fait part de son dessein aux deux futurs époux, qu'ils l'acceptèrent. Cette nouvelle, assure Mme de la Fayette (2), fit une très forte impression dans l'esprit d'une jeune princesse vive, et qui n'avait encore rien pu aimer. Le prince de Conti n'en fut guère moins frappé ; mais il trouva ce projet tout simple et naturel, puisque feu M. le Prince l'avait désiré : il aima sa cousine aussitôt que le roi le trouva bon, et il ne s'en repentit point. Les fêtes du carnaval furent d'une gaieté extraordinaire (3). Tout le monde admirait le bonheur de deux personnes du sang (4) qui avaient la joie si rare de se marier à ce qu'ils aimaient. Jamais il n'y eut de mariage plus approuvé du public, ni plus facilement convenu entre prince et princesse. La maison de Condé nageait dans la joie. Le lundi gras, 1er mars, M. le Duc donna bal en masque chez lui. Monseigneur y vint et demeura jusqu'à la fin malgré les fatigues de la journée ; les officiers de ses gardes prétendaient qu'il avait fait plus de quarante lieues à courre le loup. Le mardi gras, 2 mars, il y eut grand appartement, où tout le monde était masqué, hormis ceux qui jouèrent au billard avec le roi. Il y avait beaucoup de beaux masques ; le bal fut très brillant. Que faisait alors la Bruyère (5) ? « A quoi vous divertissez-vous ? A quoi passez-vous le temps ? » vous demandent les sots et les gens d'esprit. Si je réplique que c'est à ouvrir les yeux et à voir, à prêter l'oreille et à entendre, à avoir la santé, le repos, la liberté, ce n'est rien dire. Les plus grands biens, les seuls biens ne sont

---

(1) *Journal de Dangeau*, t. II, p. 112.
(2) *Mémoires de la cour*, par Mme de la Fayette.
(3) Dangeau.
(4) Chap. III, n° 81.
(5) Chap. XII, n° 104.

pas comptés, ne se font pas sentir. Jouez-vous? Masquez-vous? Il faut répondre. » Dès le 9 mars, les conditions du mariage étaient réglées (1), et l'on n'attendait plus que la dispense du pape pour le conclure.

Pendant que l'on dansait et que l'on se divertissait, on parlait aussi de Mlle de Guise, qui venait de recevoir les derniers sacrements; on ne croyait pas qu'elle en revînt. Ses héritiers naturels étaient Mlle de Montpensier pour les biens de Joyeuse, Mme la Princesse et Mme de Hanovre pour les biens de Guise; mais on supposait qu'elle en disposerait autrement. En effet, après sa mort (3 mars), quand on ouvrit son testament, qu'elle avait corrigé bien des fois, on reconnut qu'elle avait par donations ou par legs fait passer toute sa fortune, qui était énorme, entre les mains de la maison de Lorraine. Mademoiselle et M. le Prince se joignirent pour disputer les donations, le testament et les codicilles, et l'on ne doutait pas qu'ils gagnassent leur procès, tant la maison de Condé était alors heureuse. On nomma deux filles d'honneur pour être auprès de Mlle de Bourbon quand elle serait princesse de Conti; l'une fut Mlle de Saint-Osmanne, l'autre la nièce de Xaintrailles. La dame d'honneur devait être nommée plus tard. Le roi, M. le Prince et M. le prince de Conti avaient écrit au pape pour obtenir la dispense nécessaire au mariage de Mlle de Bourbon, et toutes les précautions avaient été si bien prises qu'il n'y eut aucune difficulté à Rome; mais le courrier fut arrêté à son retour dans les montagnes par les neiges et le débordement des rivières. Pour calmer l'impatience des époux, le poète la Fontaine annonça ainsi le contrat de mariage :

> Hyménée et l'Amour vont conclure un traité
> Qui les doit rendre amis pendant longues années.
>   Bourbon, jeune divinité,
> Conti, jeune héros, joignent leurs destinées.
> Condé l'avait, dit-on, en mourant souhaité.
>   Ce guerrier, qui transmet à son fils en partage
> Son esprit, son grand cœur, avec un héritage
> Dont la grandeur non plus n'est pas à mépriser,
> Contemple avec plaisir de la voûte éthérée
> Que ce nœud s'accomplit, que le prince l'agrée,
> Que Louis aux Condé ne peut rien refuser.
> Hyménée est vêtu de ses plus beaux atours;
> Tout rit autour de lui, tout éclate de joie :
> Il descend de l'Olympe environné d'Amours

(1) Dangeau, t. II, p. 118.

> Dont Conti doit être la proie :
> Vénus à Bourbon les envoie.
> Ils avaient l'air moins attrayant,
> Le jour qu'elle sortit de l'onde,
> Et rendit surpris notre monde
> De voir un peuple si brillant.
> Le chœur des muses se prépare.
> On attend de leurs nourrissons
> Ce qu'un talent exquis et rare
> Fait estimer dans nos chansons.
> Apollon y joindra ses sons ;
> Lui-même il apportera sa lyre.
> Déjà l'amante de Zéphyre,
> Et la déesse du matin,
> Des dons que le printemps étale
> Commencent à parer la salle
> Où se doit faire le festin...

La dispense de Rome étant arrivée, on célébra les fiançailles le 28 juin, et le mariage le 29, avec toute la magnificence possible et les cérémonies ordinaires, mais avec des restrictions blessantes. Il n'y eut point de festin royal. Le roi donna à dîner et à souper aux princesses et non aux princes : ils en eurent grand regret, parce que le duc de Chartres mangea avec le roi pendant qu'ils furent réduits à manger chez M. le Prince. Les mariés ne couchèrent point dans les grands appartements, comme avaient fait feu M. le prince de Conti et M. le duc de Bourbon. Le roi dit que c'étaient des honneurs qu'il ne voulait accorder qu'à ses enfants. La nouvelle princesse de Conti alla coucher avec son mari dans l'appartement de M. le Prince son père, qu'on avait richement meublé pour cette occasion. Il n'y eut personne d'invité à la noce; les princes lorrains n'y vinrent point; les autres princes, à leur exemple, n'y voulurent pas venir aussi; et on dit, ajoute Dangeau, que M. le Prince n'a pas été content de ce procédé-là. Le lendemain, le roi et toute la cour allèrent voir la mariée sur son lit : grand honneur vraiment! et le surlendemain, Mme la princesse de Conti avec toute sa maison, y compris ses demoiselles d'honneur, alla prendre possession de l'hôtel de Conti, à Paris (1). Le 1er juillet, M. le prince de Conti donna une grande fête à Monseigneur le Dauphin. Il y eut un opéra fait par M. de la Chapelle, secrétaire des commandements du prince nouveau marié. Monseigneur venait de courre le loup lorsqu'il alla souper à

---

(1) Dangeau, t. II, p. 150. De Sourches, t. II, p. 180, 181.

l'hôtel de Conti. Il n'entra avec lui que les gens priés par le prince de Conti; ce qui chagrina beaucoup ceux qui avaient suivi Monseigneur à la chasse, et surtout ses menins. La soirée n'en fut pas moins gaie et brillante. On ne vanta pas la froide étiquette de Versailles; mais on répéta souvent ce vers :

> Tous les lieux sont charmants, quand l'amour sert de guide.

L'opéra était une sorte d'épithalame plein d'allusions à l'inutile tendresse des vieux époux. Enfin on célébra sur tous les tons le bonheur de deux amants qui venaient de se marier (1).

Mais M. le Prince était toujours blessé au fond du cœur de l'injure faite à sa fille. Parce qu'on lui avait refusé les honneurs accordés à la fille de Mme de la Vallière et à celle de Mme de Montespan, il lui semblait qu'on l'avait rabaissée à l'état d'une bourgeoise de Paris. C'était une erreur que Saint-Simon constate sans pouvoir la comprendre. C'était une exagération que la Bruyère essaya de corriger. « Cette fatuité de quelques femmes de la ville, qui cause en elles une mauvaise imitation de celles de la cour, est quelque chose de pire que la grossièreté des femmes du peuple, et que la rusticité des villageoises : elle a sur toutes deux l'affectation de plus (2). La subtile invention de faire des présents de noces qui ne coûtent rien, et qui doivent être rendus en espèces (3)! L'utile et la louable pratique de perdre en frais de noces le tiers de la dot qu'une femme apporte! de commencer par s'appauvrir de concert par l'amas et l'entassement de choses superflues, et de prendre déjà sur son fonds de quoi payer Gaultier, les meubles et la toilette (4)! Le bel et judicieux usage que celui qui, préférant une sorte d'effronterie aux bienséances de la pudeur, expose une femme d'une seule nuit sur un lit comme sur un théâtre, pour y faire pendant quelques jours un ridicule personnage, et la livre en cet état à la curiosité des gens de l'un et l'autre sexe, qui, connus ou inconnus, accourent de toute une ville à ce spectacle pendant qu'il dure! Que manque-t-il à une telle coutume, pour être entièrement bizarre et incompréhensible, que d'être lue dans quelque relation de la Mingrélie (5)? » On ne vit rien de semblable aux noces du prince de Conti et

---

(1) *Mercure galant,* juillet 1688, p. 254.
(2) Chap. VII, n° 16.
(3) Chap. VII, n° 17.
(4) Chap. VII, n° 18.
(5) Chap. VII, n° 19.

de Mlle de Bourbon. Les magnifiques présents qu'on leur fit furent célèbres pour leur bon goût et leur richesse. La dot ne fut point perdue en dépenses folles et ridicules. Le marié ne s'appauvrit pas à payer Gaultier (1), le fameux marchand d'étoffes de la rue des Bourdonnais à Paris. La mariée n'eut point trop à souffrir de l'indiscrète curiosité de la cour le lendemain de son mariage. Tout se passa convenablement et modestement, sans que personne eût le droit d'en rire ni de se moquer. Et même la fête de l'hôtel de Conti eut tout l'éclat, tout le succès qu'on pouvait désirer. Elle fut admirée non seulement par ceux qui eurent le rare honneur d'y être admis, mais encore par tous les lecteurs du *Mercure galant*, qui purent en voir une fort belle description avec l'épithalame en forme d'opéra de M. de la Chapelle. Ce dernier était au comble de ses vœux : le 12 juillet, il fut reçu à l'Académie française pour quelques petits ouvrages qu'il n'osait pas même avouer, et par égard pour le prince dont il était le serviteur. Mais le dessinateur des menus plaisirs de Sa Majesté, Jean Berain, qui avait été chargé de la décoration de l'hôtel de Conti, était mécontent de n'y avoir pu déployer son talent comme aux fêtes de son invention. Le temps, l'espace et les autres commodités nécessaires à son art, lui avaient manqué. Nous aurons tout cela à Chantilly, dit M. le Prince, et il pria Mgr le Dauphin de lui faire l'honneur de venir assister à une fête qu'il y donnerait le mois prochain. Monseigneur ne put refuser : le roi se crut obligé d'approuver. Sa Majesté pouvait-elle s'opposer à ce que M. le Prince donnât à Chantilly la fête qu'on n'avait pas donnée à Versailles ?

On n'eut pas plus tôt appris que Mgr le Dauphin devait aller à Chantilly, qu'on s'attendit à y voir des divertissements nouveaux, superbes et remplis d'invention (2). Le génie surprenant de M. le Prince pour toutes sortes de fêtes était bien connu : il pouvait régler sa dépense sur son bien comme sur son état (3) ; il se trouva fort à l'aise (4) pour remplir l'attente générale. Cela lui coûtera plus cher que la fête de Sceaux à M. de Seignelay, que la fête de Meudon à M. de Louvois, que la fête d'Anet à M. de Vendôme, que la fête de Versailles au roi pour le mariage de la duchesse de Bourbon, plus de

---

(1) Abraham du Pradel, *les Adresses de la ville de Paris*, 1692, p. 92.
(2) *Mercure galant*, n°. de septembre 1688, p. 9 du supplément.
(3) Chap. vi, n° 82.
(4) Chap. vi, n° 81.

300.000 francs, somme énorme pour ce temps-là. Mais il y allait de la gloire de Condé ; il ne fallait reculer devant aucun sacrifice. M. le Prince fit un chef-d'œuvre que la Bruyère pourra citer dans son chapitre *Des ouvrages de l'esprit* après l'*Iliade* d'Homère, après l'*Énéide* de Virgile et le *Cid* de Corneille (1). C'est là surtout que la Bruyère pourra montrer la complaisance d'un gentilhomme de la maison de Condé.

La Bruyère a résumé les principes de l'art en ces matières (2) : « Dans les repas ou les fêtes que l'on donne aux autres, dans les présents qu'on leur fait et dans les plaisirs qu'on leur procure, il y a faire bien et faire selon leur goût; le dernier est préférable. » M. le Prince fit l'un et l'autre. La passion du Dauphin pour la chasse était trop connue pour qu'on ne donnât pas à ce noble exercice la première place dans la fête Dauphine. Du reste, Chantilly, avec les grands bois qui l'environnent, offrait les lieux les plus propices à ce genre de divertissement. M. le Prince avait un équipage bien monté, mais qui ne pouvait rivaliser avec celui du roi ou de Monseigneur ; il emprunta la meute du duc du Maine et celle du grand prieur de Vendôme. La meute du duc du Maine était la première de France après celle du roi (3), et le Dauphin aimait beaucoup à s'en servir : il y était accoutumé. « On ne peut dire trop de bien de la meute et de l'équipage de M. le grand prieur ; » mais on disait beaucoup de mal de son fournisseur : « Typhon fournit un grand de chiens et de chevaux (4) ; que ne lui fournit-il point ? Sa protection le rend audacieux ; il est impunément dans sa province tout ce qui lui plaît d'être, assassin, parjure ; il brûle ses voisins, et il n'a pas besoin d'asile. Il faut enfin que le prince lui-même se mêle de sa punition. » Ces histoires, plus ou moins vraies, étaient fréquentes et donnaient de la poésie, dans l'esprit des chasseurs, aux chiens et aux chevaux qui en étaient l'objet.

Mais Monseigneur aimait aussi l'opéra : par là M. le Prince entreprit de faire mieux que le roi lui-même. Lorsque le violon Lully, qui en 1672 avait obtenu le privilège de l'Académie de musique, et son gendre Francine, qui était capable de faire de l'argent

---

(1) Chap. I, n° 48.
(2) Chap. V, n° 34.
(3) *Mercure galant.*
(4) Chap. XIV, n° 62.

avec l'harmonie d'Orphée (1), supprimèrent presque toutes les machines dans les opéras du roi; ils s'étaient enrichis où leurs prédécesseurs s'étaient ruinés ; mais ils avaient fait perdre à l'Opéra (2) l'illusion et beaucoup des choses qui intéressent. C'est pourquoi la Bruyère disait en 1688 : « L'opéra jusqu'à ce jour n'est pas un poème (3), ce sont des vers; ni un spectacle, depuis que les machines ont disparu par le bon ménage d'Amphion et de sa race : c'est un concert, ou ce sont des voix soutenues par des instruments (4). C'est prendre le change, et cultiver un mauvais goût, que de dire, comme l'on fait, que la machine n'est qu'un amusement d'enfants, et qui ne convient qu'aux marionnettes; elle augmente et embellit la fiction, soutient dans les spectateurs cette douce illusion qui est tout le plaisir du théâtre, où elle jette encore le merveilleux. Il ne faut point de vols, ni de chars, ni de changements, aux Bérénices et à Pénélope : il en faut aux opéras, et le propre de ce spectacle est de tenir les esprits, les yeux et les oreilles dans un égal enchantement. »

La vertu de Bérénice, qui renonce à son amour, et la vertu de Pénélope, qui reste fidèle au sien, étaient des sujets qui n'avaient pas besoin de l'illusion théâtrale pour intéresser le public ; ils n'avaient même pas besoin des vers de Corneille ou de Racine ; ceux de l'abbé Genest suffisaient. Bossuet trouvait la *Pénélope* de l'abbé Genest si remplie de vertu (5), qu'il aurait fort approuvé la comédie, si on n'y eût jamais représenté que de tels ouvrages. Les opéras que l'on doit voir à Chantilly n'auront rien de semblable : ils ne manqueront ni de spectacles, ni de machines. Il y en aura partout, même à la chasse, à la pêche et à la promenade. A ce point de vue, la fête Dauphine sera une immense féerie, un ouvrage dramatique en huit journées, où tout était concerté d'avance pour enchanter les yeux, les oreilles et l'esprit, sans compter les menus plaisirs qui n'étaient pas dans le programme. Enfin M. le Prince prépara si bien toutes choses (6), qu'il était sûr que, si le mauvais temps faisait manquer quelque divertissement, il

---

(1) Chap. VI, n° 28.
(2) Chap. I, n° 47.
(3) Chap. I, n° 47.
(4) Chap. I, n° 47.
(5) Lettre de l'abbé d'Olivet, dans l'*Histoire des membres de l'Académie française* par d'Alembert, t. III, p. 462.
(6) *Mercure galant*, p. 316.

pourrait en peu d'heures lui en substituer un autre qui serait du goût de Mgr le Dauphin.

M. le Prince faisait seul le projet et la dépense. On le voyait se promener, dans tout Chantilly, suivi de plusieurs secrétaires avec de l'encre et du papier. A mesure qu'il parlait, ils écrivaient tout ce qui lui passait par l'esprit, pour bâtir ou réparer, changer ou embellir. D'après les dessins de J. Berain, on élevait le palais de verdure dans la forêt ; on construisait la salle de spectacle ou le nouveau théâtre dans l'orangerie ; on dressait les surprises du labyrinthe dans le vallon de Sylvie. Avant de disposer les machines de son opéra, M. le Prince aurait bien voulu avoir Racine pour faire les vers ; mais Mme de Maintenon le retint pour faire l'opéra d'*Esther* (1) : M. le Prince chercha la monnaie de Racine. On ne pouvait songer à prendre Quinault, alors très malade, et qui mourut peu après. M. le Prince choisit donc : 1° l'académicien Leclerc, dont Racine s'est tant moqué (2), et qui promit de faire une tragédie lyrique comme on n'en avait pas encore vu ; 2° du Boulai, secrétaire du grand prieur, et auteur d'un opéra de *Flore* qui venait d'avoir du succès ; 3° un prince italien, M. le duc de Nevers, grand improvisateur, et qui devait apporter un impromptu fait à loisir et approuvé du roi. N'était-ce pas assez pour remplacer Racine, quand avec cela l'on avait Lorenzani pour faire les airs de musique, Lully fils pour diriger l'orchestre et les chœurs, Pécourt pour composer et conduire les danses, Lecamus et Bréaar pour commander le service des tables ? Mais tout ce monde était difficile à mettre en mouvement et d'accord : la moindre faute pouvait jeter le désordre dans un projet si vaste et si compliqué ; souvent M. le Prince perdit son stoïcisme : on eût dit qu'il allait dévorer les gens qu'il employait. « D'où vient, pensait la Bruyère (3), que les mêmes hommes qui ont un flegme tout prêt pour recevoir indifféremment les plus grands désastres, s'échappent, et ont une bile intarissable sur les plus petits inconvénients ? Ce n'est pas sagesse en eux qu'une telle conduite, car la vertu est égale et ne se dément point ; c'est donc un vice, et quel autre que la vanité, qui ne se réveille et ne se recherche que dans les événements où il y a de quoi faire parler le monde, et beaucoup à gagner pour elle, mais qui se néglige sur tout le reste ? »

(1) *Journal de Dangeau,* t. II, p. 160.
(2) Épigramme sur Iphigénie.
(3) Chap. XI, n° 148.

La fête commencée, M. le Prince revint à son naturel, et demeura tranquille, comme son père au milieu de la bataille : il savait que tout marcherait à son gré.

Le Dauphin partit de Versailles le dimanche 22 août, et arriva dans la forêt de Chantilly par le chemin de Luzarches. M. le Duc et M. le prince de Conti allèrent un peu au-devant de lui, et il fut reçu par M. le Prince, pendant que des timbales et des trompettes cachées dans les bois faisaient entendre une musique guerrière. Les échos d'alentour retentissaient de ces joyeuses fanfares, lorsque Monseigneur arriva au carrefour de la table. Là, au milieu d'un rond-point où aboutissaient douze larges routes bordées de charmille, s'élevaient, sur une estrade en terre qui dominait tous les environs, les douze arcades et le dôme du palais de verdure : feuillage, fleurs et fruits, herbes, plantes, arbres et arbustes formaient l'édifice, qui était percé à jour de tous côtés, de manière qu'on en pût bien voir l'architecture profilée. Au milieu se trouvait la table ronde de douze pieds de diamètre ; et sur la table, une énorme corbeille d'argent, soutenue par douze consoles de vermeil, avec de petites corbeilles de fruits, et autour, cent vingt plats chauds, rôts et entremets. La collation fut très gaie. Au dessert, il se fit un moment de silence : l'on entendit une harmonie lointaine de hautbois, flûtes, musettes et autres instruments champêtres. On l'écoutait, lorsqu'on vit paraître dans l'allée en face de Monseigneur, à un demi-quart de lieue, le dieu Pan suivi de quatre-vingt dix faunes, sylvains et satyres. Cette troupe se mit en marche vers Monseigneur ; il fut tout surpris de reconnaître dans le dieu Pan, qui marchait en tête, Lully qui battait la mesure avec son thyrse. La troupe des musiciens s'ouvrit, et des danseurs avec les costumes des habitants des bois vinrent, sous la direction de Pécourt, exécuter autour de Monseigneur des figures aussi extraordinaires que gracieuses, pour lui exprimer leur joie de le voir en ces beaux lieux. La forêt servait à la fois de coulisses et de décors à ce théâtre. Musiciens et danseurs disparurent, et soudain éclata, joué par toutes les musiques, le grand air de feu Lully :

> Debout Lysiscas ! Holà debout !
> Pour la chasse ordonnée,
> Il faut préparer tout.

Aussitôt les cors de chasse annoncent le lancé : un cerf traverse la route. Monseigneur le voit et crie *Taïaut!* comme pour appeler les chiens; on découple une meute sous ses yeux. Les chiens chassaient si bien, que Monseigneur regretta de n'avoir que des chevaux pour tirer au vol. Vinrent à l'instant des chevaux de chasse à courre pour lui et tous les siens. On fut bientôt en selle, et au bout d'une heure le cerf était pris. Le soleil baissait sur l'horizon; toute la compagnie vint souper au château. Voilà le prologue de la fête; le reste fut à l'avenant.

Le lundi 23, premier jour, on commença par le divertissement favori de Monseigneur : le matin, chasse au loup; la bête prise, on remplit sa peau de fromage, et l'on regarda les chiens s'en soûler; l'après-dînée, chasse au sanglier, bien couru, bien servi, bien forcé. Monseigneur était de bonne humeur : il vit avec plaisir l'opéra d'*Orontée,* musique de Lorenzani, paroles de Leclerc. Il est vrai, cet opéra ne ressemblait pas à ceux qu'il connaissait : il y avait plus d'action, plus de mouvement, plus de spectacle, plus de théâtre (1) que dans les autres; c'était bien une tragédie lyrique, mais pleine de péripéties violentes, d'apparitions mystérieuses, de changements extraordinaires. La pièce montrait et déroulait une intrigue galante dans les ruines de la Phénicie et au milieu des grands tombeaux de l'Égypte; elle était bien faite pour surprendre les spectateurs du dix-septième siècle; mais ce qu'il y avait de plus étrange pour ce temps-là, c'est le mélange, qui fut très applaudi, du comique au tragique; et même, au milieu des chansons à boire, des maximes philosophiques produisirent le meilleur effet. On comprend que, pour décorer cette sombre et piquante féerie, M. le Prince dut donner carrière à son génie mécanique. Sans souci de la faiblesse des vers ni de l'invraisemblance du drame, il croyait pouvoir créer l'illusion avec ses machines. Monseigneur le félicita de son succès. Le mardi 24, chasse à tir dans le parc, en liberté, pendant la matinée; l'après-dînée, chasse au cerf avec l'équipage du duc du Maine; puis l'opéra d'*Orontée;* le soir, Monseigneur tint appartement. Le 25 au matin, chasse à tir par quadrille : grand massacre de perdreaux, levreaux et faisandeaux; l'après-dînée, promenade dans le parc et dans le village avec accompagnement de musique. Appartement avant et après souper. Mme la Princesse et la princesse de Conti étaient arrivées dans la journée; dans la nuit, arrivèrent Mme la Duchesse et la princesse de

---

(1) Chap. I, n° 47.

Conti, la veuve. Alors la fête Dauphine prit une face nouvelle et un peu moins sauvage.

Le 26, Monseigneur alla encore le matin chasser le loup, mais ensuite, dans les grands fossés du château, la marine de Chantilly donna le spectacle d'une joute sur l'eau et de divers jeux nautiques. Les dames du château regardaient par les fenêtres, et y prirent grand plaisir. Dans les jardins circulaient une foule de gentilshommes et d'autres personnes, que leur devoir ou la curiosité avait attirés à Chantilly. Tous les villages des environs étaient pleins d'officiers de la maison de Condé, lesquels avaient soin d'y faire servir avec abondance tous ceux qui y étaient logés. Un pauvre poète affamé (1), qui fit une relation au duc d'Orléans, disait avec enthousiasme :

> A tout venant c'était beau jeu,
> Bon vin, grande chère et bon feu ;
> Chaque jour neuf maîtresses tables,
> Quantité d'autres agréables,
> Contentaient la soif et la faim
> Du gros, du grand, du rez (petit, bas), du nain.
> Mon Pégase cherche l'étable,
> Et moi je vais me mettre à table.

Le vendredi 27, Monseigneur chassa le matin au cerf, et dans l'après-dînée on se rendit à l'étang de Comelle par de grandes allées dont on admirait la beauté. Cet étang, qui peut avoir un quart de lieue de long sur un demi-quart de large, est situé dans un fond dont le terrain s'élève de tous côtés en amphithéâtre, à la réserve de la chaussée. Il est garni de bois tout autour, et il était enfermé par des toiles de chasse dont l'enceinte, par un côté, s'étendait assez loin dans la forêt. On avait dressé une feuillée sur la chaussée, avec des tentes au milieu ; là fut servie une magnifique collation. Tous les spectateurs, qui étaient accourus en foule, se tenaient derrière les toiles (2). Il y avait sur l'étang des bateaux dorés : deux grands couverts de leurs tendelets, et plusieurs plus petits couverts de feuillage. Monseigneur, Mme la Duchesse, Mme la princesse de Conti, M. le Prince et les dames d'honneur des princesses, avec quelques-uns des seigneurs de leur suite, entrèrent dans le plus grand des bateaux. M. le Duc, le

---

(1) *Lettre en vers à LL. AA. RR. Monsieur et Madame, sur tout ce qui s'est passé à Chantilly du 22 au 30 août* 1688 ; Paris, chez Raffle, 1688, in-8°.
(2) De Sourches, t. II, p. 216.

prince de Conti et M. de Vendôme se mirent dans le second; tout le reste de leur suite se partagea dans les autres. A peine avait-on fini de s'embarquer, qu'on entendit retentir de toutes parts le son de plusieurs troupes de hautbois et de trompettes placées en divers endroits; et un peu après, un bruit de cors et de chiens, qui firent lancer dans l'étang, à plusieurs reprises, grand nombre de sangliers, de cerfs et de biches avec leurs faons. Tous ceux qui étaient dans les bateaux prirent leur parti de les attaquer avec des pieux, des dards et des épées. D'autres se servirent de grandes gaules, avec un nœud coulant au bout, afin de les prendre vivants. Ils firent le tour de l'étang en cet équipage, et, formant un croissant, ils poussèrent les bêtes, qui se débattaient dans l'eau, vers la feuillée où se tenait Mme la Princesse avec les dames. Alors on lâcha les chiens, qui donnèrent avec tant de vigueur, qu'un seul chien coiffa un sanglier à plusieurs reprises et le noya. Les dames eurent la satisfaction de prendre des cerfs elles-mêmes, avec des nœuds coulants qu'elles leur jetaient; on attachait ensuite la corde au bateau et on levait les rames; les cerfs, en voulant gagner le bord, tiraient le bateau; quand ils arrivaient à terre, on coupait la corde : ils profitaient de leur liberté avec un empressement qui excitait les rires. Les dames eurent aussi le plaisir de prendre dans leur bateau quantité de faons vivants, et de les renvoyer libres dans la forêt. Le prince de Conti voulut prendre un cerf par son bois ; le bateau chancela trois fois; le prince ne lâcha point prise (1); il fut entraîné dans l'eau et disparut; il alla deux fois au fond, et revint deux fois sur l'eau. Enfin on l'aida, et il se débattit tant et si bien qu'il revit le beau monde, non pas sans qu'il eût commencé à boire plus que de raison, mais il alla se cacher sous la feuillée, un peu surpris de sa maladresse. Après s'être bien séché, il revint auprès de M. le Duc, qui s'amusa fort à ses dépens. Mme la Duchesse fut presque aussi émue de cet accident que la princesse de Conti, qui s'en aperçut. On revint au château : il y eut opéra et appartement; les dames mêmes jouèrent aux cartes.

Le samedi 28, lorsque Monseigneur fut revenu de la chasse au loup, les dames espéraient avoir un opéra-ballet dans la forêt : c'était l'opéra du duc de Nevers avec les airs de Lorenzani et les danses de Pécourt. On l'avait joué, il y avait quelques années, à Fontainebleau, où il avait été trouvé fort agréable et très beau par le roi et par la cour. On l'a-

(1) De Sourches, t. II, p. 216-217.

vait changé et arrangé pour le jouer en plein air à Chantilly, comme les pièces antiques. Mais un orage survint, la pluie détériora la salle de spectacle qu'on avait préparée, et Monseigneur se contenta d'assister à un concert dans l'appartement de la princesse de Conti. Nous disons un concert, pour parler comme M. le Prince et la Bruyère, mais c'était bien un opéra de la dernière mode, paroles de du Boulay et musique de Lully fils : point de machines, peu de théâtre, de jolis vers aisés et coulants avec une musique facile et légère, c'était tout ce que l'on voulait ; un compliment bien tourné à Monseigneur, sur un air gracieux, cela suffit pour être applaudi. Il y eut encore ce jour-là appartement, opéra et médianoche. Le succès du jour fut pour du Boulay et Lully fils.

Le dimanche 29 fut la dernière journée de la fête Dauphine, et la mieux remplie. Le génie de M. le Prince était inépuisable. Après la messe, Monseigneur alla courre le cerf avec les chiens du grand prieur ; à son retour, il alla dîner avec les dames dans la maison de Sylvie, rendue célèbre par le poète Théophile : on pouvait lire encore les vers à sa maîtresse gravés sur les murs. Après les entremets, comme on croyait qu'on allait servir le fruit, M. le Prince dit à Monseigneur que, s'il en voulait, il fallait qu'il se donnât la peine d'aller en chercher au milieu du labyrinthe où le dessert était servi. Monseigneur accepta la proposition. On partit donc : impossible de dire tous les jeux qui vous retenaient au passage et vous amusaient sur la route ; ni tous les détours du chemin qu'il fallait parcourir ; ni les belles statues de marbre qui venaient de Rome et représentaient l'histoire d'Ariane, de Thésée et du Minotaure ; ni les énigmes gravées sur des cartouches en marbre que portaient des piédestaux ; ni les cent figures d'Amours moqueurs, d'enfants aussi beaux que malins, qui insultaient le voyageur égaré en lui indiquant une fausse direction. Au milieu du labyrinthe une musique douce et séduisante vous attirait ; vous alliez tout droit à ce lieu délicieux, et lorsque vous croyiez y entrer, le chemin vous en éloignait insensiblement : l'on n'en était jamais plus loin que quand on pensait en être le plus proche. Les gens trompés étaient les premiers à rire de leur impatience. Enfin Monseigneur se rendit et pria M. le Prince de le mettre dans le bon chemin ; tout le monde le suivit. L'édifice du labyrinthe était un chef-d'œuvre d'architecture exquise ; Jean Berain en a fait graver par Dolivard un dessin charmant. Quand Monseigneur y entra, il n'y avait plus personne, mais des fleurs et des fruits disposés avec tant d'art qu'il en fut émerveillé : jamais il n'avait vu si belle collation. Ensuite il alla tirer, et trouva un nouveau divertissement à son retour : c'était celui que M. de Nevers avait voulu lui donner la veille. Le dieu Pan, incommodé par le mauvais temps, avait quitté les bois où il aime à vivre, pour venir au théâtre de Chantilly, dont la décoration, grâce à M. le Prince, représentait si bien la forêt qu'il se sentait là comme chez lui. C'est pourquoi il avait convié toutes les divinités des bois, nymphes et satyres, dryades et hamadryades, bergers et bergères, pour offrir à Monseigneur le divertissement champêtre d'un opéra-ballet, mêlé de couplets, où l'on reconnut sans peine le tour d'esprit si vif et si naturel de M. le duc de Nevers. Cette représentation, avec les airs italiens et français et les symphonies de Lorenzani, avec les danses de Pécourt et quelques nouvelles entrées faites pour la circonstance, fut si bien exécutée, détails et ensemble, qu'on aurait pu aisément la faire passer pour un des divertissements qui avaient été préparés avant l'arrivée de Monseigneur. Mais M. de Nevers, en sa qualité de grand seigneur, maintint que c'était une improvisation au moins pour lui. Ce qui fut nié et donna lieu aux plus singulières histoires. La fête se termina par une illumination du château et des jardins, et par un feu d'artifice sur la pelouse du Vertugadin.

Le lendemain, Monseigneur partit pour Versailles avec toute sa suite, non toutefois sans avoir encore chassé, à courre le matin, et l'après-dînée dans les toiles. En partant, il fit mille honnêtetés à M. le Prince pour le remercier des plaisirs qu'il lui avait procurés. Peu à peu tous les seigneurs, jeunes et vieux, qui étaient venus l'escorter, s'en allèrent chacun de leur côté; les princesses et les dames ou filles d'honneur qui les accompagnaient retournèrent à Versailles. La foule de ceux que la curiosité avait appelés à Chantilly s'écoula dans toutes les directions. Le souvenir de la fête Dauphine demeura profondément gravé dans l'esprit des habitants du pays, comme une chose merveilleuse qu'on n'y avait jamais vue et qu'on n'y reverra jamais. Bien des invités emportèrent un souvenir qui n'était pas moins flatteur ni moins exact. S'il faut en croire M. le marquis de la Fare (1), compagnon de M. de Vendôme et du grand prieur, M. le Prince était l'homme du monde qui avait le plus de talent pour imaginer tout ce qui pouvait rendre cette fête galante et magnifique.

(1) *Mémoires de la Fare.*

Gourville n'a pas dans ses *Mémoires* parlé de la fête Dauphine, et cependant il y était : sans lui M. le Prince n'aurait pu rien faire. Mais les hommes et les affaires, comme disait M. de la Rochefoucauld, ont leur point de perspective. On ne devait pas voir Gourville (1). C'était comme en Guyenne pendant la Fronde, à la cour de M. le prince de Conti, père du nouveau marié : toute une cabale d'hommes d'esprit, dirigée par l'abbé de Cosnac, Sarrasin et Guilleragues, prétendait diriger à son gré l'opinion publique ; ils ne voulaient même pas permettre à Gourville d'approcher du prince, et ils avaient conseillé de le jeter dans la Garonne. Ils faisaient si bonne garde autour de Son Altesse, qu'il fallut que Gourville se glissât dans une église pendant la messe, et sautât par-dessus la balustrade après l'élévation, pour dire un mot à l'oreille du prince et le réduire ensuite à signer la paix avec le cardinal de Mazarin. Ces beaux esprits n'osaient l'attaquer en face, mais ils ne lui pardonnaient pas les services qu'il rendait à la maison de Condé. Mlle de la Rochefoucauld en conservait dans les archives de son père une preuve irrécusable ; c'est une lettre où le prince de Conti disait : « J'ai présentement la tête si pleine de Gourville, que je ne puis vous parler d'autre chose. Comment ce diable-là a été à l'attaque des lignes d'Arras ! La destinée veut qu'il ne se passe rien de considérable dans le monde qu'il ne s'y trouve ; et toute la fortune du royaume n'est pas assez grande pour nous faire battre les ennemis, s'il n'y joint la sienne. Cela nous épouvante si fort, M. de Candale et moi, que nous sommes muets sur cette matière-là ; sérieusement je vous supplie de me l'envoyer bien vite en Catalogne : car, comme j'ai fort peu d'infanterie et que, sans infanterie ou sans Gourville, on ne saurait faire de progrès en ce pays-ci, je vous aurai une extrême obligation de me donner lieu, en le faisant partir promptement, de faire quelque chose d'utile au service du roi. Si je manque de cavalerie à la campagne prochaine, je vous prierai de me l'envoyer encore ; car, sur ma parole, la présence de Gourville remplace tout ce dont on manque. Il est en toutes choses ce que les quinola sont à la prime ; et quand j'aurai besoin de canon, je vous demanderai encore Gourville... P. S. Nous marchons après-demain pour attaquer Puycerda : j'attends Gourville pour en faire la capitulation. » Cette lettre, signée Armand de Bourbon, est évidemment une bouffonnerie de Sarrasin, mais ce qui paraissait plaisant en 1654 était devenu une vérité incontestable en 1688 :

---

(1) *Mémoires de Gourville.*

la présence de Gourville remplaçait tout ce dont on pouvait manquer. A la fête Dauphine, il ne fut pas besoin d'infanterie, de cavalerie ni d'artillerie, mais d'une armée de manœuvres, d'artisans, d'ouvriers en tout genre, de peintres, de musiciens, de danseurs, de poètes et d'hommes de lettres. Gourville fournit le tout à point nommé, en parfait état. C'est pourquoi les ordres de M. le Prince furent exécutés si ponctuellement, que Son Altesse put enfin demeurer tranquille et sans inquiétude. Mais il importait à la politique de la maison de Condé que Gourville ne parût point trop aux yeux du public, et laissât à chacun la gloire qui lui appartenait, surtout à M. le Prince.

Les machinistes, les peintres, les poètes, les danseurs, les musiciens, les artisans, qui avaient travaillé avec le plus beau zèle à cette magnifique fête, revendiquaient tous une part considérable du succès. Ils le savaient bien, sans eux rien n'eût pu réussir. C'est pourquoi ils avaient été si empressés à faire leur devoir. Enfin, à les entendre, leur mérite était si grand, qu'il n'en restait plus pour les officiers de la maison de Condé, pas même pour M. le Prince qui avait tout inventé, tout conduit et tout dirigé. « Ils ont fait le théâtre, ces empressés (1), les machines, les ballets, les vers, la musique, tout le spectacle, jusqu'à la salle où s'est donné le spectacle, j'entends le toit et les quatre murs dès leurs fondements. Qui doute que la chasse sur l'eau, l'enchantement de la Table, la merveille du Labyrinthe ne soient encore de leur invention? J'en juge par le mouvement qu'ils se donnent, et par l'air content dont ils s'applaudissent sur tout le succès. Si je me trompe, et qu'ils n'aient contribué en rien à cette fête si superbe, si galante, si longtemps soutenue, et où un seul a suffi pour le projet et pour la dépense, j'admire deux choses : la tranquillité et le flegme de celui qui a tout remué, comme l'embarras et l'action de ceux qui n'ont rien fait. »

Du reste, parmi les invités y avait-il beaucoup d'hommes de goût qui sussent donner le prix à chaque chose et en connussent toute la valeur? « Les connaisseurs, ou ceux qui, se croyant tels (2), se donnent voix délibérative et décisive sur les spectacles, se cantonnent aussi, et se divisent en des partis contraires, dont chacun, poussé par un tout autre intérêt que par celui du public ou de l'équité, admire un certain poème ou une certaine musique, et siffle toute autre. Ils nuisent éga-

(1) Chap. I, n° 48.
(2) Chap. I, n° 49.

lement, par cette chaleur à défendre leurs préventions, et à la faction opposée et à leur propre cabale ; ils découragent par mille contradictions les poètes et les musiciens, retardent le progrès des sciences et des arts, en leur ôtant le fruit qu'ils pourraient tirer de l'émulation et de la liberté qu'auraient plusieurs excellents maîtres de faire, chacun dans leur genre et selon leur génie, de très beaux ouvrages. »

Mais s'il faut en croire le *Mercure galant* (1), tous les connaisseurs, et ceux qui se croyaient tels, tombèrent d'accord pour applaudir un caractère fort original, celui de Gélon, dans l'opéra d'*Orontée*. C'est une espèce d'honnête homme qui trouvait son bonheur à jouir de la vie libre et sans contrainte; il méprisait toutes les belles chimères dont les autres se font des occupations, et qui les empêchent d'avoir un moment de joie et de repos. Il venait de sauver la vie au jeune premier, Alidor, et il chantait :

S'il était mort, qu'il serait regretté !
Moi, pour rendre à jamais sa mémoire célèbre,
Au bruit des pots j'aurais chanté
D'un ton plaintif son oraison funèbre.
Pour vivre longtemps,
Pour vivre contents,
Il n'est rien tel que de bien boire.
Que le ciel me délivre
De ces philosophes du temps,
Qui jour et nuit pâlissent sur un livre !
De ces auteurs languissants,
De ces affamés courtisans,
Que repaît la fumée et que l'espoir enivre !
Pour moi, je ne veux point être
Esclave en amour,
Ni devenir savant, ni vieillir à la cour,
Ni mourir sottement pour vivre dans l'histoire.
Pour vivre longtemps,
Pour vivre contents,
Il n'est rien tel que de bien boire.

« Tous ceux qui ont entendu cet opéra, dit le *Mercure galant* (2), ont donné tant de louanges à cet endroit, en ont trouvé le tour des pensées si nouveau et si brillant, les vers si justes, d'un caractère si aisé et si poli, que j'ai cru devoir vous les envoyer tels qu'ils ont été chantés. »

(1) N° de septembre 1688, p. 111.
(2) Octobre 1689 (supplément), p. 114.

Voilà bien des éloges pour une médiocre poésie : Leclerc, qui en était l'auteur, écrivait souvent dans le *Mercure galant* (1). N'est-ce pas lui qui a envoyé ses vers, après avoir goûté le rare bonheur de les voir applaudir, sans faire la part de l'acteur et du musicien? Quant à la Bruyère, il était certainement un *des philosophes du temps,* dont on aimait à rire dans la maison de Condé. Mais ce n'est pas pour cela, j'imagine, qu'il dédaignait les vers d'opéra (2).

Laurent, le poète burlesque, inventa une histoire bien plus étrange. Dans la lettre en vers qu'il écrivit sur la fête Dauphine à Monsieur et à Madame, il racontait avec complaisance la chute du prince de Conti dans l'étang de Comelle, et l'amour de Téthys, qui avait voulu le faire enlever par un triton. Certaines gens pensèrent que Téthys n'était autre que Mme la Duchesse (3). Hé quoi! serait-elle amoureuse du prince de Conti? On payait Laurent pour se taire : il ne dit rien de plus (4).

Saint-Simon raconte sur la fête Dauphine une autre histoire qui n'est guère plus vraie. S'il faut l'en croire, M. le Prince n'avait donné cette fête que pour retarder le voyage d'une grande dame avec laquelle il était bien, et dont il engagea le mari à faire les vers. Mme de Caylus nous a expliqué ce mystère. M. le Prince avait jadis signalé sa galanterie pour Mme de Nevers par des traits fort hardis; et M. de Nevers, distrait et rêveur, partait pour Rome de la même manière dont on va souper à ce qu'on appelle aujourd'hui une guinguette. Mme de Nevers découvrit que son mari était encore sur le point de lui faire faire ce voyage; elle en avertit M. le Prince. Aussi prodigue pour satisfaire ses passions qu'avare pour payer ses dettes, mais toujours fertile en inventions, M. le Prince imagina de donner une fête à Chantilly pour employer le talent poétique de M. de Nevers. Quand la fête Dauphine fut résolue et préparée, « il alla trouver le duc de Nevers, et, supposant avec lui son extrême embarras pour le choix d'un poète, il lui demanda en grâce de lui en conduire un à Chantilly. M. de Nevers s'offrit et fut accepté. Enfin la fête se donna, elle coûta plus de cent mille écus, et Mme de Nevers n'alla point à Rome ». Nous savons que Mme de Nevers était nièce de Mme de Montespan; voilà pourquoi la

---

(1) *Histoire critique des journaux,* par Camusat, p. 198 et p. 206; Amsterdam, 1734.
(2) Chap. I, n° 47.
(3) *Mémoires de Mme de Caylus.*
(4) Chap. XIV, n° 13.

nièce de Mme de Maintenon, M^mo de Caylus, qui, à cause de sa grossesse, de sa couche et de ses suites, n'avait pu assister aux fêtes du mariage du prince de Conti, racontait ce joli roman. Si M. de Nevers n'alla point à Rome, où il avait un palais et de riches propriétés, c'est qu'on était alors en France dans la plus grande irritation contre la cour de Rome. Le roi, ne pouvant faire fléchir Innocent XI, en avait appelé au futur concile. M. de Chamlai, qui avait été envoyé à Rome avec une lettre autographe de Louis XIV, n'avait pas été reçu en audience. Le procureur général Talon avait fait, avec l'autorisation du roi, devant le parlement de Paris, un réquisitoire de la dernière violence, et le parlement décrétait la confiscation du comtat Venaissin : on le réunissait à la France sans autre forme de procès. M. de Nevers, neveu de Mazarin, savait bien que le pape ne lui confisquerait pas ses terres et domaines des États pontificaux. Il demeura en France pour présenter au roi quelques chevaliers du Saint-Esprit, à la grande promotion qui devait avoir lieu le 1er janvier 1689. C'est pourquoi la Bruyère disait (1) que « le contraire des bruits qui courent des affaires et des personnes est souvent la vérité ».

« Qui peut se promettre d'éviter dans la société des hommes la rencontre de certains esprits vains, légers, familiers, délibérés, qui sont toujours dans une compagnie ceux qui parlent, et qu'il faut que les autres écoutent (2) ? On les entend de l'antichambre; on entre impunément et sans crainte de les interrompre : ils continuent leur récit sans la moindre attention pour ceux qui entrent ou qui sortent, comme pour le rang ou le mérite des personnes qui composent le cercle ; ils font taire celui qui commence à conter une nouvelle, pour la dire de leur façon, qui est la meilleure : ils la tiennent de Zamet, de Ruccelay, ou de Conchini, qu'ils ne connaissent point, à qui ils n'ont jamais parlé, et qu'ils traiteraient de Monseigneur s'ils leur parlaient ; ils s'approchent quelquefois de l'oreille du plus qualifié de l'assemblée, pour le gratifier d'une circonstance que personne ne sait, et dont ils ne veulent pas que les autres soient instruits ; ils suppriment quelques noms pour déguiser l'histoire qu'ils racontent, et pour détourner les applications ; vous les priez, vous les pressez inutilement : il y a des choses qu'ils ne diront pas, il y a des gens qu'ils ne sauraient nommer, leur parole y est engagée, c'est le dernier secret, c'est un mystère, outre

---

(1) Chap. XII, n° 38.
(2) Chap. V, n° 8.

que vous leur demandez l'impossible, car sur ce que vous voulez apprendre d'eux, ils ignorent le fait et les personnes. »

Ils étaient passés, ces beaux jours où l'on pouvait pardonner à M. le Prince les folies galantes qu'il s'était permises pendant trop longtemps; il arrivait à cet âge si bien décrit par la Bruyère : « Un homme qui serait en peine de connaître s'il change, s'il commence à vieillir (1), peut consulter les yeux d'une jeune femme qu'il aborde, et le ton dont elle lui parle : il apprendra ce qu'il craint de savoir. Rude école! » Elle était passée aussi, et depuis bien plus longtemps encore, cette belle époque de l'intrigue italienne, où Zamet, le financier florentin, faisait sa fortune en soutenant tour à tour les amours de Henri IV et la politique de Marie de Médicis. Il n'y avait plus de place à la cour de France pour un diplomate comme l'abbé Ruccelaï, gentilhomme de Florence, qui servit souvent d'intermédiaire entre la cabale des princes et la veuve de Henri IV, devenue régente pendant la minorité de Louis XIII : le roi Louis XIV, en 1688, n'eût pas toléré les intrigues d'un Concini. Quelle énorme distance entre le pouvoir absolu du grand roi et celui de Louis XIII encore enfant! En vérité, c'était mal connaître les hommes que de supposer à M. le Prince les audaces coupables de son grand-père (2), à Philippe Mancini l'ambition de l'ancien duc de Nevers, à Gourville les bassesses de Zamet, à l'abbé de Chaulieu les finesses de Ruccelaï, et à M. de Vendôme la sotte vanité du maréchal d'Ancre.

La Bruyère, en étudiant le règne de Louis XIII avec M. le Duc, n'avait pas de peine à démontrer l'absurdité des récits qu'il entendait quelquefois débiter contre M. le Prince. Pour éviter cet inconvénient « il y a, disait-il (3), un parti à prendre dans les entretiens entre une certaine paresse qu'on a de parler, ou quelquefois un esprit abstrait qui, nous jetant loin du sujet de la conversation, nous fait faire ou de mauvaises demandes ou de sottes réponses, et une attention importune qu'on a au moindre mot qui échappe, pour le relever, badiner autour, y trouver un mystère que les autres n'y voient pas, y chercher de la finesse ou de la subtilité seulement pour avoir occasion d'y placer la sienne ».

Le seul reproche que l'on pût faire à M. le Prince, c'est que la fête

---

(1) Chap. III, n° 64.
(2) *Mémoires de la Fare.*
(3) Chap. V, n° 10.

Dauphine avait été trop belle. Versailles avait été jaloux de Chantilly : la réunion de tant de princes autour de Monseigneur dans la maison de Condé avait porté ombrage à des esprits soupçonneux, et ils avaient fort mal à propos rappelé un passé qui ne pouvait plus revenir. M. le Prince n'y avait pas même songé : voilà sa faute ; mais il aurait eu vraiment grand tort de s'en inquiéter. Ne faut-il pas toujours qu'il y ait des mécontents ? ne faut-il pas qu'on trouve partout ces esprits délicats que rien ne satisfait ? Ils veulent paraître plus intelligents et plus éclairés que les autres, et ils ne font que se trahir eux-mêmes : ils montrent leur fausse délicatesse ? « La fausse délicatesse dans les actions libres, dans les mœurs ou dans la conduite, n'est pas ainsi nommée parce qu'elle est feinte, mais parce qu'en effet elle s'exerce sur des choses et en des occasions qui n'en méritent point (1). La fausse délicatesse de goût et de complexion n'est telle, au contraire, que parce qu'elle est feinte ou affectée : c'est Émilie qui crie de toute sa force sur un péril qui ne lui fait pas de peur ; c'est une autre qui par mignardise pâlit à la vue d'une souris, ou qui veut aimer les violettes et s'évanouir aux tubéreuses. » Il y avait beaucoup de tubéreuses dans le labyrinthe de Chantilly, dit le *Mercure galant*.

Enfin si quelques-uns s'ennuyèrent à la fête Dauphine, quoi d'étonnant ? N'y eut-il pas des hommes qui s'ennuyèrent à Chantilly de la fête qu'y donna jadis feu M. le Prince, et même, à Versailles, des fêtes qu'y donnait le roi Louis XIV ? « Qui oserait se promettre de contenter les hommes (2) ? Un prince, quelque bon et quelque puissant qu'il fût, voudrait-il l'entreprendre ? qu'il l'essaie. Qu'il se fasse lui-même une affaire de leurs plaisirs ; qu'il ouvre son palais à ses courtisans ; qu'il les admette jusque dans son domestique ; que dans les lieux dont la vue seule est un spectacle, il leur fasse voir d'autres spectacles ; qu'il leur donne le choix des jeux, des concerts et de tous les rafraîchissements ; qu'il y ajoute une chère splendide et une entière liberté ; qu'il entre avec eux en société des mêmes amusements ; que le grand homme devienne aimable, et que le héros soit humain et familier : il n'aura pas assez fait. Les mêmes hommes s'ennuient enfin des mêmes choses qui les ont charmés dans leurs commencements : ils déserteraient la table des Dieux, et le nectar avec le temps leur devient insipide. Ils n'hésitent pas de critiquer des choses qui sont parfaites ;

---

(1) Chap. XI, n° 144.
(2) Chap. XI, n° 145.

il y entre de la vanité et une mauvaise délicatesse : leur goût, si on les en croit, est encore au-delà de toute l'affectation qu'on aurait à les satisfaire, et d'une dépense toute royale que l'on ferait pour y réussir ; il s'y mêle de la malignité, qui va jusques à vouloir affaiblir dans les autres la joie qu'ils auraient de les rendre contents. Ces mêmes gens, pour l'ordinaire si flatteurs et si complaisants, peuvent se démentir : quelquefois on ne les reconnaît plus, et l'on voit l'homme jusque dans le courtisan. »

Vraiment M. le Prince ne pouvait se plaindre de la Bruyère : l'homme de lettres de la maison de Condé déployait autant de zèle que d'habileté pour le défendre contre les critiques des mécontents. Mais n'était-ce pas son devoir ? Et quel meilleur usage pouvait-il faire de son érudition ?

L'impression qui resta dans l'opinion publique fut que M. le Prince s'était montré grand et généreux. Quatre ans plus tard, la Fontaine exprimait ainsi cette impression :

> Que ne lui vit-on pas donner,
> Dans le temps qu'il tint cour plénière
> Pour une fête singulière ?
> Chantilly fut la scène, endroit délicieux,
> Sans que tout fût parfait, chacun fit de son mieux.
> Tous rapportèrent de ces lieux
> De grosses et notables sommes :
> Il a payé comme les dieux
> Ce qu'ils ont fait comme des hommes.

CHAPITRE XXIV.

1688-1689.

La guerre de la ligue d'Augsbourg est décidée. — Horreur de la Bruyère pour la guerre. — Sentiments du peuple, de la noblesse et de la cour. — M. le Dauphin au siège de Philippsbourg. — M. le Duc et le prince de Conti font campagne ensemble. — Leur ardeur pour se distinguer; jalousie qu'ils inspirent. — Prise de Philippsbourg et siège de Manheim. — Répétitions d'*Esther*. — Opéra-ballet de l'abbé Genest. — Le musicien Lalande. — Imprudences de Mme la Duchesse. — Retour subit de M. le Duc. — Intrigues galantes de la cour. — Manque de mémoire de M. le Prince. — Réflexions de la Bruyère sur la révolution d'Angleterre. — M. le Prince lieutenant criminel. — Comment M. le Duc découvrit l'art de se faire aimer de sa femme. — Rivalité de Mme la Duchesse avec Mme la princesse de Conti, la veuve. — La Bruyère homme d'esprit dans la maison de Condé, non comme Voiture et Sarrasin, mais en quelque sorte journaliste. — Il défend M. le Duc contre les envieux, Mme la Duchesse contre les flatteurs, et cache un bon conseil dans le roman d'Émire.

A la fête Dauphine en succéda une autre qui eut encore plus de succès parmi la jeunesse de la cour. Depuis longtemps la ligue d'Augsbourg armait contre la France; depuis quelque temps le prince d'Orange, Guillaume de Nassau, stathouder de Hollande, se préparait à chasser son beau-père, Jacques II, du trône d'Angleterre. Ces deux opérations n'en faisaient qu'une dans son esprit : abaisser le roi de France, qui dominait l'Europe. De tous côtés on entendait le bruit des armes ; les États catholiques et protestants se remuaient pour combattre Louis XIV; mais les protestants français bannis de leur pays par la persécution allaient, avec leur haine religieuse, exciter les puissances déjà fort animées à la guerre. Louis XIV n'en fut nullement troublé. « Un homme haut et robuste, qui a une poitrine large et de larges épaules, porte légèrement et de bonne grâce un lourd fardeau (1) ; il lui reste encore un bras de libre : un nain serait écrasé de la moitié de sa charge (2). Ainsi les postes éminents rendent les grands hommes encore plus grands, et les petits beaucoup plus petits (3). » Le 25 août, le roi avait fait une promotion d'officiers généraux, la plus grande qu'il eût faite de sa vie : 19 lieutenants généraux, 37 maréchaux de camp, et 43 brigadiers. La jeunesse de la cour se croyait assurée de remporter de nouvelles victoires.

Au retour de Chantilly, le Dauphin apprit en secret qu'il irait faire la guerre prochainement sur les bords du Rhin. Le 20 septembre (4), le comte de la Tour, envoyé de l'électeur de Bavière, rendit compte à Mme la Dauphine de ce qui venait de se faire à la prise de Belgrade par les troupes de l'Empereur. Les Turcs étaient expulsés de la Hongrie ; l'armée impériale, victorieuse en Orient, allait revenir se jeter sur l'Occident. Le roi entra dans la chambre de Mme la Dauphine pendant que M. de la Tour y était, et lui dit que, quoiqu'il connût déjà la prise de Belgrade, il serait bien aise d'entendre parler d'une action où M. de Bavière avait acquis tant de gloire ; et il le pria de recommencer à en dire toutes les circonstances. Le 22 septembre, le roi dit à Mme la Dauphine qu'il envoyait Monseigneur commander ses armées en Allemagne. Elle se mit à pleurer ; mais elle remercia le roi de sa confiance en Monseigneur et de la gloire qu'il lui préparait. Le roi dit au Dauphin : « En vous envoyant commander mes armées, je vous « donne occasion de montrer votre mérite : allez faire voir à toute « l'Europe que, quand je viendrai à mourir, on ne s'apercevra pas que « le roi soit mort. » Toute la jeunesse de la cour brûlait (5) de suivre Monseigneur à la guerre. Heureux ceux à qui le roi fit cette grâce ! M. le Duc et le prince de Conti eurent ce bonheur, et partirent comme volontaires. Le roi n'avait pas attendu que ses ennemis vinssent l'attaquer : après avoir publié contre la cour de Rome (6) un manifeste applaudi par la Sorbonne et l'assemblée de clergé, il envahit Avi-

---

(1) Chap. XI, n° 95.
(2) *Mémoire des raisons qui ont obligé le roi à reprendre les armes*; Paris, J. B. Coignard, 1688, in-4° de 19 pages.
(3) De Sourches, t. II, p. 206, etc.
(4) Dangeau.
(5) *Gazette de France*.
(6) *Lettre du roi au cardinal d'Estrées*, 6 septembre 1688 ; Paris, J. B. Coignard, in-4° de 17 pages.

gnon ; puis, sous prétexte de venger les droits de Madame, duchesse d'Orléans, il attaqua le Palatinat et ordonna de faire le siège des places fortes qui appartenaient à l'électeur palatin. La terrible guerre de la ligue d'Augsbourg était commencée. La Bruyère ne partageait pas l'enthousiasme qui régnait autour de lui. « La guerre, dit-il (1), a pour elle l'antiquité ; elle a été dans tous les siècles : de tout temps les hommes, pour quelque morceau de terre de plus ou de moins, sont convenus entre eux de se dépouiller, brûler, tuer, égorger les uns les autres ; et pour le faire plus ingénieusement et avec plus de sûreté, ils ont inventé de belles règles qu'on appelle l'art militaire ; ils ont attaché à la pratique de ces règles la gloire ou la plus solide réputation ; et ils ont depuis enchéri de siècle en siècle sur la manière de se détruire réciproquement. De l'injustice des premiers hommes, comme de son unique source, est venue la guerre, ainsi que la nécessité où ils se sont trouvés de se donner des maîtres qui fixassent leurs droits et leurs prétentions. Si, content du sien, on eût pu s'abstenir du bien de ses voisins, on avait pour toujours la paix et la liberté. »

La guerre qui commençait n'amena pas d'abord tous les ravages que prévoyait le philosophe. Les ennemis du roi, surpris par sa brusque attaque, n'avaient pas eu le temps de terminer leurs préparatifs. Ils étaient si éloignés les uns des autres, et ils avaient des vues si divergentes, qu'ils ne pouvaient combiner des opérations d'ensemble contre la France. Les troupes allemandes, toujours lentes dans leurs mouvements, ne pouvaient se mettre en campagne avant l'hiver ; et, l'hiver venu, elles ne pouvaient plus rien entreprendre avant le printemps. Pendant ce temps-là les troupes françaises avaient beau jeu. Pour exécuter les ordres du roi, il s'agissait d'enlever les trois places de Philippsbourg, Manheim et Franckenthal. Le Dauphin avait une bonne armée, des bombes, du canon, et Vauban (2). Quelle place pouvait lui résister ? Le siège de Philippsbourg fut conduit avec une précision admirable : aucune diversion ne vint le troubler. Le maréchal de Duras protégeait le travail des assiégeants ; Vauban le dirigeait. Les bourgeois de Paris ne comprenaient rien à cette manière de faire la guerre ; ils ne dissimulaient pas leur étonnement. La Bruyère dans la maison de Condé les raillait ainsi (3) : « Le peuple paisible dans ses

---

(1) Chap. x, n° 9.
(2) Lettre de Montausier.
(3) Chap. x, n° 10.

foyers, au milieu des siens, et dans le sein d'une grande ville où il n'a rien à craindre ni pour ses biens ni pour sa vie, respire le feu et le sang, s'occupe de guerres, de ruines, d'embrasements et de massacres, souffre impatiemment que des armées qui tiennent la campagne ne viennent point à se rencontrer, ou si elles sont une fois en présence, qu'elles ne combattent point, ou si elles se mêlent, que le combat ne soit pas sanglant et qu'il y ait moins de dix mille hommes sur la place. Il va même souvent jusqu'à oublier ses intérêts les plus chers, le repos et la sûreté, par l'amour qu'il a pour le changement, et par le goût de la nouveauté et des choses extraordinaires. Quelques-uns consentiraient à voir une autre fois les ennemis aux portes de Dijon ou de Corbie, à voir tendre des chaînes et faire des barricades, pour le seul plaisir d'en dire ou d'en apprendre la nouvelle. »

On n'avait pas oublié dans la maison de Condé l'année 1636, que le peuple appelait l'année de Corbie (1). Alors Henri II de Bourbon, prince de Condé, gouverneur de Bourgogne, alla (1er juin) assiéger Dôle en Franche-Comté avec une armée française composée des meilleurs régiments. Au bout de deux mois et demi, il fallut lever promptement le siège : une armée impériale, sous les ordres du cardinal-infant et de Jean de Werth, était venue des Pays-Bas, s'avançait en France et prenait Corbie, à vingt lieues de Paris. Déjà les bourgeois de la capitale croyaient voir des partis ennemis à leurs portes : on tendait des chaînes dans les rues, on élevait des barricades, on rassemblait des soldats de tous les côtés; on forma une armée avec laquelle le roi alla repousser l'ennemi et assiégea Corbie. Mais pendant ce temps-là les Impériaux, sortant de la Franche-Comté, venaient jusqu'à quatre lieues de Dijon et assiégeaient Saint-Jean de Losne. L'héroïque résistance de cette bicoque obligea l'ennemi à se retirer. Le 14 novembre 1636, Louis XIII entrait dans Corbie et le siège de Saint-Jean de Losne était levé. Quoique ces événements eussent déjà plus de cinquante ans de date, on en parlait encore avec émotion dans la maison de Condé et dans le peuple, qui ne cessait de chansonner le terrible Jean de Werth : il est si agréable de se rappeler les périls passés et de se moquer des gens qu'on ne craint plus.

Le 10 octobre 1688 (2), le Dauphin s'avança près de la contrescarpe de Philippsbourg; les assiégés firent grand feu : un de leurs

(1) *Histoire des princes de Condé*, par le duc d'Aumale, t. III, p. 275, 297.
(2) *Gazette de France, journal du siège de Philippsbourg*, p. 588.

boulets tua deux grenadiers près de Monseigneur. Le duc de Beauvilliers, que le roi avait mis auprès du Dauphin pour guider sa jeunesse et modérer son courage, envoya vite une dépêche au roi pour l'informer de ce fait. Le roi fit défense à tous les volontaires d'aller à la tranchée sans y avoir été commandés. Tous durent obéir, et Monseigneur aussi. Cette défense parut extrêmement sévère à tous ces jeunes gens qui brûlaient de signaler leur bravoure. Une nuit que Monseigneur ne pouvait dormir, il se leva pour aller voir l'effet du tir des Allemands. Vauban l'en reprit, et le jeune prince fut toujours fier d'avoir essuyé cette réprimande. M. le Duc et le prince de Conti saisirent avec empressement les bonnes occasions de se distinguer. Mme de la Fayette, dont le fils était volontaire au régiment du Roi, laissait entendre que le prince de Conti passait toutes ses nuits dans la tranchée (1) : elle dit, dans ses *Mémoires de la cour*, que M. le Duc, voulant trop bien faire, était plus incommode qu'utile ; Mme de Sévigné laisse entendre la même chose. « Ceux qui font bien, répondait la Bruyère (2), mériteraient seuls d'être enviés, s'il n'y avait encore un meilleur parti à prendre, qui est de faire mieux : c'est une douce vengeance contre ceux qui nous donnent de la jalousie. »

Ceux qui étaient allés au siège de Philippsbourg comme à la fête Dauphine ne tardèrent pas à en voir la différence. Si les Allemands n'osaient pas encore livrer bataille sur les bords du Rhin, ils se défendaient très bien derrière leurs remparts ; et chaque jour on apprenait à Versailles et à Paris les noms des victimes de cette guerre, qui n'était pas un jeu inoffensif. Parents et amis pleuraient les morts, plaignaient les blessés, et tremblaient pour les combattants. Le marquis de Nesle, colonel du régiment d'Enghien, celui-là même dont M. le Prince avait fait le mariage avec Mlle de Coligny, reçut un coup de mousquet à la tête, fut trépané et mourut. Sa veuve témoigna une douleur un peu trop bruyante : elle allait partout raconter en détail l'agonie de M. de Nesle; elle fit entendre ses lamentations dans la maison de Condé, mais surtout auprès de Mme de Maintenon, qui lui montra de l'intérêt. « Les douleurs muettes et stupides sont hors d'usage, disait la Bruyère (3) : on pleure, on récite, on répète, on est si touchée de la mort de son mari, qu'on n'en oublie pas la moindre cir-

---

(1) *Mémoires de la cour*, éd. Michaud, p. 217.
(2) Chap. IV, n° 83.
(3) Chap. III, n° 79.

constance. » Le roi accorda une belle pension, et la veuve se consola.

Mme de Grignan, qui avait son fils au siège de Philippsbourg, ne pouvait sortir de cette douleur muette et stupide dont parle la Bruyère. Mme de Sévigné, sa mère, lui écrivait de Paris, le 11 octobre : « Toutes les femmes qui sont ici, ayant dans cette barque leurs maris, leurs fils, leurs frères, leurs cousins et tout ce qu'il vous plaira, ne laissent pas de vivre, de manger, de dormir, d'aller, de venir, de parler, de raisonner et d'espérer revoir bientôt l'objet de leur inquiétude. Je me désespère de ce qu'au lieu de faire comme les autres, vous vous êtes séparée toute seule, tête à tête avec un dragon qui vous mange le cœur, sans nulle distraction, frémissant de tout, ne pouvant soutenir vos propres pensées, et croyant que tout ce qui est possible arrivera; voilà le plus cruel et le plus insoutenable état où l'on puisse être. Ma chère comtesse, si c'est possible, ayez pitié de vous et de nous. » Le 20 octobre, Mme de Sévigné écrivait encore à sa fille, qui portait toujours Philippsbourg sur ses épaules : « Quelle joie vous aurez, ma chère comtesse, quand nous vous manderons : Philippsbourg est pris ; votre fils se porte bien! » Pourquoi dans cette occasion Mme de Sévigné appelle-t-elle sa fille *ma chère comtesse?* C'est pour lui rappeler que noblesse oblige, et qu'il faut souffrir pour le service du roi. Aujourd'hui on appelle cela du patriotisme : c'est toujours le dévouement à l'intérêt public.

Pendant cette campagne de Philippsbourg, la princesse de Conti, la nouvelle mariée, dit Mme de la Fayette (1), ne sourit jamais; à peine elle parla. Au contraire, Mme la Duchesse, quoique inquiète au fond du cœur, montrait plus de vivacité que jamais et cherchait à se distraire. Mais toutes les deux se seraient crues malheureuses, si leurs maris n'eussent pas tenu la conduite qu'ils tenaient, tant était fort, chez les femmes comme chez les hommes, le sentiment noble et généreux. « S'il est vrai qu'un grand donne plus à la fortune (2) lorsqu'il hasarde une vie destinée à couler dans les ris, le plaisir et l'abondance, qu'un particulier qui ne risque que des jours qui sont misérables, il faut avouer aussi qu'il a un tout autre dédommagement, qui est la gloire et la haute réputation. Le soldat ne sent pas qu'il soit connu; il meurt obscur et dans la foule : il vivait de même, à la vérité, mais il vivait ; et c'est l'une des sources du défaut de courage dans les conditions

---

(1) *Mémoires de la cour.*
(2) Chap. IX, n° 41.

basses et serviles. Ceux au contraire que la naissance démêle d'avec le peuple et expose aux yeux des hommes, à leur censure et à leurs éloges, sont même capables de sortir par effort de leur tempérament, s'il ne les portait pas à la vertu ; et cette disposition de cœur et d'esprit, qui passe des aïeuls par les pères dans leurs descendants, est cette bravoure si familière aux personnes nobles, et peut-être la noblesse même. »

Le jour de la Toussaint, à Fontainebleau, on apprit la chute de la redoutable forteresse de Philippsbourg. C'était le jour anniversaire de la naissance du Dauphin, et le lieu où il était né : petites circonstances, dit Dangeau (1), qui n'ont pas laissé de faire plaisir. Le matin, le roi (2) avait fait ses dévotions avec sa piété ordinaire, touché les malades des écrouelles dans l'allée royale de son château, et comme il changeait d'habit après cette cérémonie, on lui avait apporté des lettres de son fils le Dauphin. Monseigneur annonçait que l'on avait fait des ponts sur le fossé de l'ouvrage à couronne auquel on avait attaché le mineur, que l'on ferait sauter les mines vers le 30 octobre, et qu'aussitôt après on emporterait l'ouvrage d'assaut. Le roi ne devait donc pas s'attendre à recevoir d'autres nouvelles ce jour-là. Il était dans la chapelle, où il écoutait le P. Gaillard faire le sermon du jour ; le prédicateur n'avait pas encore achevé son premier point, quand M. de Louvois vint dire qu'un nouveau courrier arrivait et annonçait la prise de Philippsbourg (3). Il se fit alors un si grand bruit dans la chapelle que le prédicateur fut obligé de se taire ; il demanda si le roi voulait qu'il sortît de chaire sans achever ; le roi répondit qu'il pourrait reprendre son discours dans un moment. Alors le roi, prenant de la main de M. de Louvois les deux lettres de Monseigneur, donna l'une à la princesse de Conti, la veuve, à qui elle était adressée, et lut l'autre qui était pour lui. Mme la Dauphine demanda au roi si Monseigneur reviendrait bientôt. Le roi répondit qu'il fallait auparavant qu'il prît Manheim, mais que cela ne durerait pas longtemps. Alors tout le monde se jeta à genoux pour remercier Dieu de la victoire. Il se fit un grand silence : le tumulte avait bien duré un quart d'heure. Le roi se remit dans son fauteuil, le P. Gaillard acheva son sermon, et fit à Sa Majesté un compliment si touchant, qu'en l'entendant son cœur fut

(1) Dangeau, t. II, p. 200, 201.
(2) De Sourches, t. II, p. 261.
(3) *Id., ibid.*, p. 262.

attendri : il s'en fallut de peu que le roi ne mêlât ses larmes à celles de la Dauphine et de beaucoup d'hommes et de femmes qui pleuraient de joie. « Les choses les plus souhaitées n'arrivent point, dit la Bruyère (1) ; ou si elles arrivent, ce n'est ni dans le temps ni dans les circonstances où elles auraient fait un extrême plaisir. » Mais celle-là arriva dans le temps et dans les circonstances où elle pouvait être le plus agréable.

A peine Philippsbourg était-il occupé par les troupes françaises, que le siège fut mis devant Manheim. Le régiment de Bourbon-cavalerie fut envoyé des premiers pour investir la place. M. le Duc y alla naturellement avec son régiment, et le prince de Conti avec M. le Duc. Mme de la Fayette se plaint encore de ces deux princes : non contents d'avoir fort embrouillé l'assaut de Philippsbourg, ils eurent, dit-elle, l'avantage de se faire tirer à Manheim quelques coups de canon avant tout le monde. La cour, après avoir entendu chanter un magnifique *Te Deum* à Fontainebleau, revint à Versailles, ne rêvant que fêtes et réjouissances, pour célébrer la victoire de Monseigneur. « On prépare ici, dit Dangeau d'un air mystérieux (2), un petit opéra pour le retour de Monseigneur : l'abbé Genest fera les paroles ; Lalande fera la musique ; et les princesses y danseront. Mme la Duchesse aura dans ses entrées Mme de Valentinois, Mme de Florensac et Mlle d'Uzès. Mme la princesse de Conti (la veuve) fera danser à ses entrées les bonnes danseuses de l'Opéra ; et Mlle de Blois aura dans ses entrées Mlle d'Armagnac et Mlle de Châteauneuf. » Ainsi, pendant que Racine faisait répéter aux demoiselles de Saint-Cyr son grand opéra tragique, que lui avait commandé Mme de Maintenon, l'abbé Genest faisait répéter aux princesses et aux plus célèbres beautés de la cour son petit opéra-ballet, qui paraissait bien plus amusant que l'autre.

En composant *Esther*, « ouvrage en vers propre à être récité et chanté » (3), Racine avait fait une pièce admirable, mais difficile à jouer. Les jeunes filles de Saint-Cyr étaient formées à la déclamation par l'auteur même : il fit d'excellentes actrices (4). Boileau le secondait, faisait répéter la pièce avec lui ; et quand elle sera jouée, il se tiendra avec son ami derrière le théâtre pour rassurer les petites ac-

---

(1) Chap. IV, n° 62.
(2) 16 novembre 1688.
(3) Privilège du roi donné aux dames de Saint-Cyr.
(4) *Mémoires de Louis Racine*, t. I, p. 308 et p. 313.

trices qui s'intimidaient (1). Ils ne les rassuraient guère : un jour, en jouant devant le roi, M¹¹ᵉ de la Maisonfort, chargée du rôle d'Élise, manqua de mémoire. « Ah! Mademoiselle, s'écria Racine, quel tort vous faites à ma pièce! » La jeune fille pleura. Touché de sa douleur, Racine courut à elle, essuya ses larmes avec son mouchoir, et pleura avec elle. Un auteur qui a tant d'esprit que Racine, qui sait si bien lire et réciter, qui tient tant à ce qu'on ne gâte pas son chef-d'œuvre, ne laisse guère de liberté aux interprètes de sa pensée. Ce n'était pas la présence et les conseils de son ami Boileau, le sévère satirique, qui pouvaient inspirer beaucoup de hardiesse et de confiance aux jeunes filles de Saint-Cyr pendant qu'elles apprenaient leur rôle. Enfin le sujet de la pièce était si grave, il touchait de si près aux plus vifs sentiments du roi et de Mᵐᵉ de Maintenon, que l'on comprend parfaitement que les répétitions aient un peu manqué de gaieté. Au contraire, les répétitions du petit opéra de l'abbé Genest, libres et sans contrainte, furent très divertissantes.

C'était une pièce sans valeur, improvisée sur n'importe quel sujet mythologique, pour servir de cadre aux entrées de ballet. L'abbé Genest n'avait aucun amour-propre d'auteur. Il savait bien que sa *Pénélope* avait plutôt réussi à cause du sujet qu'à cause de la beauté des vers. Il portait un habit de prêtre et faisait profession d'être un homme sérieux; avec la protection de Pellisson, il venait d'être attaché à M. le duc du Maine, et de recevoir une abbaye de la libéralité du roi, le jour même où l'on avait connu la prise de Philippsbourg. Aussi mit-il le plus grand empressement à faire son libretto de ballet. Et pendant les répétitions il était le premier à rire de son œuvre, toujours prêt à céder aux exigences du musicien et aux caprices des danseuses, toujours de bonne humeur et folâtre jusqu'à la fin. « Ne pourrait-on point, disait la Bruyère (2), faire comprendre aux personnes d'un certain caractère et d'une profession sérieuse, pour ne rien dire de plus, qu'ils ne sont point obligés à faire dire d'eux qu'ils jouent, qu'ils chantent, et qu'ils badinent comme les autres hommes; et qu'à les voir si plaisants et si agréables, on ne croirait point qu'ils fussent d'ailleurs si réguliers et si sévères? Oserait-on même leur insinuer qu'ils s'éloignent par de telles manières de la politesse dont ils se piquent; qu'elle assortit, au contraire, et conforme les dehors aux con-

---

(1) *Mᵐᵉ de Maintenon et la maison de Saint-Cyr*, par Lavallée.
(2) Chap. XII, n° 26.

ditions, qu'elle évite le contraste, et de montrer le même homme sous des figures si différentes et qui font de lui un composé bizarre ou un grotesque? » L'abbé Genest n'avait nul souci de ces insinuations; il profitait du vent favorable pour s'avancer dans les bonnes grâces de la jeunesse rieuse; il se servait de tout, même de la laideur de son visage, pour faire un contraste dont on lui savait gré avec toutes ces belles danseuses. « La physionomie n'est pas une règle qui nous soit donnée pour juger des hommes, pensait la Bruyère (1) : elle nous peut servir de conjecture. L'air spirituel est dans les hommes ce que la régularité des traits est dans les femmes (2) : c'est le genre de beauté où les plus vains puissent aspirer. Un homme qui a beaucoup de mérite et d'esprit, et qui est connu pour tel, n'est pas laid, même avec des traits qui sont difformes; ou s'il a de la laideur, elle ne fait pas son impression. » Ces réflexions s'appliquaient à l'abbé Genest aussi bien qu'à Pellisson, son protecteur.

Le musicien Lalande n'était pas moins original que l'abbé Genest. Maître de clavecin de Mme la princesse de Conti et de Mme la Duchesse, maître de chapelle du roi, marié par Sa Majesté, et comblé de bienfaits, il était fort glorieux. Quel honneur pour un enfant du peuple d'avoir facile accès dans la famille royale! Le 24 novembre 1688, dans l'après-dînée, le roi, qui avait peine à marcher (3), fit venir les dames dans sa chambre pour lui tenir compagnie; les princesses y étaient, et Mme de Maintenon avec Mmes de Chevreuse, de Grammont et de Dangeau; Lalande y fut appelé : il répéta la musique du petit opéra-ballet qu'on préparait pour le retour de Monseigneur. Le roi faisait venir aussi Lalande dans son cabinet; il lui indiquait des sujets de composition et l'aidait à les corriger. Si le roi donnait de bons conseils à Lalande, Lalande se flattait de lui donner de bons avis, et il appelait cela travailler dans le cabinet avec le roi, comme les ministres. Il est probable que ces avis ne dépassaient guère les ballets et la musique; mais comme Lalande se vantait de faire bientôt une fortune égale à celle d'Orphée, ou de Lully (4), qui laissait en mourant 37,000 louis d'or, 20,000 écus en espèces et beaucoup d'autres biens, on supposait volontiers que Lalande faisait autre chose que de la musique avec

---

(1) Chap. XII, n° 31.
(2) Chap. XII, n°s 32 et 33.
(3) Dangeau, t. II, p. 216.
(4) Dangeau, avril 1687.

Sa Majesté ; peut-être lui-même n'était-il pas fâché de croire et de faire croire qu'il parlait des finances avec le roi, qu'il créait des impôts, et qu'il avait trouvé des moyens extraordinaires pour remplir les coffres de l'État. Cela inspira à la Bruyère le singulier caractère d'Ergaste, ou le donneur d'avis (Ergaste en grec veut dire travailleur). « Laissez faire Ergaste, et il exigera un droit de tous ceux qui boivent de l'eau de la rivière, ou qui marchent sur la terre ferme : il sait convertir en or jusques aux roseaux, aux joncs et à l'ortie. Il écoute tous les avis, et propose tous ceux qu'il a écoutés. Le prince ne donne aux autres qu'aux dépens d'Ergaste, et ne leur fait de grâces que celles qui lui étaient dues. C'est une faim insatiable d'avoir et de posséder. Il trafiquerait des arts et des sciences, et mettrait en parti jusques à l'harmonie ; il faudrait, s'il en était cru, que le peuple, pour avoir le plaisir de le voir riche, de lui voir une meute et une écurie, pût perdre le souvenir de la musique d'Orphée, et se contenter de la sienne (1). »

Manheim avait fait moins de résistance que Philippsbourg ; Franckenthal en fit encore moins que Manheim. Monseigneur partit le 21 novembre, et il devait mettre huit ou neuf jours pour revenir à Versailles. Dès le 24, M. le Duc arrivait en poste avec M. de Chemerault et le comte de Broglie. Cet empressement ne fut point agréable au roi, car Sa Majesté dit à M. le Prince que son fils avait mieux aimé venir avec Broglie et Chemerault qu'avec Mgr le Dauphin. Et en effet qu'est-ce donc qui pressait tant M. le Duc de revenir à Versailles?

Tandis que Mme la Dauphine, de plus en plus souffrante, s'enfermait de plus en plus dans la solitude avec Bessola, tandis que Mme la Princesse donnait tous ses soins à l'éducation de ses trois jeunes filles, et n'avait d'inquiétude que pour sa fille aînée la princesse de Conti, dont la grossesse était déclarée, Mme la Duchesse n'avait constamment auprès d'elle que sa dame d'honneur, Mme de Moreuil. C'était une femme de mérite à tous égards ; mais sa santé délicate l'empêchait de remplir ses devoirs auprès de Son Altesse avec toute l'exactitude qu'on eût désiré. Malgré sa bonne volonté et son attention, elle ne pouvait lutter toujours avec succès contre les intrigues des filles d'honneur. Elle avait plus d'expérience et plus d'esprit qu'elles ; mais elles étaient plus nombreuses, et, comme dit la Bruyère (2), « il faut être bien dénué d'esprit, si l'amour, la malignité et la nécessité n'en font pas

(1) Chap. VI, n° 28.
(2) Chap. IV, n° 81.

trouver ». Or les deux favorites de Mme la Duchesse étaient justement Mlles de Doré et de la Roche-Aynard, qui avaient une liaison galante avec MM. de Comminges et de Mailly. Il y avait déjà longtemps, affirme Mme de la Fayette (1), que Mlle de Doré faisait l'amour ; elle l'avait fait avec le prince d'Harcourt avant d'entrer chez Mme la Duchesse. Mlle de Paulmy, qui n'était pas favorite, recherchait un honnête mariage. Ces trois filles d'honneur, extrêmement flattées des attentions généreuses que le roi avait pour elles en faveur de leur maîtresse, défendaient la place, comme dit la Bruyère, contre les gens d'esprit. De plus, Mme la Duchesse, qui était des plus jeunes et des plus éveillées, dit Mme de la Fayette, rassemblait chez elle ce qu'il y avait de plus jeunes femmes à la cour, et elle exerçait sur elles, par son esprit enjoué et badin, une véritable fascination. On était sous le charme dès que l'on vivait avec elle ; on y perdait la liberté de sa raison, et, ravi de ses grâces, on ne découvrait pas son cœur. « Cette découverte devrait être aisée à faire, dit Mme de Caylus, puisque Mme la Duchesse ne s'est jamais piquée d'amitié ; cependant la pente naturelle qu'on a à se flatter soi-même, et la séduction de ses agréments, sont telles qu'on ne veut pas l'en croire elle-même, et qu'on attend, pour se désabuser, une expérience personnelle qui ne manque guère. ».

A la tête des jeunes femmes qui brillaient autour de Mme la Duchesse était Mme de Valentinois ; elle avait à peine quinze ans accomplis, et, belle comme le jour (2), elle était plus coquette, elle seule, que toutes les femmes du royaume ensemble. C'était la fille aînée du grand écuyer, M. d'Armagnac, l'aîné des princes de Lorraine. Il y avait un an que, n'étant point encore mariée, elle avait déjà voulu danser avec Mme la Duchesse. Le roi s'y était opposé (3). Il avait également refusé de l'inviter à Marly. Mme d'Aramgnac, sa mère, avait laissé voir combien elle était affligée qu'elle fût si mal dans les bonnes grâces de Sa Majesté. Comment marier une jeune fille qui avait subi de tels affronts ? Il n'y eut que M. de Monaco qui trouva bon de la demander pour son fils, M. de Valentinois. Le mariage avait eu lieu, le 8 juin 1688, et Mme de Grignan (4) fut éblouie du spectacle, tant Mme de Valentinois était belle, aimable, étincelante de pierreries. La

(1) *Mémoires de la cour*, p. 241.
(2) *Ibid.*, p. 241.
(3) Dangeau, 20 décembre 1687.
(4) Mme de Sévigné, 15 juin.

queue de sa robe, à la manière des princesses, était portée par sa sœur, M^ne d'Armagnac, encore plus belle et plus jeune qu'elle. Toute la beauté de la cour était réduite dans cette maison. M. de Valentinois (1) avait le peu d'esprit qu'il fallait pour jouer sur le théâtre de la cour le rôle auquel il était destiné ; mais il était fier d'être prince par la grâce de Dieu : il accompagna Monseigneur au siège de Philippsbourg, et il ne fut pas médiocrement flatté d'apprendre, devant Manheim, que sa femme était la première désignée pour danser avec Mme la Duchesse les entrées de ballet dans l'opéra de l'abbé Genest, et pour célébrer les victoires de Monseigneur. En effet, dans le moment, ce n'était pas un petit triomphe pour Mme de Valentinois ; et de plus, sa sœur, Mlle d'Armagnac, dansait dans le même ballet avec Mlle de Blois, sœur de Mme la Duchesse. M. de Valentinois fut-il assez maladroit pour se vanter de ce succès devant M. le Duc ? Je ne sais. Il est possible que M. le Duc ne fût pas content d'apprendre ces nouvelles, mais il devait avoir encore une autre raison pour justifier son brusque retour. « C'est dans les femmes, dit la Bruyère (2), une violente preuve d'une réputation bien nette et bien établie, qu'elle ne soit pas même effleurée par la familiarité de quelques-unes qui ne leur ressemblent point ; et qu'avec toute la pente que l'on a aux malignes explications, on ait recours à une toute autre raison de ce commerce que celle de la convenance des mœurs. » Quelle était cette autre raison ?

Mme la Duchesse s'était moquée des bonnes fortunes de M. de Marsan, oncle de Mme de Valentinois, et le vaniteux courtisan lui en gardait rancune. Il est probable que Mme la Duchesse n'avait pas mesuré la portée de ses plaisanteries (3). Cadet de la famille de Lorraine, il était accoutumé de vivre aux dépens des femmes qu'il courtisait. Il avait presque ruiné la maréchale d'Aumont ; et elle l'aurait épousé, si son fils, par ordre du roi, ne l'avait mise dans un couvent. Il réussit mieux auprès de la veuve du marquis d'Albret, qu'il avait épousée en 1682 ; c'était une franche héritière, riche, laide et maussade, qui lui donna tout son bien par contrat de mariage. Il la laissait dans un coin avec le dernier mépris. C'est pour cela que Mme la Duchesse répondit aux galanteries de M. de Marsan en lui disant qu'elle n'était

---

(1) Lettre de Bussy, 5 juillet. *Mémoires de Saint-Siméon.*
(2) Chap. III, n° 47.
(3) Saint-Simon.

pas encore veuve. « Épouser une veuve, dit la Bruyère (1), signifie en bon français faire sa fortune ; il n'opère pas toujours ce qu'il signifie. » En effet, M. de Marsan avait déjà dévoré la plus grande partie de la fortune de sa femme.

Malgré le commentaire de la Bruyère, cette injure eût pu tomber dans l'oubli, si M. de Marsan n'eût été excité à s'en souvenir par une noble demoiselle qu'il aimait. Le comte de Grammont, gouverneur du pays d'Aunis, avait deux filles, toutes deux demoiselles d'honneur de Mme la Dauphine. La cadette était très vive : on a soupçonné que c'était pour elle que M. le Duc avait donné l'*École des filles* à Mlle de Montmorency ; mais elle n'en avait nul besoin, grâce aux bons soins de M. de Marsan. Elle ne pouvait pardonner à M. le Duc d'avoir fourni un prétexte à la suppression de la chambre des filles de la Dauphine. Sa rancune contre M. le Duc s'unit au ressentiment de M. de Marsan contre Mme la Duchesse, et l'envenima. M. de Grammont avait une petite fortune, et point de fils : cela lui permit de trouver un parti pour sa fille cadette dans un M. de Gordes, que l'évêque de Langres, son oncle, avait enfermé à Saint-Lazare (2). M. de Grammont, pressé d'en finir, va trouver M. de Langres, qui fit dans cette occasion un fort bon personnage (3). Il livra son neveu : « Tenez, Monsieur, le voilà. Rendez-le assez sage pour comprendre qu'il sera trop heureux d'épouser mademoiselle votre fille ; je ne demande pas mieux : j'aime mon nom et ma famille, travaillez. » M. de Grammont et Mme de Grammont, sa femme, vont voir ce garçon à Chaillot dans une jolie petite maison d'où il ne pouvait sortir, et lui offrent la liberté avec la main de leur fille. Il n'accepte qu'avec une grande défiance et beaucoup d'incertitude. « Ils n'en viendront à bout, dit Mme de Sévigné, que le jour où ils auront trouvé moyen de lier le vent et de fixer le mercure. » Cependant M. de Marsan craignit qu'ils ne trouvassent la solution de ce problème : le consentement du roi au mariage engageait déjà les futurs conjoints. « Un ancien galant, dit la Bruyère (4), tient à si peu de chose, qu'il cède à un nouveau mari ; et celui-ci dure si peu, qu'un nouveau galant qui survient lui rend le change. » M. de Marsan se crut perdu. « Rien ne coûte moins à la

---

(1) Chap. VI, n° 61.
(2) Dangeau, 21 octobre.
(3) Mme de Sévigné, 3 novembre.
(4) Chap. III, n° 19.

passion que de se mettre au-dessus de la raison (1). » Il s'avisa de lorgner (2) Mme la Duchesse, pour se venger de ses plaisanteries et pour en faire un sacrifice à sa maîtresse.

Mme la Duchesse, dans son inexpérience du monde, répondit aux lorgneries de M. de Marsan. Mme de Valentinois s'amusait beaucoup de l'impertinente audace de son joli petit oncle, et en riait avec Mme la Duchesse. De quoi ne riaient-elles pas? D'ailleurs, ces sortes de vengeance avec une aussi jolie personne, et du rang de Mme la Duchesse, retombent bien souvent sur les maîtresses (3). M. de Marsan écrivit, Mme la Duchesse répondit. Ce furent Mlle de Doré et Mlle de la Roche-Aynard qui lièrent ce commerce épistolaire. Il fut découvert. M. le Prince s'en plaignit au roi. Le roi lui dit qu'il n'avait qu'à faire ce qu'il voudrait, qu'il ne se mêlait plus de la conduite de Mme la Duchesse; mais, s'il ne voulut pas lui en parler, il dit à Mme de Maintenon de le faire. Mme de Maintenon en parla à Mme la Duchesse, qui se mit à lui rire au nez et dit qu'elle n'avait écrit que pour se moquer de M. de Marsan.

C'était vrai; mais on comprend que M. le Duc n'eut pas envie de rire quand il arriva de l'armée du Rhin. Mme la Duchesse avait eu deux fois tort : d'abord, en se moquant de M. de Marsan pendant qu'il était amoureux de la cadette de Grammont; puis, en répondant à la lettre que M. de Marsan lui écrivit. Mais elle n'avait pas d'autre tort. Mme de Maintenon elle-même l'avait reconnu. On pouvait pardonner à une jeune princesse quelques plaisanteries légères, dont elle distinguait mal la portée. Il était bien naturel qu'en recevant les lettres où M. de Marsan, dans le jargon des femmes de ce temps-là, protestait contre son injuste antipathie (4), et lui adressait les déclarations les plus tendres en la forme la plus respectueuse, Mme la Duchesse, blessée de cette attaque personnelle, ait répondu avec l'emportement de son caractère et l'ironie cruelle de son esprit. « Il est fort sûr, dit la Bruyère (5), qu'une femme qui écrit avec emportement est emportée; il est moins clair qu'elle soit touchée. Il semble qu'une passion vive et tendre est morne et silencieuse; et que le plus pressant intérêt d'une femme

---

(1) Chap. IV, n° 77.
(2) *Mémoires de la cour*, par Mme de la Fayette, p. 421.
(3) *Ibid.*
(4) Chap. IV, n° 25.
(5) Chap. III, n° 72.

qui n'est plus libre, celui qui l'agite davantage, est moins de persuader qu'elle aime, que de s'assurer si elle est aimée. » Or Mᵐᵉ la Duchesse avait sur ce point la plus parfaite et la plus sincère indifférence. Elle n'en voulait même pas à M. de Marsan, et se tenait toujours prête à lui rendre les services dont il pourrait avoir besoin. M. de Marsan n'en était que plus furieux contre elle. « S'il se trouve, disait la Bruyère en souriant (1), une femme pour qui l'on ait eu une grande passion et qui ait été indifférente, quelques importants services qu'elle nous rende dans la suite de notre vie, l'on court un grand risque d'être ingrat. » La faute de M. le Prince était bien plus grave que celle de Mᵐᵉ la Duchesse. Il avait pris sur lui l'odieuse responsabilité de dénoncer au roi sa propre fille, de calomnier une jeune femme innocente auprès de son mari, de rougir d'un mariage qu'il avait si longtemps et si ardemment sollicité pour son fils unique, pour l'héritier de la maison de Condé. Et cet homme d'État, ce profond diplomate avait été confondu d'un seul mot, devant Mᵐᵉ de Maintenon et le roi, par cette jeune femme de seize ans. M. le Prince ne pouvait boire tant de honte. Il en fut si malheureux, que pendant quelque temps il se tint à l'écart, et tomba malade.

La seule excuse que pût faire valoir M. le Prince était de se plaindre de son peu de mémoire. C'était son habitude. M. le Duc fut satisfait : il avait gagné sur son père un avantage considérable. Enfin il daigna écouter la Bruyère, qui lui insinua quelques bons conseils. 1° « Il ne faut pas juger des hommes (ni peut-être des femmes) comme d'un tableau ou d'une figure, sur une seule et première vue : il y a un intérieur et un cœur qu'il faut approfondir. Le voile de la modestie couvre le mérite, et le masque de l'hypocrisie cache la malignité. Il n'y a qu'un très petit nombre de connaisseurs qui discerne, et qui soit en droit de prononcer ; ce n'est que peu à peu, et forcés même par le temps et les occasions, que la vertu parfaite et le vice consommé viennent enfin à se déclarer (2). » 2° Il ne faut pas croire le langage des hommes sur ce qui les regarde. « Ils n'avouent d'eux-mêmes que de petits défauts, et encore ceux qui supposent en leurs personnes de beaux talents ou de grandes qualités (3). Ainsi l'on se plaint de son peu de mémoire,

---

(1) Chap. IV, n° 21.
(2) Chap. XII, n° 27.
(3) Chap. XI, n° 67.

content d'ailleurs de son grand sens et de son bon jugement (1) (M. le Prince); l'on reçoit le reproche de la distraction et de la rêverie, comme s'il nous accordait le bel esprit (2) (M. le duc de Nevers); l'on dit de soi qu'on est maladroit, et qu'on ne peut rien faire de ses mains, fort consolé de la perte de ces petits talents par ceux de l'esprit, ou par les dons de l'âme que tout le monde nous connaît (3) (le prince de Conti); l'on fait l'aveu de sa paresse en des termes qui signifient toujours son désintéressement, et que l'on est guéri de l'ambition (4) (le grand prieur de Vendôme); l'on ne rougit point de sa malpropreté, qui n'est qu'une négligence pour les petites choses, et qui semble supposer qu'on n'a d'application que pour les solides et essentielles. (5) (M. le duc de Vendôme). Un homme de guerre aime à dire que c'était par trop d'empressement ou par curiosité qu'il se trouva un certain jour à la tranchée, ou en quelque autre poste très périlleux, sans être de garde ni commandé; et il ajoute qu'il fut repris de son général (6) (Monseigneur depuis qu'il était revenu d'Allemagne). De même une bonne tête ou un ferme génie qui se trouve né avec cette prudence que les autres hommes cherchent vainement à acquérir; qui a fortifié la trempe de son esprit par une grande expérience; que le nombre, le poids, la diversité, la difficulté et l'importance des affaires occupent seulement, et n'accablent point; qui par l'étendue de ses vues et de sa pénétration se rend maître de tous les événements; qui, bien loin de consulter toutes les réflexions qui sont écrites sur le gouvernement et la politique, est peut-être de ces âmes sublimes nées pour régir les autres, et sur qui ces premières règles ont été faites; qui est détourné, par les grandes choses qu'il fait, des belles ou des agréables qu'il pourrait lire, et qui au contraire ne perd rien à retracer et à feuilleter, pour ainsi dire, sa vie et ses actions : un homme ainsi fait peut dire aisément, et sans se commettre, qu'il ne connaît aucun livre, et qu'il ne lit jamais. » Nul doute que le roi Louis XIV ne fût ainsi fait; mais M. le Duc ne l'était pas. Et c'eût été de sa part une grande simplicité que d'imiter les petits défauts dont les hommes font volontiers l'aveu,

---

(1) Saint-Simon et Lassay.
(2) Mme de Caylus.
(3) Mme de Caylus et Saint-Simon.
(4) *Mémoires de la Fare*. Notes de Saint-Simon sur Dangeau.
(5) Voltaire, *Siècle de Louis XIV*. Saint-Simon, *Mémoires* et Notes sur Dangeau.
(6) Dangeau, *Mémoires*.

pour acquérir les beaux talents ou les grandes qualités qu'ils ont réellement ou qu'ils croient avoir.

D'ailleurs il n'était pas toujours prudent de marcher sur les traces du roi Louis XIV. Il se passait alors en Angleterre des événements considérables, dont tout le monde parlait à la cour de France et qui méritaient toute l'attention des politiques : le roi Jacques II voulait régner dans ses trois royaumes comme Louis XIV régnait dans le sien; et il se croyait élu de Dieu pour y rétablir par son autorité le libre exercice de la religion catholique. En France, Bossuet et bien d'autres l'approuvaient. « Si mon jugement ne me trompe pas (1), si, rappelant la mémoire des siècles passés, j'en fais un juste rapport à l'état présent, j'ose croire (et je vois les sages concourir à ce sentiment) que les jours d'aveuglement sont écoulés et qu'il est temps que la lumière revienne. » Gourville pensait différemment (2) : « En 1687, Mme d'Hamilton, depuis duchesse de Tyrconnel, devant partir pour Londres, me dit que Sa Majesté Britannique ne manquerait pas de lui demander ce que je disais des projets qu'il faisait pour le rétablissement de la religion catholique en Angleterre. Je la priai de lui dire qu'il allait perdre tous les catholiques de l'Angleterre. Ce qu'il avait vu faire en France lui servait de modèle, je n'en doutais pas : mais cela était bien différent. » La Bruyère sur ce point penchait vers l'avis de Gourville. « Il y a, dit-il (3), des conjonctures où l'on sent bien que l'on ne saurait trop attenter contre le peuple. Quand il est paisible (4), on ne voit pas par où le calme peut en sortir. » « Il y a d'autres conjonctures où il est clair qu'on ne peut trop ménager le peuple (5) : quand il est en mouvement, on ne comprend pas (6) par où le calme peut y entrer. » Le roi Louis XIV avait supprimé le protestantisme en France; le roi Jacques II ne pouvait même pas maintenir la religion catholique en Angleterre. La France était tranquille, et l'Angleterre agitée jusqu'au fond de ses entrailles. La politique des deux rois était indiquée par la différence des deux États.

Pour bien montrer à M. le Duc cette différence, la Bruyère lui ra-

---

(1) *Oraison funèbre de la reine d'Angleterre.*
(2) *Mémoires de Gourville.*
(3) Chap. x, n° 5.
(4) Chap. x, n° 6.
(5) Chap. x, n° 5.
(6) Chap. x, n° 6.

conta ce qu'il avait vu de ses propres yeux à Paris (1). Dans sa jeunesse, les enseignes des marchands étaient en saillie sur les rues, et gênaient souvent les passants. En 1669, le lieutenant de police, la Reynie, voulut que les enseignes fussent appliquées contre le mur. Les six corps de marchands réclamèrent : les enseignes saillantes étaient, disaient-ils, plus avantageuses au négoce. Il fallut céder. Une ordonnance du roi permit de conserver les enseignes saillantes, mais à la condition qu'elles fussent réduites dans leurs dimensions, et ne pussent encombrer les rues ni incommoder l'éclairage. Cela fit naître une nouvelle agitation : l'agent voyer exigea que les marchands lui payassent le droit de voirie, qui lui était dû toutes les fois qu'une enseigne était posée ou remplacée; les marchands soutenaient que le droit n'était pas dû, parce que les nouvelles enseignes avaient été mises par commandement du roi et pour la décoration de la ville. Les têtes de la bourgeoisie parisienne commençaient à s'échauffer, lorsque Sa Majesté, par un arrêt du 21 avril 1670, fit défense d'exiger aucun droit pour la réforme des enseignes, et ordonna que le commis voyer restituerait les deniers qu'il avait reçus à ce sujet. Ainsi le roi avait encore cédé ; ne fit-il pas mieux que d'exercer sa prérogative ? « Vous pouvez aujourd'hui ôter à cette ville ses franchises, ses droits, ses privilèges (2) ; mais demain ne songez pas même à réformer ses enseignes. » Jacques II avait fait tout le contraire. Au moment où le peuple anglais était en pleine effervescence, où je ne sais quelle fureur remuait tous les cœurs contre la royauté et les papistes, ce monarque insensé voulut détruire les vieilles franchises populaires pour imposer de haute lutte son pouvoir absolu ; et il finit par s'aliéner tous les souverains, même le pape, pour rétablir l'autorité catholique. « Il y a, disait la Bruyère (3), certains maux dans la république qui y sont soufferts, parce qu'ils préviennent ou empêchent de plus grands maux... L'on tolère quelquefois dans un État un assez grand mal, mais qui détourne un million de petits maux ou d'inconvénients, qui tous seraient inévitables et irrémédiables. Il se trouve des maux dont chaque particulier gémit, et qui deviennent néanmoins un bien public, quoique le public ne soit autre chose que tous les particuliers. Il y a des maux personnels qui concourent au bien et à l'avantage de chaque famille. Il y en a qui affligent,

---

(1) *Traité de la police,* par Delamare, t. IV, p. 382-387.
(2) Chap. X, n° 5.
(3) Chap. X, n° 7.

ruinent ou déshonorent les familles, mais qui tendent au bien et à la conservation de la machine de l'État et du gouvernement. D'autres maux renversent des États, et sur leurs ruines en élèvent de nouveaux. On en a vu enfin qui ont sapé par les fondements de grands empires, et qui les ont fait évanouir de dessus la terre, pour varier et renouveler la face de l'univers. »

On était inquiet en France du grand armement que faisait le prince d'Orange. « On me mande de tous côtés, écrivait Bossuet (1), que cela retombe sur la France, où les huguenots remuent de toutes parts. » Le roi prévint le roi d'Angleterre de se tenir sur ses gardes, et il dit à Mme la Dauphine (2) : « Enfin le prince d'Orange s'est déclaré protecteur de la religion anglicane, et il va s'embarquer arborant le pavillon anglais. Plusieurs milords sont déjà venus le trouver. Voici l'adieu qu'il a fait, dit-on, à Messieurs des États : « Messieurs, je vous dis « adieu pour jamais ; je vais ou périr ou régner ; si je péris, je mourrai « votre serviteur ; si je règne, je vivrai votre ami. » Ce que l'on traduisait ainsi (3) : Je passerai la mer, je dépouillerai mon père de son patrimoine, je le chasserai, lui, sa femme, son héritier, de ses terres et de ses États, et je vous ferai voir qu'on peut chasser un roi de son royaume comme un petit seigneur de son château ou un fermier de sa métairie. « Il s'en faut de peu que le crime heureux ne soit loué comme la vertu même (4). C'est un noir attentat, c'est une sale et odieuse entreprise que celle que le succès ne pourrait justifier. » Mme de Sévigné écrivait (5) : « On espère que le prince d'Orange a pris de fausses mesures et que le roi d'Angleterre le recevra et le battra fort bien. Il a parlé à ses milords, donné liberté aux moins affectionnés et renouvelé l'attachement des plus fidèles, il a déclaré une parfaite liberté de conscience et fait commander sa cavalerie à M. le comte de Roye ; c'est un bon calviniste, cela contente ses sujets. » Il était trop tard : « Le peuple, dit la Bruyère (6), va souvent jusques à oublier ses intérêts les plus chers, le repos et la liberté, par l'amour qu'il a pour le changement et par le goût de la nouveauté ou des choses extraordinaires. »

Le prince d'Orange s'était embarqué sur sa flotte à Scheveningen,

---

(1) Bossuet à M. de Rancé, 2 septembre 1688.
(2) Dangeau, 5 octobre.
(3) Chap. XII, n° 118.
(4) Chap. XII, n° 113.
(5) 13 octobre.
(6) Chap. X, n° 10.

le 30 octobre, par un fort beau temps, et il était parti cinglant vers l'Angleterre ; le soir un vent violent s'éleva, et si contraire que toute la flotte fut dispersée. « Le prince d'Orange, écrivait M. d'Avaux, ambassadeur du roi à la Haye (1), est rentré dans la Meuse avec peu de vaisseaux ; il est fort incommodé de son asthme. La frégate sur laquelle était M. de Schomberg est périe (sic). On a su aussi qu'il a péri un grand bâtiment sur lequel étaient 900 Anglais au service des États généraux. D'autres bâtiments ont jeté un grand nombre de chevaux dans la mer. On croit la perte fort grande ; mais jusqu'ici l'on ne sait que ces particularités-là. » Elles suffisaient bien pour faire voir le mauvais succès de l'entreprise : ce qui frappait surtout les esprits à la cour de France, c'était le malheur de ces gentilshommes français qui par haine de la foi catholique avaient préféré, comme Schomberg, la fortune de Guillaume à celle de Louis XIV. » Les hommes, dit la Bruyère (2), séduits par de belles apparences et de spécieux prétextes, goûtent aisément un projet d'ambition que quelques grands ont médité ; ils en parlent avec intérêt ; il leur plaît même par la hardiesse ou par la nouveauté qu'on lui impute ; ils y sont déjà accoutumés et n'en attendent que le succès, lorsque venant au contraire à avorter, ils décident avec confiance et sans nulle crainte de se tromper, qu'il était téméraire et ne pouvait réussir. »

Alors M. de Lauzun, qui depuis un an était sorti de prison et vivait à Paris avec toute liberté d'approcher de la cour, mais sans y entrer, ennuyé de cette situation ridicule, résolut, pour conserver le merveilleux de sa vie, de tenter un coup de fortune. M. de Saint-Victor venait d'obtenir la permission d'aller offrir ses services au roi d'Angleterre ; M. de Lauzun la demanda aussi, l'obtint, et fut loué du parti qu'il prenait. « Une belle ressource pour celui qui est tombé dans la disgrâce, avait dit la Bruyère (3), c'est la retraite. » Il ajouta : « Une plus belle ressource pour le favori disgracié que de se perdre dans la solitude et ne plus faire parler de soi, c'est d'en faire parler magnifiquement, et de se jeter, s'il se peut, dans quelque haute et généreuse entreprise, qui relève ou confirme du moins son caractère, et rende raison de son ancienne faveur ; qui fasse qu'on le plaigne dans sa chute, et qu'on en rejette une partie sur son étoile. »

---

(1) Dangeau, 5 novembre.
(2) Chap. XII, n° 114.
(3) Chap. X, n° 19. Dans la première édition, c'était le dernier alinéa du chap. VIII.

Le prince d'Orange ne pouvait demeurer sur sa déroute. « Il y a, dit la Bruyère (1), des projets d'un si grand éclat et d'une conséquence si vaste, qui font parler les hommes si longtemps, qui font tant espérer ou tant craindre, selon les divers intérêts des peuples, que toute la gloire et toute la fortune d'un homme y sont commises. Il ne peut pas avoir paru sur la scène avec un si bel appareil pour se retirer sans rien dire ; quelques affreux périls qu'il commence à prévoir dans la suite de son entreprise, il faut qu'il l'entame : le moindre mal pour lui est de la manquer. » Du reste, on avait fort exagéré les pertes que le prince d'Orange avait éprouvées par la tempête ; les vaisseaux qu'on croyait perdus se retrouvèrent et furent radoubés ; les Français et les Anglais qu'on croyait noyés étaient presque tous sains et saufs, et tout prêts à recommencer. Pendant ce temps la trahison gagnait dans les Iles-Britanniques : le ministre Sunderland abandonnait son roi et donnait l'exemple de la défection. Jacques II, chancelant sur son trône, avait appelé à Londres des régiments irlandais, qui étaient l'objet de l'exécration publique. Enfin, après avoir fait une fausse entrée sur la scène politique, Guillaume en fit une véritable ; mais, au lieu de débarquer sur les côtes orientales de l'Angleterre où on l'attendait, il traversa la mer du Nord et toute la Manche pour aller prendre terre à Brixham dans la baie de Torbay, vers l'occident de la côte méridionale ; puis, sans se presser, il marcha vers Exeter, la capitale du Devonshire ; et là il attendit patiemment que la population du reste de l'Angleterre se prononçât entre le roi catholique Jacques II et sa fille, la princesse protestante Marie. Guillaume, qui avait épousé cette princesse, venait, disait-il, protéger ses droits à la couronne. « Il n'y a point de chemin trop long, dit le moraliste (2), à qui marche lentement et sans se presser : il n'y a point d'avantages trop éloignés à qui s'y prépare par la patience. »

Au moment où Monseigneur était arrivé de sa campagne de Philippsbourg, l'enthousiasme royaliste des courtisans français n'avait plus connu de bornes ; plusieurs étaient allés de Versailles au-devant de lui jusqu'à la porte Maillot près Paris, et lui avaient embrassé la botte en passant. On supposait volontiers qu'il en était de même en Angleterre. On disait (3) qu'aucun Anglais ne s'était joint au prince d'Orange, et

---

(1) Chap. XII, n° 115.
(2) Chap. XII, n° 108.
(3) De Sourches, t. II, p. 282.

l'on savait que les troupes royales d'Angleterre marchaient vers Salisbury pour écraser les rebelles. Le roi Jacques II était resté à Londres, « apparemment pour donner ordre à deux ou trois petites séditions que la canaille y avait excitées, et qui avaient été apaisées sur-le-champ par la mort de quelques mutins que les troupes avaient tués sans marchander »; mais on ne doutait pas que le roi d'Angleterre ne se mît bientôt à la tête de son armée et n'allât livrer bataille. Il n'y eut point de bataille. Le prince d'Orange, en marchant sur Londres, ne demandait qu'un parlement libre et légal et de sages ministres (1). Il cachait la vérité en l'annonçant, parce qu'il lui importait de l'avoir dite et qu'elle ne fût pas crue. Peu à peu la désertion se mit dans les troupes royales; Jacques II, surpris et entouré par la trahison de tous les côtés, ne put rien faire. Après les petites escarmouches de Cirencester et de Woncanton, le prince d'Orange arriva sans autre difficulté à Londres, ne parlant que d'intérêt public, d'alliance, de tranquillité, de repos et de liberté. Enfin il poussa par les épaules son malheureux beau-père hors de son royaume, comme un perturbateur de la paix publique. Jacques II s'aperçut alors, mais un peu tard, que « c'est un grand bonheur pour les peuples (2) quand le prince admet dans sa confiance et choisit pour le ministère ceux mêmes qu'ils auraient voulu lui donner, s'ils en avaient été les maîtres. »

Pendant ce temps-là M. le Prince était préoccupé de pensées bien différentes. Ne pouvant supporter le chagrin d'avoir accusé faussement Mme la Duchesse auprès du roi, il vérifiait sans cesse les informations qui l'avaient trompé; il examinait toute sa maison, et, pour démontrer qu'il n'avait pas tort, il mettait chacun en contradiction avec soi-même. La Bruyère y fut pris comme les autres, il l'avoue ingénument (3) : « Sans une grande roideur et une continuelle attention à toutes ses paroles, on est exposé à dire en moins d'une heure le oui et le non sur une même chose ou sur une même personne, déterminé seulement par un esprit de société et de commerce qui entraîne naturellement à ne pas contredire celui-ci et celui-là qui en parlent différemment. »

C'était un spectacle extrêmement triste que de voir M. le Prince faire ainsi le lieutenant criminel et mettre à la question tous ses serviteurs pour accuser sa fille Mme la Duchesse. Tous n'avaient pas le cou-

---

(1) Chap. X, n° 12.
(2) Chap. X, n° 23.
(3) Chap. XII, n° 39.

rage de lui dire franchement la vérité, ni surtout, quand il les avait mis en contradiction avec eux-mêmes, d'avouer qu'ils s'étaient trompés. Du reste, il ne voulait entendre autre chose que ce qu'il avait dans le cœur, et il repoussait avec dédain les discours prudents qui ne répondaient pas à sa pensée. La Bruyère ne savait comment exprimer l'état d'esprit de M. le Prince : « Un homme sujet à se laisser prévenir (1), s'il ose remplir une dignité ou séculière ou ecclésiastique, est un aveugle qui veut peindre, un muet qui s'est chargé d'une harangue, un sourd qui juge d'une symphonie : faibles images, et qui n'expriment qu'imparfaitement la misère de la prévention. Il faut ajouter qu'elle est un mal désespéré, incurable, qui infecte tous ceux qui approchent du malade, qui fait déserter les égaux, les inférieurs, les parents, les amis, jusqu'aux médecins : ils sont bien éloignés de le guérir, s'ils ne peuvent le faire convenir de sa maladie, ni des remèdes, qui seraient d'écouter, de douter, de s'informer et de s'éclaircir. Les flatteurs, les fourbes, les calomniateurs, ceux qui ne délient leur langue que pour le mensonge et l'intérêt, sont les charlatans en qui il se confie, et qui lui font avaler tout ce qui leur plaît : ce sont ceux aussi qui l'empoisonnent et qui le tuent. »

Un incident bizarre sembla donner raison à M. le Prince. Il avait mis des gens en campagne pour savoir exactement tout ce qui se passait chez Mme la Duchesse (2). On lui vint rapporter que l'on avait vu sortir de chez elle un homme qui se cachait. M. le Prince envoya quérir Mme de Moreuil, la dame d'honneur, pour savoir qui était cet homme. Mme de Moreuil jura qu'il n'en était point entré, et que Mme la Duchesse avait demeuré tout le jour toute seule dans son cabinet avec Mme de Valentinois. On fit de grandes perquisitions; enfin on trouva que c'était un peintre que Mme de Valentinois avait fait venir pour avoir un portrait en petit à donner : donner à qui? A M. de Barbezieux, qu'on dit avoir été son amant pendant le siège de Philippsbourg. Elles furent grondées au dernier point et fondirent en larmes. L'on interdit à Mme la Duchesse tout commerce avec Mme de Valentinois. Lorsque l'on fit la première représentation à Trianon de l'opéra-ballet de l'abbé Genest, Mme la Duchesse se donna une entorse qui la dispensa même de venir à la seconde.

M. de Marsan empêcha Mlle de Gramont d'épouser M. de Gordes;

---

(1) Chap. XII, n° 41.
(2) *Mémoires de la cour*, par Mme de la Fayette, p. 244, éd. Michaud.

mais à la grande promotion de l'ordre du Saint-Esprit qui eut lieu le 1ᵉʳ janvier 1689, il fut reçu (1) le cinquième des laïques à porter le cordon bleu : quand il prêta serment entre les mains du roi, dans la chapelle de Versailles, il fut présenté par le jeune duc de Chartres et par M. le Prince, qui d'après le cérémonial garantirent sa foi et sa dévotion. M. le Prince eut ce jour-là le plaisir de voir M. de Lussan recevoir enfin la récompense que le grand Condé lui avait promise à Senef, et depuis lors M. de Lussan reprit auprès de M. le Prince ses fonctions de gentilhomme de la chambre.

M. le Duc avait enfin découvert l'art de se faire aimer de sa femme. Il se posait toujours pour un homme à bonnes fortunes ; mais il aimait Mᵐᵉ sa femme plus qu'aucune de celles dont il voulait qu'on le crût bien traité (2). Il affectait beaucoup d'indifférence pour elle : il en était extrêmement jaloux et ne voulait pas le paraître. Mᵐᵉ la Duchesse avait été sévèrement punie de sa légèreté ; mais elle était parvenue à son but. « L'on confie son secret dans l'amitié ; mais il échappe dans l'amour (3). L'on peut avoir la confiance de quelqu'un sans en avoir le cœur. Celui qui a le cœur n'a pas besoin de révélation ou de confiance ; tout lui est ouvert. » Il suffisait à Mᵐᵉ la Duchesse d'avoir le cœur de son mari. Quant à ses amies, à leur folâtre société et à leurs jolies confidences, c'était pour elle un amusement, une distraction ; elle n'y tenait pas autrement.

La Bruyère a ainsi caractérisé ses deux Altesses, mari et femme : « Ceux qui s'aiment d'abord avec la plus violente passion contribuent bientôt chacun de leur part à s'aimer moins, et ensuite à ne s'aimer plus (4). Qui, d'un homme ou d'une femme, met davantage du sien dans cette rupture, il n'est pas aisé de le décider. Les femmes accusent les hommes d'être volages, et les hommes disent qu'elles sont légères. » L'indulgence réciproque est donc nécessaire. « Les femmes vont plus loin en amour que la plupart des hommes (5) ; mais les hommes l'emportent en amitié. »

« Les hommes sont cause que les femmes ne s'aiment point (6). » L'entorse que s'était donnée Mᵐᵉ la Duchesse à la première représen-

(1) Notes de Saint-Simon sur Dangeau.
(2) Mᵐᵉ de Caylus, p. 191.
(3) Chap. IV, n° 26.
(4) Chap. IV, n° 17.
(5) Chap. III, n° 55.
(6) Chap. III, n° 55.

tation du ballet de l'abbé Genest à Trianon avait été considérée par Mme la princesse de Conti, sa rivale, comme une défaite ; son absence à la deuxième représentation était une déroute complète ; elle prit part à la troisième, et elle parut bien guérie. Mais le triomphe de la princesse de Conti n'était plus contestable : elle éclipsait même les meilleures danseuses de l'Opéra, qu'elle avait admises dans ses entrées. Le vieux la Fontaine, qui avait toujours l'enthousiasme de la jeunesse pour la beauté, la vit alors comme elle allait à Trianon :

> L'air, la taille, le port, un amas de beautés,
> Tout excelle en Conti : chacun lui rend les armes.
> Sa présence en tous lieux fera dire toujours :
>   Voilà la fille des Amours ;
>   Elle en a la grâce et les charmes.
> On ne dira pas moins en admirant son air :
>   C'est la fille de Jupiter.

On eût peut-être osé en dire autant de Mme la Duchesse sans cette malheureuse entorse dont Mme de Valentinois était la cause. Mais on n'eût probablement pas ajouté ce qui suit :

> Quand Morphée à mes sens présenta son image,
> Elle allait en un bal s'attirer maint hommage.
> Je la suivis des yeux ; ses regards et son port
> Remplissaient en chemin les cœurs d'un doux transport.
> Le songe me l'offrit par les grâces parée ;
> Telle aux noces des dieux ne va point Cythérée :
> Telle même on ne vit cette fille des flots
> Du prix de la beauté triompher dans Paphos.
> Conti lors me parut mille fois plus légère
> Que ne dansent au bois la nymphe et la bergère.
> L'herbe l'aurait portée, une fleur n'aurait pas
>   Reçu l'empreinte de ses pas.
> Elle semblait raser les airs à la manière
>   Que les dieux marchent dans Homère.

Les qualités de l'esprit ne répondaient pas dans la princesse de Conti à son extérieur (1) : elle n'avait pas l'imagination fort vive et bien remplie. C'est par là que Mme la Duchesse reprenait l'avantage. Son esprit avait brillé du plus vif éclat dans les petites tracasseries de la cour où elle avait pris part. On citait ses bons mots, ses repar-

---

(1) Spanheim, *Relation*, p. 97.

ties et les beaux tours qu'elle avait joués à Mme de Maintenon, à M. le Prince et à M. le Duc. Les lorgneries de M. de Marsan ne lui avaient pas fait baisser les yeux, et la plus impertinente audace ne suffisait pas pour plaisanter avec elle. La Bruyère était dégoûté des efforts que faisaient les beaux esprits pour lui plaire ou briller auprès d'elle. « L'on voit des gens qui, dans les conversations ou le peu de commerce que l'on a avec eux, vous dégoûtent par leurs ridicules expressions, et j'ose dire par la nouveauté, par l'impropriété des termes dont ils se servent, comme par l'alliance de certains mots qui ne se rencontrent ensemble que dans leur bouche, et à qui ils font signifier des choses que leurs premiers inventeurs n'ont jamais eu l'intention de leur faire dire (1). Ils ne suivent en parlant ni la raison ni l'usage, mais leur bizarre génie, que l'envie de plaisanter, et peut-être de briller, tourne insensiblement à un jargon qui leur est propre et qui devient enfin leur idiome naturel; ils accompagnent un langage si extravagant d'un geste affecté et d'une prononciation qui est contrefaite. Tous sont contents d'eux-mêmes et de l'agrément de leur esprit, et l'on ne peut pas dire qu'ils en soient entièrement dénués; mais on les plaint du peu qu'ils en ont; et ce qui est pire, on en souffre. » Je croirais volontiers que le comte de Marsan a fourni beaucoup de traits à ce caractère. « Il a su, dit Spanheim (2), se faire valoir par un esprit vif et hardi, et par la réputation de beaucoup de courage; mais comme il y avait joint un esprit dangereux et porté à l'intrigue, il se rendit aussi par là suspect au roi. » Le même Spanheim dit du même comte de Marsan dans ses notes secrètes (3) : « Étourdi. Riche. Aime le plaisir. Aime les femmes. Peu d'esprit. » Mélangez ces qualités et ces défauts, fondez-les ensemble; et vous pouvez en tirer un composé capable de plaire quelques instants à Mme la Duchesse, mais en somme fort désagréable à la Bruyère? Ceux qui imitaient M. de Marsan ne faisaient pas moins souffrir le moraliste que ce singulier original.

De quoi vous plaignez-vous? disait-on à la Bruyère. C'est là l'esprit des jeunes gens d'à présent. Aimez-vous mieux qu'ils aient comme M. le Duc la brutalité d'un grenadier? Que ne faites-vous comme Voiture, qui charmait par son esprit si vif, si prompt, si imprévu, les loisirs de Condé vainqueur et l'hôtel de Rambouillet? Ou comme Sar-

---

(1) Chap. v, n° 6.
(2) *Relation de Spanheim*, p. 120.
(3) *Ibid.*, p. 421.

rasin, qui célébrait par le plus gracieux badinage la pompe funèbre de Voiture et les amusements de Chantilly ? Vous êtes de droit leur successeur dans la maison de Condé. Faites comme eux (1). Pellisson lui-même pouvait tenir ce langage, car il pensait ainsi. La Bruyère répondait : « Voiture et Sarrasin étaient nés pour leur siècle (2), et ils ont paru dans un temps où il semble qu'ils étaient attendus. S'ils s'étaient moins pressés de venir, ils arrivaient trop tard; et j'ose douter qu'ils fussent tels aujourd'hui qu'ils ont été alors. Les conversations légères, les cercles, la fine plaisanterie, les lettres enjouées et familières, les petites parties où l'on était admis seulement avec de l'esprit, tout a disparu. Et qu'on ne dise point qu'ils les feraient revivre : ce que je puis faire en faveur de leur esprit est de convenir que peut-être ils excelleraient dans un autre genre ; mais les femmes sont de nos jours ou dévotes ou coquettes ; les galants ou les directeurs ont pris la place, et la défendent contre les beaux esprits. »

Ce qu'il fallait alors dans la maison de Condé, c'étaient des gens d'esprit. Les beaux esprits, comme Voiture et Sarrasin (3), étaient fort agréables, mais très peu sûrs, serviteurs des grands sans aucun attachement véritable, moitié flatteurs, moitié impertinents et croyant tout racheter par des plaisanteries. Les gens d'esprit comme l'entendait la Bruyère étaient tout autre chose. « Un homme en place, dit-il (4), doit aimer son prince, sa femme, ses enfants et après eux les gens d'esprit; il les doit adopter, il doit s'en fournir et n'en jamais manquer. Il ne saurait payer, je ne dis pas de trop de pensions et de bienfaits, mais de trop de familiarité et de caresses, les secours et les services qu'il en tire, même sans le savoir. Quels petits bruits ne dissipent-ils pas? quelles histoires ne réduisent-ils pas à la fable et à la fiction? Ne savent-ils pas justifier les mauvais succès par les bonnes intentions, prouver la bonté d'un dessein et la justesse des mesures par le bonheur des événements, s'élever contre la magnanimité et l'envie pour accorder à de bonnes entreprises de meilleurs motifs, donner des explications favorables à des apparences qui étaient mauvaises, détourner les petits défauts, ne montrer que les vertus, et les mettre dans leur jour, semer en mille occasions des

---

(1) Cf. En tête des œuvres de Sarrasin, l'*Éloge de Sarrasin*, par Pellisson, 1663.
(2) Chap. XIII, n° 10.
(3) *La Société française au XVIIe siècle*, par Victor Cousin, t. II, p. 211.
(4) Chap. IX, n° 34.

faits et des détails qui soient avantageux, et tourner le ris et la moquerie contre ceux qui oseraient en douter ou avancer des faits contraires? Je sais que les grands ont pour maxime de laisser parler et de continuer d'agir; mais je sais aussi qu'il leur arrive en plusieurs rencontres que laisser dire les empêche de faire. »

Assurément la Bruyère n'était pas le seul homme d'esprit qui pût rendre ces services dans la maison de Condé : M. de Moreuil, M. de Briord, Gourville, Xaintrailles, et tant d'autres, pouvaient et devaient s'en acquitter fort bien par leurs conversations ou par leurs lettres; mais la Bruyère pouvait seul s'adresser au public pour lui faire ses confidences. Aussi, pendant qu'il joue son petit rôle avec les autres, il a souvent l'air de parler à la cantonade dans son ouvrage. « Si l'on faisait une sérieuse attention à tout ce qui se dit de froid, de vain et de puéril dans les entretiens ordinaires, l'on aurait honte de parler et d'écouter, et l'on se condamnerait peut-être à un silence perpétuel, qui serait une chose pire dans le commerce que les discours inutiles (1). Il faut s'accommoder à tous les esprits, permettre comme un mal nécessaire le récit des fausses nouvelles, les vagues réflexions sur le gouvernement présent ou sur l'intérêt des princes, le débit des beaux sentiments, et qui reviennent toujours les mêmes ; il faut laisser *Aronce* parler proverbe, et *Mélinde* parler de soi, de ses vapeurs, de ses migraines et de ses insomnies. »

L'une des choses les plus désagréables à entendre pour la Bruyère, c'étaient les plaintes des jeunes volontaires dont Vauban avait été obligé de réprimer l'ardeur téméraire au siège de Philippsbourg. Ils ne pouvaient pardonner à M. le Duc d'avoir toujours été partout où il y avait des coups à recevoir, dans les postes où il pouvait être tué et ne fut pas tué (2). Acquérir de l'honneur et ne point perdre la vie, c'était trop de bonheur à la fois : ils portaient aussi envie au prince de Conti. La Bruyère leur répondit (3) : « Vous vous agitez, vous vous donnez un grand mouvement surtout lorsque les ennemis commencent à fuir et que la victoire n'est plus douteuse, ou devant une ville après qu'elle a capitulé ; vous aimez, dans un combat ou pendant un siège, à paraître en cent endroits pour n'être nulle part, à prévenir les ordres du général de peur de les suivre, et à chercher les occa-

(1) Chap. v, n° 5.
(2) Chap. xii, n° 97.
(3) Chap. xii, n° 96.

sions plutôt que de les attendre et les recevoir : votre valeur serait-elle fausse? » La brutalité blessante de cette réponse laisse croire que M. le Duc n'y était pas tout à fait étranger.

Puisque la Bruyère défendait si énergiquement M. le Duc, il fallait bien aussi qu'il défendît Mme la Duchessse. Elle était de plus petite taille que la grande princesse de Conti, qui dansait si bien. Pour se dédommager de ce désavantage, elle élevait le plus possible sa coiffure et, comme dit Boileau, le galant édifice de ses cheveux (1). La mode des coiffures hautes durait depuis environ huit ans. Bien des gens ne pouvaient l'admirer. Bussy-Rabutin ne pouvait la souffrir. Mme de Sévigné ne regrettera pas son abaissement. Le philosophe ne pouvait se plaindre qu'on voulût, comme dit Chaulieu,

> Humilier enfin l'orgueil de ces coiffures;

mais il ne craignit pas de railler le sérieux que l'on apportait à ces sortes d'affaires. Il y avait longtemps qu'il avait reconnu autant de faiblesse à fuir la mode qu'à l'affecter. « L'on blâme, dit-il (2), une mode qui, divisant la taille des hommes en deux parties égales, en prend une tout entière pour le buste, et laisse l'autre pour le reste du corps; l'on condamne celle qui fait de la tête des femmes la base d'un édifice à plusieurs étages dont l'ordre et la structure change selon leurs caprices, qui éloigne les cheveux du visage, bien qu'ils ne croissent que pour l'accompagner, qui les relève et les hérisse à la manière des bacchantes, et semble avoir pourvu à ce que les femmes changent leur physionomie douce et modeste en une autre qui soit fière et audacieuse; on se récrie enfin contre telle ou telle mode, qui cependant, toute bizarre qu'elle est, pare et embellit pendant qu'elle dure, et dont on tire tout l'avantage qu'on en peut espérer, qui est de plaire. Il me paraît qu'on devrait seulement admirer l'inconstance et la légèreté des hommes, qui attachent successivement les agréments et la bienséance à des choses tout opposées, qui emploient pour le comique et pour la mascarade ce qui leur a servi de parure grave et d'ornements les plus sérieux; et que si peu de temps en fasse la différence. »

Le philosophe excusait donc dans Mme la Duchesse le goût des

---

(1) Mme de Sévigné, lettre au duc de Chaulnes, 15 mai 1691, t. X, p. 24, 25. Correspondance de Bussy, t. VI, p. 482, 486. Lettre de Chaulieu pour la marquise de Lassay à Mme la Duchesse, 1701.

(2) Chap. XIII, n° 12.

hautes coiffures; mais ce qui n'obtint pas son indulgence, c'était d'avoir fourni aux jeunes fats de la cour un sujet de chronique frivole et médisante. Ils étaient sans doute des spectateurs très aveugles et des narrateurs très ignorants. Ils n'en étaient pas moins parfaitement insupportables pour les gens d'esprit attachés à la maison de Condé. « Être infatué de soi, dit la Bruyère (1), et s'être fortement persuadé qu'on a beaucoup d'esprit, est un accident qui n'arrive guère qu'à celui qui n'en a point, ou qui en a peu. Malheur pour lors à qui est exposé à l'entretien d'un tel personnage! combien de jolies phrases lui faudra-t-il essuyer! combien de ces mots aventuriers qui paraissent subitement, durent un temps, et que bientôt on ne revoit plus! S'il conte une nouvelle, c'est moins pour l'apprendre à ceux qui l'écoutent que pour avoir le mérite de la dire, et de la dire bien : elle devient un roman entre leurs mains; il fait penser les gens à sa manière, leur met en la bouche ses petites façons de parler, et les fait toujours parler longtemps; il tombe ensuite en des parenthèses qui peuvent passer pour épisodes, mais qui font oublier le gros de l'histoire, et à lui qui vous parle, et à vous qui le supportez. Que serait-ce de vous et de lui, si quelqu'un ne survenait heureusement pour déranger le cercle, et faire oublier la narration? »

La Bruyère voulut faire aussi un conte; il voulut qu'il n'y eût ni parenthèse ni épisode; que les gens parlassent peu et n'en pensassent que mieux à leur manière; que l'action vraisemblable, quoique extraordinaire, marchât vite et ne languît jamais; point de jolies phrases, ni de mots aventuriers. L'auteur se cacha si bien, qu'on n'eût pu soupçonner que la nouvelle d'Émire était de lui, s'il ne l'avait publiée dans la troisième ou la quatrième édition de ses *Caractères*. Le moraliste ne se trahit que par la remarque qui précède son récit et qui en est la morale, comme dans quelques fables de la Fontaine.

« Une femme insensible (2) est celle qui n'a pas encore vu celui qu'elle doit aimer. »

« Il y avait à *Smyrne* une très belle fille qu'on appelait *Émire*, et qui était moins connue dans toute la ville par sa beauté que par la sévérité de ses mœurs, et surtout par l'indifférence qu'elle conservait pour tous les hommes, qu'elle voyait, disait-elle, sans aucun péril, et sans autres dispositions que celles où elle se trouvait pour ses amies

---

(1) Chap. v, n° 11.
(2) Chap. iii, n° 81.

ou pour ses frères. Elle ne croyait pas la moindre partie de toutes les folies qu'on disait que l'amour avait fait faire dans tous les temps; et celles qu'elle avait vues elle-même, elle ne les pouvait comprendre : elle ne connaissait que l'amitié. Une jeune et charmante personne, à qui elle devait cette expérience, la lui avait rendue si douce qu'elle ne pensait qu'à la faire durer, et n'imaginait pas par quel autre sentiment elle pourrait jamais se refroidir sur celui de l'estime et de la confiance, dont elle était si contente. Elle ne parlait que d'*Euphrosyne:* c'était le nom de cette fidèle amie, et tout Smyrne ne parlait que d'elle et d'Euphrosyne : leur amitié passait en proverbe. Émire avait deux frères qui étaient jeunes, d'une excellente beauté, et dont toutes les femmes de la ville étaient éprises; et il est vrai qu'elle les aima toujours comme une sœur aime ses frères. Il y eut un prêtre de Jupiter, qui avait accès dans la maison de son père, à qui elle plut, qui osa le lui déclarer, et ne s'attira que du mépris. Un vieillard, qui se confiant en sa naissance et en ses grands biens avait eu la même audace, eut aussi la même aventure. Elle triomphait cependant; et c'était jusqu'alors au milieu de ses frères, d'un prêtre et d'un vieillard, qu'elle se disait insensible. Il sembla que le ciel voulut l'exposer à de plus fortes épreuves, qui ne servirent néanmoins qu'à la rendre plus vaine, et qu'à l'affermir dans la réputation d'une fille que l'amour ne pouvait toucher. De trois amants que ses charmes lui acquirent successivement, et dont elle ne craignit pas de voir toute la passion, le premier, dans un transport amoureux, se perça le sein à ses pieds; le second, plein de désespoir de n'être pas écouté, alla se faire tuer à la guerre de Crète; et le troisième mourut de langueur et d'insomnie. Celui qui les devait venger n'avait pas encore paru. Ce vieillard qui avait été si malheureux dans ses amours s'en était guéri par des réflexions sur son âge et sur le caractère de la personne à qu'il voulait plaire : il désira de continuer de la voir, et elle le souffrit. Il lui amena un jour son fils, qui était jeune, d'une physionomie agréable, et qui avait une taille fort noble. Elle le vit avec intérêt; et comme il se tut beaucoup en la présence de son père, elle trouva qu'il n'avait pas assez d'esprit, et désira qu'il en eût davantage. Il la vit seul, parla assez, et avec esprit; mais comme il la regarda peu, et qu'il parla encore moins d'elle et de sa beauté, elle fut surprise et comme indignée qu'un homme si bien fait et si spirituel ne fût pas galant. Elle s'entretint de lui avec son amie, qui voulut le voir. Il n'eut des yeux que pour Euphrosyne, il lui dit qu'elle était belle ; et Émire, si indifférente, devenue jalouse, comprit que Ctésiphon était persuadé de ce qu'il disait, et que non seulement il était galant, mais même qu'il était tendre. Elle se trouva depuis ce temps moins libre avec son amie. Elle désira de les voir ensemble une seconde fois pour être plus éclaircie ; et une seconde entrevue lui fit voir encore plus qu'elle ne craignait de voir, et changea ses soupçons en certitude. Elle s'éloigne d'Euphrosyne, ne lui connaît plus le mérite qui l'avait charmée, perd le goût de sa conversation ; elle ne l'aime plus ; et ce changement lui fait sentir que l'amour dans son cœur a pris la place de l'amitié (1). Ctésiphon et Euphrosyne se voient tous les jours, s'aiment, songent à s'épouser, s'épousent. La nouvelle s'en répand par toute la ville ; et l'on publie que deux personnes enfin ont eu cette joie si rare de se marier à ce qu'ils aimaient. Émire l'apprend, et s'en désespère. Elle ressent tout son amour : elle recherche Euphrosyne pour le seul plaisir de voir Ctésiphon ; mais ce jeune mari est encore l'amant de sa femme, et trouve une maîtresse dans une nouvelle épouse ; il ne voit dans Émire que l'amie d'une personne qui lui est chère. Cette fille infortunée perd le sommeil, et ne veut plus manger : elle s'affaiblit ; son esprit s'égare ; elle prend son frère pour Ctésiphon, et elle lui parle comme à un amant ; elle se détrompe, rougit de son égarement ; elle retombe bientôt dans de plus grands, et n'en rougit plus ; elle ne les connaît plus. Alors elle craint les hommes, mais trop tard : c'est sa folie. Elle a des intervalles où la raison lui revient, et où elle gémit de la retrouver. La jeunesse de Smyrne, qui l'a vue si fière et si insensible, trouve que les dieux l'ont trop punie. »

Ce petit roman est un vrai roman, c'est-à-dire, d'après la définition de Huet (2), une histoire feinte d'aventures amoureuses, écrite en prose avec art pour le plaisir et l'amusement des lecteurs. On pouvait le lire, comme le veut Descartes (3), pour se désennuyer, et sans y avoir grande attention. On pouvait y chercher, non sans succès, des allusions à des événements de l'histoire contemporaine ; on pouvait même y trouver des souvenirs de la jeunesse de M. le Prince et de la reclusion de Mme de Marans, que l'on fut obligé de resserrer chez les carmélites du faubourg Saint-Jacques à Paris, comme Mme la

---

(1) Chap. IV, n° 7.
(2) Huet, *De l'origine des romans*, p. 3.
(3) Descartes, *Réponses aux deuxièmes objections*, § 11.

Princesse douairière à Châteauroux. Mais la lecture de ce roman pouvait être aussi utile que celle de semblables fictions (1) est ordinairement nuisible. Tout y est arrangé pour développer sous une forme allégorique la vérité morale mise en tête du récit sous forme de maxime. L'allégorie est empruntée aux mœurs de ce siècle; la maxime n'est pas neuve, mais avec son air naïf elle dut éveiller des soupçons dans l'esprit de M. le Prince. Mme la Duchesse avait facilement démontré à Mme de Maintenon, à M. le Prince et à M. le Duc qu'elle était insensible aux avances de MM. de Marsan, de Barbezieux et de tous les autres; mais elle ne pouvait dissimuler qu'elle regardait avec quelque envie (2) le bonheur de son amie, Mme la princesse de Conti, qui avait épousé ce qu'elle aimait. Mme la Princesse, qui était persuadée que Mme la Duchesse et le prince de Conti étaient faits l'un pour l'autre, comprendra peut-être encore mieux la pensée de la Bruyère. Mais elle se gardera bien de le dire. Le secret fut si bien caché, que (M. Servois l'a déclaré (3) avec une parfaite vérité) aucune des clefs, ni manuscrites, ni imprimées, n'a donné le nom de l'héroïne de ce roman.

(1) Chap. I, n° 53.
(2) *Souvenirs de Mme de Caylus.*
(3) La Bruyère, t. I, p. 463.

CHAPITRE XXV.

1688-1689.

Succès des trois premières éditions des *Caractères*. — Talent, goût, esprit, bon sens, choses différentes, non incompatibles. — Les Perrault. — Querelle des anciens et des modernes. — Charles Perrault et Fontenelle. — De Visé et le *Mercure galant*. — Don Quichotte et Sancho Pansa. — La Bruyère voulait rendre les grands meilleurs, mais il n'était point un cynique : il imite Socrate. — Il avertit les jeunes gens, même les princes, pour corriger leurs mœurs. — Mauvaise politique, selon Gourville. — Diplomatie des courtisans. — Manière de Gourville pour railler les philosophes. — Riposte de la Bruyère. — Caractère politique du ministre ou du plénipotentiaire, ou la fin justifie les moyens. — Mépris de la Bruyère pour cette politique. — Son but, comme celui de Socrate, est d'être bon; mais il élève son idéal jusqu'à Jésus-Christ. — C'est Bossuet qui le dirige. — Réflexions sur la prédication chrétienne et ses défauts. — Bossuet Démosthène; Bourdaloue Cicéron. — Fénelon prédicateur. — Raisonnements des libertins. — Qu'est-ce qu'un Père de l'Église? — Bossuet n'avait pas besoin d'être cardinal. — Érasme. — La Bruyère arbore l'enseigne de moraliste comme Érasme.

La première édition des *Caractères* avait été lue avec une grande avidité; la deuxième eut le même succès, et la troisième aussi. Michallet avec sa presse à bras ne pouvait suffire à l'impression : il fit deux éditions de la deuxième édition avant de publier la troisième. Il concéda une part de son privilège à Thomas Amaulry, libraire à Lyon, pour imprimer cet ouvrage qui était demandé partout. Enfin à Bruxelles, en Pays-Bas, une autre édition, semblable aux autres, se vendait chez Jean Léonard, avec le privilège de Michallet. Toutes ces éditions n'étaient que la deuxième de Paris, et l'auteur n'avait rien répondu à toutes les critiques dont il était l'objet. Il se dédommagea de ce long silence dans sa quatrième édition.

« Talent, goût, esprit, bon sens, choses différentes (1), non incompatibles. »

« Entre le bon sens et le bon goût (2), il y a la différence de la cause à son effet. »

Tel a du bon sens en certaines matières, qui n'en a point dans d'autres. Où manque la cause, l'effet doit manquer : ces gens-là confondent le bon goût avec la mode, la vérité avec la nouveauté, la tradition avec la routine. Quand une fois ils sont tombés dans le paradoxe, ils n'en peuvent plus sortir. Leur esprit et leur talent ne servent plus qu'à les égarer.

Pierre Perrault, receveur des finances à Paris, se ruina où d'autres, avec un peu de bon sens, s'étaient enrichis. Pour se consoler, il traduisit le *Seau enlevé* de Tassoni (3), et déblatéra contre Euripide parce qu'il avait fait, 2,000 ans auparavant, une *Alceste* meilleure que celle de Quinault. Claude Perrault son frère, esprit original dans les études de physique (4), architecte de la colonnade du Louvre, déclara Quinault supérieur à Virgile, méprisa les grands écrivains de l'antiquité, et soutint que Boileau avait comparé Louis XIV à Midas, au roi Midas qui avait des oreilles d'âne. Charles Perrault de l'Académie française n'était pas moins bizarre que ses frères : il avait comme eux de l'esprit et du talent (5) ; mais, ancien commis principal aux bâtiments sous Colbert, il ne savait rien de plus beau que la poésie d'opéra et la peinture de décors. Il avait mis en vers le conte de Peau d'âne et la fameuse femme au nez de boudin (6). Il composa un poème sur la pénitence. Bossuet eut le malheur de l'en féliciter : aussitôt Charles Perrault composa une épopée en six chants sur l'histoire de saint Paulin, évêque de Nole, d'après les récits du pape saint Grégoire le Grand. Bossuet dut louer son orthodoxie et même ses vers (7), qui étaient pourtant d'une platitude remarquable. Alors Charles Perrault se crut autorisé par son talent poétique à faire applaudir de l'Académie les paradoxes chers à sa famille. Le 27 jan-

---

(1) Chap. XII, n° 56.
(2) Chap. XII, n° 56.
(3) Sainte-Beuve, *Causeries du lundi*, 29 décembre 1861.
(4) Condorcet.
(5) *Mémoires de Charles Perrault*, 1759, in-12, chez Patte, à Paris.
(6) Cf. saint Paulin, évêque de Nole, avec une épître chrétienne sur la pénitence et une ode aux nouvelles converties, p. Ch. Perrault, à Paris, chez J. B. Coignard, in-8°, 1686.
(7) Lettre de Bossuet, 25 décembre 1685.

vier 1687, au milieu de l'enthousiasme populaire excité par la guérison du roi, l'Académie s'étant assemblée pour célébrer cet événement mémorable, Charles Perrault, qui avait sous le ministère de Colbert (1) rendu à la compagnie des immortels des services fort appréciés, se leva et lut son poème, intitulé le Siècle de Louis le Grand, où il établit comme un dogme littéraire la supériorité des modernes sur les anciens. Boileau indigné quitta la salle des séances ; l'Académie applaudit, et Racine, en sortant de la séance, complimenta Charles Perrault du jeu d'esprit qu'il avait si agréablement soutenu d'un bout à l'autre de son poème (2) : « J'ai parlé fort sérieusement, répondit Perrault, et je le prouverai. »

M. de Callières a fait l'histoire de la querelle des anciens et des modernes (3) dans un poème héroï-comique assez plaisant. Mais les combattants ne plaisantaient pas. De Longepierre, dans son discours sur les anciens, les défend avec une gravité et une pompe solennelle qui touche au ridicule. Dacier, dans la préface du sixième volume de la traduction d'Horace, traite de barbares ou de vandales les détracteurs des anciens. Boileau compara les académiciens à des singes qui se mirent dans une fontaine et se trouvent charmants ; il les appela aussi des Hurons et des Topinamboux. Même dans la maison de Condé on s'échauffait sur ce sujet, et il fallait avoir bonne poitrine (4) pour se faire entendre. Boileau rapporte que le prince de Conti prit parti pour Homère contre Perrault. Cette querelle importunait fort la Bruyère. 1° Il ne pouvait supporter les exagérations et les injures qu'il entendait. « Si, dit-il (5), vous en croyez des personnes aigries l'une contre l'autre et que la passion domine, l'homme docte est un savantasse, le magistrat un bourgeois ou un praticien, le financier un maltôtier, le gentilhomme un gentillâtre ; mais il est étrange que de si mauvais noms, que la colère et la haine ont su inventer, deviennent familiers, et que le dédain, tout froid et tout paisible qu'il est, ose s'en servir. » 2° Cela rappelait à la Bruyère les querelles des jansénistes et des jésuites dont il avait été témoin dans sa jeunesse : « L'on a cette

(1) *Histoire de la querelle des anciens et des modernes*, par Hippolyte Rigault, 1856. Paris.

(2) *Mémoires de Ch. Perrault,* livre IV, p. 202.

(3) *Histoire poétique de la guerre nouvellement déclarée entre les anciens et les modernes,* 1688.

(4) Lassay, t. II, p. 479-483.

(5) Chap. XII, n° 95.

incommodité à essuyer dans la lecture des livres faits par des gens de parti et de cabale, que l'on n'y voit pas toujours la vérité (1). Les faits y sont déguisés, les raisons réciproques n'y sont point rapportées dans toute leur force, ni avec une entière exactitude; et ce qui use la plus longue patience, il faut lire un grand nombre de termes durs et injurieux que se disent des hommes graves, qui d'un point de doctrine ou d'un fait contesté se font une querelle personnelle. Ces ouvrages ont cela de particulier qu'ils ne méritent ni le cours prodigieux qu'ils ont pendant un certain temps, ni le profond oubli où ils tombent lorsque, le feu et la division venant à s'éteindre, ils deviennent des almanachs de l'autre année. »

Malgré le peu d'intérêt que prenait le moraliste à la querelle des anciens et des modernes, il y trouva pourtant l'occasion de faire quelques observations morales assez curieuses. Ainsi sous prétexte de fouler aux pieds les vieilles idoles, les novateurs trop souvent s'adorent eux-mêmes. « Un auteur moderne (2) prouve ordinairement que les auteurs anciens nous sont inférieurs en deux manières, par raison et par exemple : il tire la raison de son goût particulier, et l'exemple de son ouvrage. »

Fontenelle avait, comme les Perrault, de l'esprit et du talent; il avait même sur certains sujets beaucoup de bon sens. Mais il était neveu de Corneille, et il se croyait né pour la poésie. Ses églogues ravissaient Bussy-Rabutin, et plaisaient aux femmes et aux hommes du monde au moins autant que les *Caractères* de la Bruyère. Il s'était amusé dans ses *Dialogues des morts* à échanger (3) quelques menus propos sur les anciens et les modernes. Il écoutait en souriant les violentes discussions que cette fameuse querelle avait soulevées, et il les réduisait à deux questions bien simples et bien faciles à résoudre, l'une d'histoire naturelle : les cerveaux humains sont-ils les mêmes aujourd'hui qu'autrefois? l'autre d'arithmétique : contiennent-ils maintenant plus d'idées que dans l'antiquité? On répondait affirmativement. D'où il concluait que dans la postérité, à cause du progrès naturel des idées, les meilleurs ouvrages des anciens ne tiendraient guère devant les meilleurs ouvrages des modernes. Et après avoir étalé avec une sorte de coquetterie, sous les yeux des femmes et des

(1) Chap. I, n° 58.
(2) Chap. I, n° 15.
(3) Dialogue entre Charles-Quint et Érasme.

gens du monde, nos richesses littéraires et scientifiques : « Ce n'est pas encore tout, disait-il ; nous sommes comme les grands seigneurs qui ne prennent pas toujours la peine de tenir des registres exacts de leurs biens, et qui en ignorent une bonne partie. » Cette *Digression* (1) répondait si bien au goût du public qu'elle eut grand succès. La Bruyère ne vit là que la gentille mutinerie d'un jeune auteur, qui sortait tout frais émoulu du collège où il avait fait d'excellentes études, et qui prenait plaisir à dire du mal des vieux classiques pour dissimuler ce qu'il devait à ses maîtres. (2) « On se nourrit des anciens et des habiles des modernes, on les presse, on en tire le plus qu'on peut, on en renfle ses ouvrages ; et quand enfin l'on est auteur, et que l'on croit marcher tout seul, on s'élève contre eux, on les maltraite, semblable à ces enfants drus et forts d'un bon lait qu'ils ont sucé, qui battent leur nourrice. »

Le jour de la réception à l'Académie française de M. de la Chapelle, secrétaire des commandements de M. le prince de Conti (3), Charles Perrault lut son épître en vers au génie poétique, et la dédia à Fontenelle : néanmoins le succès de la *Digression sur les anciens et les modernes* avait fait comprendre à Charles Perrault l'avantage d'écrire en prose. « L'on écrit régulièrement depuis vingt années, dit la Bruyère (4) ; l'on est esclave de la construction ; l'on a enrichi la langue de nouveaux mots, secoué le joug du latinisme, et réduit le style à la phrase purement française ; l'on a presque retrouvé le nombre que Malherbe et que Balzac avaient les premiers rencontré et que tant d'auteurs depuis ont laissé perdre ; l'on a mis enfin dans le discours tout l'ordre et toute la netteté dont il est capable : cela conduit insensiblement à y mettre de l'esprit. » Charles Perrault écrivit en prose son fameux *Parallèle des anciens et des modernes* (5). Il n'avait point retrouvé le nombre de Balzac que tant d'auteurs avaient laissé perdre, mais il mit dans ces dialogues tout l'ordre et la netteté dont il était capable, et cela le conduisit insensiblement à y mettre de l'esprit. « Si les anciens, disait-il, sont excellents, comme il faut en convenir, les modernes ne leur cèdent en rien et même les surpassent en bien des

---

(1) Achevé d'imprimer 30 janvier 1688.
(2) Chap. I, n° 15.
(3) Juillet 1688.
(4) Chap. I, n° 60.
(5) Achevé d'imprimer 30 octobre 1688.

choses. Voilà clairement et distinctement ce que je prétends prouver. » Et prenant l'air dégagé du premier commis aux bâtiments envers les poètes et les artistes pensionnaires de Sa Majesté, il déclara qu'il n'y a rien de plus permis ni de plus agréable que la diversité d'opinion en ces matières. Tant d'aisance à traiter des questions pédantesques piquait ses adversaires et plaisait beaucoup aux gens du monde. Alors tout lui réussit; il fait flèche de tout bois, et tous ses arguments portent coup. « Il avoue, dit la Bruyère (1), que les anciens, quelque inégaux qu'ils soient, ont de beaux traits; il les cite : ils sont si beaux qu'ils font lire sa critique. » — « Quelques habiles, continue la Bruyère (2), prononcent en faveur des anciens contre les modernes; mais ils sont suspects et semblent juger en leur propre cause, tant leurs ouvrages sont faits sur le goût de l'antiquité. » Racine et Boileau furent flattés du compliment. Fontenelle et Perrault ne furent pas moins satisfaits; mais ils avaient les mêmes défauts que des savants en us dont ils se moquaient avec beaucoup d'esprit. « Ne vouloir être ni corrigé ni conseillé sur son ouvrage est un pédantisme (3). » — « Les mêmes défauts qui dans les autres sont lourds et insupportables (4), sont chez nous comme dans leur centre; ils ne pèsent plus, on ne les sent pas. Tel parle d'un autre et en fait un affreux portrait, qui ne voit pas qu'il se peint lui-même. »

Savez-vous pourquoi les anciens ont si peu d'admirateurs, disait Boileau? C'est parce que ceux qui les ont traduits sont des ignorants ou des sots (5). Cette boutade du satirique nous révèle le succès de Perrault et la cause de ce succès. Bien peu de gens savaient le grec assez bien pour comprendre les poètes grecs; ceux qui lisaient les poètes latins étaient plus nombreux : mais pouvait-on les comparer à la multitude des femmes et des gens du monde? Perrault (6) devait être bien tranquille : le public ne l'empêchera pas de signaler dans les chefs-d'œuvre de l'antiquité toutes les infractions qu'il y trouvait aux règles de la bienséance moderne : au contraire, l'on en riait et l'on en rira. De même Fontenelle pouvait railler les licences

---

(1) Chap. I, n° 15.
(2) Chap. I, n° 15.
(3) Chap. I, n° 16.
(4) Chap. XII, n° 72.
(5) *Histoire de l'Académie,* par d'Olivet, t. II, p. 122.
(6) *Parallèle.*

infinies des vieux poètes (1), et la confusion de la langue des dieux, qui dans un seul vers d'Homère parlait cinq dialectes, comme si un poète à la cour de Louis XIV parlait en même temps picard, gascon, normand, breton et français commun. Fontenelle pouvait ensuite, avec l'approbation du public, tourner en ridicule ces prérogatives qu'on accordait aux anciens, les leur retrancher les unes après les autres ; enfin les ayant soumis aux lois de la poétique officielle, il osera les réduire à parler d'une manière naturelle. La Bruyère ne pouvait discuter sérieusement en helléniste ces règles que des Français du dix-septième siècle prétendaient imposer à Homère. A ces chicanes normandes il opposa une fin de non-recevoir que ne pouvaient recuser ni Perrault ni le neveu de Corneille. « Quelle prodigieuse distance entre un bel ouvrage et un ouvrage régulier ! Je ne sais s'il s'en est jamais trouvé de ce dernier genre (2). Il est peut-être moins difficile aux rares génies de rencontrer le grand et le sublime que d'éviter toute sorte de fautes. Le *Cid* n'a eu qu'une voix pour lui à sa naissance, qui a été celle de l'admiration ; il s'est vu plus fort que l'autorité et la politique, qui ont tenté vainement de le détruire ; il a réuni en sa faveur des esprits toujours partagés d'opinion et de sentiments, les grands et le peuple : ils s'accordent tous à le savoir de mémoire, et à prévenir au théâtre les acteurs qui le récitent. Le *Cid* enfin est un des plus beaux poèmes que l'on puisse faire ; et l'une des meilleures critiques qui ait été faite sur aucun sujet est celle du *Cid*. » L'Académie française, qui avait critiqué le *Cid* par ordre de Richelieu, n'accorda que des éloges au *Siècle de Louis le Grand* par Charles Perrault : il n'était pas nécessaire d'en signaler les imperfections.

Il arrive à bien des hommes d'esprit de blâmer ce qu'ils ont loué, et de louer ce qu'ils ont blâmé. Quinault mourut le 26 novembre 1688 ; le public, qui avait encore la mémoire pleine des airs de ses opéras, fut heureux de voir dans le *Parallèle* de Charles Perrault que Quinault avait porté la poésie dramatique jusqu'à la perfection. Boileau, M. le Prince, tout le monde applaudit cette oraison funèbre (3). Cependant la Bruyère admirait ce changement à vue dans le goût du public. Cela lui rappelait la fable que racontaient les anciens sur le phénix

---

(1) *Digression.*
(2) Chap. I, nº 30.
(3) Lettre de Boileau à Racine, 19 août 1687.

et sur sa merveilleuse manière de mourir et de ressusciter. « Le phénix de la poésie chantante, dit-il (1), renaît de ses cendres; il a vu mourir et revivre sa réputation en un même jour. Ce juge même si infaillible et si ferme dans ses jugements, le public, a varié sur son sujet : ou il se trompe, ou il s'est trompé. Celui qui prononcerait aujourd'hui que Quinault en un certain genre est mauvais poète, parlerait presque aussi mal que s'il eût dit il y a quelque temps : Il est bon poète. »

Pierre Perrault avait répondu aux conseils de Racine sur la manière de juger les écrivains de l'antiquité (2) : « Il y avait de leur temps des gens qui les condamnaient. Ainsi je ne suis ni le premier ni le seul qui y trouverai à redire. » Charles Perrault s'appuyait aussi sur ce raisonnement peu solide. Ce bonhomme d'Homère qui était, disait-on, réduit à mendier son pain, allant de ville en ville répéter ses rapsodies, ne semblait pas avoir été goûté de ses contemporains. Au contraire, l'auteur de la *Pucelle d'Orléans*, M. Chapelain, était fort riche et fort recherché de la meilleure société de son temps. Charles Perrault l'avait particulièrement connu lorsqu'il tenait la feuille des bénéfices littéraires; jamais il ne dînait chez lui, mais toujours en ville. Corneille, le grand Corneille, dont on grandissait encore la réputation pour humilier Racine, se plaignait d'être pauvre : et cependant il avait fait *Rodogune*, qu'il regardait, dit Fontenelle (3), comme la meilleure de ses pièces. La Bruyère tira de là cette conclusion (4) : « Chapelain était fort riche, et P. Corneille ne l'était pas. La *Pucelle* et *Rodogune* méritaient chacune une autre aventure. Ainsi l'on a toujours demandé pourquoi, dans telle ou telle profession, celui-ci avait fait sa fortune et cet autre l'avait manquée; et en cela les hommes cherchent la raison de leurs propres caprices, qui, dans les conjonctures pressantes de leurs affaires, de leur plaisir, de leur santé et de leur vie, leur font souvent laisser les meilleurs et prendre les pires. »

« Que dites-vous (5) du livre d'Hermodore? — Qu'il est mauvais, répond Anthime. — Qu'il est mauvais? — Qu'il est tel, continue-t-il,

(1) Chap. XII, n° 13.
(2) *Critique des deux Iphigénies*, p. 118, 121. Manuscrit de la Bibliothèque nationale cité par M. P. Mesnard, Racine, t. III, p. 147.
(3) Œuvres de Fontenelle, t. IV, *Vie de Corneille*, p. 216, 217.
(4) Chap. XII, n° 14.
(5) Chap. I, n° 23.

que ce n'est pas un livre, ou qui mérite du moins que le monde en parle. — Mais l'avez-vous lu? — Non, dit Anthime. Que n'ajoute-t-il que Fulvie et Mélanie l'ont condamné sans l'avoir lu, et qu'il est ami de Fulvie et de Mélanie? » Anthime est le marquis de la *Critique de l'École des femmes* (1) : il trouve la pièce détestable, et il ne sait pas pourquoi. Arsène est tout le contraire, mais il pense de même. « Il y a, dit Molière, des gens que le trop d'esprit gâte, qui voient mal les choses à force de lumières, et même qui seraient fâchés d'être de l'avis des autres, pour avoir la gloire de décider. Lysandre est de ces gens-là. Il veut être le premier de son opinion, et qu'on attende par respect son jugement. Toute approbation qui marche avant la sienne est un attentat sur ses lumières, et dont il se venge hautement en prenant le contraire parti. Il veut qu'on le consulte sur toutes les affaires d'esprit; et je suis sûr que si l'auteur lui eût montré sa comédie avant que de la faire voir au public, il l'eût trouvée la plus belle du monde. » L'Arsène de la Bruyère (2) est aussi de ces gens-là (3) : « Arsène, du plus haut de son esprit, contemple les hommes, et dans l'éloignement d'où il les voit, il est comme effrayé de leur petitesse; loué, exalté, et porté jusqu'aux cieux par de certaines gens qui se sont promis de s'admirer réciproquement, il croit, avec quelque mérite qu'il a, posséder tout celui qu'on peut avoir, et qu'il n'aura jamais; occupé et rempli de ses sublimes idées, il se donne à peine le loisir de prononcer quelques oracles; élevé par son caractère au-dessus des jugements humains, il abandonne aux âmes communes le mérite d'une vie suivie et uniforme, et il n'est responsable de ses inconstances qu'à ce cercle d'âmes qui les idolâtrent : eux seuls savent juger, savent penser, savent écrire; il n'y a point d'autre ouvrage d'esprit si bien reçu dans le monde, et si universellement goûté des honnêtes gens, je ne dis pas qu'il veuille approuver, mais qu'il daigne lire : incapable d'être corrigé par cette peinture, qu'il ne lira point. » On prétend qu'Arsène était M. de Tréville; on peut supposer qu'il ressemblait à quelques autres. Celui qui se reconnut dans cette peinture se garda bien de dire qu'il l'avait lue.

---

(1) Molière, *la Critique de l'École des femmes*, sc. v et vi.

(2) Cf. Sainte-Beuve, *Causeries du lundi*, 26 décembre 1853, Sur Bourdaloue, t. IX, p. 226-232. *Journal de Dangeau*, t. X, p. 39-40, t. XII, p. 201. *Mémoires de Saint-Simon*, t. IV, p. 82 et suivantes. *Essai sur Malebranche*, par l'abbé Blampignon, p. 53 et suivantes.

(3) Chap. I, n° 24.

On passait son temps à rire aux dépens d'autrui en lisant les *Caractères* (1). Combien de feu, de vie et d'amusement un pareil tour d'esprit répand dans un ouvrage! Mais aussi à quelle âpre et sévère critique cet ouvrage n'est-il pas exposé! « Il n'y a point d'ouvrage si accompli (2) qui ne fondît tout entier au milieu de la critique, si son auteur voulait en croire tous les censeurs qui ôtent chacun l'endroit qui leur plaît le moins. » « C'est une expérience faite (3) que s'il se trouve dix personnes qui effacent d'un livre une expression ou un sentiment, l'on en fournit aisément un pareil nombre qui les réclame. Ceux-ci s'écrient : « Pourquoi supprimer cette pensée? elle est neuve, elle est belle, et le tour en est admirable ; » et ceux-là affirment au contraire ou qu'ils auraient négligé cette pensée, ou qu'ils lui auraient donné un autre tour. « Il y a un terme, disent les uns, dans votre ouvrage, qui est rencontré et qui peint la chose au naturel; il y a un mot, disent les autres, qui est hasardé, et qui d'ailleurs ne signifie pas assez ce que vous voulez faire entendre ; » et c'est peut-être du même trait et du même mot que tous ces gens s'expliquent ainsi, et tous sont connaisseurs et passent pour tels. Quel autre parti pour un auteur, que d'oser pour lors être de l'avis de ceux qui l'approuvent? »

Mais de Visé (4) ne pouvait voir un homme de goût et de sens dans cet auteur qui méprisait les discours des plus illustres orateurs de la France, les vers des poètes les plus distingués et tant de beaux ouvrages insérés dans le *Mercure galant*. Sans doute il voulait faire entendre qu'il n'y a personne en France capable de bien écrire. Vraiment c'était le Damis de Molière (5) :

> Rien ne touche son goût, tant il est difficile :
> Il veut voir des défauts à tout ce qu'on écrit,
> Et pense que louer n'est pas d'un bel esprit;
> Que c'est être savant que trouver à redire,
> Qu'il n'appartient qu'aux sots d'admirer et de rire,
> Et qu'en n'approuvant rien des ouvrages du temps
> Il se met au-dessus de tous les autres gens.

De Visé voulait faire aux *Caractères des Mœurs* (sic) une réponse qui serait fort approuvée des honnêtes gens et des hommes d'esprit.

(1) *Mercure galant*, juin 1693, p. 2.
(2) Chap. I, n° 26.
(3) Chap. I, n° 27.
(4) *Mercure galant.*
(5) *Misanthrope*, acte II, sc. v.

La Bruyère compara de Visé à Capys, l'un des sages guerriers de Troie. Au moment où les Grécs, désespérant de prendre par la force cette ville qu'ils assiégeaient depuis dix ans, avaient abandonné leur camp et s'étaient retirés derrière l'île de Ténédos, les Troyens se crurent délivrés. Ils sortent de leurs murailles, se répandent de tous côtés dans la campagne et sur le rivage ; ils trouvent dans le camp des Grecs une énorme machine en bois d'une forme étrange : c'était un cheval de telle taille qu'il était plus haut que leurs remparts (1). Ils s'attroupent autour de ce monstre et en admirent la masse prodigieuse. L'un d'eux propose de le faire entrer dans la ville et de le placer comme un trophée dans le temple de la citadelle. Mais Capys est un homme d'esprit et qui voit plus clair que les autres : ce présent des Grecs ne lui dit rien qui vaille ; il soupçonne quelque embûche là-dessous, il veut ou jeter le monstre dans la mer, ou lui allumer sous le ventre un grand feu qui le réduise en cendres, ou lui percer les flancs avec le fer et sonder les sombres cachettes de ses entrailles. Les vers de Virgile étaient trop connus pour qu'il fût besoin de les citer. Le livre des *Caractères ou Mœurs de ce siècle* était pour de Visé une machine de guerre non moins redoutable que le cheval de Troie. C'était un odieux stratagème contre la gloire, l'honneur et les bonnes mœurs (2), c'était un amas d'invectives, de médisances, de calomnies, de tromperies et de toutes sortes d'armes empoisonnées ; en un mot, c'était une satire qui faisait souffrir la piété du roi et qui blessait la conscience délicate de Mme la Dauphine, mais ce n'était pas un livre ; il n'avait d'un livre que la couverture et la reliure. De Visé exprimait sur la Bruyère juste l'opinion contraire à celle qu'avait Bussy-Rabutin ; la Bruyère lui répondit ainsi (3) : « Capys, qui s'érige en juge du beau style et qui croit écrire comme Rabutin, résiste à la voix du peuple, et dit tout seul que Damis n'est pas un bon auteur. Damis cède à la multitude, et dit ingénument avec le public que Capys est un froid écrivain. »

La Bruyère ne pouvait traiter avec ce paisible dédain les grands qu'il avait l'honneur de servir. Il avait dit dans sa première édition qu'il n'enviait aux grands qu'une seule chose (4), « le bonheur d'avoir

---

(1) *Énéide*, livre II, vers 30-40.
(2) *Mercure galant*, juin 1693, cité plus haut.
(3) Chap. I, n° 32.
(4) Chap. IX, n° 3.

à leur service des gens qui les égalent par le cœur et par l'esprit, et qui les passent quelquefois. » Le savant Ménage faisait observer avec malice (1) que cette pensée était déjà dans les *Aventures de Don Quichotte*. « Prends donc garde, pécheur endurci, disait l'ingénieux hidalgo à son serviteur Sancho Pansa (2), que tout gentilhomme est tenu d'autant plus en estime qu'il a des serviteurs plus honorables et mieux nés, et qu'un des plus grands avantages qu'ont les princes sur les autres hommes, c'est d'avoir à leur service des gens qui valent autant qu'eux. » M. de Moreuil, un original de beaucoup d'esprit (3), qui avait si bien raconté la mort de Vatel à Mme de Sévigné et qui se gardera bien de finir comme lui; M. de Briord, qui était tout surpris de n'avoir plus rien à espérer ni de M. le Prince ni de M. le Duc, et qui se préparait à passer au service du roi; M. de Lussan, qui avait tellement pris l'habitude de grogner, qu'il ne put s'en défaire même après avoir reçu son cordon bleu; MM. de Monteil, de Thurin, de Saint-Projet et autres gentilshommes de la maison de Condé, qui ne discernaient que trop bien la différence entre M. le Prince d'autrefois et M. le Prince d'à présent, pensaient tous comme Don Quichotte et Sancho Pansa; mais ils se gardaient bien de le publier, de l'imprimer, comme l'avait fait la Bruyère. « Fuis cet écueil, fuis ces dangers, répétait le noble chevalier de la Manche (4). Celui qui se fait beau parleur et mauvais plaisant, trébuche au premier choc, et tombe au rôle de misérable bouffon. Retiens ta langue, et fais attention que nous voici en tel lieu et en telle maison que nous devons en sortir avantagés, comme on dit, du tiers et du quart en renommée et en fortune. » Sancho promit de se coudre la bouche ou de se mordre la langue, plutôt que de dire un mot qui ne fût pas à propos. Mais il n'était pas si facile de faire taire notre moraliste.

Il est vrai qu'on ne cessait de le provoquer. On lui disait : « J'ai lu votre livre; il y a de l'esprit; mais on ne comprend pas ce que vous voulez dire. « Les grands se piquent d'ouvrir une allée dans une forêt, de soutenir des terres par de longues murailles, de faire venir six pouces d'eau, de meubler une orangerie (5); sans être curieux de ren-

---

(1) *Menagiana*, éd. 1715, t. III, p. 381.
(2) *Don Quichotte*, par Michel Cervantès, 2ᵉ partie, ch. XXXI.
(3) Saint-Simon.
(4) *Don Quichotte*, etc.
(5) Chap. IX, nº 4.

dre un cœur content, de combler une âme de joie, de prévenir d'extrêmes besoins ou d'y remédier. » Comment? on avait négligé dans la maison de Condé de rendre content le cœur du moraliste! On n'avait pas comblé son âme de joie! Quels étaient donc ces extrêmes besoins qu'on n'avait pas même prévenus? Ah! l'on comprenait maintenant sa basse envie contre les jeunes gens qui formaient la cour de Monseigneur (1); ses perfides insinuations contre ces époux à la fleur de l'âge qui sont déjà dégoûtés de leurs femmes et leur préfèrent des amours ridicules; ses dénonciations honteuses contre ces gentilshommes, l'honneur de la nation la plus policée du monde, qui cherchent par la débauche à réveiller leur goût déjà éteint, et s'enivrent avec des eaux-de-vie et les liqueurs les plus fortes; sa folle colère contre ces femmes de haut parage qui précipitent le déclin de leur beauté par les artifices dont elles se servent pour s'embellir, et qui étalent une toilette plus immodeste que la nudité des sauvages de l'Amérique. De quelles couleurs sont barbouillés sous leur perruque à longs cheveux ces Iroquois et ces Hurons! Quelle lumière sinistre éclaire l'idolâtrie de ces courtisans libertins qui dans la chapelle de Versailles ou de Fontainebleau adoraient le roi et tournaient le dos à Dieu! La seule consolation qui restât au philosophe, c'était que le roi du moins adorait Dieu. Qu'est-ce que tout cela? Les conceptions délirantes d'un Socrate plein d'esprit, ou les songes creux d'un cynique qui aboie après tout le monde et brave toutes les convenances? « On a dit de Socrate, répondait la Bruyère (2), qu'il était en délire, et que c'était *un fou plein d'esprit;* mais ceux des Grecs qui parlaient ainsi d'un homme si sage, passaient pour fous (3). Ils disaient : « Quels bizarres portraits nous fait ce philosophe! quelles mœurs étranges et particulières ne décrit-il point! Où a-t-il rêvé, creusé, rassemblé des idées si extraordinaires? Quelles couleurs! quel pinceau! ce sont des chimères. » Ils se trompaient : c'étaient des monstres, c'étaient des vices, mais peints au naturel; on croyait les voir, ils faisaient peur. Socrate s'éloignait du cynique; il épargnait les personnes, et blâmait les mœurs qui étaient mauvaises. » On insistait : on voulait qu'il eût, comme un philosophe cynique, effrontément violé toutes les bienséances et insulté les jeunes

---

(1) Chap. VIII, n° 74.
(2) Chap. XII, n° 66.
(3) Lettre XVIII de la Bruyère à Ménage.

gens et les grands de la cour. « Je pardonne, dit Antisthène (1), à ceux que j'ai loués dans mon ouvrage s'ils m'oublient : qu'ai-je fait pour eux? ils étaient louables. Je le pardonnerais moins à tous ceux dont j'ai attaqué les vices sans toucher leurs personnes, s'ils me devaient un aussi grand bien que celui d'être corrigés; mais comme c'est un événement qu'on ne voit point, il suit de là que ni les uns ni les autres ne sont tenus de me faire du bien. »

Parmi ceux que la Bruyère avait loués dans sa première édition, il ne faut pas oublier ces vieillards dont la politesse et la galanterie faisait contraste avec la brutalité des jeunes gens. Il s'en trouva qui crurent devoir prendre le parti de la jeunesse. « Pourquoi me faire froid, dit la Bruyère (2), et vous plaindre de ce qui m'est échappé sur quelques jeunes gens qui peuplent les cours? Êtes-vous vicieux, ô Thrasylle? Je ne le savais pas, et vous me l'apprenez : ce que je sais, c'est que vous n'êtes plus jeune. » Ce nom de Thrasylle nous rappelle une historiette que la Bruyère avait lue dans Ovide, et peut-être racontée à M. le Duc (3). Thrasylle ou Thrasius était un Grec favori du roi d'Égypte Busiris; il voulait se défaire de quelques étrangers qui lui disputaient la faveur de ce prince. Une sécheresse affreuse désola le pays. Pour obtenir de la pluie, Thrasius dit à Busiris qu'il n'y avait qu'un moyen, c'était d'immoler à Jupiter, dieu du ciel, les étrangers qui souillaient la terre d'Égypte. « Tu as raison, dit Busiris, aujourd'hui même tu donneras de l'eau à l'Égypte, » et il l'immola à Jupiter. Les Thrasylles de la maison de Condé en furent quittes à meilleur compte : la Bruyère se moqua d'eux (4) : « Et vous qui voulez être offensé personnellement de ce que j'ai dit de quelques grands, ne criez-vous point de la blessure d'un autre? Êtes-vous dédaigneux, malfaisant, mauvais plaisant, flatteur, hypocrite? Je l'ignorais, et ne pensais pas à vous : j'ai parlé des grands. » On ne manquait pas de gens à la cour qui, comme M. de Xaintrailles dans la maison de Condé, étaient devenus, en s'élevant au-dessus de leur petit état, importants jusqu'à l'impertinence, et se croyaient vraiment de grands personnages. C'est à eux que s'adresse le compliment du moraliste.

---

(1) Chap. XII, n° 67. Antisthène deviendra Antisthius dans la 6ᵉ édition.
(2) Chap. XII, n° 111.
(3) Ovide, *Ibis*, v. 397. *De Arte amandi*, liv. I, v. 649.
(4) Chap. XII, n° 111.

Quant à M. de Xaintrailles il n'y pensa même pas. « On n'est point effronté par choix, mais par complexion ; c'est un vice de l'être, mais naturel (1) : celui qui n'est pas né tel, est modeste, et ne passe pas aisément de cette extrémité à l'autre ; c'est une leçon assez inutile que de lui dire : « Soyez effronté, et vous réussirez ; » une mauvaise imitation ne lui profiterait pas, et le ferait échouer. Il ne faut rien moins dans les cours qu'une vraie et naïve impudence pour réussir. » Depuis la campagne de Philippsbourg le naturel de M. de Xaintrailles s'était révélé, en tout il réussissait. Ce qu'il avait longtemps désiré, cherché, brigué, et vainement demandé, comme l'élection de la noblesse de Bourgogne, il en jouissait maintenant, « mais, disait-il (2), sans l'avoir demandé, et dans le temps qu'il n'y pensait plus et qu'il songeait même à tout autre chose : » — « Vieux style, observait la Bruyère, menterie innocente, et qui ne trompe personne. » De quel air superbe le parvenu regardait le philosophe ! On eût dit un prince du sang qui considère un valet de comédie.

L'attitude de Gourville envers la Bruyère n'était pas aussi raide : il le saluait avec un ris moqueur. « Celui qui est riche par son savoir-faire connaît un philosophe, ses préceptes, sa morale et sa conduite (3), et n'imaginant pas dans tous les hommes une autre fin de toutes leurs actions que celle qu'il s'est proposée lui-même toute sa vie, dit en son cœur : « Je le plains, je le tiens échoué, ce rigide censeur ; il s'égare, il est hors de route ; ce n'est pas ainsi qu'on prend le vent et que l'on arrive (4) au délicieux port de la fortune ; » et selon ses principes il raisonne juste. » Quels étaient ses principes ?

Après la mort de feu M. le Prince, Gourville désespéra d'obtenir du scrupuleux le Pelletier la vérification des lettres patentes que Colbert lui avait accordées : il tourna ses vues vers la diplomatie. Il entretenait toujours quelques relations avec les princes de Brunswick et de Hanovre ; vers le mois de mai 1687 (5), il était allé avec Mlles de la Rochefoucauld passer quelque temps auprès d'eux à Aix-la-Chapelle, où ils prenaient les eaux. Il fit un traité avec eux au

---

(1) Chap. VIII, n° 41.
(2) Chap. VIII, n° 42.
(3) Chap. XII, n° 67.
(4) *Mémoires de Gourville,* p. 587, même expression, même sentiment.
(5) *Mémoires de Gourville,* p. 580, 581.

nom du roi. Il ne s'en tint pas là. Il avait souvent entendu dire au duc de Hanovre que l'on ne savait pas bien le véritable sens de ces paroles de Jésus-Christ : « Ceci est mon corps. » D'où M. de Hanovre concluait qu'on pouvait se sauver dans toutes les religions chrétiennes. C'est pourquoi Gourville lui proposa de se faire catholique avec toute sa famille. Par ce moyen il pourrait, avec l'appui du roi de France, devenir électeur de l'Empire et faire l'un de ses enfants évêque d'Osnabruck. Gourville ne doutait pas que le pape ne se prêtât à tous ses désirs. Il persuadait à tout le monde ce qu'il voulait, et il affirmait assez naïvement que le duc de Hanovre se fût fait catholique pour plaire au roi, s'il ne se fût trouvé trop vieux pour changer de religion. Mme la duchesse de Hanovre fit des compliments au hardi missionnaire et serait entrée dans sa proposition, si son mari avait bien voulu lui donner l'exemple. « Cette princesse avait beaucoup d'esprit et une si grande gaieté qu'elle l'inspirait à tous ceux qui l'approchaient ; mais il me semble, ajoute Gourville, qu'elle cherchait souvent à dire quelque chose sur son prochain en sa présence ; il est vrai qu'elle le disait de manière que celui auquel elle s'adressait ne pouvait s'empêcher d'en rire le premier. » Si Mme la duchesse de Hanovre se moqua de la théologie de Gourville et de ses considérations sur l'Évangile, elle ne se moqua point de ses talents de diplomate, car elle lui fit offrir un beau diamant de 15,000 fr., qu'il refusa, et le duc de Hanovre lui donna huit chevaux, les plus beaux qu'on pût trouver de la race d'Oldenbourg. Gourville les accepta, mais il supplia le roi de les mettre dans ses écuries. Quel habile diplomate que M. de Gourville ! quel plénipotentiaire ! Personne ne s'entendait mieux que lui à traiter des intérêts de ce bas monde. Mais quel singulier apôtre ! et quel pauvre théologien ! « Tel a assez d'esprit pour exceller dans une certaine matière et en faire des leçons (1), qui en manque pour voir qu'il doit se taire sur quelque autre dont il n'a qu'une faible connaissance : il sort hardiment des limites de son génie, mais il s'égare ; et fait que l'homme illustre parle comme un sot. »

La Bruyère ne se moquait pas de la diplomatie. Il comprenait l'admiration des peuples pour les titres éclatants d'ambassadeur, de plénipotentiaire et de ministre d'État. « Il faut, dit-il (2), que le capital d'une affaire qui assemble dans une ville les plénipotentiaires ou

---

(1) Chap. XII, n° 63.
(2) Chap. X, n° 12.

les agents des couronnes et des républiques, soit d'une longue et extraordinaire discussion, si elle leur coûte plus de temps, je ne dis pas que les seuls préliminaires, mais que le simple règlement des rangs, des préséances et des autres cérémonies. » Pour traiter des affaires si importantes, pour soutenir de si longues discussions, il fallait un véritable mérite, rarement accordé au premier venu; il fallait une science profonde des rapports des princes entre eux et des intérêts respectifs des États; il fallait une dignité personnelle à la hauteur d'une si noble fonction, et un art délicat que la naissance et l'éducation ne donnaient pas toujours aux esprits les mieux doués. Autant la Bruyère respectait ce talent non moins utile que brillant, autant il détestait cette diplomatie qui consiste uniquement en manèges et en subterfuges pour tromper et n'être pas trompé, comme l'escrime, qui, selon la définition de Molière, est l'art de tuer et de n'être pas tué. C'est la fausse politique sans principes, sans justice, sans vergogne, que Gourville représentait dans la maison de Condé; c'est la rhétorique immorale, ou la cuisine des sophistes dans les *Dialogues* de Platon; c'est le machiavélisme des subalternes; mais ce n'est pas la politique équitable, fondée en principes et en raison, toujours d'accord avec l'honneur et les véritables intérêts de l'État, que la Bruyère avait enseignée à M. le duc de Bourbon.

Gourville avait été trop bon maître d'hôtel pour avouer les profits qu'il tirait de sa rhétorique d'homme d'affaires, mais il raillait doucement ceux qui avaient une cuisine trop austère, et signalait avec plaisir les péchés des dévots comme M. le Pelletier. « Il semblait, dit-il (1), que je lui faisais plaisir d'aller souvent dîner avec lui : son cabinet m'était toujours ouvert. J'y allais souvent, et il commençait par me dire : « Parlons un peu de nos affaires. » Mais il ne songeait qu'à profiter des occasions heureuses pour établir sa famille (2), pour faire son salut après avoir été raisonnablement enrichi par les libéralités du roi et avoir fait son fils président à mortier. » Gourville aimait à dauber de la plus belle manière, dans la maison de Condé, sur M. le contrôleur général des finances, dont il avait cru et voulu avoir la place. C'est pourquoi la Bruyère lui disait (3) : « Si celui qui est en faveur ose s'en prévaloir avant qu'elle lui échappe, s'il se sert

---

(1) *Mémoires de Gourville*, p. 579.
(2) *Ibid.*, p. 590.
(3) Chap. VIII, n° 26.

d'un bon vent qui souffle pour faire son chemin, s'il a les yeux ouverts sur tout ce qui vaque, poste, abbaye, pour les demander et les obtenir, et qu'il soit muni de pensions, de brevets et de survivances, vous lui reprochez son avidité et son ambition ; vous dites que tout le tente, que tout lui est propre, aux siens, à ses créatures, et que par le nombre et la diversité des grâces dont il se trouve comblé, lui seul a fait plusieurs fortunes. Cependant qu'a-t-il dû faire? Si j'en juge moins par vos discours que par le parti que vous auriez pris vous-même en pareille situation, c'est précisément ce qu'il a fait. » Et se tournant vers le public, la Bruyère ajoutait (1) : « L'on blâme les gens qui font une grande fortune pendant qu'ils en ont les occasions, parce que l'on désespère, par la médiocrité de la sienne, d'être jamais en état de faire comme eux, et de s'attirer ce reproche. Si l'on était à portée de leur succéder, l'on commencerait à sentir qu'ils ont moins de tort, et l'on serait plus retenu, de peur de prononcer d'avance sa condamnation. »

Mais Gourville en voulait surtout aux philosophes. M. de Vardes venait de mourir, toujours très considéré de M. le Prince, et tant aimé de Mme de Grignan qu'il rendait Mme de Sévigné jalouse. Il n'y avait plus de courtisans bâtis sur ce modèle-là. Gourville, pour le tourner en ridicule, racontait une historiette. C'était en 1662, Fouquet avait été arrêté, son procès s'aigrissait, Gourville s'était retiré à la Rochefoucauld, il y recevait tous les matins de mauvaises nouvelles, y répondait et menait joyeuse vie (2) : avec la meute de M. le duc de la Rochefoucauld, qu'il entretenait à ses frais, il chassait toute l'après-midi, et le soir, avec ses propres violons, il faisait danser Mlle de la Rochefoucauld. « Vers le mois de juin, M. le marquis de Vardes me pria de faire un tour à Paris ; il souhaitait extrêmement de me parler ; je m'y rendis aussitôt. Il me mit en la garde d'un vieux philosophe nommé Neuré, sans lui dire qui j'étais. Cet homme avait pris une petite ferme en deçà de Sèvres, où M. de Vardes me vint voir aussitôt que je fus arrivé. Il me conta la liaison d'amitié qu'il avait faite avec M. le comte de la Guiche, la belle lettre qu'il avait écrite, et fait porter par un de mes gens (comme s'il arrivait d'Espagne) à la signora Molina, première femme de chambre de la reine, et que celle-ci l'avait

---

(1) Chap. VIII, n° 26.
(2) *Mémoires de Gourville,* p. 536, 537.

donnée au roi; ce qui faisait grand vacarme (1). Je lui dis qu'il m'aurait fait plaisir de me faire venir avant d'écrire cette lettre, parce que je l'en aurais bien empêché. Il avait beaucoup d'esprit et d'imagination, mais il avait besoin d'être conduit. Le bonhomme Neuré, fort chagrin, comme le sont ordinairement les philosophes, contre les gens d'affaires, à cause de leurs grands biens, louait fort la chambre de justice; et parmi ceux qui lui blessaient l'imagination, il me nommait souvent, surtout parce qu'il avait vu, chez M. de la Rochefoucauld, une pendule de grand prix qui allait six mois, laquelle m'appartenait : par conséquent il ne m'épargnait pas dans ses discours. Je ne manquais pas à l'applaudir et à renchérir sur tout ce qu'il disait, et même contre moi en particulier. Quelque chose absurde qu'il pût dire, je demeurai d'accord qu'il avait grande raison. »

Gourville n'avait plus à craindre l'influence de M. de Vardes, qui venait de mourir; mais il redoutait l'influence de la Bruyère, qui avait exactement, sauf la passion des pendules, les mêmes défauts que le philosophe Neuré : l'habile diplomate employa contre la Bruyère le même procédé que contre Neuré, et opposa les maximes de la Rochefoucauld, son maître, à la philosophie de Descartes. « Détromper un homme préoccupé de son mérite (2), c'est lui rendre un aussi mauvais office que celui que l'on rendit à ce fou d'Athènes qui croyait que tous les vaisseaux qui arrivaient au port du Pyrée étaient à lui. » Gourville ne s'amusait pas à discuter la doctrine des philosophes, ni à contredire leurs systèmes; il admettait sans aucune difficulté que l'honneur, la vertu, la conscience sont des qualités dignes de la plus haute estime et du plus profond respect, mais souvent inutiles : que voulez-vous qu'on fît d'un homme de bien comme la Bruyère, qui prétendait expliquer d'après ses principes les événements de l'histoire politique, et qui croyait que le genre humain est occupé à lui donner raison? Gourville se gardait bien de détromper un si honnête homme. Quelque chose absurde que pût dire le philosophe, il avait raison, toujours raison. Il avait osé imprimer dans sa première édition (3) : « Toutes les vues, toutes les maximes et tous les raffinements de la politique tendent à une seule fin, qui est de n'être point trompé, et de tromper les autres. » Gourville, atteint par ce trait hardi, renchérit sur

---

(1) Mémoires de Mme de Motteville, éd. Riaux, t. IV, p. 325-326.
(2) Maxime, n° 92.
(3) Chap. VIII, n° 92.

ce que la Bruyère pouvait dire contre lui en particulier (1) : « Il faut des fripons à la cour auprès des grands et des ministres, même les mieux intentionnés ; mais l'usage en est délicat, et il faut savoir les mettre en œuvre. Il y a des temps et des occasions où ils ne peuvent être suppléés par d'autres (2). » Gourville en demeurait d'accord et soutenait que les philosophes ne se trompent pas : « Il faut avoir de l'esprit pour être homme de cabale (3) : l'on peut cependant en avoir à un certain point, que l'on est au-dessus de l'intrigue et de la cabale, et que l'on ne saurait s'y assujettir ; l'on va alors à une grande fortune ou à une haute réputation par d'autres chemins. » La Bruyère employa la même ironie envers Gourville et les diplomates de son école : il applaudit à leurs beaux exploits, il renchérit sur tout ce qu'ils disaient contre la philosophie ; il entra dans leurs vues, il expliqua leurs maximes et développa jusque dans les moindres détails les raffinements de leur politique.

« Le ministre ou le plénipotentiaire est un caméléon (4), est un Protée. Semblable quelquefois à un joueur habile, il ne montre ni humeur ni complexion, soit pour ne point donner lieu aux conjectures ou se laisser pénétrer, soit pour ne rien laisser échapper de son secret par passion ou par faiblesse. Quelquefois aussi il sait feindre le caractère le plus conforme aux vues qu'il a et aux besoins où il se trouve ; et paraître tel qu'il a intérêt que les autres croient qu'il est en effet. Ainsi dans une grande puissance, ou dans une grande faiblesse qu'il veut dissimuler, il est ferme et inflexible, pour ôter l'envie de beaucoup obtenir ; ou il est facile, pour fournir aux autres les occasions de lui demander, et se donner la même licence. Une autre fois, ou il est profond et dissimulé, pour cacher une vérité en l'annonçant, parce qu'il lui importe qu'il l'ait dite, et qu'elle ne soit pas crue ; ou il est franc et ouvert, afin que lorsqu'il dissimule ce qui ne doit pas être su, l'on croie néanmoins que l'on n'ignore rien de ce que l'on veut savoir, et que l'on se persuade qu'il a tout dit. De même, ou il est vif et grand parleur, pour faire parler les autres, pour empêcher qu'on ne lui parle de ce qu'il ne veut pas ou de ce qu'il ne doit pas savoir, pour dire plusieurs choses différentes qui se modifient ou qui se détruisent les unes les autres, qui confondent dans les esprits la crainte et la

---

(1) Chap. VIII, n° 53.
(2) Cf. chap. XIX de ce livre, p. 492.
(3) Cf. chap. XIII de ce livre, p. 343. — (4) Chap. X, n° 12.

confiance, pour se défendre d'une ouverture qui lui est échappée par une autre qu'il aura faite; ou il est froid et taciturne, pour jeter les autres dans l'engagement de parler, pour écouter longtemps, pour être écouté quand il parle, pour parler avec ascendant et avec poids, pour faire des promesses ou des menaces qui portent un grand coup et qui ébranlent. Il s'ouvre et parle le premier, pour, en découvrant les oppositions, les contradictions, les brigues et les cabales des ministres étrangers sur les propositions qu'il aura avancées, prendre ses mesures et avoir la réplique; et dans une autre rencontre, il parle le dernier pour ne point parler en vain, pour être précis, pour connaître parfaitement les choses sur quoi il est permis de faire fond pour lui ou pour ses alliés, pour savoir ce qu'il doit demander et ce qu'il peut obtenir. Il sait parler en termes clairs et formels; il sait encore mieux parler ambigument, d'une manière enveloppée, user de tours ou de mots équivoques, qu'il peut faire valoir ou diminuer dans les occasions, et selon ses intérêts. Il demande peu quand il ne veut pas donner beaucoup; il demande beaucoup pour avoir peu, et l'avoir plus sûrement. Il exige d'abord de petites choses, qu'il prétend ensuite lui devoir être comptées pour rien, et qui ne l'excluent pas d'en demander une plus grande; et il évite au contraire de commencer par obtenir un point important, s'il l'empêche d'en gagner plusieurs autres de moindre conséquence, mais qui tous ensemble l'emportent sur le premier. Il demande trop, pour être refusé, mais dans le dessein de se faire un droit ou une bienséance de refuser lui-même ce qu'il sait bien qui lui sera demandé, et qu'il ne veut pas octroyer : aussi soigneux alors d'exagérer l'énormité de la demande, et de faire convenir, s'il se peut, des raisons qu'il a de n'y pas entendre, que d'affaiblir celles qu'on prétend avoir de ne lui pas accorder ce qu'il sollicite avec instance; également appliqué à faire sonner haut et à grossir dans l'idée des autres le peu qu'il offre, et à mépriser ouvertement le peu que l'on consent de lui donner. Il fait de fausses offres, mais extraordinaires, qui donnent de la défiance, et obligent de rejeter ce qu'on accepterait inutilement; qui lui sont cependant une occasion de faire des demandes exorbitantes, et mettent dans leur tort ceux qui les lui refusent. Il accorde plus qu'on ne lui demande, pour avoir encore plus qu'il ne doit donner. Il se fait longtemps prier, presser, importuner sur une chose médiocre, pour éteindre les espérances et ôter la pensée d'exiger de lui rien de plus fort; ou s'il se laisse fléchir jusqu'à l'abandonner, c'est toujours avec des conditions qui lui font partager le gain et les avantages avec ceux qui reçoivent. Il prend directement ou indirectement l'intérêt d'un allié, s'il y trouve son utilité et l'avancement de ses prétentions. Il ne parle que de paix, que d'alliances, que de tranquillité publique, que d'intérêt public; et en effet il ne songe qu'aux siens, c'est-à-dire à ceux de son maître ou de sa république. Tantôt il réunit quelques-uns qui étaient contraires les uns aux autres, et tantôt il divise quelques autres qui étaient unis. Il intimide les forts et les puissants, il encourage les faibles. Il unit d'abord d'intérêt plusieurs faibles contre un plus puissant, pour rendre la balance égale; il se joint ensuite aux premiers pour la faire pencher, et il leur vend cher sa protection et son alliance. Il sait intéresser ceux avec qui il traite; et par un adroit manège, par de fins et de subtils détours, il leur fait sentir leurs avantages particuliers, les biens et les honneurs qu'ils peuvent espérer par une certaine facilité, qui ne choque point leur commission ni les intentions de leurs maîtres. Il ne veut pas aussi être cru imprenable par cet endroit; il laisse voir en lui quelque peu de sensibilité pour sa fortune : il s'attire par là des propositions qui lui découvrent les vues des autres les plus secrètes, leurs desseins les plus profonds et leur dernière ressource; et il en profite. Si quelquefois il est lésé dans quelques chefs qui ont enfin été réglés, il crie haut; si c'est le contraire, il crie plus haut, et jette ceux qui perdent sur la justification et la défensive. Il a son fait digéré par la cour, toutes ses démarches sont mesurées, les moindres avances qu'il fait lui sont prescrites; et il agit néanmoins, dans les points difficiles et dans les articles contestés, comme s'il se relâchait de lui-même sur-le-champ, et comme par un esprit d'accommodement; il ose même promettre à l'assemblée qu'il fera goûter la proposition, et qu'il n'en sera pas désavoué. Il fait courir un bruit faux des choses seulement dont il est chargé, muni d'ailleurs de pouvoirs particuliers, qu'il ne découvre jamais qu'à l'extrémité, et dans les moments où il lui serait pernicieux de ne les pas mettre en usage. Il tend surtout par ses intrigues au solide et à l'essentiel, toujours prêt de leur sacrifier les minuties et les points d'honneur imaginaires. Il a du flegme, il s'arme de courage et de patience, il ne se lasse point, il fatigue les autres et les pousse jusqu'au découragement. Il se précautionne et s'endurcit contre les lenteurs et les remises, contre les reproches, les soupçons, les défiances, contre les difficultés et les obstacles, persuadé que le temps seul et les conjonctures amènent les choses et conduisent les esprits au point où on les souhaite. Il va jusqu'à feindre un intérêt secret à la rupture de la négociation, lorsqu'il désire le plus ardemment qu'elle soit continuée; et si au contraire il a des ordres précis de faire les derniers efforts pour la rompre, il croit devoir, pour y réussir, en presser la continuation et la fin. S'il survient un grand événement, il se raidit ou il se relâche selon qu'il lui est utile ou préjudiciable; et si par une grande prudence il sait le prévoir, il presse et il temporise selon que l'État pour lequel il travaille en doit craindre ou espérer; et il règle sur ses besoins ses conditions. Il prend conseil du temps, du lieu, des occasions, de sa puissance ou de sa faiblesse, du génie des nations avec lesquelles il traite, du tempérament et du caractère des personnes avec lesquelles il négocie. Toutes ses vues, toutes ses maximes, tous les raffinements de sa politique tendent à une seule fin, qui est de n'être point trompé, et de tromper les autres. »

Cette politique n'était pas seulement celle de Gourville, c'était encore (et Gourville l'a très bien démontré en terminant ses Mémoires) la politique du cardinal de Mazarin, de feu M. de Lyonne, du chancelier Michel le Tellier, de son fils Louvois, et du plus grand diplomate de cette époque, du prince d'Orange, qui venait de conquérir ainsi l'Angleterre. C'était le talent des plus habiles courtisans et de presque tous les hommes d'État : c'était la sagesse des ambitieux. La Bruyère avait aussi de l'ambition : il en faisait l'aveu; mais c'était une ambition un peu plus élevée que celle de ces grands hommes. « Le sage, dit-il (1), guérit de l'ambition par l'ambition même; il tend à de si grandes choses, qu'il ne peut se borner à ce qu'on appelle des trésors, des postes, la fortune et la faveur : il ne voit rien dans de si faibles avantages qui soit assez bon et assez solide pour remplir son cœur, et pour mériter ses soins et ses désirs; il a même besoin d'efforts pour ne les pas trop dédaigner. Le seul bien capable de le tenter est cette sorte de gloire qui devrait naître de la vertu toute pure et toute simple; mais les hommes ne l'accordent guère, et il s'en passe. »

Quel est donc cet homme dont le mérite personnel tenta l'ambition de la Bruyère? Quel est cet homme qui se passe de la gloire la mieux méritée, et qui se contente de posséder la vertu toute pure et toute simple? C'est un homme bon, qui n'est que bon. La Bruyère le cherche

---

(1) Chap. II, n° 43.

partout. « Je vois, dit-il (1), un homme entouré et suivi; mais il est en place. J'en vois un autre que tout le monde aborde; mais il est en faveur. Celui-ci est embrassé et caressé, même des grands; mais il est riche. Celui-là est regardé de tous avec curiosité, on le montre au doigt; mais il est savant et éloquent. J'en découvre un que personne n'oublie de saluer; mais il est méchant. Je veux un homme qui soit bon, qui ne soit rien davantage et qui soit recherché. » Où le trouvera-t-il? ce n'est pas à la cour de France.

On demandait à la Bruyère qu'est-ce qu'il entendait par un homme bon et qui ne soit que bon; il répondait (2) : « Celui-là est bon qui fait du bien aux autres; s'il souffre pour le bien qu'il fait, il est très bon; s'il souffre de ceux à qui il fait ce bien, il a une si grande bonté qu'elle ne peut être augmentée que dans le cas où ces souffrances viendraient à croître; et s'il en meurt, sa vertu ne saurait aller plus loin : elle est héroïque, elle est parfaite. » Peut-on imaginer contradiction plus absolue avec le caractère du ministre ou plénipotentiaire que celle de l'homme vraiment bon? Toutes les vues, toutes les maximes et tous les raffinements du diplomate ou de l'homme d'État qui remue les ressorts du monde, qui conduit les gouvernements, qui triomphe dans les cours, sont renfermés dans les bornes étroites d'une politique égoïste; l'homme bon, au contraire, qui ne semble propre à rien, et dont on fait peu de cas en tous pays, cet homme candide dont les habiles raillent la simplicité et dont les politiques font leur jouet, cet homme naïf qui aime mieux être dupe que trompeur et ne veut que faire du bien aux autres, est capable de pousser la générosité jusqu'à souffrir, de la part de ceux à qui il fait du bien, les plus mauvais traitements, même le dernier supplice. Non assurément, ni Mazarin, ni de Lyonne, ni le Tellier, ni Louvois, ni le prince d'Orange, ni Gourville n'auraient commis de propos délibéré une pareille sottise. Et cependant la bonté ainsi définie, ainsi comprise, est la dernière et la plus haute expression du mérite personnel. Voilà les grandes choses où aspire le sage de la Bruyère; voilà les solides avantages qu'il préfère à ce qu'on appelle des trésors, des postes, et la faveur; voilà le but où tend l'ambition du philosophe. En vérité, Gourville avait raison de le plaindre et de dire : « Ce n'est pas ainsi qu'on prend le vent et qu'on arrive au délicieux port de la fortune. »

(1) Chap. VIII, n° 31.
(2) Chap. II, n° 44.

On peut comparer la bonté héroïque et parfaite de la Bruyère à la vertu de Socrate, que Bossuet appelait le plus sage des philosophes; mais c'est mieux encore : c'est l'idéal d'une vertu accomplie, tel que Platon a pu le concevoir, et l'a décrit au second livre de sa *République*. En effet, « cherchant l'idée de la vertu, Platon a trouvé (1) que, comme de tous les méchants celui-là serait le plus méchant qui saurait si bien couvrir sa malice qu'il passât pour un homme de bien, et jouît par ce moyen de tout le crédit que peut donner la vertu : ainsi le plus vertueux devait être sans difficulté celui à qui sa vertu attire par sa perfection la jalousie de tous les hommes, en sorte qu'il n'ait pour lui que sa conscience, et qu'il se voie exposé à toutes sortes d'injures, jusqu'à être mis sur la croix, sans que sa vertu lui puisse donner ce faible secours de l'exempter d'un tel supplice. Ne semble-t-il pas, ajoute Bossuet, que Dieu n'ait mis cette merveilleuse idée de vertu dans l'esprit d'un philosophe que pour la rendre effective en la personne de son Fils, et faire voir que le juste a une autre gloire, un autre repos, enfin un autre bonheur que celui qu'on peut avoir sur la terre? » C'est exactement ce que pensait la Bruyère; mais il n'avait pas le droit de tenir ce ferme langage à des « chrétiens en l'air et fidèles si vous le voulez, qui ne savaient s'ils croyaient ou ne croyaient pas, et tout prêts à vous avouer ce qu'il vous plaira, pourvu que vous les laissiez agir à leur mode et passer leur vie à leur gré (2). » « Je prévois, disait Bossuet, que les libertins et les esprits forts pourront être décrédités parce qu'on tiendra tout dans l'indifférence, excepté les plaisirs et les affaires. » La Bruyère suivait avec respect les enseignements de Bossuet (3) : « Un apprentif est docile, il écoute son maître, il profite de ses leçons, et devient maître. L'homme indocile critique le discours du prédicateur comme le livre du philosophe, et il ne devient ni chrétien ni raisonnable. » La Bruyère s'unit à Bossuet pour rappeler les hommes de leur profond assoupissement, en leur représentant la pureté incorruptible de la morale chrétienne.

La Bruyère posait aux hommes de son temps une singulière question (4) : « S'il est ordinaire d'être touché des choses rares, pourquoi le sommes-nous si peu de la vertu? » On était embarrassé pour répon-

---

(1) Bossuet, *Discours sur l'histoire universelle*, 2º partie, ch. XIX.
(2) *Sermons de Bossuet*, 2º dimanche de l'Avent, premier point.
(3) Chap. XV, nº 2.
(4) Chap. II, nº 20.

dre, et cependant la raison est bien simple (1) : « Quelle mésintelligence entre l'esprit et le cœur ! Le philosophe vit mal avec tous ses préceptes, et le politique rempli de vues et de réflexions ne sait pas se gouverner. »

Louis XIV, qui avait banni les protestants de son royaume pour n'y souffrir que des catholiques, envahissait maintenant Avignon et la Comtat, et il opprimait le pape à Rome. Où cela pouvait-il aboutir? Les catholiques en Europe s'unissaient aux protestants pour combattre son injustice et sa violence ; en France, ils s'obstinaient à considérer dans la personne sacrée du roi l'ordre de Dieu qui l'avait établi et l'image de sa puissance sur la terre. Que penser de cette religion nouvelle des docteurs français qui mettaient le droit divin des rois au-dessus de tous les autres droits? de cette dévotion si exacte dans ses termes, si rigoureuse dans ses règles, qui rendait à Dieu ce qui appartient à Dieu, mais qui voulait surtout et avant tout rendre au roi ce qui appartenait au roi? On voyait dans cette dévotion à la mode le progrès des lumières. La Bruyère s'en moquait ouvertement (2) : « L'on a été loin depuis un siècle dans les arts, et dans les sciences, qui toutes ont été poussées à un grand point de raffinement, jusques à celle du salut que l'on a réduite en règle et en méthode, et augmentée de tout ce que l'esprit des hommes pouvait inventer de plus beau et de plus sublime. La dévotion et la géométrie ont leurs façons de parler, ou ce qu'on appelle les termes de l'art : celui qui ne les sait pas n'est ni dévot ni géomètre. Les premiers dévots, ceux mêmes qui ont été dirigés par les apôtres, ignoraient ces termes, simples gens qui n'avaient que la foi et les œuvres, et qui se réduisaient à croire et à bien vivre. »

Dom François Lami, bénédictin de la congrégation de Saint-Maur, apprenant que le ministre Jurieu traitait de paradoxe cette proposition du père Malebranche, « que Jésus-Christ supplée ou ajoute par ses satisfactions ce qui manque à la satisfaction que les damnés font à la justice divine pour leurs péchés », en fit la démonstration suivant les règles de la méthode géométrique, et il la soumit au jugement de Bossuet, qui y releva de nombreuses erreurs et fit voir que la démonstration géométrique portait à faux. « Si, disait Fénelon (3), on peut im-

---

(1) Chap. XI, n° 91.
(2) Chap. XIII, n° 26.
(3) *Réfutation du P. Malebranche*, ch. XXII.

punément dans les matières de religion ouvrir des chemins si nouveaux et si écartés des anciens vestiges ; si la sagesse sobre et tempérée que saint Paul recommande est tellement oubliée parmi les chrétiens, que ne doit-on pas craindre dans ces malheureux siècles, où une effrénée curiosité et une présomption violente agitent tant d'esprits ? » — « Croyez-moi, écrivait Bossuet à un ami de Malebranche, pour savoir de la physique et de l'algèbre, et pour avoir même entendu quelques vérités générales de métaphysique, il ne s'ensuit pas pour cela qu'on soit fort capable de prendre parti en matière de théologie. » La Bruyère compara cette nouvelle théologie à la musique profane qui s'introduisait alors dans les cérémonies du culte (1). « Toute musique, dit-il (2), n'est pas propre à louer Dieu et à être entendue dans le sanctuaire ; toute philosophie ne parle pas dignement de Dieu, de sa puissance, des principes de ses opérations, et de ses mystères : plus cette philosophie est subtile et idéale, plus elle est vaine et inutile pour expliquer des choses qui ne demandent des hommes qu'un sens droit pour être connues jusqu'à un certain point, et qui au delà sont inexplicables. Vouloir rendre raison de Dieu, de ses perfections, et, si j'ose ainsi parler, de ses actions (3), c'est aller plus loin que les anciens philosophes, que les apôtres, que les premiers docteurs, mais ce n'est pas rencontrer si juste ; c'est creuser longtemps et profondément, sans trouver les sources de la vérité. Dès qu'on a abandonné les termes de bonté, de miséricorde, de justice et de toute-puissance, qui donnent de Dieu de si hautes et si aimables idées, quelque grand effort d'imagination qu'on puisse faire, il faut recevoir les expressions sèches, stériles, vides de sens ; admettre les pensées creuses, écartées des notions communes, ou tout au plus subtiles et ingénieuses ; et à mesure qu'on acquiert plus d'ouverture dans une nouvelle métaphysique, perdre un peu de sa religion. »

Le P. Malebranche, qui remplissait dans l'église de l'Oratoire, rue Saint-Honoré, les fonctions de maître des cérémonies, et y portait jusque dans les plus petits détails une science exacte des rubriques de l'Église, n'y eût jamais admis la musique profane qu'on entendait aux Théatins, aux Grands-Augustins et chez ses voisins les Jacobins réformés de la rue Saint-Honoré. Mais dans la bienheureuse solitude de

---

(1) *Mercure galant,* juin 1686. — De Sourches, t. II, p. 2.
(2) Chap. XVI, n° 23.
(3) *Traité de la nature et de la grâce,* par le P. Malebranche.

son cabinet, quand il avait donné carrière à son esprit métaphysique et lui avait permis de chercher accès au Saint des Saints en la présence du Dieu vivant (1), alors environné de splendeur et de gloire, il ne savait plus contenir les élans de son imagination impétueuse, ni se borner aux connaissances positives d'une sage érudition. Toutefois ce n'était pas le P. Malebranche qui perdait un peu de sa religion à faire de la métaphysique (2) ; c'étaient ses imprudents admirateurs à qui l'antique sagesse de nos pères ne suffisait plus, et qui cherchaient une nouvelle liturgie et une nouvelle philosophie appropriées à la nouvelle dévotion. Il leur fallut même une nouvelle éloquence.

Il y avait déjà longtemps que l'éloquence profane avait été transposée du barreau à la chaire chrétienne (3). L'on avait banni la scolastique de toutes les chaires des grandes villes, on l'avait reléguée dans les bourgs et dans les villages (4) pour l'instruction et le salut du laboureur et du vigneron, qui n'y pouvaient rien comprendre. Dans les villes on écoutait de beaux sermons (5), qui étaient des discours oratoires dans toutes les règles et parés de tous les ornements de la rhétorique. Ceux qui entendaient finement n'en perdaient pas le moindre trait ni une seule pensée ; ce n'était une énigme que pour le peuple. Du moins ceux qui comprenaient en profitaient-ils ? « Le solide et l'admirable discours que celui qu'on vient d'entendre ! Les points de religion les plus essentiels, comme les plus pressants motifs de conversion, y ont été traités : quel grand effet n'a-t-il pas dû faire sur l'esprit et dans l'âme de tous les auditeurs ! Les voilà rendus : ils en sont émus et touchés au point de résoudre dans leur cœur, sur ce sermon de Théodore, qu'il est encore plus beau que le dernier qu'il a prêché (6). » On n'écoutait plus sérieusement la parole sainte parce qu'on ne la prêchait plus sérieusement. La continuation des grandes choses que le roi fait tous les jours est cause, dit de Visé (7), que l'usage s'est insensiblement introduit de faire le panégyrique de cet auguste monarque dans toutes les villes de France, le jour de Saint-Louis, avec celui de ce saint. Cet usage s'étendit à toutes les occasions

---

(1) Troisième, neuvième et dix-neuvième méditation.
(2) *La Vie du R. P. Malebranche* (par le P. André), publiée par le P. Ingold.
(3) Chap. xv, n° 2.
(4) Chap. xv, n° 7.
(5) Chap. xv, n° 10.
(6) Chap. xv, n° 11.
(7) *Mercure galant,* octobre 1687.

que l'on put trouver, et quand la crainte de paraître favorable au pape vint presser les prédicateurs, ils ne surent plus rien dire sans célébrer les louanges du roi. « L'on peut faire ce reproche à l'héroïque vertu des grands hommes, dit la Bruyère (1), qu'elle a corrompu l'éloquence ou du moins amolli le style de la plupart des prédicateurs. Au lieu de s'unir simplement avec les peuples pour bénir le ciel de si rares présents qui en sont venus, ils ont entré en société avec les auteurs et les poètes; et devenus comme eux panégyristes, ils ont enchéri sur les épîtres dédicatoires, sur les stances et sur les prologues; ils ont changé la parole sainte en un tissu de louanges, justes à la vérité, mais mal placées, intéressées, que personne n'exige d'eux, et qui ne conviennent point à leur caractère. On est heureux si, à l'occasion du héros qu'ils célèbrent jusque dans le sanctuaire, ils disent un mot de Dieu et du mystère qu'ils doivent prêcher. Il s'en est trouvé quelques-uns qui, ayant assujetti le saint Évangile, qui doit être commun à tous, à la présence d'un seul auditeur, se sont vus déconcertés par des hasards qui le retenaient ailleurs, n'ont pu prononcer devant des chrétiens un discours chrétien qui n'était pas fait pour eux, et ont été suppléés par d'autres orateurs, qui n'ont eu que le temps de louer Dieu dans un discours précipité. »

Nous supposons que ce dernier trait contient une allusion à ce qui se passait à Versailles, dans la chapelle royale, le jeudi saint, 15 avril 1688 (2). Le roi ne put faire la cène; ce fut Monseigneur qui fit cette cérémonie à la place du roi, mais il n'y eut point de sermon, parce que l'abbé Roquette, qui s'était préparé à parler devant le roi, s'excusa; ou s'il y eut un autre sermon, ce fut si peu de chose que Dangeau n'en tint pas compte. Les courtisans se moquèrent de l'abbé Roquette qui avait fait cet affront à Monseigneur; dans la maison de Condé on riait volontiers de l'abbé Roquette, parce qu'il était neveu de l'évêque d'Autun. La Bruyère ne voyait là rien de risible : « C'est le plus petit inconvénient du monde (3) que de demeurer court dans un sermon ou dans une harangue : il laisse à l'orateur ce qu'il a d'esprit, de bon sens, d'imagination, de mœurs et de doctrine; il ne lui ôte rien; mais on ne laisse pas de s'étonner que les hommes, ayant voulu une fois y attacher une espèce de honte et de ridicule, s'expo-

---

(1) Chap. XV, n° 13.
(2) *Journal de Dangeau*, t. II, p. 180.
(3) Chap. XII, n° 100.

sent, par de longs et souvent d'inutiles discours, à en courir le risque. » « Il me semble, dit-il (1), qu'un prédicateur devrait faire choix dans chaque discours d'une vérité unique, mais capitale, terrible ou instructive, la manier à fond et l'épuiser; abandonner ces divisions si recherchées, si retournées et si différenciées; ne point supposer ce qui est faux, je veux dire que le grand ou le beau monde sait sa religion et ses devoirs; ne pas appréhender de faire ou à ces bonnes têtes ou à ces esprits si raffinés, des catéchismes; ce temps si long que l'on met à composer un long ouvrage, l'employer à se rendre si maître de sa matière, que le tour et les expressions naissent dans l'action, et coulent de source; se livrer, après une certaine préparation, à son génie et au mouvement qu'un grand sujet peut inspirer : qu'il pourrait enfin s'épargner ces prodigieux efforts de mémoire qui ressemblent mieux à une gageure qu'à une affaire sérieuse, qui corrompent le geste et défigurent le visage; jeter au contraire, par un bel enthousiasme, la persuasion dans les esprits et l'alarme dans le cœur, et toucher ses auditeurs d'une tout autre crainte que celle de le voir demeurer court. »

De ces deux manières de prêcher, l'une, celle qui semblait la meilleure à la Bruyère, était celle de Bossuet; il était plus facile de la censurer que de l'imiter. L'autre, celle qui plaisait le moins au moraliste, était celle de Bourdaloue; il était plus facile de l'imiter que de la censurer. De là cette singulière réflexion de notre auteur (2) : « L'évêque de Meaux et le P. Bourdaloue me rappellent Démosthène et Cicéron. Tous deux, maîtres dans l'éloquence de la chaire, ont eu le destin des grands modèles : l'un a fait de mauvais censeurs, l'autre de mauvais copistes. »

Fénelon était de l'école de Bossuet : « Le prêtre, dit-il, doit être l'homme de Dieu, préparé à toute bonne œuvre; je trouve qu'il est fort indigne de lui qu'il passe sa vie dans son cabinet à arrondir des périodes, à retoucher des portraits et à inventer des divisions; car dès qu'on s'est mis sur le pied de ces sortes de prédicateurs, on n'a plus le temps de faire autre chose. Pour moi, je le dis franchement, tout cela me scandalise. Quoi! le dispensateur des mystères de Dieu sera-t-il un déclamateur oisif, jaloux de sa réputation et amoureux d'une vaine pompe? N'osera-t-il parler de Dieu à son peuple sans avoir

---

(1) Chap. XV, n° 29.
(2) Chap. XV, n° 25.

rangé toutes ses paroles et appris en écolier sa leçon par cœur (1) ! » La conclusion que la Bruyère tire de là est curieuse (2) : « Que celui qui n'est pas encore assez parfait pour s'oublier soi-même dans le ministère de la parole sainte, ne se décourage point par les règles austères qu'on lui prescrit, comme si elles lui ôtaient les moyens de faire montre de son esprit, et de monter aux dignités où il aspire : quel plus beau talent que celui de prêcher apostoliquement? Et quel autre mérite mieux un évêché? » Alors Fénelon faisait imprimer son livre sur l'éducation des filles et son traité du ministère des pasteurs, qui lui avait beaucoup servi dans ses missions. Pourquoi la Bruyère osait-il lui promettre un évêché? « La différence, dit le moraliste (3), d'un homme qui se revêt d'un caractère étranger à lui-même, quand il rentre dans le sien, est celle d'un masque à un visage. » Fénelon était un vrai prêtre, et sera un grand évêque.

Saisi de frayeur en considérant les tentations si dangereuses et si délicates que Dieu avait envoyées à son Église, Bossuet tremblait qu'il n'exerçât sur elle quelques jugements terribles comme aux siècles précédents, et il faisait tous ses efforts pour obtenir des pasteurs également éclairés et exemplaires, puisque, dit-il, c'est faute d'en avoir eu beaucoup de semblables que le troupeau, racheté d'un si grand prix, a été si indignement ravagé. Dans son *Histoire des variations des églises protestantes*, dont il préparait une seconde édition, il apprenait aux catholiques (4), du moins aux humbles de cœur, à mépriser, avec la science qui enfle, l'éloquence qui éblouit. « Les talents que le monde admire leur paraîtront, dit-il, peu de chose, lorsqu'ils verront tant de vaines curiosités et tant de travers dans les savants ; tant de déguisements et tant d'artifice dans la politesse du style ; tant de vanité, tant d'ostentation et des illusions si dangereuses parmi ceux qu'on appelle de beaux esprits ; et enfin tant d'arrogance, tant d'emportement, et ensuite des égarements si fréquents et si manifestes dans les hommes qui paraissent grands parce qu'ils entraînent les autres. » Le seul remède de tels maux était de savoir se détacher de son propre sens ; car c'est ce qui fait la différence du catholique et de l'hérétique. Le caractère de l'hérétique, c'est-à-dire de celui qui a une opinion particulière,

---

(1) *Dialogue sur l'éloquence sacrée.*
(2) Chap. xv, n° 30.
(3) Chap. xi, n° 140.
(4) Préface de l'*Histoire des variations*, n° XXIV.

est de s'attacher à ses propres pensées ; et le caractère du catholique, c'est-à-dire de l'universel, est de préférer à ses sentiments le sentiment commun de toute l'Église. » Depuis que Louis XIV avait banni les protestants de son royaume, on n'y souffrait plus d'hérétiques. Mais, observe la Bruyère (1), « cette même religion que les hommes défendent avec chaleur et avec zèle contre ceux qui en ont une toute contraire, ils l'altèrent eux-mêmes dans leur esprit par des sentiments particuliers : ils y ajoutent et ils en retranchent mille choses souvent essentielles, selon ce qui leur convient, et ils demeurent fermes et inébranlables dans cette forme qu'ils lui ont donnée. Ainsi, à parler populairement, on peut dire d'une seule nation qu'elle vit sous un même culte, et qu'elle n'a qu'une seule religion ; mais, à parler exactement, il est vrai qu'elle en a plusieurs, et que chacun presque a la sienne. » Voilà donc où aboutirent les persécutions de Louis XIV contre les protestants et sa querelle avec le pape, au triomphe des esprits forts.

« Si c'est le grand et le sublime de la religion qui éblouit et confond les esprits forts, disait la Bruyère (2), ils ne sont plus des esprits forts, mais de faibles génies et de petits esprits ; si c'est au contraire ce qu'il y a d'humble et de simple qui les rebute, ils sont à la vérité des esprits forts, et plus forts que tant de grands hommes si éclairés, si élevés, et néanmoins si fidèles, que les Léons, les Basiles, les Jérômes, les Augustins. »

Les gens du monde ne connaissaient guère les Léons, les Basiles, les Jérômes et les Augustins que comme des personnages fort respectables, mais ennuyeux. « Un Père de l'Église, un docteur de l'Église, quels noms ! quelle tristesse dans leurs écrits ! quelle sécheresse ! quelle froide dévotion ! et peut-être quelle scolastique ! » disent ceux qui ne les ont jamais lus (3). Mais plutôt quel étonnement pour tous ceux qui se sont fait des Pères une idée si éloignée de la vérité, s'ils voyaient dans leurs ouvrages plus de tour et de délicatesse, plus de politesse d'esprit, plus de richesse d'expression et plus de force de raisonnement, des traits plus vifs et des grâces plus naturelles que l'on n'en remarque dans la plupart des livres de ce temps qui sont lus avec goût, qui donnent du nom et de la vanité à leurs auteurs ! Quel plaisir d'aimer la religion et de la voir crue, soutenue, expliquée

---

(1) Chap. XVI, n° 25.
(2) Chap. XVI, n° 20.
(3) Chap. XVI, n° 21.

par de si beaux esprits ! surtout lorsque l'on vient à connaître que pour l'étendue de connaissance, pour la profondeur et la pénétration, pour les principes de la pure philosophie, pour leur application et pour leur développement, pour la justesse des conclusions, pour la dignité du discours, pour la beauté de la morale et des sentiments, il n'y a rien par exemple que l'on puisse comparer à saint Augustin que Platon et que Cicéron. »

Cet admirable portrait d'un Père de l'Église a l'inconvénient de représenter aussi bien l'évêque de Meaux que l'évêque d'Hippone ; mais il faut pardonner bien des choses à la Bruyère, après avoir fait de Platon et Cicéron presque des évêques *in partibus infidelium*. Le divin Platon méritait-il cet honneur pour avoir raconté la passion et la mort de Socrate, et pour avoir élevé jusqu'à l'idée de Jésus-Christ des âmes sensibles et méditatives qui étaient capables de suivre ses raisonnements ? Cicéron, comme philosophe, était-il moins digne de cet honneur pour avoir cherché la vérité avec une curiosité désintéressée, que ne connaissaient guère les hommes engagés dans la politique, et pour avoir ramené les grandes idées de Platon à la mesure du sens commun ? Par l'équilibre de son esprit, par la portée de sa doctrine et par le charme de son style, saint Augustin était bien de la famille de ces grands écrivains : les dames mêmes pouvaient le lire avec le plus vif intérêt (1). Mais, aux yeux de la Bruyère, qui pouvait alors surpasser Bossuet par le haut vol de l'intelligence et l'ampleur des vues dans les questions philosophiques et religieuses ? Rempli de l'idée de Dieu et de sa souveraine sagesse, il faisait parler la raison dans ses ouvrages de controverse avec une puissance extraordinaire. Les protestants eurent beau faire, l'*Histoire des variations* chemina et se répandit dans la chrétienté tout entière comme l'*Exposition de la foi catholique*. Lord Perth écrivait à Bossuet : « Vous êtes comme un autre saint Paul ; vos travaux ne se bornent pas à une seule province, à une seule nation : vos ouvrages parlent présentement en la plupart des langues de l'Europe, et vos prosélytes publient vos triomphes en des idiomes que vous n'entendez pas. »

Au seizième siècle, il s'était rencontré un homme qui jouissait d'une pareille considération. Grand admirateur de Platon et imitateur de Cicéron, Érasme était estimé, aimé, recherché chez tous les peu-

(1) Mme de Sévigné, t. V, p. 111, 126, 128 ; t. VI, p. 487, 488 ; t. VII, p. 221 ; t. IX, p. 293, 434, 528.

ples civilisés, dans toutes les cours de l'Europe, des catholiques et des protestants, des rois, des républiques et du pape. Il aurait pu être évêque, même cardinal ; mais n'ayant point d'autre ambition que de cultiver les lettres, il ne voulut contracter aucun engagement ; et libre de toute attache, il se contenta d'une situation exceptionnelle dans la chrétienté : quoiqu'il eût de tous côtés assez d'ennemis, il passait pour l'homme qui avait le plus d'esprit de son temps. Bossuet le cite souvent dans son *Histoire des variations,* et invoque son témoignage comme celui d'un homme équitable et sensé. En effet, Érasme comprit que réformer n'est pas détruire, que la vraie force est toujours tempérée par la prudence et sait se renfermer dans la juste mesure. C'est pour cela que Bossuet l'avait eu si grande estime. Malheureusement l'évêque de Meaux ne jouissait pas au dix-septième siècle de l'indépendance qu'avait Érasme au seizième : il avait été trop engagé dans l'affaire du clergé gallican, en 1682, pour qu'il pût exercer une grande influence, en 1688, sur les démêlés de la cour de France avec la cour de Rome. Cependant il ne voulait rien négliger, en ménageant le pape sans offenser le roi, pour écarter le danger du schisme et pour procurer à l'Église de France une paix aussi raisonnable que nécessaire (1). L'archevêque de Paris et les courtisans l'accusèrent d'aspirer au chapeau de cardinal. C'est dans cet esprit, diront les protestants, qu'il s'était fait l'avocat de l'Église romaine (2). Courtisans et protestants se trompaient. La Bruyère va leur dire pourquoi.

L'archevêque de Paris avait tous les avantages qu'on peut tirer de la naissance, des agréments extérieurs de la personne, des qualités de l'esprit, de l'éloquence et du savoir, de la capacité dans les affaires, de l'expérience de la cour et de l'habile conduite de son diocèse. Mais il avait deux grands défauts : des mœurs galantes et une ambition opiniâtre (3). De plus, le métropolitain était jaloux de son suffragant ; il s'opposa toujours à l'élévation de M. l'évêque de Meaux. Mais Bossuet, qui avait fait parler longtemps une envieuse critique, la fit taire : il fallut admirer malgré soi ses mœurs exemplaires ainsi que le grand nombre et l'éminence de ses talents. M. de Harlay voulut l'accabler sous le poids des titres et des honneurs dont il se fit revêtir : non content d'être le premier pour qui le roi

---

(1) *Mémoires de l'abbé Legendre.*
(2) *Relation de Spanheim,* p. 275 et 276.
(3) *Bossuet évêque,* par Floquet, p. 295, 298.

demandait le chapeau de cardinal, il se flatta de l'espoir d'acquérir une autorité suprême sur le clergé français. Vraiment il ne lui manquait plus que la tiare dans ses rêves ambitieux pour devenir un pape gallican ! Voici ce que raconte son secrétaire, l'abbé Legendre. Lorsque, en octobre 1688 (1), le procureur général du parlement de Paris appela au futur concile des griefs qu'on avait reçus ou de ceux qu'on avait à craindre du pape Innocent XI, le prélat, pour appuyer cette procédure, assembla chez lui les évêques qui étaient à Paris, le chapitre de son église, les députés des collégiales, les curés de la ville et des faubourgs, et les supérieurs de toutes les communautés. Il les entretint tous les uns après les autres, et les décida, soit par crainte, soit par persuasion, à faire acte d'adhésion. Le prieur de Saint-Germain des Prés, en le haranguant au nom des communautés, lui dit, d'un ton élevé, que « ce qui faisait la gloire et la sécurité du clergé de Paris, c'est qu'il était présidé et conduit par un prélat dont les conseils valaient presque un concile et dont la science valait une Sorbonne entière ». Il se fit à ces mots un bruit sourd et confus, moins d'applaudissement que de surprise et d'indignation. « Ayant de la répugnance à mettre ces louanges peu raisonnables dans le procès-verbal que je rédigeais de cette assemblée, j'en parlai délicatement à M. l'archevêque, dit l'abbé Legendre ; mais d'un air assez froid le prélat me dit pour réponse : « Le bonhomme est charmé et croit avoir dit merveille ; voulez-vous le mortifier jusqu'à supprimer sa harangue ou à retrancher ce qu'il croit avoir dit de mieux ? » Tant il est vrai, ajoute le secrétaire, que quelquefois il échappe des petitesses aux plus grands hommes. » Ce grand homme pourra entasser sur sa tête tous les titres et tous les honneurs qu'il voudra ; jamais il n'arrivera, quoi qu'il fasse, à la hauteur de l'évêque de Meaux. « Après le mérite personnel, disait la Bruyère (2), il faut l'avouer, ce sont les éminentes dignités et les grands titres dont les hommes tirent plus de distinction et plus d'éclat ; et qui ne sait pas être un Érasme doit penser à être évêque. Quelques-uns, pour étendre leur renommée, entassent sur leurs personnes des pairies, des colliers d'ordre, des primaties, la pourpre, et ils auraient besoin d'une tiare ; mais quel besoin a Trophime d'être cardinal ? » Trophime (en grec, éducateur) est le précepteur du Dauphin.

---

(1) *Mémoires de l'abbé Legendre*, p. 85.
(2) Chap. II, n° 26.

La Bruyère ne pouvait pas être évêque; mais il savait être un Érasme, dans une certaine mesure, comme moraliste indépendant, par la modestie de son caractère et la sage réserve de ses critiques. C'est pourquoi, en tête de la quatrième édition des *Caractères* au verso du titre général, il mit cette inscription tirée d'Erasme (1) : *Admonere voluimus, non mordere; prodesse, non lædere; consulere moribus hominum, non officere.* « Nous avons voulu avertir, non mordre ; être utile, non blesser ; corriger les mœurs, sans offenser personne. » C'est la réponse d'Érasme aux critiques que lui avait faites Martin Dorpius sur son *Éloge de la folie*. La Bruyère répondait de même aux critiques qu'on lui fit sur les trois premières éditions des *Caractères ou Mœurs de ce siècle;* et, afin qu'il ne restât aucune incertitude sur sa pensée et ses intentions, il développa ainsi l'inscription tirée d'Érasme (2) : « Corriger les mœurs est l'unique fin que l'on doit se proposer en écrivant, et le succès aussi que l'on doit le moins se promettre ; mais comme les hommes ne se dégoûtent point du vice, il ne faut pas aussi se lasser de le leur reprocher ; ils seraient peut-être pires, s'ils venaient à manquer de censeurs et de critiques : c'est ce qui fait que l'on prêche et que l'on écrit. L'orateur et l'écrivain ne sauraient vaincre la joie qu'ils ont d'être applaudis ; mais ils devraient rougir d'eux-mêmes s'ils n'avaient cherché par leurs discours ou par leurs écrits que des éloges; outre que l'approbation la plus sûre et la moins équivoque est le changement des mœurs et la réformation de ceux qui les lisent ou qui les écoutent. On ne doit parler, on ne doit écrire que pour l'instruction... »

Cette déclaration de la Bruyère se trouve dans la préface de sa quatrième édition ; sa quatrième édition diffère donc beaucoup des précédentes. Dans la première édition, le philosophe avait cru devoir se cacher derrière le gentilhomme de la maison de Condé; dans la quatrième édition, il ne dissimule plus sa philosophie; au contraire, il la montre, il l'affiche, il met sur sa porte enseigne de moraliste, une enseigne saillante, que tout le monde peut voir. Si maintenant on vient lui reprocher de parler comme un prédicateur, il s'en fait honneur et gloire. Si on le loue du succès de son livre, et de l'esprit qu'il y a mis, il répond (3) : « Le philosophe consume sa vie à

---

(1) *Erasmi Epistolarum*, lib. XXXI, n° 42.
(2) Préface de la 4º édition.
(3) Chap. I, n° 34.

observer les hommes, et il use ses esprits à en démêler les vices et le ridicule; s'il donne quelque tour à ses pensées, c'est moins par vanité d'auteur, que pour mettre une vérité qu'il a trouvée dans tout le jour nécessaire, pour faire l'impression qui doit convenir à son dessein. Quelques lecteurs croient néanmoins le payer avec usure, s'ils disent magistralement qu'ils ont lu son livre, et qu'il y a de l'esprit. Mais il leur renvoie tous leurs éloges, qu'il n'a point cherchés par son travail et par ses veilles. Il porte plus haut ses projets et agit pour une fin plus relevée : il demande des hommes un plus grand et plus rare succès que les louanges, et même que les récompenses, qui est de les rendre meilleurs. »

CHAPITRE XXVI.

MORALE POPULAIRE.

1688-1689.

Obscurité de la quatrième édition. — But de l'auteur. — Originalité de sa morale populaire. — Qu'entendait-il par le peuple ? — Il passe en revue les différentes classes de la société depuis la plus basse jusqu'à la plus haute, et tire de cette revue une conclusion morale qui convient à toutes : il ne faut mortifier personne. — Ensuite il applique ce précepte aux divers âges de l'homme indifféremment, à l'enfance, à la jeunesse, à l'âge mûr et à la vieillesse. — Il traite des caractères de chaque âge et décrit les passions qui lui appartiennent, comme l'amour, l'amitié, l'ambition, l'avarice, la vanité, l'égoïsme et l'esprit de routine. — Il prouve avec Mme Dacier que le cœur humain est toujours et partout le même, en Grèce, à Rome et à Paris. — Mais s'il signale bien des vices et abus, il montre aussi des réformes dont il a été témoin. — Toujours préoccupé de l'intérêt du peuple, il déplore la guerre de la ligue d'Augsbourg. — Peu lui importe la gloire militaire des grands et du roi ; il veut être tranquille et jouir des douceurs d'un bon gouvernement. Aussi prévoit-il dans l'avenir des révolutions en France comme celle d'Angleterre. — Du progrès dans les arts, dans les sciences et dans les institutions politiques.

Le 15 février 1689, la quatrième édition de l'ouvrage de la Bruyère fut achevée d'imprimer. Il n'y avait rien de changé ni dans le *Discours sur Théophraste,* ni dans la traduction française des *Caractères* de Théophraste ; mais les *Caractères ou Mœurs de ce siècle* avaient subi de tels changements que c'était un ouvrage nouveau, dit l'auteur lui-même. D'abord, le volume était doublé : il contenait 764 remarques au lieu de 420 ; et parmi les 344 remarques inédites il y en avait bon nombre plus étendues que celles qui avaient été déjà publiées. Les seize chapitres, étrangement gonflés, n'avaient plus la même composition : pour faire de la place aux nouvelles remarques, l'auteur avait transposé plus de 300 remarques anciennes, soit dans les mêmes chapitres, soit d'un chapitre dans l'autre. S'il y avait peu de méthode dans la première édition, il y en eut encore moins dans la quatrième. De là une évidente confusion dans l'ensemble des chapitres, et une certaine obscurité dans bien des remarques. L'auteur ne l'ignorait pas; car il disait (1) : « Les sots lisent un livre et ne l'entendent point; les esprits médiocres croient l'entendre parfaitement; les grands esprits ne l'entendent quelquefois pas tout entier : ils trouvent obscur ce qui est obscur, comme ils trouvent clair ce qui est clair; les beaux esprits veulent trouver obscur ce qui ne l'est point et ne pas entendre ce qui est fort intelligible. » L'auteur profita de cette confusion et de ces obscurcités, non seulement pour se protéger contre les attaques des lecteurs malintentionnés, mais encore pour faire accepter de son public quelque chose de plus rare et de plus hardi.

Mlle de Scudéry, dans ses *Nouvelles conversations de morale* (2), décrit la maison de campagne de Zénobie, l'une de ses héroïnes. Rien n'y manquait pour le plaisir de ses hôtes. Outre les enchantements d'un site magnifique, de frais ombrages, de charmantes promenades, et le voisinage de jolies rivières, on trouvait dans cette maison un billard, un clavecin, des guitares, des théorbes, tout ce qui peut servir à l'amusement, et les livres nouveaux les plus agréables à lire : les *Essais de morale* de Nicole, la morale universelle, la morale de Tacite, la morale d'Épicure, la morale de la cour, la morale à la mode, la morale galante, la morale des politiques, la morale des dames, jusqu'à la morale des hypocrites. Il ne fallait pas y chercher une morale du peuple, c'était inconnu. On s'occupait beaucoup de morale dans les conversations, dans les romans, dans les sermons et même au théâtre; mais dans la société polie on professait un tel dédain pour les mœurs du peuple, qu'on n'y faisait guère attention que pour s'en moquer. Aussi Mlle de Scudéry n'enseignait sa morale qu'à la bonne compagnie, et elle avait raison : qu'est-ce que le peuple aurait pu comprendre à l'analyse minutieuse des sentiments divers de deux caméléons qui ressemblent beaucoup à des courtisans, et à l'histoire authentique de la coquetterie dans tous les temps, mais surtout pendant la jeunesse de la vénérable octogénaire? Les dames et les demoiselles de Saint-

---

(1) Chap. I, n° 35.
(2) *Achevé d'imprimer*, 30 juin 1688, t. I, p. 5.

Cyr faisaient leurs délices de cette morale. Mme de Sévigné (1) la portait aux nues, en rêvait pendant son sommeil, et déclarait, quoique bien éveillée, que l'agrément de cette morale ne finirait jamais. La Bruyère remarque, dans la préface de sa quatrième édition, « qu'il n'est pas permis de négliger le peuple ».

« Les grands, dit Claude Fleury (2), accoutumés dès l'enfance à se distinguer de tout le reste des hommes et à se regarder comme des divinités terrestres, considèrent leurs domestiques et leurs valets comme des animaux d'une autre espèce, nés pour servir à toutes leurs fantaisies et pour être les instruments de leur commodité. » C'est pour cela que Bossuet, dans sa *Politique tirée de l'Écriture sainte* (3), commença par exposer au Dauphin que tous les hommes sont frères, que les rois ne sont point exempts de cette loi, que Dieu leur défend de s'élever au-dessus de leurs frères par un sentiment d'orgueil, et que c'est à cette condition qu'il leur promet un long règne. « Nous voyons, dit Bossuet, la société humaine appuyée sur ces fondements inébranlables : un même Dieu, un même objet, une même fin, une origine commune, un même sang, un même intérêt, un besoin mutuel, tant pour les affaires que pour la douceur de la vie. » Aussi la Bruyère « crut devoir glisser dans sa quatrième édition quelques pensées et réflexions à l'usage du peuple ».

L'auteur avoue (4) « que ces pensées et ces réflexions n'ont ni le feu, ni le tour, ni la vivacité des autres : le lecteur peut les condamner. Bien qu'elles semblent admises pour la variété, pour délasser l'esprit, pour le rendre plus présent et plus attentif à ce qui va suivre, l'auteur les eût certainement proscrites, s'il en eût eu la liberté. Mais s'il arrive qu'elles plaisent à quelques-uns et que cela leur fasse accepter d'utiles vérités, il ne faut pas s'en repentir. » Il ne s'en repentit point. En effet, « qui dit peuple dit plus d'une chose (5) : c'est une vaste expression, et l'on s'étonne de voir ce qu'elle embrasse, et jusques où elle s'étend. Il y a le peuple qui est opposé aux grands : c'est la populace et la multitude ; il y a le peuple qui est opposé aux sages, aux habiles et aux vertueux, ce sont les grands comme les petits. » Nous ne devons pas nous étonner du développement qu'ont pris dans

---

(1) T. VIII, p. 371.
(2) *Devoirs des grands et des domestiques,* p. 7. Paris, 1688.
(3) Livre Ier, article 1er. Propositions 3, 4, 5, 6.
(4) Préface de la 4e édition.
(5) Chap. IX, n° 53.

la quatrième édition ces quelques pensées et réflexions à l'usage du peuple.

Nous n'avons pas ici la fade et insipide *Doctrine des mœurs* par Gomberville (1), qu'on venait de réimprimer. Au lieu de promettre en un titre pompeux d'enseigner à tous la manière de parvenir à la sagesse universelle, au lieu d'exposer avec emphase des lieux communs qui ne touchent personne, la morale populaire insinuait modestement d'utiles conseils parmi les remarques que le gentilhomme de la maison de Condé avait faites à la cour de France. « Sensible, familière, instructive et accommodée pour le simple peuple », elle convenait à tous, même aux grands et aux gens du monde qui voulaient la proscrire. Pour répondre à l'insolente ironie de ces esprits altiers qui croient que leur jugement fait le bon sens, la Bruyère entreprit de démontrer suivant sa méthode ordinaire, par l'expérience de tous les jours, que ses pensées et réflexions à l'usage du peuple n'étaient pas de vaines rêveries ni des hypothèses sans fondement, mais des observations qui s'appuyaient sur des faits constants et toujours faciles à vérifier. Alors, passant en revue les différentes classes de la société, il fit voir quelque chose de noble et d'honorable dans les plus basses, et quelque chose de bas et de vil dans les plus hautes. C'est un tableau de la comédie humaine dans la société du dix-septième siècle, comme l'a confusément entrevu de nos jours M. Édouard Fournier.

Pour bien comprendre la démonstration de la Bruyère, cherchons avec lui les hommes qui occupaient le dernier rang dans l'échelle sociale, les plus misérables et les plus grossiers, les plus abjects de toute la France. « Il y avait autrefois, dit Fleury (2), des serfs par toute la France ; il se voit encore grand nombre d'affranchissements, même de ceux des environs de Paris. A présent il n'y a plus de serfs qu'en Champagne, en Bourgogne et quelques pays voisins. » Mais quelque profond que fût leur abaissement, le moraliste saura bien les relever, et faire ressortir ce qu'il y a de grand et de généreux dans leur condition (3) : « L'on voit certains animaux farouches, des mâles et des femelles, répandus par la campagne, noirs, livides et tout brûlés du soleil, attachés à la terre qu'ils fouillent et qu'ils remuent avec une

---

(1) A Paris, 1688, in-12, chez Jacques Legras, à l'entrée de la galerie des prisonniers, à l'image Notre-Dame au Palais.
(2) Cl. Fleury, *Institution au droit français; Droit privé*, ch. III.
(3) Chap. XI, n° 128.

opiniâtreté invincible ; ils ont comme une voix articulée, et quand ils se lèvent sur leurs pieds, ils montrent une face humaine, et en effet ils sont des hommes. Ils se retirent la nuit dans des tanières, où ils vivent de pain noir, d'eau et de racines ; ils épargnent aux autres hommes la peine de semer, de labourer et de recueillir pour vivre, et méritent ainsi de ne pas manquer de ce pain qu'ils ont semé. » On a voulu voir dans ce caractère le portrait du paysan français sous Louis XIV, c'est une erreur. Depuis longtemps le paysan français était de condition franche, depuis le treizième siècle en Normandie (1). Il était même devenu partout propriétaire foncier. C'est pour cela que la Bruyère préférait la vie du laboureur à celle du bourgeois, et trouvait le paysan normand plus doux et plus poli que les magistrats.

Après le serf venait le manœuvre : il n'était pas attaché à la glèbe, mais il n'était guère plus libre et faisait un triste métier. « Il y a, dit la Bruyère (2), des créatures de Dieu qu'on appelle des hommes, qui ont une âme qui est esprit, dont toute la vie est occupée et toute l'attention est réunie à scier du marbre : cela est bien simple, c'est bien peu de chose. Il y en a d'autres qui s'en étonnent, mais qui sont entièrement inutiles, et qui passent les jours à ne rien faire : c'est encore moins que de scier du marbre. »

Ce qui était bien pire, c'était la vie de certains nobles de province. Ils ne se contentaient pas de ne rien faire : « Dom Fernand, dans sa province (3), est oisif, ignorant, médisant, querelleur, fourbe, intempérant, impertinent ; mais il tire l'épée contre ses voisins, et pour un rien il expose sa vie ; il a tué des hommes : et il sera tué. » C'est le seul service qu'il puisse rendre à l'État. « Le noble de province (4), inutile à sa patrie, à sa famille et à lui-même, souvent sans toit, sans habits et sans aucun mérite, répète dix fois le jour qu'il est gentilhomme, traite les fourrures et les mortiers de bourgeoisie, occupé toute sa vie de ses parchemins et de ses titres, qu'il ne changerait pas contre les masses d'un chancelier. » Et ces gens-là se moquent des gens d'esprit !

« Rire des gens d'esprit, c'est le privilège des sots : ils sont dans le monde (5) ce que les fous sont à la cour, je veux dire sans consé-

---

(1) Chap. VII, n° 21, chap. XII, n° 22.
(2) Chap. XII, n° 102.
(3) Chap. XI, n° 129.
(4) Chap. XI, n° 130.
(5) Chap. V, n° 56.

quence. » Cependant il ne faut jamais hasarder la plaisanterie même la plus douce et la plus permise (1) qu'avec des gens polis ou qui ont de l'esprit; mais jamais avec des provinciaux, ils sont toujours prêts à se fâcher et à croire qu'on se moque d'eux. Pourquoi (2)? « Il y a une chose que l'on n'a point vue sous le ciel, et que selon toutes les apparences on ne verra jamais : c'est une petite ville qui n'est divisée en aucuns partis; où les familles sont unies, et où les cousins se voient avec confiance; où un mariage n'engendre point une guerre civile; où la querelle des rangs ne se réveille point à tous moments par l'offrande, l'encens et le pain bénit, par les processions et par les obsèques; d'où l'on a banni les *caquets*, le mensonge et la médisance; où l'on voit parler ensemble le bailli et le président, les élus et les assesseurs; où le doyen vit bien avec ses chanoines; où les chanoines ne dédaignent pas les chapelains, et où ceux-ci souffrent les chantres. » Dans les grandes villes la scène est plus large, mais c'est toujours la même pièce que l'on joue. « L'on n'entend dans les places et dans les rues des grandes villes, et de la bouche de ceux qui passent, que les mots d'*exploit*, de *saisie*, d'*interrogation*, de *promesse*, et de plaider contre sa promesse (3). Est-ce qu'il n'y aurait plus dans le monde la plus petite équité? Serait-il au contraire rempli de gens qui demandent froidement ce qui ne leur est pas dû, ou qui refusent nettement de rendre ce qu'ils doivent? » — « Otez les passions, l'intérêt, l'injustice (4), quel calme dans les plus grandes villes! Les besoins et la subsistance n'y font pas le tiers de l'embarras. »

La fortune est l'idole de toutes les classes de la société. « Faire fortune est une si belle phrase (5), qui dit une si bonne chose, qu'elle est d'un usage universel : elle a passé de la cour à la ville, elle a percé les cloîtres et franchi les murs des abbayes de l'un et l'autre sexe; il n'y a point de lieux sacrés ou profanes où elle n'ait pénétré; on la reconnaît dans toutes les langues; elle plaît aux étrangers, aux barbares; il suffit d'être homme pour s'en servir. » — « Si vous n'avez rien oublié pour votre fortune, quel travail (6)! si vous avez négligé

---

(1) Chap. v, n° 51.
(2) Chap. v, n° 50.
(3) Chap. xi, n° 27.
(4) Chap. xi, n° 27.
(5) Chap. vi, n° 36.
(6) Chap. vi, n° 82.

la moindre chose, quel repentir ! » — « Les passions tyrannisent l'homme (1) ; et l'ambition suspend en lui les autres passions, et lui donne pour un temps les apparences de toutes les vertus. Ce Tryphon qui a tous les vices, je l'ai cru sobre, chaste, libéral, humble et même dévot : je le croirais encore, s'il n'avait enfin fait sa fortune. » — « L'on ne se rend point sur le désir de posséder et de s'agrandir (2) : la bile gagne, et la mort approche, qu'avec un visage flétri, et des jambes déjà faibles, l'on dit : « Ma fortune, mon établissement. » La Bruyère, sans courir après de la fortune (3), avait trouvé son établissement dans la maison de Condé, sinon au moment où cela lui eût fait le plus de plaisir (4), du moins à un âge où il pouvait encore examiner les divers étages de la société française (5), et rire un peu avant de mourir.

« L'on remarque dans les cours (6) des hommes avides qui se revêtent de toutes les conditions pour en avoir les avantages : gouvernement, charge, bénéfice, tout leur convient ; ils se sont si bien ajustés, que par leur état ils deviennent capables de toutes les grâces ; ils sont amphibies, ils vivent de l'église et de l'épée, et auront le secret d'y joindre la robe. Si vous demandez : « Que font ces gens-là à la cour ? » ils reçoivent, et envient tous ceux à qui l'on donne. » Dans le peuple on trouvait également des gens à qui une faim insatiable d'avoir et d'amasser ne laissait pas le moindre repos (7) : « Brontin, dit le peuple, fait des retraites, et s'enferme huit jours avec des saints : ils ont leurs méditations, et il a les siennes. » Ergaste sait (8) convertir en or les roseaux, les joncs et l'ortie : il trafiquerait de tout pour que le peuple, d'où il est sorti, puisse le voir riche avec une meute et une écurie. « Il n'y a au monde que deux manières de s'élever (9), ou par sa propre industrie ou par l'imbécillité des autres. » Comment expliquer le succès des médecins qui, manquant de remèdes spécifiques (10), ne permettent pas à ceux qui les ont de guérir leur malade ? et la vogue

---

(1) Chap. VI, n° 50.
(2) Chap. VI, n° 51.
(3) Chap. IV, n° 59.
(4) Chap. IV, n° 62.
(5) Chap. IV, n° 63.
(6) Chap. VIII, n° 46.
(7) Chap. VI, n° 30.
(8) Chap. VI, n° 28.
(9) Chap. VI, n° 52.
(10) Chap. XIV, n° 66.

de ces charlatans (1) qui, pour ne pas laisser mourir un malade, le tuent? Pourquoi souffre-t-on dans la république ces chevaliers d'industrie qui vivent (2) d'expédients en trompant le public ? « On y souffre bien les chiromanciens et les devins, ceux qui font l'horoscope et qui tirent la figure, ceux qui connaissent le passé par le mouvement du sas, ceux qui font voir dans un miroir ou dans un vase d'eau la claire vérité; et ces gens en effet sont de quelque usage : ils prédisent aux hommes qu'ils feront fortune, aux filles qu'elles épouseront leurs amants, consolent les enfants dont les parents ne meurent point, et charment l'inquiétude des jeunes femmes qui ont de vieux maris; ils trompent enfin à très vil prix ceux qui cherchent à être trompés. »

« Ce qui disculpe le fat ambitieux (3) de son ambition est le soin que l'on prend, s'il a fait une grande fortune, de lui trouver un mérite qu'il n'a jamais eu, et aussi grand qu'il croit l'avoir. » Il est ridicule, dites-vous. « Un projet assez vain, reprend le moraliste (4), serait de tourner un homme fort sot et fort riche en ridicule; les rieurs sont de son côté. » N'en soyez pas surpris. « N*** (5), avec un portier rustre, farouche, tirant sur le suisse, avec un vestibule et un antichambre, pour peu qu'il y fasse languir quelqu'un et se morfondre, qu'il paraisse enfin avec une mine grave et une démarche mesurée, qu'il écoute un peu et ne reconduise point : quelque subalterne qu'il soit d'ailleurs, il fera sentir de lui-même quelque chose qui approche de la considération. » C'est pourquoi « Chrysante (6) (en grec, fleur d'or), homme opulent et impertinent, ne veut pas être vu avec Eugène (en grec, bien né) qui est homme de mérite, mais pauvre : il croirait en être déshonoré. Eugène est pour Chrysante exactement dans les mêmes dispositions : ils ne courent pas risque de se heurter. » Le philosophe n'avait-il pas le droit de rire en lui-même de tous ces hommes qui se croyaient bien au-dessus du laboureur ou de l'ouvrier, et qui se méprisaient les uns les autres?

Peut-être le trouvez-vous sévère; ils l'étaient bien plus encore entre eux. « Si l'on partage la vie des P. T. S. (les partisans) (7) en deux

---

(1) Chap. XIV, n° 67.
(2) Chap. XIV, n° 69.
(3) Chap. VI, n° 3.
(4) Chap. VI, n° 10.
(5) Chap. VI, n° 11.
(6) Chap. VI, n° 54.
(7) Chap. VI, n° 32.

portions égales, la première vive et agissante, est toute occupée à vouloir affliger le peuple, et la seconde, voisine de la mort, à se déceler et à se ruiner les uns les autres. » Au fond, le financier n'était pas plus avide que les autres hommes ; mais il était plus dur. « Cet homme qui a fait la fortune de plusieurs, qui a fait la vôtre (1), n'a pu soutenir la sienne, ni assurer avant sa mort celle de sa femme et de ses enfants : ils vivent cachés et malheureux. Quelque bien instruit que vous soyez de la misère de leur condition, vous ne pensez pas à l'adoucir ; vous ne le pouvez pas en effet, vous tenez table, vous bâtissez ; mais vous conservez par reconnaissance le portrait de votre bienfaiteur, qui a passé à la vérité du cabinet à l'antichambre : quels égards ! il pourrait aller au garde-meuble. » La dureté du financier pouvait tenir à son caractère ; mais n'eût-elle pas été naturelle à l'homme, il l'acquérait dans l'exercice de ses fonctions. « Il y a une dureté de complexion (2) ; il y en a une autre de condition et d'état. L'on tire de celle-ci, comme de la première, de quoi s'endurcir sur la misère des autres, dirai-je même de quoi ne pas plaindre les malheurs de sa famille ? Un bon financier ne pleure ni ses amis, ni sa femme, ni ses enfants. » Mais les financiers les plus fastueux étaient sujets à de telles catastrophes qu'ils faisaient pitié à tout le monde, même à ceux qui admiraient leur bonheur. « Ce palais, ces meubles, ces jardins, ces belles eaux vous enchantent et vous font récrier d'une première vue sur une maison si délicieuse, et sur l'extrême bonheur du maître qui la possède (3). Il n'est plus ; il n'en a pas joui si agréablement ni si tranquillement que vous : il n'y a jamais eu un jour serein ni une nuit tranquille ; il s'est noyé de dettes pour la porter à ce degré de beauté où elle vous ravit. Ses créanciers l'en ont chassé : il a tourné la tête, il l'a regardée de loin une dernière fois ; et il est mort de saisissement. » On ignore quel est le malheureux qui vécut et mourut si tristement ; mais il n'était pas rare de voir des financiers, qui s'étaient enrichis trop facilement, ne pas savoir régler leur dépense sur leur recette : et il était bien permis à l'ancien trésorier de France à Caen de les plaindre, non sans ironie, d'être si mauvais comptables.

« La cause la plus immédiate de la ruine et de la déroute des per-

---

(1) Chap. VI, n° 33.
(2) Chap. VI, n° 34.
(3) Chap. VI, n° 79.

sonnes des deux conditions, de la robe et de l'épée (1), est que l'état seul, et non le bien, règle la dépense. » Cela peut à la rigueur se comprendre pour l'épée, qui était l'état militaire, c'est-à-dire le métier de la noblesse. Mais dans la robe, qu'est-ce qui poussait les hommes à se ruiner? « Celui qui n'a de partage avec ses frères que pour vivre à l'aise bon praticien, veut être officier (2); le simple officier se fait magistrat, et le magistrat veut présider; et ainsi de toutes les conditions, où les hommes languissent serrés et indigents, après avoir tenté au delà de leur fortune, et forcé, pour ainsi dire, leur destinée : incapables tout à la fois de ne pas vouloir être riches et de demeurer riches. » « Le mariage alors, qui devrait être à l'homme une source de tous les biens (3), lui devient par la disposition de sa fortune un lourd fardeau sous lequel il succombe : ou bien il ne se sert pas de son bien (4) pour marier ses filles, payer ses dettes et faire des contrats, c'est-à-dire il néglige sa femme et ses enfants; ou bien sa femme et ses enfants (5) sont une violente tentation à la fraude, au mensonge et aux gains illicites. La Bruyère avait vu dans sa famille cette étrange situation entre l'indigence et la friponnerie, et il s'expliquait ainsi le singulier métier que font certains avocats : « La principale partie de l'orateur (6), c'est la probité : sans elle il dégénère en déclamateur, il déguise ou il exagère les faits, il cite faux, il calomnie, il épouse la passion et les haines de ceux pour qui il parle; et il est de la classe des avocats dont le proverbe dit qu'ils sont payés pour dire des injures. »

En ce temps-là, il arriva une grande querelle entre les maîtres des requêtes et les avocats du parlement de Paris (7). M. Lavocat, maître des requêtes, s'avisa de plaider la cause de son beau-frère dans un procès au grand conseil. M. Ferrary, avocat de la partie adverse, commença sa réplique par dire que dans le plaidoyer de M. Lavocat il n'y avait que deux choses, qui étaient : de l'ignorance dans le droit, et de la fausseté dans le fait; ensuite il plaida violemment et emporta ce qu'il prétendait. Peu de jours après, M. Lavocat, qui était le doyen de

(1) Chap. VI, n° 62.
(2) Chap. VI, n° 81.
(3) Chap. VI, n° 61.
(4) Chap. VI, n° 77.
(5) Chap. VI, n° 61.
(6) Chap. XIV, n° 49.
(7) De Sourches, t. II, p. 32, 33.

son quartier, tenait l'audience aux requêtes de l'Hôtel. Ferrary se présenta pour plaider une cause qui était la première au rôle ; mais M. Lavocat dit à l'huissier d'appeler une autre cause. Ferrary se leva et demanda pourquoi on lui faisait injustice. M. Lavocat dit à l'huissier d'appeler la cause qui suivait celle de Ferrary. Cet avocat alors s'échauffa, fit grand bruit, entra même au delà du barreau. M. Lavocat, après avoir consulté les maîtres des requêtes ses confrères, tint ferme et ne donna point audience à Ferrary. Les avocats se retirèrent de la chambre des requêtes de l'Hôtel, disant hautement qu'ils n'y plaideraient plus puisqu'on les traitait ainsi. Les maîtres des requêtes décrétèrent des prises de corps contre les avocats. Les avocats en appelèrent à la grand'chambre, qui ordonna que les maîtres des requêtes diraient leurs raisons d'agir ainsi. Cette affaire fit grand bruit et fut portée devant le chancelier, qui en donna avis au roi. Le grand prévôt de l'Hôtel prétend que Ferrary avait bien mérité d'être envoyé à Quimper-Corentin faire pénitence de sa rébellion. Le roi jugea autrement : les avocats durent aller à la chambre des requêtes de l'Hôtel ; mais ayant commencé à dire qu'ils étaient venus pour demander..., les maîtres des requêtes durent, par ordre du roi, les interrompre, avant qu'ils n'eussent eu le temps de prononcer le mot d'excuse ou de pardon. Telle avait été la sentence royale. Elle fut exécutée : seulement Ferrary, étant tombé malade, ne put s'y trouver. Qu'en pensa M. de la Bruyère ? « Il y a dans la ville la grande et la petite robe ; et la première se venge sur l'autre des dédains de la cour et des petites humiliations qu'elle y essuie (1). De savoir quelles sont leurs limites, où la grande finit et où la petite commence, ce n'est pas une chose facile. Il se trouve même un corps considérable (les avocats) qui refuse d'être du second ordre, et à qui l'on conteste le premier (2) ; il ne se rend pas néanmoins, il cherche au contraire, par la gravité et par la dépense, à s'égaler à la magistrature ou ne lui cède qu'avec peine : on l'entend dire que la noblesse de son emploi, l'indépendance de sa profession, le talent de la parole, et le mérite personnel, balancent au moins les sacs de mille francs que le fils du partisan ou du banquier a su payer pour son office. »

Il est certain que la vénalité des charges de judicature nuisait à

---

(1) Chap. VII, n° 5.
(2) De Sourches, t. II, p. 33. *Histoire du barreau de Paris*, par M. Gaudry, t. I, p. 409-410, et p. 431-482.

l'autorité des juges. « Il n'y a aucun métier qui n'ait son apprentissage (1), et, en montant des moindres conditions jusqu'aux plus grandes, on remarque dans toutes un temps de pratique et d'exercice qui prépare aux emplois, où les fautes sont sans conséquence, et mènent au contraire à la perfection. La guerre même, qui ne semble naître et durer que par la confusion et le désordre, a ses préceptes; on ne se massacre pas par pelotons et par troupes en rase campagne sans l'avoir appris, et l'on s'y tue méthodiquement. Il y a l'école de la guerre: où est l'école du magistrat? Il y a un usage, des lois, des coutumes: où est le temps, et le temps assez long que l'on emploie à les digérer et à s'en instruire? L'essai et l'apprentissage d'un jeune adolescent qui passe de la férule à la pourpre, et dont la consignation a fait un juge, est de décider souverainement des vies et des fortunes des hommes. » Cela produisait de singuliers effets. Qui ne connaît cette lettre de Mme de Sévigné à sa fille? « Il faut que je vous conte (2) ce que c'est que notre premier président; vous croyez que c'est une barbe sale et un vieux fleuve comme votre Ragusse; point du tout, c'est un jeune homme de vingt-sept ans, neveu de M. d'Harouys; un petit de la Brunelaye, fort joli, qui a été élevé avec le petit de la Silleraye, que j'ai vu mille fois sans jamais imaginer que ce pût être un magistrat; cependant il l'est devenu par son crédit, et moyennant quarante mille francs il a acheté toute l'expérience nécessaire pour être à la tête d'une compagnie souveraine, qui est la chambre des comptes de Nantes; il a de plus épousé une fille que je connais fort, que j'ai vue cinq semaines tous les jours aux états de Vitré; de sorte que ce premier président et cette première présidente sont pour moi un petit jeune garçon que je ne puis respecter, et une jeune petite demoiselle que je ne puis honorer. »

La judicature, disait Fléchier (3), est une espèce de sacerdoce, où il n'est pas permis de s'engager sans l'ordre du ciel : Dieu, dont la providence destine les juges pour gouverner son peuple comme elle destine les prêtres pour le sanctifier, conduit les uns et les autres par les sentiers de sa justice et la voie de sa vérité. « Il s'en faut de peu, ajoute la Bruyère (4), que la religion et la justice n'aillent de pair

---

(1) Chap. XIV, n° 48.
(2) T. VI, p. 423-424, 27 mai 1680.
(3) Oraison funèbre de Lamoignon, 1679.
(4) Chap. XIV, n° 47.

dans la république, et que la magistrature ne consacre les hommes comme la prêtrise. L'homme de robe ne saurait guère danser au bal, paraître aux théâtres, renoncer aux habits simples et modestes, sans consentir à son propre avilissement; et il est étrange qu'il ait fallu une loi pour régler son extérieur et le contraindre ainsi à être grave et plus respecté. » Non, ce n'était pas étrange (1), et le moraliste savait bien pourquoi : malgré l'arrêt de 1684, rendu à la requête de M. de Harlay, il y avait à la ville bien des magistrats qui ne craignaient point de prendre un costume mondain et un air cavalier. Bien plus, la Bruyère avait remarqué un certain nombre de jeunes magistrats que les grands biens et les plaisirs avaient associés à ceux qu'on nommait à la cour de *petits maîtres*. « Ils les imitent, dit-il (2) ; ils se tiennent fort au-dessus de la gravité de la robe, et se croient dispensés par leur âge et par leur fortune d'être sages et modérés. Ils prennent de la cour ce qu'elle a de pire : ils s'approprient la vanité, la mollesse, l'intempérance, le libertinage, comme si tous ces vices leur étaient dus, et, affectant ainsi un caractère éloigné de celui qu'ils ont à soutenir, ils deviennent enfin, selon leurs souhaits, des copies fidèles de très méchants originaux. » La Bruyère comparait cette fatuité d'un certain nombre de jeunes magistrats à la fatuité de quelques femmes de la ville (3), qui cause en elles une mauvaise imitation des femmes de la cour. « C'est, ajoutait-il, quelque chose de pire que la grossièreté des femmes du peuple, et que la rusticité des villageoises : elle a sur toutes deux l'affectation de plus. »

La Bruyère comptait plusieurs espèces de mauvais magistrats. Il y avait d'abord les faux justes. J'ai vu, dit Balzac (4), de ces faux justes deçà et delà les monts. J'en ai vu qui pour faire admirer leur intégrité, et pour obliger le monde de dire que la faveur ne peut rien sur eux, prenaient l'intérêt d'un étranger contre celui d'un parent ou d'un ami, encore que la raison fût du côté du parent ou de l'ami. Pascal (5), qui vivait dans un monde janséniste, connaissait des magistrats aussi injustes à contrebiais et par scrupule de conscience. Le moyen sûr de perdre une affaire toute juste était de la leur faire recom-

(1) Isambert, *Recueil de lois*, t. XIX, p. 446. *Correspondance administrative sous Louis XIV*, t. II, p. 301.
(2) Chap. VII, n° 7.
(3) Chap. VII, n° 16.
(4) *Aristippe, ou De la cour*, 6° discours.
(5) *Pensées de Pascal*, article III, n° 3.

mander par leurs proches parents. « Il se trouve, disait la Bruyère (1), des juges auprès de qui la faveur, l'autorité, les droits de l'amitié et de l'alliance nuisent à une bonne cause, et qu'une trop grande affectation de passer pour incorruptibles expose à être injustes. » Il semble qu'au temps de la Bruyère cette espèce de mauvais juges devenait assez rare : elle était remplacée par une autre espèce qui lui ressemble un peu et qui devenait trop commune. « Combien d'hommes qui sont forts contre les faibles (2), fermes et inflexibles aux sollicitations du simple peuple, sans nuls égards pour les petits, rigides et sévères dans les minuties, qui refusent les petits présents, qui n'écoutent ni leurs parents ni leurs amis, et que les femmes seules peuvent corrompre ! » A ce propos le moraliste fait une distinction subtile entre le magistrat coquet ou galant et le magistrat dissolu, et il prétend que le coquet est pire que le dissolu dans les conséquences. « Celui-ci, dit-il (3), cache son commerce et ses liaisons, et l'on ne sait souvent par où aller jusqu'à lui ; celui-là est ouvert par mille faibles qui sont connus, et l'on y arrive par toutes les femmes à qui il veut plaire. » Je n'ose comprendre, je l'avoue, ce que veut dire la Bruyère, à moins qu'il ne désire flatter M. de Novion. Mais il est clair que ces magistrats efféminés, coquets, galants ou dissolus, qui sont si forts contre les faibles, rigides et sévères dans les minuties, et qui refusent les petits présents, ne valent pas mieux que le peuple pour lequel ils n'ont nul égard. Et si ce peuple, dont ils écartent les sollicitations avec une inflexible fermeté, ne peut arriver jusqu'à eux parce qu'ils n'admettent que des femmes à qui ils veulent plaire, c'est une honte, non pour lui, mais pour eux.

« Un homme de robe à la ville (4), et le même à la cour, ce sont deux hommes. Revenu chez soi, il reprend ses mœurs, sa taille et son visage, qu'il y avait laissés : il n'est plus ni si embarrassé ni si honnête. » Pourquoi l'homme de robe était-il si embarrassé et si honnête à la cour ? « Avec un esprit sublime, une doctrine universelle, une probité à toutes épreuves, et un mérite très accompli, n'appréhendez pas, ô *Aristide,* de tomber à la cour ou de perdre la faveur des grands, pendant tout le temps qu'ils auront besoin de vous (5). » —

---

(1) Chap. XIV, n° 45.
(2) Chap. XIV, n° 54.
(3) Chap. XIV, n° 46.
(4) Chap. VII, n° 8.
(5) Chap. VIII, n° 93.

« La noblesse, dites-vous (1), expose sa vie pour le salut de l'État et pour la gloire du souverain ; le magistrat décharge le prince d'une partie du soin de juger les peuples : voilà de part et d'autre des fonctions bien sublimes et d'une merveilleuse utilité ; les hommes ne sont guère capables de plus grandes choses, et je ne sais d'où la robe et l'épée ont puisé de quoi se mépriser réciproquement. » — « C'est ainsi. Ce qui est une fois bien établi doit durer (2), quoique les choses soient venues en un cas où l'on en userait autrement si c'était à recommencer. » Les gens d'épée étaient (3) les princes, les ducs et pairs, les maréchaux de France et les grands officiers de la couronne, les gouverneurs et lieutenants généraux des provinces, les gouverneurs et états-majors des villes et places de guerre. C'est pourquoi les gens d'épée avaient le pas sur les gens de robe, et les gens de robe se croyaient obligés de les louer de leur bienveillance et de leur civilité. « On loue les grands pour marquer qu'on les voit de près, rarement par estime ou par gratitude (4). On ne connaît pas souvent ceux que l'on loue ; la vanité ou la légèreté l'emportent quelquefois sur le ressentiment : on est mal content d'eux et on les loue. »

« Il n'y a sorte de vertus qu'on ne rassemble en un homme (5), quand on dit qu'il ne sait pas la cour. » C'est ainsi que dans sa première édition la Bruyère nous a prévenus que la cour renferme tous les vices. Voilà pour le fond : quant à l'aspect général de la cour (6), il change sans cesse, comme ces couleurs qui sont diverses selon les divers jours dont on les regarde ? Qui peut définir la cour ? Se dérober à la cour un seul moment (7), c'est y renoncer : le courtisan qui l'a vue le matin la voit le soir pour la reconnaître le lendemain, ou afin que lui-même y soit connu. Tout le monde est petit à la cour (8), même les grands.

On rencontre souvent à la cour des exemples de fatuité. « Vous voyez des gens qui entrent sans saluer que légèrement (9), qui mar-

---

(1) Chap. IX, n° 40.
(2) Cl. Fleury, *Droit public*, ch. IV, règle 27.
(3) Vauban, *Dîme royale*, p. 67.
(4) Chap. IX, n° 37.
(5) Chap. VIII, n° 1.
(6) Chap. VIII, n° 3.
(7) Chap. VIII, n° 4.
(8) Chap. VIII, n° 5.
(9) Chap. VIII, n° 17.

chent des épaules, et se rengorgent comme une femme : ils vous interrogent sans vous regarder; ils parlent d'un ton élevé, et qui marque qu'ils se sentent au-dessus de ceux qui se trouvent présents ; ils s'arrêtent, et on les entoure; ils ont la parole, président au cercle, et persistent dans cette hauteur ridicule et contrefaite jusqu'à ce qu'il survienne un grand qui, la faisant tomber tout d'un coup par sa présence, les réduise à leur naturel, qui est moins mauvais. »

Et ce grand lui-même est-il ce qu'il paraît être ? « Un vieil auteur, et dont j'ose rapporter ici les propres termes, de peur d'en affaiblir le sens par ma traduction (1), dit que s'élongner des petits, voire de ses pareils et iceux vilainer et dépriser ; s'accointer des grands et puissants, en tous biens et chevances, et en cette leur cointise et privauté, être de tous ébats, gabs, mommeries, et vilaines besoignes ; estre éhonté, saffranier et sans point de vergogne ; endurer brocards et gausseries de tous chacuns, sans pour ce feindre de cheminer en avant, et à tout son entregent, engendre heur et fortune. » Était-ce Mathias la Bruyère, le ligueur, qui parlait ainsi ? Le moraliste est plus modéré. « Il ne laisse pas d'y avoir comme un charme attaché à chacune de ces différentes conditions, et qui y demeure jusques à ce que la misère l'en ait ôté (2). Ainsi les grands se plaisent dans l'excès, et les petits aiment la modération ; ceux-là ont le goût de dominer et de commander, et ceux-ci sentent du plaisir et même de la vanité à les servir et à leur obéir ; les grands sont entourés, salués, respectés ; les petits entourent, saluent, se prosternent, et tous sont contents. Mais il en coûte si peu aux grands à ne donner que des paroles (3), et leur condition les dispense si fort de tenir les belles promesses qu'ils ont faites, que c'est modestie à eux de ne promettre pas encore plus largement. » — « Il est vieux et usé, dit un grand (4); il s'est crevé à me suivre : qu'en faire ? » Un autre, plus jeune, enlève ses espérances, et obtient le poste qu'on ne refuse à ce malheureux que parce qu'il l'a trop mérité. » — « Les grands sont si heureux (5), qu'ils n'essuient pas même dans toute leur vie l'inconvénient de regretter leurs meilleurs serviteurs, ou des personnes illustres dans leur genre, et dont ils ont tiré le

---

(1) Chap. VIII, n° 54.
(2) Chap. IX, n° 5.
(3) Chap. IX, n° 6.
(4) Chap. IX, n° 7.
(5) Chap. IX, n° 11.

plus de plaisir ou d'utilité. La première chose que la flatterie sait faire, après la mort de ces hommes uniques, et qui ne se répare point, est de leur supposer des endroits faibles, dont elle prétend que ceux qui leur succèdent sont très exempts ; elle assure que l'un, avec toute la capacité et toutes les lumières de l'autre, dont il prend la place, n'en a point les défauts ; et ce style sert aux princes à se consoler du grand et de l'excellent par le médiocre. » — « Le mépris que les grands ont pour le peuple (1) les rend indifférents sur les flatteries et sur les louanges qu'ils en reçoivent, et tempère leur vanité. De même les princes, loués sans fin et sans relâche des grands ou des courtisans, en seraient plus vains s'ils estimaient davantage ceux qui les louent. »

« On demande si, en comparant ensemble les différentes conditions des hommes, leurs peines, leurs avantages (2), on n'y remarquerait pas un mélange ou une espèce de compensation de bien et de mal, qui établirait entre elles l'égalité, ou du moins qui ferait que l'une ne serait guère plus désirable que l'autre. » — « Si un grand a quelque degré de bonheur sur les autres hommes (3), je ne comprends pas lequel, si ce n'est peut-être de se trouver dans le pouvoir et dans l'occasion de faire plaisir ; et si elle naît, cette conjoncture, il semble qu'il doive s'en servir. Si c'est en faveur d'un homme de bien, il doit appréhender qu'elle ne lui échappe ; mais comme c'est une chose juste, il doit prévenir la sollicitation, et n'être vu que pour être remercié ; et si elle est facile, il ne doit pas même la lui faire valoir. S'il la lui refuse, je les plains tous deux. »

Ainsi les réflexions de la Bruyère, accommodées par lui pour le simple peuple, s'adressaient aux paysans, aux ouvriers des villes, aux bourgeois et aux nobles de la province, aux habitants des petites et grandes villes, aux magistrats de Paris, grande et petite robe, aux courtisans de toutes les cours, aux femmes et aux gentilshommes de la maison de Condé et de la suite du roi Louis XIV, aux grands surtout et aux princes qu'il connaissait ou ne connaissait pas. Au nom du bon sens et de la raison, il les mettait sur le même pied, honorant les plus pauvres comme les plus riches, et respectant toutes les conditions, depuis les plus misérables serfs et ouvriers jusqu'aux Altesses elles-mêmes. Voici sa conclusion :

(1) Chap. ix, n° 18.
(2) Chap. ix, n° 5.
(3) Chap. ix, n° 31.

« Il se fait généralement dans tous les hommes des combinaisons infinies de la puissance, de la faveur, du génie, des richesses, des dignités, de la noblesse, de la force, de l'industrie, de la capacité, de la vertu, du vice, de la faiblesse, de la stupidité, de la pauvreté, de l'impuissance, de la roture et de la bassesse. Ces choses, mêlées ensemble en mille manières différentes, et compensées l'une par l'autre en divers sujets, forment aussi les divers états et les différentes conditions (1). Les hommes d'ailleurs, qui tous savent le fort et le faible les uns des autres, agissent aussi réciproquement comme ils croient le devoir faire, connaissent ceux qui leur sont égaux, sentent la supériorité que quelques-uns ont sur eux, et celle qu'ils ont sur quelques autres; et de là naissent entre eux ou la familiarité, ou le respect et la déférence, ou la fierté et le mépris. De cette source vient que, dans les endroits publics et où le monde se rassemble, on se trouve à tous moments entre celui que l'on cherche à aborder ou à saluer, et cet autre que l'on feint de ne pas connaître, et dont l'on veut encore moins se laisser joindre; que l'on se fait honneur de l'un et qu'on a honte de l'autre; qu'il arrive même que celui dont vous vous faites honneur, et que vous voulez retenir, est celui aussi qui est embarrassé de vous et qui vous quitte; et que le même est souvent celui qui rougit d'autrui, et dont on rougit, qui dédaigne ici, et qui là est dédaigné. Il est encore assez ordinaire de mépriser qui nous méprise. Quelle misère! et puisqu'il est vrai que dans un si étrange commerce, ce que l'on pense gagner d'un côté, on le perd de l'autre, ne reviendrait-il pas au même de renoncer à toute hauteur et à toute fierté, qui convient si peu aux faibles hommes, et de composer ensemble, de se traiter tous avec une mutuelle bonté, qui, avec l'avantage de n'être jamais mortifiés, nous procurerait un aussi grand bien que celui de ne mortifier personne. »

Ici l'on voit paraître dans toute sa clarté la philosophie de la morale populaire. Quelles que soient les différentes conditions des hommes, tous sont semblables, tous ont leurs faibles comme leurs avantages; la justice et l'intérêt de tous leur font un devoir de se traiter les uns les autres avec une mutuelle bonté. La Bruyère ne dit pas que tous les hommes sont égaux; il dit seulement qu'ils sont semblables: mais ce principe d'où découlent tant d'heureuses conséquences, il le prouve en examinant l'homme à ses différents âges et aux différentes époques de l'histoire.

(1) Chap. XI, n° 131.

« Il n'y a pour l'homme que trois événements : naître, vivre et mourir (1). Il ne se sent pas naître, il souffre à mourir et il oublie de vivre. » Qu'est-ce que la vie de l'homme? « Il y a un temps où la raison n'est pas encore, où l'on ne vit que par instinct, à la manière des animaux, et dont il ne reste dans la mémoire aucun vestige. Il y a un second temps où la raison se développe, où elle est formée, et où elle pourrait agir, si elle n'était pas obscurcie et comme éteinte par les vices de la complexion, et par un enchaînement de passions qui se succèdent les unes aux autres et conduisent jusqu'au troisième et dernier âge. La raison, alors dans sa force, devrait produire ; mais elle est refroidie et ralentie par les années, par la maladie et la douleur, déconcertée ensuite par le désordre de la machine, qui est dans son déclin : et ces temps néanmoins sont la vie de l'homme (2). »

Pour connaître l'homme, il faut commencer par étudier l'enfant. Il serait téméraire de croire que le moraliste n'a étudié les caractères de l'enfance que dans les *Essais* de Montaigne ou les *Confessions* de saint Augustin, sur les trois enfants de son frère M. de Romeau et sur soi-même. Le champ de son observation était bien plus vaste. Il déclare que tous les enfants commencent par se ressembler. « Le caractère de l'enfance paraît unique (3) ; les mœurs, dans cet âge, sont assez les mêmes, et ce n'est qu'avec une curieuse attention qu'on en pénètre la différence : elle augmente avec la raison, parce qu'avec celle-ci croissent les passions et les vices, qui seuls rendent les hommes si dissemblables entre eux, et si contraires à eux-mêmes. » J'ai observé les enfants que j'ai pu voir, dit saint Augustin (4), et ils m'ont mieux révélé à moi-même, sans le savoir, que mes premiers instituteurs malgré leur expérience. Ainsi la Bruyère se retrouva lui-même chez les enfants qu'il observa. « Pitié, mon Dieu! s'écrie saint Augustin, ma mère m'a conçu dans l'iniquité : tout enfant est pécheur. » — « Les enfants, dit la Bruyère (5), sont hautains, dédaigneux, colères, envieux, curieux, intéressés, paresseux, volages, timides, intempérants, menteurs, dissimulés ; ils rient et pleurent facilement; ils ont des joies immodérées et des afflictions amères sur de très petits sujets ; ils ne veulent point

---

(1) Chap. XI, n° 48.
(2) Chap. XI, n° 49.
(3) Chap. XI, n° 25.
(4) *Confessions de saint Augustin*, livre Ier, 6.
(5) Chap. XI, n° 50.

souffrir de mal, et aiment à en faire : ils sont déjà des hommes. » Quelle confession nous fait là le moraliste!

Mais les enfants sont bien plus heureux que les hommes (1) : « Ils n'ont ni passé ni avenir, et, ce qui ne nous arrive guère, ils jouissent du présent. Ils ont déjà de leur âme l'imagination et la mémoire (2), c'est-à-dire ce que les vieillards n'ont plus ; et ils en tirent un merveilleux usage pour leurs petits jeux et pour tous leurs amusements : c'est par elles qu'ils répètent ce qu'ils ont entendu dire, qu'ils contrefont ce qu'ils ont vu faire, qu'ils sont de tous les métiers, soit qu'ils s'occupent en effet à mille petits ouvrages, soit qu'ils imitent les divers artisans par le mouvement et par le geste ; qu'ils se trouvent à un grand festin, et y font bonne chère ; qu'ils se transportent dans des palais et dans des lieux enchantés ; que bien que seuls, ils se voient un riche équipage et un grand cortège ; qu'ils conduisent des armées, livrent bataille et jouissent du plaisir de la victoire ; qu'ils parlent au roi et aux plus grands princes ; qu'ils sont rois eux-mêmes, ont des sujets, possèdent des trésors, qu'ils peuvent faire de feuilles d'arbres et de grains de sable ; et ce qu'ils ignorent dans la suite de leur vie, savent à cet âge être les arbitres de leur fortune et les maîtres de leur propre félicité. » On dirait que le philosophe regrette un peu les illusions de son enfance : je ne puis le supposer.

Il trouvait dans les enfants une finesse d'observation qu'il estimait beaucoup, et même une qualité littéraire assez rare, la naïveté. « Il n'y a, dit-il (3), nuls vices extérieurs et nuls défauts du corps qui ne soient aperçus par les enfants ; ils les saisissent d'une première vue, et ils savent les exprimer par des mots convenables : on ne nomme point plus heureusement. Devenus hommes, ils sont chargés à leur tour de toutes les imperfections dont ils se sont moqués. » On voyait déjà peut-être dans l'enfance de la Bruyère paraître le talent qui plus tard le rendra célèbre. Mais il y a peu d'hommes qui aient eu dans leur enfance le bonheur et la justesse d'expression que le moraliste attribue à tous les enfants. Ce qui est vrai, c'est ce que dit Fénelon (4) : ceux qui gouvernent les enfants ne leur pardonnent rien et se pardonnent tout à eux-mêmes ; cela excite chez les enfants un esprit de

---

(1) Chap. XI, n° 51.
(2) Chap. XI, n° 53.
(3) Chap. XI, n° 54.
(4) *Traité de l'éducation des filles*, ch. v ; paru en 1687.

critique et de malignité, de façon que quand ils ont vu faire quelque faute à la personne qui les gouverne, ils en sont ravis et ne cherchent qu'à la mépriser. « L'unique soin des enfants, dit la Bruyère (1), est de trouver l'endroit faible de leurs maîtres, comme de tous ceux à qui ils sont soumis : dès qu'ils ont pu les entamer, ils gagnent le dessus, et prennent sur eux un ascendant qu'ils ne perdent plus. Ce qui nous fait déchoir une première fois de cette supériorité à leur égard est toujours ce qui nous empêche de la recouvrer. » Est-ce pour cela que la Bruyère ne resta point chez les oratoriens? C'est du moins pour cela qu'il lutta avec tant d'énergie contre les railleries de M. le duc de Bourbon.

« La paresse, l'indolence, l'oisiveté, vices si naturels aux enfants (2), disparaissent dans leurs jeux, où ils sont vifs, appliqués, exacts, amoureux des règles et de la symétrie, où ils ne se pardonnent nulle faute les uns aux autres, et recommencent eux-mêmes plusieurs fois une seule chose qu'ils ont manquée : présages certains qu'ils pourront un jour négliger leurs devoirs, mais qu'ils n'oublieront rien pour leurs plaisirs. » Les enfants sont assez avancés quand ils en sont là. Cependant « tout leur paraît grand, les cours, les jardins, les édifices, les meubles, les hommes, les animaux ; aux hommes les choses du monde paraissent ainsi, et j'ose dire par la même raison, parce qu'ils sont petits (3). »

Eh bien soit! Les enfants ont leurs illusions comme les hommes ; mais le maître de politique de M. le Duc n'a-t-il point aussi les siennes? « Les enfants commencent entre eux par l'état populaire (4), chacun y est le maître ; et ce qui est bien naturel, ils ne s'en accommodent pas longtemps, et passent au monarchique. Quelqu'un se distingue, ou par une plus grande vivacité, ou par une meilleure disposition du corps, ou par une connaissance plus exacte des jeux différents et des petites lois qui les composent ; les autres lui défèrent, et il se forme alors un gouvernement absolu qui ne roule que sur le plaisir. » Ce gouvernement absolu, qui ne roule que sur le plaisir, dure si peu, passe si vite de l'un à l'autre, qu'il est difficile d'y voir une monarchie véritable. D'où vient cette erreur du moraliste?

(1) Chap. XI, n° 54.
(2) Chap. XI, n° 55.
(3) Chap. XI, n° 56.
(4) Chap. XI, n° 57.

Il avait une trop grande confiance dans la raison des enfants. « Qui doute que les enfants ne conçoivent, qu'ils ne jugent, qu'ils ne raisonnent conséquemment (1)? Si c'est seulement sur de petites choses, c'est qu'ils sont enfants, et sans une longue expérience ; et si c'est en mauvais termes, c'est moins leur faute que celle de leurs parents ou de leurs maîtres. C'est perdre toute confiance dans l'esprit des enfants, et leur devenir inutile, que de les punir de fautes qu'ils n'ont point faites, ou même sévèrement de celles qui sont légères (2). Ils savent précisément et mieux que personne ce qu'ils méritent, et ils ne méritent guère que ce qu'ils craignent. Ils connaissent si c'est à tort ou avec raison qu'on les châtie, et ne se gâtent pas moins par des peines mal ordonnées que par l'impunité. » N'y a-t-il point là quelque ressentiment d'une injustice comme celle qui arrachait à J.-J. Rousseau ce cri terrible : *Carnifex!* bourreau (3)? Je ne sais, mais voici la pensée suivante : « On ne vit point assez pour profiter de ses fautes (4). On en commet pendant tout le cours de sa vie ; et tout ce que l'on peut faire à force de faillir, c'est de mourir corrigé. »

On a prêté à la Bruyère des aventures galantes qu'il ne soupçonna même pas (5). Je ne crois pas à ses amours avec Mme de Boislandry, ni avec Mme de Belleforière ; mais on peut conjecturer qu'il étudia l'amour ailleurs que dans les livres ou dans le cœur d'autrui. Il sait trop bien comment l'amour naît dans le cœur de l'homme, comment il y dure et comment il s'y éteint, pour n'avoir pas fait de cette passion une étude sur lui-même. Il a pu suivre et comprendre les amours du duc et de la duchesse de Bourbon, du prince de Conti, de la princesse de Conti, les roueries de M. de Marsan, les coquetteries de Mme de Valentinois, etc., etc.; comment l'eût-il pu, s'il ne savait rien de l'amour? Comment le savait-il, s'il ne l'avait éprouvé? « Le cas n'arrive guère (6) où l'on puisse dire : « J'étais ambitieux; » ou on ne l'est point, ou on l'est toujours; mais le temps vient où l'on avoue que l'on a aimé. » La Bruyère avait plus de quarante-cinq ans quand il faisait cet aveu en 1689 : il avait donc aimé assez longtemps avant cette

---

(1) Chap. XI, n° 58.
(2) Chap. XI, n° 59.
(3) *Confessions de J.-J. Rousseau*, 1re partie, livre Ier.
(4) Chap. XI, n° 60.
(5) Cf. Servois, *Notice biographique*, p. 129-135.
(6) Chap. IV, n° 75.

époque. « Les hommes, dit-il encore (1), commencent par l'amour, finissent par l'ambition, et ne se trouvent souvent dans une assiette plus tranquille que lorsqu'ils meurent. » Il faut donc faire remonter les amours de la Bruyère au temps de sa jeunesse ; vint ensuite (2) l'ambition, dont il fut guéri par la philosophie, qui était selon lui une autre forme de l'ambition. Voilà, autant qu'on le peut conjecturer d'après ses propres aveux, l'ordre chronologique des principales passions du moraliste.

La Bruyère fut amoureux dans sa jeunesse : quelle femme aima-t-il? Je l'ignore ; mais il en aima successivement plusieurs. « L'on n'aime bien, dit-il (3), qu'une seule fois : c'est la première ; les amours qui suivent sont moins involontaires. » Ce premier amour commença par l'amour; « et l'on ne saurait, dit-il (4), passer de la plus forte amitié qu'à un amour faible. » Il dura le plus longtemps : « l'amour qui naît subitement est le plus long à guérir (5). » Les autres amours croissent peu à peu et par degrés (6) : ils ressemblent trop à l'amitié pour être une passion violente (7). « Le temps, qui fortifie les amitiés, affaiblit l'amour (8). L'on n'est pas plus maître de toujours aimer, qu'on ne l'a été de ne pas aimer. Cesser d'aimer, preuve sensible que l'homme est borné, et que le cœur a ses limites (9). C'est faiblesse que d'aimer; c'est souvent une autre faiblesse que de guérir. On guérit comme on se console : on n'a pas dans le cœur de quoi toujours pleurer et toujours aimer. Les froideurs (10) et les relâchements dans l'amitié ont leurs causes. En amour, il n'y a guère d'autre raison de ne s'aimer plus que de s'être trop aimés. Le commencement et le déclin de l'amour (11) se font sentir par l'embarras où l'on est de se trouver seuls. Les amours meurent par le dégoût (12), et l'oubli les enterre. » Après de telles expériences, on comprend que la Bruyère jugeât l'a-

---

(1) Chap. iv, n° 76.
(2) Chap. ii, n° 43.
(3) Chap. iv, n° 11.
(4) Chap. iv, n° 9.
(5) Chap. iv, n° 12.
(6) Chap. iv, n° 13.
(7) Chap. iv, n° 4.
(8) Chap. iv, n° 31.
(9) Chap. iv, n° 34.
(10) Chap. iv, n° 30.
(11) Chap. iv, n° 33.
(12) Chap. iv, n° 32.

mour si sévèrement ; cependant il a une excuse : « Il est triste, dit le philosophe (1), d'aimer sans une grande fortune, et qui nous donne les moyens de combler ce que l'on aime, et le rendre si heureux qu'il n'ait plus de souhaits à faire. » Est-ce pour cela qu'il demeura célibataire, et remercia le ciel d'avoir mis le caprice dans les femmes tout proche de la beauté pour être son contrepoison ? Sans ce remède, dit-il (2), elles feraient trop de mal aux hommes qui n'en guériraient pas. Il en guérit, mais il lui resta toujours au fond du cœur un secret chagrin contre le sexe perfide, qui lui avait montré le plus beau des spectacles dans un beau visage (3), et fait entendre la plus douce harmonie dans la voix de celle qu'on aime.

« L'amour et l'amitié s'excluent l'un l'autre (4). » Le choix du moraliste n'était plus douteux. « Il est plus ordinaire de voir un amour extrême qu'une parfaite amitié (5). » Une parfaite amitié ? Voilà le rêve de la Bruyère. Il avait ce goût dans l'amitié, où ne peuvent atteindre ceux qui sont nés médiocres (6). L'on ne voit dans l'amitié, dit-il (7), que les défauts qui peuvent nuire à nos amis. L'on ne voit en amour de défauts dans ce qu'on aime, que ceux dont on souffre soi-même. L'amitié est généreuse ; l'amour est égoïste. « Une grande reconnaissance emporte avec soi beaucoup de goût et d'amitié pour la personne qui nous oblige (8). Tant que l'amour dure, il subsiste de soi-même (9) ; l'amitié au contraire a besoin de secours : elle périt faute de soins, de confiance et de complaisance. Mais si l'on a donné à ceux que l'on aimait (10), quelque chose qu'il arrive, il n'y a plus d'occasions où l'on doive songer à ses bienfaits. Il est doux de voir ses amis par goût et par estime (11) ; il est pénible de les cultiver par intérêt : c'est solliciter. Quelque désintéressement qu'on ait à l'égard de ceux qu'on aime (12), il faut quelquefois se contraindre pour

(1) Chap. IV, n° 20.
(2) Chap. III, n° 15.
(3) Chap. III, n° 10.
(4) Chap. IV, n° 7.
(5) Chap. IV, n° 6.
(6) La Rochefoucauld, n° 472.
(7) Chap. IV, n° 27.
(8) Chap. IV, n° 22.
(9) Chap. IV, n° 5.
(10) Chap. IV, n° 43.
(11) Chap. IV, n° 57.
(12) Chap. IV, n° 41.

eux, et avoir la générosité de recevoir. Celui-là peut prendre, qui goûte un plaisir aussi délicieux à recevoir que son ami en sent à lui donner. Être avec des gens qu'on aime (1), cela suffit; rêver, leur parler, ne leur parler point, penser à eux, penser à des choses plus indifférentes, mais auprès d'eux, tout est égal. C'est assez pour soi d'un fidèle ami (2); c'est même beaucoup de l'avoir rencontré : on ne peut en avoir trop pour le service des autres. L'amitié ne peut subsister entre les femmes : les hommes sont cause que les femmes ne s'aiment point (3). L'amitié peut subsister entre des gens de différents sexes (4); cette liaison n'est ni passion ni amitié pure ; elle fait une classe à part. Les femmes vont plus loin en amour que la plupart des hommes (5); mais les hommes l'emportent sur elles en amitié. »

Comme cette fleur de beauté que la santé produit naturellement, ainsi devrait être la politesse, une suite de l'amitié. L'abbé Fleury prétendait que la vertu toute pure pouvait produire cet effet (6); mais il faut, dit-il, qu'elle soit arrivée à une haute perfection, comme chez ces anciens moines d'Orient qui étaient doux et honnêtes dans les solitudes les plus affreuses. La Bruyère n'était point tout à fait de l'avis de son ami. « La politesse n'inspire pas toujours la bonté, l'équité, la complaisance, la gratitude (7) ; elle en donne du moins les apparences, et fait paraître l'homme en dehors comme il devrait être intérieurement. » Mais « avec de la vertu, de la capacité, et une bonne conduite, l'on peut être insupportable (8). Les manières, que l'on néglige comme de petites choses, sont souvent ce qui fait que les hommes décident de vous en bien ou en mal : une légère attention à les avoir douces et polies prévient leurs mauvais jugements. Il ne faut presque rien pour être cru fier, incivil, méprisant, désobligeant : il faut encore moins pour être estimé tout le contraire. »

« Les hommes comptent presque pour rien toutes les vertus du cœur, et idolâtrent les talents du corps et de l'esprit (9). Celui qui

---

(1) Chap. IV, n° 23.
(2) Chap. IV, n° 53.
(3) Chap. III, n° 55.
(4) Chap. IV, n° 2.
(5) Chap. III, n° 55.
(6) *Choix et méthode des études,* ch. XX.
(7) Chap. V, n° 32.
(8) Chap. V, n° 31.
(9) Chap. XI, n° 84.

dit froidement de soi, et sans croire blesser la modestie, qu'il est bon, qu'il est constant, fidèle, sincère, équitable, reconnaissant, n'ose dire qu'il est vif, qu'il a les dents belles et la peau douce : cela est trop fort. » Il est vrai cependant qu'il y a « deux vertus que les hommes admirent (1), la bravoure et la libéralité, parce qu'il y a deux choses qu'ils estiment beaucoup et que ces vertus font négliger, la vie et l'argent; aussi personne n'avance de soi qu'il est brave ou libéral. De même personne ne dit de soi, et surtout sans fondement, qu'il est beau, qu'il est généreux, qu'il est sublime : on a mis ces qualités à un trop haut prix ; on se contente de le penser ». Si on pouvait s'apercevoir qu'on manque d'esprit (2), tout serait sauvé; mais c'est la dernière chose dont on s'avise. « La modestie n'est point (3), ou est confondue avec une chose toute différente de soi, si on la prend pour un sentiment qui avilit l'homme à ses propres yeux, et qui est une vertu surnaturelle qu'on appelle humilité. L'homme, de sa nature, pense hautement et superbement de lui-même, et ne pense ainsi que de lui-même : la modestie ne tend qu'à faire que personne n'en souffre ; elle est une vertu du dehors, qui règle ses yeux, sa démarche, ses paroles, son ton de voix, et qui la fait agir extérieurement avec les autres comme s'il n'était pas vrai qu'il les compte pour rien. » Un homme vain trouve son compte (4) à dire du bien ou du mal de soi : un homme modeste ne parle point de soi. On ne voit point mieux le ridicule de la vanité et combien c'est un vice honteux, qu'en ce qu'elle n'ose se montrer, et se cache souvent sous les apparences de son contraire. La fausse modestie est le dernier raffinement de la vanité. La vraie modestie jointe à la bienveillance, voilà le fond de la vraie politesse, de la politesse des manières, qui s'allie si bien avec la politesse de l'esprit, non seulement chez les Harlay, Bossuet et Séguier, mais encore chez les Montausier, Vardes, Chevreuse, Novion, Lamoignon, Scudéry, Pellisson et tant d'autres personnages également doctes et polis (5). Aux grands noms de Condé et Conti, la Bruyère ajoute ceux de Bourbon, du Maine, de Vendôme, comme de princes qui avaient su joindre aux plus belles et aux plus hautes connais-

---

(1) Chap. XI, n° 84.
(2) Chap. XI, n° 83.
(3) Chap. XI, n° 69.
(4) Chap. XI, n° 66.
(5) Chap. XII, n° 18.

sances et l'atticisme des Grecs et l'urbanité des Romains. C'est ainsi qu'il savait tirer parti pour l'instruction du peuple des observations et des remarques qu'il avait faites en tous lieux. La formule de la morale populaire est ce vers de Térence : « Je suis homme, et rien de ce qui intéresse un homme ne m'est étranger (1) : *Homo sum; humani nihil a me alienum puto.* »

Mme Dacier venait de publier sa fameuse traduction des *comédies de Térence*. La Bruyère s'en servit pour montrer au lecteur français ce que l'antiquité avait de plus pur et de plus élégant, et lui faire voir en même temps que le cœur humain est toujours le même en Grèce, à Rome et à Paris. « Il n'a manqué à Térence, dit la Bruyère (2), que d'être moins froid : quelle pureté, quelle exactitude, quelle politesse, quelle élégance, quels caractères ! » On eût dit que les mœurs des hommes avaient beaucoup changé, depuis Ménandre qu'imitait Térence, jusqu'à Molière qui peignait avec tant de feu et tant de naïveté les sujets du grand roi Louis XIV. La Bruyère voulut déterminer ces changements avec précision.

En Grèce, Thersite était un soldat connu par sa laideur, sa lâcheté et son insolence. En passant de l'épopée homérique dans la satire comique (3), il était devenu un vil coquin de la pire espèce et méprisé de tous les Romains. Dans la Bruyère (4), « Thersite a de ses deniers acquis de la naissance et un autre nom (Sylvain) : il est seigneur de la paroisse où ses aïeux payaient la taille ; il n'aurait pu autrefois entrer page chez Cléobule, et il est son gendre. » Nous n'avons pas besoin d'ajouter que Cléobule, d'après l'étymologie, est un grand personnage qui fait la gloire du sénat français. A Athènes, selon Térence, Dorus était un pauvre esclave sans parents, sans famille, décrépit, flétri, un objet de luxe pour une courtisane, enfin un eunuque ; et Sanga était un de ces cuisiniers tapageurs qui louaient leur service assez cher, mais faisaient plus de bruit que de besogne. Dans la Bruyère (5), Dorus est à Rome ; « il passe en litière par la voie Appienne, précédé de ses affranchis et de ses esclaves, qui détournent le peuple et font faire place ; il ne lui manque que des licteurs ; il entre à Rome avec ce cortège, où il semble triompher de la bassesse et de la pauvreté de son

---

(1) *Heautontimorumenos* (ou le bourreau de soi-même), acte I, scène I.
(2) Chap. I, n° 38.
(3) *Iliade*, livre II, v. 212. Juvénal, 8e satire.
(4) Chap. VI, n° 19.
(5) Chap. VI, n° 20.

père Sanga ». Supposez que Rome est devenue Paris, et Dorus pourra s'appeler Gourville. Thrason, le soldat glorieux et fanfaron qui, selon Térence (1), écrasait de son faste les citoyens athéniens, a consigné à Paris pour une charge civile; il va épouser la fille d'un de ces bourgeois peu aisés que la Bruyère (2) appelle, d'un nom latin, des Crispins, et qui étaient obligés de se cotiser pour allonger leur équipage et triompher au cours ou à Vincennes. Pamphile, que Térence nous présente dans l'*Hécyre* comme un Athénien riche et de bonne famille, mais qui n'est guère qu'un Romain contemporain de Lælius et de Scipion l'Africain, est un jeune homme passionné, colère et brutal (3), que son père obligeait à se marier et qui s'y est résigné, comme un homme perdu sans ressource se précipite dans un abîme. Pamphile ressemble un peu à M. le Duc. Depuis qu'il a pris femme, il s'ennuie, il s'amourache d'une courtisane et s'enfuit avec elle; il s'ennuie encore, et, touché de la patience de sa femme, il revient à elle par une série d'événements bien plus invraisemblables que ce qui arriva sous les yeux de la Bruyère à son élève. Naturellement la Bruyère n'adresse pas sa morale directement à M. le Duc, mais à ces jeunes gens de haute naissance qui n'ont qu'une pensée, leur plaisir; qui sont entourés de flatteurs, leurs esclaves ou leurs affranchis; et qui, pour étaler leur grandeur, prennent des airs d'autorité ridicule (4). « Pamphile ne s'entretient pas avec les gens qu'il rencontre dans les salles ou dans les cours : si l'on en croit sa gravité et l'élévation de sa voix, il les reçoit, leur donne audience, les congédie; il a des termes tout à la fois civils et hautains, une honnêteté impérieuse et qu'il emploie sans discernement; il a une fausse grandeur qui l'abaisse, et qui embarrasse fort ceux qui sont ses amis et qui ne veulent pas le mépriser. »

Les ennemis de Térence lui reprochaient d'avoir été honoré de l'amitié et de la confidence de Scipion et de Lælius (5), et prétendaient que ces deux grands hommes avaient plus de part que lui à ses comédies. Il ne se mettait pas beaucoup en peine de réfuter ce reproche. « Pour moi, dit Mme Dacier (6), je ne doute nullement que Térence ne

---

(1) L'*Eunuque*.
(2) Chap. VII, n° 9.
(3) *Hécyre*, acte I, sc. II.
(4) Chap. IX, n° 50.
(5) *Adelphes*, v. 15 et 16 du prologue.
(6) Préface de la traduction des comédies de Térence par Mme Dacier.

tirât de grands secours de la familiarité de ces grands hommes ; dans toutes ses pièces il règne un certain air de politesse, de noblesse et de simplicité qui peut bien faire croire que ce n'est pas là tout à fait l'ouvrage d'un Africain. C'est cette politesse, cette noblesse et cette simplicité qui m'ont rebutée cent fois, et qui m'auraient fait renoncer au dessein de le traduire, si la passion que j'ai pour notre langue ne m'avait rendu plus hardie que je ne le suis naturellement. J'ai cru que ce que Scipion, Lælius et Térence ont dit si poliment en latin pouvait être dit en français avec la même politesse, et que, si je n'en venais pas à bout, ce ne serait pas la faute de notre langue ; elle nous a donné des ouvrages que les grâces, qui ne vieillissent jamais, feront toujours paraître nouveaux, et qui seront l'admiration de tous les siècles. » Le traducteur de Théophraste, qui partageait les opinions du traducteur de Térence, essaya de composer avec la pureté de Térence, dans la langue française de la société polie au dix-septième siècle, des caractères empruntés au peuple, à la bourgeoisie ou à la petite noblesse, et qui ne pussent déplaire aux princes de Condé et de Conti, aux ducs de Bourbon, du Maine et de Vendôme.

Personne n'a plus que Térence détesté l'égoïsme et ne l'a mieux peint ; chez les jeunes gens que la passion entraîne, chez les hommes qu'elle aveugle et qui deviennent *les bourreaux de soi-même,* enfin chez les vieillards endurcis qui ne pensent qu'à eux, il nous montre la folie ridicule de l'égoïsme. La Bruyère nous en décrit plusieurs exemples aussi remarquables. Ainsi « Géronte meurt de caducité sans avoir fait en faveur de sa femme le testament qu'il projetait depuis trente années (1) : dix têtes viennent *ab intestat* partager sa succession. Il ne vivait depuis longtemps que par les soins d'Astérie, sa femme, qui jeune encore, s'était dévouée à sa personne, ne le perdait pas de vue, secourait sa vieillesse, et lui a enfin fermé les yeux. Il ne lui laisse pas assez de bien pour pouvoir se passer pour vivre d'un autre vieillard. Fauste (2) est un dissolu, un prodigue, un libertin, un ingrat, un emporté, qu'Aurèle, son oncle, n'a pu haïr ni déshériter. Frontin, neveu d'Aurèle, après vingt années d'une probité connue, et d'une complaisance aveugle pour ce vieillard, ne l'a pu fléchir en sa faveur, et ne tire de sa dépouille qu'une légère pension que Fauste, unique légataire, lui doit payer, » Phidippe, dans l'*Hécyre*

(1) Chap. XI, n° 105.
(2) Chap. XI, n° 107.

de Térence, est un petit vieillard que dominent sa femme et sa fille; il n'est point morose ni grondeur; il en prend à son aise avec les difficultés de la vie : il joue fort tranquillement son rôle dans l'intrigue du poète comique. La Bruyère pénètre plus profondément dans le cœur de Phidippe et nous explique ainsi sa tolérance pour les folies de la jeunesse (1) : « La mollesse et la volupté naissent avec l'homme, et ne finissent qu'avec lui; ni les heureux ni les tristes événements ne l'en peuvent séparer; c'est pour lui ou le fruit de la bonne fortune, ou un dédommagement de la mauvaise. » Et voici ce que devient cet égoïste voluptueux dans le caractère de la Bruyère (2) : « Phidippe, déjà vieux, raffine sur la propreté et sur la mollesse; il passe aux petites délicatesses; il s'est fait un art du boire et du manger, du repos et de l'exercice; les petites règles qu'il s'est prescrites et qui tendent toutes aux aises de sa personne, il les observe avec scrupule, et ne les romprait pas pour une maîtresse, si le régime lui avait permis d'en retenir; il s'est accablé de superfluités, que l'habitude enfin lui rend nécessaires. Il double ainsi et renforce les liens qui l'attachent à la vie, et il veut employer ce qui lui en reste à en rendre la perte plus douloureuse. N'appréhendait-il pas assez de mourir? »

Gnathon, comme l'étymologie grecque l'indique, est une mâchoire : il rappelle les parasites de la comédie antique; on trouve son homonyme dans l'*Eunuque* de Térence, et ses semblables partout où il y a des hommes esclaves de leur ventre. Les faiseurs de clefs en ont cité quelques-uns au dix-septième siècle; si on voulait les nommer tous, la liste serait trop longue. « Gnathon ne vit que pour soi (3), et tous les hommes ensemble sont à son égard comme s'ils n'étaient point. Non content de remplir à une table la première place, il occupe lui seul celle de deux autres; il oublie que le repas est pour lui et pour toute la compagnie; il se rend maître du plat, et fait son propre de chaque service : il ne s'attache à aucun des mets, qu'il n'ait achevé d'essayer de tous; il voudrait pouvoir les savourer tous à la fois. Il ne se sert à table que de ses mains; il manie les viandes, les remanie, démembre, déchire, et en use de manière qu'il faut que les convives, s'ils veulent manger, mangent ses restes. Il ne leur épargne aucune de ses malpropretés dégoûtantes, capables d'ôter l'appétit aux plus affamés; le jus

---

(1) Chap. XI, n° 110.
(2) Chap. XI, n° 120.
(3) Chap. XI, n° 121.

et les sauces lui dégouttent du menton et de la barbe ; s'il enlève un ragoût de dessus un plat, il le répand en chemin dans un autre plat et sur la nappe ; on le suit à la trace. Il mange haut et avec grand bruit ; il roule les yeux en mangeant ; la table est pour lui un râtelier ; il écure ses dents et il continue à manger. Il se fait, quelque part où il se trouve, une manière d'établissement, et ne souffre pas d'être plus pressé au sermon ou au théâtre que dans sa chambre. Il n'y a dans un carrosse que les places du fond qui lui conviennent ; dans toute autre, si on veut l'en croire, il pâlit et tombe en faiblesse. S'il fait un voyage avec plusieurs, il les prévient dans les hôtelleries, et il sait toujours se conserver dans la meilleure chambre le meilleur lit. Il tourne tout à son usage ; ses valets, ceux d'autrui, courent dans le même temps pour son service. Tout ce qu'il trouve sous sa main lui est propre, hardes, équipages. Il embarrasse tout le monde, ne se contraint pour personne, ne plaint personne, ne connaît de maux que les siens, que sa réplétion et sa bile, ne pleure point la mort des autres, n'appréhende que la sienne, qu'il rachèterait volontiers de l'extinction du genre humain. »

Parmi les monstres qui sont sortis de l'imagination de la Bruyère, il n'y en a peut-être pas de plus hideux que cet égoïsme qui a la voracité d'une bête féroce, et dont la misanthropie effroyable tendrait, si on la laissait faire, à la destruction totale de l'humanité. Ici une sorte de grandeur tragique se mêle aux faiblesses et aux ridicules d'un vice honteux. L'égoïsme aimable d'un homme qui toujours rit et badine est-il moins cruel ? « Ruffin commence à grisonner (1) ; mais il est sain, il a un visage frais et un œil vif qui lui promettent encore vingt années de vie ; il est gai, jovial, familier, indifférent ; il rit de tout son cœur, et il rit tout seul et sans sujet : il est content de soi, des siens, de sa petite fortune ; il dit qu'il est heureux. Il perd son fils unique, jeune homme de grande espérance, et qui pouvait un jour être l'honneur de sa famille ; il remet sur d'autres le soin de le pleurer ; il dit : « Mon fils est mort, cela fera mourir sa mère ; » et il est consolé. Il n'a point de passions, il n'a ni amis ni ennemis, personne ne l'embarrasse, tout le monde lui convient, tout lui est propre ; il parle à celui qu'il voit pour la première fois avec la même liberté et la même confiance qu'à ceux qu'il appelle de vieux amis, et il lui fait part bientôt de ses quolibets et de ses historiettes. On

(1) Chap. XI, n° 123.

l'aborde, on le quitte sans qu'il y fasse attention, et le même conte qu'il a commencé de faire à quelqu'un, il l'achève à celui qui prend sa place. »

Les auteurs de clefs veulent que Ruffin soit M. de Hautefort : ils n'ont point justifié cette attribution. Ce caractère et les deux précédents ne semblent pas appartenir chacun à une seule et même personne : il y a quelque chose de trop complet, de trop parfait, de trop réussi dans la manière dont ils sont peints. Phidippe, Gnathon et Ruffin ne sont pas des hommes en chair et en os, mais des types; ils sont chacun dans leur genre un idéal. Cependant, quand on voit des caractères si bien trempés dans le vice et si opiniâtres dans le mal, on comprend cette réflexion singulière par laquelle la Bruyère termine son chapitre *De l'homme,* dans sa quatrième édition (1) : « Après avoir mûrement approfondi les hommes et connu le faux de leurs pensées, de leurs sentiments, de leurs goûts et de leurs affections, l'on est réduit à dire qu'il y a moins à perdre pour eux par l'inconstance que par l'opiniâtreté. »

Mais ces caractères entiers sont rares. En général, « les hommes n'ont point de caractères (2), ou s'ils en ont, c'est celui de n'en avoir aucun qui soit suivi, qui ne se démente point, et où ils soient reconnaissables. Ils souffrent beaucoup à être toujours les mêmes, à persévérer dans la règle ou dans le désordre; et s'ils se délassent quelquefois d'une vertu par une autre vertu, ils se dégoûtent plus souvent d'un vice par un autre vice. Ils ont des passions contraires et des faibles qui se contredisent; il leur coûte moins de joindre les extrémités que d'avoir une conduite dont une partie naisse de l'autre. Ennemis de la modération, ils outrent toutes choses, les bonnes et les mauvaises, dont ne pouvant ensuite supporter l'excès, ils l'adoucissent par le changement. Adraste était si corrompu et si libertin, qu'il lui a été moins difficile de suivre la mode et se faire dévot : il lui eût coûté davantage d'être homme de bien. »

Cet Adraste de la Bruyère a bien l'air d'être le même personnage que l'Adraste du *Sicilien* de Molière. L'Adraste de Molière avait cela de particulier que, contre la coutume de France qui ne voulait pas qu'un gentilhomme sût rien faire, il savait manier le pinceau et il aimait à peindre les belles dames d'Italie; mais c'était une particula-

---

(1) Chap. XI, n° 157.
(2) Chap. XI, n° 147.

rité exigée par l'intrigue de la pièce. Au demeurant, il était comme les autres courtisans de la jeunesse de Louis XIV, beau cavalier, grand séducteur, c'est-à-dire libertin et corrompu. Maintenant que Louis XIV est dévot, il faut bien qu'il se fasse dévot, puisque c'est la mode. Se fera-t-il homme de bien? Ce n'est pas possible : il changerait de caractère. Quoi! pratiquer la vertu comme ces bonnes âmes du populaire, qui n'en cherchent ni la raison ni le profit! Jamais. Avant d'être vieux, il peut encore gouverner les femmes.

« Une femme est aisée à gouverner pourvu que ce soit un homme qui s'en donne la peine (1). Un seul même en gouverne plusieurs ; il cultive leur esprit et leur mémoire, fixe et détermine leur religion ; il entreprend même de régler leur cœur. Elles n'approuvent et ne désapprouvent, ne louent et ne condamnent, qu'après avoir consulté ses yeux et son visage. Il est le dépositaire de leurs joies et de leurs chagrins, de leurs désirs, de leurs jalousies, de leurs haines et de leurs amours ; il les fait rompre avec leurs galants ; il les brouille et les réconcilie avec leurs maris, et il profite des interrègnes. Il prend soin de leurs affaires, sollicite leurs procès, et voit leurs juges ; il leur donne son médecin, son marchand, ses ouvriers ; il s'ingère de les loger, de les meubler et il ordonne de leur équipage. On le voit avec elles dans leurs carrosses, dans les rues d'une ville et aux promenades, ainsi que dans leur banc à un sermon et dans leur loge à la comédie ; il fait avec elles les mêmes visites ; il les accompagne au bain, aux eaux, dans les voyages ; il a le plus commode appartement chez elles à la campagne. Il vieillit sans déchoir de son autorité : un peu d'esprit et beaucoup de temps à perdre lui suffit pour la conserver ; les enfants, les héritiers, la bru, la nièce, les domestiques, tout en dépend. Il a commencé par se faire estimer ; il finit par se faire craindre. Cet ami si ancien, si nécessaire, meurt sans qu'on le pleure ; et dix femmes dont il était le tyran héritent par sa mort de la liberté. »

Avec leur foi simple et naïve les gens du peuple savaient bien mourir. Mais qu'Adraste était chagrin de mourir! Qu'il lui était difficile de voir auprès de son lit la robe du prêtre, et d'entendre parler de la vie éternelle! « Qui pourrait s'imaginer (2), si l'expérience ne nous le mettait devant les yeux, quelle peine ont les hommes à se résoudre d'eux-mêmes à leur propre félicité, et qu'on ait besoin de

---

(1) Chap. III, n° 45.
(2) Chap. XIV, n° 27.

gens d'un certain habit, qui, par un discours préparé, tendre et pathétique, par de certaines inflexions de voix, par des larmes, par des mouvements qui les mettent en sueur et qui les jettent dans l'épuisement, fassent enfin consentir un homme chrétien et raisonnable, dont la maladie est sans ressource, à ne se point perdre et à faire son salut? »

La seule chose que tout le monde respectait était l'usage. Mlle de Scudéry avait, dans ses *Conversations de morale*, écrit un long chapitre contre la tyrannie de l'usage. La Bruyère cite quelques faits intéressants (1) : « Tite, par vingt années de service dans une seconde place, n'est pas encore digne de la première qui est vacante : ni ses talents, ni sa doctrine, ni une vie exemplaire, ni les vœux de ses paroissiens ne sauraient l'y faire asseoir. Il naît de dessous terre un autre clerc pour la remplir. Tite est reculé ou congédié : il ne se plaint pas ; c'est l'usage. » Mais voici qui est plus étrange (2) : « Il y a des choses qui, ramenées à leurs principes et à leur première institution, sont étonnantes et incompréhensibles. Qui peut concevoir que certains abbés, à qui il ne manque rien de l'ajustement, de la mollesse et de la vanité des sexes et des conditions, qui entrent auprès des femmes en concurrence avec le marquis et le financier et qui l'emportent sur tous les deux, qu'eux-mêmes soient originairement, et dans l'étymologie de leur nom, les pères et les chefs de saints moines et d'humbles solitaires (3), et qu'ils en devraient être l'exemple? Quelle force, quel empire, quelle tyrannie de l'usage! Et sans parler de plus grands désordres, ne doit-on pas craindre de voir un jour un jeune abbé en velours gris et à ramages comme une éminence, ou avec des mouches et du rouge comme une femme ? »

On ne peut pas dire que la Bruyère ne prévoyait pas les petits abbés du dix-huitième siècle, qui, avec des mouches et du rouge sur le visage, voltigeront autour de Mme de Pompadour. Mais quel mauvais esprit inspirait aux abbés du dix-septième siècle, comme le grand prieur de Vendôme et Chaulieu, qui étaient les pères et les chefs de saints moines et d'humbles solitaires, de crier contre les abus de l'Église, dont ils profitaient pour payer leurs débauches et entretenir leurs vices! La Bruyère, qui n'avait aucun bénéfice, mais qui était un

---

(1) Chap. XIV, n° 25.
(2) Chap. XIV, n° 16.
(3) Cf. saint Paul, épître aux Romains, ch. VIII, v. 15; ép. aux Galates, ch. IV, v. 6.

véritable enfant de l'Église selon la parole de Bossuet (1), déplorait ces abus sans aigreur, en proposait avec respect la réformation et en tolérait humblement le délai, s'estimant assez heureux, si on lui refusait la réformation des mœurs, de ce que rien ne l'empêchât, ni lui, ni le peuple, de la faire en lui-même. « Le bon esprit, dit-il (2), nous découvre notre devoir, notre engagement à le faire, et s'il y a du péril, avec péril : il inspire le courage, ou il y supplée. »

L'usage exerçait un empire non moins tyrannique sur la judicature et le parlement; mais du moins on y faisait quelques réformes judicieuses qui ne pouvaient déplaire dans la maison de Condé et qui étaient favorables aux intérêts du peuple. On le vit bien dans l'affaire du maréchal duc de Luxembourg contre M. le Prince (3). Ce maréchal, qui avait servi toute sa vie sous le grand Condé, n'avait pas voulu lui faire donner un exploit d'huissier; mais il n'eut pas tant de considération pour M. le Prince son fils, et se dépêcha de lui intenter une action, sous prétexte qu'il ne manquait plus que fort peu de temps pour que la prescription fût acquise à M. le Prince. La plupart des gens disaient que M. de Luxembourg redemandait Chantilly et tout le reste de la succession de feu M. le duc de Montmorency, qui avait eu la tête tranchée sous Louis XIII; mais ceux qui savaient mieux le fond de l'affaire assuraient que le maréchal redemandait seulement la dot d'une de ses grand'mères, qu'il prétendait n'avoir pas été payée par M. de Montmorency. Un mois après, en septembre, M. de Luxembourg perdit son procès avec dépens et tout d'une voix. On le blâmait d'avoir entrepris un procès de cette nature sans être assuré qu'il pût au moins le soutenir et le défendre. Il répondait que son procès était fort bon, et que, sans les friponneries d'un procureur de M. le Prince, il l'eût infailliblement gagné. Le procureur de M. le Prince, disait-il, était venu chez son procureur dans un temps où il était sûr de ne pas le trouver; il avait demandé à un jeune clerc de lui donner communication de quelques pièces du sac de M. de Luxembourg; le clerc lui avait permis de chercher dans le sac; il y avait pris la seule pièce sur laquelle M. de Luxembourg fondait son droit pour rompre une prescription alléguée par M. le Prince, et il s'était enfui avec cette pièce, qu'on ne put jamais retrouver. Les gens de M. le Prince

---

(1) *Histoire des variations,* livre Ier, n° v (éd. de 1688).
(2) Chap. II, n° 23.
(3) De Sourches, t. II, p. 77.

disaient que cette histoire était une fiction. Il était difficile d'y ajouter foi, cela faisait grand bruit à Paris. Hé quoi! ce procès était déjà fini! et les avocats n'avaient pas même eu le temps de plaider! « L'on applaudit, dit la Bruyère (1), à la coutume qui s'est introduite dans les tribunaux d'interrompre les avocats au milieu de leur action, de les empêcher d'être éloquents et d'avoir de l'esprit, de les ramener au fait et aux preuves toutes sèches qui établissent leurs causes et le droit de leurs parties; et cette pratique si sévère, qui laisse aux orateurs le regret de n'avoir pas prononcé les plus beaux traits de leurs discours, qui bannit l'éloquence du seul endroit où elle est à sa place et va faire du parlement une muette juridiction, on l'autorise par une raison solide et sans réplique, qui est celle de l'expédition : il est seulement à désirer qu'elle fût moins oubliée en toute rencontre, qu'elle réglât au contraire les bureaux comme les audiences, et qu'on cherchât une fin aux écritures, comme on a fait aux plaidoyers. »

La Bruyère applaudissait à la réforme que M. le premier président de Novion avait apportée dans les audiences pour hâter l'expédition des affaires; mais en même temps il réclamait une autre réforme, qui était aussi demandée par son ami Cl. Fleury (2), c'était de retrancher les écritures qui prolongeaient les procès bien au delà du nécessaire. En cela le moraliste flattait encore les intérêts de la maison de Condé. Le 3 mars 1688, était morte à Paris, en son hôtel, Mlle de Guise, la petite-fille de celui qui fut tué à Blois, et la dernière de la branche directe de Guise (3) : on ne parlait plus que de sa succession, source inépuisable de procès immenses. Elle avait fait une donation entre vifs, qui n'était qu'un fidéicommis déguisé, un testament et plusieurs codicilles qui n'avaient pour but que de donner ses biens à la maison de Lorraine : enfin, extrêmement riche (4), elle avait fait des présents à tout le monde, même au père de la Chaise et au roi, pour mettre tout le monde et le roi dans ses intérêts. Elle frustrait ses héritiers naturels, qui étaient la grande Mademoiselle et M. le Prince. Le roi refusa les présents qu'elle lui avait faits; Mademoiselle et M. le Prince s'unirent pour faire casser la donation, le testament et les codicilles, et commencèrent par se mettre en pos-

---

(1) Chap. XIV, n° 42.
(2) *Institution au droit français*. Avertissement par Laboulaye, p. XIX et XXVI.
(3) Dangeau, t. II, p. 114-119, avec l'addition de Saint-Simon.
(4) *Mercure galant*, avril 1688, p. 188-254.

session de tout (1). Mais cette affaire était si embrouillée qu'on ne pouvait en prévoir la fin. On disait que M. le Prince, qui avait 500,000 écus d'argent comptant, les employait à payer toutes les dettes de la défunte, pour se mettre au lieu et place des créanciers dans leurs hypothèques. De cette façon il était bien sûr de rentrer un jour dans ses frais. Mais Mlle de Montpensier, qui était vieille et malsaine, ne saura jamais, disait-on, dût-elle vivre encore dix ou quinze ans, l'issue de cet interminable procès : elle ne verra pas même régler devant quels juges il sera porté. « Orante (en français, la demanderesse) (2) plaide depuis dix ans entiers en règlement de juges, pour une affaire juste, capitale, et où il y va de toute sa fortune; elle saura peut-être dans cinq années quels seront ses juges, et dans quel tribunal elle doit plaider le reste de sa vie. » Mlle de Montpensier n'avait pas besoin pour vivre de sa part de l'héritage de Mlle de Guise; mais elle en eût eu besoin, elle n'eût pas eu d'autre ressource pour subsister, que le procès n'en eût pas marché plus vite. Les lenteurs de la justice étaient ruineuses encore plus pour le pauvre que pour le riche. La réclamation de la Bruyère est donc dans l'intérêt général, surtout en faveur du peuple.

Ce qui était le plus dur à ceux qui voulaient plaider, c'était de déposer une somme considérable au greffe, en provision et comme garantie des frais du procès; mais c'était la loi. La Bruyère le reconnaît, et, pour combattre cette loi, il redevient avocat (3) : « On a toujours vu dans les républiques de certaines charges qui semblent n'avoir été imaginées la première fois que pour enrichir un seul aux dépens de plusieurs; les fonds ou l'argent des particuliers y coule sans fin et sans interruption. Dirai-je qu'il n'en revient plus, ou qu'il n'en revient que tard? C'est un gouffre, c'est une mer qui reçoit les eaux des fleuves, et qui ne les rend pas; ou si elle les rend, c'est par des conduits secrets et souterrains, sans qu'il y paraisse, ou qu'elle soit moins grosse et moins enflée; ce n'est qu'après en avoir joui longtemps, et qu'elle ne peut plus les retenir. » La Bruyère parle ici pour le peuple seul : sur ce point la maison de Condé avait déjà cause gagnée. En effet M. le Prince et Mademoiselle avaient obtenu, par faveur particulière (4),

---

(1) De Sourches, t. II, p. 144-146.
(2) Chap. XIV, n° 41.
(3) Chap. XIV, n° 38.
(4) *Journal de Dangeau*, t. II, p. 367.

de ne point déposer une provision au greffe, sous prétexte qu'ils avaient de notoriété publique assez de bien pour payer leurs juges, s'ils venaient à perdre leur procès.

Si la procédure civile était trop lente, la procédure criminelle était trop prompte. La première était embarrassée de formalités inutiles et onéreuses pour le peuple; la seconde était mal payée, et souvent les crimes restaient impunis. Heureux quand l'innocent ne subissait pas la peine du coupable! Au mois de février 1688, une affaire de ce genre mit en rumeur Paris et Versailles (1). M. de Langlade, qui avait autrefois été page du défunt maréchal de Grammont, était venu s'établir à Paris avec sa femme depuis plusieurs années (2). Il était beau joueur et faisait assez bonne figure dans le monde; il était lié avec un grand nombre de gens de qualité, et il avait prêté de l'argent à bien des gens de la cour. Il logeait dans la même maison que M. le comte de Montgommery, marié depuis peu avec une jeune fille de la magistrature, qui avait quelque bien. Ils avaient fait connaissance et pris facilement confiance les uns aux autres. On venait de remettre à M. et Mme de Montgommery, en remboursement, dix ou douze mille écus presque tout en or, lorsqu'ils furent obligés d'aller faire un tour à la campagne : ils laissèrent chez M. de Langlade les clefs de leur appartement et le prièrent d'en avoir bien soin. En revenant de la campagne, ils trouvèrent qu'on leur avait volé tout leur argent, et envoyèrent quérir le lieutenant criminel d'Effiat, qui fit mener prisonniers au Châtelet M. et Mme de Langlade avec quelques-uns de leurs domestiques et ceux de M. de Montgommery. L'instruction du procès ne révéla aucune preuve. Les amis de M. de Langlade réclamaient sa mise en liberté. Le Châtelet condamna M. de Langlade à subir la question ordinaire et extraordinaire, les indices tenant. Le parlement évoqua l'affaire. Nouvelle instruction, nouveau rapport devant la Tournelle; la cour, présidée par Molé, confirma la sentence du Châtelet contre Langlade, et l'accusé fut soumis à la question ordinaire et extraordinaire. Il n'avoua rien; mais dès le lendemain il fut jugé définitivement et condamné aux galères pour neuf ans, sa femme au bannissement pour neuf ans, et tous les deux solidairement à restituer ce qu'ils avaient volé, à payer tous les dépens du procès. « Les courtisans, ignorants des formes de la justice et affectionnés d'ailleurs pour

---

(1) De Sourches, t. II, p. 187 et 188.
(2) Dangeau, t. II, p. 105 et 108.

Langlade, frondèrent extrêmement cet arrêt, dit le grand prévôt de France ; mais tous les gens sages et éclairés l'approuvèrent et le regardèrent comme une grande marque de la bonne justice du parlement ; et ils eurent la satisfaction de voir que le roi fut de leur avis. » La Bruyère disait alors avec une singulière amertume (1) : « La question est une invention merveilleuse et tout à fait sûre pour perdre un innocent qui a la complexion faible, et sauver un coupable qui est né robuste. » Cl. Fleury est plus net (2) : « Il faut réformer notre procédure criminelle, tirée de celle de l'Inquisition : elle tend plus à découvrir les coupables qu'à justifier les innocents. » Langlade était innocent (3) : il mourut aux galères, et le coupable avoua son crime après la mort de Langlade. C'était l'aumônier de M. de Montgommery ; il fut pendu ; mais vraiment le roi avait été bien trompé par les « gens sages et éclairés ».

« Dieu, qui a formé tous les hommes d'une même terre pour le corps, et a mis également dans leurs âmes son image et sa ressemblance, n'a pas établi entre eux tant de distinctions, disait Bossuet (4), pour faire d'un côté des tyrans et des orgueilleux, et de l'autre des esclaves et des misérables. Il n'a fait les grands que pour protéger les petits ; il n'a donné sa puissance aux rois que pour procurer le bien public et pour être le support du peuple. » Bossuet semble oublier que les grands ne peuvent plus protéger les petits, et que le prince seul doit pourvoir aux besoins du peuple. Les grands, aujourd'hui, sont les courtisans du roi ; les plus qualifiés font un service domestique auprès de lui et briguent l'honneur de lui présenter sa chemise. Tous sont là, l'épée au côté, attendant un mot pour exécuter sur-le-champ tous les ordres que Sa Majesté daignera leur donner. L'aristocratie française est employée à remplir les appartements du roi ; la noblesse est devenue l'ornement de la cour, tous ne songent qu'à imiter les manières du roi pour lui plaire et plaire aux autres : ils imitent sa politesse si mesurée et si délicate dans ses réponses et dans ses attitudes (5), ses révérences plus ou moins marquées, mais toujours légères, avec une grâce et une majesté incomparables, ses saluts à la tête des lignes de l'ar-

---

(1) Chap. XIV, n° 51.
(2) *Institution au droit français.* Avertissement, p. XX.
(3) Dangeau, t. III, p. 266.
(4) *Politique tirée de l'Écriture sainte.*
(5) Saint-Simon, t. XII, p. 461.

mée et devant la moindre coiffe qu'il rencontrait, fût-ce même une femme de chambre; le tour noble et fin de sa conversation (1), sa condescendance et sa dignité dans la plaisanterie, le sérieux de son esprit et le naturel parfait de son langage. Tel était leur modèle, et, de près ou de loin, il était partout suivi. Mais depuis la Fronde il n'était plus accordé aux grands de s'occuper du peuple sans la permission du roi; c'était le droit et le privilège de Sa Majesté. D'ailleurs ils regardaient comme des détails insignifiants les abus dont le peuple pouvait se plaindre et dont ils ne souffraient guère. En vérité pouvait-on prendre garde à si peu de chose, quand on voyait se déployer sous ses yeux l'ensemble de la politique de Louis XIV, dont on avait sa bonne part, quand on aidait le roi à placer les bornes de son empire au delà des terres de ses ennemis, et à faire de leurs souverainetés des provinces de son royaume, quand on avait assisté aux sièges et aux batailles où il les avait si bien battus, qu'ils n'avaient plus de sûreté ni dans les plaines ni dans les plus forts bastions? Les nations se liguaient en vain pour se défendre, il marchait toujours de conquête en conquête. La maladie même n'avait pu l'arrêter. Et voilà que Monseigneur, son fils, vient de prendre Philippsbourg et les bords du Rhin, en attendant que ses petits-fils poussent encore plus loin le progrès de ses armes et soumettent de nouveaux États. A la vue d'un règne si brillant, si bien suivi, si constamment heureux dans le passé, dans le présent et même (on le croyait du moins) dans l'avenir, qui pouvait n'être pas ébloui, et songer aux besoins du peuple ou aux détails d'une basse politique.

« La science des détails, ou une diligente attention aux moindres besoins de la république, est, dit la Bruyère (2), une partie essentielle au bon gouvernement, trop négligée à la vérité dans les derniers temps par les rois et par les ministres, mais qu'on ne peut trop souhaiter dans le souverain qui l'ignore, ni assez estimer dans celui qui la possède. Que sert en effet au bien des peuples et à la douceur de leurs jours, que le prince place les bornes de son empire au delà des terres de ses ennemis, qu'il fasse de leurs souverainetés des provinces de son royaume; qu'il leur soit également supérieur par les sièges et par les batailles, et qu'ils ne soient devant lui en sûreté ni dans les plaines ni dans les plus forts bastions; que les nations s'appellent les unes les

---

(1) *Souvenirs de M*^{me} *de Caylus.*
(2) Chap. x, n° 24.

autres, se liguent ensemble pour se défendre et pour l'arrêter ; qu'elles se liguent en vain, qu'il marche toujours et qu'il triomphe toujours ; que leurs dernières espérances soient tombées par le raffermissement d'une santé qui donnera au monarque le plaisir de voir ses petits-fils soutenir ou accroître ses destinées, se mettre en campagne, s'emparer de redoutables forteresses et conquérir de nouveaux États ; commander de vieux et expérimentés capitaines, moins par leur rang et leur naissance que par leur génie et leur sagesse ; suivre les traces augustes de leur victorieux père ; imiter sa bonté, sa docilité, son équité, sa vigilance, son intrépidité ? Que me servirait, en un mot, comme à tout le peuple, que le prince fût heureux et comblé de gloire par lui-même et par les siens, que ma patrie fût puissante et formidable, si, triste et inquiet, j'y vivais dans l'oppression ou dans l'indigence ; si, à couvert des courses de l'ennemi, je me trouvais exposé dans les places ou dans les rues d'une ville au fer d'un assassin, et que je craignisse moins dans l'horreur de la nuit d'être pillé ou massacré dans d'épaisses forêts que dans ses carrefours ; si la sûreté, l'ordre et la propreté ne rendaient pas le séjour des villes si délicieux, et n'y avaient pas amené, avec l'abondance, la douceur de la société ; si, faible et seul de mon parti, j'avais à souffrir dans ma métairie du voisinage d'un grand, et si l'on avait moins pourvu à me faire justice de ses entreprises ; si je n'avais pas sous ma main autant de maîtres, et d'excellents maîtres, pour élever mes enfants dans les sciences ou dans les arts qui feront un jour leur établissement ; si, par la facilité du commerce, il m'était moins ordinaire de m'habiller de bonnes étoffes, et de me nourrir de viandes saines, et de les acheter peu ; si enfin, par les soins du prince, je n'étais pas aussi content de ma fortune, qu'il doit lui-même par ses vertus l'être de la sienne ? »

Le souverain qui ignorait cette science des détails, c'était Jacques II, roi d'Angleterre : la révolution qui s'accomplissait alors dans la Grande-Bretagne en était la preuve. Celui qui possédait cette science des détails était Louis XIV. Saint-Simon lui en fait un reproche. « Son esprit, dit-il (1), naturellement porté au petit, se plut en toutes sortes de détails... Ses ministres en profitaient... ; avec un peu d'art et d'expérience à le tourner, ils faisaient venir comme de lui ce qu'ils voulaient, et ils conduisaient le grand selon leurs vues, trop souvent

---

(1) T. XII, p. 400.

selon leur intérêt, tandis qu'ils s'applaudissaient de le voir se noyer dans ces détails. » La Bruyère fait, au contraire, un éloge de cette application continuelle à chercher jusque dans les détails le bonheur de ses peuples : c'est le plus grand mérite d'un roi et la meilleure garantie de la paix dans son royaume. Mais la Bruyère voit le roi distrait de ces soins nécessaires par la guerre qui recommence ; inquiet de l'avenir, il prévoit de lointaines agitations en France aussi bien que dans les autres États. Il reste tant à faire pour soulager le peuple et pourvoir à ses besoins ! Le roi pourra-t-il achever cette œuvre urgente, indispensable, l'abolition du servage et des privilèges féodaux, et la réforme d'une grande quantité d'abus dans les lois, dans l'administration des finances et de la justice ? La Bruyère calculait, non sans effroi, les conséquences de la révocation de l'édit de Nantes, les menaces de la ligue d'Augsbourg, et les désastres qui pouvaient succéder aux heureux débuts de la guerre. L'épuisement du royaume, qui devait être si visible à la fin de ce règne, se faisait déjà sentir.

Louis XIV bravait toute l'Europe coalisée ; mais tandis que les courtisans rêvaient gloire et conquêtes pour le Dauphin et ses fils, le moraliste, pensant à l'ignorance des politiques et à l'aveuglement des hommes d'État, déplorait la présomption de ses concitoyens, qui croyaient avoir atteint la perfection dans les arts, dans les sciences et dans le gouvernement des peuples. En supposant qu'ils aient su profiter des leçons de l'histoire, et former leur jugement sur les événements des siècles passés, lors même qu'ils auraient joint à leur propre expérience celle du genre humain pendant les six ou sept mille ans qu'on croyait devoir lui attribuer, ils étaient encore bien jeunes pour embrasser d'un coup d'œil de si longues perspectives, pour pouvoir se rendre compte de l'avenir, pour discerner les destinées du monde jusque dans les siècles les plus reculés. « Si le monde, dit la Bruyère (1), dure seulement cent millions d'années, il est encore dans toute sa fraîcheur, et ne fait presque que commencer ; nous-mêmes nous touchons aux premiers hommes et aux patriarches, et qui pourra ne pas nous confondre avec eux dans des siècles si reculés ? Mais si l'on juge par le passé de l'avenir, quelles choses nouvelles nous sont inconnues dans les arts, dans les sciences, dans la nature, et j'ose dire dans l'histoire ! Quelles découvertes ne fera-t-on point ! quelles dif-

---

(1) Chap. XII, n° 107.

férentes révolutions ne doivent pas arriver sur toute la terre, dans les États et dans les empires! Quelle ignorance est la nôtre! quelle légère expérience que celle de six ou sept mille ans! » Voilà, en peu de mots, l'un des meilleurs résumés de l'histoire de la civilisation que l'on eût fait alors. C'est la doctrine du progrès, sans exagération ni dans sa vitesse ni dans son étendue. Le fait incontestable est seul affirmé.

CHAPITRE XXVII.

1689.

Importance des événements politiques en 1689. — État des affaires au commencement de cette année. — Prophéties protestantes ; inquiétudes des catholiques. — Effet en France de l'arrivée du roi et de la reine d'Angleterre. — Accueil fait aux exilés. — Sentiments de la cour ; opinions diverses. — Politique de Louis XIV. — Plan de campagne pour l'année 1689, en trois parties : contenir les nouveaux convertis en France ; écarter l'ennemi des frontières ; l'attaquer en Irlande. — Louis XIV prend le parti de Jacques II contre les protestants. — Discussions politiques à la cour de France. — Ne pas confondre Hermagoras avec la Bruyère, qui devine la grandeur du prince d'Orange et suit les progrès de l'influence de Mme de Maintenon. — Éducation du duc de Bourgogne. — Beauvilliers, Fénelon, Fleury. — Revers militaires en Irlande, en Flandre, en Allemagne imputés à Louvois. — Le roi prend en dégoût le système de la dévastation. — Triomphe de Seignelay, il devait peu durer. — Dieu n'a besoin de personne. — Mort d'Innocent XI ; élection d'Alexandre VIII. — Le roi ne réussit en rien ; pessimisme des politiques de la cour. — L'égoïsme, cause d'erreurs en politique. — Vues de la Bruyère sur les révolutions. — En 1789, qu'arrivera-t-il ? — Le philosophe ne porte pas envie au bonheur des rois.

Depuis longtemps l'on a l'habitude en France de parler du bien public et des affaires de l'État. « Soit royaume, soit république, il faut qu'on se plaigne, écrivait Mlle de Scudéry en 1680 (1). On voit des jeunes gens qui sont à peine hors de la conduite de leurs maîtres, prétendre pourtant être les réformateurs du gouvernement. On voit des femmes qui n'ont pas assez d'adresse pour se coiffer, dire aussi hardiment leur opinion sur les affaires d'État les plus difficiles, que si elles avaient la sagesse et l'expérience de Solon. Il serait moins étrange de voir les sept sages de la Grèce choisir des rubans, que de

(1) *Conversations sur divers sujets*, t. I, p. 257-258.

voir tant de jeunes personnes de l'un et l'autre sexe régler l'État. »
Jamais peut-être on n'avait tant parlé politique à la cour de France
et dans la maison de Condé qu'au commencement de l'année 1689. On
venait de faire à Versailles la grande promotion dans l'ordre du Saint-
Esprit. « La cour est pleine de cordons bleus, dit Mme de Sévigné (1).
On ne fait pas de visite qu'on n'en trouve quatre ou cinq à chacune. Cet
ornement ne saurait venir plus à propos pour faire honneur au roi et
à la reine d'Angleterre, qui arrivent aujourd'hui à Saint-Germain. Ce
n'est point à Vincennes, comme on disait. Ce sera justement aujour-
d'hui la véritable fête des rois, bien agréable pour celui qui protège et
qui sert de refuge, et bien triste pour celui qui a besoin d'un asile. Voilà
de grands objets et de grands sujets de méditation et de conversation.
Les politiques ont beaucoup à dire. On ne doute pas que le prince
d'Orange n'ait bien voulu laisser échapper le roi, pour se trouver sans
crime maître de l'Angleterre; et le roi, de son côté, a eu raison de
quitter la partie plutôt que de hasarder sa vie avec un parlement qui
a fait mourir le feu roi son père, quoiqu'il fût de leur religion. Voilà
de si grands événements, qu'il n'est pas aisé de comprendre le dénouement, surtout quand on a jeté les yeux sur l'état et sur les dispositions
de toute l'Europe. Cette même Providence qui règle tout, démêlera
tout; nous sommes ici des spectateurs très aveugles et très ignorants. »
Bussy répondit, non sans ironie, du fond de sa province de Bourgogne (2) : « Dieu, en me donnant la force de soutenir mes malheurs,
me mit dans l'esprit un fonds inépuisable de pensées pour en parler; et,
de peur que mes tours et mes consolations ne s'usent à la fin, il dé-
trône un roi à point nommé pour me fournir de la matière et pour
me faire prendre patience. Il me persuade même que le prince qui le
protège, qui est si heureux et si digne de l'être, n'a pas forcé la fortune en dormant, et que dans ses prospérités il a moins de repos que
ma misère ne m'en laisse. Voici de grandes affaires, et l'Europe n'a
jamais été plus brouillée : qui voudrait assurer par où cela finira serait
bien présomptueux. »

Mme de la Fayette, dans ses *Mémoires de la cour de France,* se
place au point de vue de Louis XIV pour jeter un coup d'œil sur
l'état de l'Europe à ce moment. « Le roi paraissait assez chagrin. Pre-
mièrement il était fort occupé, et il l'était de choses désagréables; car

---

(1) 6 janvier 1689, jour des Rois.
(2) Correspondance de Bussy, t. VI, p. 208.

le temps qu'un peu auparavant il passait à régler ses bâtiments et ses fontaines, il le fallait employer à trouver les moyens de soutenir tout ce qui allait tomber sur lui. L'Allemagne fondait toute entière sur la France ; il n'avait aucun prince dans ses intérêts ; il n'en avait ménagé aucun : les Hollandais, on leur avait déclaré la guerre ; les affaires d'Angleterre allaient si mal, que l'on craignait tout au moins qu'il n'y eût un accommodement entre le roi et le prince d'Orange qui retomberait entièrement sur nous ; et on trouvait même que c'était le mieux qu'il nous pût arriver. Les Suédois, qui avaient été nos amis de tous temps, étaient devenus nos ennemis. Le roi d'Espagne disait qu'il voulait conserver la neutralité ; mais celui-là par-dessus les autres ne faisait rien, et l'on s'attendait qu'il ne conserverait cette neutralité que jusqu'au temps où nous serions bien embarrassés : ainsi le roi voulait ou que les Espagnols se déclarassent, ou qu'ils lui donnassent deux villes, Mons et Namur, comme otages de leur foi. La proposition était dure, mais aussi nous ne pouvions avoir d'avantage considérable qu'en Flandre ; et Namur nous était absolument nécessaire, parce que c'était le seul passage qu'eussent les Hollandais et les Allemands pour venir à notre pays. Nos côtes étaient fort mal en ordre : M. de Louvois (1), qui a la plus grande part au gouvernement, n'avait pas trouvé cela de son district ; il savait l'union qui était entre les deux rois, et cela lui suffisait. Les vues fort éloignées ne sont pas de son goût. Il fallait nécessairement que l'Angleterre et la Hollande se joignissent pour nous faire du mal. Cette jonction ne se pouvait imaginer chez lui, et Dieu seul avait pu prévoir que l'Angleterre serait en trois semaines soumise au prince d'Orange. Tout cela faisait qu'on avait négligé nos côtes. Le dedans du royaume n'inquiétait pas moins le roi. Il y avait beaucoup de nouveaux convertis qui gémissaient sous le poids de la force, mais qui n'avaient ni le courage de quitter le royaume, ni la volonté d'être catholiques : leurs ministres, qui étaient dans les pays éloignés, les avaient toujours flattés de se voir délivrer de la persécution dans l'année 1689 (2). Ils voyaient l'événement d'Angleterre qui commençait dans ce temps ; ils recevaient tous les jours des lettres de leurs frères qui les fortifiaient encore davantage ; et quand ils songeaient que tout le monde était contre le roi, ils ne

---

(1) *Mémoires de la cour*, écrits vers 1690.
(2) Correspondance de Louvois et autres, C. Rousset, t. III, p. 505.

doutaient point du tout qu'il ne succombât et qu'il ne fût obligé de leur accorder le rétablissement de leur religion. Outre les nouveaux convertis, il y avait beaucoup d'autres gens malcontents dans le royaume, qui se joindraient à eux si la fortune penchait plus du côté des ennemis que du nôtre. Le roi voyait tout cela aussi bien qu'un autre, et l'on eût été inquiet à moins. Il ne fallait pas une moindre grandeur d'âme et une moindre puissance que la sienne pour ne pas se laisser accabler. »

Alors les catholiques eux-mêmes furent bien obligés de faire attention aux prophéties qui agitaient les protestants; la situation devenait trop menaçante (1). Si l'année 1689 devait être fatale à l'Église catholique, elle sera plus fatale encore à la France. On ne verrait que grandes crises d'affaires, que révolutions miraculeuses, en un mot, tout ce qui est le plus digne d'une année climatérique du monde. « L'insolence des nouveaux convertis et leurs faux bruits ont tellement intimidé les prêtres et les moines de mon pays, qu'ils sont toujours dans l'appréhension d'être égorgés, » écrivait Montgaillard à Louvois (2). « Que des hommes tranchent de l'avenir, disait Bossuet, soit qu'ils veulent tromper les autres, ou qu'ils soient eux-mêmes trompés par leur imagination échauffée, il n'y a rien de merveilleux : qu'un peuple entêté les croie, c'est une folie assez commune ; mais qu'après que leurs prédictions sont démenties par les effets, on puisse encore vanter leurs prophéties, c'est un prodige d'égarement qu'on ne peut comprendre. » Bossuet publia son *Avertissement aux protestants sur l'Apocalypse*. Il explique ainsi la prophétie de 1689 :

L'instinct prophétique s'était développé chez les protestants dès la naissance de la réforme par la lecture assidue de la Bible. Luther avait prédit que la papauté et l'empire turc devaient être renversés en même temps pendant qu'il boirait sa bière tranquillement au coin de son feu avec Armsdorf et Mélanchthon. Il y avait déjà longtemps que Luther, Armsdorf et Mélanchthon étaient morts ; la papauté et l'empire turc vivaient encore. On laissa de côté l'empire turc, qui ne s'occupait guère des querelles des chrétiens; mais on s'acharna sur la papauté, qui ne voulait pas mourir, malgré ce que Daniel et saint Paul avaient révélé aux ministres protestants : alors Calvin déclara que, si le corps de la papauté subsistait encore, l'esprit et

---

(1) *Avis important aux réfugiés*, 1690 (attribué à Bayle).
(2) *Hist. de Louvois*, t. III, p. 505.

la vie en étaient sortis ; de manière que ce n'était plus qu'un corps mort. Ainsi s'était accomplie la prophétie de Luther. C'est pourquoi les protestants, dès qu'il leur était arrivé quelque chose de favorable, s'imaginaient que c'était déjà écrit dans la Bible. « On se souvient encore parmi nous, écrivait Bossuet, des espérances que leur inspirèrent les victoires de Gustave-Adolphe, roi de Suède. Les calvinistes, pour y prendre part, firent leur décret d'union avec les luthériens, et à ce coup Babylone allait tomber. Il fallut trouver le roi de Suède dans l'Apocalypse : ce n'était pas facile. On parvint cependant à le découvrir, sous la forme d'un nuage sorti d'une fiole, et qui viendrait du nord éteindre le soleil de Rome. Gustave-Adolphe fut tué à Leipsig au milieu de sa course. Mais le ministre français Dumoulin avait calculé d'après l'Apocalypse que les fidèles devaient être persécutés pendant 630 ans par le siège romain, à partir de l'an 1056 ap. J.-C. Son petit-fils Jurieu, réfugié en Hollande, ministre et professeur de théologie à la Haye, s'empara de cette conjecture après la révocation de l'édit de Nantes, et annonça, dans trois ans et demi, l'extinction de la papauté, la ruine de la France et le rétablissement des protestants dans tous leurs droits et libertés. Le mois d'avril 1689 était la date fixée par les décrets de Dieu (1) : « Ceux des tribus, langues et nations ne permettront pas que leurs corps morts soient mis au sépulcre. Il y a apparence que toute l'Europe contribuera à empêcher que la France ne vienne à bout de son dessein d'extirper la vérité. » Vous voyez comme le ministre triomphe de ce qu'aujourd'hui toute l'Europe semble conjurée contre la France, sa patrie. M. Jurieu a prévu tout cela précisément : c'est un nouveau Jérémie qui a vu, mais avec des yeux secs, les maux qui menacent son pays. » Bossuet est indigné de la profanation des oracles du Saint-Esprit et de l'audace du ministre à se jouer de la simplicité des peuples ; mais il est inquiet du danger que court la France. Il ne peut envisager les maux qui menacent sa patrie, sans que ses yeux se mouillent de larmes. Un cœur de Français battait dans la poitrine de ce grand évêque, mais comme catholique il s'était trompé aussi dans ses prédictions.

Ce n'est plus le temps où catholiques et protestants, également soumis au roi, rivalisaient de zèle pour défendre leur pays. Que sont devenus ces cent mille huguenots qui brûlaient, disait Dumoulin, de

---

(1) *Apocalypse de Jean*, ch. XI.

rendre à Sa Majesté en toute occasion un franc et fidèle service? « La faveur, dit la Bruyère (1), met l'homme au-dessus de ses égaux; et sa chute, au-dessous. » Persécutés, bannis, opprimés, les protestants français n'aiment plus leur patrie et conspirent contre elle. Voilà le beau résultat de la contrainte dans la conversion des hérétiques. Est-ce là ce que devait produire la doctrine de saint Augustin sur la propagation de la foi? Cette Angleterre que Bossuet avait crue prête à revenir dans le giron de l'Église était en pleine révolte contre le gouvernement de son roi légitime; les protestants triomphaient de notre folie; et les nations catholiques bâtissaient, sur la haine des protestants contre la France, des desseins qui n'allaient pas moins qu'à la destruction du royaume. N'y avait-il pas là, pour les Français qui aimaient leur patrie, des motifs sérieux de craindre et de s'affliger. La Bruyère était aussi ému que Bossuet. C'était alors un sentiment général à la cour, dans la maison de Condé, jusque dans le peuple.

« Souvenons-nous de ces jours tristes que nous avons passés dans l'agitation et dans le trouble (2), curieux, incertains quelle fortune auraient courue un grand roi, une grande reine, le prince leur fils, famille auguste, mais malheureuse, que la piété et la religion avaient poussée jusqu'aux dernières épreuves de l'adversité. Hélas! avaient-ils péri sur la mer ou par les mains de leurs ennemis? Nous ne le savions pas : on s'interrogeait, on se promettait réciproquement les premières nouvelles qui viendraient sur un événement si lamentable. Ce n'était plus une affaire publique, mais domestique; on n'en dormait plus, on s'éveillait les uns les autres pour s'annoncer ce qu'on avait appris. Quand ces personnes royales, à qui l'on prenait tant d'intérêt (quand le roi et la reine d'Angleterre, quand le prince de Galles si jeune encore, et dont la naissance avait exaspéré les ennemis de son père), eurent pu comme par miracle échapper à la mer et à leur patrie, était-ce assez? ne fallait-il pas une terre étrangère où ils pussent aborder, un roi également bon et puissant qui pût et qui voulût les recevoir? Je l'ai vue cette réception, spectacle tendre s'il en fut jamais. On y versait des larmes d'admiration et de joie. » Ainsi commençait l'année 1689 à la cour de France. Comment le moraliste n'eût-il pas fait quelques réflexions à la vue de pareils événements.

(1) Chap. VIII, n° 97.
(2) Discours de la Bruyère à l'Académie française.

La reine d'Angleterre et le prince de Galles (1) arrivèrent le 6 janvier. Louis XIV alla au-devant d'eux avec toute sa maison et une fort grosse cour : il les attendit à Chatou. Quand il aperçut le carrosse du prince de Galles, il descendit du sien et ne voulut pas que ce petit enfant descendit ; il l'embrassa tendrement. Puis il courut au-devant de la reine d'Angleterre, qui était descendue de son carrosse, et la salua. Elle lui répondit avec toute la politesse qu'on peut conserver dans une si grande infortune. Le roi la conduisit à Saint-Germain, où elle se trouva toute servie, comme la reine, de tout ce qui pouvait convenir à son rang, jusques et y compris les hardes et l'argent de poche. Le lendemain, 7 janvier, le roi de France était revenu à Saint-Germain pour y attendre le roi d'Angleterre, qui arriva tard. Les deux rois s'embrassèrent avec effusion ; mais Jacques II se baissa jusqu'aux genoux de Louis XIV, qui le releva et dit en lui montrant le château de Saint-Germain : « Voici votre maison ; quand j'y viendrai, vous m'en ferez les honneurs, et je vous les ferai quand vous viendrez à Versailles. » Il lui donna encore à plusieurs reprises les marques de la plus généreuse amitié, et toujours avec ce naturel parfait qui rappelait à Mme de Sévigné l'image de Dieu lui-même. Sans tant d'idolâtrie, la Bruyère expliqua nettement en deux mots la conduite du roi de France(2) : « Donner, c'est agir ; ce n'est pas souffrir de ses bienfaits, ni céder à l'importunité ou à la nécessité de ceux qui demandent. »

Bien des gens, mais surtout les femmes, ne voyaient dans la politique de Louis XIV qu'une affaire de sentiment. On trouvait le prince de Galles beau comme un ange. La reine sa mère, amaigrie par les souffrances, encore pâle des cruelles angoisses qu'elle venait de traverser, excitait un véritable enthousiasme. On vantait ses beaux yeux noirs, qui avaient tant pleuré. On louait sa vivacité italienne et son esprit d'à-propos. Elle dit au roi, en le voyant caresser le prince de Galles : « J'avais envié le bonheur de mon fils, qui ne sent point ses malheurs ; mais présentement je le plains de ne pas sentir les bontés de Votre Majesté. » Le roi de France loua la grandeur de cette reine vraiment digne de l'être, et admira la passion de Marie de Modène pour le roi d'Angleterre, son mari. Vieilli, fatigué, Jacques II s'ex-

---

(1) *Mémoires de la cour*, par Mme de la Fayette. *Journal de Dangeau. Gazette de France.* Lettres de Mme de Sévigné ; etc.
(2) Chap. IV, n° 42.

primait mal en français, et il expliquait mal ce qui lui était arrivé : peut-être n'était-il pas encore parvenu à le comprendre. « Il a bien du courage, dit Mme de Sévigné, mais un esprit commun; il conte tout ce qui s'est passé en Angleterre avec une insensibilité qui en donne pour lui. » Il avait, dit Mme de la Fayette, des mots malheureux qui choquaient l'opinion publique. Ainsi, étant venu à Paris, il descendit aux grands jésuites, causa très longtemps avec eux, se les fit tous présenter, et finit par dire qu'il était de leur société : cela parut de mauvais goût. Il alla dîner chez M. de Lauzun, et l'appela son gouverneur : singulier gouverneur, qui eût eu grand besoin d'être gouverné lui-même ! Enfin l'archevêque de Reims laissa échapper le mot qui rendait le mieux l'impression générale : « Voilà un fort bon homme qui a perdu trois royaumes pour une messe ! » Mais les avait-il perdus sans ressources ? Personne alors ne le croyait. Quand la reine d'Angleterre s'était réfugiée en France avec son fils sous la conduite de Lauzun, Louis XIV avait donné ordre de les amener à Vincennes (1) et de les y garder, même si le roi d'Angleterre venait à les rappeler. Quand ce roi, vaincu et fugitif à son tour, eut débarqué en France et vint se jeter dans les bras du roi, il ne fut plus besoin de prendre des sûretés contre lui. Mais devait-il demeurer à Saint-Germain comme monarque oisif et inutile ? Ne pouvait-il pas au moins servir à combattre le prince d'Orange, qui venait de chasser de Londres, comme un laquais, l'ambassadeur de France, M. de Barillon ? « Le libérateur choisi de Dieu pour délivrer la nation anglaise de la superstition et de la tyrannie (2) » avait envoyé aussi dans toutes les provinces maritimes du royaume de France, particulièrement en Bretagne et en Gascogne (3), des manifestes bien insolents, pour exhorter les peuples à se soulever, leur promettant de venir sous peu à leur secours avec une armée de 30,000 hommes. Est-ce que Louis XIV ne pouvait pas employer les flottes et les armées françaises pour arracher sa conquête à l'ennemi le plus acharné de la France, et pour rétablir un roi légitime sur son trône (4) ? « On a dit en latin qu'il coûte moins cher de haïr que d'aimer (5), ou si l'on veut, que l'amitié est plus à charge

---

(1) *Hist. de Louvois*, t. IV, p. 151.
(2) *Déclaration des Droits*, 22 février 1689.
(3) De Sourches, t. III, p. 10.
(4) Chap. IV, n° 44.
(5) Cicéron, *de Amicitia*, § 13.

que la haine. Il est vrai qu'on est dispensé de donner à des ennemis ; mais ne coûte-t-il rien de s'en venger? Ou s'il est doux et naturel de faire du mal à ce que l'on hait, l'est-il moins de faire du bien à ce que l'on aime? Ne serait-il pas dur et pénible de ne lui en point faire? » On s'arrêta dans le conseil du roi à ce plan en trois parties : 1° écraser les nouveaux catholiques qui voudraient remuer en France; 2° faire une grande expédition pour ramener le roi d'Angleterre dans ses États; 3° continuer du côté de l'Allemagne à prendre une défensive énergique, et si formidable que personne n'osât attaquer la France. Ce plan demeura secret aussi longtemps que possible.

La première partie ne fut pas difficile à exécuter. Vauban, à Dunkerque, surveillait le littoral des environs. Le maréchal d'Estrées eut une longue audience, le 24 janvier, dans le cabinet du roi : il reçut les ordres pour Brest, où il allait faire un gros armement et commander peut-être sur toute la Bretagne. Le même jour, M. de Feuquières fut aussi reçu par le roi, qui l'envoya commander à Bordeaux comme dans un poste d'une extrême conséquence. Partout les ordres du roi furent sévèrement exécutés. Le 24 février (1), on apprit que les huguenots mal convertis s'étaient soulevés en Vivarais, et que, n'étant armés que de pierres et de bâtons, ils avaient défait deux compagnies d'infanterie qui s'étaient opposées à leur passage : ils étaient six mille; mais des troupes plus nombreuses survinrent et les dispersèrent. Le 27, on eut nouvelle que l'on avait encore tué en Vivarais trois cents huguenots révoltés et quelques ministres à leur tête : le roi témoigna en être fâché ; il eût mieux valu les prendre et les envoyer aux galères. « Ce sentiment était conforme à sa bonté naturelle, dit le grand prévôt de France (2); mais dans la conjoncture présente il était plus de son intérêt d'augmenter sa chiourme que de tuer ces insensés, car il voulait armer cette année trente galères, et ce nombre était à peine suffisant pour résister aux galères d'Espagne et de Gênes, si elles venaient à se joindre contre la France, comme on le craignait avec raison. » Quelle bonté! quelle humanité! Voilà comment étaient traités les mauvais convertis dès qu'ils osaient remuer, non seulement dans le Vivarais, mais encore dans le Languedoc, la Provence, le Dauphiné, et autres provinces! Aussi préféraient-ils le plus souvent attendre en silence le libérateur qui était encore trop loin pour les

(1) De Sourches, t. III, p. 42.
(2) De Sourches, t. III, p. 45.

secourir. Mais à chaque instant ils relevaient la tête pour voir s'il n'arrivait pas, ou ils se mettaient en marche pour courir au-devant de lui (1). Ils tombaient toujours dans quelque embuscade et y périssaient. Quant à ceux qui se laissaient prendre, ils allaient augmenter la chiourme sur les galères du roi. Les mouvements de ces démons, comme les appelle Mme de Sévigné (2), obligea les états à lever des milices qui, mêlées aux dragons de Sa Majesté, leur firent une poursuite acharnée. M. de Grignan, lieutenant général de Provence, était sur les dents à force de poursuivre, séparer et punir ces misérables huguenots, qui sortaient de leurs trous pour prier Dieu, et qui disparaissaient comme des esprits dès qu'on les avait découverts (3). Ces sortes d'ennemis volants ou invisibles donnaient des peines infinies à ceux qui voulaient les prendre; mais ils ne parvinrent pas à être un danger sérieux pour le gouvernement du roi de France : « S'il est vrai, disait la Bruyère (4), que la pitié ou la compassion soit un retour sur nous-mêmes qui nous met en la place des malheureux, pourquoi tirent-ils de nous si peu de soulagement dans leurs misères? L'expérience confirme (5) que la mollesse ou l'indulgence pour soi et la dureté pour les autres n'est qu'un seul et même vice. »

Cromwell avait dépouillé de leurs biens et de leurs droits civils et politiques les quatre cinquièmes de la population irlandaise. Jacques II avait commencé à réparer cette immense injustice en appelant des Irlandais dans l'armée et dans les fonctions publiques. Aussi devait-il paraître en Irlande, comme Guillaume d'Orange en Angleterre, un libérateur envoyé par Dieu pour délivrer le peuple de la tyrannie des hérétiques. Louis XIV lui fournit une escorte, des vaisseaux, des frégates, des officiers de tout grade, des fusils, des canons, des vivres, des munitions de toutes sortes, deux millions d'argent comptant, et le superbe mobilier d'un train royal ; il lui donna même ses propres armes et M. d'Avaux pour conseil. « Que ne fera pas ce roi brave et malheureux, s'écrie Mme de Sévigné (6), avec ces armes toujours victorieuses! Enfin le voilà où il doit être. Il a une bonne cause, il protège la bonne religion; il faut vaincre ou mourir, puisqu'il a du courage. » Le comte de Mailly,

---

(1) Dangeau, 28 février.
(2) T. VIII, p. 493.
(3) *Ibid.,* p. 532, 533.
(4) Chap. IV, n° 48.
(5) Chap. IV, n° 49.
(6) 2 mars.

qui avait au nom du roi de France accompagné le roi d'Angleterre jusqu'à Brest, trouvait déjà facile le succès de l'entreprise irlandaise. « Le 2 avril, M. de Gabaret, capitaine de vaisseau, fils du chef d'escadre, vint à Versailles (1) apporter la nouvelle que le roi d'Angleterre était arrivé en Irlande le 22 mars. Aussitôt que la flotte française avait mouillé l'ancre, les peuples du pays, de leur propre mouvement, lui avaient envoyé toutes sortes de rafraîchissements ; ils avaient reçu le roi avec de grands témoignages de joie. Milord Tyrconnel ne s'était pas trouvé là, ayant été obligé de marcher contre quelques protestants qui avaient pris les armes; le roi avait fait assurer ceux qui étaient demeurés dans le devoir qu'il leur laisserait le libre exercice de leur religion ; et sur cette assurance ils lui avaient juré fidélité avec beaucoup de marques d'affection : enfin il y avait en Irlande, disait M. de Gabaret, 50,000 hommes qui étaient presque tous armés et en état de combattre. » Il courait alors d'autres bruits non moins favorables au parti du roi d'Angleterre en Écosse : on assurait que le duc de Gordon avait occupé les Hautes-Terres avec 5,000 montagnards, et que le parlement écossais avait fait brûler par la main du bourreau une ordonnance envoyée par le prince d'Orange. Avant trois mois, le roi d'Angleterre se flattait de revenir à Londres. Enfin on trouvait que les affaires de Jacques II allaient presque trop bien. « Quelque désagrément que l'on ait à se trouver chargé d'un indigent, l'on goûte à peine les nouveaux avantages qui le tirent enfin de notre sujétion : de même la joie que l'on reçoit de l'élévation de son ami est un peu balancée par la petite peine que l'on a de le voir au-dessus de nous (2). » Ainsi l'on s'accorde mal avec soi-même : car l'on veut des dépendants et qu'il n'en coûte rien ; l'on veut aussi le bien de ses amis, et s'il arrive, ce n'est pas par s'en réjouir que l'on commence. » Voilà l'effet que produisaient à la cour de France les fanfaronnades irlandaises et les illusions de Jacques II. Il résulta de là que les secours de la France furent insuffisants pour assurer le succès de l'entreprise.

Le grand danger pour la France était du côté de l'Allemagne. Le roi avait violé la trêve de Ratisbonne par la campagne de Philippsbourg et le bombardement de Coblentz ; il avait attaqué l'Empire et l'Empereur : toute l'Allemagne irritée se préparait à la guerre. Louvois voulut profiter de l'occasion pour rendre la frontière du Rhin

---

(1) De Sourches, t. III, p. 65.
(2) Chap. IV, n° 51.

inabordable aux envahisseurs : il ruina le pays ennemi par de grosses contributions, et fit raser toutes les villes qui ne pouvaient servir à la défense. Dans le voisinage des places de guerre menacées d'une attaque ou d'un siège, on agissait toujours ainsi; c'était le droit de la guerre, on appelait cela gagner de l'espace pour se défendre. Ainsi fut exécuté l'abominable incendie du Palatinat. « A quelques-uns, disait la Bruyère (1), l'arrogance tient lieu de grandeur, l'inhumanité de fermeté, et la fourberie d'esprit. » On n'avait nul souci de la morale ni de ses scrupules, et l'on riait des bizarres accidents qui survinrent (2). Comme on avait résolu de démanteler toutes les petites villes du Wurtemberg, de peur que les ennemis n'y missent des quartiers qui empêchassent la sûreté des troupes françaises et la levée des contributions, M. de Peysonnel, brigadier de dragons, avait été commandé avec son régiment, le régiment de cavalerie du Roi et le régiment d'infanterie de Bourbon, pour aller raser les murailles de Stuttgard, et il avait envoyé devant lui les majors et les quartiers-maîtres y faire le logement. Les habitants de la ville les mirent en prison, fermèrent leurs portes et se préparèrent à se défendre de leur mieux. M. de Peysonnel fut bien étonné de ne point voir ses majors en arrivant, de trouver les portes closes, et d'apercevoir sur les murailles un grand nombre de gens armés qui lui crièrent de se retirer, sinon qu'ils allaient faire feu sur lui. Il se retira effectivement, sans comprendre que les habitants voulussent se défendre; mais un paysan, qui sortit de la ville, lui dit qu'on avait mis ses majors en prison. Aussitôt le régiment de Bourbon attaqua la porte à coups de hache; les habitants tirèrent et blessèrent le capitaine la Motte. La porte fut enfoncée, et les Français, entrant dans la ville, tuèrent tous les bourgeois qu'ils rencontrèrent dans les rues. M. de Peysonnel empêcha le pillage, fit loger ses troupes et démantela la ville. Le marquis de Sourches raconte ce fait comme une chose assez plaisante, qui était arrivée au pays de Wurtemberg. Mais bientôt l'on ne plaisanta plus. « On apprit que, quinze déserteurs de la garnison de Philippsbourg passant par Stuttgard avec de bons passeports des généraux de l'Empire (3), les habitants de cette ville, outrés de la ruine de leur pays, s'étaient jetés sur ces malheureux, les avaient massacrés et coupés en morceaux

---

(1) Chap. XI, n° 25.
(2) De Sourches, t. III, p. 16, 17.
(3) De Sourches, t. III, p. 56.

qu'ils avaient envoyés à la boucherie et qui y avaient été vendus publiquement, comme on y vend d'ordinaire la chair de bêtes : cruauté jusqu'alors inouïe entre les peuples chrétiens. » A propos d'un acte de barbarie moins dégoûtant (1), Dangeau avait déjà écrit dans son *Journal* : « Cette guerre commence cruellement, et apparemment nous leur rendrons la pareille pour les corriger. » On comprend où devait aboutir un pareil système de représailles. On avait déjà brûlé Heidelberg et Ladenbourg, on rasa Manheim. Les Allemands se soulevaient de tous côtés contre cette effroyable tyrannie. La dévastation n'en devenait que plus terrible, mais aussi plus inefficace. Les troupes françaises se trouvèrent répandues sur un trop grand espace. Un petit détachement fut surpris à Neuss par des escadrons de Hollande et de Brandebourg, et peu s'en fallut qu'il ne fût entièrement massacré. De là pour les Allemands un grand sujet de joie et d'espoir. Louvois eut beau disposer les corps d'armée de manière à fermer les passages à l'ennemi, il ne put jamais les fermer tous hermétiquement ; il ruinera même Spire et Worms sans y réussir (2) : tant cette guerre était non seulement injuste et cruelle, mais encore mal entreprise et mal concertée. Le prétexte frivole invoqué par le roi pour la déclarer la rendait particulièrement odieuse. « Dût-on m'ôter la vie, disait Madame duchesse d'Orléans (3), il m'est cependant impossible de ne pas regretter, de ne pas déplorer d'être, pour ainsi dire, le prétexte de la perte de ma patrie. Je ne puis voir de sang-froid détruire d'un seul coup, dans ce pauvre Manheim, tout ce qui a coûté tant de soins et de peines au feu prince électeur, mon père. Oui, quand je songe à tout ce qu'on y a fait sauter, cela me remplit d'une telle horreur que, chaque nuit, aussitôt que je commence à m'endormir, il me semble être à Heidelberg ou à Manheim, et voir les ravages qu'on y a commis. Je me réveille en sursaut, et je suis plus de deux heures avant de pouvoir me rendormir. Je me représente comme tout était de mon temps, et dans quel état on l'a mis aujourd'hui ; je considère aussi dans quel état je suis moi-même, et je ne puis m'empêcher de pleurer à chaudes larmes. Ce qui me désole surtout, c'est que le roi a précisément attendu, pour tout dévoiler, que je l'eusse imploré en faveur de

---

(1) Dangeau, 3 février 1689.
(2) Spanheim, *Relation*, p. 353.
(3) *Lettres nouvelles et inédites de la Princesse palatine*, publiées par M. A. Rolland, 20 mars 1689.

Heidelberg et de Manheim. Et l'on trouve encore mauvais que je m'afflige! » Quand on apprit à Versailles que le roi avait donné ses ordres (1) pour brûler Spire, Worms et Kreusnach, les habitants de ces villes firent grande pitié à tout le monde, dit de Sourches (2). Et il ajoute : « Tous les bons catholiques devaient regarder ces incendies avec larmes ; car on ne ménagera pas les églises. » La Bruyère partageait ces sentiments : les courtisans raillaient le maître de politique de M. le Duc de se montrer si peu au courant des intérêts des princes, et de manquer des plus simples notions du bon sens. « Je me rachèterai toujours fort volontiers, disait-il (3), d'être fourbe par être stupide, et passer pour tel. On ne trompe point en bien ; la fourberie ajoute la malice au mensonge. »

„Je viens de chez Mme de la Fayette, écrivait un jour Mme de Sévigné : il y avait M. de Pomponne, M. Courtin, M. de la Trousse et le duc d'Estrées ; on y a fort *politiqué*. » On ne politiquait pas moins dans la maison de Condé ; mais il y avait des gens qui ne permettaient pas à la Bruyère de politiquer comme eux. Pourquoi ? Parce que, dans sa quatrième édition (4), il s'était moqué du ministre ou plénipotentiaire, et qu'il ne comprenait rien à l'habileté du diplomate ni à la science de l'homme d'État. Pourquoi encore ? C'était un savant, il savait le grec. Pourquoi enfin ? C'était un grimaud ; en un mot, un philosophe : voilà qui est clair (5). « Il est savant, dit un politique, il est donc incapable d'affaires ; je ne lui confierais pas l'état de ma garde-robe. » Et il a raison. Ossat, Ximenès, Richelieu étaient savants : étaient-ils habiles ? ont-ils passé pour de bons ministres ? « Il sait le grec, continue l'homme d'État, c'est un grimaud, c'est un philosophe. » Et en effet une fruitière à Athènes (6), selon les apparences, parlait grec, et par cette raison était philosophe. Les Bignon, les Lamoignon étaient de purs grimauds : qui en peut douter ? Ils savaient le grec. Quelle vision, quel délire au grand, au sage, au judicieux Antonin de dire qu'*alors les peuples seraient heureux si l'empereur philosophait, ou si le philosophe ou le grimaud venait à l'empire !* »

« On ne prime point avec les grands ; ils se défendent par leur gran-

(1) De Sourches, t. III, p. 98.
(2) *Id.*, *ibid.*, note 2.
(3) Chap. XI, n° 25.
(4) Chap. X, n° 12.
(5) Chap. XII, n° 19.
(6) La fruitière de Théophraste.

deur; ni avec les petits, ils vous repoussent par le *qui-vive* (1). » La Bruyère était toujours sur le qui-vive dans la maison de Condé. Il n'avait le désir de primer ni avec les uns ni avec les autres; mais il tenait aussi à ne pas tomber au rang de ces esprits inférieurs et subalternes qui savent plutôt beaucoup de choses que d'excellentes choses. « Ils ne semblent faits, dit-il (2), que pour être le recueil, le registre ou le magasin des productions des autres; ils sont plagiaires, traducteurs, compilateurs; ils n'ont rien d'original et qui soit à eux; ils ne savent que ce qu'ils ont appris, et ils n'apprennent que ce que tout le monde veut bien ignorer, une science vaine, aride, dénuée d'agrément et d'utilité : on est tout à la fois étonné de leur lecture et ennuyé de leur entretien ou de leurs ouvrages. Ce sont eux que les grands et le vulgaire confondent avec les savants, et que les sages renvoient au pédantisme. » Pour bien marquer la différence, la Bruyère se crut obligé de faire le portrait du pédant, tel que M. le Duc ne pût pas s'y méprendre.

« Hermagoras (3) ne sait pas qui est roi de Hongrie; il s'étonne de n'entendre faire aucune mention du roi de Bohême; ne lui parlez pas des guerres de Flandre et de Hollande, dispensez-le du moins de vous répondre : il confond les temps, il ignore quand elles ont commencé, quand elles ont fini; combats, sièges, tout lui est nouveau; mais il est instruit de la guerre des géants, il en raconte le progrès et les moindres détails, rien ne lui est échappé; il débrouille de même l'horrible chaos des deux empires, le babylonien et l'assyrien; il connaît à fond les Égyptiens et leurs dynasties. Il n'a jamais vu Versailles, ne le verra point : il a presque vu la tour de Babel, il en compte les degrés, il sait combien d'architectes ont présidé à cet ouvrage, il sait le nom des architectes. Dirai-je qu'il croit Henri IV fils de Henri III? Il néglige de rien connaître aux maisons de France, d'Autriche et de Bavière : « Quelles minuties ! » dit-il, pendant qu'il récite de mémoire toute une liste des rois des Mèdes ou de Babylone, et que les noms d'Apronal, d'Hérigebal, de Nœsnemordach, de Mardokempad, lui sont aussi familiers qu'à nous ceux de Valois et de Bourbon. Il demande si l'Empereur a jamais été marié; mais personne ne lui apprendra que Ninus a eu deux femmes. On lui dit que le roi jouit d'une

---

(1) Chap. v, n° 52.
(2) Chap. i, n° 62.
(3) Chap. v, n° 74.

santé parfaite ; et il se souvient que Thetmosis, un roi d'Égypte, était valétudinaire, et qu'il tenait cette complexion de son aïeul Alipharmutosis. Que ne sait-il point? Quelle chose lui est cachée de la vénérable antiquité? Il vous dira que Sémiramis, ou, selon quelques-uns Sérimaris, parlait comme son fils Ninyas, qu'on ne les distinguait pas à la parole : si c'était parce que la mère avait la voix mâle comme son fils, ou le fils une voix efféminée comme sa mère, qu'il n'ose pas le décider. Il vous révélera que Nembrot était gaucher, et Sésostris ambidextre ; que c'est une erreur de s'imaginer qu'un Artaxerxe ait été appelé Longuemain parce que les bras lui tombaient jusqu'aux genoux, et non à cause qu'il avait une main plus longue que l'autre ; et il ajoute qu'il y avait des auteurs graves qui affirment que c'était la droite, qu'il croit néanmoins être bien fondé à soutenir que c'est la gauche. » Voilà le type du pédant avec sa vaine et stérile érudition. Quelle différence avec la Bruyère, qui n'avait jamais enseigné que des sciences réelles et des connaissances pratiques dont M. le Duc pouvait tous les jours reconnaître l'évidente utilité!

M. le Duc ignorait ou avait oublié tout ce que savait le fameux professeur Hermagoras : c'est fort heureux, car il n'en eût pas tiré plus d'avantages sérieux que des leçons du rhéteur du même nom (1), tant admiré à Rome au siècle d'Auguste. On a cru reconnaître dans l'Hermagoras français du dix-septième siècle le père Paul Pezron (2), bénédictin, auteur de l'*Antiquité des temps, rétablie et défendue contre les juifs et les nouveaux chronologistes*. Est-ce qu'un seul homme a pu suffire pour avoir à la fois tant de science et d'ignorance? Mais grâce à ce philosophe, qu'on avait affublé jadis du sobriquet de « Maximilien », parce qu'il connaissait aussi bien que M. de Bavière les affaires d'Allemagne et de Hongrie, grâce à ce savant à qui les hommes d'État refusaient le droit d'avoir une opinion politique, M. le Duc aujourd'hui sait tout ce que Hermagoras ne devrait pas ignorer, et il peut comprendre mieux que personne la grandeur et l'audace des plans de Guillaume pour délivrer le monde entier de la prépondérance française : tous les peuples du continent admiraient les grandes qualités de cet homme d'État qui, sans carnage, sans dévastation, avait en quelques mois changé la face de l'Angleterre, rétabli l'équilibre européen, et réduit à la défensive le roi de France, qui n'avait

---

(1) Cicéron, *Brutus*, § 263 et 271 ; *de Inventione*, I, 12, 79.
(2) Clef citée par M. Servois.

cessé, pendant tant d'années, de faire trembler toutes les puissances par ses continuelles agressions. Il savait, comme dit la Bruyère (1), que le temps seul et les conjonctures amènent les choses et conduisent les esprits au point où on les souhaite ; et, prenant conseil du temps, des lieux, des occasions, du génie des nations, il avait soulevé l'Europe contre Louis XIV.

Pendant ce temps-là, tout le royaume de France s'occupait de préparatifs militaires. On équipait des flottes, on armait les forteresses, on formait des armées, on exerçait les milices, on levait jusqu'à l'arrière-ban de la noblesse, afin de faire la meilleure contenance. Il n'y avait pas à reculer, car les ennemis s'avançaient de toutes parts. Le roi demeurait à Versailles, au milieu de ses États, et de là envoyait ses ordres sur tous les points. Le Dauphin resta auprès du roi son père, afin d'y apprendre non plus à faire un siège ou à commander une armée, mais à diriger en même temps toutes les armées et les flottes du royaume. Les princes du sang ne songeaient qu'au départ pour l'armée. M. le Prince dut y renoncer ; non seulement le roi ne lui donna aucun commandement, mais encore on fit mille difficultés au prince de Conti et à M. le Duc. Le prince de Conti avait demandé un régiment ; le régiment lui fut refusé. C'était peut-être parce qu'un régiment tire à conséquence : on peut s'y faire des créatures. Le prince de Conti demanda d'être nommé brigadier ; on le refusa encore. Il sera donc volontaire, mais dans l'armée où il croira qu'il y a le plus de choses à voir. La princesse de Conti, sa femme, mit au monde une fille ; le roi alla lui faire visite : cela devait suffire au bonheur du père de l'enfant. Il voulut aller à l'armée avec M. le Duc, comme au siège de Philippsbourg ; mais le régiment de M. le Duc se trouvait enfermé à Bonn, il allait y être bloqué par l'ennemi. On eut de la peine à le tirer de là. Quelle différence dans la manière de traiter les princes du sang et les bâtards légitimés ! M. le duc de Vendôme, qui venait d'être nommé lieutenant général, eut un commandement en Allemagne. M. le duc du Maine fut envoyé avec son régiment en Flandre ; on lui donna tout de suite une brigade à commander avec un capitaine des gardes pour sa sûreté personnelle. Il était traité comme les princes du sang auraient dû l'être, et mieux encore. On ne pouvait comprendre dans la maison de Condé cette différence choquante. Feu M. le Prince, en mourant, avait écrit au roi pour obtenir la grâce du

(1) Chap. X, n° 12.

prince de Conti; le roi l'avait promise. Mme de Maintenon, qui avait été offensée, n'avait rien dit : la grâce était donc accordée. Tout jusque-là le faisait croire. Qu'est-ce que veulent dire ces obscures difficultés que l'on suscite au prince de Conti? « Vous dépendez, dans une affaire qui est juste et importante, du consentement de deux personnes (1). L'un vous dit : « J'y donne les mains, pourvu qu'un tel y condescende ; » et ce tel y condescend, et ne désire plus que d'être assuré des intentions de l'autre. Cependant rien n'avance ; les mois, les années s'écoulent inutilement : « Je m'y perds, dites-vous, et je n'y comprends rien ; il ne s'agit que de faire qu'ils s'abouchent, et qu'ils se parlent. » Je vous dis, moi, que j'y vois clair et que j'y comprends tout : ils se sont parlé. » Il était bien clair en effet que Mme de Maintenon n'avait pas plus oublié son ressentiment contre M. le prince de Conti que sa prédilection pour M. le duc du Maine.

Il y avait déjà longtemps que M. le Duc et le prince de Conti étaient à l'armée du Rhin, sans espoir de s'y distinguer par de glorieux exploits, lorsque, le 29 juin, l'on publia à Paris la déclaration de guerre contre l'usurpateur des trônes d'Angleterre et d'Écosse. Si les protestants en tous pays avaient accueilli avec des transports de joie la chute de Jacques II, ce fut avec des transports de rage qu'ils virent le roi de France prendre parti contre le roi Guillaume. Alors il n'y eut plus d'autre crime que d'être ami de Louis XIV (2), ni d'autre gloire que de lui faire la guerre; alors le prince d'Orange devint une sorte de Messie comme celui des juifs, conquérant de tout l'univers, et ceux qui avaient la clef de l'Apocalypse ne l'annonçaient pas mieux que les gazettes, les almanachs et toutes les centuries de Nostradamus. Alors il ne s'agissait de rien moins (3) que de voir la France vaincue, renversée, bouleversée, et le prince d'Orange couronné à Paris avant la fin de la campagne. Déjà dans les conversations en Hollande on donnait des ordres pour brûler Versailles. Les débarquements sur toutes les côtes de France se faisaient en un clin d'œil, sans que les vaisseaux français pussent sortir de leurs ports ; chacun espérait revenir en France faire sa récolte, ou tout au moins sa vendange. Telle armée devait prendre la route entre Sambre et Meuse, et aller tout droit à Paris; une autre par la Lorraine, une autre par la Franche-Comté, avaient le même

---
(1) Chap. VIII, n° 86.
(2) *Réponse d'un nouveau converti à la lettre d'un réfugié.* Paris, 20 décembre 1688.
(3) *Avis important aux réfugiés* (attribué à Bayle). Amsterdam, 1690.

rendez-vous. En un mot, dans un pays où l'on trouvait autant d'assureurs qu'on voulait à 2 p. 0/0 pour les navires les plus exposés aux périls de la mer, on ne trouvait personne qui voulût gager simple contre double que Paris ne serait pas au pouvoir des alliés avant la fin de l'année 1689. Trompés par ces belles espérances et par les promesses de leurs ministres, les protestants qui étaient en France sortaient de leurs tanières (1), et disparaissaient presque aussitôt, dès qu'ils s'apercevaient qu'on les cherchait pour les exterminer ou pour les envoyer aux galères. Et Mme de Sévigné s'écriait : « Quel diantre d'homme que ce prince d'Orange, quand on songe qu'il met toute l'Europe en mouvement ! Et cependant il ne semble plus avoir un souffle de vie : il est tellement incommodé de son asthme, que les troupes qu'il recrute désertent, croyant qu'il va mourir. » Il est vrai, le prince d'Orange était affligé d'une santé délicate ; il poursuivait lentement son but, mais avec une constance inébranlable. Proclamé roi d'Angleterre et d'Écosse avec la reine Marie, sa femme, il « maintint » (2) l'autorité du parlement et la déclaration des droits, rendit aux anglicans leurs privilèges, aux dissidents leur indépendance, même un peu de sécurité aux catholiques accablés par le fanatisme populaire ; enfin, armé de courage et de patience, endurci contre les lenteurs et les remises, contre les reproches, les soupçons, les défiances, contre les difficultés et les obstacles, il continua, il acheva un vrai chef-d'œuvre politique, la révolution aristocratique qui a conservé la liberté du peuple anglais. « Celui qui sait attendre le bien qu'il souhaite, répétait la Bruyère (3), ne prend pas le chemin de désespérer, s'il ne lui arrive pas ; et celui au contraire qui désire une chose avec une grande impatience y met trop du sien pour être récompensé par le succès. »

« La plupart des hommes, occupés d'eux seuls dans leur jeunesse, corrompus par la paresse ou par le plaisir, croient faussement dans un âge plus avancé qu'il leur suffit d'être inutiles ou dans l'indigence, afin que la république soit engagée à les placer ou à les secourir ; et ils profitent rarement de cette leçon si importante (4), que les hommes devraient employer les premières années de leur vie à devenir tels par leurs études et par leur travail, que la république elle-même

---

(1) Mme de Sévigné.
(2) « Je maintiendrai » était la devise de Guillaume.
(3) Chap. IV, n° 60.
(4) Chap. II, n° 10.

eût besoin de leur industrie ou de leurs lumières, qu'ils fussent comme une pièce nécessaire à tout son édifice, et qu'elle se trouvât portée par ses propres avantages à faire leur fortune ou à l'embellir. » M. d'Aubigné, neveu de Mme de Maintenon, n'était pas de l'avis de la Bruyère ; cela ne pouvait pas ébranler la solide vérité.

La piété de M. de Beauvilliers commença de fort bonne heure à le séparer des gens de son âge. Un jour à l'armée, où il servait, dans une promenade du roi, il marchait seul un peu en avant ; quelqu'un, le regardant, se prit à dire qu'il faisait là sa méditation (1). Le roi entendit : « Oui, dit-il, voilà M. de Beauvilliers, qui est un des plus sages hommes de la cour et de mon royaume. » Cette subite et courte apologie fit taire et donna fort à penser, en sorte que les gloseurs demeurèrent en respect devant son mérite. Ce mérite brilla par une grande prudence dans la diplomatie, lorsque M. de Beauvilliers fut envoyé en Angleterre pour présenter les compliments de condoléance de Sa Majesté au roi Charles II sur la mort de sa sœur, Mme la duchesse d'Orléans ; ce mérite brilla par une sage réserve à la cour de France pendant la faveur de Mme de Montespan, devant laquelle M. de Beauvilliers ne consentit jamais à fléchir le genou ; enfin ce mérite brilla par une noble modestie en 1685 (2), lorsque, à la mort du maréchal de Villeroy, on lui offrit la présidence du conseil des finances, qui était recherchée par le duc de Montausier, le duc de Créqui et tout ce qu'il y avait de plus considérable à la cour. M. de Beauvilliers n'avait que trente-cinq ans ; il répondit : « Je n'ai nulle connaissance de ces affaires-là, et peut-être le roi se repentirait de son choix. » Il pria donc Sa Majesté de vouloir bien y réfléchir. « J'y ai pensé, répliqua le roi, et songez vous-même à me rendre demain réponse positive. » Le lendemain, M. de Beauvilliers accepta cet honneur, qui valait 48,000 fr. de rente et bien d'autres choses. Attendre une nuit pour se décider à recevoir une telle charge, parut un scrupule si extraordinaire qu'on en fit une légende merveilleuse, rapportée par Saint-Simon comme un fait authentique. Le 16 août 1689 (3), le roi demanda au duc de Beauvilliers s'il ferait autant de difficultés pour être gouverneur du duc de Bourgogne qu'il en avait fait pour être président du conseil des finances. Comment refuser d'être gouverneur

---

(1) Saint-Simon, éd. Chéruel, t. II, p. 191.
(2) *Journal de Dangeau*, 5 et 6 décembre 1685.
(3) T. XI, p. 193.

de l'enfant, après avoir été modérateur du père huit mois auparavant? Il était très digne du poste auquel il était appelé (1), mais il ne l'avait pas demandé. Il avait travaillé pour le mériter, mais le reste ne le regardait pas. D'autres s'occupèrent de le lui obtenir, et il l'accepta.

Cela ne suffit point aux courtisans; il fallut, pour leur plaire, que M. de Beauvilliers n'eût jamais pensé à cette place et que le roi la lui eût imposée malgré lui. Tout le monde alors voulut avoir l'air de se faire forcer la main pour accepter des fonctions publiques. C'est ce que fit M. de Harlay pour être premier président à la place de M. de Novion ; c'est ce que fit M. de Pontchartrain pour être contrôleur général des finances à la place de M. le Pelletier. Était-ce une manière délicate de faire sa cour à Mme de Maintenon? Du moins c'était alors une sorte de mode que la Bruyère a scrupuleusement décrite (2) : « On fait sa brigue pour parvenir à un grand poste, on prépare toutes ses machines, toutes les mesures sont bien prises, et l'on doit être servi selon ses souhaits; les uns doivent entamer, les autres appuyer; l'amorce est déjà conduite, et la mine prête à jouer : alors on s'éloigne de la cour. Qui oserait soupçonner d'Artemon qu'il ait pensé à se mettre dans une si belle place, lorsqu'on le tire de sa terre ou de son gouvernement pour l'y faire asseoir? Artifice grossier, finesses usées, et dont le courtisan s'est servi tant de fois que, si je voulais donner le change à tout le public et lui dérober mon ambition, je me trouverais sous l'œil et sous la main du prince pour recevoir de lui la grâce que j'aurais recherchée avec le plus d'empressement. » « Les hommes ne veulent pas que l'on découvre les vues qu'ils ont sur leur fortune (3), ni que l'on pénètre qu'ils pensent à une telle dignité, parce que s'ils ne l'obtiennent pas, il y a de la honte, se persuadent-ils, à être refusés; et s'ils y parviennent, il y a plus de gloire pour eux d'en être crus dignes par celui qui le leur accorde, que de s'en juger dignes eux-mêmes par leurs brigues et par leurs cabales : ils se trouvent parés tout à la fois de leur dignité et de leur modestie. »

L'on a accusé Fénelon de s'être insinué par l'intrigue dans le sanctuaire de Mme de Maintenon (4), avec MM. de Chevreuse et de Beau-

(1) Chap. II, n° 10.
(2) Chap. VIII, n° 43.
(3) Chap. VIII, n° 44.
(4) Saint-Simon, *Mémoires*, éd. Boislisle, t. II, p. 388 et p. 339-342.

villiers, pour se faire nommer précepteur du duc de Bourgogne. Il est vrai que l'abbé de Fénelon dans sa mission du Poitou avait travaillé avec l'abbé de Langeron à convertir M. de Saint-Hermine, parent de Mme de Maintenon; il est vrai que Fénelon écrivait à M. de Seignelay son admirable lettre sur la difficulté de changer les sentiments de tout un peuple; il est vrai que Fénelon écrivit à M. de Chevreuse une lettre non moins belle sur la perfection chrétienne, et même lui exprima l'espoir de voir une sainte dans la personne de Mme de Chevreuse; il est vrai enfin que Fénelon, non content de diriger les nouvelles catholiques, allait encore prêcher et confesser à Saint-Cyr, et que Mme de Maintenon, recommandant aux dames de Saint-Louis la lecture de ses lettres et son *Éducation des filles*, l'appela un jour un grand auteur. Voilà les intrigues de Fénelon. Nous n'en connaissons pas d'autres; car vraiment nous ne pouvons prendre au sérieux le reproche qu'on lui fait de vouloir être goûté de l'ouvrier et du laquais aussi bien que des personnes les plus puissantes, et d'avoir des talents qui en ce genre secondaient parfaitement ses désirs. C'est juste ce que la Bruyère appelait l'éloquence apostolique qui mérite le mieux un évêché. « Fénelon en était-il indigne? et pouvait-il échapper au choix du prince que par un autre choix (1)? »

M. de Beauvilliers (2) avait choisi pour sous-gouverneur un M. de Denonville, ancien gentilhomme de bon lieu, décoré du gouvernement du Canada, où il avait bien fait et d'où il n'était pas encore revenu : c'était la probité, l'honneur, la piété même, mais la simplicité aussi, et peu éloignée de la sottise. Ce qui fit dire de lui : pourquoi a-t-il obtenu ce poste? Le roi s'était réservé le choix du sous-précepteur. Il y avait là sous sa main un homme fort modeste et d'un rare mérite, légiste distingué, savant de premier ordre, excellent écrivain, esprit supérieur formé comme Fénelon à l'école de Bossuet, et qui avait déjà une grande expérience de l'éducation des princes : c'était l'abbé Fleury. Pourquoi le roi ne l'avait-il pas encore choisi? C'est qu'il avait été précepteur du prince de Conti. Mais il l'avait été aussi de feu M. le duc de Vermandois; le roi se souvint de lui, et le nomma sous-précepteur du duc de Bourgogne. Assurément Fleury n'avait pas demandé ce poste; mais son ami la Bruyère trouvait qu'il l'aurait pu demander sans honte, tant il le méritait. « Quelle plus grande

---

(1) Chap. xv, n° 30.
(2) *Journal de Dangeau*, note de Saint-Simon.

honte y a-t-il d'être refusé d'un poste que l'on mérite, ou d'y être placé sans le mériter (1)? Quelque grande difficulté qu'il y ait à se placer à la cour, il est encore plus âpre et plus difficile de se rendre digne d'être placé. L'on se présente pour les charges de ville ; l'on postule une place dans l'Académie, l'on demandait le consulat : quelle moindre raison y aurait-il de travailler les premières années de sa vie à se rendre capable d'un grand emploi, et de demander ensuite, sans nul mystère et sans nulle intrigue, mais ouvertement et avec confiance, d'y servir sa patrie, le prince, la république. »

M. de Novion, vieux, cassé, presque sourd, quitta la place de premier président à Paris, après cinquante-deux ans de service dans la magistrature, et comblé des bienfaits du roi pour lui et les siens (2). M. de Harlay, en lui succédant, apportait la réputation des grands magistrats de sa famille, une véritable science du droit public, la gravité, le désintéressement, la modestie et l'austérité. Saint-Simon prétend (3) que le premier vendait la justice, et que le roi l'avait pris la main dans le sac; que l'autre était un parfait hypocrite. Mais peut-on accepter le témoignage de Saint-Simon (4) comme celui d'un historien véridique? Le Pelletier, qui avait succédé à Colbert et rempli dignement les fonctions de contrôleur général des finances jusqu'à ce moment, se reconnut incapable de subvenir, sans fouler le peuple, aux nouvelles dépenses de la guerre de la ligue d'Augsbourg. Il présenta au roi, pour lui succéder, M. de Pontchartrain, comme un homme qui n'était pas encore bien connu, mais qui avait travaillé toute sa vie à se rendre capable d'un si grand emploi. Ses deux dernières places étaient celles de président à Rennes et d'intendant des finances à Paris. Esprit prompt et décisif, Pontchartrain n'avait point les scrupules qui hantaient la conscience de M. le Pelletier (5). Sans doute il voulait aussi faire son salut ; mais une fois les affaires faites, il n'en conservait nul souci ; sa gaieté inspirait confiance à tout le monde. « Jamais homme, dit Gourville, n'eut plus de talents et de meilleures dispositions que lui pour le maniement des affaires de finances. J'eus le bonheur d'être connu de lui aussitôt qu'il commença de s'en mêler. Il me sembla

---

(1) Chap. VIII, n° 44.
(2) De Sourches, t. III, p. 155.
(3) Saint-Simon, éd. Boislisle, t. II, p. 54, 55.
(4) *Saint-Simon considéré comme historien*, par Chéruel, p. 500, 503.
(5) *Mémoires de Gourville*, p. 591.

qu'il avait bientôt pris des notions financières qui ne seraient venues qu'avec peine à un autre. Il savait distinguer ceux qu'il croyait plus habiles que lui, et je m'apercevais bientôt qu'il en savait autant et plus qu'eux. Mais cela n'a pas empêché qu'il n'en ait toujours eu un petit nombre avec qui il était bien aise de s'entretenir. » Gourville était fier de faire partie de ce petit nombre. « Que d'amis, que de parents naissent en une nuit au nouveau ministre! Les uns font valoir leurs anciennes liaisons, leur société d'études, les droits du voisinage; les autres feuillettent leur généalogie, remontent jusqu'à un trisaïeul, rappellent le côté paternel et le maternel; l'on veut tenir à cet homme par quelque endroit, et l'on dit plusieurs fois le jour que l'on y tient; on l'imprimerait volontiers : « *C'est mon ami et je suis fort aise de son élévation; j'y dois prendre part, il m'est assez proche.* » Hommes vains et dévoués à la fortune, fades courtisans, parliez-vous ainsi il y a huit jours? Est-il devenu, depuis ce temps, plus homme de bien, plus digne du choix que le prince en vient de faire? Attendiez-vous cette circonstance pour le mieux connaître (1)? » La Bruyère semble avoir connu Pontchartrain depuis longtemps.

Dans les diverses nominations que nous venons d'énumérer, on reconnut l'influence croissante de Mme de Maintenon. Cette influence se faisait sentir d'une singulière façon. Trop souvent le ministre était obligé de venir travailler avec le roi dans la chambre de cette confidente, qui se taisait, mais écoutait tout. « Vous pouvez parler en toute liberté, » disait le roi; mais le ministre n'était plus libre. Comment discuter devant ce témoin à qui rien n'échappait des plus redoutables secrets de l'État? « Des gens vous promettent le secret (2), et ils le révèlent eux-mêmes, et à leur insu; ils ne remuent pas les lèvres, et on les entend; on lit sur leur front et dans leurs yeux, on voit au travers de leur poitrine, ils sont transparents. D'autres ne disent pas précisément une chose qui leur a été confiée; mais ils parlent et agissent de manière qu'on la découvre de soi-même. Enfin quelques-uns méprisent votre secret, de quelque conséquence qu'il puisse être : « C'est un mystère, un tel m'en a fait part, et m'a défendu de le dire ; » et ils le disent. » Mme de Maintenon ne trahissait pas les secrets de l'État; mais quelquefois ceux qui la voyaient souvent les devinaient sans le lui dire, les contaient ensuite, comme des mystères qu'il ne

---

(1) Chap. VIII, n° 57.
(2) Chap. V, n° 81.

fallait pas révéler, à des amis qui les répétaient. Ce n'est pas là ce qui empêchait les affaires de bien marcher; mais quelle servitude pour Louvois !

Alors les dépêches que le roi recevait du théâtre de la guerre devenaient de plus en plus tristes. D'Avaux écrivait que Sa Majesté Britannique avait trouvé l'Irlande ruinée et manquant de tout : à peine y avait-on du mauvais pain à manger et de mauvaise eau à boire. Château-Renaud y porta les armes promises par le roi de France. Pendant qu'il les débarquait dans la baie de Bantry, survint l'amiral Herbert avec la flotte anglaise. Aussitôt Château-Renaud avec l'escadre française lui livre combat, le repousse, et achève son débarquement. Il avait simplement exécuté les ordres reçus. A peine le combat naval fut-il connu à Versailles, que l'on combla Château-Renaud de louanges comme s'il avait remporté une grande victoire; ensuite on l'accabla de critiques pour ne l'avoir pas remportée. Les Irlandais prétendaient n'avoir besoin que de ces armes pour écraser les protestants anglais; on fit de vains efforts pour leur apprendre à s'en servir et pour les soumettre à la discipline française : ils ne purent même pas s'emparer, après un long siège, de la mauvaise place de Londonderry, et se retirèrent en désordre; beaucoup d'officiers français avaient péri dans cette entreprise. Louvois éclatait en reproches contre la légèreté de Jacques II, qui allait perdre ses trois royaumes et ne pouvait dissimuler une certaine faiblesse pour ses anciens sujets. « Je ne sais, disait la Bruyère (1), si un bienfait qui tombe sur un ingrat, et ainsi sur un indigne, ne change pas de nom, et s'il méritait plus de reconnaissance. »

On fit comprendre à Louvois que les rois n'étaient pas les seules gens capables d'ignorer leur métier ou d'oublier leur devoir. M. de Courtanvaux, son fils aîné, donnait par sa conduite à l'armée du Rhin de détestables exemples; le puissant ministre fut obligé de faire mettre lui-même son fils en prison, et de le dire tout haut pour qu'on le crût à la cour de France. Il n'en est pas moins vrai qu'on avait eu tort, dans le cabinet du roi, en faisant le plan de la campagne de 1689, de trop compter sur la puissance des flottes françaises et sur les prouesses guerrières des Irlandais. Les escadres d'Angleterre et de Hollande s'étaient réunies en une grande flotte qui croisait entre l'Irlande et la France pour intercepter les communications. L'escadre française

(1) Chap. IV, n° 46.

de la Méditerranée vint se joindre à l'escadre du Ponant. Seignelay était allé lui-même à Brest pour diriger avec activité les préparatifs militaires. « Mon armée navale, écrivait Louis XIV à d'Avaux, doit au premier bon vent sortir de Brest pour aller chercher celle des ennemis ; et si celle-ci a autant envie de combattre, elle éprouvera bientôt que mes forces sont aussi formidables sur mer que sur terre. » Mais les armées navales ne se rencontrèrent pas, le vent s'y opposa. Elles se retirèrent chacune de leur côté. Pendant ce temps Schomberg avait passé en Irlande avec des troupes anglaises. Les Irlandais qui avaient voulu empêcher son débarquement s'étaient débandés ; quelques-uns lui avaient même vendu les armes qu'on leur avait données pour le combattre. Les maladies se mirent dans la petite armée de Schomberg, et l'arrêtèrent court. Voilà le grand succès obtenu en Irlande par le roi de France. Quel reproche pouvait-on faire à Louvois ? Sur le continent les Français ne furent pas plus heureux. En Catalogne, le maréchal de Noailles borna ses exploits à faire sauter les murailles de Campredon, sous les yeux du duc de Villa Hermosa qui l'assiégeait. Dans les Flandres, la réputation du maréchal d'Humières fut ruinée par l'échauffourée de Valcourt, où il perdit beaucoup de monde sans autre avantage que de voir le prince de Waldeck se replier en criant victoire. En Allemagne, les dévastations systématiques que l'on commettait sur nos frontières n'avaient servi qu'à irriter les malheureuses populations des bords du Rhin et à démoraliser les troupes françaises. Elles n'avaient empêché ni le prince Louis de Bade, qui commandait les troupes impériales en Hongrie, de refouler les Turcs vaincus jusque dans les places des Balkans au delà de Weddin, ni l'électeur de Brandebourg de bloquer Bonn avec les troupes de l'Allemagne du Nord, ni le duc de Lorraine de venir avec les troupes de l'Autriche, de la Bavière et de la Souabe, s'établir devant Mayence, et d'en former le siège. On se moquait à la cour de France de la lenteur méthodique des Allemands et de leurs téméraires entreprises. On applaudissait à la brillante résistance de M. d'Haszfeld à Bonn et de M. d'Uxelles à Mayence, pendant que M. de Duras s'amusait à faire le dégât sur les derrières de l'armée allemande. Tout à coup le bruit se répandit que l'héroïque garnison de Mayence avait capitulé. On n'y pouvait rien comprendre, on ne voulait pas y croire, ce n'était pas possible, puisqu'elle venait de faire une sortie désastreuse pour l'ennemi. C'était vrai pourtant, et, après la capitulation de Mayence, le duc de Lorraine envoya des renforts considérables à l'électeur de Brandebourg, et Bonn fut réduite aussi à capituler. Ainsi la France n'était point entamée, mais la campagne finissait à son détriment et au profit de ses ennemis. M⁽ᵐᵉ⁾ de Maintenon n'avait rien à dire, les faits parlaient assez haut. La garnison de Mayence avait manqué de poudre, c'était la faute de Louvois; il y avait du désordre dans l'armée française, c'était la faute de Louvois; on s'était jeté inconsidérément dans une guerre difficile, c'était la faute de Louvois; on avait fait un mauvais plan de campagne et on l'avait mal exécuté, c'était la faute de Louvois; enfin on avait flétri la gloire du roi par des cruautés inutiles ou funestes, c'était toujours la faute de Louvois. Pour s'expliquer ces faits incroyables, on inventa des histoires assez fantastiques (1), comme la querelle du roi et de Louvois sur une fenêtre de Trianon, et la scène de la chambre de M⁽ᵐᵉ⁾ de Maintenon, où le roi faillit, dit-on, assommer son premier ministre à coups de pincettes. La vérité est que l'on crut alors Louvois perdu, et que Trèves fut sauvée; enfin l'on renonça au détestable système de la dévastation.

Le voilà donc jugé, cet homme (2) à qui l'arrogance tenait lieu de grandeur, l'inhumanité de fermeté, et la fourberie d'esprit. Le voilà jugé : il ajoutait la malice au mensonge. Les courtisans accouraient pour le voir entrer dans la chambre de M⁽ᵐᵉ⁾ de Maintenon, épuisé de fatigue, brisé par la fièvre et triste comme l'infortuné qui va au supplice en place de Grève. « L'on court les malheureux, disait le philosophe (3), pour les envisager; l'on se range en haie, ou l'on se place aux fenêtres pour observer les traits et la contenance d'un homme qui est condamné et qui sait qu'il va mourir : vaine, maligne, inhumaine curiosité; si les hommes étaient sages, la place publique serait abandonnée, et il serait établi qu'il y a de l'ignominie seulement à voir de tels spectacles. Si vous êtes si touchés de curiosité, exercez-la du moins en un sujet noble : voyez un heureux, contemplez-le dans le jour même où il a été nommé à un nouveau poste, et qu'il en reçoit les compliments; lisez dans ses yeux, et au travers d'un calme étudié et d'une feinte modestie, combien il est content et pénétré de soi-même; voyez quelle sérénité cet accomplissement de ses désirs répand dans son cœur et sur son visage, comme il ne songe plus qu'à vivre et

---

(1) Saint-Simon.
(2) Chap. XI, n° 25.
(3) Chap. VIII, n° 50.

à avoir de la santé, comme ensuite sa joie lui échappe et ne peut plus se dissimuler, comme il plie sous le poids de son propre bonheur, quel air froid et sérieux il conserve pour ceux qui ne sont plus ses égaux : il ne répond pas, il ne les voit pas ; les embrassements et les caresses des grands, qu'il ne voit plus de si loin, achèvent de lui nuire ; il se déconcerte, il s'étourdit : c'est une courte aliénation. Vous voulez être heureux, vous désirez des grâces ; que de choses pour vous à éviter ! »

M. de Seignelay était rentré à Versailles le 14 septembre, après avoir exercé le commandement en chef des flottes du roi ; il semblait triomphant, auprès de Louvois, lorsqu'il fut nommé ministre secrétaire d'État de la marine royale le 4 octobre 1689. M. de Seignelay (1), écrivait Mme de Sévigné, me paraît comme Bacchus jeune et heureux qui va conquérir les Indes. Ministre d'État à 36 ans, il voulait jouir de son bonheur, il le goûtait à longs traits : tout chez lui respirait l'amusement et la joie. Il ne songeait qu'à vivre, qu'à avoir de la santé ; et déjà la fièvre le minait ! il n'avait guère plus d'un an à vivre, il était condamné à mort. « Dieu est jaloux de sa gloire, lui écrivait Fénelon ; celle des hommes l'irrite. Il résiste aux superbes et donne sa grâce aux humbles. » Bientôt aussi Seignelay sera jugé.

« Vient-on de placer quelqu'un dans un nouveau poste (2), c'est un débordement de louanges en sa faveur, qui inonde les cours et la chapelle, qui gagne l'escalier, les salles, la galerie, tout l'appartement : on en a au-dessus des yeux, on n'y tient pas. Il n'y a pas deux voix différentes sur ce personnage ; l'envie, la jalousie parlent comme l'adulation ; tous se laissent entraîner au torrent qui les emporte, qui les force de dire d'un homme ce qu'ils en pensent et ce qu'ils n'en pensent pas, comme de louer souvent celui qu'ils ne connaissent point. L'homme d'esprit, de mérite ou de valeur devient en un instant un génie de premier ordre, un héros, un demi-dieu. Il est si prodigieusement flatté dans toutes les peintures qu'on fait de lui, qu'il paraît difforme près de ses portraits ; il lui est impossible d'arriver jamais jusqu'où la bassesse et la complaisance viennent de le porter ; il rougit de sa propre réputation. Commence-t-il à chanceler dans ce poste où on l'avait mis, tout le monde passe facilement à un autre avis ; en est-il entièrement déchu, les machines qui l'avaient guindé si haut

---

(1) Mme de Sévigné, t. IX, p. 128 et 246.
(2) Chap. VIII, n° 32.

par l'applaudissement et les éloges sont encore toutes dressées pour le faire tomber dans le dernier mépris : je veux dire qu'il n'y en a point qui le dédaignent mieux, qui le blâment plus aigrement, et qui en disent plus de mal, que ceux qui s'étaient comme dévoués à la fureur d'en dire du bien. » Heureux alors s'il ne trouve pas encore dans ses fidèles amis des flatteurs qui le repaissent de consolations frivoles, ou qui le désolent par leurs reproches et par leurs insultes, en voulant qu'il soit coupable parce qu'il est malheureux.

Les rois ne sont pas à l'abri de ces retours de la fortune et de l'opinion. Jacques II les avait éprouvés, et Louis XIV lui-même commençait à les sentir. Il se flattait d'être le seul soutien de la religion catholique (1) ; il avait accusé le pape de la trahir. « Ceux qui se sont ligués pour la perdre n'appréhendent rien, avait-il écrit au saint-père (2), que de la puissance que Dieu a mise en ma main. » Il avait cru que Dieu continuerait à lui donner ses bénédictions. Mais, malgré son orgueil, il put reconnaître qu'il était aussi déjà jugé. Un homme qui n'avait plus que bien peu de jours à vivre, un homme si malade qu'il était déjà condamné à une mort prochaine, le R. P. Cheminais, prêchant devant la reine d'Angleterre (3), osa faire entendre la vérité, qui s'appliquait à Louis XIV aussi bien qu'à Jacques II. Voici ses paroles sur un sujet si délicat : « Je souffre, disait l'Apôtre (4), mais je n'en ai point de confusion ; car je sais qui est celui sur la parole duquel je me repose. C'est une erreur du monde de se persuader que ceux-là sont à plaindre qui dans leurs afflictions n'ont plus de ressources que dans les pensées de la foi. Il nous semble quelquefois que Dieu serait plus glorifié s'il donnait du succès aux personnes dont l'exaltation est nécessaire pour le bien de l'Église, que c'est abandonner ses intérêts que de négliger les leurs. Non, chrétiens, ce n'est point là l'esprit de l'Évangile ; laissons à Dieu le soin de sa gloire, et prenons garde que nous ne soyons plus jaloux de la nôtre que de la sienne. Il connaît mieux que nous par quelle route il y doit aller : ce n'est ni à la puissance des grands, ni à la valeur des guerriers, ni à l'éloquence des orateurs, ni à la sagesse des philosophes, ni à l'opulence des riches que l'Église de Jésus-Christ

---

(1) Prologue d'*Esther*.
(2) De Sourches, t. III, p. 46 et p. 495-496.
(3) Cheminais mourut le 15 septembre 1689.
(4) Saint Paul, 2° épître à Timothée, ch. I.

est redevable de son établissement et de son progrès : c'est au sang des martyrs, c'est à la patience des chrétiens ; la foi s'est établie par là, et j'ose dire qu'elle se conservera par là plus que par toute autre voie. Tandis que l'Église aura des chrétiens fidèles, patients, humbles, soumis, résignés, courageux et constants dans les afflictions, des hommes faits de la sorte feront plus d'honneur à la religion que des conquérants. Dieu n'a besoin de personne. »

Innocent XI mourut le 12 août; on le sut à Versailles le 23 ; des courtisans en témoignèrent une joie indécente (1). « On ne pourrait se défendre, dit la Bruyère (2), de quelque joie à voir périr un méchant homme : l'on jouirait alors du fruit de sa haine, et l'on tirerait de lui tout ce qu'on en peut espérer, qui est le plaisir de sa perte. Sa mort enfin arrive, mais dans une conjoncture où nos intérêts ne nous permettent pas de nous en réjouir : il meurt trop tôt ou trop tard. » Lorsque le pape Alexandre VIII fut nommé (3), Dangeau écrivit : « Ce pape-là a beaucoup d'esprit; on espère qu'il songera à donner la paix à l'Europe et à soutenir la religion catholique. » Louis XIV rendit le comtat Venaissin et se relâcha sur les franchises de son ambassade à Rome. Alexandre VIII, suivant les volontés du roi de France, essaya de se porter comme médiateur entre les belligérants; mais les catholiques ne voulurent point écouter ses conseils pacifiques, et il n'eut aucun crédit sur les puissances protestantes. Il ratifia la nomination des évêques français nommés par le roi, qu'Innocent XI n'avait pas voulu reconnaître ; mais sur la déclaration du clergé gallican, et sur les quatre articles que Louis XIV avait fait voter au concile national de 1682, il ne fit aucune concession qui pût altérer les dogmes de l'Église. Tout ce que la profonde diplomatie française gagna fut un compliment à M. de Chaulnes, qui revint chargé de dire au roi de France combien le saint-père se sentait obligé envers lui de la part qu'il avait prise à son élection. « Les grands esprits, dit Bossuet, s'imaginent remuer toutes choses en ce monde et gouverner les affaires humaines à leur gré ; ils oublient qu'il y a une raison supérieure qui se sert et se moque d'eux, comme ils se servent et se moquent des autres hommes. »

Quand M. le Duc revint de l'armée (7 novembre), il était de mau-

(1) De Sourches.
(2) Chap. IV, n° 66.
(3) *Journal de Dangeau*, t. III, p. 10 (18 octobre 1689).

vaise humeur : il avait fait une triste campagne, sans gloire et sans profit. Partout les événements répondaient mal au but proposé. La fortune semblait prendre le parti de l'imprévoyance ; la Providence, celui du crime. Les plus justes desseins échouaient ; les efforts persévérants n'aboutissaient à rien ; les plus sages mesures avaient dans l'application des conséquences étranges, et la politique des hommes d'État les plus habiles était contrariée, renversée par des rencontres tellement irrégulières qu'on n'y pouvait plus rien comprendre. Les philosophes eux-mêmes étaient réduits au désespoir, et les courtisans parlaient de renoncer au monde pour se retirer dans la plus affreuse solitude. « O temps ! ô mœurs ! s'écrie Héraclite (1), ô malheureux siècle ! siècle rempli de mauvais exemples, où la vertu souffre, où le crime domine, où il triomphe ! Je veux être un Lycaon, un Égiste ; l'occasion ne peut être meilleure, ni les conjonctures plus favorables, si je désire du moins de fleurir et de prospérer. Un homme (2) a dit : « Je passerai la mer ; je dépouillerai mon père (3) de son patrimoine ; je le chasserai, lui, sa femme, son héritier, de ses terres et de ses États ; » et comme il l'a dit, il l'a fait. Ce qu'il devait appréhender, c'était le ressentiment de plusieurs rois qu'il outrage en la personne d'un seul roi ; mais ils tiennent pour lui, ils lui ont presque dit : « Passez la mer, dépouillez votre père, montrez à tout l'univers qu'on peut chasser un roi de son royaume ainsi qu'un petit seigneur de son château ou un fermier de sa métairie ; qu'il n'y ait plus de différence entre un simple particulier et nous ; nous sommes las de ces distinctions : apprenez au monde que ces peuples que Dieu a mis sous nos pieds peuvent nous abandonner, nous trahir, nous livrer, se livrer eux-mêmes à un étranger, qu'ils ont moins à craindre de nous que nous d'eux et de leur puissance. » Qui pourrait voir des choses si tristes avec des yeux secs et une âme tranquille ? Il n'y a point de charges qui n'aient leurs privilèges ; il n'y a aucun titulaire qui ne parle, qui ne plaide, qui ne s'agite pour les défendre : la dignité royale seule n'a plus de privilèges ; les rois eux-mêmes y ont renoncé. Un seul, toujours bon et magnanime (4), ouvre ses bras à une famille malheureuse. Tous les autres se liguent pour se venger de lui, et de l'appui qu'il donne à une cause

---

(1) Chap. XII, n° 118.
(2) Le prince d'Orange.
(3) Jacques II.
(4) Louis XIV.

qui leur est commune. L'esprit de pique et de jalousie prévaut chez eux à l'intérêt de l'honneur, de la religion et de leur état (1) ; est-ce assez ? à leur intérêt personnel et domestique : il y va, je ne dis pas de leur élection, mais de leur succession, de leurs droits comme héréditaires ; enfin dans tous l'homme l'emporte sur le souverain. Un prince (2) délivrait l'Europe, se délivrait lui-même d'un fatal ennemi (3), allait jouir de la gloire d'avoir détruit un grand empire (4) : il la néglige pour une guerre douteuse (5). Ceux qui sont nés arbitres et médiateurs temporisent (6) ; et lorsqu'ils pourraient avoir déjà employé utilement leur médiation, ils la promettent. O pâtres ! continue Héraclite, ô rustres qui habitez sous le chaume et dans les cabanes ! si les événements ne vont point jusqu'à vous, si vous n'avez point le cœur percé par la malice des hommes, si on ne parle plus d'hommes dans vos contrées, mais seulement de renards et de loups cerviers, recevez-moi parmi vous à manger votre pain noir et à boire l'eau de vos citernes. »

Démocrite, ou la Bruyère, riait de ce qui faisait pleurer Héraclite. En effet, les ennemis de la France n'étaient guère plus heureux que les courtisans de Louis XIV. Schomberg n'avait pas grand succès en Irlande ; l'échauffourée de Valcourt n'était pas une victoire pour Waldeck ; la prise de Mayence et celle de Bonn, obtenues par des sacrifices énormes, n'étaient qu'une consolation pour les armées qui devaient entrer victorieuses dans Paris. Enfin le prince d'Orange, qui avait juré de brûler Versailles comme les Français avaient brûlé son château de Meurs (7), en était encore bien éloigné. Pour les ministres protestants, qui avaient prédit que la France allait être envahie par les armées étrangères, quel effroyable démenti que les ravages exercés par les armées françaises dans la vallée du Rhin, que ces déserts qui couvraient les frontières du royaume ! Que devenaient les calculs de Jurieu sur l'Apocalypse ? C'était, dit Bossuet (8), un grand avantage remporté en faveur de la raison et du bon sens contre la superstition

---

(1) Cf. Prologue d'*Esther*.
(2) L'empereur Léopold.
(3) Les Turcs.
(4) L'empire ottoman.
(5) Contre la France.
(6) Les papes : Alexandre VIII surtout.
(7) De Sourches.
(8) Bossuet, 2º *Avertissement*, nº 12, vol. XV, p. 257.

des nombres et la crédulité populaire. Mais on était plus acharné que jamais à poursuivre la guerre; et cette année miraculeuse, qui devait rétablir la paix en France au profit des huguenots, ruina leurs dernières espérances. Les adversaires de Louis XIV en étaient réduits pour justifier leurs folles prophéties à imaginer les plus bizarres combinaisons politiques. Un écrivain à la solde du prince d'Orange et de l'empereur d'Allemagne fit connaître le seul moyen de pacifier l'Europe et de rendre tout le monde content. « La France, disait-il (1), épuisée par sa mauvaise administration et par la fuite des protestants exilés, allait périr sous le poids de la colère divine, par la folle ambition et l'incapacité de son roi. Il n'y avait de salut pour elle qu'en se débarrassant de cette odieuse tyrannie. Elle se jetait aux pieds du Dauphin, et le priait de prendre en main la direction des affaires avant que le royaume dont il était l'héritier ne fût entièrement perdu. Elle le pressait de s'emparer du pouvoir pendant qu'il en était encore temps. Elle le conjurait avec instances de faire descendre du trône le roi son père, comme la reine Christine de Suède et le roi Casimir de Pologne en étaient descendus, de lui assurer une douce retraite pour ses vieux jours, et de lui procurer, à lui et à sa compagne, de tels honneurs qu'ils fussent heureux tous les deux de faire leur salut et celui de la France. » Démocrite n'avait-il pas le droit de rire de la politique des ennemis de la France, qui n'avaient trouvé rien de mieux pour sauver le royaume que de mettre au couvent le roi avec Mme de Maintenon? Et passant en revue dans son esprit les bévues des hommes d'État, catholiques ou protestants, français, anglais, italiens, espagnols, hollandais ou allemands, il définissait d'un mot leur prétendue sagesse : « Ne songer qu'à soi et au présent, source d'erreur dans la politique (2). »

La Bruyère n'avait sous les yeux que trop d'exemples de cet égoïsme insensé. « L'on contemple dans les cours de certaines gens (3), et l'on voit bien à leurs discours et à toute leur conduite qu'ils ne songent ni à leurs grands-pères ni à leurs petits-fils : le présent est pour eux; ils n'en jouissent pas, ils en abusent. » Mais pour cela il leur faut s'assujettir aux plus ennuyeuses assiduités auprès des grands,

---

(1) *Le salut de la France à Monseigneur le Dauphin*, 2ᵉ édition (Cologne, chez Pierre Marteau, 1690), p. 30-33, et p. 222; prêté par Charles Read.
(2) Chap. XII, n° 87.
(3) Chap. VIII, n° 95.

dont ils veulent gagner la faveur ; il leur faut essuyer mille rebuts, digérer mille dégoûts, se donner des mouvements incroyables, n'être plus à soi, vivre dans la servitude la plus pénible et la plus humiliante, sacrifier à l'idole que l'on adore son repos, sa santé, sa dignité, sa conscience même. « Le prince, dit la Bruyère (1), n'a point assez de toute sa fortune pour payer une basse complaisance, si l'on en juge par tout ce que celui qu'il veut récompenser y a mis du sien ; et il n'a pas trop de toute sa puissance pour le punir, s'il mesure sa vengeance au tort qu'il en a reçu. »

Comment se fait-il qu'on ait toujours vu pulluler, autour de ceux qui gouvernent les nations, cette race de politiques égoïstes et de vils courtisans ? « S'il y a si peu d'excellents orateurs, observe notre moraliste (2), y a-t-il bien des gens qui peuvent les entendre ? S'il n'y a pas assez de bons écrivains, où sont ceux qui savent lire ? De même on s'est toujours plaint du petit nombre de gens capables de conseiller les rois et de les aider dans l'administration de leurs affaires ; mais s'ils naissent enfin ces hommes habiles et intelligents, s'ils agissent selon leurs vues et leurs lumières, sont-ils estimés autant qu'ils le méritent ? Sont-ils loués de ce qu'ils pensent ou de ce qu'ils font pour la patrie ? Ils vivent, il suffit : on les censure, s'ils échouent ; et on les envie, s'ils réussissent. Blâmons le peuple où il serait ridicule de l'excuser. Son chagrin et sa jalousie, regardés des grands comme inévitables, les ont conduits insensiblement à le compter pour rien, et à négliger ses suffrages dans toutes leurs entreprises, à s'en faire même une règle de politique. »

Que résultait-il de là ? « Les petits se haïssent les uns les autres, lorsqu'ils se nuisent réciproquement (3). Les grands sont odieux aux petits par le mal qu'ils leur font et par tout le bien qu'ils ne leur font pas : ils leur sont responsables de leur obscurité, de leur pauvreté et de leur infortune, ou du moins ils leur paraissent tels. » Il y avait là un danger véritable sur lequel la révolution d'Angleterre avait attiré l'attention de la Bruyère : il pensait sérieusement à l'avenir de la France. Si les grands persistaient à ne compter le peuple pour rien, s'ils négligeaient toujours ses suffrages, comme l'avaient fait Jacques II en Angleterre et quelques princes en France, on pouvait craindre

---

(1) Chap. IX, n° 39.
(2) Chap. IX, n° 22.
(3) Chap. IX, n° 22.

que cette politique dure, hautaine et dissimulée, ne finît par l'exaspérer et le pousser à des résolutions désespérées. Le moraliste ne demandait pas, comme son ancêtre Mathias de la Bruyère l'avait demandé, il y avait cent ans, que le peuple fût pour beaucoup dans l'État ; ni, comme l'abbé Sieyès l'exigera dans cent ans, que le tiers fût tout dans la république ; il insinuait seulement et avec beaucoup de réserve qu'il faudrait, comme le prince d'Orange, compter le peuple pour quelque chose dans les entreprises des grands. Voilà tout. Était-ce raisonnable ?

Dans cent ans qui peut dire ce qui arrivera ? Dans cent ans, répondaient ceux qui avaient le présent et qui en jouissaient sans songer ni à leurs grands-pères ni à leurs petits-fils, dans cent ans le monde ne subsistera plus. « Dans cent ans, répliquait la Bruyère (1), le monde subsistera encore en son entier : ce sera le même théâtre et les mêmes décorations, ce ne seront plus les mêmes acteurs. Tout ce qui se réjouit sur une grâce reçue, ou ce qui s'attriste et se désespère sur un refus, tous auront disparu de dessus la scène. Il s'avance déjà sur le théâtre d'autres hommes qui vont jouer dans une même pièce les mêmes rôles ; ils s'évanouiront à leur tour ; et ceux qui ne sont pas encore, un jour ne seront plus : de nouveaux acteurs ont pris leur place. Quel fond à faire sur un personnage de comédie ? » Est-ce là un logogriphe historique à la façon des centuries de Nostradamus, comme on aimait à en faire dans la maison de Condé ? La pensée de la Bruyère, qui perce à travers ce voile, nous paraît être celle-ci : dans cent ans les courtisans seront encore ce qu'ils sont aujourd'hui. Quel que soit le gouvernement, il y aura toujours des politiques égoïstes : c'est un personnage de la comédie humaine. Tant que le monde subsistera, nous aurons toujours le même théâtre, les mêmes décorations, et l'on jouera la même pièce ; les acteurs changeront sans cesse, mais ils seront toujours fidèles à leur maxime : « Ne songer qu'à soi et au présent. » Quel établissement solide et durable peut-on fonder sur eux ?

Satisfait de son humble fortune, heureux de n'avoir ni à demander ni à recevoir aucune grâce, notre philosophe célibataire avouait volontiers qu'il n'était pas né pour les affaires, encore moins pour le gouvernement. « Si c'est trop, dit-il (2), de se trouver chargé d'une

---

(1) Chap. VIII, n° 99.
(2) Chap. X, n° 34.

seule famille, si c'est assez d'avoir à répondre de soi seul, quel poids, quel accablement, que celui de tout un royaume! Un souverain est-il payé de ses peines par le plaisir que donne une puissance absolue, par toutes les prosternations des courtisans? Je songe aux pénibles, douteux et dangereux chemins qu'il est quelquefois obligé de suivre pour arriver à la tranquillité publique ; je repasse les moyens extrêmes, mais nécessaires, dont il use souvent pour une bonne fin ; je sais qu'il doit répondre à Dieu même de la félicité de ses peuples, que le bien et le mal est en ses mains, et que toute ignorance ne l'excuse pas ; et je me dis en moi-même : « Voudrais-je régner? » Un homme un peu heureux dans une condition privée devrait-il y renoncer pour une monarchie? N'est-ce pas beaucoup, pour celui qui se trouve en place par un droit héréditaire, de supporter d'être né roi? » Au milieu de la cour du grand roi, en face de Sa Majesté, devant qui tout genou pliait, non seulement la Bruyère n'est pas ébloui par le prestige du pouvoir absolu, mais encore il en discerne les inconvénients et il en signale les dangers. Enfin, s'il a dans son esprit quelques-uns des principes de 1789, il a peut-être aussi un vague pressentiment des tragédies de la révolution française.

CHAPITRE XXVIII.

1689-1690.

Dans la société du XVIIe siècle, la tragédie d'*Esther* fut un événement considérable. — La Bruyère imite Racine auprès de Mme la Duchesse. — Sa théorie littéraire expliquée d'après les écrivains du XVIe et du XVIIe siècle : le goût des anciens pour le simple et le naturel brille dans Molière et la Fontaine, mais ni dans l'*Homme à bonnes fortunes*, ni dans le *Débauché* de Baron. — Aventures galantes de M. de Béthune, dit Cassepot. — Querelle de M. le duc d'Estrées et de M. le duc de Gesvres. M. le Prince paraît les réconcilier. Il gagne son procès et fait rompre le testament de Mlle de Guise. — Il cherche querelle à Mme la Duchesse, et fait si bien que le roi casse la chambre de ses filles d'honneur. — Il en est désolé, tombe malade ; Mme la Duchesse va le consoler et le distraire à Chantilly. — Mlle de Croissy remplace les filles d'honneur. — Mme la Duchesse prend un ascendant singulier dans la maison de Condé ; elle se moque de son mari, qui s'en prend à la Bruyère. — Le philosophe rit de M. le Duc trop bien marié, de M. de Marsan mal marié, de M. de Mailly, l'heureux époux de Mlle de Sainte-Hermine. — Satisfaction de Gourville qui vient d'obtenir son brevet d'honnête homme en faisant de la fausse monnaie. — Xaintrailles ne veut pas saluer la Bruyère : le moraliste n'en est pas plus fier pour cela. — Il examine les effrontés qui fourmillent à la cour. — Lanjamet et Lassay sont deux types curieux. — Leur histoire : pour ces gens-là le moraliste est un rustre, un Vulteius, un Vespasien. — Il aime mieux être du peuple que des grands, mais il reconnaît qu'il n'est pas bon de passer pour un philosophe.

Le 26 janvier 1689, à trois heures, le roi et Monseigneur allèrent à Saint-Cyr (1), où l'on représenta pour la première fois la tragédie d'*Esther*. Pleine de grandes leçons d'amour de Dieu et de détachement du monde, cette pièce réussit à merveille. « A dire vrai, je ne pensais pas, avoua l'auteur (2), que la chose dût être aussi publique qu'elle l'a été. Mais les grandes vérités de l'Écriture et la manière sublime

---

(1) Dangeau, t. II, p. 310.
(2) Préface d'*Esther*.

dont elles y sont énoncées, pour peu qu'on les présente même imparfaitement aux yeux des hommes, sont si propres à les frapper ; d'ailleurs ces jeunes demoiselles ont déclamé et chanté cet ouvrage avec tant de grâce, tant de modestie et de piété, qu'il n'a pas été possible qu'il demeurât renfermé dans le secret de leur maison. De sorte qu'un divertissement d'enfants est devenu le sujet de l'empressement de toute la cour. » Mme de Sévigné (1) parle ainsi de la sixième représentation d'*Esther,* où elle avait été invitée : « Je me mis au second banc, derrière les duchesses ; le maréchal de Bellefonds vint se mettre à mon côté droit. Nous écoutâmes cette tragédie avec une attention qui fut remarquée, et de certaines louanges sourdes et bien placées qui n'étaient peut-être pas sous les fontanges de toutes les dames. Je ne puis vous dire l'excès de l'agrément de cette pièce : c'est une chose qui n'est pas aisée à représenter et qui ne sera jamais imitée. C'est un rapport de la musique, des vers, des chants, des personnes, si parfait et si complet, qu'on n'y souhaite rien ; les filles qui font des rois et des personnages, sont faites exprès ; on est attentif et l'on n'a point d'autre peine que de voir finir une si aimable pièce ; tout y est simple, tout y est innocent, tout y est sublime et touchant : cette fidélité de l'histoire sainte y donne du respect ; tous les chants, convenables aux paroles tirées des *Psaumes* ou de la *Sagesse,* et mis dans le sujet, sont d'une beauté qu'on ne soutient pas sans larmes. La mesure de l'approbation qu'on donne à cette pièce, c'est celle du goût et de l'attention. » Le roi vint vers Mme de Sévigné et lui dit : « Madame, je suis assuré que vous avez été contente. » Elle répondit : « Sire, je suis charmée ; ce que je sens est au-dessus des paroles. » Le roi reprit : « Racine a bien de l'esprit. » Elle dit : « Oui, Sire, il en a beaucoup ; mais en vérité ces jeunes personnes en ont beaucoup aussi : elles entrent dans le sujet comme si elles n'avaient jamais fait autre chose. — Ah ! pour cela, il est vrai, » reprit le roi en s'en allant. Cette représentation fut la dernière de l'hiver. La pièce fut imprimée et fort goûtée du public. Le roi avait applaudi, Bossuet avait approuvé ; M. le Prince avait pleuré ; comment la Bruyère aurait-il pu, à la seule lecture, ne pas sentir le mérite singulier de cette pièce ? Il goûtait moins peut-être les flatteries excessives du prologue ; il admirait surtout la beauté simple et naturelle du sujet et le talent de l'auteur pour décrier

---

(1) Mme de Sévigné, 18 et 21 février 1689.

le vice sans blesser les vicieux ; mais pouvait-il l'imiter ? « Entre dire de mauvaises choses, écrivait-il (1), ou en dire de bonnes que tout le monde sait et les donner pour nouvelles, je n'ai pas le choix. »

M. le ministre ou plénipotentiaire (2) du Brandebourg nous a laissé un portrait peu flatté de Racine à la cour de France. « Le mérite de ses pièces dramatiques, dit-il (3), n'égale pas celui qu'il a eu l'esprit de se former en ce pays-là, où il fait toutes sortes de personnages... Pour un homme venu de rien, il a pris aisément les manières de la cour. Les comédiens lui en avaient donné un faux air, il l'a rectifié ; et il est de mise partout, jusques au chevet du lit du roi où il a l'honneur de lire quelquefois, ce qu'il fait mieux qu'un autre. S'il était prédicateur ou comédien, il surpasserait tout en l'un et l'autre genre. C'est le savant de la cour ; ainsi que le Duc, la Duchesse est ravie de l'avoir à sa table ou après son repas, pour l'interroger sur plusieurs choses qu'elle ignore : c'est là qu'il triomphe. Il débite la science avec beaucoup de gravité, il donne ses décisions avec une modestie suffisante qui impose. Il est bon grec, bon latin ; son français est le plus pur, quelquefois élevé, quelquefois médiocre et presque toujours rempli de nouveauté. » Avec moins d'éclat, sur un théâtre plus étroit, voilà le rôle que la Bruyère, sans être comédien ni poète dramatique, jouait dans la maison de Condé. Nous avons vu ce qu'il disait auprès de M. le Duc ; il s'est peint lui-même auprès de Mme la Duchesse (4) : « Une belle femme est aimable dans son naturel ; elle ne perd rien à être négligée, et sans autre parure que celle qu'elle tire de sa beauté et de sa jeunesse. Une grâce naïve éclate sur son visage, anime ses moindres actions : il y aurait moins de péril à la voir avec tout l'attirail de l'ajustement et de la mode. De même un homme de bien est respectable par lui-même, et indépendamment de tous les dehors dont il voudrait s'aider pour rendre sa personne plus grave et sa vertu plus spécieuse. Un air réformé, une modestie outrée, la singularité de l'habit, une ample calotte, n'ajoutent rien à la probité, ne relèvent pas le mérite ; ils le fardent, et font peut-être qu'il est moins pur et moins ingénu. »

Perrault allait publier le deuxième volume de son *Parallèle des*

---

(1) Chap. v, n° 72.
(2) Chap. x, n° 12.
(3) *Appendice à la Relation*, p. 402 et 403.
(4) Chap. xii, n° 29.

Anciens et des Modernes. Dans la chaleur de sa polémique, il était devenu (1) un Zoïle qui brisait les divinités du paganisme, foulait aux pieds les chefs-d'œuvre de l'antiquité, et voulait anéantir la langue grecque et la langue latine, que ces auteurs immortels avaient si bien parlées. Il raillait « ces savants qui ouvrent une bouche énorme et font un bruit épouvantable en prononçant les paroles de Démosthène et de Cicéron. Si l'on était libre de toute prévention, on trouverait, dit-il (2), qu'il y a souvent plus d'avantage à lire les auteurs dans une bonne traduction que dans leur propre langue. » Sans doute, quand on ne comprend pas cette langue. Or, comme le disait fort bien la Bruyère (3), « il ne s'agit pas si les langues sont anciennes ou nouvelles, mortes ou vivantes, mais si elles sont grossières ou polies, si les livres qu'elles ont formés sont d'un bon ou d'un mauvais goût. Supposons que notre langue pût avoir un jour le sort de la grecque ou de la latine, serait-on pédant, quelques siècles après qu'on ne les parlerait plus, pour lire MOLIÈRE ou la FONTAINE ? »

Molière et la Fontaine sont les deux poètes du dix-septième siècle qui ont le moins perdu de nos jours ; ce sont les plus français de nos poètes : la Bruyère a donc eu raison de les choisir comme des auteurs impérissables ; même après la destruction de la France, et quand la langue française ne sera plus parlée en ce monde, les hommes de goût, qui apprendront le français comme nous apprenons le grec et le latin, trouveront un plaisir délicat à lire les comédies de Molière et les fables de la Fontaine. Mais la Bruyère avait encore d'autres raisons de les préférer à leurs contemporains : ils étaient revenus au goût des anciens (4), et ils avaient repris enfin le simple et le naturel. Corneille avait été gâté par l'emphase espagnole. « Certains poètes sont sujets, dans le dramatique (5), a de longues suites de vers pompeux qui semblent forts, élevés, et remplis de grands sentiments. Le peuple écoute avidement, les yeux élevés et la bouche ouverte, croit que cela lui plaît, et à mesure qu'il y comprend moins, l'admire davantage ; il n'a pas le temps de respirer, il a à peine celui de se récrier et d'applaudir. J'ai cru autrefois, et dans ma première jeunesse, que ces en-

---

(1) *Parallèle des Anciens et des Modernes,* vol. II, préface.
(2) *Ibid.,* p. 7.
(3) Chap. XII, n° 19.
(4) Chap. I, n° 15, 1re éd.
(5) Chap. I, n° 8.

droits étaient clairs et intelligibles pour les acteurs, pour le parterre et l'amphithéâtre, que leurs auteurs s'entendaient eux-mêmes, et qu'avec toute l'attention que je donnais à leur récit, j'avais tort de n'y rien entendre : je suis détrompé. » La Bruyère s'était attaché de bonne heure au goût ancien pour le simple et le naturel ; mais, comme beaucoup de ses contemporains, il s'était fait sur ce point un système étroit, excessif, erroné, surtout quand il voulait l'appliquer à l'architecture. « On a dû faire du style, dit-il (1), ce qu'on a fait de l'architecture. On a entièrement abandonné l'ordre gothique, que la barbarie avait introduit pour les palais et pour les temples ; on a rappelé le dorique, l'ionique et le corinthien : ce qu'on ne voyait plus que dans les ruines de l'ancienne Rome et de la vieille Grèce, devenu moderne, éclate dans nos portiques et dans nos péristyles. De même on ne saurait en écrivant rencontrer le parfait, et s'il se peut, surpasser les anciens que par leur imitation. »

Le système littéraire de la Bruyère se trouva plus juste dans les lectures qu'il fit pour Mme la Duchesse. « J'ai lu, dit-il (2), Malherbe et Théophile. » Malherbe avait chanté Mme la Princesse, mère du grand Condé, au nom du grand Alexandre ou de Henri IV épris de sa beauté. Théophile, qui s'était caché à Chantilly dans le château de Montmorency, y avait chanté Silvie et laissé son nom gravé de tous côtés. « J'ai lu Malherbe et Théophile. Ils ont tous deux connu la nature, avec cette différence que le premier, d'un style plein et uniforme, montre tout à la fois ce qu'elle a de plus beau et de plus noble, de plus naïf et de plus simple ; il en fait la peinture ou l'histoire. L'autre, sans choix, sans exactitude, d'une plume libre et inégale, tantôt charge ses descriptions, s'appesantit sur les détails : il fait une anatomie ; tantôt il feint, il exagère, il passe le vrai dans la nature : il en fait le roman. » Telle n'était pas l'opinion de tout le monde (3) ; mais la Bruyère maintint la sienne et la démontra ainsi : « Ronsard et Balzac ont eu, chacun dans leur genre (4), assez de bon et de mauvais pour former après eux de très grands hommes en vers et en prose. » Mais ils ne l'ont pas été. « Marot, par son tour et par son style, semble avoir écrit depuis Ronsard (5). Il n'y a guère entre ce premier et nous que la dif-

(1) Chap. I, n° 15.
(2) Chap. I, n° 39.
(3) Boileau, 9° épître. v. 173-175.
(4) Chap. I, n° 40.
(5) Chap. I, n° 41.

férence de quelques mots. » La Bruyère lut quelques-unes des meilleures pièces de Marot à Mme la Duchesse, et lui définit ainsi le tableau de la poésie française au seizième siècle : « Ronsard et les auteurs contemporains (1) ont plus nui au style qu'ils ne lui ont servi : ils l'ont retardé dans le chemin de la perfection ; ils l'ont exposé à la manquer pour toujours et à n'y plus revenir. Il est étonnant que les ouvrages de Marot, si naturels et si faciles, n'aient su faire de Ronsard, d'ailleurs plein de verve et d'enthousiasme, un plus grand poète que Ronsard et que Marot ; et, au contraire, que Belleau, Jodelle, et du Bartas, aient été sitôt suivis d'un Racan et d'un Malherbe, et que notre langue à peine corrompue se soit vue réparée. » C'est l'opinion et l'expression de Boileau (2).

La Bruyère n'avait pas moins de peine à tirer parti de Rabelais que de Marot pour l'instruction de Mme la Duchesse. « Marot et Rabelais (3) sont inexcusables d'avoir semé l'ordure dans leurs écrits : tous deux avaient assez de génie et de naturel pour pouvoir s'en passer, même à l'égard de ceux qui cherchent moins à admirer qu'à rire dans un auteur. Rabelais surtout est incompréhensible : son livre est une énigme, quoi qu'on veuille dire, inexplicable ; c'est une chimère, c'est le visage d'une belle femme avec des pieds et une queue de serpent, ou de quelque autre bête plus difforme ; c'est un monstrueux assemblage d'une morale fine et ingénieuse, et d'une sale corruption. Où il est mauvais, il passe bien loin au delà du pire, c'est le charme de la canaille : où il est bon, il va jusqu'à l'exquis et à l'excellent, il peut être le mets des plus délicats. » Je me suis persuadé que la Bruyère lut à Mme la Duchesse quelques-uns des meilleurs passages de « la vie très horrifique du grand Gargantua et de l'histoire de son fils Pantagruel, roy des Dipsodes, restitué à son naturel avec ses faits et prouesses épouvantables, composés par feu M. Alcofribas abstracteur de quintessence. Car, comme le dit en son dixain maistre Hugues Salel à l'auteur de ce livre, il en a si bien décrit l'utilité qu'il m'est avis que je vois un Démocrite (4) qui rit des faits de notre vie humaine ». Il lut aussi certainement à Son Altesse divers morceaux de Montaigne (5). Il y avait beaucoup à prendre dans un auteur

(1) Chap. I, n° 42.
(2) *Art poétique de Boileau*, liv. I, v. 129.
(3) Chap. I, n° 43.
(4) Chap. XII, n° 21.
(5) Chap. I, n° 44.

qui pense beaucoup et dont les pensées sont naturelles. Il ne le croyait pas exempt de toute sorte de blâme, mais il était sévère pour ceux qui le blâmaient. Toucher à Montagne (1), c'était toucher à la Bruyère par son côté faible. Cependant il avouait bravement qu'un style grave, sérieux, scrupuleux, va fort loin. « On lit, dit-il Amyot et Coeffeteau ; lequel lit-on de leurs contemporains ? » Il ne pouvait manquer de faire connaître à Mme la Duchesse Balzac et Voiture. Il reconnaît que, pour les termes et l'expression (2), Balzac est moins vieux que Voiture ; mais il fait sur ce dernier une piquante remarque. « Voiture pour le tour, pour l'esprit et pour le naturel, n'est pas moderne, et ne ressemble en rien à nos écrivains (du *Mercure galant*), c'est qu'il leur a été plus facile de le négliger que de l'imiter, et que le petit nombre de ceux qui courent après lui ne peut l'atteindre. »

Ainsi la Bruyère aimait le grand choix du beau vrai, comme dit Molière (3), c'est-à-dire la belle nature et non la laide. Il reconnaissait au théâtre certaines limites qu'un auteur ne doit jamais franchir. « Ce n'est point assez, dit-il (4), que les mœurs du théâtre ne soient point mauvaises, il faut encore qu'elles soient décentes et instructives (5). Il peut y avoir un ridicule si bas et si grossier, ou même si fade et si indifférent, qu'il n'est ni permis au poète d'y faire attention, ni possible aux spectateurs de s'en divertir. Le paysan ou l'ivrogne fournit quelques scènes à un farceur ; il n'entre qu'à peine dans le vrai comique : comment pourrait-il faire le fond ou l'action principale de la comédie ? « Ces caractères, dit-on, sont naturels. » Ainsi, par cette règle, on occupera bientôt tout l'amphithéâtre d'un laquais qui siffle, d'un malade dans sa garde-robe, d'un homme ivre qui dort ou qui vomit : y a-t-il rien de plus naturel ? C'est le propre d'un efféminé de se lever tard (6), de passer une partie du jour à sa toilette, de se voir au miroir, de se parfumer, de se mettre des mouches, de recevoir des billets et d'y faire réponse. Mettez ce rôle sur la scène. Plus longtemps vous le ferez durer, un acte, deux actes, plus il sera naturel et conforme à son original ; mais plus aussi il sera froid et insipide. »

(1) La Bruyère écrivait ainsi le nom de Montaigne.
(2) Chap. I, n° 45.
(3) *La gloire du Val-de-Grâce*, v. 107.
(4) Chap. I, n° 52.
(5) Cf. *Examen de l'Homme à bonnes fortunes*, par Petitot. *Répertoire du Théâtre Français*, t. X, p. 135-138.
(6) *Ibid.*, p. 24-39, l'*Homme à bonnes fortunes*, acte Ier, sc. IV, V, VI, VII, etc.

Le naturel de l'*Homme à bonnes fortunes* avait déplu au roi (1). Lorsqu'il vit jouer cette comédie à Versailles, il s'en alla avant la fin de la représentation. Que dira-t-il donc quand Baron viendra jouer devant lui le *Débauché?* Cette nouvelle comédie (2) fut trouvée très mauvaise, dit Dangeau. La tragédie d'*Esther* avait si bien rempli l'imagination et satisfait le goût de Louis XIV, qu'il ne pouvait plus souffrir le dévergondage des pièces de Baron. La Bruyère était parfaitement d'accord avec le roi sur ce point.

Il advint alors une aventure ridicule (3) qui fit grand bruit. M. le comte de Béthune, surnommé Cassepot, logeait à l'hôtel de Lyonne avec M. le duc d'Estrées, Mme d'Estrées, Mme de Vaubrun et Mlle de Vaubrun. Comment cette jeune fille de dix-sept ans put-elle aimer ce Don Quichotte de soixante ans, maigre, sec, pâle, avec un air de fou? On ne sait. Il y avait deux mois qu'elle s'était retirée au couvent de Sainte-Marie du faubourg Saint-Germain, lorsque, le 24 mars, M. de Béthune vint avec des gardes de M. de Gesvres, gouverneur de Paris, et demanda aux religieuses de lui rendre sa femme. Les religieuses lui répondirent qu'elles ne la connaissaient pas. Il se fâche, enfonce la grille du couvent à coups de bûche, entre de force, trouve Mlle de Vaubrun qui l'attendait, la prend, la met dans un carrosse, la mène chez M. de Gesvres, et il écrit au roi pour lui rendre compte de son procédé. « Je crois, disait-il, n'avoir rien fait contre l'ordre, d'enlever une personne avec laquelle je suis marié dans les formes. » Le duc de Gesvres se rendit à Versailles pour se justifier d'avoir aidé M. de Béthune en cette affaire : il désavoua ses gardes qui avaient aidé à enfoncer la porte du couvent, et il apporta un billet écrit et signé de la main de la jeune fille, par lequel elle déclarait qu'elle avait épousé M. le comte de Béthune. Le roi gronda M. de Gesvres, et dit qu'il ne lui avait pas donné le gouvernement de Paris pour en faire un tel usage. Le duc d'Estrées criait que M. de Béthune avait violé les droits de l'hospitalité; Mme de Vaubrun voulait qu'on lui coupât la tête; et de fait il courait grand risque, car le roi déclara qu'il laisserait faire justice. Heureusement pour lui, M. le duc de Charost, au nom de la famille de Béthune, et le lieutenant civil, au nom du roi, firent un ac-

---

(1) Dangeau, t. II, p. 101, 30 janvier 1688.
(2) Dangeau, t. III, p. 38, 12 décembre 1689.
(3) Dangeau, t. II, p. 359, 364, 371. De Sourches, t. III, p. 59, 63, 71. Mme de Sévigné, t. VIII, p. 550, 557, 564, 565; t. IX, p. 13.

commodement avec Mme de Vaubrun : elle consentit à donner vingt-quatre heures au coupable pour se sauver. Moyennant cela, ces deux messieurs ramenèrent après dîner la fille à sa mère, qui faillit en mourir de honte et de douleur : ils lui remirent un écrit par lequel M. de Béthune, le ravisseur, déclarait que Mlle de Vaubrun n'était point sa femme, qu'il ne l'avait point touchée, et que c'était à sa prière qu'elle lui avait donné le billet que M. le duc de Gesvres avait porté au roi. Elle avait pourtant passé deux nuits avec ce vilain Cassepot, et il se trouva qu'elle l'avait vraiment épousé comme elle l'avait écrit au roi, mais sans remplir les formalités requises pour rendre le mariage valable. Elle était mineure ; l'archevêque de Paris dit qu'on l'avait surpris et trompé pour lui faire signer une dispense de bans ; enfin la cérémonie du mariage avait eu lieu dans la chapelle de l'hôtel de Lyonne, un jour que le duc d'Estrées et Mme de Vaubrun étaient allés à Gonesse. C'était donc pour mieux cacher son jeu que Mlle de Vaubrun s'était mise au couvent de la Visitation chez les filles de Sainte-Marie du faubourg Saint-Germain. Ce procédé n'était pas bien neuf ni bien rare. « Quelques femmes, dit la Bruyère (1), ont voulu cacher leur conduite sous les dehors de la modestie ; et tout ce que chacune a pu gagner par une continuelle affectation, et qui ne s'est jamais démentie, a été de faire dire de soi : « On l'aurait prise pour une vestale. »

Pendant que M. de Béthune se sauvait en Suisse, la querelle de M. le duc d'Estrées et de M. le duc de Gesvres pouvait facilement s'arranger. Leurs amis et leurs parents, qui s'en mêlèrent, ne firent qu'aigrir les esprits de part et d'autre. Le duc d'Estrées et le duc de Béthune-Charost (2) se prirent de paroles à ce sujet ; le duc d'Estrées poussait un peu loin les reproches et les menaces, et ne ménageait point les termes : il voulait à toute force que le coupable fugitif eût la tête coupée en effigie. M. le duc de Charost pétillait, et lui dit : « Monsieur, si je n'avais point communié aujourd'hui (c'était le jour de l'Annonciation), je vous dirais et ceci, et cela, et cela encore, » et finit : « Car enfin sans la belle Gabrielle (3), notre ami, vous seriez assez obscur ; vous avez eu sept tantes qu'on appelait les sept péchés mortels ; ce sont vos plus belles preuves. » Le duc d'Estrées montait

---

(1) Chap. III, n° 46.
(2) 25 mars 1689.
(3) *Historiettes de Tallemant des Réaux*, t. I, p. 6 et 7.

aux nues, et rien n'était plus plaisant que de dire tout cela, croyant ne rien dire; et nous disions hier soir, ajoute Mᵐᵉ de Sévigné, songez que voilà son style le jour de communion : qu'aurait-il fait un autre jour? La colère de M. le duc d'Estrées contre M. le duc de Gesvres ne connut plus de mesure. M. le Prince voulut accommoder l'affaire, mais M. le duc d'Estrées le fit prier de ne pas trouver mauvais qu'il la poursuivît en justice; il se sentait trop offensé, dit-il, pour rendre même un homme de la naissance de M. le Prince maître de son ressentiment. M. de Lamoignon et M. le procureur général allèrent voir M. de Gesvres pour le désabuser : il croyait cette affaire fort indifférente; ils lui démontrèrent que tous les complices de M. de Béthune subiraient la peine portée par les lois. M. de Gesvres convenait qu'il avait eu tort de donner retraite à M. de Béthune, quoiqu'il ne demeurât pas d'accord que son maréchal des logis et ses gardes eussent prêté main-forte pour enlever Mˡˡᵉ de Vaubrun : il était même résolu, pour en finir tout de suite, de faire des honnêtetés à M. d'Estrées. Mais comme il s'agissait du plus ou du moins, et que l'un voulait beaucoup de satisfactions humiliantes auxquelles l'autre ne pouvait consentir, il y eut un million de propositions inutiles qui furent faites des deux côtés. Enfin M. le président de Novion agit si fortement sur son cousin M. de Gesvres, et le duc de Beauvilliers sur son parent M. d'Estrées, que les deux parties, après bien des difficultés, donnèrent leur consentement à un écrit rédigé d'avance en termes précis. Par cet écrit, le duc de Gesvres devait aller chez le duc d'Estrées et lui demander pardon. Le duc de Gesvres, ayant changé dans l'écrit quelque chose qu'il ne croyait pas considérable, alla chez M. le duc d'Estrées sans concerter l'affaire davantage. Il était accompagné de M. le premier président de Novion. On les fit attendre longtemps à la porte, puis dans l'antichambre, enfin on leur fit du feu dans la chambre, et, après qu'ils eurent bien attendu, on vint leur dire que M. d'Estrées était sorti. Ils se retirèrent furieux, jurant qu'on ne les y prendrait plus. Les deux parties étaient plus animées que jamais l'une contre l'autre. Le duc d'Estrées se plaignait que l'on voulût le surprendre, en effaçant ce dont on était convenu avec le duc de Beauvilliers; et le duc de Gesvres soutenait que l'affront qu'on venait de lui faire était bien plus grand et plus considérable que celui dont le duc d'Estrées prétendait avoir à se plaindre. La rupture des deux amis était irrémédiable.

Cette rupture faisait autant de bruit que l'affaire Cassepot : ceux qui ne peuvent supporter les peines légères et salutaires de l'amitié ne sont pas dignes d'avoir des amis. « L'on sait des gens (1) qui avaient coulé leurs jours dans une union étroite : leurs biens étaient en commun, ils n'avaient qu'une même demeure, ils ne se perdaient pas de vue. Ils se sont aperçus à plus de quatre-vingts ans qu'ils devaient se quitter l'un l'autre et finir leur société ; ils n'avaient plus qu'un jour à vivre, et ils n'ont osé entreprendre de le passer ensemble ; ils se sont dépêchés de rompre avant de mourir ; ils n'avaient de fonds pour la complaisance que jusque-là. Ils ont trop vécu pour le bon exemple : un moment plus tôt ils mouraient sociables, et laissaient après eux un rare modèle de persévérance dans l'amitié. » On a voulu voir dans cette anecdote, inventée peut-être à plaisir par le moraliste, l'histoire véritable de l'amitié et de la rupture de MM. de Courtin et de Saint-Romain (2), que raconte Saint-Simon, et qui était célèbre au dix-septième siècle. Mais la rupture de ces deux amis n'arriva qu'après la publication de la cinquième édition (3), et nous ne voyons pas comment la Bruyère eût pu la prévoir ou la deviner.

Quoi qu'il en soit, le duc d'Estrées et le duc de Gesvres semblaient séparés à tout jamais par une haine irréconciliable, lorsque Gourville, la veille de Pâques, se vanta de les réconcilier par l'intermédiaire de M. le Prince, ou simplement en agissant pour lui-même et en son nom. Nous n'avons pas besoin d'expliquer pourquoi la Bruyère appelait Gourville Aristarque ; le célèbre plénipotentiaire ou diplomate ne manquait guère une occasion de critiquer le philosophe et son savoir, qui n'était bon à rien. « Aristarque, dit la Bruyère (4), se transporte dans la place avec un héraut et un trompette ; celui-ci commence : toute la multitude accourt et se rassemble. « *Écoutez, peuple, dit le héraut;* « *soyez attentifs; silence, silence! Aristarque, que vous voyez présent,* « *doit faire demain une bonne action.* » Je dirai plus simplement et sans figure : « Quelqu'un fait bien, veut-il faire mieux ? que je ne sache pas qu'il fait bien, ou que je ne le soupçonne pas du moins de me l'avoir appris. » On dit que les dévotions de la semaine sainte avaient calmé les ressentiments. M. d'Estrées consentit à ce que

---

(1) Chap. v, n° 39.
(2) *Journal de Dangeau*, t. V, p. 45.
(3) Correspondance de Bussy, t. VI, p. 502 et 504.
(4) Chap. IX, n° 45.

M. le Prince le réconciliât avec M. de Gesvres. Le jour de Pâques, 10 avril, Gourville mena le duc de Gesvres chez le duc d'Estrées : l'offenseur voulait donner plus de satisfactions qu'on n'en exigeait; l'offensé le tint quitte et ne voulut pas même les entendre. L'affaire fut terminée au contentement des parties. Le premier président n'avait point accompagné le duc de Gesvres chez M. le duc d'Estrées : c'était assez de l'avoir fait déjà deux fois inutilement; mais il n'oublia pas le service que M. le Prince venait de lui rendre. Le 12, on sut que M. le Prince avait achevé cette bonne action si difficile par l'entremise de Gourville : on loua l'excellent esprit de ce Gourville, qui persuadait ce qu'il voulait, et cela lors même que les meilleures têtes n'y avaient pas réussi. « Le nez de M. de Gesvres, dit Mme de Sévigné, s'est aussi rapatrié avec les nez des Béthunes. Cette Mlle de Vaubrun a tant dit qu'elle n'était point mariée, et qu'elle voulait être religieuse, qu'on l'a mise aux Filles bleues de Saint-Denys. Le monde a gagné à tout cela que Cassepot n'est plus en France. » Il mourut peu après en exil.

La maison de Condé y gagna des avantages plus solides. L'affaire de la succession de Mlle de Guise, qui avait d'abord marché avec une promptitude inespérée, s'était tout à coup arrêtée : M. de Lauzun était tombé comme une bombe à la cour de France et avait failli tout brouiller. Mademoiselle ne voulait point que le roi reçût à sa cour le chevalier galant qui avait sauvé la reine d'Angleterre. Le roi le reçut néanmoins et le félicita de son courage. Mademoiselle, outrée de colère, exigea qu'il ne se trouvât jamais où elle serait. Tout le monde se moquait de cette colère, personne n'en tenait compte. Mme la Duchesse ne se fit pas faute de rire de Mademoiselle en voyant Lauzun orné de la Jarretière et menacé de l'ordre du Saint-Esprit (1). Mademoiselle, au désespoir, ne savait comment se venger de Mme la Duchesse. Elle se moquait de sa jeunesse et de sa beauté, et s'efforçait de contrefaire ses lorgneries avec M. de Marsan et Mme de Valentinois. « Il y a du péril à contrefaire (2). *Lise,* déjà vieille, veut rendre une jeune femme ridicule, et elle-même devient difforme; elle me fait peur. Elle use pour l'imiter de grimaces et de contorsions : la voilà aussi laide qu'il faut pour embellir celle dont elle se moque. » Je ne serais pas surpris que ces plaisanteries de la Bruyère fussent goûtées de M. le Prince : car si M. le Prince et Mademoiselle avaient les mêmes intérêts dans la

---

(1) Mme de Sévigné, t. VIII, p. 494 et 495.
(2) Chap. III, n° 56.

succession de Mlle de Guise, ils ne s'aimaient guère entre eux (1). Il fallut pourtant en passer par les volontés de Lise. M. le Prince, M. le Duc, M. le prince de Conti et M. le duc du Maine allèrent en grande cérémonie solliciter M. le premier président, M. le procureur général et les juges du parlement de casser le testament de Mlle de Guise. M. le duc du Maine n'y avait aucun intérêt ; mais Mademoiselle exigea que son principal héritier sollicitât pour elle. Les autres formalités se firent rapidement : M. le Prince et Mlle de Montpensier gagnèrent leur procès : il s'agissait de l'hôtel de Guise, de la principauté de Joinville et de 140,000 fr. de rentes sur l'hôtel de ville. Voilà la matière d'un nouveau procès : on s'en garda bien ; M. le Duc et Mademoiselle confièrent à des arbitres le soin de partager entre eux deux ce joli héritage.

Le philosophe remarque que les mourants qui parlent dans leurs testaments peuvent s'attendre à être écoutés (2) comme des oracles ; chacun les tire de son côté et les interprète à sa manière, je veux dire selon ses désirs ou ses intérêts. Il est vrai qu'il y a des hommes (3) dont la mort fixe moins la dernière volonté qu'elle ne leur ôte avec la vie l'irrésolution et l'inquiétude. Un dépit, pendant qu'ils vivent, les fait tester ; ils s'apaisent et déchirent leur minute ; la voilà en cendre. Ils n'ont pas moins de testaments dans leur cassette que d'almanachs sur leur table ; ils les comptent par les années. Le dernier acte de leur volonté prouve une seule chose, qu'ils n'ont pas eu du moins le loisir de vouloir tout le contraire. S'il n'y avait point de testaments pour régler le droit des héritiers (4), je ne sais si l'on aurait besoin de tribunaux pour régler les différends des hommes. Les juges seraient presque réduits à la triste fonction d'envoyer au gibet les voleurs et les incendiaires, quel malheur pour les honnêtes gens ! On ne verrait plus la comédie si amusante de Titius et Mœvius (5) ou le légataire universel, ni la scène du *Malade imaginaire* (6), où le notaire, M. Bonnefoi, apprend à un mari qui va mourir la manière de donner sa fortune à sa femme, en passant doucement par-dessus la loi au moyen d'un

---

(1) *Mémoires de Mlle de Montpensier*, éd. Michaud, p. 522.
(2) Chap. XIV, n° 56.
(3) Chap. XIV, n° 57.
(4) Chap. XIV, n° 58.
(5) Chap. XIV, n° 59.
(6) Chap. XIV, n° 60.

fidéicommis habilement dissimulé. Le moraliste, avocat au parlement, montrait ainsi qu'il connaissait très bien la matière des testaments, et il célébrait à sa manière la victoire de M. le Prince devant la grand'-chambre (1). On croyait que M. de Couvonges, contre qui plaidait M. le Prince, n'était qu'un fidéicommissaire bien déguisé pour transmettre les biens de Mlle de Guise aux enfants de M. le duc de Lorraine. Dans la circonstance, M. le Prince ne pouvait faire autrement que de gagner son procès tout d'une voix, contre un ennemi de la France qui menaçait nos frontières à la tête d'une puissante armée.

Cela ne laissa pas que d'avoir de sérieux inconvénients dans la maison de Condé. M. le Prince manquait d'équilibre en soi et il en prenait chez les autres. Son succès dans les intrigues de la cour et dans les débats du parlement le disposèrent à croire qu'il avait toujours raison, jusque dans ses fantaisies les moins raisonnables. Honteux d'avoir été joué par Mme la Duchesse, il attendait une occasion de prendre sa revanche. Elle s'offrit à lui plus tôt qu'il ne le désirait ; lorsque M. le Duc eut pris congé du roi (2) pour aller, dans l'armée d'Allemagne, servir à la tête de son régiment de cavalerie, il fut suivi par le prince de Conti, qui aimait la gloire en prince et la cherchait en aventurier. M. le Prince resta, content en apparence d'avoir à veiller sur Mme la Duchesse pendant l'absence de son mari, mais au fond mécontent et de mauvaise humeur. Voilà donc où était réduit un homme d'État comme Son Altesse, le chef de la maison de Condé ! Depuis longtemps il voyait Mme de Valentinois, à qui l'on avait défendu tout commerce avec Mme la Duchesse, renouer ses relations avec elle comme si on ne lui avait jamais rien dit. Cette fois on ne le convaincra plus d'avoir pris un peintre en miniature pour un galant en bonne fortune dans la maison de Condé. Les filles d'honneur de Mme la Duchesse, Mlles de Doré et de la Roche-Aynard, avaient servi d'intermédiaire, comme auparavant, malgré la défense qui leur en avait été faite. M. le Duc n'y avait trouvé rien à redire. Puisqu'il aimait sa femme et ne voulait pas le laisser paraître, il s'était gardé de lui faire des scènes de jalousie. Cette société était donc demeurée en assez bonne intelligence, et même avait reçu de la part du roi des gages de bienveillance qui semblaient lui assurer une parfaite sécurité, lorsque M. le Prince profita de l'absence de son fils pour rétablir son auto-

---

(1) De Sourches, t. III, p. 80, et les notes 2 et 3.
(2) 20 mai 1689.

rité sur Mme la Duchesse : il lui adressa des remontrances qui furent mal accueillies. M. le Prince se fâcha ; l'on ne fit qu'en rire. Mme de Valentinois avait l'air de venger la maison de Lorraine de la perte de son procès. Mme la Duchesse ne voyait là qu'une ridicule jalousie dont elle fit des chansons. M. le Prince furieux en parla au roi avec plus de chaleur que de prudence. On le laissa s'engager dans cette mauvaise voie, sans y faire beaucoup d'attention. Mais il revint à la charge, et plusieurs fois. Le 15 juin, le roi parut céder à ces instances (1); la chambre des filles d'honneur de Mme la Duchesse fut cassée comme l'avait été celle des filles d'honneur de la Dauphine. Mlle de Doré et Mlle de la Roche-Aynard furent envoyées chacune dans un couvent, et Mlle de Paulmy, dont on était moins mécontent, demeura encore quelque temps chez Mme la Princesse jusqu'à ce qu'on pût la marier. Le roi ordonna que Mme la Duchesse fût toujours avec Mme la Princesse, et que, quand elle irait à Chantilly, elle ne reçût pas de visites dans son appartement. Rien de tout cela ne fut sérieusement exécuté, hormis qu'elle n'eut plus la compagnie de ses filles d'honneur.

Le moraliste cherchait depuis quelque temps à comprendre ce qui se passait dans la maison de Condé. Qu'est-ce que M. le Prince avait donc à reprocher à Mme la Duchesse pour lui infliger cette humiliation? Était-ce d'être galante ou coquette? « Une femme galante veut qu'on l'aime ; il suffit à une coquette d'être trouvée aimable, et de passer pour belle (2). Celle-là cherche à engager ; celle-ci se contente de plaire. La première passe successivement d'un engagement à un autre ; la seconde a plusieurs amusements tout à la fois. Ce qui domine dans l'une, c'est la passion et le plaisir ; et dans l'autre, la vanité et la légèreté. La galanterie est un faible du cœur, ou peut-être un vice de la complexion : la coquetterie est un dérèglement de l'esprit. La femme galante se fait craindre, et la coquette se fait haïr. L'on peut tirer de ces deux caractères de quoi en faire un troisième, le pire de tous. » Était-ce donc là le caractère de Mme la Duchesse? Qui alors eût osé répondre affirmativement à cette question? Qu'avait fait Mme la Duchesse pour être traitée ainsi par M. le Prince et par le roi? Était-elle « une femme faible à qui l'on reproche une faute (3), qui se la

---

(1) Dangeau, *Journal*, t. II, p. 413. De Sourches, t. III, p. 107-108. *Mémoires de la cour*.
(2) Chap. III, n° 22.
(3) Chap. III, n° 23.

reproche elle-même, dont le cœur combat la raison ; qui veut guérir et qui ne guérira point, ou bien tard ? » Nullement. Ou bien encore était-elle « une femme inconstante, qui déjà n'aime plus (1) ? Une femme légère, qui déjà en aime un autre ? Une volage, qui ne sait si elle aime ni ce qu'elle aime ? Une indifférente, qui n'aime rien ? » Point du tout. Enfin était-elle une perfide (2), dont toute la personne est un mensonge, dont toutes les paroles et les actions donnent le change ; à qui les promesses et les serments ne coûtent pas plus à faire qu'à violer ? Non, assurément non. Eh bien ! qu'était-elle donc ? La personne la plus intéressée à le savoir, son mari, n'hésitait pas : il avait confiance en elle. Qu'est-ce donc qui excitait les soupçons de M. le Prince contre sa belle-fille ?

On a dit que M. le Prince était jaloux. Quelle était cette jalousie ? Ce n'était pas celle dont la perfidie des femmes nous guérit (3). Ce n'était pas non plus ce vice honteux (4) qui par son excès rentre toujours dans la vanité et la présomption, et qui fait croire à celui qui en est blessé qu'il a lui seul de l'esprit et du mérite. Ce n'était pas certainement cette jalousie qui se rencontre entre personnes de même art, de mêmes talents, de même condition. Ce n'était pas enfin cette jalousie (5) que l'on confond avec l'émulation, qui en est aussi éloignée que le vice de la vertu, et qui n'est qu'une stérile envie. Le beau-père et la bru n'avaient rien de commun qui pût exciter entre eux ni envie ni émulation. Ils n'étaient ni peintres, ni musiciens, ni orateurs, ni poètes, ni de ces artisans qui sont les plus sujets à la jalousie. Cette passion ne pouvait s'attacher ni à l'état, ni à la condition, ni à la personne. « Un homme d'esprit peut-être (6) susceptible d'envie et même de jalousie contre un ministre et contre ceux qui gouvernent, comme si la raison et le bon sens, qui lui sont communs avec eux, étaient les seuls instruments qui servent à régir un État et à présider aux affaires publiques, et qu'ils dussent suppléer aux règles, aux préceptes et à l'expérience. » Mais il n'y avait rien de semblable dans le mobile des actions de M. le Prince contre Mme la Duchesse. Qu'y avait-il donc ?

(1) Chap. III, n° 24.
(2) Chap. III, n° 25.
(3) Chap. III, n° 25.
(4) Chap. XI, n° 85.
(5) Chap. XI, n° 85.
(6) Chap. XI, n° 85.

D'abord il y avait, pour un courtisan qui jouissait du privilège des grandes entrées, une énorme maladresse. « Qui sait parler aux rois, c'est peut-être où se termine toute la prudence et toute la souplesse du courtisan (1). Une parole échappe, et elle tombe de l'oreille du prince bien avant dans sa mémoire, et quelquefois jusque dans son cœur : il est impossible de la ravoir; tous les soins que l'on prend et toute l'adresse dont on use pour l'expliquer ou pour l'affaiblir servent à la graver plus profondément et à l'enfoncer davantage. Si ce n'est que contre nous-mêmes que nous ayons parlé, outre que ce malheur n'est pas ordinaire, il y a encore un prompt remède, qui est de nous instruire par notre faute, et de souffrir la peine de notre légèreté; mais si c'est contre quelque autre, quel abattement! quel repentir! Y a-t-il une règle plus utile contre un si dangereux inconvénient que de parler des autres au souverain, de leurs personnes, de leurs ouvrages, de leurs actions, de leurs mœurs, ou de leur conduite, du moins avec l'attention, les précautions et les mesures dont on parle de soi? » Ensuite il venait de se révéler dans la personne de M. le Prince un fait nouveau, étrange, bizarre, dont la Bruyère avait déjà vu de graves symptômes six à sept mois auparavant. « Le premier degré dans l'homme après la raison, ce serait de sentir qu'il l'a perdue (2); la folie même est incompatible avec cette connaissance. De même ce qu'il y aurait de meilleur en nous après l'esprit, ce serait de connaître qu'il nous manque. Par là on ferait l'impossible : on saurait sans esprit n'être pas un sot, ni un fat, ni un impertinent. » M. le Prince n'était ni un sot, ni un fat, ni un impertinent; il avait beaucoup d'esprit : qu'était-il donc? « Il était sujet à des égarements (3) qui attristèrent les vingt dernières années de sa vie. » C'est la maladie de sa mère qui venait de reparaître en lui.

On parla de la goutte, qu'il avait eue comme son père; Dangeau constate que M. le Prince alla, le 9 juillet, à Chantilly pour s'en guérir; mais de plus il était fort agité, en proie à une fièvre violente. Il demanda Mme la Duchesse. Elle alla, le 15 juillet, à Chantilly pour y passer quelques jours. Elle n'y reçut point de visites dans son appartement, demeura toujours avec Mme la Princesse sous la surveillance du malade, qui en fut bien touché. Elle charma ses ennuis par sa

---

(1) Chap. VIII, n° 79.
(2) Chap. XI, n° 88.
(3) Saint-Simon, t. VII, p. 145.

bonne humeur : aussi heureuse qu'aimable, elle contribua par les ressources de son esprit à son amusement et à celui des autres. La fièvre de M. le Prince disparut peu à peu et, après un séjour de deux mois dans ce beau château de Chantilly qu'il aimait tant et qu'il ne cessait d'embellir, il revint à la cour parfaitement guéri. Depuis lors Mme la Duchesse eut un ascendant singulier sur M. le Prince : « Elle le mettait au désespoir entre le père et le courtisan, mais le courtisan l'emportait toujours (1). »

Aussitôt que M. le Prince fut revenu à la cour, il tâcha d'effacer les dernières traces de cette malheureuse affaire. Il maria Mlle de Paulmy avec un gentilhomme breton de la petite gendarmerie. Le roi donna 4,000 fr. de pension à l'épouseur, et M. le Prince 10,000 fr. en argent et 2,000 fr. de rente à l'épousée. Mlle de Doré sortit du couvent ; elle était mariée secrètement à M. de Comminges, qui la fit plus tard sa légataire universelle. Mlle de la Roche-Aynard disparut ; du moins je n'ai pu découvrir ce qu'elle devint. Mlle de Montmorency, qui était auprès de Mme la Princesse depuis la cassation de la chambre des filles d'honneur de la Dauphine, y demeura sans se marier : sa santé était si mauvaise, qu'elle n'avait plus qu'un an à vivre. Mais M. le Prince nomma son frère, M. de Breuil, colonel de son propre régiment d'infanterie. La bonne intelligence était rétablie dans la maison de Condé. Le 14 septembre, Mme la Duchesse demanda au roi que Mlle de Croissy fût du voyage de Marly et obtînt un logement pour elle. Il n'y était point encore venu de fille, dit Dangeau, excepté quand on y dansait des ballets ; or Mlle de Croissy, fille du ministre des affaires étrangères, était laide et vertueuse, mais elle avait infiniment d'esprit, de grâce et d'amusement dans l'esprit. « Tout ce qui est mérite se sent, se discerne, se devine réciproquement (2) : si l'on voulait être estimé, il faudrait vivre avec des personnes estimables. » Mme la Duchesse s'attachait vite : Mlle de Croissy remplaça la chambre des filles d'honneur à elle toute seule. Mais Mme la Duchesse savait qu'« il y a autant de paresse que de faiblesse à se laisser gouverner (3). » Dès lors elle ne se livra plus à personne.

« Il y a des ouvrages qui commencent par A (4) et finissent par

---

(1) Saint-Simon, t. VII, p. 141.
(2) Chap. v, n° 53.
(3) Chap. iv, n° 71.
(4) Chap. xi, n° 103.

Z (1) : le bon, le mauvais, le pire, tout y entre; rien, en un certain genre, n'est oublié : quelle recherche! quelle affectation dans ces ouvrages! on les appelle des jeux d'esprit. De même il y a un jeu dans la conduite : on a commencé, il faut finir; on veut fournir toute la carrière. Il serait mieux ou de changer ou de suspendre, mais il est plus rare et plus difficile de poursuivre : on poursuit, on s'anime par les contradictions; la vanité soutient, supplée à la raison, qui cède et se désiste. On porte ce raffinement jusque dans les actions les plus vertueuses, dans celles mêmes où il entre de la religion. » En effet Bourdaloue le reproche très clairement à Mme de Maintenon (2) dans l'instruction écrite qu'il lui donna le 30 octobre 1688; mais on le retrouve plus clairement encore dans la conduite de Mme la Duchesse. Lorsque son mari arriva d'Allemagne, elle alla au-devant de lui (3), et le mit au courant de tout ce qui s'était passé dans la maison de Condé pendant son absence. Quand M. le Prince voulut s'expliquer de vive voix avec son fils, il le trouva entièrement prévenu et ne put le ramener à ses sentiments. Alors M. le Prince tomba de nouveau malade. Il fut, dit M. de Sourches (4), attaqué d'une fièvre tierce, qui n'était pas un trop bon meuble dans l'arrière-saison, principalement pour un homme aussi maigre et aussi exténué qu'il l'était. Il en fut longtemps assez souffrant, et pendant cette maladie il eut des vapeurs qui le mirent hors d'état de paraître dans le monde : enfin le bon régime le tira d'affaires.

Pendant ce temps-là les plaisirs avaient recommencé à la cour, surtout les appartements où Mme la Duchesse jouait si bien son rôle : il fallait bien amuser les princes, les officiers généraux et les gens de qualité, qui arrivaient de l'armée avec un esprit assez triste. Elle badinait sans cesse, et son enjouement plaisait à tous. Sa malice même déridait les fronts les plus sévères, et déconcertait la gravité de Mme la Dauphine. Mais on avait cassé la chambre de ses filles parce qu'elle avait renoué son commerce avec Mme de Valentinois : voilà ce qui faisait jaser le public et donnait mauvais renom. C'est pourquoi M. le Duc, qui aimait sa femme plus que jamais, affectait plus que jamais

---

(1) Jeux abécédaires. Cf. *Recherches sur les jeux d'esprit*, par A. Canel, Évreux, 1867; t. I, p. 13 et suivantes. Cf. Servois, *la Bruyère*, t. II, p. 47, 48.

(2) *Œuvres complètes de Bourdaloue* (Paris, 1826), à la fin du 16e volume.

(3) Dangeau.

(4) De Sourches, t. III, p. 175.

de ne point l'aimer, et se faisait voir au Cours et aux Tuileries avec une maîtresse dont il n'était point amoureux. Mᵐᵉ la Duchesse fit sur les plaisirs de monsieur son mari une chanson immortelle, dit Saint-Simon.

M. le Duc s'en prit à la Bruyère. Hé quoi! ce philosophe voulait corriger les mœurs de son maître et le rendre meilleur? C'était le renversement des principes les mieux établis qu'une prétention aussi indiscrète! Il faut bien avouer que la Bruyère manqua de prudence quand il dit : « Qu'on évite d'être vu seul avec une femme qui n'est point la sienne (1), voilà une pudeur qui est bien placée ; qu'on sente quelque peine à se trouver dans le monde avec des personnes dont la réputation est attaquée ; cela n'est pas incompréhensible. Mais quelle mauvaise honte fait rougir un homme de sa propre femme, et l'empêche de paraître dans le public avec celle qu'il s'est choisie pour sa compagne inséparable, qui doit faire sa joie, ses délices et toute sa société ; avec celle qu'il aime et qu'il estime, qui est son ornement, dont l'esprit, le mérite, la vertu, l'alliance lui font honneur? Que ne commence-t-il par rougir de son mariage? » Ces considérations étaient blessantes pour M. le Duc : mais ce qui mit M. le Duc hors de lui, ce fut l'impertinence du philosophe qui osait se comparer à Son Altesse Sérénissime. « Je connais la force de la coutume, et jusqu'où elle maîtrise les esprits et contraint les mœurs, dans les choses même les plus dénuées de raison et de fondement ; je sens néanmoins que j'aurais l'impudence de me promener au Cours, et d'y passer en revue avec une personne qui serait ma femme (2). » On comprend la mauvaise humeur de Son Altesse dans cette circonstance. « Parler et offenser, pour de certaines gens, est, dit la Bruyère (3), précisément la même chose. Ils sont piquants et amers; leur style est mêlé de fiel et d'absinthe : la raillerie, l'injure, l'insulte leur découlent des lèvres comme leur salive. Il leur serait utile d'être nés muets et stupides : ce qu'ils ont de vivacité et d'esprit leur nuit davantage que ne fait à quelques autres leur sottise. Ils ne se contentent pas toujours de répliquer avec aigreur, ils attaquent souvent avec insolence; ils frappent sur tout ce qui se trouve sous leur langue, sur les présents, sur les absents ; ils heurtent de front et de côté, comme des béliers : demande-t-on à des béliers

---

(1) Chap. XIV, n° 85.
(2) Chap. XIV, n° 85.
(3) Chap. V, n° 27.

qu'ils n'aient pas de cornes? De même n'espère-t-on pas de réformer par cette peinture des naturels si durs, si farouches, si indociles. Ce que l'on peut faire de mieux, d'aussi loin qu'on les découvre, est de les fuir de toute sa force et sans regarder derrière soi. » N'est-ce pas là cet homme terrible dont parle Saint-Simon (1), terrible avec ses amis par son humeur violente et ses fougues de tourbillon que rien ne pouvait arrêter; pas un d'eux n'était un moment en sûreté avec lui; la crainte de ses railleries perçantes ou de ses pointes brutales tenait chacun continuellement en garde ou en malaise dans la maison de Condé.

Si la Bruyère avait eu le tort de faire de la morale qu'on ne lui demandait pas, et avec une hauteur philosophique qui était peut-être déplacée, cependant ce n'était pas la Bruyère qui était la cause des ennuis de M. le Duc. En dehors de M. le Duc lui-même, on ne pouvait guère accuser que M. de Marsan. Mais on avait de l'indulgence, même dans la maison de Condé, pour ce joli petit prince de la maison de Lorraine. Il avait épousé une vieille femme, cela excusait tout. Dans un moment de désespoir il était parti pour aller se faire tuer à Mayence, mais il n'avait pu entrer dans la place assiégée; et, lorsqu'elle fut prise, il était revenu fort penaud, en même temps que M. le Duc, de l'armée d'Allemagne. La jeunesse de la cour plaignait ce prince si mal marié. « Ce n'est pas une honte ni une faute à un jeune homme, observa le moraliste (2), que d'épouser une femme avancée en âge; c'est quelquefois prudence, c'est précaution. L'infamie est de se jouer de sa bienfaitrice par des traitements indignes, et qui lui découvrent qu'elle est la dupe d'un hypocrite et d'un ingrat. Si la fiction est excusable, c'est où il faut feindre de l'amitié; s'il est permis de tromper, c'est dans une occasion où il y aurait de la dureté à être sincère. — Mais elle vit longtemps. — Aviez-vous stipulé qu'elle mourût après avoir signé votre fortune et l'acquit de toutes vos dettes? N'a-t-elle plus après ce grand ouvrage qu'à retenir son haleine, qu'à prendre de l'opium ou de la ciguë? A-t-elle tort de vivre? Si même vous mourez avant celle dont vous aviez déjà réglé les funérailles, à qui vous destiniez la grosse sonnerie et les beaux ornements, en est-elle responsable? »

Bien d'autres que M. de Marsan admiraient l'esprit et la beauté

---

(1) *Addition au journal de Dangeau,* t. XIII, p. 114.
(2) Chap. XIV, n° 36.

de Mme la Duchesse. Voici à peu près le sens de l'inscription latine que Santeul avait faite pour la Galatée de Chantilly : « Tu veux écraser ces jeunes gens sous ton rocher, ô cyclope ! combien ta menace est vaine ! Le babil de ces eaux, qui ne se taisent jamais, célèbre éternellement leurs éternelles amours. » On était frappé de la même pensée quand, parmi les nouveaux chefs-d'œuvre dont se paraient les jardins de Versailles, on admirait alors, dit Perrault (1), le beau groupe d'Acis qui « naquit sous le ciseau du gracieux Baptiste. » L'histoire d'Acis et Galatée était fort connue ; M. le Duc et la Bruyère l'avaient lue ensemble (2) dans les *Métamorphoses* d'Ovide. Acis, berger de Sicile, âgé de dix-huit ans et remarquable par sa beauté, faisait le bonheur de la nymphe Galatée et le malheur du cyclope Polyphème. Le cyclope ne comprenait pas pourquoi la belle Galatée, qu'il adorait, se dérobait à son entretien. Un jour qu'il errait dans les bois, dévorant son chagrin, il aperçut Acis et Galatée ensemble. Il comprit, saisit un rocher énorme et... Galatée s'enfuit. Acis adressa au cyclope un discours aussi brillant que pathétique ; il fit appel de la manière la plus ingénieuse à tous les sentiments de ce noble et puissant seigneur ; il vanta sa naissance illustre, ses immenses richesses, sa force incomparable : il croyait avoir touché son cœur, lorsqu'il fut écrasé sous le poids du rocher. La Bruyère donna ce nom d'Acis aux jeunes courtisans qui, dans un langage plein de prétention et vide de sens commun, cherchaient à plaire à Mme la Duchesse. « Aucun ne lui a plu, dit Mme de Caylus (3), si on excepte le comte de Mailly, dont je ne répondrais pas. Cependant je n'ai rien vu, en passant ma vie avec elle, qui pût autoriser les bruits qui ont couru. Je l'ai bien vu amoureux : j'en ai parlé en riant à Mme la Duchesse, qui me répondit sur le même ton. Mme de Maintenon en a souvent parlé en ma présence à M. de Mailly ; mais il se tirait des réprimandes qu'elle lui faisait par des plaisanteries, qui réussissaient presque toujours quand elles étaient faites avec esprit. » On comprend l'indulgence de Mme de Maintenon pour ses nièces et pour ceux qui avaient bien voulu les épouser. M. le Prince ne pouvait avoir tant de complaisance pour l'heureux époux de Mlle de Sainte-Hermine : très jaloux de veiller sur Mme la Duchesse, il ferait aussi mauvais

---

(1) *Siècle de Louis le Grand*.
(2) Livre XIII, vers 731-898.
(3) *Souvenirs*, p. 194-195.

accueil aux fines plaisanteries de M. de Mailly que Polyphème à l'éloquence du bel Acis. Il avait (1) beaucoup plus d'esprit que le cyclope, mais il en avait la brutalité.

Le 31 décembre 1689, le roi se promenait en traîneau à Versailles. La glace du grand canal était amincie par une sorte de faux dégel : il arriva beaucoup d'accidents (2). M. le Prince tomba dans l'eau jusqu'au cou ; les princesses furent renversées dans un mélange de neige et de glace fondantes. Peu après, le bel Acis vient à l'hôtel de Condé demander des nouvelles de M. le Prince et de Leurs Altesses. En entrant, on le suppose du moins, il rencontre la Bruyère et veut plaisanter avec lui sur le singulier temps qu'il fait. « Que dites-vous ? Comment ? Je n'y suis pas ; vous plairait-il de recommencer ? J'y suis encore moins. Je devine enfin : vous voulez, *Acis,* me dire qu'il fait froid ; que me disiez-vous : « Il fait froid. » Vous vouliez m'apprendre qu'il pleut ou qu'il neige ; dites : « Il pleut, il neige. » Vous me trouvez bon visage, et vous désirez de m'en féliciter ; dites : « Je vous trouve bon visage. » — Mais, répondez-vous, cela est bien uni et bien clair ; et d'ailleurs qui ne pourrait en dire autant ? — Qu'importe, Acis ? Est-ce un si grand mal d'être entendu quand on parle, et de parler comme tout le monde ? Une chose vous manque, Acis, à vous et à vos semblables, les diseurs de *phœbus ;* vous ne vous en défiez point, et je vais vous jeter dans l'étonnement : une chose vous manque, c'est l'esprit. Ce n'est pas tout : il y a en vous une chose de trop, qui est l'opinion d'en avoir plus que les autres ; voilà la source de votre pompeux galimatias, de vos phrases embrouillées et de vos grands mots qui ne signifient rien. Vous abordez cet homme, ou vous entrez dans cette chambre ; je vous tire par votre habit, et vous dis à l'oreille : « Ne songez point à avoir de l'esprit, n'en ayez point, c'est votre rôle ; ayez, si vous pouvez, un langage simple, et tel que l'ont ceux en qui vous ne trouvez aucun esprit : peut-être alors croira-t-on que vous en avez (3). »

Ce langage simple et naturel, où l'on ne remarque aucun esprit passait de mode, même à Saint-Cyr : la pieuse innocence des filles de Sion avait été un peu altérée par la vaine gloire de leur succès dans

---

(1) Chap. XII, n° 48.
(2) Dangeau, t. III, p. 44.
(3) Chap. V, n° 7.

le monde; Mᵐᵉ de Maintenon s'en plaignait en décembre 1689 (1). Mais il se retrouvait dans la maison de Condé, chez un homme qui ne faisait point ce qu'on demandait à ces jeunes filles, « le métier des anges ». « Étant venu à Paris, dit Gourville (2), j'envoyai chercher un nommé Masselin, chaudronnier de son métier, qui avait fait de la batterie de cuisine pour l'hôtel de Condé : je ne sais à quelle occasion je l'avais connu pour homme d'esprit et inventif. Il me parla comme un homme si savant dans l'art de remarquer l'or et l'argent, qu'il me fit soupçonner qu'il y avait quelquefois travaillé. Ayant aperçu des jetons d'argent sur ma table, il m'en demanda six pour faire l'essai; peu après, et sans perdre de temps, il me rapporta les six jetons, dont il y en avait trois marqués d'une autre marque, ce qui me fit un grand plaisir, et j'assurai mon homme d'une bonne récompense. J'allai trouver M. de Louvois pour lui faire voir ces jetons contremarqués. Il en rendit compte au roi dans l'instant et fit valoir les services que je rendais à Sa Majesté. J'en ressentis une joie inexprimable. M. le Pelletier me dit, quelques jours après, que le roi avait parlé obligeamment de cette affaire pour moi. Je lui demandai bonnement s'il ne jugeait point que ce fût une occasion d'obtenir du roi un nouvel arrêt et de nouvelles lettres patentes, pour me mettre tout à fait en repos et terminer toutes mes craintes sur les changements qui pourraient arriver; mais je ne trouvai pas que cela tombât dans son sens. » Eh bien! ce que Gourville n'avait pu obtenir par Louvois de M. le Pelletier, il l'obtiendra par la même entremise de M. de Pontchartrain. « J'employai, pendant quelques jours, dit-il, assez de temps pour faire des mémoires par estimation de ce qu'il pourrait y avoir d'argenterie dans Paris, en y comprenant messieurs les évêques, les grands du royaume, et chacune des conditions particulières; et je portai mon estimation en gros à environ cent millions. Et après y avoir fait réflexion, je crus que cela pourrait bien aller à une pareille somme pour tout le royaume. » Et le voilà comptant les cuillers, les fourchettes, les couteaux, les flambeaux, les plats, les assiettes, les chenets, les brasiers, etc. Il était d'avis de fondre tout ce qui ne servait qu'au luxe et de réserver la vaisselle. « Je rendis compte à M. de Louvois de tout ce que j'avais imaginé sur cela, et j'en entretins M. de Pontchartrain, à qui j'avais dit l'ordre que

---

(1) *Lettre de Mᵐᵉ de Maintenon sur l'Éducation*, t. I, p. 58.
(2) *Mémoires de Gourville*, p. 583.

M. de Louvois m'avait donné... J'eus alors l'espérance de voir la fin de tous mes travaux, ne doutant plus que M. de Pontchartrain ne se trouvât disposé à seconder les bonnes intentions du roi à mon égard. Cela parut si bien dans la suite, que j'en reçus mille honnêtetés. » En un mot, Gourville, pour avoir appris à Pontchartrain à faire de la fausse monnaie et à confisquer l'argenterie du royaume, reçut de Sa Majesté ce qu'il désirait depuis si longtemps, un brevet d'honnête homme. « Ce qui me soutient, dit la Bruyère (1), et me rassure contre les petits dédains que j'essuie quelquefois des grands et de mes égaux, c'est que je me dis à moi-même : « Ces gens n'en veulent peut-être qu'à ma fortune, et ils ont raison ; elle est bien petite. Ils m'adoreraient sans doute si j'étais ministre. »

« Le roi donna hier à M. de Gourville, dit Dangeau, le 15 février 1690 (2), un second arrêt qui le décharge de tout ce qu'on pouvait lui redemander, et le roi lui a dit que son intention avait toujours été qu'il ne payât rien ; qu'il l'avait promis ainsi à feu M. le Prince, et qu'il n'avait point changé d'avis. Il y a déjà douze ans qu'il avait eu son premier arrêt de décharge, qu'il avait fait lui-même. » Gourville raconte ainsi comment M. de Pontchartrain le tira d'embarras : « Mon affaire fut confiée à un habile homme qui avait le dessein de m'obliger, et bientôt elle fut en état d'être rapportée devant le roi (3). Aussitôt je me présentai à Sa Majesté avec un mémoire à la main ; comme Sa Majesté allait au conseil, je la suppliai très humblement de se souvenir qu'elle avait eu la bonté de me dire qu'elle voulait me sortir d'affaires, et me procurer la fin de toutes celles qui m'avaient fait tant de peine, lorsque je lui remis une lettre que M. le Prince lui avait écrite quelques années avant sa mort pour ne lui être rendue qu'après ; par cette lettre il recommandait au roi en général sa famille, le suppliait de faire quelque chose après sa mort, qui regardait Mme la Princesse, et aussi de vouloir bien se souvenir des grâces qu'il avait eu la bonté de lui accorder pour moi, à la très humble supplication qu'il lui en avait faite. Sa Majesté m'interrompit d'abord, et me dit qu'elle se souvenait bien de ce qu'elle m'avait promis ; je lui dis d'un air assez gai qu'il était donc inutile de lui donner mon mémoire, et le mis dans ma poche : cela fit sourire le roi en me quittant. Ayant

---

(1) Chap. VIII, n° 58.
(2) *Journal de Dangeau*, t. III, p. 67.
(3) *Mémoires de Gourville*, p. 584.

su plus tard avec combien de bonté il m'avait accordé tout ce que j'avais souhaité, je me trouvai à la même place, à l'entrée de son cabinet, pour le remercier; il me répondit d'un air gracieux et en riant : « Eh bien! Gourville, ne suis-je pas un homme de parole? » et passa. M. de Pontchartrain me témoigna une grande joie du succès de ses soins, et de la façon avec laquelle le roi m'avait accordé tout ce que je pouvais désirer. » Gourville était donc au comble du bonheur.

La scène suivante a dû se passer à peu près vers ce temps-là. « L'or éclate, dites-vous, sur les habits de Philémon. — Il éclate de même chez les marchands (1). — Il est habillé des plus belles étoffes. — Le sont-elles moins toutes déployées dans les boutiques et à la pièce? — Mais la broderie et les ornements y ajoutent encore la magnificence. — Je loue donc le travail de l'ouvrier. — Si on lui demande quelle heure il est, il tire une montre qui est un chef-d'œuvre; la garde de son épée est une onyx; il a au doigt un gros diamant qu'il fait briller aux yeux, et qui est parfait; il ne lui manque aucune de ces curieuses bagatelles que l'on porte sur soi autant pour la vanité que pour l'usage, et il ne se plaint non plus toute sorte de parure qu'un jeune homme qui a épousé une riche vieille. — Vous m'inspirez enfin de la curiosité; il faut voir du moins des choses si rares et si précieuses : envoyez-moi cet habit et ces bijoux de Philémon; je vous quitte de la personne. » Est-il téméraire de placer cette scène à l'hôtel de Condé, chez Mme la Duchesse? On était curieux de voir le gros Gourville aussi bien vêtu que le joli petit M. de Marsan. Gourville était connu (2) pour aimer les montres et les pendules, les pierreries et les diamants; il avoue lui-même qu'il les estimait fort bien à leur juste valeur. Le moment où le roi lui dit d'un air gracieux et en riant : « Eh bien! Gourville, ne suis-je pas un homme de parole? » nous paraît bien choisi par Gourville pour couvrir son honnête personne des plus beaux habits qu'il pût endosser. Quoi qu'il en soit, la Bruyère n'en fut point ébloui.

Doux, complaisant, flatteur envers les grands, Gourville ne les blessait nullement par la liberté obséquieuse de son langage; mais envers ses inférieurs il était dur, sec, impérieux, et prétendait toujours

---

(1) Chap. II, n° 27.
(2) *Mémoires de Gourville*, p. 582.

leur parler avec franchise. « Cléon, observait la Bruyère (1), parle peu obligeamment ou peu juste, c'est l'un ou l'autre ; mais il ajoute qu'il est fait ainsi, et qu'il dit ce qu'il pense. » De là une querelle entre Gourville et quelque gentilhomme de la maison de Condé. La Bruyère y assista et fit cette remarque : « Entre deux personnes qui ont eu ensemble une violente querelle (2), dont l'une a raison et l'autre ne l'a pas, ce que la plupart de ceux qui y ont assisté ne manquent jamais de faire, ou pour se dispenser de juger, ou par un tempérament qui m'a toujours paru hors de sa place, c'est de condamner tous les deux : leçon importante, motif pressant et indispensable de fuir à l'orient quand le fat est à l'occident, pour éviter de partager avec lui le même tort. »

Si Gourville, parvenu au terme de son ambition, n'était pas exempt de fatuité, M. de Xaintrailles, pour la même raison, avait le même défaut. Le 31 janvier 1690, M. de Xaintraillles, dit Dangeau, se défait du régiment de cavalerie de Bourbon ; M. le Prince et M. le Duc y ont consenti. Le roi n'y mit aucun obstacle : mais M. de Xaintrailles fit de grandes démarches pour obtenir cette faveur. Voilà donc Gourville et Xaintrailles pourvus tous les deux de ce qu'ils désiraient le plus : l'un a l'honneur et l'argent, l'autre le repos avec la dignité. Que leur manquait-il? Mais Xaintrailles se distinguait par un signe particulier : jamais il ne saluait la Bruyère ; ou s'il lui rendait son salut, jamais il ne le prévenait. Alors la Bruyère, qui savait à quoi il devait attribuer ces petits dédains et qui ne s'en émouvait guère, fut tout surpris d'être un jour salué par M. de Xaintrailles, qui le prévint. Grand émoi du philosophe : il ne sait ce que cela signifie ; il se dit en lui-même : « Dois-je bientôt être en place? le sait-il? est-ce en lui un pressentiment? Il me prévient, il me salue (3). » Le moraliste ne pouvait revenir de son étonnement. A la fin pourtant, il comprit, et voici sa conclusion : « Je n'aime pas un homme que je ne puis aborder le premier, ni saluer avant qu'il me salue, sans m'avilir à ses yeux, et sans tremper dans la bonne opinion qu'il a de lui-même (4). » Montagne dirait : « *Je veux avoir mes coudées franches et estre cour-*

---

(1) Chap. v, n° 22.
(2) Chap. v, n° 29.
(3) Chap. VIII, n° 58.
(4) Chap. v, n° 30.

tois et affable à mon point, sans remords ne conséquence. Je ne puis du tout estriver contre mon penchant, et aller au rebours de mon naturel, qui m'emmeine vers celuy que je trouve à ma rencontre. Quand il m'est égal, et qu'il ne m'est point ennemy, j'anticipe sur son accueil, je le questionne sur sa disposition et santé; je lui fais offre de mes offices sans tant marchander sur le plus ou sur le moins, ne estre, comme disent aucuns, sur le qui vive. Celuy-là me déplaist, qui, par la connaissance que j'ai de ses coutumes et façons d'agir, me tire de cette liberté et franchise. Comment me ressouvenir tout à propos, et d'aussi loin que je vois cet homme, d'emprunter une contenance grave et importante, et qui l'avertisse que je crois le valoir bien et au delà? Pour cela de me ramentevoir de mes bonnes qualitez et conditions, et des siennes mauvaises, puis en faire la comparaison? C'est trop de travail pour moy, et ne suis du tout capable de si roide et si subite attention; et, quand bien elle m'aurait succédé une première fois, je ne laisserais de fléchir et me démentir à une seconde tâche : je ne puis me forcer et contraindre pour quelconque à estre fier. »

La Bruyère vit alors à la cour et dans la maison de Condé des hommes qui n'avaient pas tant de délicatesse. « Je connais Mopse d'une visite qu'il m'a rendue sans me connaître (1); il prie des gens qu'il ne connaît point de le mener chez d'autres dont il n'est pas connu; il écrit à des femmes qu'il connaît de vue. Il s'insinue dans un cercle de personnes respectables, et qui ne savent quel il est, et là, sans attendre qu'on l'interroge, ni sans sentir qu'il interrompt, il parle, et souvent, et ridiculement. Il entre une autre fois dans une assemblée; se place où il se trouve, sans nulle attention aux autres, ni à soi-même; on l'ôte d'une place destinée à un ministre, il s'assied à celle du duc et pair; il est là précisément celui dont la multitude rit, et qui seul est grave et ne rit point. Chassez un chien du fauteuil du roi, il grimpe à la chaire du prédicateur; il regarde le monde indifféremment, sans embarras, sans pudeur; il n'a pas, non plus que le sot, de quoi rougir. »

Mopse est le nom d'un vieux devin de la Grèce (2) qui disputait à Calchas l'art de prévoir l'avenir. La Bruyère donne ce nom à toute une classe d'hommes qui s'introduisent partout, et qui, avec de l'esprit et de la persévérance, percent à force d'audace. Le babil de ces impu-

---

(1) Chap. II, n° 38.
(2) Valérius, *Argonautiques*, livre Ier, v. 207.

dents de cour en imposait aux sots, dit Saint-Simon (1). Cependant M. de Lanjamet se faufila parmi les amis de M. le Duc et du prince de Conti. La Fontaine affirme qu'il était aussi de la société du Temple (2). Il était de fort petite taille, et avait un nez crochu d'une élévation à surprendre ceux qui le voyaient pour la première fois. Il avait une lieutenance aux gardes, n'était point fripon, ni sans valeur à la guerre, mais décidant et impertinent à merveille ; son nez de perroquet, son ton de fausset et son air capable étaient célèbres (3). Il s'était introduit, je ne sais comment, chez M. de Seignelay, où pourtant la compagnie était fort triée ; il passait presque toute sa vie dans les maisons ouvertes de Versailles, d'où il ne sortait point ; et ce petit mérite lui fit attraper un petit gouvernement en Bretagne. Mais là son effronterie ne lui réussit pas aussi bien qu'à la cour. Il alla aux états de Bretagne, une année où M. de la Trémouille les tenait, et il y entra comme les autres. Mais quand ce vint à délibérer, la noblesse se mit à crier qu'elle n'opinerait point, qu'on ne fît sortir ceux qui n'avaient pas droit d'y assister. M. de la Trémouille jeta les yeux de divers côtés, et dit qu'il ne voyait là personne aux états qui ne pût y être. Le cri redoubla : des voix prononcèrent le nom de Lanjamet. Lanjamet se leva, et sortit sans mot dire. Ainsi sa naissance fut mise au net : on sut ainsi qu'il n'était pas gentilhomme. Mais cette aventure ne fut guère connue à la cour, et il fut souffert comme auparavant dans la société de M. le Duc et de M. le prince de Conti. C'est là que la Bruyère le vit, et lui emprunta quelques traits pour composer son caractère de Mopse.

Plusieurs traits de ce caractère, qui ne conviennent pas à Lanjamet, conviennent à d'autres impudents qui fourmillaient à la cour et dans la maison de Condé. En voici un remarquable échantillon :

Armand de Madaillan de l'Esparre, marquis de Lassay, était, dès l'âge de huit ans, le plus joli garçon du monde. Il rêvait un jour, appuyé sur une fenêtre : le chevalier de Montataire, son oncle, qui était, dit Bussy (4), un malhonnête homme, lui vint demander ce qu'il avait. « Laisse-moi, mon oncle, lui dit Lassay. — Non, je ne te laisserai point,

---

(1) *Journal de Dangeau*, Addition, t. IV, p. 70.
(2) Lettre à M. de Vendôme, septembre 1689.
(3) Cf. Noël, satirique du temps du *Recueil manuscrit de chansons critiques et historiques*, t. III, p. 339. Biblioth. nationale.
(4) Correspondance de Bussy (lettre au marquis de Trichateau), t. V, p. 342.

que tu ne m'aies dit à quoi tu penses, répondit le chevalier. — C'est, répliqua Lassay, que je songe à ce que j'ai ouï : à mon âge tu étais aussi joli garçon que je suis, et j'ai peur qu'au tien je ne sois aussi sot que tu es. » — Dans sa vieillesse, Lassay écrivait et imprimait cette réflexion (1) : « J'ai vu familièrement et de fort près la plupart des personnes de l'un et l'autre sexe qui passaient pour avoir le plus d'esprit : j'en ai trouvé une grande quantité qui en différents genres avaient des talents au-dessus des miens; j'en ai trouvé beaucoup qui avaient autant d'esprit que moi, mais je n'en ai trouvé aucun qui m'ait fait sentir qu'il en avait davantage. » Voilà l'homme.

Née Vipart de Sainte-Croix, sa mère était alliée aux Souvré et par là à Louvois, aux Loménie et par là au chancelier Boucherat et aux Soyecourt : c'est peut-être ainsi qu'il fut connu de la Bruyère (2). Il perdit sa mère de bonne heure, et il fut toujours en querelle avec son père, M. de Montataire, qui était, dit Saint-Simon, menteur de son métier. Lassay a écrit de longs mémoires pour démontrer que son père l'avait trompé : il est certain qu'il ressemblait beaucoup à son père. Ils furent tous deux bons et braves officiers : l'un se distingua à la bataille de Lens, l'autre à celle de Senef; on ne l'ignorait pas dans la maison de Condé. Mais ils étaient tous les deux d'une légèreté incroyable, et, par la bizarrerie de ses aventures et de ses contradictions, le fils a bien surpassé le père. Ils étaient veufs tous les deux en 1675. Lassay avait eu une fille de sa femme défunte, Marie Sibour : il n'y pensa plus, et commença aussitôt un commerce de galanterie avec la fille de l'apothicaire de Mlle de Montpensier, Marianne Pajot, célèbre par son refus d'épouser le vieux fou de Charles IV, duc de Lorraine (3). On vantait la beauté et la vertu de cette fille, qui n'avait fait qu'obéir aux ordres du roi. Lassay voulut l'épouser; M. de Montataire s'y opposa : un fils naquit des amours de Marianne et de Lassay (4). Par contrat devant notaire, Lassay donna à son père les biens qui lui revenaient du chef de sa mère, et ne garda pour lui que 6,000 fr. de rente et le revenu des biens de sa fille. Le roi accorda une audience à M. de Montataire, et l'invita à marier son fils avec Mlle Ma-

---

(1) *Recueil de différentes choses,* t. III, p. 428, 429.
(2) *Ibid.,* t. III, p. 415.
(3) *Histoire de la réunion de la Lorraine à la France,* par M. d'Haussonville, t. III, p. 127-174.
(4) *Recueil de différentes choses,* t. I, p. 51-65.

rianne. Ce qui fut fait. Marianne avait trente-deux ans, et Lassay vingt-trois. Peu après, Marianne mourut; Lassay devint fou de chagrin, se jeta dans la dévotion, se fit une jolie retraite près des Incurables à Paris (1), et mena quelques années une vie fort édifiante. En 1682, M. de Montataire, qui se flattait d'avoir deux cent mille écus à donner quand il lui plairait, épousa la fille de Bussy-Rabutin et favorisa les enfants qu'il pourrait avoir de ce second lit. Bussy écrivit à Mme de Sévigné que sa fille avait fait un bon mariage. C'est un bon mariage, répondit Mme de Sévigné à son cousin. Lassay n'était pas de cet avis : il sortit de sa retraite des Incurables (2), fit un nouveau traité avec son père, et alla se distraire en province. Il eut un fils de Mlle de Benouville; elle prétendit l'épouser au même titre que Marianne. Lassay soutint qu'il n'avait pas d'engagement avec cette petite provinciale; elle fit du bruit : le dévot Lassay, l'inconsolable Lassay devint tellement ridicule, même aux yeux du roi, qu'il partit avec les princes de Conti, en 1685. Il allait, disait-il, en Pologne, en Hongrie, à la mort, à la gloire. Les princes de Conti revinrent en France; il tâcha de se fixer en Allemagne et n'y réussit point. Alors il alla en Italie et y courut mainte aventure galante (3), soit avec Mme de Bracciano, qui devint plus tard la princesse des Ursins, soit avec Sophie-Dorothée, princesse de Hanovre, qui fut plus tard reine d'Angleterre et femme de George Ier. La vanité de Lassay ne connaissait plus de bornes : il allait dans son extravagance jusqu'à écrire des lettres amoureuses à des princesses; sa prétention d'immoler tant et de si nobles victimes aux mânes de Marianne aurait fini par lui coûter cher, s'il n'eût jugé prudent de quitter l'Italie et de revenir en France. A Paris, il fut tout étonné d'apprendre que le roi n'était pas fort content de lui, et que, s'il voulait éviter le sort du jeune M. de Turenne, il devait aller se cacher dans son château de Lassay et s'y faire oublier. La vraie et naïve impudence qu'il faut avoir dans les cours pour réussir n'était-elle plus de mise (4)? C'est ce qu'il ne pouvait comprendre. « Sans embarras, sans pudeur, il n'avait, non plus que le sot, de « quoi rougir. » — Ce qui me nuit, disait-il (5), c'est que je parle trop

---

(1) Lefeuve, *les Anciennes Maisons de Paris*, t. III, p. 210.
(2) *Recueil de différentes choses*, t. I, p. 68-73.
(3) *Ibid.*, t. I, p. 257-298.
(4) Chap. VIII, n° 41.
(5) Chap. II, n° 38. *Recueil de différentes choses*, t. I, p. 10.

vrai. On blesse les hommes et les femmes en démêlant ce qui se passe dans leur cœur. »

Pendant que Lassay s'ennuyait au fond de sa province, il reçut un paquet de lettres de Mme de Franqueville, abbesse du Chassemidi à Paris, où était sa fille aînée. M. de Sauleux, oncle maternel de cette jeune fille, avait obtenu de Louvois une lettre de cachet qui défendait à cette dame de laisser sortir de son monastère la demoiselle de Lassay sans ordre du roi. Par l'ordinaire M. de Lassay reçut une lettre de Mme de la Fayette, la plus belle qu'on pût imaginer ; cette dame mandait qu'elle avait appris avec bien de la douleur une nouvelle surprenante ; elle ne comprenait pas qui avait pu faire donner cette lettre de cachet : il fallait bien de la faveur pour l'avoir obtenue, étant fort extraordinaire qu'on ôtât à un père la disposition de sa fille. M. de Lassay n'avait qu'à parler, Mme de la Fayette le servirait envers et contre tous. Peu après, Lassay reçut une lettre de Segrais, l'ami intime de Mme de la Fayette ; il proposait de faire le mariage de la fille de Lassay avec le fils de Mme de la Fayette, et il promettait, n'ayant point d'enfants, de faire les futurs époux ses héritiers. Lassay crut comprendre les finesses de Mme de la Fayette : battu de l'oiseau, mal avec le roi, mal avec le monde, exilé dans sa province, il acceptera sans doute le secours qu'on lui offre, et donnera sa fille pour se tirer d'embarras. Point du tout : il accourt à Paris, va voir ses anciens amis, reconnaît qu'il n'est pas perdu, écrit à Mme de Maintenon qu'il connaissait de son enfance, et dénonce Mme de la Fayette comme la plus vile des hypocrites. La lettre de cachet est révoquée ; et Mme de la Fayette, qui avait veillé avec la plus touchante sollicitude sur Mlle de Lassay pendant que son père courait mille aventures en Allemagne, en Hongrie et en Italie, fût cruellement offensée de ce que Mme de Maintenon eût paru accepter comme la vérité les mensonges de M. de Lassay. Cette impression est visible dans les *Mémoires de la cour*. En 1689, M. le marquis de la Fayette épousa Mlle de Marillac avec une dot de 200,000 fr. Mme de la Fayette, la jeune, parut à la cour dans les premiers jours de 1690, et tout le monde disait que Mme de la Fayette, la mère, était la plus heureuse femme du monde. Alors que devint Lassay ? « Les hommes rougissent moins de leurs crimes que de leurs faiblesses et de leur vanité (1) : tel est ouvertement injuste, violent,

---

(1) Chap. IV, n° 74.

perfide, calomniateur, qui cache son amour ou son ambition, sans autre vue que de la cacher. »

Lassay prétend qu'une dame lui écrivit le billet suivant, en 1686 (1) : « M. le marquis de Lassay par Mme de ***, qui se fera connaître, si elle apprend que M. le marquis de Lassay soit content de son portrait. — M. le marquis de Lassay est un homme de grand courage, qui a bien de l'esprit, d'une société douce et sans humeur, qui étudie selon son goût, qui se divertit selon ses forces ; il adore Dieu de tout son cœur ; il ne croit rien faire qui lui déplaise, que ce qui est contre le prochain ; paresseux, aimant à vivre avec les mêmes gens ; ne pouvant souffrir qu'on prenne sur lui aucun empire ; utile, si on le met en œuvre ; se souciant peu qu'on l'y mette : soumis aux ordres de la Providence, il jouit du présent et il est tranquille sur l'avenir. » Cette dame se fit connaître, c'était Mlle de Croissy. Lassay en a fait un conte allégorique (2). Dans ce conte, où il donne à Mlle de Croissy le nom d'Élise, il raconte, non sans esprit, comment l'Amour, accompagné du Mystère, le conduisit auprès d'Élise, mais ensuite s'en alla, cédant la place à l'Amitié, qui trouva leurs cœurs si propres pour elle, qu'elle ne voulut plus les quitter. La Bruyère raconte à sa manière comment l'Amitié prit la place de l'Amour (3) : « Nicandre (Lassay) s'entretient avec Élise (Mlle de Croissy) de la manière douce et complaisante dont il a vécu avec sa femme (Marianne), depuis le jour qu'il en fit le choix jusques à sa mort : il a déjà dit qu'il regrette qu'elle ne lui ait pas laissé des enfants, et il le répète ; il parle des maisons qu'il a à la ville, et bientôt d'une terre qu'il a à la campagne ; il calcule le revenu qu'elle lui rapporte ; il fait le plan des bâtiments, en décrit la situation, exagère les commodités des appartements, ainsi que la richesse et la propreté des meubles ; il assure qu'il aime la bonne chère, les équipages ; il se plaint que sa femme n'aimait point assez le jeu et la société. « Vous êtes si riche, lui disait l'un de ses amis, que n'achetez-vous cette charge ? Pourquoi ne pas faire cette acquisition qui étendrait votre domaine ? — On me croit, ajoute-t-il, plus de bien que je n'en possède. » Il n'oublie pas son extraction et ses alliances : *M. le surintendant* (des bâtiments, Louvois), *qui est mon cousin*; *Mme la Chancelière* (Boucherat), *qui est ma parente* : voilà son style. Il raconte

---

(1) *Recueil de différentes choses*, t. III, p. 111-112.
(2) *Ibid.*, t. III, p. 113-119.
(3) Chap. v, n° 82.

un fait qui prouve le mécontentement qu'il doit avoir de ses plus proches, et de ceux mêmes qui sont ses héritiers (de son père, et de sa fille M{}^{lle} de Lassay) : « Ai-je tort? dit-il à Élise ; ai-je grand sujet de leur vouloir du bien ? » et il l'en fait juge. Il insinue ensuite qu'il a une santé faible et languissante ; et il parle de la cave où il doit être enterré. Il est insinuant, flatteur, officieux à l'égard de tous ceux qu'il trouve auprès de la personne à qui il aspire. Mais Élise n'a pas le courage d'être riche en l'épousant. On annonce, au moment qu'il parle, un cavalier, qui de sa seule présence démonte la batterie de l'homme de ville : il se lève déconcerté et chagrin, et va dire ailleurs qu'il veut se remarier. » Ce cavalier est le comte d'Estrées, fils du maréchal de ce nom ; il devait épouser M{}^{lle} de Croissy, pendant que M{}^{lle} d'Estrées sa sœur épouserait M. de Torcy. « Voilà un beau mélange, dit avec dédain M{}^{me} de Sévigné, février 1690 (1) » : aussi ces deux mariages n'eurent pas lieu. L'amour de Nicandre, le grand vainqueur, n'avait pas moins reçu congé, et M. le marquis de Lassay se contenta de l'amitié de M{}^{lle} de Croissy, qui ne laissa pas que de lui être fort utile auprès de M{}^{me} la Duchesse, à la cour et dans la maison de Condé.

Alors il donna une apparence meilleure et plus décente au dévergondage de sa vie. Il consentit au mariage de sa fille avec M. le comte de Coligny (2) ; il s'y était opposé, comme à celui de M. de la Fayette, pour une raison bien simple : le jour du mariage, il devait verser à sa fille la somme de 80,000 fr. pour avoir joui de son bien après s'être remarié avec M{}^{lle} Marianne ; et une bonne partie de son revenu passait à son gendre. C'est pourquoi il ne pouvait le souffrir, quel qu'il fût. Mais pourquoi disait-il (3) que Marianne ne lui avait pas laissé d'enfants? On ne le devine que trop. Cependant il avait reconnu son fils né avant le mariage et le faisait élever avec soin. Il cachait aussi l'existence du fils de M{}^{lle} de Bénonville (4) ; il ne le reconnaîtra que beaucoup plus tard, lorsqu'il n'y verra plus d'inconvénient. Malgré le grand soin qu'il prenait de ménager sa réputation et de s'envelopper de mystère, il était connu dans la maison de Condé, et l'on avait de bonnes raisons de féliciter M{}^{lle} de Croissy de n'avoir pas voulu être riche en l'épousant. La Bruyère l'appelle l'homme de

---

(1) T. IX, p. 459.
(2) De Sourches, t. III, p. 201.
(3) *Recueil de différentes choses,* t. II, p. 402, 403.
(4) *Ibid.,* t. II, p. 150, 152.

ville ; Saint-Simon, l'homme des faubourgs (1). Auprès de sa jolie maison du faubourg Saint-Germain, M. le Duc en avait une aussi, où il allait festiner. Attaché à M. le Duc par l'inclination la plus tendre, dit-il (2), et la plus naturelle, il exerçait l'emploi de galant des Tuileries ou de courtisan d'été ; et il entretenait les maîtresses de Son Altesse pendant que Son Altesse était à la guerre. Que pouvait-il faire de mieux, puisque le roi lui avait refusé l'honneur d'aller en volontaire (3) servir avec Mgr le Dauphin au siège de Philippsbourg ? Mais aujourd'hui, avec la faveur de Mme de Maintenon, qui l'avait vu naître et qui ne l'oubliait pas (4), où ne pouvait-il pas aspirer ? Il ne lui demandait en ce moment que de le faire nommer aide de camp du roi. En attendant, ce chevalier à la mode, qui avait longtemps cherché aventure par toute la terre (5), se signalait à la cour de Versailles par un zèle ridicule à faire l'homme d'importance.

Dans le même temps, Lanjamet, qui jouait le même rôle, avait la même prétention. Lassay parlait de son cousin, M. de Louvois, comme s'il eût été lui-même ministre de la guerre ; Lanjamet parlait de M. de Seignelay, son protecteur, comme s'il eût été aussi ministre de la marine. Tous deux étalaient leurs prétentions dans la maison de Condé, devant la Bruyère, qui s'amusait à les voir ensuite jouer leur rôle comique à la cour, et qui en riait (6) : « Ne croirait-on pas de *Cimon* et de *Clitandre* qu'ils sont seuls chargés des détails de tout l'État, et que seuls aussi ils en doivent répondre ? L'un a du moins les affaires de terre, et l'autre les maritimes. Qui pourrait les représenter exprimerait l'empressement, l'inquiétude, la curiosité, l'activité, saurait peindre le mouvement. On ne les a jamais vus assis, jamais fixes et arrêtés : qui même les a vus marcher ? On les voit courir, parler en courant, et vous interroger sans attendre de réponse. Ils ne viennent d'aucun endroit, ils ne vont nulle part ; ils passent et ils repassent. Ne les retardez pas dans leur course précipitée, vous démonteriez leur machine ; ne leur faites pas de questions, ou donnez-leur du moins le temps de respirer et de se ressouvenir qu'ils n'ont nulle affaire, qu'ils peuvent demeurer avec vous et longtemps, vous suivre même où il

---

(1) Saint-Simon, *Addit. à Dangeau*, t. V, p. 318.
(2) *Recueil de différentes choses*, t. II, p. 145-150.
(3) Dangeau, t. II, p. 174.
(4) *Lettres historiques de Mme de Maintenon*, t. I, p. 442.
(5) *Le Chevalier à la mode*, comédie de Dancourt, *Répertoire du Théâtre français*, t. VIII.
(6) Chap. VIII, n° 19.

vous plaira de les emmener. Ils ne sont pas *les satellites de Jupiter*, je veux dire ceux qui pressent et qui entourent le prince, mais ils l'annoncent et le précèdent; ils se lancent impétueusement dans la foule des courtisans; tout ce qui se trouve sur leur passage est en péril. Leur profession est d'être vus et revus, et ils ne se couchent jamais sans s'être acquittés d'un emploi si sérieux et si utile à la république. Ils sont au reste instruits à fond de toutes les nouvelles indifférentes, et ils savent à la cour tout ce qu'on peut y ignorer; il ne leur manque aucun des talents nécessaires pour s'avancer médiocrement. Gens néanmoins éveillés et alertes sur tout ce qu'ils croient leur convenir, un peu entreprenants, légers et précipités. Le dirai-je? Ils portent au vent, attelés tous deux au char de la fortune, et tous deux fort éloignés de s'y voir assis. »

Moins éloignés que le croyait le philosophe : il sera bientôt obligé de le reconnaître. Mais vraiment n'avait-il pas le droit de se moquer de ces gens-là et de leur vaine importance? Non : « Il y a des gens (1) d'une certaine étoffe ou d'un certain caractère avec qui il ne faut jamais se commettre, de qui l'on ne doit se plaindre que le moins possible, contre qui il n'est pas même permis d'avoir raison. »

Mopses, Cimons et Clitandres, fiers de leur fortune, comparaient le moraliste à un rustre qui n'avait jamais pu prendre l'air et les manières de la cour. A quoi ressemblait-il dans la maison de Condé? A Vulteius après sa déconfiture (2), répondait M. de Valincourt, homme de lettres de M. le comte de Toulouse. Horace (3) nous raconte en termes choisis cette rude anecdote romaine du temps d'Auguste. C'est à peu près le même sujet que la Fontaine a traité si bien dans la fable du savetier et du financier.

> Rendez-moi, mes chansons et mon somme,
> Et reprenez vos cent écus,

dit l'homme du peuple, qui ne peut s'habituer à être riche, ni à vivre dans une condition supérieure à celle où il est né. La Bruyère s'était très bien habitué à vivre dans la maison de Condé. Mais il ne pouvait s'empêcher de comparer souvent les grands et le peuple. Voici sa conclusion : « Si je compare ensemble, dit-il (4), les deux condi-

---

(1) Chap. v, n° 28.
(2) Éd. Fournier, *la Comédie de la Bruyère*, p. 257.
(3) Livre Ier, épître 7.
(4) Chap. ix, n° 25.

tions des hommes les plus opposées, je veux dire les grands avec le peuple, ce dernier me paraît content du nécessaire, et les autres sont inquiets et pauvres avec le superflu. Un homme du peuple ne saurait faire aucun mal ; un grand ne veut faire aucun bien, et est capable de grands maux : l'un ne s'exerce et ne se forme que dans les choses qui sont utiles ; l'autre y joint les pernicieuses. Là se montre ingénument la grossièreté et la franchise ; ici se cache une sève maligne et corrompue sous l'écorce de la politesse. Le peuple n'a guère d'esprit, et les grands n'ont point d'âme : celui-là a un bon fond, et n'a point de dehors ; ceux-ci n'ont que des dehors et qu'une simple superficie. Faut-il opter ? Je ne balance pas : je veux être peuple. »

La Bruyère n'avait pas seulement l'air de Vulteius dans la maison de Condé, il avait encore, dit Valincourt, l'air de Vespasien (1), la figure d'un homme mal à son aise et qui fait effort pour se soulager. Aussi les mauvais plaisants (2) lui conseillaient un régime doux et relâchant. En effet il portait dans son cœur de sombres secrets et de tristes pensées qui l'opprimaient. « Il y a dans la république des maux cachés et enfoncés comme des ordures dans un cloaque (3), je veux dire ensevelis sous la honte, sous le secret, et dans l'obscurité ; on ne peut les fouiller ni les remuer qu'ils n'exhalent le poison et l'infamie ; les plus sages doutent quelquefois s'il est mieux de connaître ces maux que de les ignorer. » Il les connaissait, mais n'en voulait rien dire.

« Jamais siècle, dit Bourdaloue, n'eut plus que le nôtre l'extérieur et les apparences de la charité. On est honnête, civil, poli ; on a des airs affables, gracieux, insinuants ; on affecte une complaisance infinie dans la société, on sait et l'on se pique de savoir se conformer au goût, aux inclinations, à toutes les volontés de toutes les personnes avec lesquelles on est en relation. Voilà en quoi consiste la science du monde. Mais quiconque ferait fond sur cela et voudrait en tirer quelque conséquence en sa faveur, serait regardé comme un homme sans expérience et dépourvu de raison. » Rien de plus pénible à un honnête homme qui a du cœur et qui sent en soi une affection sincère, désintéressée, que d'être traité par ceux qu'il aime comme s'il pouvait les trahir un jour (4) : « Vivre avec ses ennemis comme s'ils devaient

---

(1) Suétone, *Vespasien*, ch. XXX.
(2) Martial, livre III, épigramme 89.
(3) Chap. X, n° 7.
(4) Chap. IV, n° 55.

être nos amis, et vivre avec nos amis comme s'ils devaient être un jour nos ennemis, n'est ni selon la nature de la haine, ni selon les règles de l'amitié : ce n'est point une maxime morale, mais politique. » Il appartenait au maître de politique de M. le Duc de faire cette distinction et d'en tirer cette conclusion (1) : « On ne doit pas se faire des ennemis de ceux qui, mieux connus, pourraient avoir rang entre nos amis. On doit faire choix d'amis si sûrs et d'une si exacte probité, que, venant à cesser de l'être, ils ne veuillent pas abuser de notre confiance, ni se faire craindre comme nos ennemis. »

Mais la Bruyère avait commis une faute contre les règles de la politesse lorsque sur sa quatrième édition il avait mis enseigne de philosophe. « Il est bon d'être philosophe, il n'est guère utile de passer pour tel (2). Il n'est pas permis de traiter quelqu'un de philosophe : ce sera toujours lui dire une injure, jusqu'à ce qu'il ait plu aux hommes d'en ordonner autrement, et, en restituant à un si beau nom son idée propre et convenable, de lui concilier toute l'estime qui lui est due. » La Bruyère voulait corriger les mœurs de son siècle ! il savait bien pourtant que c'est impossible. Il sera tant qu'il voudra raisonnable mais ridicule, estimé mais raillé, assez écouté mais peu aimé. On ne fera jamais plus d'état de lui que d'un honnête homme qui peut rendre de petits services et donner de bons conseils : ce qui est bien peu de chose. « Il y a dans les meilleurs conseils de quoi déplaire (3) ; ils viennent d'ailleurs que de notre esprit : c'est assez pour être rejetés d'abord par présomption et par humeur, et suivis seulement par nécessité ou par réflexion. »

(1) Chap. IV, n° 56.
(2) Chap. XII, n° 68.
(3) Chap. XII, n° 76.

CHAPITRE XXIX.

1690.

Querelle d'Étienne Michallet avec les Célestins : il veut amener son auteur à faire une 5ᵉ édition. — L'auteur regimbe. — Raisons que chacun d'eux fait valoir en faveur de son opinion. — La Bruyère aspire à l'Académie. — Perrault même l'en juge digne, mais Charpentier s'y oppose. — Pourquoi? Il se moque des gens. — Triste métier que celui d'écrivain. — L'auteur hésite à publier sa 5ᵉ édition. — Il n'est plus curieux de raconter les folies des autres au public; il est un homme de bien, c'est-à-dire un chanteur enrhumé qui ne peut plus chanter. — D'ailleurs il est triste et pense à la mort. — Qu'est-ce que la vie? Un sommeil; l'homme qui pense, quel qu'il soit, se pose le problème de la destinée humaine. — La Bruyère ne cherche pas d'autre solution que celle du christianisme : il rappelle quelques-uns des grands motifs qui l'ont déterminé à croire, et fait l'histoire de ses propres pensées depuis sa jeunesse jusqu'à l'année 1690. — Il raconte même ses illusions sur l'éloquence de la chaire et du barreau, sur les joies de la vie, sur l'amour, sur la philosophie; revenu de ses erreurs, il raille celles des autres : à quoi pensent l'arbitre des bons morceaux, le joueur, celui qui veut faire fortune, le riche, l'homme très riche, le premier noble de sa race, le puissant bourgeois, le grand seigneur, le courtisan, le voyageur, le misanthrope, le sceptique, le favori des modes et du bel air? — La vertu seule va au delà des temps; où la trouver si ce n'est dans la religion? mais dans la religion sincère, non pas dans celle des mondains. — Être l'apôtre d'un seul homme suffirait à l'ambition de notre auteur : c'est pourquoi il achève et publie sa 5ᵉ édition.

Le 7 juillet 1681 (1), l'abbé Bourdelot écrivait à M. le prince de Condé : « On supprime à Paris le dictionnaire de Michallet; il a vingt procès avec des gens dont il a mal parlé dans ses lettres. Il en a eu un entre autres avec les Célestins, qui se sont plaints de ce qu'il a mis dans son livre cet adage : *Sot comme un Célestin*. M. le Chancelier lui en a fait des réprimandes. Il a répondu que c'était une parole d'u-

---

(1) Mss. de l'hôtel de Condé.

sage ordinaire; qu'elle ne se devait prendre qu'à contre-sens. Un nommé Celestina avait suivi en France Catherine de Médicis; il était homme d'esprit subtil et délié : c'est par antiphrase qu'on a dit *sot comme un Célestin.* » Richelet, dans son *Dictionnaire français* (1), donne une autre origine à cette expression : elle provient, selon lui, d'une redevance dont à Rouen les Célestins étaient exempts, à condition qu'un frère célestin marcherait en tête des charrettes chargées de vin, et sauterait d'un air gai en passant auprès de la maison du gouverneur de la ville. Nous ne voyons là, comme dans l'omelette de Célestin ou les épinards à la Célestine, qu'un mauvais jeu de mots sur le nom de ces moines. Mais ils n'aimaient pas ces plaisanteries : Michallet fut condamné, et ne le leur pardonna jamais. La Bruyère le consola et répara ses pertes. Trois éditions des *Caractères* avaient été dévorées en un an; la quatrième, qui était le double de la première, avait déjà disparu de la boutique du libraire. C'était une mine d'or que ce M. de la Bruyère (2), qui méprisait tant les âmes éprises de gain et d'intérêt. Il faisait la joie et le bonheur de son éditeur. Pourquoi ne publierait-il pas encore une édition? Les admirateurs du talent de la Bruyère se joignirent à l'éditeur pour lui demander une cinquième édition. L'auteur, qui trouvait sa quatrième édition déjà trop volumineuse, perdit patience et s'écria (3) : « Qu'on ne me parle jamais d'encre, de papier, de plume, de style, d'imprimeur, d'imprimerie; qu'on ne se hasarde plus de me dire : « Vous écrivez si bien, Démocrite! continuez d'écrire : ne verrons-nous point de vous un *in-folio?* traitez de toutes les vertus et de tous les vices dans un ouvrage suivi, méthodique, qui n'ait point de fin; » ils devraient ajouter « et nul cours. » Je renonce à tout ce qui a été, qui est et qui sera livre. »

Alors Michallet parlait des Célestins, qui l'avaient ruiné avec leur procès. Et pourquoi lui avaient-ils fait ce procès? Parce qu'ils étaient nobles, Étrange chose qu'un couvent noble! Et pourquoi ce couvent était-il noble? Parce qu'il était secrétaire du roi! Ceux qui sont pourvus de cette charge, dit André de la Roque (4), reçoivent par la puissance souveraine de nos rois le caractère d'une noblesse de race, et,

---

(1) *Dictionnaire françois*, par Richelet, in-4°, Genève, 1680. Cf. sur cet ouvrage les réflexions de l'abbé Goujet et l'article de Weiss (Biographie universelle).
(2) Chap. VI, n° 58.
(3) Chap. XII, n° 21.
(4) *Traité de la Noblesse*, par André de la Roque (à Paris, chez Michallet, 1673), p. 283.

par un privilège qui leur est particulier, ils jouissent des mêmes honneurs et des mêmes prérogatives que les nobles qui ont passé le quatrième degré. Ils font voir l'ancienneté de leur privilège dès le règne de saint Louis. Le roi Louis XI le confirma par lettres patentes, et Henri III par la déclaration de Blois. Dans la famille de la Bruyère on était très fier de ce titre de noblesse : c'est pourquoi notre auteur lui-même avait fait graver sur la tombe de l'oncle Jean un écusson armorié (1), surmonté d'un casque à lambrequins posé de face. A la fin du dix-septième siècle, on réduisit à trois cents le nombre des secrétaires du roi ; ils formaient un collège ou compagnie, qui se réunissait dans deux grandes salles richement décorées du couvent des Célestins à Paris (2) : de sorte que ces moines, qui ne semblaient occupés que des intérêts du ciel, étaient autorisés, sans qu'aucun d'eux remplît les fonctions de secrétaire du roi, à défendre en justice contre toute attaque les franchises, immunités et privilèges d'un titre de noblesse qu'ils devaient à la munificence royale et qui remontait jusqu'au quatorzième siècle. La Bruyère comprit le chagrin de son éditeur. « Il n'y a rien à perdre, lui dit-il (3), à être noble : franchises, immunités, exemptions, privilèges, que manque-t-il à ceux qui ont un titre ? Croyez-vous que ce soit pour la noblesse que des solitaires se sont faits nobles ? Ils ne sont pas si vains : c'est pour le profit qu'ils en reçoivent. Cela ne leur sied-il pas mieux que d'entrer dans les gabelles ? je ne dis pas à chacun en particulier, leurs vœux s'y opposent, je dis même à la communauté. »

C'était précisément là que l'éditeur voulait amener son auteur. L'auteur s'en aperçut, et poussant un éclat de rire : « Je le déclare nettement (4), afin que l'on s'y prépare, et que personne un jour n'en soit surpris : s'il arrive jamais que quelque grand me trouve digne de ses soins, si je fais enfin une belle fortune, il y a un Geoffroy de la Bruyère que toutes les chroniques rangent au nombre des plus grands seigneurs de France qui suivirent *Godefroy de Bouillon* à la conquête de la Terre Sainte : voilà alors de qui je descends en ligne directe. » Mais la Bruyère se savait fort éloigné du péril d'acquérir une belle

---

(1) Chap. XIV, n° 5.
(2) *Histoire chronologique de la grande chancellerie de France*, par A. Tessereau, p. 20 et suivantes.
(3) Chap. XIV, n° 13.
(4) Chap. XIV, n° 14, déjà cité, ch. I, de ce livre.

fortune par la protection de quelque grand, et il n'éprouvait pas encore le besoin de se chercher des ancêtres parmi les grands seigneurs de la première croisade.

Michallet trouvait que M. de la Bruyère avait bien raison de se moquer des bourgeois : il était gentilhomme dans la maison de Condé, gentilhomme de M. le Duc ; il en avait les honneurs et le revenu ; il avait appartement à Versailles dans l'hôtel de Condé, appartement à Paris au petit Luxembourg (1). Cela lui suffisait. De sa place, aussi élevée dans la société française au-dessus d'un libraire de la rue Saint-Jacques que s'il demeurait au haut des tours Notre-Dame, il plongeait à son aise ses regards perçants dans les maisons nobles ou bourgeoises qui étaient à ses pieds, passait en revue chaque année les sottises humaines, et pouvait en composer un livre excellent qui le ferait entrer bientôt à l'Académie française. A ce mot de livre qui revenait sans cesse dans la bouche de Michallet, la Bruyère s'échappait au plus vite hors la portée du tentateur. « Fuyez, dit-il (2), retirez-vous : vous n'êtes pas assez loin. — Je suis, dites-vous, sous l'autre tropique. — Passez sous le pôle et dans l'autre hémisphère, montez aux étoiles, si vous le pouvez. — M'y voilà. — Fort bien, vous êtes en sûreté. Je découvre sur la terre un homme avide, insatiable, inexorable, qui veut aux dépens de tout ce qui se trouvera sur son chemin et à sa rencontre, et quoi qu'il puisse en coûter aux autres, pourvoir à lui seul, grossir sa fortune, et regorger de bien. » Mais la Bruyère avait beau s'enfuir, il était touché du désir d'entrer à l'Académie française (3), et c'est par là que son éditeur le tenait.

La plus noble récompense que pût alors recevoir un homme de lettres était d'être admis dans cette association libre, que le roi avait élevée au rang des grands corps de l'État, sous sa protection personnelle. Cette protection lui avait valu de nombreuses faveurs ; elle avait aussi porté atteinte à sa liberté, et en même temps à sa dignité. Rien de plus fatigant (4), quand on lit les harangues de l'Académie française, que d'entendre sans cesse tous les orateurs se répandre en éloges hyperboliques de Sa Majesté. La flatterie dégradante, comme

---

(1) Cf. la description de ces deux appartements dans l'inventaire après décès publié par G. Servois, *Notice biographique*, p. CLXXXI-CXC.
(2) Chap. VI, n° 35.
(3) Chap. VIII, n° 44.
(4) *Harangues de l'Académie*, à Paris, chez Coignard, 1698 ; 4 vol. in-12.

on l'a bien dit (1), exigée par l'orgueil, offerte par la bassesse, accordée par les calculs de l'intérêt, peut devenir à la longue chez toute une nation une habitude, une passion, un mal épidémique auquel n'échappent pas toujours les esprits les plus élevés et des âmes qui n'ont rien de sordide. Mais Louis XIV, quoiqu'il eût fait de l'Académie un temple où l'encens fumait toujours en son honneur (2), était pour la compagnie ce qu'il fut toujours pour les gens de lettres, un maître facile et gracieux, jaloux d'attirer à lui tous les hommages, et non d'opprimer, sachant même reconnaître et ménager aussi bien la noblesse de l'intelligence que celle de la naissance. Il disait un jour au duc Vendôme, devant une douzaine d'académiciens qui étaient venus le haranguer comme les cours souveraines (3) : « Vous qui avez de l'esprit, Monsieur, vous devriez être de l'Académie. — Je n'en ai guère, Sire ; mais peut-être me ferait-on grâce, et je crois qu'il n'est pas nécessaire pour cela d'avoir tant d'esprit. — Comment? il n'est pas nécessaire? voyez monsieur l'archevêque, voyez M. de Bussy et tant d'autres. » Beaucoup de grands seigneurs ne furent pas aussi dédaigneux que M. de Vendôme. « Il n'y a pas lieu de s'en étonner, dit Thomas Corneille (4) : on aspire naturellement à s'acquérir l'immortalité, et où peut-on plus sûrement l'acquérir que dans notre compagnie? » — « L'Académie s'admirait elle-même (5), revêtue de la pourpre des cardinaux et des chanceliers, logée au Louvre dans le palais du plus grand roi de la terre, remplie de princes de l'Église et du sénat, de ministres, de ducs et pairs, de conseillers d'État, de plénipotentiaires, de gouverneurs de provinces, de chevaliers de l'ordre, qui, se dépouillant de leur grandeur et quittant leurs qualités à la porte de la salle, se trouvaient heureusement confondus pêle-mêle dans la foule d'une infinité d'excellents auteurs, historiens, poètes, philosophes, orateurs, sans distinction et sans préséance quelconque. » Les pompeuses grimaces des académiciens qui s'admiraient eux-mêmes, faisaient rire tout le monde, la Bruyère aussi bien que Boileau ; et cependant il eût été très flatté, comme Boileau, d'être académicien.

Ses ennemis mêmes l'en jugeaient digne. C'est du moins ce qu'on

---

(1) *Histoire de l'Académie française,* par Paul Mesnard, p. 36.
(2) *Ibid.,* p. 37.
(3) Avril 1690. Correspondance de Bussy, t. VI.
(4) Harangue de Th. Corneille, 2 janvier 1685.
(5) Harangue de l'abbé de la Chambre en réponse à Boileau, 3 juillet 1684.

peut conclure de ce passage du *Parallèle des anciens et des modernes,* par Charles Perrault (1) : « Il peut y avoir dans le discours deux sortes de simplicités : une simplicité qui vient de faiblesse et d'indigence, telle que celle qui se rencontre dans le discours des enfants, du menu peuple, des villageois et des ignorants, discours qui n'est qu'une suite de pensées communes sous des expressions encore plus communes ; et une autre simplicité qui vient de force et d'abondance, telle que celle qui se trouve dans le discours des hommes graves qui pensent beaucoup et parlent peu : joignant à un génie heureux un long usage du monde, ils ont le don de se former des idées nobles de toutes choses et de les renfermer dans des expressions communes à la vérité, mais très justes et très précises. Cette belle simplicité est, à l'égard de l'autre, ce que l'or est à l'égard du fer et du cuivre : car comme l'or contient en un petit volume la valeur d'une grande masse de fer ou de cuivre, de même le discours où se rencontre cette simplicité précieuse renferme en peu de mots ce qu'un autre discours d'une simplicité commune ne pourrait égaler que par un grand nombre de paroles. » — « Pour les distinguer, concluait Perrault, il faut une pierre de touche. Une pierre de touche bien sûre est tombée entre les mains du public : c'est la traduction de Théophraste qu'on vient de nous donner avec des pensées *sur les mœurs de notre siècle.* Combien la simplicité de Théophraste a été trouvée pauvre par tout ce qu'il y a de gens de bon goût dans Paris, au grand étonnement et au grand scandale des adorateurs des anciens !... Combien le public a préféré aux caractères du divin Théophraste les réflexions du moderne qui nous en a donné la traduction ? Les savants sont fort embarrassés : car de prétendre que le goût du siècle est malade et qu'il a des travers, ils voient bien que de pareilles prétentions ne réussissent pas. » Le nom de la Bruyère n'est pas prononcé une seule fois dans ce curieux passage de Perrault ; mais peut-on douter qu'il s'agit de lui ? C'est pourquoi M. de Novion était d'avis que M. de la Bruyère se présentât à l'Académie française : mais M. Charpentier, doyen de l'Académie, ne le voulait pas.

« J'entends Théodecte de l'antichambre (2) ; il grossit sa voix à mesure qu'il s'approche ; le voilà entré : il rit, il crie, il éclate ; on bouche ses oreilles, c'est un tonnerre. Il n'est pas moins redoutable

---

(1) *Parallèle,* p. 174-178 du tome II, qui fut achevé d'imprimer le 15 février 1690.
(2) Chap. V, n° 12.

par les choses qu'il dit que par le ton dont il parle. Il ne s'apaise, et il ne revient de ce grand fracas que pour bredouiller des vanités et des sottises. Il a si peu d'égard au temps, aux personnes, aux bienséances, que chacun a son fait sans qu'il ait eu l'intention de le lui donner ; il n'est pas encore assis, qu'il a, à son insu, désobligé toute l'assemblée. A-t-on servi, il se met le premier à table, et dans la première place ; les femmes sont à sa droite et à sa gauche. Il mange, il boit, il conte, il plaisante, il interrompt tout à la fois. Il n'a nul discernement des personnes, ni du maître, ni des conviés ; il abuse de la folle déférence qu'on a pour lui. Est-ce lui, est-ce Euthydème qui donne le repas ? Il rappelle à soi toute l'autorité de la table ; et il y a un moindre inconvénient à la lui laisser entière qu'à la lui disputer. Le vin et les viandes n'ajoutent rien à son caractère. Si l'on joue, il gagne au jeu ; il veut railler celui qui perd, et il l'offense ; les rieurs sont pour lui : il n'y a sorte de fatuités qu'on ne lui passe. Je cède enfin et je disparais, incapable de souffrir plus longtemps Théodecte, et ceux qui le souffrent. »

On a dit que Théodecte était d'Aubigné, frère de Mme de Maintenon. Sa sœur lui écrivait : « Prenez garde, on vous fait tenir des discours insensés. » — « C'était un plaisir, dit Saint-Simon, de l'entendre sur les aventures et les galanteries de sa sœur du temps de Scarron et de l'hôtel d'Albert, et en faire le parallèle avec sa dévotion et sa situation auprès de Louis XIV. On ne l'arrêtait pas où on voulait, et il ne tenait pas ces propos entre deux ou trois ; mais à table, devant le monde, sur un banc des Tuileries, et fort librement encore dans la galerie de Versailles : il ne s'y contraignait pas plus qu'ailleurs pour prendre un ton goguenard et dire ordinairement *le beau-frère,* lorsqu'il voulait parler du roi. » Théodecte n'était guère d'Aubigné : la Bruyère eût pris autant de plaisir que Saint-Simon à l'écouter. Selon nous, Théodecte, sauf quelques exagérations de détail, était plutôt Fr. Charpentier, surnommé le gros Charpentier ou le Tonnant, à cause de sa voix retentissante et du bruit qu'il faisait dans les sociétés où il était admis (1).

La Bruyère avait connu Charpentier avocat : alors Charpentier luttait avec Fourcroy, non par la connaissance du droit, mais par la force des poumons et par la facilité véhémente de son élocution. Sa confiance en lui-même et son air intrépide avaient fait croire qu'il

---

(1) *Carpenteriana*, par Boscheron ; Paris, 1724.

pourrait jouer un grand rôle au palais ; mais bientôt, ne pouvant souffrir la contradiction, il quitta le barreau. Il croyait avoir le goût de la bonne antiquité ; et il composa nombre d'ouvrages en prose et en vers, plus remarquables par leur diffusion et une certaine emphase que par la simplicité et le naturel des anciens. « L'emphase, assurait-il (1), fait penser plus qu'on ne dit, ou fait mieux entendre ce qu'on ne dit pas. » Tel était son système ; et il le justifiait par les exemples d'Homère et de Virgile, et par une apologie continuelle de son mérite et de son jugement. C'est de lui que Boileau, dans son discours au roi, avait dit :

> L'un en style pompeux habillant une églogue,
> De ses rares vertus te fait un long prologue,
> Et mêle, en se vantant soi-même à tout propos,
> Les louanges d'un fat à celles d'un héros.

Il n'était pas sans mérite : Colbert, qui l'employait souvent, fonda par ses conseils l'Académie des inscriptions, et le mit à la tête de cette compagnie. Vers le même temps, Charpentier devint doyen de l'Académie française. Alors le chef de la petite et de la grande Académie, versé dans tout genre d'éloquence et d'érudition, voulut être écouté comme un maître, et fit valoir ses idées sur ce ton décisif qui n'admet pas le doute et prévient toutes les difficultés. A la paix de Nimègue, le panégyrique du roi retentissait partout : Charpentier enfla sa voix pour crier plus fort que tout le monde, et, en pleine Académie, il adressa sa harangue au portrait du roi, qu'on avait suspendu sur un mur de la salle des séances. On attribue à Racine la jolie épigramme sur le doyen de pesante figure qui avait trouvé le secret nouveau de parler aux rois en peinture. Après la mort de Colbert, Louvois, devenu surintendant des bâtiments, fit enlever les inscriptions emphatiques que M. Charpentier avait mises aux tableaux des victoires du roi, peints par le Brun, dans la grande galerie de Versailles : à la place on mit des inscriptions plus simples, composées par Racine et Boileau, historiographes de Sa Majesté. Charpentier ne leur pardonna jamais ; il prit parti contre eux dans la querelle des anciens et des modernes et dans toutes les questions académiques. Boileau, malade de la gorge, hasardait sa vie (2) pour interrompre Charpentier au sein de l'Académie. Mais Charpentier demeurait toujours satisfait de lui-même,

(1) *Carpenteriana*, p. 373.
(2) Lettre de Boileau à Racine, 28 août 1687.

persuadé de l'excellence de son esprit et de la perfection de son goût. Il semble bien s'être reconnu lui-même dans les *Caractères* de la Bruyère : car quand il recevra notre moraliste à l'Académie française, il lui dira avec sa voix de tonnerre : « Vos portraits, Monsieur, ressemblent à de certaines personnes, et souvent on les devine. »

Mais alors qu'est-ce que Euthydème, qui donne le repas et qui a pour Théodecte une folle déférence? Remarquons d'abord que Théodecte, disciple d'Aristote, et auteur de divers ouvrages en prose et en vers, était un rhéteur (1), un artiste en paroles qui avait une prodigieuse mémoire (2) et pouvait répéter des vers qu'il n'avait entendus qu'une seule fois. De même Charpentier, plus occupé de succès oratoires ou d'effets de style que d'études sérieuses et précises, essayait de rendre la contradiction impossible par un étalage de termes, de noms, de raisonnements et de faits, qui embrouillaient et accablaient l'adversaire. Il consultait sa mémoire plus que son jugement. Au contraire, Euthydème, qui avait la haute naissance, la richesse, la réputation et l'autorité de M. de Novion dans sa patrie, avait aussi comme lui plus de jugement que de mémoire, plus de bon sens que de facilité (3). Autant Charpentier était un orateur mol et abondant, autant M. de Novion était nerveux et concis : Charpentier ne arissait pas, M. de Novion demeura court plus d'une fois. Après la fameuse opération chirurgicale qui avait rendu la santé au roi, tous les grands corps de l'État allèrent à Notre-Dame chanter un *Te Deum;* quand après la cérémonie le parlement fut revenu à la grand'chambre, le premier président voulut le haranguer. La mémoire lui manqua tout à coup (4); il ne put jamais se remettre : il lui fallut renoncer à dire jusqu'au bout sa harangue. Ce fut une scène désagréable de voir dans cette attitude un orateur qui avait préparé un dîner de plus de mille écus pour régaler le chancelier et tout ce qu'il y avait de plus distingué dans la robe. On dissimula la chose le mieux qu'on put. « Mais quelqu'un, suivant la pente de la coutume qui veut qu'on loue, et par l'habitude qu'il a à la flatterie et à l'exagération (5), congratule Théodème sur un discours qu'il n'a point

---

(1) Cicéron, *l'Orateur*, ch. LI.
(2) *Tusculanes*, liv. Ier, ch. XIV.
(3) Strabon, livre XXIV.
(4) *Mémoires de l'abbé Legendre*, p. 30 et 31. *Mémoires du marquis de Sourches*, t. II, p. 21.
(5) Chap. v, n° 25.

entendu, et dont personne n'a pu encore lui rendre compte : il ne laisse pas de lui parler de son génie, de son geste, et surtout de la fidélité de sa mémoire; et il est vrai que Théodème est demeuré court. »

M. de Novion reçut plus d'une fois à sa table son célèbre confrère, le doyen de l'Académie. Lors de la querelle de Furetière avec ceux qu'il appelait les douze jetonniers de l'Académie (1), M. de Novion les assembla chez lui pour dîner : il croyait les accommoder, mais il n'y réussit point. Il eut le chagrin de voir qu'ils s'emportèrent en sa présence jusqu'à en perdre le respect. Le doyen de l'Académie fut encore invité plus d'une fois chez M. de Novion. Il est possible qu'un jour M. de Novion, qui désirait voir entrer la Bruyère à l'Académie, en ait fait la proposition au doyen; qu'alors Charpentier l'ait pris de si haut avec le maître et les conviés qui étaient favorables au moraliste, et se soit permis tant de fatuités, que la Bruyère céda enfin et disparut, incapable de souffrir plus longtemps Théodecte et ceux qui le souffraient; mais ce qui est certain, c'est que Charpentier disait en parlant de Furetière : « N'admirez-vous pas, Monsieur (2), qu'il allègue comme une maxime incontestable : que de tout temps l'empire des lettres a joui de cette agréable franchise (3) de réjouir quelquefois le lecteur aux dépens du prochain, quand il est tombé dans le ridicule? Qu'on lui accorde cette proposition, il ajoutera que les académiciens, qu'il appelle ses ennemis, sont tombés dans le ridicule, et après cela ne le voilà-t-il pas en liberté de les déchirer sans que l'on y puisse trouver à redire? N'avait-il pas raison de se tout permettre sous l'autorité d'un syllogisme si pressant? Et ne pouvait-il pas en étendre plus loin les conséquences? Un homme qui ne se refuse pas le plaisir de se réjouir aux dépens de son prochain se refusera-t-il le plaisir de s'enrichir, de se venger, ou de satisfaire une autre passion aux dépens d'autrui? Quelle image me puis-je faire d'un esprit nourri dans des sentiments si opposés au christianisme? Mais que dis-je? N'est-ce que parmi les chrétiens que cette manière criminelle de se réjouir a été condamnée? » Et voilà Charpentier qui cite les lois d'Athènes et les lois romaines contre les écrits injurieux, et qui se réjouit de voir pour ce crime des poètes assommés ou noyés

---

(1) *Mémoires de l'abbé Legendre*, p. 37.
(2) *Harangues de l'Académie*, t. II, p. 260-265.
(3) Chap. I, n° 68. Préface des *Caractères*. *Discours sur Théophraste*.

dans la mer. Il ne requérait pas ce supplice pour la Bruyère, mais en voyant dans le public cette maligne joie qui s'était répandue de tous côtés à la lecture de ses *Caractères*, cela lui produisait le même effet que les factums de Furetière. La Bruyère, qui peignait sur le vif et d'après nature les mœurs de son siècle, pouvait-il supporter cette doctrine ?

« L'Académie, poursuit Charpentier, n'en conçoit ni chagrin ni inquiétude. Elle se fait justice là-dessus et ne prétend pas que le cœur humain change à son égard. Le moyen qu'une compagnie établie sur le mérite de l'esprit soit sans ennemis, ou du moins sans jaloux ? L'éclat que le nom du roi y a ajouté fait mal aux yeux de tous ceux qui n'y peuvent aspirer. L'infériorité la plus difficile à avouer est celle de l'esprit, parce que rien ne peut réparer ce défaut. » — « Un homme d'esprit, répondait la Bruyère (1), n'est point jaloux d'un ouvrier qui a travaillé une bonne épée, ou d'un statuaire qui vient d'achever une belle figure. Il sait qu'il y a dans ces arts des règles et une méthode qu'on ne devine point, qu'il y a des outils à manier dont il ne connaît ni l'usage, ni le nom, ni la figure ; et il lui suffit de penser qu'il n'a point fait l'apprentissage d'un certain métier, pour se consoler de n'y être point maître. » Mais, « quelque rapport qu'il paraisse de la jalousie à l'émulation, il y a entre elles le même éloignement qu'entre le vice et la vertu. La jalousie et l'émulation s'exercent sur le même objet, qui est le bien ou le mérite des autres : avec cette différence que celle-ci est un sentiment volontaire, courageux, sincère, qui rend l'âme féconde, qui la fait profiter des grands exemples et la porte souvent au-dessus de ce qu'elle admire ; et que celle-là au contraire est un mouvement violent et comme un aveu contraint du mérite qui est hors d'elle ; qu'elle va même jusques à nier la vertu dans les sujets où elle existe, ou qui, forcée de la reconnaître, lui refuse les éloges ou lui envie les récompenses ; une passion stérile qui laisse l'homme dans l'état où elle le trouve, qui le remplit de lui-même, de l'idée de sa réputation, qui le rend froid et sec sur les actions ou sur les ouvrages d'autrui, qui fait qu'il s'étonne de voir dans le monde d'autres talents que les siens, ou d'autres hommes avec les mêmes talents que ceux dont il se pique : vice honteux, et qui par son excès rentre toujours dans la vanité et dans la présomption, et ne persuade pas tant à celui qui en est blessé qu'il a plus d'es-

---

(1) Chap. XI, n° 85.

prit et de mérite que les autres, qu'il lui fait croire qu'il a lui seul de l'esprit et du mérite. L'émulation et la jalousie ne se rencontrent guère que dans les personnes de même art, de même talent et de même condition. Les plus vils artisans sont les plus sujets à la jalousie. Ceux qui font profession des arts libéraux ou des belles-lettres, les peintres, les musiciens, les orateurs, les poètes, tous ceux qui se mêlent d'écrire, ne devraient être capables que d'émulation. »

Était-ce basse jalousie de la part de la Bruyère que de désirer s'asseoir auprès d'un froid rimeur, auprès du ridicule Testu de Mauroy, comme l'appelle Boileau? Cet abbé, ayant achevé l'éducation des deux filles de Monsieur, demanda, sans autre titre, à S. A. R. de le faire entrer à l'Académie (1). Monsieur ne crut pouvoir refuser à un homme de sa maison de faire une démarche qui lui parut sans conséquence. Il envoya donc un de ses gentilshommes à Messieurs de l'Académie. « Est-ce qu'ils le recevront? » demanda naïvement le prince à son envoyé. — Ils le reçurent; et voici pourquoi : « Ce ne sont pas toujours, dit à ce propos l'abbé Paul Tallemant (2), les lumières de l'esprit que nous estimons dans les personnes dont nous faisons choix, mais les qualités propres à la société ; nous ne sommes pas moins touchés de la bonté du cœur que des plus rares talents dans l'éloquence et la poésie. » M. de la Chapelle, quand il fut reçu à la place de Furetière, reconnut cette règle de fort bonne grâce ; il ne voulait pas être confondu avec l'auteur du charmant voyage de Bachaumont. Cette année 1689, furent reçus deux nouveaux académiciens qui avaient les qualités propres à la société : 1° M. de Callières, sans autres titres sérieux que son panégyrique historique du roi, et sa faible traduction du panégyrique de Trajan ; 2° l'abbé Renaudot, rédacteur de la *Gazette de France,* homme de mérite qui ne se croyait pas digne d'un si grand honneur (3) : tous les deux se trouvèrent parés en même temps de leur dignité et de leur modestie. La Bruyère n'était pas si modeste : il ne croyait pas se rendre indigne de l'Académie, s'il osait y prétendre sans mystère, sans intrigue, ouvertement et avec confiance.

Mais il ne l'osa pas. « Toutes les passions sont menteuses (4) : elles

---

(1) *Mémoires de Fontenelle,* par l'abbé Trublet.
(2) 8 mars 1688. *Réponse de l'abbé Tallemant à l'abbé de Louvois,* successeur de l'abbé de Mauroy, 1706.
(3) Chap. VIII, n° 44.
(4) Chap. IV, n° 72.

se déguisent autant qu'elles le peuvent aux yeux des autres ; elles se cachent à elles-mêmes. Il n'y a point de vice qui n'ait une fausse ressemblance avec quelque vertu, et qui ne s'en aide. » « Le roi, dit Racine (1), ayant été touché de la représentation d'*Esther* à Saint-Cyr, ne put refuser à tout ce qu'il y avait de plus grands seigneurs de les y mener ; et il eut la satisfaction de voir, par le plaisir qu'ils y prirent, qu'on se peut aussi bien divertir aux choses de piété qu'aux spectacles profanes. » Sans doute ; mais le plaisir de faire sa cour au roi y était bien aussi pour quelque chose. En effet, ceux qui lurent la pièce dans l'imprimé, sans avoir été invités à Saint-Cyr, goûtèrent moins ces choses de piété. « Je ne sais s'il y a rien au monde qui coûte plus à approuver et à louer que ce qui est plus digne d'approbation et de louange, et si la vertu, le mérite, la beauté, les bonnes actions, les beaux ouvrages, ont un effet plus naturel et plus sûr que l'envie, la jalousie et l'antipathie. Ce n'est pas d'un saint qu'un dévot sait dire du bien, mais d'un autre dévot. Si une belle femme approuve la beauté d'une autre femme, on peut conclure qu'elle a mieux que ce qu'elle approuve. Si un poète loue les vers d'un autre poète, il y a à parier qu'ils sont mauvais ou sans conséquence (2). » La chaleur que l'on mit d'abord à louer *Esther* excita l'aigreur de Mme de la Fayette (3) pour Mme de Maintenon. « Il n'y avait, dit-elle, ni petit ni grand qui ne voulût aller à Saint-Cyr, et ce qui ne devait être qu'une comédie de couvent devint l'affaire la plus sérieuse de la cour. Et les actrices, même celles qui étaient transformées en acteurs, jetaient de la poudre aux yeux de la Champmeslé, de la Raisin, de Baron et de Montfleury. » Enfin aux allégories transparentes et incontestables qui représentaient les demoiselles de Saint-Cyr sous les traits des jeunes Israélites et Mme de Maintenon dans le personnage d'Esther, le public en ajouta d'autres : l'altière Vasthi fut Mme de Montespan ; et quoiqu'il y eût bien quelque difficulté, il fallut même voir Louvois sous le masque d'Aman.

On fit encore bien d'autres interprétations et des plus malignes (4); mais pour cela, est-ce que la pièce de Racine était plus mauvaise ? En était-elle moins un chef-d'œuvre ? De même si les *Caractères* de la Bruyère étaient souvent mal interprétés, mal compris, ils n'en étaient

---

(1) Préface d'*Esther*.
(2) Chap. XII, n° 8.
(3) *Mémoires de la cour*.
(4) Préface d'*Esther*.

pas pour cela plus mauvais ; et cette justice qui nous est quelquefois refusée par nos contemporains, la postérité sait nous la rendre (1). Que manquait-il à la quatrième édition? Un peu plus de rondeur, une meilleure forme. L'auteur aspire à la perfection. L'éditeur propose une cinquième édition. Pourquoi l'auteur n'achèverait-il pas son ouvrage? S'il ne fait rien pour le public, il ne réussira pas, et l'on attribuera à sa pusillanimité ce dénouement ridicule. Michallet jouait au naturel le rôle de Criton dans le dialogue de Platon sur le devoir du citoyen. « C'est une réputation honteuse, disait Criton, que de passer pour plus attaché à son argent qu'à ses amis. » Et il voulait tirer Socrate de la prison, proposant de payer tous les frais de l'évasion. Comme Socrate, la Bruyère refusa les offres de Criton. « Ne traitez pas, dit-il (2), avec Criton, il n'est touché que de ses seuls avantages. Le piège est tout dressé à ceux à qui sa charge, sa terre, ou ce qu'il possède feront envie : il vous imposera des conditions extravagantes. Il n'y a nul ménagement et nulle composition à attendre d'un homme si plein de ses intérêts et si ennemi des vôtres : il lui faut une dupe. »

Ce fut le tour de Michallet de s'indigner. Reçu imprimeur en 1676 par arrêt du conseil d'État, il n'avait jamais trompé personne (3). Le parlement dans son injustice avait accusé Michallet, mais ne l'avait pas convaincu de mauvaise foi. Oui, la cinquième édition des *Caractères* réussira aussi bien que les autres, pourvu que l'auteur veuille bien y mettre un peu la main. Alors le philosophe Démocrite, ne pouvant plus donner de bonnes raisons, en donna de mauvaises. « Je renonce, dit-il (4), à tout ce qui a été, qui est, et qui sera livre. Bérylle (c'est le nom d'une pierre précieuse dans Pline et Quinte-Curce (5) et d'une femme précieuse dans les *Conversations* de Mlle de Scudéry) tombe en syncope à la vue d'un chat, et moi à la vue d'un livre. Suis-je mieux nourri, mieux vêtu, mieux couché depuis vingt ans qu'on me débite dans la place. — Vous avez un grand nom et beaucoup de gloire. — Dites que j'ai beaucoup de vent et qui ne sert à rien. Ai-je un grain de ce métal qui procure toutes choses ? » Une fois lancé sur cette pente, le philosophe ne peut plus se retenir : il énumère beaucoup de métiers

---

(1) Chap. I, n° 67.
(2) Chap. VI, n° 29.
(3) *Histoire de l'Imprimerie et librairie,* chez Jean de la Caille; Paris, 1689.
(4) Chap. XII, n° 21.
(5) Pline l'Ancien, l. XXXVII, chap. V. — Quinte-Curce, 9, 1, 30.

qui enrichissent leur homme. « Le vil praticien grossit son mémoire (1), fait rembourser des frais qu'il n'avance pas, et il a pour gendre un comte ou un magistrat. Un laquais, un homme rouge ou feuille-morte devient commis, et bientôt plus riche que son maître ; il le laisse dans la roture, et avec de l'argent il devient noble. B** (peut-être Brioché) s'enrichit à montrer dans un cercle des marionnettes ; B*B** (Barbereau, marchand d'eaux minérales, disent les clefs ; Brimbœuf, marchand d'eau de Jouvence, dit M. Ed. Fournier) s'enrichit à vendre en bouteilles l'eau de la rivière. Un autre charlatan (Caretti, Italien à secrets, empirique ultramontain) arrive de delà les monts avec une malle ; il n'est pas déchargé que les pensions courent, et il est prêt à retourner d'où il arrive avec des mulets et des fourgons. » (Mais le métier le plus vil est encore celui de Mercure dans l'*Amphitryon*.) « Mercure est Mercure, et rien davantage ; l'or ne peut payer ses médiations et ses intrigues : on y ajoute la faveur et les distinctions. »

Il est vrai, la Bruyère a toujours professé un grand mépris pour ces gains illicites ; mais il ne s'agit pas de cela. Michallet ne propose rien qui ne soit juste et honorable. « Et sans parler que des gains licites, on paye au tuilier sa tuile, et à l'ouvrier son temps et son ouvrage : paye-t-on à un auteur ce qu'il pense et ce qu'il écrit ? et s'il pense très bien, le paye-t-on très largement ? Se meuble-t-il, s'anoblit-il à force de penser et d'écrire juste ? » La Bruyère se rappelle alors le temps où, dans sa chambre solitaire, ses parents et ses amis venaient lui dire : « Il faut que les hommes soient habillés, qu'ils soient rasés ; il faut que, retirés dans leurs maisons, ils aient une porte qui ferme bien : est-il nécessaire qu'ils soient instruits ? » — « Folie, simplicité, imbécillité, continue Démocrite, de mettre l'enseigne d'auteur ou de philosophe ! Avoir, s'il se peut, un office lucratif qui rende la vie aimable, qui fasse prêter à ses amis, et donner à ceux qui ne peuvent rendre ; écrire alors par jeu, par oisiveté, et comme Tityre siffle ou joue de la flûte ; cela, ou rien. » Eh bien ! la Bruyère avait tout cela maintenant : il pouvait même être assez grand seigneur pour aider son éditeur à faire fortune ; il était bien sûr qu'il ne lui rendrait jamais rien.

Enfin Démocrite est vaincu. « J'écris, dit-il (2), à ces conditions,

---

(1) Chap. XII, n° 21.
(2) Chap. XII, n° 21.

et je cède ainsi à la violence de ceux qui me prennent à la gorge et me disent : « Vous écrirez. » Ils liront pour titre de mon nouveau livre : « *du Beau, du Bon, du Vrai, des Idées, du premier Principe,* par Démocrite, vendeur de marée. » M. le duc de Gesvres, qui descendait d'un portebaille (1), prétendait que le duc de Villeroi descendait d'un vendeur de marée aux halles. Mais il n'importe : la plaisanterie de Démocrite est trop amère, trop exagérée pour qu'il faille la prendre au sérieux. Le nouveau livre, ou la cinquième édition des *Caractères,* pourrait s'intituler du Beau, du Bon, du Vrai, des Idées, du premier Principe ; mais la Bruyère, indifférent au bénéfice qu'en veut tirer Michallet, saura traiter ce sujet avec la dignité et le désintéressement d'un véritable philosophe.

« J'avoue, dit-il dans sa préface, que j'ai balancé quelque temps (dans le mois de janvier et février 1690), entre l'impatience de donner à mon livre toute sa rondeur et toute sa forme par ces nouveaux caractères, et la crainte de faire dire à quelques-uns : « Ne finiront-ils pas ces caractères ? » Des gens sages me disaient d'une autre part : « La matière est solide, utile, agréable, inépuisable ; vivez longtemps, et traitez-la sans interruption pendant que vous vivrez : que pourriez-vous faire de mieux ? il n'y a point d'année où les folies des hommes ne puissent vous fournir un volume. » D'autres, avec beaucoup de raison, m'ont fait redouter les caprices de la multitude et la légèreté du public, de qui j'ai néanmoins de si grands sujets d'être content, et n'ont pas manqué de me suggérer que, personne presque depuis trente années ne lisant plus que pour lire, il fallait aux hommes, pour les amuser, de nouveaux chapitres et un nouveau titre ; que cette indolence avait rempli les boutiques et peuplé le monde, depuis tout ce temps, de livres froids et ennuyeux, d'un mauvais style et de nulle ressource, sans règle et sans la moindre justesse, contraires aux mœurs et aux bienséances, écrits avec précipitation et lus de même, seulement pour leur nouveauté ; et que, si je ne savais qu'augmenter un livre raisonnable, le mieux que je pouvais faire était de me reposer. »

Si la Bruyère eût voulu écrire un nouveau volume sur les folies des hommes, comme ces livres froids et ennuyeux qui depuis trente ans remplissaient les boutiques des libraires, mettant de côté toute intention morale et n'ayant d'autre but que l'amusement, voici à peu

---

(1) *Mémoires de Saint-Simon,* éd. Chéruel, t. II, p. 354.

près ce qu'il eût écrit (1) : « Tout le monde connaît cette longue levée qui borne et qui resserre le lit de la Seine, du côté où elle entre à Paris avec la Marne qu'elle vient de recevoir (le quai Saint-Bernard) : les hommes s'y baignent au pied pendant les chaleurs de la canicule ; on les voit de fort près se jeter dans l'eau ; on les en voit sortir : c'est un amusement. Quand cette saison n'est pas venue, les femmes de la ville ne s'y promènent pas encore ; et quand elle est passée, elles ne s'y promènent plus. » C'était encore comme dans la jeunesse de la Bruyère. Il n'y avait non plus rien de changé « dans ces lieux d'un concours général (2), où les femmes se rassemblent pour montrer une belle étoffe, et pour recueillir le fruit de leur toilette ; on ne s'y promène pas avec une compagne pour la nécessité de la conversation ; on se joint ensemble pour se rassurer sur le théâtre, s'apprivoiser avec le public, et se raffermir contre la critique : c'est là précisément qu'on se parle sans se rien dire, ou plutôt qu'on parle pour les passants, pour ceux même en faveur de qui l'on hausse la voix, l'on gesticule et l'on badine, l'on penche négligemment la tête, l'on passe et l'on repasse. » C'était toujours la même chose, et il y avait toujours des badauds pour admirer ce spectacle, comme si c'était quelque chose de nouveau. « Voilà un homme (3), dites-vous, que j'ai vu quelque part : de savoir où, il est difficile ; mais son visage m'est familier. » Je le crois bien, ce badaud qu'on voyait toujours et qu'on rencontrait partout, c'était jadis la Bruyère lui-même, lorsqu'il faisait ses premières études de moraliste dans la grande allée des Tuileries, au balcon de la Comédie, au sermon dans les églises, au bal du Jardin de Rambouillet, à une fenêtre de l'hôtel de ville, en place de Grève, sur l'amphithéâtre d'un carrousel, au rendez-vous d'une Saint-Hubert, au camp d'Ouilles, à la revue d'Achères, au fort Bernardi ; partout où il y avait quelque chose à voir. Il aurait pu (4) donner son portrait aux almanachs, pour représenter le peuple ou l'assistance dans les belles estampes allégoriques dont ils étaient ornés.

Mais depuis que la Bruyère exerçait dans la maison de Condé l'honorable profession d'homme de bien, il était perdu pour la ville et la société des badauds. Il se moquait du badaud comme d'un

---

(1) Chap. VII, n° 2.
(2) Chap. VII, n° 3.
(3) Chap. VII, n° 13.
(4) Walkenaer, *Remarques sur la Bruyère*, p. 696 ; etc.

homme qui existait encore, mais qui n'avait plus longtemps à vivre. Après l'avoir défini avec soin, il fait d'avance son oraison funèbre (1) : « Chanley sait les marches, Vauban les sièges : celui-ci voit ; il a vieilli sous le harnais en voyant, il est spectateur de profession ; il ne fait rien de ce qu'un homme doit faire, il ne sait rien de ce qu'il doit savoir ; mais il a vu, dit-il, tout ce qu'on peut voir, et il n'aurait point regret de mourir : quelle perte alors pour toute la ville ! Qui dira maintenant : « Le Cours est fermé, on ne s'y promène point ; le bourbier de Vincennes est desséché et relevé, on n'y versera plus ? » Qui annoncera un concert, un beau salut, un prestige de la foire ? Qui nous avertira que Beaumavielle (2) mourut hier ? que Rochois est enrhumée, et ne chantera de huit jours ? Qui connaîtra comme lui un bourgeois à ses armes et à ses livrées ? Qui dira : « Scapin porte des fleurs de lis ? » Et qui en sera plus édifié ? Qui prononcera avec plus de vanité et d'emphase le nom d'une simple bourgeoise ? Qui sera mieux pourvu de vaudevilles ? Qui prêtera aux femmes les *Annales galantes* et le *Journal amoureux*? Qui saura comme lui chanter à table tout un dialogue de l'*Opéra*, et les fureurs de Roland dans une ruelle ? Enfin, puisqu'il y a à la ville comme ailleurs de fort sottes gens, des gens fades, oisifs, désoccupés, qui pourra aussi complètement leur convenir ? » Assurément ce ne sera pas M. de la Bruyère, gentilhomme de la maison de Condé.

La Bruyère avait un grand tort aux yeux des amis de M. le Duc, c'était de laisser croire que la philosophie rend les hommes peu sociables. On lui répétait sans cesse ce que dit Pellisson dans son éloge de Sarrasin (3) : « Ces philosophes d'une vertu austère oublient que Socrate leur fondateur et leur père, si toutefois ils sont sa légitime postérité, riait et dansait comme un autre homme, et n'estimait rien indigne de lui que le vice. » Cela est vrai, répondait la Bruyère (4) : « Les vues courtes, je veux dire les esprits bornés et resserrés dans leur petite sphère, ne peuvent comprendre cette universalité de talents que l'on remarque quelquefois dans un même sujet : où ils voient l'agréable, ils en excluent le solide ; où ils croient découvrir les grâces du corps, l'agilité, la souplesse, la dextérité, ils ne veulent plus y admettre les

---

(1) Chap. VII, n° 13.
(2) Beaumavielle mourut en 1688. *Hist. de l'Opéra*, par Noinville, t. II, p. 54-60.
(3) *Œuvres de Sarrasin*; Paris, chez Bilaine, 1663.
(4) Chap. II, n° 34.

dons de l'âme, la profondeur, la réflexion, la sagesse : ils ôtent de l'histoire de Socrate qu'il ait dansé. » Dans la maison de Condé on savait fort bien que feu M. le Prince avait été un des beaux danseurs de son temps, et qu'il joignait aux grâces du corps, à l'agilité, à la souplesse, à la dextérité, les dons de l'âme, la profondeur, la réflexion, la sagesse de Socrate. Mais feu M. le Prince dansait-il quand il avait la goutte ? « Le sot est automate (1), il est machine, il est ressort ; le poids l'emporte, le fait mouvoir, le fait tourner toujours dans le même sens et avec la même égalité : il est uniforme, il ne se dément point : qui l'a vu une fois, l'a vu dans tous les instants et toutes les périodes de sa vie. L'homme du meilleur esprit est inégal, il souffre des accroissements et des diminutions ; il entre en verve, mais il en sort : alors s'il est sage, il parle peu ; il n'écrit point, il ne cherche point à imaginer ni à plaire ; chante-t-on avec un rhume ? Ne faut-il pas attendre que la voix revienne ? »

Alors la Bruyère n'était pas d'humeur à chanter ni à danser ; il avait des pensées plus sérieuses. Quoi qu'il pût arriver, il voulait mettre un intervalle entre la vie et la mort, et se recueillir dans la retraite avant de se présenter au jugement de Dieu. Il faisait en ce moment de graves réflexions (2) sur la nécessité de mourir (3), sur l'utilité d'une longue maladie pour adoucir le chagrin et de ceux qui meurent et de ceux qui restent, enfin (4) sur l'opportunité de la mort qui prévient la caducité. Mais l'on aime la vie et l'on fuit la mort (5) ; ne pouvant l'éviter, on s'endort dans l'aveuglement. « La vie est un sommeil (6) : les vieillards sont ceux dont le sommeil a été le plus long ; ils ne commencent à se réveiller que quand il faut mourir. S'ils repassent alors sur tout le cours de leurs années, ils ne trouvent souvent ni vertus ni actions louables qui les distinguent les unes des autres ; ils confondent leurs différents âges, ils n'y voient rien qui marque assez pour mesurer le temps qu'ils ont vécu. Ils ont eu un songe confus, informe, et sans aucune suite ; ils sentent néanmoins, comme ceux qui s'éveillent, qu'ils ont dormi longtemps. »

Comment peut-on s'endormir sur cette question capitale ? Voyez

(1) Chap. XI, n° 142.
(2) Chap. XI, n° 43.
(3) Chap. XI, n° 44.
(4) Chap. XI, n° 45.
(5) Chap. XI, n° 41.
(6) Chap. XI, n° 47.

les chanoines de la Sainte-Chapelle dans le *Lutrin* de Boileau (1). — « Moi, dit le chefecier, je suis maître du chœur ; qui me forcera d'aller à matines ? mon prédécesseur n'y allait point : suis-je de pire condition ? Dois-je laisser avilir ma dignité entre mes mains, ou la laisser telle que je l'ai reçue (2) ? — Ce n'est point, dit l'écolâtre, mon intérêt qui me mène, mais celui de la prébende : il serait bien dur qu'un grand chanoine fût sujet au chœur, pendant que le trésorier, l'archidiacre, le pénitencier et le grand vicaire s'en croient exempts. — Je suis bien fondé, dit le prévôt, à demander la rétribution sans me trouver à l'office : il y a vingt années entières que je suis en possession de dormir les nuits ; je veux finir comme j'ai commencé, et l'on ne me verra point déroger à mon titre : que me servirait d'être à la tête d'un chapitre ? mon exemple ne tire point à conséquence. » Enfin c'est entre eux tous à qui ne louera point Dieu, à qui fera voir par un long usage qu'il n'est point obligé de le faire : l'émulation de ne se point rendre aux offices divins ne saurait être plus vive ni plus ardente. Les cloches sonnent dans une nuit tranquille ; et leur mélodie, qui réveille les chantres et les enfants de chœur, endort les chanoines, les plonge dans un sommeil doux et facile, et qui ne leur procure que de beaux songes : ils se lèvent tard, et vont à l'église se faire payer d'avoir dormi. »

L'homme qui pense, selon la Bruyère (3), est celui qui n'oublie pas qu'il a une âme et qui se pose le problème de la destinée humaine. Je pense, donc je suis ; mais pourquoi suis-je ? D'après Th. Jouffroy (4), toute la philosophie se résume en cette seule question. Une fois que l'homme qui pense s'est demandé : pourquoi suis-je ici-bas ? son intelligence ne s'arrête pas plus là que celle d'Aristote ou de Pascal ; elle sent, comme la leur, la pente logique qui mène de ce problème à tous les autres : elle y obéit comme la leur, et elle va fort loin. Interrogez un homme du peuple, et vous vous convaincrez qu'ici, comme en tout, il y a bien moins de distance qu'on n'a la ridicule habitude de le croire, entre un homme et un homme, entre une intelligence et une autre. Toute intelligence, éveillée par le problème de la destinée, y voit de

---

(1) *Lutrin,* chant Ier, v. 17-24.
(2) Chap. XIV, n° 26.
(3) Cf. Sermon de Bossuet. *Cogitavi vias meas.*
(4) *Cours d'histoire de la philosophie moderne. Philosophie morale,* 1re leçon, ou discours d'ouverture, 1831. Paris, chez Pichon et Didier, p. 45.

graves conséquences : ce problème a la vertu d'ouvrir les cœurs, d'élever les âmes, de conduire à mille idées et à mille rêves les esprits les plus grossiers ; le pâtre chez qui s'est opéré la révélation de ce problème est une créature plus développée que le bel esprit le plus civilisé chez qui elle ne s'est pas faite. Pourquoi Dieu m'a-t-il créé? demandait Bourdaloue (1), comme le demandait un paysan. « Je ne suis point dans le monde, répondait le philosophe chrétien, pour y établir une fortune temporelle ; je n'y suis point pour y acquérir de la réputation et de l'estime ; je n'y suis point pour y vivre agréablement et à mon aise ; tout cela n'est point ma fin, ni ne le peut être : j'y suis pour chercher la vérité, pour connaître Dieu et moi-même, pour accomplir les volontés de Dieu. En cela, dit le sage, consiste l'homme et tout l'homme. » La Bruyère n'avait point embrassé la profession de philosophe chrétien (2) comme d'autres entrent dans les finances ou dans les troupes ; il n'avait point été poussé par l'indigence, ou guidé par l'intérêt, ou excité par le besoin de se faire un nom, sans avoir plus de goût ni de talent pour une chose que pour une autre : c'est librement et de son plein gré qu'il s'était mis à penser et à écrire, sans autre ambition que de chercher la vérité et de la faire connaître.

Alors un homme du monde, français et chrétien, à qui l'on demandait compte de sa foi, disait : « Je ne raisonne point, mais je veux croire. » Ce langage pouvait être sincère ; mais, dans un sens assez ordinaire, il marquait peu de foi, et même une secrète disposition à l'incrédulité ; en effet cela veut dire : « Je ne raisonne point, parce que si je raisonnais, je ne croirais rien. » Or penser de la sorte, c'était manquer de foi : car la foi, je dis la foi chrétienne, n'est point un pur acquiescement à croire, ni une simple soumission de l'esprit, mais un acquiescement et une soumission raisonnables. Si cet acquiescement et cette soumission n'étaient pas raisonnables, ce ne serait plus une vertu. Tel était le langage non de Pascal, mais de Bourdaloue ; telle était aussi la pensée de la Bruyère, lorsqu'il voulait ramener les libertins à la docilité. Il n'avait pas mission de parler de la foi comme un théologien ; il ne voulait point porter trop loin ses recherches dans les matières de la foi : usant sur cela d'une grande retenue, il n'y touchait que très sobrement (3), comme le recommande saint

---

(1) *Retraite spirituelle*, 1er jour, 1re méditation, *Œuvres de Bourdaloue*, t. XVI p. 8.
(2) Chap. II, n° 10.
(3) Rom., 13.

Paul ; mais en méditant quelques-uns des grands motifs qui l'avaient toujours déterminé à croire et qui lui paraissaient jusqu'à présent les plus propres à l'affermir dans la foi où il avait été élevé, il se rappela les différents temps de sa vie, les belles années de la jeunesse, les profondes impressions de l'âge mûr, et les épreuves diverses qu'il avait traversées. Il n'exposa pas ses fautes, ses inquiétudes et ses agitations, comme saint Augustin, en plein théâtre, devant tous les peuples, jusqu'à la fin des siècles (1); il cacha dans tous les coins de son livre des aveux discrets, mais assez intelligibles pour ceux qui veulent bien y faire attention.

Une preuve qu'il n'oubliait pas l'époque où il se préparait chez les Oratoriens à la prédication évangélique, c'est qu'il a pris soin de nous raconter la révolution littéraire dont il fut alors témoin dans l'art d'écrire et de prêcher. Quelle différence entre les livres de la première moitié et de la deuxième moitié du dix-septième siècle! entre les anciens prédicateurs et ceux du jour! entre l'éloquence du temps passé et la nouvelle (2)! Il nous dit naïvement comment il renonça à l'éloquence de la chaire et à l'Oratoire par désespoir d'être assez saint pour bien prêcher (3) : et il ne nous dissimule pas ses illusions lorsqu'il embrassa la carrière d'avocat. Il confesse même qu'il avait été amoureux comme les autres, mais aussi qu'il en était revenu (4). Il s'étend avec complaisance sur les joyeusetés de la basoche de son temps, mais il les oppose aux tristes réalités de la pratique (5). Il compare les plaisantes histoires que l'on racontait sur les héritiers et les héritages avec le sombre grimoire de la chicane (6), et il s'en amuse volontiers, quoique ce ne soit pas toujours fort gai. Il relève le contraste frappant qui existait déjà entre le charlatanisme des avocats sans causes et la vie sérieuse, occupée et honorable des Duhamel et des Gomon (7). Enfin il rabaisse la science orgueilleuse des mauvais légistes au niveau de la fourberie de ces médecins qui abusaient de la crédulité et de la folie des hommes (8); et il réserve son estime et

---

(1) *Panégyrique de saint Augustin,* par le P. Lejeune.
(2) Chap. XV, n° 6.
(3) Chap. XV, n° 26.
(4) Chap. IV, n° 35.
(5) Chap. XIV, n°s 57, 58, 59, 60.
(6) Chap. VI, n°s 63, 64, 65, 66, 67, 68, 69.
(7) Chap. VII, n° 6.
(8) Chap. XI, n° 11.

son admiration pour la science modeste, mais indépendante et désintéressée d'un Socrate et d'un Descartes.

« De tous les philosophes, celui qui me paraît avoir pensé avec le plus de sagesse est celui qui a dit : la seule chose que je sçai, c'est que je ne sçai rien (*sic*). *Hoc unum scio quod nihil scio.* » Avec quel suprême dédain M. de Lassay (1) lance cette épigramme à Socrate, le père des philosophes et le modèle de la Bruyère! Il n'a certes pas compris qu'à cette pensée de Socrate se rattache le doute philosophique, sur lequel repose la science moderne; mais la Bruyère l'a compris, et finement il se moque de ceux qui ont une vénération superstitieuse pour l'autorité des anciens. « Hérille, soit qu'il parle, qu'il harangue ou qu'il écrive, veut citer (2) : il fait dire au *Prince des philosophes* que le vin enivre, et à l'*Orateur romain* que l'eau le tempère. S'il se jette dans la morale, ce n'est pas lui, c'est le *divin Platon* qui assure que la vertu est aimable, le vice odieux, ou que l'un et l'autre se tournent en habitude. Les choses les plus communes, les plus triviales, et qu'il est même capable de penser, il veut les devoir aux anciens, aux Latins et aux Grecs ; ce n'est ni pour donner plus d'autorité à ce qu'il dit, ni peut-être pour se faire honneur de ce qu'il sait : il veut citer. » Hérille est le nom d'un ancien philosophe, fort connu de Cicéron (3), qui mettait le souverain bien dans le savoir. Il s'appuyait beaucoup sur Platon, mais plus encore sur Socrate, qu'il citait souvent. Suivant les hérilliens, le pédantisme eût été la vertu. C'est pourquoi la Bruyère ramène la philosophie dans le vrai chemin, ouvert par Socrate, et qui conduit au perfectionnement moral par la connaissance de soi-même. Le goût des citations dans les livres, dans les plaidoyers et dans les sermons, était passé depuis longtemps (4) ; ce n'était plus qu'une manie de quelques esprits comme le vieux savant Ménage et le jeune érudit M. de Valincourt. La Bruyère réduit les citations à un usage fort restreint. « C'est souvent hasarder un bon mot que de le donner pour sien (5) : il n'est pas relevé, il tombe avec des gens d'esprit ou qui se croient tels, qui ne l'ont pas dit, et qui devaient le dire. C'est au contraire le faire valoir, que de le rapporter comme d'un

---

(1) *Recueil de différentes choses,* t. III, p. 37.
(2) Chap. XII, n° 64.
(3) *Académiques,* livre II, 42. *De Finibus bonorum,* l. II, 14. *De Oratore,* l. III, 17.
(4) Chap. XVI, n° 5.
(5) Chap. XII, n° 65.

autre. Ce n'est qu'un fait, et qu'on ne se croit pas obligé de savoir ; il est dit avec plus d'insinuation, et reçu avec moins de jalousie ; personne n'en souffre : on rit s'il faut rire, et s'il faut admirer, on admire. »

La Bruyère conservait le bel enthousiasme de sa jeunesse pour Descartes, *né en France et mort en Suède* (1) : mais il avait aussi le même mépris pour les riches financiers qui méprisaient les philosophes. C'est alors qu'il osa leur donner le nom de Fauconnet (2), le premier fermier général de 1681 à 1687. Il s'était fait un grand changement dans l'opinion. On lisait avec attention la *Vie de Descartes*, par Baillet, et le grand ouvrage cartésien de Régis (3) allait enfin paraître. Mme de Grignan (4) appelait Descartes son père ; Mlle de Scudéry disait que le système de Descartes était une création de son esprit, et que l'esprit n'est pas de la juridiction des princes (5), mais de celle de Dieu, qui est lui-même esprit. Déjà bien des gens levaient boutique de philosophie, et voulaient être des penseurs. « La plupart des hommes oublient si fort qu'ils ont une âme, disait la Bruyère (6), et se répandent en tant d'actions et d'exercices où il semble qu'elle soit inutile, que l'on croit parler avantageusement de quelqu'un en disant qu'il pense ; cet éloge même est devenu vulgaire, qui pourtant ne met cet homme qu'au-dessus du chien et du cheval. »

Est-il possible de prendre pour un homme qui pense, Cliton qui « n'a jamais eu toute sa vie que deux affaires, dîner le matin et souper le soir (7) ? Il ne semble né que pour la digestion... Il dit les entrées qui ont été servies au dernier repas où il s'est trouvé ; il dit combien il y a eu de potages, et quels potages ; il place ensuite le rôt et les entremets ; il se souvient exactement de quels plats on a relevé le premier service ; il n'oublie pas les hors-d'œuvre, le fruit et les assiettes ; il nomme tous les vins et toutes les liqueurs dont il a bu ; il possède le langage des cuisines autant qu'il peut s'étendre, et il me fait envie de manger à une bonne table où il ne soit point. » La Bruyère avait donc eu l'ennui de se trouver à une table où dominait

---

(1) Chap. VI, n° 56.
(2) Cf. *La Bruyère*, de Servois, t. I, p. 497, 498, 499, ou *Recueil des édits et ordonnances du roi sur les droits et domaines*, par Carondas le Caron, t. II, p. 572, etc.
(3) *Système de philosophie*, 1690, 3 vol. in-4°.
(4) Mme de Sévigné, 21 septembre 1689.
(5) Scudéry, *Nouvelles Conversations morales*, t. I, p. 71 et p. 396, 397.
(6) Chap. XII, n° 103.
(7) Chap. XI, n° 122.

ce personnage illustre dans son genre, l'arbitre des bons morceaux, et qui ne permettait pas d'avoir du goût pour ce qu'il désapprouvait. Heureusement « il n'est plus, dit le moraliste ; il s'est fait porter à table jusqu'au dernier soupir ; il donnait à manger le jour qu'il est mort. Quelque part où il soit, il mange ; et s'il revient au monde, c'est pour manger. » Il y eut, il y a, et il y aura toujours des Clitons en ce bas monde.

Est-ce un homme qui pense, celui qui a la passion du jeu et fait une affaire capitale de ce qui ne devrait être qu'un relâchement de l'esprit. « Je ne m'étonne pas qu'il y ait des brelans publics, comme autant de pièges tendus à l'avarice des hommes (1), comme des gouffres où l'argent des particuliers tombe et se précipite sans retour, comme d'affreux écueils où les joueurs viennent se briser et se perdre ; qu'il parte de ces lieux des émissaires pour savoir à heure marquée qui a descendu à terre avec un argent frais d'une nouvelle prise, qui a gagné un procès d'où on lui a compté une grosse somme, qui a reçu un don, qui a fait au jeu un gain considérable, quel fils de famille vient de recueillir une succession, ou quel commis imprudent veut hasarder sur une carte les deniers de sa caisse. C'est un sale et indigne métier, il est vrai, que de tromper ; mais c'est un métier qui est ancien, connu, pratiqué de tout temps par ce genre d'hommes que j'appelle des brelandiers. L'enseigne est à leur porte, on y lirait presque : *Ici l'on trompe de bonne foi;* car se voudraient-ils donner pour irréprochables ? Qui ne sait pas qu'entrer et perdre dans ces maisons est une même chose ? Qu'ils trouvent donc sous leur main autant de dupes qu'il en faut pour leur subsistance, c'est ce qui me passe. » — « Mille gens se ruinent au jeu, et vous disent froidement qu'ils ne sauraient se passer de jouer : quelle excuse (2) ! Y a-t-il une passion, quelque violente ou honteuse qu'elle soit, qui ne pût tenir ce même langage ? serait-on reçu à dire qu'on ne peut se passer de voler, d'assassiner, de se précipiter ? » — « Je ne permets à personne d'être fripon ; mais je permets à un fripon de jouer un grand jeu : je le défends à un honnête homme. C'est une trop grande puérilité que de s'exposer à une grande perte. »

La Bruyère avouait qu'il fallait une sorte d'esprit (3) pour faire

---

(1) Chap. VI, n° 74.
(2) Chap. VI, n° 75.
(3) Chap. VI, n° 38.

fortune, et surtout une grande fortune. Mais quelle sorte d'esprit? C'est ce qu'il ne pouvait découvrir. A ses yeux c'était moins de l'esprit que de l'habitude, de l'expérience, ou du moins un fort petit génie : il connaissait même des sots qui avaient de la richesse et du crédit. Comment l'ont-ils acquise, cette fortune? « Si vous entrez dans les cuisines (1), où l'on voit réduit en art et en méthode le secret de flatter votre goût et de vous faire manger au delà du nécessaire; si vous examinez en détail tous les apprêts des viandes qui doivent composer le festin que l'on vous prépare ; si vous regardez par quelles mains elles passent, et toutes les formes différentes qu'elles prennent avant de devenir un mets exquis, et d'arriver à cette propreté et à cette élégance qui charment vos yeux, vous font hésiter sur le choix, et prendre le parti d'essayer de tout; si vous voyez le repas ailleurs que sur une table bien servie, quelles saletés! quel dégoût! Si vous allez derrière un théâtre, et si vous nombrez les poids, les roues, les cordages, qui font les vols et les machines ; si vous considérez combien de gens entrent dans l'exécution de ces mouvements, quelle force de bras, et quelle extension de nerfs ils y emploient, vous direz : « Sont-ce là les principes et les ressorts de ce spectacle si beau, si naturel, qui paraît animé et agir de soi-même? » vous vous récrierez : « Quels efforts! quelle violence ! » De même n'approfondissez pas la fortune des partisans. » Sont-ce là des hommes qui pensent? Les Fauconnets savent-ils qu'ils ont une âme?

« L'on ne saurait s'empêcher de voir dans certaines familles ce qu'on appelle les caprices du hasard ou les jeux de la fortune (2). Il y a cent ans qu'on ne parlait point de ces familles, qu'elles n'étaient point : le ciel tout d'un coup s'ouvre en leur faveur; les biens, les honneurs, les dignités fondent sur elles à plusieurs reprises ; elles nagent dans la prospérité. Eumolpe, l'un de ces hommes qui n'ont point de grands-pères, a eu un père du moins qui s'était élevé si haut, que tout ce qu'il a pu souhaiter pendant le cours d'une longue vie, ç'a été de l'atteindre ; et il l'a atteint. Était-ce dans ces deux personnages éminence d'esprit, profonde capacité? était-ce les conjonctures? La fortune enfin ne leur rit plus ; elle se joue ailleurs, et traite leur postérité comme leurs ancêtres. » Sont-ce des hommes qui pensent, ces misérables jouets de la fortune ?

(1) Chap. vi, n° 25.
(2) Chap. vi, n° 80.

Certaines gens riches usent si bien de leur prospérité que volontiers on oublie d'où elle vient : elle leur donne, comme à Périandre (1), du rang, du crédit, de l'autorité. « Un homme de cette qualité est le seigneur dominant de tout son quartier. Alors il oublie son origine, et toute une ville jalouse, maligne, clairvoyante, s'en souvient et se rit de sa folie. » — « Chrysippe, homme nouveau, et le premier noble de sa race, a tout obtenu de la fortune (2) depuis trente années qu'il travaille à s'enrichir ; il a dépassé le comble de ses souhaits et sa plus haute ambition : quoique assez avancé en âge, il use le reste de ses jours à travailler pour s'enrichir. » — « Théramène était riche (3) et avait du mérite ; il a hérité : il est donc très riche et d'un très grand mérite. Voilà toutes les femmes en campagne pour l'avoir pour galant, et toutes les filles pour épouseur... Combien de galants va-t-il mettre en déroute ! quels bons partis ne fait-il point manquer !... Ce n'est pas seulement la terreur des maris, c'est l'épouvantail de tous ceux qui ont envie de l'être, et qui attendent d'un mariage à remplir le vide de leur consignation. On devrait proscrire de tels personnages si heureux, si pécunieux, d'une ville bien policée ; ou condamner le sexe, sous peine de folie ou d'indignité, à ne les traiter pas mieux que s'ils n'avaient que du mérite. » — « Quel est l'égarement de certains particuliers (4) qui, riches du négoce de leur père, dont ils viennent de recueillir la succession, se moulent sur les princes pour leur garde-robe et pour leur équipage, excitent, par une dépense excessive et par un faste ridicule, les traits et la raillerie de toute une ville qu'ils croient éblouir, et se ruinent ainsi à se faire moquer de soi ! »

« Quelques-uns n'ont pas même le triste avantage de répandre leurs folies plus loin que le quartier de la ville où ils habitent (5) : c'est le seul théâtre de leur vanité. L'on ne sait point dans l'Ile qu'André brille au Marais, et qu'il y dissipe son patrimoine... Il se ruine obscurément : ce n'est qu'en faveur de deux ou trois personnes qui ne l'estiment point, qu'il court à l'indigence, et qu'aujourd'hui en carrosse, il n'aura pas dans six mois le moyen d'aller à pied. » Quant aux Sannions, c'est tout le contraire (6) : « J'entends dire des

(1) Chap. VI, n° 21.
(2) Chap. VI, n° 27.
(3) Chap. VII, n° 14.
(4) Chap. VII, n° 11.
(5) Chap. VII, n° 11.
(6) Chap. VII, n° 10.

Sannions : « Même nom, mêmes armes ; la branche aînée, la branche cadette, les cadets de la seconde branche ; ceux-là portent les armes pleines, ceux-ci brisent d'un lambel, et les autres d'une bordure dentelée. Ils ont avec les Bourbons, sur une même couleur, un même métal ; ils portent comme eux deux et une : ce ne sont pas des fleurs de lis, mais ils s'en consolent ; peut-être dans leur cœur trouvent-ils leurs pièces aussi honorables, et ils les ont communes avec de grands seigneurs qui en sont contents : on les voit sur les litres et sur les vitrages, sur la porte de leur château, sur le pilier de leur haute justice, où ils viennent de faire pendre un homme qui méritait le bannissement ; elles s'offrent aux yeux de toutes parts... Je dirais volontiers aux Sannions : « Votre folie est prématurée ; attendez du moins que le siècle s'achève sur votre race ; ceux qui ont vu votre grand-père, qui lui ont parlé, sont vieux, et ne sauraient plus vivre longtemps. Qui pourra dire comme eux : « Là il étalait, et vendait très cher ? » Les Sannions, dans Térence, sont des marchands d'esclaves, des propriétaires de belles courtisanes ; dans la Bruyère, ce sont uniquement de petits bourgeois enrichis par le commerce et qui, comme M. Jourdain, le bourgeois gentilhomme, n'ont plus même le sens commun.

D'où venait cette folie qui s'emparait de la bourgeoisie française ? La Bruyère répond en moraliste : de la vanité. « Les empereurs n'ont jamais triomphé à Rome si mollement, si commodément, ni si sûrement même, contre le vent, la pluie, la poudre et le soleil, quel que bourgeois sait à Paris se faire mener par toute la ville (1) : quelle distance de cet usage à la mule de leurs ancêtres ! Ils ne savaient point encore se priver du nécessaire pour avoir le superflu, ni préférer le faste aux choses utiles. » Ici la Bruyère dépasse la mesure : il n'y avait pas grand péché à s'éclairer avec des bougies au lieu de chandelles, ni même à dîner mal pour monter dans son carrosse. Atteler deux hommes à une litière était déjà un luxe moins raisonnable pour de petites gens ; ils pouvaient se passer de vaisselle d'or et d'argent, puisque le roi y avait renoncé lui-même. Mais la Bruyère, quoi qu'on ait dit (2), ne loue nos pères que de leur sage économie. « Ils comptaient en toutes choses avec eux-mêmes : leur dépense était proportionnée à leur recette ; leurs livrées, leurs équipages, leurs meubles, leur table, leurs maisons de la ville et de la campagne, tout était mesuré sur leurs ren-

(1) Chap. VII, n° 22.
(2) Voltaire, *Politique et Législation*.

tes et sur leur condition. Il y avait entre eux des distinctions extérieures qui empêchaient qu'on ne prît la femme du praticien pour celle du magistrat, et le roturier ou le simple valet pour le gentilhomme. Moins appliqués à dissiper ou à grossir leur patrimoine qu'à le maintenir, ils le laissaient entier à leurs héritiers, et passaient ainsi d'une vie modérée à une mort tranquille. Ils ne disaient point : « *Le siècle est dur, la misère est grande, l'argent est rare;* » ils en avaient moins que nous, et en avaient assez, plus riches par leur économie et par leur modestie que de leurs revenus et de leurs domaines. Enfin l'on était alors pénétré de cette maxime, que ce qui est dans les grands splendeur, somptuosité, magnificence, est dissipation, folie, ineptie dans le particulier. » C'est pourquoi la Bruyère ne voulait point être riche. « Il y a, dit-il (1), des misères sur la terre qui saisissent le cœur ; il manque à quelques-uns jusqu'aux aliments ; ils redoutent l'hiver, ils appréhendent de vivre. L'on mange ailleurs des fruits précoces ; l'on force la terre et les saisons pour fournir à sa délicatesse ; de simples bourgeois, seulement à cause qu'ils étaient riches, ont eu l'audace d'avaler en un seul morceau la nourriture de cent familles. Tienne qui voudra contre de si grandes extrémités : je ne veux être, si je le puis, ni malheureux ni heureux ; je me jette et me réfugie dans la médiocrité. »

La Bruyère reconnaît les défauts du peuple ; il blâme sa jalousie, qui est regardée comme inévitable par les grands. « On sait, dit-il (2), que les pauvres sont chagrins de ce que tout leur manque et que personne ne les soulage ; mais s'il est vrai que les riches soient colères, c'est de ce que la moindre chose puisse leur manquer, ou que quelqu'un veuille leur résister. Parmi les grands, « il y en a de tels, que s'ils pouvaient connaître leurs subalternes ou se connaître eux-mêmes, ils auraient honte de primer (3). » Mais pour eux « c'est déjà trop d'avoir avec le peuple une même religion et un même Dieu (4) : quel moyen encore de s'appeler *Pierre, Jean, Jacques,* comme le marchand et le laboureur ? Évitons d'avoir rien de commun avec la multitude ; affectons au contraire toutes les distinctions qui nous en séparent. Qu'elle s'approprie les douze apôtres, leurs disciples, les premiers martyrs (telles gens, tels patrons) ; qu'elle voie avec plaisir revenir, toutes les an-

---

(1) Chap. VI, n° 47.
(2) Chap. VI, n° 48.
(3) Chap. IX, n° 21.
(4) Chap. IX, n° 23.

nées, ce jour particulier que chacun célèbre comme sa fête. Pour nous autres grands, ayons recours aux noms profanes ; faisons-nous baptiser sous ceux d'*Annibal,* de *César* et de *Pompée* : c'étaient de grands hommes ; sous celui de *Lucrèce* : c'était une illustre Romaine ; sous ceux de *Renaud,* de *Roger,* d'*Olivier,* et de *Tancrède* : c'étaient des paladins, et le roman n'a point de héros plus merveilleux ; sous ceux d'*Hector,* d'*Achille,* d'*Hercule,* tous demi-dieux ; sous ceux même de *Phébus* et de *Diane ;* et qui nous empêchera de nous faire nommer *Jupiter,* ou *Mercure,* ou *Vénus,* ou *Adonis?* »

Si telle est la folie des grands, faut-il demander quelle est celle du courtisan ? On ne la discerne pas aussi vite : « Les roues, les ressorts, les mouvements, sont cachés (1) ; rien ne paraît d'une montre que son aiguille, qui insensiblement s'avance et achève son tour : image du courtisan, d'autant plus parfaite qu'après avoir fait assez de chemin, il revient souvent au même point d'où il est parti. » Alors il copiait Mme de Maintenon, et voulait paraître un philosophe chrétien ; mais il ne trompait pas la Bruyère : « Quand le courtisan, disait le moraliste (2), ne sera point d'un abord farouche et difficile ; qu'il n'aura point le visage austère et la mine triste ; qu'il ne sera point paresseux et contemplatif ; qu'il saura rendre par une scrupuleuse attention divers emplois très compatibles ; qu'il pourra et qu'il voudra même tourner son esprit et ses soins aux grandes et laborieuses affaires, à celles surtout d'une suite plus étendue pour les peuples et pour tout l'État ; quand son caractère me fera craindre de le nommer en cet endroit, et que sa modestie l'empêchera, si je ne le nomme pas, de s'y reconnaître : alors je dirai de ce personnage : « Il est dévot ; » ou plutôt : « C'est un homme donné à son siècle pour le modèle d'une vertu sincère et pour le discernement de l'hypocrite. » Non, le courtisan n'est pas un homme qui pense : car il oublie qu'il a une âme.

Des vues si courtes pourraient s'étendre par les voyages ; ces jeunes seigneurs qui étaient allés en Hongrie, en Pologne, en Italie, en Hollande, en Espagne, en Angleterre, avaient joui d'un horizon plus large que l'échoppe enfumée d'un vil praticien ou le magasin d'un marchand d'étoffe dans la rue des Bourdonnais. Les voyageurs qui étaient allés à Siam, dans les deux Indes, au Canada, en Perse et en Turquie, avaient pu voir et comparer plusieurs solutions du problème

---

(1) Chap. VIII, n° 65.
(2) Chap. XIII, n° 23.

de la destinée humaine. « Quelques-uns, dit la Bruyère (1), achèvent de se corrompre par de longs voyages, et perdent le peu de religion qui leur restait. Ils voient de jour à autre un nouveau culte, diverses mœurs, diverses cérémonies ; ils ressemblent à ceux qui entrent dans les magasins, indéterminés sur le choix des étoffes qu'ils veulent acheter : le grand nombre de celles qu'on leur montre les rend plus indifférents ; elles ont chacune leur agrément et leur bienséance : ils ne se fixent point, ils sortent sans emplette. »

D'autres avaient une raison de ne faire pas d'emplette. Est-ce que la marchandise ne leur plaisait point ? Non ; c'est parce qu'elle plaît au peuple. « Il y a des hommes qui attendent à être dévots et religieux que tout le monde se déclare impie et libertin : ce sera alors le parti du vulgaire, ils sauront s'en dégager (2). La singularité leur plaît dans une matière si sérieuse et si profonde ; ils ne suivent la mode et le train commun que dans les choses de rien et de nulle suite. Qui sait même s'ils n'ont pas déjà mis une sorte de bravoure et d'intrépidité à courir tous les risques de l'avenir ? Il ne faut pas d'ailleurs que, dans une certaine condition, avec une certaine étendue d'esprit, et de certaines vues, l'on songe à croire comme les savants et le peuple. »

La Bruyère admettait parfaitement l'accord de la raison et de la foi, des savants et du peuple. Mais il se moquait depuis longtemps de ces esprits superbes qui abandonnent aux âmes communes le mérite d'une vie honnête et suivie, et qui se regardent comme les justes, comme les parfaits, comme les irrépréhensibles. Souvent le pied leur glisse, et de dévots ils deviennent philosophes comme M. de Troisvilles et M. de Lassay ; mais toujours ils se flattent d'une extravagante singularité, jusques à rendre des actions de grâces à Dieu de ce qu'ils ne ressemblent pas au reste des humains. Comme Téléphe ou la Rochefoucauld, « ils ont de l'esprit, mais dix fois moins, de compte fait (3), qu'ils ne présument d'en avoir : ils se jettent hors de leur sphère ; ils parlent de ce qu'ils ne savent point ou de ce qu'ils savent mal ; ils entreprennent au delà de leur pouvoir, ils désirent au delà de leur portée ; ls s'égalent à ce qu'il y a de meilleur en tout genre. Il y a du bon et du louable en eux, mais ils l'offusquent par l'affectation du grand et du merveilleux. Ils ne se mesurent point, ils ne se connaissent point ; leur

---

(1) Chap. XVI, n° 4.
(2) Chap. XVI, n° 5.
(3) Chap. XI, n° 141.

caractère est de ne savoir pas se renfermer dans celui qui leur est propre, » et souvent ils tombent dans celui du misanthrope. « Timon (1) peut avoir l'âme austère et farouche ; mais extérieurement il est civil et cérémonieux : il ne s'échappe pas, il ne s'apprivoise pas avec les hommes ; au contraire, il les traite honnêtement et sérieusement ; il emploie à leur égard tout ce qui peut éloigner leur familiarité ; il ne veut pas les mieux connaître ni s'en faire des amis, semblable en ce sens à une femme qui est en visite chez une autre femme. » Ce misanthrope ne ressemble guère à celui de Molière : fâché contre lui-même et furieux d'aimer Célimène, Alceste trouve aisément son endroit faible, et se montre par cet endroit. Timon ressemblerait plutôt à la prude Arsinoé, qui est jalouse d'une coquette, lui fait la leçon, et ne vaut pas mieux qu'elle. Ce qui corrompt l'esprit des Téléphes et des Timons, c'est l'orgueil et le scepticisme. Étrange maladie !

Cette maladie faisait déraisonner bien des gens à la cour et dans le monde. La Bruyère s'est amusé à reproduire le langage de ceux qui en étaient atteints (2) : « 1° La disgrâce éteint les haines et les jalousies. Celui-là peut bien faire, qui ne nous aigrit plus par une grande faveur : il n'y a aucun mérite, il n'y a sorte de vertus qu'on ne lui pardonne ; il serait un héros impunément. — 2° Rien n'est bien d'un homme disgracié : vertus, mérite, tout est dédaigné, mal expliqué, ou imputé à vice ; qu'il ait un grand cœur, qu'il ne craigne ni le fer ni le feu, qu'il aille d'aussi bonne grâce à l'ennemi que Bayard ou Montrevel, c'est un bravache ; on en plaisante ; il n'a plus de quoi être un héros. — 3° Je me contredis, il est vrai : accusez-en les hommes dont je ne fais que rapporter les jugements ; je ne dis pas de différents hommes, je dis les mêmes, qui jugent si différemment. » Après cela, fiez-vous donc au jugement de ces hommes (3). On jugeait alors d'une manière contradictoire M. le marquis de Montrevel, maréchal de camp des armées. Il ne payait point ses dettes, tuait les huissiers, se moquait de la justice et du parlement, et obtenait du roi sa grâce sur-le-champ. Qui comparait au chevalier sans peur et sans reproche cet homme que Saint-Simon (4) appelle le favori des sottes, des modes et du bel air? J'ai grand'peur que ce ne fût M. le Duc lui-même : il

---

(1) Chap. XI, n° 155.
(2) Chap. XII, n° 93.
(3) De Sourches, t. III, p. 38, 39.
(4) *Mémoires de Saint-Simon*, éd. Chéruel, t. IV, p. 97, 98 ; t. XIV, p. 53, 54.

prisait fort « la valeur brillante de Montrevel ». On estime trop dans les autres le mérite que l'on possède. L'orgueil du sceptique n'approuve que soi. Sa folie est de s'adorer lui-même.

Quand on a ainsi passé en revue les principales folies des hommes, quand on a regardé de près l'instabilité des choses humaines et senti la mort à tous les moments de la vie, il n'est plus possible à un homme qui pense d'éviter cette haute et mélancolique question qui revient sans cesse l'assaillir : Que suis-je? que fais-je en ce monde? A quoi dois-je m'attacher? A quoi dois-je employer les heures de ma vie? « Chaque heure en soi comme à notre égard est unique (1) : est-elle écoulée une fois, elle a péri entièrement, les millions de siècles ne la ramèneront pas. Les jours, les mois, les années s'enfoncent et se perdent sans retour dans l'abîme des temps; le temps même sera détruit : ce n'est qu'un point dans les espaces immenses de l'éternité, et il sera effacé. Il y a de légères et frivoles circonstances du temps qui ne sont point stables, qui passent, et que j'appelle des modes, la grandeur, la faveur, les richesses, la puissance, l'autorité, l'indépendance, le plaisir, les joies, la superfluité. Que deviendront ces modes quand le temps même aura disparu? La vertu seule, si peu à la mode, va au delà des temps. » C'est donc à la vertu que l'homme doit s'attacher, s'il veut prolonger sa vie au delà des temps, et en employer toutes les heures à son avantage.

« En supposant dans le monde moins de certitude qu'il ne s'en trouve en effet sur la vérité de la religion, il n'y a point pour l'homme un meilleur parti que la vertu (2). » Mais la religion n'est point fausse. « Si ma religion était fausse, dit la Bruyère (3), je l'avoue, voilà le piège le mieux dressé qu'il soit possible d'imaginer : il était inévitable de ne pas donner tout au travers, et de n'y être pas pris. Quelle majesté, quel éclat de mystères! quelle suite et quel enchaînement de toute la doctrine! quelle raison éminente! quelle candeur! quelle innocence de mœurs! quelle force invincible et accablante de témoignages rendus successivement et pendant trois siècles entiers par des millions de personnes les plus sages, les plus modérées qui fussent sur la terre, et que le sentiment d'une même vérité soutient dans l'exil, dans les fers, contre la vue de la mort et du dernier sup-

---

(1) Chap. XIII, n° 31.
(2) Chap. XVI, n° 35.
(3) Chap. XVI, n° 34.

plice! Prenez l'histoire, ouvrez, remontez jusques au commencement du monde, jusques à la veille de sa naissance : y a-t-il rien de semblable dans tous les temps? Dieu même pouvait-il jamais mieux rencontrer pour me séduire? par où échapper? où aller, où me jeter, je ne dis pas pour trouver rien de meilleur, mais quelque chose qui en approche? S'il faut périr, c'est par là que je veux périr : il m'est plus doux de nier Dieu que de l'accorder avec une tromperie si spécieuse et si entière. Mais je l'ai approfondi, je ne puis être athée, je suis donc ramené et entraîné dans ma religion ; c'en est fait. »

« J'appelle mondains, terrestres, ou grossiers (1), ceux dont l'esprit et le cœur sont attachés à une petite portion de ce monde qu'ils habitent, qui est la terre; qui n'estiment rien, qui n'aiment rien au delà : gens aussi limités que ce qu'ils appellent leurs possessions ou leur domaine que l'on mesure, dont on compte les arpents, et dont on montre les bornes. Je ne m'étonne pas que des hommes qui s'appuient sur un atome, chancellent dans les moindres efforts qu'ils font pour sonder la vérité; si avec des vues si courtes ils ne percent point, à travers le ciel et les astres, jusques à Dieu même; si, ne s'apercevant point de l'excellence de ce qui est esprit, ou de la dignité de l'âme, ils ressentent encore moins combien elle est difficile à assouvir, combien la terre entière est au-dessous d'elle, de quelle nécessité lui devient un être souverainement parfait, qui est Dieu, et quel besoin elle a d'une religion qui le lui indique et qui lui en est une caution sûre. Je comprends au contraire fort aisément qu'il est naturel à de tels esprits de tomber dans l'incrédulité ou l'indifférence, et de faire servir Dieu et la religion à la décoration de ce monde, la seule chose, selon eux, qui mérite qu'on y pense. »

Fénelon écrivait à Seignelay (2) : « Le fantôme du monde va s'évanouir ; cette vaine décoration disparaîtra bientôt; l'heure vient, elle approche; la voilà qui s'avance, nous y touchons déjà; le charme se rompt, nos yeux vont s'ouvrir; nous ne verrons plus que l'éternelle vérité. Dieu jugera sa créature ingrate. Tous ces insensés qui passent pour sages, seront convaincus de folie : mais nous, qui aurons connu et goûté le don de Dieu, nous laisserons-nous envelopper dans cette condamnation? » La Bruyère ne pouvait parler ainsi. « Il ne convient pas à toutes sortes de personnes de lever l'étendard d'aumônier, et

---

(1) Chap. XVI, n° 3.
(2) Correspondance de Fénelon, t. I, p. 28. Édition Ferra jeune, Paris, 1827, in-8°.

d'avoir tous les pauvres d'une ville assemblés à sa porte, qui y reçoivent leurs portions (1). Qui ne sait pas, au contraire, des misères plus secrètes, qu'il peut entreprendre de soulager, ou, immédiatement et par ses secours, ou du moins par sa médiation? De même il n'est pas donné à tous de monter en chaire, et d'y distribuer, en missionnaire ou en catéchiste, la parole sainte ; mais qui n'a pas quelquefois sous sa main un libertin à réduire, et à remener par de douces et insinuantes conversations à la docilité? Quand on ne serait pendant sa vie que l'apôtre d'un seul homme, ce ne serait pas être en vain sur la terre, ni lui être un fardeau inutile. » Le souvenir d'Homère, imité par Racine dans son *Iphigénie* (2), ne paraît pas douteux. Mais le moraliste n'a pas la passion de la gloire qui transporte Achille, ni même les grands desseins d'un héros chrétien : si pendant toute sa vie il convertit un seul homme, il mourra content, et ne croira pas mourir tout entier (3). Voilà dans quelles limites se renfermait son prosélytisme et son ambition.

Alors la Bruyère sentit tous ses scrupules se dissiper; pour faire du bien aux âmes, il ne craignit plus de céder aux instances de son éditeur. Arrondir son livre, lui donner une meilleure forme devint pour l'auteur, à ce point de vue, un travail utile. Sans rien changer à la division ni aux titres des chapitres, il y introduisit ses remarques sur les événements politiques de l'année 1689, ses réflexions sur les faits divers dont il avait été témoin dans la maison de Condé et à la cour de France, enfin des observations de tout genre sur les différents caractères des hommes, qu'il avait recueillies depuis sa jeunesse jusqu'à la pleine maturité de son talent. Après avoir repassé dans son esprit ce qu'il a vu sur cette terre depuis qu'il est au monde, après avoir bien cherché, beaucoup lu et longtemps médité, il a reconnu que la vraie philosophie, qui est selon lui celle de Socrate et de Descartes, conduit au perfectionnement moral par la connaissance de soi-même, et à la religion chrétienne par la connaissance de Dieu. Pour lui, l'homme qui pense n'est pas un philosophe de profession, un bel esprit, un habile joueur, un voluptueux raffiné, un rusé partisan, un habile financier, un riche bourgeois, un brillant courtisan, un grand seigneur, un brave général, ni enfin un heureux de ce bas monde;

---

(1) Chap. XVI, n° 30.
(2) *Iliade*, livre XVIII, v. 104. *Iphigénie*, acte I, scène II, v. 251.
(3) *Ibid.*, v. 256. Horace, l. III, ode 30, v. 6.

c'est tout homme de bon sens qui n'oublie pas qu'il a une âme, et qui, comme les meilleurs des savants et du peuple, possède la véritable solution du problème de la destinée humaine. Évêque ou paysan, cet homme ne craint pas la mort. « La crainte de la mort, dit la Bruyère (1), ne l'éloigne pas ; au contraire ; je doute seulement que le ris excessif convienne aux hommes qui sont mortels. » Mais « ce qu'il y a de certain dans la mort, est un peu adouci par ce qui est incertain (2) ; c'est un indéfini dans le temps, qui tient quelque chose de l'infini et de ce qu'on appelle éternité. » Le caractère particulier de la cinquième édition, c'est d'être une préparation à la fin dernière de l'homme.

La Bruyère, ayant cessé d'hésiter entre ses amis qui lui conseillaient de faire chaque année un livre nouveau sur les folies du siècle, et ceux qui l'en détournaient, sous prétexte qu'il ferait mieux de se reposer que d'augmenter un livre raisonnable, « je prends, dit-il (3), quelque chose de ces deux avis si opposés et je garde un tempérament qui les rapproche : je ne feins point d'ajouter quelques nouvelles remarques à celles qui ont déjà grossi du double la nouvelle édition de mon ouvrage ; mais afin que le public ne soit pas obligé de parcourir ce qui est ancien pour passer à ce qu'il y a de nouveau, et qu'il trouve sous ses yeux ce qu'il a seulement envie de lire, j'ai pris soin de lui désigner cette seconde augmentation (la quatrième édition était la première augmentation) par une marque particulière et telle qu'elle se voit par apostille (4) ; j'ai vu aussi qu'il ne serait pas inutile de lui distinguer la première augmentation par une autre marque plus simple (5), qui servît à lui montrer le progrès de mes *Caractères*, et à aider son choix dans la lecture qu'il en voudrait faire ; et comme il pourrait craindre que ce progrès n'allât à l'infini, j'ajoute à toutes ces exactitudes une promesse sincère de ne plus rien hasarder en ce genre. »

Heureux Michallet ! il se hâta d'imprimer la cinquième édition, comme le voulait M. de la Bruyère. L'achevé d'imprimer est du 24 mars 1690. Cette année-là, l'éditeur fit encore bonne récolte, et il espérait bien que ce ne serait pas la dernière.

(1) Chap. XI, n° 37.
(2) Chap. XI, n° 38.
(3) Préface de la 5° édition.
(4) Cette marque était un pied de mouche entre de doubles parenthèses.
(5) Cette autre marque était un pied de mouche entre de simples parenthèses.

CHAPITRE XXX.

1690-1691.

État de l'Europe en 1690. — Politique des puissances coalisées. — Opinions diverses dans la société française. — Guerre sur terre et sur mer. — Bataille de Fleurus. — Combat naval du cap Beveziers. — Victoire de Guillaume d'Orange à la Boisne en Irlande. — On le croit tué; réjouissances à Paris. — Campagne du Dauphin en Allemagne. — Le roi veut commander en personne. — Imprécations de la Bruyère contre l'amour de la gloire. — Congrès de la Haye. — Siège et prise de Mons. — Siège et prise de Nice par Catinat. — Rivalité de Louvois et Vauban. — La Bruyère a le tort de parler des événements militaires au point de vue politique. — On lui en sait mauvais gré. — Ses inquiétudes et ses malédictions contre la police. — Professions de foi politique en faveur de l'humanité et de la vertu; résumé du cours qu'il avait fait à M. le Duc sur l'histoire moderne et contemporaine.

La Bruyère, en publiant sa cinquième édition, avait pris témérairement, devant le public, l'engagement de n'en pas publier d'autres. Du moins, il n'avait pas renoncé au plaisir dont il avait l'habitude, d'écrire ses impressions sur les événements du jour, et de leur donner la forme qui lui convenait le mieux. Il ne pouvait demeurer indifférent aux événements qui signalèrent l'année 1690-1691, ni insensible aux sentiments divers qui agitèrent les esprits en France et dans toute l'Europe.

L'année 1689 avait révélé une chose importante : si la France n'était pas aisée à vaincre, elle n'était pourtant pas invincible (1); ses ennemis entreprirent de la faire rentrer dans le devoir. Ils n'ignoraient pas les avantages qu'elle avait sur eux, par le nombre et la qualité de ses places de guerre, par sa situation géographique et sa population,

---

(1) Spanheim, *Relation de la cour de France en* 1690, p. 373-388.

par le nombre et la dépendance de ses armées, par la subordination de toutes ses forces de terre et de mer à un même maître, par la puissance absolue d'un seul et même conseil, par l'autorité incontestée de son gouvernement, par les mesures et les précautions nouvelles pour l'entretien et la subsistance des troupes, enfin par le but avoué de se tenir sur la défensive en renonçant aux grandes conquêtes. Mais elle avait la première attaqué ouvertement toutes les puissances avec lesquelles elle était maintenant en guerre, l'Empereur, l'Empire, l'Espagne, les Provinces-Unies et l'Angleterre; elle les avait attaquées de gaieté de cœur et d'une manière indigne, qui avait blessé les consciences délicates même en France; et comme à ce moment ces puissances avaient de grosses armées sur pied et de bonnes flottes en mer, elle les avait obligées à unir toutes leurs forces dans l'intérêt commun, sans que la diversité de religions y pût apporter d'obstacle. Au contraire, les passions religieuses détachaient de la France les cantons protestants de la Suisse; le duc de Savoie lui-même, qui n'écoutait que son intérêt particulier, branlait dans le manche, comme on disait, et prenait des mesures peu agréables au roi Louis XIV. Bientôt la France allait se trouver environnée d'ennemis qui la presseront de tous les côtés, et ne lui laisseront ni repos ni relâche; ils ne lui feront pas une guerre de sièges qui traîne en longueur, mais une guerre de campagnes, autant que la situation des lieux et des affaires le permettront; ils l'attaqueront sur tous les points à la fois et en même temps, sur terre, sur mer, même à travers les montagnes des Alpes et du Jura. Enfin les puissances alliées observaient exactement et rigoureusement la défense de faire aucun commerce avec la France, et la faisaient observer par les autres puissances. Après quoi ce serait sans doute un coup de partie si on pouvait décider les deux couronnes du Nord, la Suède et la Russie, à se conformer à cette défense : car on enlèverait à la France la meilleure source de ses munitions de guerre, surtout pour l'armement maritime. Ainsi bloquée, assiégée et affamée, la France ne pourrait résister longtemps à l'Europe coalisée contre elle. Tel était le plan général que recommandait l'ambassadeur de Brandebourg, au commencement de 1690, et les alliés se préparaient à l'exécuter, chacun suivant leurs moyens et les diverses conjonctures de lieux, de personnes et de temps dont ils dépendaient.

La France fut en mesure de faire face partout à ses ennemis, et même plus tôt prête qu'eux à engager ce combat décisif sur tous les points. Cependant il circulait en France des pamphlets politiques (1) qui venaient de Hollande et d'Allemagne, où l'on prédisait la ruine définitive de la France ; le *Mercure galant* en parlait avec dédain. On discutait (2) aussi la forme surannée du gouvernement français, et l'on vantait la perfection des gouvernements populaires ; Bossuet méprisait ces vains politiques et leurs spéculations de cabinet. La Bruyère ne pouvait négliger des questions si importantes, ni les disputes interminables dont elles étaient l'objet ; il les résuma en deux caractères (3) : Démophile, l'ami du peuple ; Basilide, l'ami du roi.

« Démophile, à ma droite, se lamente et s'écrie : « Tout est perdu, c'est fait de l'État ; il est du moins sur le penchant de sa ruine. Comment résister à une si forte et si générale conjuration ? Quel moyen, je ne dis pas d'être supérieur, mais de suffire seul à tant et de si puissants ennemis ? Cela est sans exemple dans la monarchie. Un héros, un Achille y succomberait. On a fait, ajoute-t-il, de lourdes fautes : je sais ce que je dis ; je suis du métier ; j'ai vu la guerre, et l'histoire m'en a beaucoup appris. » Il parle là-dessus avec admiration d'Olivier le Daim et de Jacques Cœur : « C'étaient des hommes, dit-il, c'étaient des ministres. » Il débite ses nouvelles, qui sont toutes les plus tristes et les plus désavantageuses que l'on pourrait feindre : tantôt un parti des nôtres a été attiré dans une embuscade et taillé en pièces ; tantôt quelques troupes renfermées dans un château se sont rendues aux ennemis à discrétion, et ont passé par le fil de l'épée ; si vous lui dites que ce bruit est faux et qu'il ne se confirme point, il ne vous écoute pas, il ajoute qu'un tel général a été tué ; et bien qu'il soit vrai qu'il n'ait reçu qu'une légère blessure, et que vous l'en assuriez, il déplore sa mort, il plaint sa veuve, ses enfants, l'État ; il se plaint lui-même : *il a perdu un bon ami et une grande protection*. Il dit que la cavalerie allemande est invincible ; il pâlit au seul nom des cuirassiers de l'Empereur. « Si l'on attaque cette place, continue-t-il, on lèvera le siège. Ou l'on demeurera sur la défensive sans livrer de combat ; ou, si on le livre, on le doit perdre ; et si on le perd, voilà l'ennemi sur la frontière. » Et comme Démophile le fait voler, le voilà dans le cœur du royaume : il entend déjà sonner le beffroi des villes, et crier à l'alarme ; il songe à son bien et à ses terres : où conduira-t-il son

---

(1) *Mercure galant,* 1689, n° de mars, p. 180-191.
(2) Bossuet, 5° *Avertissement aux protestants,* n° 36.
(3) Chap. X, n° 11.

argent, ses meubles, sa famille? Où se réfugiera-t-il? En Suisse ou à Venise? »

« Mais, à ma gauche, Basilide met tout d'un coup sur pied une armée de trois cent mille hommes; il n'en rabattrait pas une seule brigade : il a la liste des escadrons et des bataillons, des généraux et des officiers; il n'oublie pas l'artillerie ni le bagage. Il dispose absolument de toutes ces troupes : il en envoie tant en Allemagne et tant en Flandre; il réserve un certain nombre pour les Alpes, un peu moins pour les Pyrénées, et il fait passer la mer à ce qui lui reste. Il connaît les marches de ces armées, il sait ce qu'elles feront et ce qu'elles ne feront pas; vous diriez qu'il a l'oreille du prince ou le secret du ministre. Si les ennemis viennent de perdre une bataille où il soit demeuré sur la place quelque neuf à dix mille hommes des leurs, il en compte jusqu'à trente mille, ni plus ni moins; car ses nombres sont toujours fixes et certains, comme de celui qui est bien informé. S'il apprend le matin que nous avons perdu une bicoque, non seulement il envoie s'excuser à ses amis qu'il a la veille conviés à dîner, mais même ce jour-là il ne dîne point, et s'il soupe, c'est sans appétit. Si les nôtres assiègent une place très forte, très régulière, pourvue de vivres et de munitions, qui a une bonne garnison, commandée par un homme de grand courage, il dit que la ville a des endroits faibles et mal fortifiés, qu'elle manque de poudre, que son gouverneur manque d'expérience, et qu'elle capitulera après huit jours de tranchée ouverte. Une autre fois il accourt tout hors d'haleine, et après avoir respiré un peu : « Voilà, s'écrie-t-il, une grande nouvelle; ils sont défaits et à plate couture; le général, les chefs, du moins une bonne partie, tout est tué, tout a péri. Voilà, continue-t-il, un grand massacre, et il faut convenir que nous jouons d'un grand bonheur. » Il s'assied, il souffle, après avoir débité sa nouvelle, à laquelle il ne manque qu'une circonstance, qui est qu'il est certain qu'il n'y a point eu de bataille. Il assure d'ailleurs qu'un tel prince renonce à la ligue et quitte ses confédérés, qu'un autre se dispose à prendre le même parti; il croit fermement avec la populace qu'un troisième est mort : il nomme le lieu où il est enterré, et quand on est détrompé aux halles et aux faubourgs, il parle encore pour l'affirmative. Il sait par une voie indubitable que T. K. L. (1) fait de grands progrès contre l'Empereur; que le Grand

---

(1) *Tekeli*, chef d'une insurrection hongroise contre l'empire d'Autriche.

Seigneur arme *puissamment*, ne veut point de paix, et que son vizir va se montrer une autre fois aux portes de Vienne. Il frappe des mains, il tressaille sur cet événement, dont il ne doute plus. La triple alliance chez lui est un Cerbère, et les ennemis autant de monstres à assommer. Il ne parle que de lauriers, que de palmes, que de triomphes et que de trophées. Il dit dans le discours familier : *Notre auguste Héros, notre grand Potentat, notre invincible Monarque*. Réduisez-le, si vous pouvez, à dire simplement : « *Le roi a beaucoup d'ennemis, ils sont puissants, ils sont unis, ils sont aigris; j'espère toujours qu'il pourra vaincre.* » Ce style, trop ferme et trop décisif pour Démophile, n'est pour Basilide ni assez pompeux ni assez exagéré ; il a bien d'autres expressions en tête : il travaille aux inscriptions des arcs et des pyramides qui doivent orner la ville capitale un jour d'entrée ; et dès qu'il entend dire que les armées sont en présence, ou qu'une place est investie, il fait déplier sa robe et la mettre à l'air, afin qu'elle soit toute prête pour la cérémonie de la cathédrale. »

Pendant ce temps la guerre éclatait avec fureur de tous les côtés, sur terre et sur mer. En Allemagne, le bruit s'était répandu que Maximilien de Bavière, qui commandait les troupes de l'Empire, était mort d'une chute de cheval dans son camp de Bruchsall. Au moment où l'on croyait que l'armée française, commandée par le Dauphin, allait passer le Rhin au-dessous de Mayence pour écraser l'ennemi, M. le Duc tomba malade au camp de Wachenheim, 10 juin. C'était la petite vérole ; Monseigneur le fit partir dans son carrosse bien fermé, et porter à Landau. Il eût été bien plus dangereux de l'emporter plus tard : M. le Duc avait la fièvre si forte, qu'on craignait beaucoup pour sa vie. Le dépit de n'être point à la prochaine bataille était pour quelque chose dans le redoublement qu'il éprouva. Mais par bonheur la petite vérole sortit fort bien, et la fièvre aussitôt diminua. D'ailleurs l'armée française ne bougea point. M. de Bavière n'était pas mort, il n'était que blessé, et ne se pressa pas de venir livrer la bataille à son beau-frère, qui ne se pressa point d'aller la lui offrir. En Flandre on n'était pas si prudent ; le prince de Waldeck s'étant trop approché avec les troupes de la ligue de l'armée du roi, le maréchal de Luxembourg engagea la sanglante bataille de Fleurus et la gagna par une manœuvre aussi brillante que hardie. M. de Luxembourg, qui avait été autorisé à combattre, n'osa pas profiter de sa victoire ; il n'avait pas l'ordre de poursuivre l'ennemi, qui se retira en désordre sur ses places fortes. Des flots de sang avaient coulé en pure perte. Parmi les morts se trouva Maximilien de Belleforière de Soyecourt, colonel du régiment de Vermandois; et parmi les blessés, Adolphe de Belleforière de Soyecourt, son frère, capitaine lieutenant des gendarmes-Dauphin, ancien camarade de M. le Duc. Il mourut deux jours après (1). C'étaient les deux seuls fils de Mme de Soyecourt, dont la Bruyère était l'ami. Il maudit de nouveau la guerre, qu'on a toujours vue remplir le monde de veuves et d'orphelins, épuiser les familles d'héritiers, et faire périr les frères à une même bataille (2). « Jeune Soyecourt, je regrette ta vertu, ta pudeur, ton esprit déjà mûr, pénétrant, élevé, sociable; je plains cette mort prématurée qui te joint à ton intrépide frère, et t'enlève à une cour où tu n'as fait que te montrer : malheur déplorable, mais ordinaire! De tout temps les hommes, pour quelque morceau de terre de plus ou de moins, sont convenus entre eux de se dépouiller, se brûler, se tuer, s'égorger les uns les autres. » Cette oraison funèbre du jeune Soyecourt a rendu son nom célèbre : il vivra aussi longtemps dans la mémoire des hommes qu'ils liront les *Caractères* de la Bruyère.

Huit jours après, Tourville dans la Manche, près du cap Bévéziers, (en anglais Beachey Head), remporta sur la flotte combinée des Anglais et des Hollandais une victoire qui lui coûta moins de sang, et le rendit maître de la mer. L'effet moral en Angleterre fut terrible; on tremblait que le vainqueur ne remontât la Tamise et ne vînt brûler Londres. Il se contenta de brûler Teignmouth, sur la côte du Devonshire; ce dont le roi de France fut grandement irrité; d'autant plus que le même jour, 10 juillet, le roi Guillaume gagnait en Irlande la bataille de la Boisne. Jacques II vaincu abandonna l'Irlande, s'enfuit à Brest et vint à Versailles annoncer son malheur et sa honte. Lauzun ne voulut plus courir d'aventures, et se retira en France avec les troupes qu'il commandait. Boisseleau sauva l'honneur des armes françaises, en défendant Limerick contre le prince d'Orange qui vint l'y assiéger. Jacques II avait tout perdu; il était assez puni de ses fautes : à la cour de France on tâcha de le consoler. Mais ce ne fut qu'un cri contre Lauzun : partout on l'accusait. Il n'y avait pas vingt mois, c'était un héros à qui le roi ne pouvait refuser des éloges publics; aujourd'hui c'est un lâche que personne ne veut plus voir.

(1) Mme de Sévigné, 20 juillet 1690.
(2) Chap. x, n° 9.

« Straton est né sous deux étoiles : malheureux, heureux dans le même degré (1). Sa vie est un roman : non, il lui manque le vraisemblable. Il n'a point eu d'aventures ; il a eu de beaux songes, il en a eu de mauvais : que dis-je ? on ne rêve point comme il a vécu. Personne n'a tiré d'une destinée plus qu'il a fait ; l'extrême et le médiocre lui sont connus ; il a brillé, il a souffert, il a mené une vie commune : rien ne lui est échappé. Il s'est fait valoir par des talents qu'il assurait fort sérieusement qui étaient en lui ; il a dit de soi : « *J'ai de l'esprit, j'ai du courage;* » et tous ont dit après lui : « *Il a de l'esprit, il a du courage.* » Il a exercé dans l'une et l'autre fortune le génie du courtisan, qui a dit de lui plus de bien peut-être et plus de mal qu'il n'y en avait. Le joli, l'aimable, le rare, le merveilleux, l'héroïque ont été employés à son éloge, et tout le contraire a servi depuis pour le ravaler : caractère équivoque, mêlé, enveloppé, une énigme, une question presque indécise. »

Ce qu'il y avait de plus grave dans cette affaire, c'est que l'étoile de Louis XIV commençait à pâlir. Après la bataille de la Boisne, le bruit s'était répandu en Europe et en France que M. de Schomberg et le roi Guillaume avaient été tués. Pour Schomberg, c'était vrai ; Guillaume, effleuré par un boulet, était tombé, et avait ensuite été perdu de vue au milieu de la déroute irlandaise. En France, on ne savait pas ce qu'il était devenu ; il n'en fallut pas davantage pour qu'on crût qu'il était mort (2). Cela manquait à la gloire du roi et au bonheur de la France : donc cela était arrivé. Qui pouvait en douter? On fit des feux de joie dans les rues de Paris ; on établit des tables où l'on buvait à la mort du prince d'Orange. Les passants étaient arrêtés pour boire, et il n'était pas sûr de s'y refuser : les plus grands seigneurs (3) furent forcés de subir cette folie, qui s'était tournée en fureur et que la police eut grand'peine à faire cesser. Dans la maison de Condé, on compara ces farouches réjouissances sur la fausse nouvelle de la mort du prince d'Orange à la tranquillité avec laquelle le peuple avait appris, quelques mois auparavant, la mort certaine du duc de Lorraine, commandant en chef des armées de l'Empire. Pourquoi cette différence? Car enfin M. de Lorraine était un ennemi bien redoutable ; il avait gagné plus de batailles que le prince d'Orange n'en avait perdu. Mais

(1) Chap. VIII, n° 96.
(2) Mme de Sévigné.
(3) De Sourches.

Louis XIV avait dit du duc de Lorraine (1) : « J'ai perdu le plus grand, le plus sage et le plus génér eux de mes ennemis. » Comment en vouloir à un ennemi qui n'avait jamais fait que son devoir en combattant la France, et dont les Français qui l'avaient vu, soit à la cour de Vienne, soit sur les champs de bataille de la Hongrie, n'avaient connu que la bienveillance et la justice? Mais le prince d'Orange avait toujours montré contre « l'insolente nation des Français » une haine profonde qu'il n'avait jamais pu satisfaire, pas même par d'effroyables hécatombes et l'inutile bataille de Saint-Denys ; et la nation des Français le lui rendait bien : sa perfidie envers le roi d'Angleterre, son beau-père, paraissait aussi coupable que haïssable. La populace de Paris ne pouvait être contente que s'il mourait sur un champ de bataille, comme un grand criminel en place de Grève. « Un ennemi est mort (2) qui était à la tête d'une armée formidable, destinée à passer le Rhin ; il savait la guerre, et son expérience pouvait être secondée de la fortune : quels feux de joie a-t-on vus? quelle fête publique? Il y a des hommes au contraire naturellement odieux, et dont l'aversion devient populaire : ce n'est point précisément par les progrès qu'ils font, ni par la crainte de ceux qu'ils peuvent faire, que la voix du peuple éclate à leur mort, et que tout tressaille, jusqu'aux enfants, dès que l'on murmure dans les places publiques que la terre en est enfin délivrée. » Cependant comme Guillaume n'était point mort, les progrès qu'il faisait et ceux qu'il pouvait faire encore n'étaient que plus odieux au peuple, qui voyait l'étoile du prince d'Orange s'élever sur l'horizon avec une lumière sinistre et menaçante pour la France.

On avait craint un moment à Versailles que l'électeur de Brandebourg, Frédéric Ier, qui prit plus tard le titre de roi de Prusse et qui affectait alors d'imiter la grandeur de Louis XIV, ne conduisît sur le Rhin ses troupes déjà redoutables, et, par leur jonction avec l'armée de Maximilien, ne mît Monseigneur dans une situation critique. C'est pourquoi Monseigneur s'était arrêté tout à coup dans sa marche offensive sur le Rhin. Mais le fondateur de la monarchie prussienne alla au secours du prince de Waldeck, pour avoir le plaisir de rencontrer un adversaire digne de lui ; il écrivit même à M. de Luxembourg qu'il était venu tout exprès en Flandre pour le battre. C'était le moment pour Monseigneur de tomber sur Maximilien, de le mettre en

---

(1) *Gazette de France,* 13 mai 1690, p. 218.
(2) Chap. XII, n° 117.

fuite et de se couvrir de gloire. M. le Duc, bien guéri de sa petite vérole, était accouru pour prendre part à la victoire, qui semblait certaine. Il alla, en compagnie du prince de Conti, forcer la petite place de Neuveier : de la Noue du Vair, lieutenant de ses gardes, y reçut un coup de mousquet en plein visage ; mais on y trouva de quoi faire subsister l'armée pendant plusieurs jours (1). Le 25 août, jour de Saint-Louis, M. de Bavière envoya un bouquet par un trompette à Monseigneur pour lui souhaiter sa fête, et Monseigneur alla visiter à Salzbach les postes qu'occupaient Montecuculli et Turenne lorsque ce dernier fut tué : il examina très attentivement l'emplacement de la batterie où était le canon chargé de toute éternité, comme dit Mme de Sévigné, et l'endroit où le boulet de ce canon emporta le bras de Saint-Hilaire et perça la poitrine de M. de Turenne. Il remarqua tout près de là un arbre qui servait à désigner cet endroit, et force croix que les paysans y avaient plantées. Enfin pour terminer une si belle journée, il reçut un courrier qui lui apportait une très agréable nouvelle : M. de Catinat, plus actif et plus intelligent que lui, avait, huit jours auparavant, gagné en Italie la bataille de Staffarde sur les troupes espagnoles et piémontaises. « Il serait bon, écrivait Chamlay à Louvois, que Monseigneur ne fît pas son capital de la promenade, et ne crût pas avoir rempli tous ses devoirs quand il s'est promené. » Il ne fit pourtant guère autre chose pendant toute cette campagne, qui se borna à quelques expéditions de fourrageurs. Un jour il donna à M. le Duc tous les villages des environs de Fribourg à fourrager ; beau cadeau vraiment, mais de bataille point : Monseigneur croyait que son beau-frère, qui lui était inférieur en forces, viendrait l'attaquer dans une excellente position défensive. Il repassa le Rhin à Brisach et revint à Fontainebleau, bien satisfait de sa campagne : il n'avait pas été battu, et pendant ce temps-là M. le comte de Tekeli avait soulevé la Transylvanie contre l'Empereur ; et notre frère le Turc, comme on disait, avait battu les troupes de l'Empire, et repris les villes de Nissa, Widdin et Belgrade.

Il faut dire la vérité, rien ne peut égaler la joie que tout le monde témoigna du retour de Monseigneur (2) ; il jouissait d'une santé parfaite, et peut-être trop parfaite : il était prodigieusement engraissé. Peu de jours avant que Monseigneur quittât l'armée, le roi, informé

---

(1) Dangeau et le *Mercure galant*.
(2) De Sourches, t. III, p. 310.

qu'il la négligeait, l'avait exhorté à faire mieux son devoir et à maintenir la discipline. On accabla de malédictions les donneurs d'avis; on protesta contre leurs accusations, qui n'avaient, disait-on, aucun fondement. Mais l'embonpoint de Monseigneur le trahit : il fallut bien avouer qu'il n'avait pas eu beaucoup de peine pendant sa campagne. En vain le *Mercure galant* avait-il fait (1), avec son habileté ordinaire, l'éloge de Monseigneur et de « sa nouvelle manière de combattre, qui demandait qu'un général eût une parfaite intelligence du métier de la guerre ». Il semblait à tous qu'avec une aussi bonne et nombreuse armée on aurait pu montrer plus d'audace, et ne pas faire connaître à l'officier et au soldat, par les manœuvres, marches et contremarches, que l'on appréhendait l'approche de l'ennemi. Les troupes se démoralisent à ne s'occuper jamais que de quartiers et de fourrages. Les officiers ne cherchent qu'à bien vivre. M. le Duc et le prince de Conti n'aimaient pas ce divertissement militaire. Gourville faisait remonter à l'année 1667 l'introduction du luxe de la table dans l'armée française, et il en accusait le maréchal d'Humières, qui venait de perdre sa réputation par le malheureux combat de Valcourt. A force d'entendre parler sur ce sujet dans la maison de Condé, la Bruyère se crut autorisé à dire aussi son avis (2) : « *Ragoûts, liqueurs, entrées, entremets,* tous mots qui devraient être barbares et inintelligibles en notre langue; et s'il est vrai qu'ils ne devraient pas être d'usage en pleine paix, où ils ne servent qu'à entretenir le luxe et la gourmandise, comment peuvent-ils être entendus dans le temps de la guerre et d'une misère publique, à la vue de l'ennemi, à la veille d'un combat, pendant un siège ? Où est-il parlé de la table de Scipion et de celle de Marius ? Ai-je lu quelque part que Miltiade, qu'Épaminondas, qu'Agésilas aient fait une chère délicate? Je voudrais qu'on ne fît mention de la délicatesse, de la propreté et de la somptuosité des généraux qu'après n'avoir plus rien à dire sur leur sujet et s'être épuisé sur les circonstances d'une bataille gagnée ou d'une ville prise; j'aimerais même qu'ils voulussent se priver de cet éloge. »

Si la campagne de 1689 avait révélé à Louis XIV la puissance de ses ennemis, la campagne de 1690 montra aux États coalisés contre Louis XIV quelle était encore la puissance de la France après la révocation de l'édit de Nantes. En Irlande, le parti de Jacques II était

---

(1) N° de septembre 1690.
(2) Chap. XIV, n° 63.

vaincu ; mais tandis que le monarque détrôné allait méditer à la Trappe sur la perte de ses trois royaumes, le roi de France, victorieux sur terre et sur mer, cherchait les moyens de tirer le meilleur parti possible des succès qu'il avait obtenus. Seignelay, qui avait mis la marine française sur un pied si formidable, mourut le 3 novembre 1690. Le roi donna la charge de secrétaire d'État et la marine à Pontchartrain. Louvois prit pour lui les haras, quelques manufactures qu'il n'avait pas encore, et les fortifications du dedans du royaume : avec un pareil ministre pour diriger toute l'administration française suivant le bon plaisir de Sa Majesté, qu'est-ce que le roi ne pouvait pas entreprendre ? Les armées ennemies s'étaient retirées dans leurs quartiers d'hiver avant les armées de la France et dans un pire état ; les généraux français avaient acquis un véritable ascendant sur leurs adversaires, et Louis XIV n'avait pas encore donné de sa personne. Le roi fixa dans son esprit le point et le moment où il paraîtrait sur les champs de bataille ; il s'entendit avec Louvois, afin que tout fût prêt pour frapper subitement et à l'improviste un grand coup. Dès le mois d'octobre 1690, quand Monseigneur revint d'Allemagne sans avoir rien fait, son père promit de lui enseigner au mois de mars prochain, sous les murs de Mons en Hainaut, comment on force l'ennemi ou à subir un échec désastreux ou à vous attaquer dans une position qui vous assure la victoire. Cette grande leçon dans l'art de vaincre à la guerre fut admirablement préparée par Louvois, avec tant de prudence et d'habileté, que rien ne transpira ni au dedans ni au dehors des projets de Sa Majesté. Le secret du roi fut parfaitement gardé.

Monseigneur avait, le 15 octobre 1690, presque trahi le secret du roi : en effet (1), comme le cardinal de Bonzi prenait congé du Dauphin pour aller aux états de Languedoc, Monseigneur lui demanda quand il reviendrait. « Après Pâques, répondit le cardinal. — Vous pouvez donc prendre congé de moi pour plus longtemps, reprit Monseigneur ; car vous ne me trouverez plus ici en ce temps-là. » Monseigneur se croyait déjà victorieux. On ne fit pas attention à cette parole. Le jeune prince était impatient de devenir un glorieux capitaine à l'école de son père : cela semblait si naturel. D'ailleurs Louis XIV lui-même se croyait un grand homme de guerre. A force de s'entendre louer comme tel par ses flatteurs, il avait fini par croire que c'était

---

(1) De Sourches, t. III, p. 315.

vrai. Ses ennemis le savaient, et profitèrent de son erreur. « On s'attacha, dit Spanheim (1), à le regarder comme le seul auteur de tous les heureux succès de son règne, à les attribuer tous à ses conseils, à sa prudence, à sa valeur et à sa conduite, bien plus qu'à ses soldats, à ses ministres, à ses généraux et aux conjonctures. On ne garda même point de mesure à se récrier sur toutes ses paroles et sur toutes ses actions, et à ériger des monuments à sa gloire, qui l'élevaient non seulement au-dessus des héros de sa race ou de ceux des autres peuples, mais bien au delà de la portée et des bornes de la condition mortelle. Il s'en fit aussi une confiance qui lui inspira une autre opinion que la véritable de ses entreprises et de sa puissance, qui lui fit mépriser les forces de ses ennemis, et qui alla jusqu'à lui faire considérer comme une injure tout ce qui semblait traverser ses desseins ou diminuer sa considération et son autorité en Europe. On peut même dire que c'est là son grand faible, fatal au repos de la même Europe, et la principale et véritable source des résolutions malheureuses, soit à l'égard des affaires de la religion dans son royaume, soit à l'égard des affaires étrangères et des guerres passées depuis la paix des Pyrénées jusqu'à nos jours. »

Cette passion du roi pour la gloire fut fatale à la France. A force de s'attribuer les succès de ses généraux et de ses ministres, le roi finit par croire que ceux qui lui obéissaient le plus aisément étaient aussi ceux qui faisaient le mieux, et que les plus commodes étaient aussi les plus capables. « M. de Pontchartrain, dit Dangeau (2), a prié le roi de ne le point charger de la marine, parce qu'il n'en a aucune connaissance; le roi voulut absolument qu'il s'en chargeât. » Bon magistrat, qui jugeait fort bien les affaires de droit, M. de Pontchartrain avait si vite appris les finances, qu'il semblait se jouer avec les difficultés du contrôle général, où M. le Pelletier avait succombé (3). S'il n'inventait pas les moyens d'avoir de l'argent, il comprenait si vite ceux que d'autres avaient inventés et il les exposait si bien, d'un style simple et naturel, qu'il imposait sans en avoir l'air ses vues à Sa Majesté. Il écrivit à M. le premier président Harlay (4) :

---

(1) *Relation*, p. 25, 26.
(2) *Journal de Dangeau*, t. III, p. 245.
(3) Spanheim, *Relation*, p. 407, 408, 409, 416, 422.
(4) *Annuaire bulletin de la société de l'histoire de France*, avril 1877, p. 111, Variétés, par Boislisle : Bonrepaus, la marine.

« Vous êtes accoutumé à être surpris à mon sujet ; voici le comble de votre surprise : le roi vient de me faire ministre et secrétaire d'État avec la marine. Renoncez à un ami si heureux d'une félicité temporelle, mais conservez-lui votre cœur et votre amitié lorsqu'il lui arrivera malheur ; car je ne vois plus rien à attendre pour lui que de tomber. » Il ne tomba point : au département de la marine, il fut secouru par l'intendant général Arnoul et par plusieurs commis, qui y étaient, d'une expérience consommée. Avec ces habiles gens il n'avait pas besoin de s'instruire à fond d'une affaire ; il lui suffisait de faire au roi un bon rapport. La Bruyère, qui le connaissait bien, fit à ce propos la réflexion suivante (1) : « Tout persuadé que je suis que ceux que l'on choisit pour de différents emplois, chacun selon son génie et sa profession, font bien, je me hasarde de dire qu'il se peut faire qu'il y ait au monde plusieurs personnes, connues ou inconnues, que l'on n'emploie pas, qui feraient très bien ; et je suis induit à ce sentiment par le merveilleux succès de certaines gens que le hasard seul a placés, et de qui jusques alors on n'avait pas attendu de fort grandes choses. »

Mais l'amour de la gloire n'était pas moindre chez les ennemis de Louis XIV, surtout depuis qu'ils avaient conçu l'espoir de vaincre cet orgueilleux monarque. Pendant ce temps-là il se tenait à l'étranger des assemblées dont l'affaire capitale était de ruiner la France. Le parlement d'Angleterre vota au roi Guillaume l'argent excessif qu'il lui avait refusé l'an passé, 70,000,000 de fr. Les états de Hollande, qui avaient jadis fait des difficultés au stathouder, ne montrèrent pas moins de libéralité pour armer leurs flottes et leurs troupes. On célébra par des fêtes nationales le retour sur le continent du vainqueur de Jacques II. Il convoqua à la Haye un congrès de tous les États de la ligue d'Augsbourg, pour s'entendre sur les moyens de réduire Louis XIV à la raison. Le prince d'Orange triomphait des réjouissances qui avaient eu lieu en France sur le faux bruit de sa mort. « Cela faisait voir, disaient les pamphlétaires, qu'on le craignait au delà de ce qu'on avait jamais craint un homme. Il me semble voir, écrivait l'un d'eux (2), une infinité de petits chiens qui aboient et se réjouissent autour du cadavre d'un grand lion mort et dont ils s'attendaient bien d'être la pâture. Malheur à ces chiens, si le lion ressuscite !

---

(1) Chap. II, n° 3.
(2) *Soupirs de la France esclave*, 15ᵉ mémoire, cité par C. Rousset dans l'*Histoire de Louvois*, t. IV, p. 426.

car leurs cris n'ont fait qu'irriter sa rage. » Le lion était ressuscité, il rassemblait toutes ses forces pour exercer la plus terrible vengeance.

Le peuple de France ne pouvait que souffrir de la prolongation de la guerre ; la noblesse ne tremblait pas ; les grands, confiants dans la sagesse du roi et dans leur propre valeur, sans s'inquiéter des souffrances du peuple, brûlaient de retourner au combat et ne doutaient pas du succès. Ils méprisaient le faux roi d'Angleterre et ses vaines menaces. Dès qu'on apprit que le roi de France irait en personne au-devant du prince d'Orange, tous voulurent être de la partie. Monseigneur devait commander sous le roi ; Monsieur, frère du roi, fier de sa victoire de Cassel, demanda à commander sous Monseigneur ; ce qui lui fut accordé. M. le Prince demanda aussi à commander sous Monseigneur ; ce qui lui fut refusé : alors il ira en volontaire. Tous les princes du sang, et légitimés, jusqu'au comte de Toulouse qui n'avait que treize ans, se préparèrent à partir. Aucun d'eux ne montrait plus d'ardeur que M. le Duc : il semblait porter tous les vieux Condé en sa petite personne.

Témoin attendri de la misère publique, le philosophe rédigea cette protestation contre l'amour de la gloire (1) : « Petits hommes, hauts de six pieds, tout au plus de sept, qui vous enfermez aux foires comme géants et comme des pièces rares dont il faut acheter la vue, dès que vous allez jusqu'à huit pieds ; qui vous donnez sans pudeur de la *hautesse* et de l'*éminence*, qui est tout ce que l'on pourrait accorder à ces montagnes voisines du ciel et qui voient les nuages se former au-dessous d'elles ; espèce d'animaux glorieux et superbes, qui méprisez toute autre espèce, qui ne faites pas même comparaison avec l'éléphant et la baleine ; approchez, hommes, répondez un peu à *Démocrite*. Ne dites-vous pas en commun proverbe : des *loups ravissants, des lions furieux, malicieux comme un singe ?* Et vous autres, qui êtes-vous ? J'entends corner sans cesse à mes oreilles : *l'homme est un animal raisonnable.* Qui vous a passé cette définition ? Sont-ce les loups, les singes et les lions, ou si vous vous l'êtes accordée à vous-mêmes ? C'est déjà une chose plaisante que vous donniez aux animaux, vos confrères, ce qu'il y a de pire, pour prendre pour vous ce qu'il y a de meilleur. Laissez-les un peu se définir eux-mêmes, et

---

(1) Chap. XII, n° 119.

vous verrez comme ils s'oublieront et comme vous serez traités. Je ne parle point, ô hommes, de vos légèretés, de vos folies et de vos caprices, qui vous mettent au-dessous de la taupe et de la tortue, qui vont sagement leur petit train, et qui suivent sans varier l'instinct de la nature; mais écoutez-moi un moment. Vous dites d'un tiercelet de faucon qui est fort léger, et qui fait une belle descente sur la perdrix : « Voilà un bon oiseau; » et d'un lévrier qui prend un lièvre corps à corps : « C'est un bon lévrier. » Je consens aussi que vous disiez d'un homme qui court le sanglier, qui le met aux abois, qui l'atteint et qui le perce : « Voilà un brave homme. » Mais si vous voyez deux chiens qui s'aboient, qui s'affrontent, qui se mordent et se déchirent, vous dites : « Voilà de sots animaux; » et vous prenez un bâton pour les séparer. Que si l'on vous disait que tous les chats d'un grand pays se sont assemblés par milliers dans une plaine, et qu'après avoir miaulé tout leur soûl ils se sont jetés avec fureur les uns sur les autres, et ont joué ensemble de la dent et de la griffe; que de cette mêlée, il est demeuré de part et d'autre neuf à dix mille chats sur la place (autant que d'hommes à Fleurus), qui ont infecté l'air à dix lieues de là par leur puanteur, ne diriez-vous pas : « Voilà le plus abominable *sabbat* dont on ait jamais ouï parler? » Et si les loups en faisaient de même : « Quels hurlements! quelle boucherie! » Et si les uns ou les autres vous disaient qu'ils aiment la gloire, concluriez-vous de ce discours qu'ils la mettent à se trouver à ce beau rendez-vous, à détruire ainsi et à anéantir leur propre espèce? ou, après l'avoir conclu, ne ririez-vous pas de tout votre cœur de l'ingénuité de ces pauvres bêtes? Vous avez déjà, en animaux raisonnables, et pour vous distinguer de ceux qui ne se servent que de leurs dents et de leurs ongles, imaginé les lances, les piques, les dards, les sabres et les cimeterres, et à mon gré fort judicieusement; car avec vos seules mains que pouviez-vous vous faire les uns aux autres que vous arracher les cheveux, vous égratigner au visage, ou tout au plus vous arracher les yeux de la tête? au lieu que vous voilà munis d'instruments commodes, qui vous servent à vous faire réciproquement de larges plaies d'où peut couler tout votre sang jusqu'à la dernière goutte, sans que vous puissiez craindre d'en échapper. Mais comme vous devenez d'année à autre plus raisonnables, vous avez bien enchéri sur cette vieille manière de vous exterminer : vous avez de petits globes qui vous tuent tout d'un coup, s'ils peuvent seulement vous atteindre à la tête ou à la poitrine; vous en avez d'autres, plus pesants et plus massifs, qui vous coupent en deux parts ou qui vous éventrent, sans compter ceux qui, tombant sur vos toits, enfoncent les planchers, vont du grenier à la cave, en enlèvent les voûtes, et font sauter en l'air, avec vos maisons, vos femmes qui sont en couche, l'enfant et la nourrice : et c'est là encore où *gît* la gloire; elle aime le *remue-ménage*, et elle est personne d'un grand fracas. Vous avez d'ailleurs des armes défensives, et dans les bonnes règles vous devez en guerre être habillés de fer, ce qui est sans mentir une jolie parure. »

Si la Bruyère se fût arrêté là, il est possible que l'on eût trouvé sa diatribe de fort mauvais goût dans la maison de Condé. Bossuet n'en avait pas tant dit dans l'oraison funèbre de feu M. le Prince. Mais la Bruyère continue et donne à son invective contre la gloire militaire une tournure comique (1) : « Cela me fait souvenir de ces quatre puces célèbres que montrait autrefois un charlatan, subtil ouvrier, dans une fiole où il avait trouvé moyen de les faire vivre : il leur avait mis à chacune une salade en tête, leur avait passé un corps de cuirasse, mis des brassards, des genouillères, la lance sur la cuisse; rien ne leur manquait, et en cet équipage elles allaient par sauts et par bonds dans leur bouteille. Feignez un homme de la taille du mont *Athos*, pourquoi non? une âme serait-elle embarrassée d'animer un tel corps? elle en serait plus au large : si cet homme avait la vue assez subtile pour vous découvrir quelque part sur la terre avec vos armes offensives et défensives, que croyez-vous qu'il penserait de petits marmousets ainsi équipés, et de ce que vous appelez guerre, cavalerie, infanterie, un mémorable siège, une fameuse journée? N'entendrai-je donc plus bourdonner d'autre chose parmi vous? le monde ne se divise-t-il plus qu'en régiments et en compagnies? tout est-il devenu bataillon ou escadron? « *Il a pris une ville, il en a pris une seconde, puis une troisième; il a gagné une bataille, deux batailles; il chasse l'ennemi, il vainc sur mer, il vainc sur terre.* » Est-ce de quelqu'un de vous autres, est-ce d'un géant, d'un *Athos*, que vous parlez? Vous avez surtout un homme pâle et livide qui n'a pas sur soi dix onces de chair, et que l'on croirait jeter à terre du moindre souffle (2). Il fait néanmoins plus de bruit que quatre autres, et met tout en combustion : il vient de pêcher en eau trouble une île toute

---

(1) Chap. XII, n° 119.
(2) Le prince d'Orange.

entière (1); ailleurs à la vérité il est battu et poursuivi (2), mais il se sauve par les *marais* et ne veut écouter ni paix ni trêve. Il a montré de bonne heure ce qu'il savait faire : il a mordu le sein de sa nourrice; elle en est morte, la pauvre femme ; je m'entends, il suffit (3). En un mot, il est né sujet, et il ne l'est plus ; au contraire, il est le maître (4), et ceux qu'il a domptés et mis sous le joug vont à la charrue et labourent de bon courage ; ils semblent même appréhender, les bonnes gens, de pouvoir se délier un jour et de devenir libres, car ils ont étendu la courroie et allongé le fouet de celui qui les fait marcher ; ils n'oublient rien pour accroître leur servitude ; ils lui font passer l'eau pour se faire d'autres vassaux et s'acquérir de nouveaux domaines : il s'agit, il est vrai, de prendre son père et sa mère par les épaules et de les jeter hors de leur maison ; et ils l'aident dans une si honnête entreprise. Les gens de delà l'eau et ceux d'en deçà se cotisent et mettent chacun du leur pour se le rendre à eux tous de jour en jour plus redoutable : les Pictes (Écossais) et les Saxons (Anglais) imposent silence aux Bataves (Hollandais), et ceux-ci aux Pictes et aux Saxons ; tous se peuvent vanter d'être ses humbles esclaves, et autant qu'ils le souhaitent. » Après avoir ainsi résumé toute l'histoire de Guillaume en Angleterre et en Hollande, il ne restait plus à Démocrite, professeur d'histoire contemporaine, qu'à nous peindre le congrès de la Haye.

« Mais qu'entends-je de certains personnages qui ont des couronnes (5), je ne dis pas des comtes ou des marquis, dont la terre fourmille, mais des princes et des souverains? Ils viennent trouver cet homme dès qu'il a sifflé, ils se découvrent dès son antichambre, et ils ne parlent que quand on les interroge. Sont-ce là ces mêmes princes si pointilleux, si formalistes sur leurs rangs et leurs préséances, et qui consument pour les régler les mois entiers dans une diète? Que fera ce nouvel archonte (commandant) pour payer une si aveugle soumission, et pour répondre à une si haute idée qu'on a de lui? S'il se livre une bataille, il doit la gagner, et en personne ; si l'ennemi fait un siège, il doit le lui faire lever, et avec honte, à moins que tout

---

(1) L'Angleterre et l'Écosse.
(2) En Irlande, au siège de Limerick. (Macaulay, t. III, p. 674.)
(3) Adopté par la république hollandaise de J. de Witt, Guillaume l'a détruite et a combattu toute sa vie la liberté en Hollande.
(4) Stathouder.
(5) Bossuet, *Avertissement*, I, XL, éd. Lachat, t. XV, p. 238.

l'Océan ne soit entre lui et l'ennemi : il ne saurait moins faire en faveur de ses courtisans. César lui-même (l'empereur), ne doit-il pas venir en grossir le nombre? Il en attend du moins d'importants services ; car ou l'archonte échouera avec ses alliés, ce qui est plus difficile qu'impossible à concevoir, ou s'il réussit et que rien ne lui résiste, le voilà tout porté, avec ses alliés jaloux de la religion et de la puissance de César, pour fondre sur lui, pour lui enlever l'*aigle* et le réduire lui et son héritier, à la *fasce d'argent* et aux pays héréditaires (c'est-à-dire lui enlever l'Empire et ne lui laisser que les armes de la maison d'Autriche). Enfin c'en est fait, ils se sont tous livrés à lui volontairement, à celui peut-être de qui ils devaient se défier davantage. Ésope ne leur dirait-il pas : « *La gent volatile d'une certaine contrée prend l'alarme et s'effraye du voisinage du lion, dont le seul rugissement lui fait peur : elle se réfugie auprès de la bête, qui lui fait parler d'accommodement et la prend sous sa protection, qui se termine enfin à les croquer tous l'un après l'autre.* »

Pendant que le prince d'Orange tenait à la Haye sa cour plénière de princes, de généraux et de diplomates et réglait l'action des armées confédérées, chacun tirait de son côté les avantages de la victoire que l'on espérait. On perdit ainsi deux mois en débats inutiles. Tout à coup l'envoyé de Savoie dit : « Il faut se hâter : les Français sont à Nice, et Catinat va prendre la ville et la citadelle. » Déjà l'on songeait à courir au secours du duc de Savoie; mais l'envoyé d'Espagne survient et s'écrie (1) : « Mons est assiégé! Le roi de France l'assiège! » Quoi! au mois de mars, avant la fin de l'hiver, quand toutes les troupes sont encore dans leurs quartiers? Ce n'est pas possible! Cependant c'était vrai. — Voilà le congrès en désordre, chacun court au plus pressé, on s'agite, on assemble des troupes de tous côtés. Le 15 mars, Mons était investi par M. de Luxembourg. Le 23, on amena au roi à son dîner un officier de l'artillerie des ennemis, qui voulait se jeter dans Mons par le travail qu'on avait commencé le matin pour ouvrir la tranchée. Il y avait trois jours qu'il était dans le camp français; il avait fait beaucoup de tentatives pour entrer dans la place, mais tous les postes étaient si bien gardés, qu'il n'avait pu y réussir. Le roi l'interrogea fort attentivement : il avoua qu'il devait commander l'artillerie dans Mons, et il ne dissimula pas son chagrin

---

(1) *Histoire de Louvois*, par C. Rousset.

d'en être empêché; mais il assura fortement que le roi ne prendrait pas la place sans livrer bataille. Le roi lui répondit froidement : « Monsieur, nous sommes ici pour cela. » En effet il y avait des troupes considérables et toutes prêtes; on en fit venir encore d'autres pour livrer la bataille promise; on ne négligea rien pour bien recevoir l'armée ennemie qui venait au secours de la place assiégée. Le prince d'Orange était déjà à Bruxelles, lorsque, le 8 avril, Mons capitula. Le même jour, un courrier de Catinat apportait au roi la soumission de Nice. Les troupes de la coalition, qui étaient en marche pour livrer bataille au roi, n'avaient pas même eu le temps de se réunir; elles reçurent contre-ordre, et se retirèrent dans leurs quartiers. Leurs chefs s'accusaient réciproquement du retard. C'est tout au plus si les gens de Bruxelles n'insultèrent pas le roi Guillaume, qui s'en retourna fort tristement à la Haye, pendant que Louis XIV triomphant revenait à Versailles.

« Plus de 500 soldats de la garnison de Mons ont pris parti dans nos troupes, et nous n'en avions pas perdu 500 pour prendre la ville (1). » Voilà donc une belle conquête qui n'a pas coûté cher. C'est parfait. A qui en revient le mérite? Au roi, sans doute. Ensuite? à Louvois; après? à Vauban. — Ici les avis se partagèrent, et la querelle commença.

Vauban était d'une petite noblesse du Nivernais. Son père, qui s'était ruiné au service du roi, ne lui laissa guère pour toute fortune qu'une bonne éducation. En 1651, à l'âge de dix-sept ans, Vauban s'était engagé dans le régiment de Condé, et avait suivi feu M. le Prince dans le parti des Espagnols. Les places fortifiées qu'il vit dans les Pays-Bas lui donnèrent envie de devenir ingénieur : il étudia les sciences nécessaires et se distingua par plusieurs actions d'éclat au service de l'Espagne; mais en 1653 il fut fait prisonnier par un parti français, et Mazarin l'engagea au service de Louis XIV; depuis il servit la France avec une fidélité inaltérable. Sa bravoure et son talent d'ingénieur ne tardèrent pas à être appréciés à leur juste valeur. Pour l'attaque et la défense des places, il porta son art à un tel degré de perfection, qu'il était réputé infaillible. Si la France par les soins du roi était devenue comme une seule forteresse qui montrait de tous côtés un front redoutable, Vauban n'y avait guère moins contribué en forti-

---

(1) Dangeau, t. III, p. 322.

fiant nos frontières, que Louvois en créant nos institutions militaires; de là leur rivalité. Louvois n'avait pas lieu d'être jaloux de Vauban : sa position de ministre tout-puissant lui donnait une si grande supériorité sur un simple maréchal de camp, qu'il pouvait se moquer de lui impunément, et il abusa souvent de cette facilité. Après la prise de la place de Luxembourg (1684), Vauban reçut 3,000 pistoles, et l'on dit qu'il était nommé lieutenant général; les gazettes de Hollande imprimèrent cette nouvelle trop vraisemblable : Vauban reçut près de cent lettres de félicitations, et ne fut point nommé. En 1685, Vauban demanda une abbaye pour son neveu l'abbé Louis le Prêtre. Le 7 janvier 1686, Louvois lui répondit : « J'ai reçu votre lettre du mois passé... j'ai lu au roi ce que vous me marquez au sujet de l'abbaye que vous avez demandée pour votre neveu. Sa Majesté m'a paru en disposition de faire ce que vous désirez, dans les prochaines occasions : ce que vous ne doutez, je m'assure, que je souhaite autant que vous. » Puis Louvois n'y pensa plus. Son jeu de courtisan est facile à comprendre. Ordinairement, « personne à la cour ne veut entamer (1); on offre d'appuyer, parce que, jugeant des autres par soi-même, on espère que nul n'entamera, et qu'on sera ainsi dispensé d'appuyer : c'est une manière douce et polie de refuser son crédit, ses offices et sa médiation à qui en a besoin; » petite finesse indigne d'un grand ministre. Louvois entame hardiment, mais il n'appuie pas, l'affaire est enterrée. Vauban n'était pas un solliciteur opiniâtre, et le roi devait être servi à sa mode. Mais Vauban avait un grand travers : il aimait le bien public et s'en occupait. Le 16 octobre 1687, Louvois écrivait à Vauban : « Je vous renvoie avec cette lettre le mémoire qui l'accompagnait, afin que vous puissiez le supprimer aussi bien que la minute que vous en avez faite. Je vous dirai que, si vous n'étiez pas plus habile en fortification que le contenu de votre mémoire donne lieu de croire que vous l'êtes sur les matières dont il traite, vous ne seriez pas digne de servir le roi de Narsingue, qui de son vivant eut un ingénieur qui ne savait ni lire, ni écrire, ni désigner... Je ne vous ai jamais vu vous tromper si lourdement... J'ai jugé que l'air de Bazoches (maison de Vauban dans le Morvan) vous avait bouché l'esprit. » Nous ne savons quel était le contenu de ce mémoire, mais nous savons que Vauban, par amour du bien public, prenait le plus vif intérêt à une foule de graves questions

(1) Chap. VIII, n° 29.

d'économie politique que la Bruyère (1) déclarait nécessaires au bon gouvernemeut d'un royaume, et que Louvois considérait comme indignes de son attention. Vauban dans ses voyages s'informait de la valeur des terres, de leur rapport et de la manière de les cultiver, des ressources des paysans, de leur nombre, de leur nourriture ordinaire, de ce que pouvait valoir par jour le travail de leurs mains, et de bien d'autres détails abjects dont l'importance avait depuis longtemps frappé son esprit curieux. C'est pour cela que Louvois n'aimait pas Vauban.

Le 24 août 1688, pendant que Monseigneur à Chantilly goûtait les plaisirs de la fête Dauphine, le roi signait la nomination de Vauban au grade de lieutenant général ; on avait besoin de Vauban pour conduire Monseigneur à la guerre et lui acquérir aux sièges de Philippsbourg, Manheim et Franckenthal une réputation glorieuse qu'il ne méritait pas. En 1689, ce naïf grand homme se crut autorisé, par les services qu'il avait rendus, à présenter à Louvois son mémoire au roi sur les protestants : comme la Bruyère, il était sincèrement catholique et désirait l'extinction de l'hérésie ; mais, aussi comme la Bruyère, il ne croyait pas à la sincérité des conversions forcées et déplorait l'emploi de la violence en matière de foi. Il osait même démontrer le tort que faisait à la France la perte de ses manufactures, la ruine de son commerce, l'exil de tant de soldats et marins réduits à combattre contre leur patrie. Il avait été relégué dans les villes de Dunkerque, Furnes et Ypres; et, à mettre ces villes sur le pied de défense, il avait gagné une fièvre qui, pendant l'année 1690, le condamna à une pénible oisiveté et justifia l'espèce de disgrâce où il languissait. Lorsque Louis XIV entreprit de faire le siège de Mons, Louvois comprit qu'on allait encore avoir besoin de l'habile ingénieur ; et, le 2 janvier 1691, l'abbaye de Belleville en Beaujolais étant venue à vaquer, elle fut donnée, le 2 mars, au neveu de Vauban. Le 17 mars, quand le roi partit de Versailles pour aller à Mons, il trouva à Verberie, où il vint coucher, un courrier de Louvois qui lui mandait que Vauban était déjà devant Mons. « On l'avait cru malade, mais il se porte bien ; il s'est fait arracher une dent qui lui causait sa fluxion ; et la fièvre qu'il a eue ne venait que de là. » Louvois était donc, au siège de Mons, un rival jaloux de Vauban ; du moins on peut le supposer à son ris amer et à son laconisme.

(1) Chap. x, n° 24.

De plus il était sujet aux fautes. Pour faire oublier la capitulation de Mayence, il avait pour le siège de Mons tout prévu, tout préparé, tout disposé avec une admirable précision. Les hommes, les chevaux, les canons, les poudres, les fourrages et approvisionnements de tout genre, rien ne manqua. Mais le roi surveilla tout avec la plus grande attention. Le roi, dit Dangeau, n'est pas un instant sans travailler; car après avoir donné ses ordres comme général, qu'il veut donner tous lui-même, il travaille comme roi aux autres affaires de son État, dont il ne néglige pas la moindre. Il était persuadé qu'il ne prendrait pas la ville sans livrer bataille (1). C'était le vœu général; c'était bien aussi l'intention de Guillaume et des États confédérés. Louvois seul osait exprimer une opinion contraire; Vauban était de son avis sur ce point : il regardait comme absurde d'admettre que l'ennemi songeât à venir l'attaquer. « Prêter une telle résolution au prince d'Orange, disait-il, c'est lui faire plus de tort que de lui prendre Bréda. Cela se touche au doigt et à l'œil, et se voit aussi clairement qu'une chose de fait. » Mais le roi, fermement attaché à son idée, voulut voir lui-même les endroits par où le prince d'Orange pourrait l'attaquer; il s'exposa plusieurs fois au canon de la place, qui tirait sur lui dès qu'on l'apercevait; il se fatigua tant et si bien qu'il en fut malade, et ressentit des douleurs de goutte dont il se trouva fort incommodé. Le 27 mars, le roi, dit Dangeau (2), a voulu monter à cheval malgré sa goutte, et est allé droit à la tranchée : il n'a mis pied à terre que vis-à-vis la batterie. Ensuite il a visité tout le travail qu'on a fait aux ouvrages les plus avancés. Il ne s'est pas contenté de cela; pour mieux voir, il s'est montré fort à découvert; et il s'est même mis fort en colère contre les courtisans qui l'en voulaient empêcher, et il a monté sur le parapet de la tranchée, où il est demeuré assez longtemps. Il était aisé aux ennemis de reconnaître son visage, tant il était près d'eux. Un boulet perça le parapet : M. le grand écuyer, qui était auprès du roi, fut renversé et tout couvert de terre, sans être blessé. Une autre fois, comme Louvois avait voulu que les commissaires des guerres marquassent le camp de la cavalerie qu'on avait fait venir en cas d'attaque, le roi se mit en colère contre son ministre qui sacrifiait les militaires aux administrateurs. Saint-Simon rapporte que le roi prit encore une fois le ministre dans son tort sur la position d'une

---

(1) De Sourches, t. III, p. 378, 379.
(2) T. III, p. 309, etc.

sentinelle, et qu'il se tourna vers sa suite en disant : « N'est-ce pas le métier de Louvois? Il croit être un grand homme de guerre, et savoir tout. » Les fautes de Louvois étaient d'autant plus graves que l'événement lui donna raison, puisque la place, assiégée par Vauban, fut réduite à capituler avant que le prince d'Orange, qui était déjà à Bruxelles, pût arriver à son secours. Aussi Louvois, sujet aux fautes, conserva-t-il de nombreux défenseurs parmi les courtisans de Louis XIV.

Quel progrès avait fait Louvois depuis la mort de Seignelay ! Il pouvait tenir tête au roi lui-même. Voilà ce qui frappa le plus fortement l'esprit des gens qui cherchaient fortune. Pour arriver aux dignités (1), il y a la grande voie ou le chemin battu, qui est le plus long, du côté du roi. Il y a le chemin détourné ou de traverse, le plus court : c'est celui que prirent les ambitieux, du côté de Louvois. « Je ne doute point qu'un favori (2), s'il a quelque force et quelque élévation, ne se trouve souvent confus et déconcerté des bassesses, des petitesses, de la flatterie, des soins superflus et des attentions frivoles de ceux qui le courent, qui le suivent, et qui s'attachent à lui comme ses viles créatures ; et qu'il ne se dédommage dans le particulier d'une si grande servitude par le ris et la moquerie. » En revenant de Mons, le roi était presque aussi morose que Guillaume. Y avait-il deux rois en France ? Mais Vauban était heureux et content. Le jour même de la prise de Mons, le roi lui avait donné 100,000 fr. et l'avait prié de dîner avec lui. Vauban n'avait jamais dîné avec le roi ; il fut plus touché de cet honneur que de l'argent.

Heureux la Bruyère, s'il n'avait rien dit de toutes ces choses dans la maison de Condé ! Mais il ne put pas s'empêcher de comparer la guerre, la politique et le jeu, de raisonner, de moraliser sur ce sujet délicat. « Le guerrier et le politique (3), non plus que le joueur habile, ne font pas le hasard, mais ils le préparent, ils l'attirent et semblent presque le déterminer. Non seulement ils savent ce que le sot et le poltron ignorent, je veux dire, se servir du hasard quand il arrive ; ils savent même profiter, par leurs précautions et leurs mesures, d'un tel ou tel hasard, ou de plusieurs tout à la fois. Si ce point arrive, ils gagnent ; si c'est cet autre, ils gagnent encore ; un même point souvent les fait

---

(1) Chap. VIII, n° 49.
(2) Chap. X, n° 20.
(3) Chap. XII, n° 74.

gagner de plusieurs manières. Ces hommes sages peuvent être loués de leur bonne fortune comme de leur bonne conduite, et le hasard doit être récompensé en eux comme la vertu. » Quels sont ces guerriers-là (1)? Je nomme Vauban, et vous dites : « C'est un bel esprit! » C'est-à-dire c'est un savant, ce n'est pas un militaire. En effet, les militaires accusaient Vauban (2) d'avoir écrit à Louvois qu'on pouvait donner l'assaut, quand la brèche n'était pas encore bonne (3). Cette erreur avait coûté un peu cher à toute la jeune noblesse qui s'agitait auprès des grands; ils couraient à qui entrerait le premier dans l'ouvrage à cornes; ils y entrèrent, et beaucoup y restèrent (4), les soldats qui les suivaient s'étant retirés un peu vite sous le feu de l'ennemi. Le roi blâma les soldats, qui avaient manqué de fermeté. Ils dirent que c'était la faute de Vauban (5). Il fallut encore deux jours à perfectionner la brèche pour prendre Mons.

La Bruyère ne pouvait comprendre ce que lui avait dit M. le Duc; mais il comprit très bien les moqueries que cela lui attira. Rentré chez lui dans sa chambre, il écrivait (6) : « Je nomme Eurypyle et vous dites : « C'est un bel esprit. » Vous dites aussi de celui qui travaille une poutre : « Il est charpentier; » et de celui qui refait un mur : « Il est maçon. » Je vous demande quel est l'atelier où travaille cet homme de métier, ce bel esprit? quelle est son enseigne? à quel habit le reconnaît-on? quels sont ses outils? est-ce le coin? sont-ce le marteau ou l'enclume? où fend-il, où cogne-t-il son ouvrage? où l'expose-t-il en vente? Un ouvrier se pique d'être ouvrier : Eurypyle se pique-t-il d'être bel esprit? S'il est tel, vous me peignez un fat qui met l'esprit en roture, une âme vile et mécanique à qui ni ce qui est beau ni ce qui est esprit ne sauraient s'appliquer sérieusement; et s'il est vrai qu'il ne se pique de rien, je vous entends, c'est un homme sage et qui a de l'esprit, autrement un homme de mérite, que vous appelez un bel esprit. Ne dites-vous pas encore du savantasse : « Il est bel esprit, » et ainsi d'un mauvais poète? Mais vous-même, vous croyez-vous sans aucun esprit? et si vous en avez, c'est sans doute de celui qui est beau et convenable : vous voilà donc un bel

---

(1) Chap. XII, n° 20.
(2) De Sourches, t. III, p. 384.
(3) Dangeau, *Journal*.
(4) Lettre de Racine à Boileau, 25 mars 1691.
(5) *Mémoires de Berwick*, 1re partie.
(6) Chap. XII, n° 20.

esprit ; ou s'il s'en faut peu que vous ne preniez ce nom pour une injure, continuez, j'y consens, de le donner à Eurypyle, et d'employer cette ironie comme les sots, sans le moindre discernement, ou comme les ignorants, qu'elle console d'une certaine culture qui leur manque, et qu'ils ne voient que dans les autres. »

A quoi attribuer ce changement dans l'opinion de M. le Duc et des guerriers du jour sur Vauban ? Le moraliste avait beau chercher, il ne put jamais voir là autre chose qu'une de ces contradictions qu'il avait déjà si souvent remarquées dans les jugements des hommes. « Il ne faut pas vingt années accomplies pour voir changer les hommes d'opinion sur les choses les plus sérieuses, comme sur celles qui leur ont paru les plus sûres et les plus vraies (1). Je ne hasarderai pas d'avancer que le feu en soi, et indépendamment de nos sensations, n'a aucune chaleur, c'est-à-dire rien de semblable à ce que nous éprouvons en nous-mêmes à son approche, de peur que quelque jour il ne devienne aussi chaud qu'il a jamais été. J'assurerai aussi peu qu'une ligne droite tombant sur une autre ligne droite fait deux angles droits ou égaux à deux droits, de peur que, les hommes venant à y découvrir quelque chose de plus ou de moins, je ne sois raillé de ma proposition. Aussi, dans un autre genre, je dirai à peine avec toute la France : « *Vauban* est infaillible, on n'en appelle point : » qui me garantirait que dans peu de temps on n'insinuera pas que même sur le siège, qui est son fort et où il décide souverainement, il erre quelquefois, sujet aux fautes comme *Antiphile?* »

Qu'est-ce que cet Antiphile ? Nous sommes semblables, dit Lucien (2), à des hommes qui marchent dans les ténèbres, et nous ne devons pas facilement prêter l'oreille à ceux qui accusent les autres. Le fameux peintre Apelle d'Éphèse, demeurant à Alexandrie auprès de Ptolémée, roi d'Égypte, fut dénoncé comme complice de la conspiration de Théodote à Tyr. Or Apelle n'avait jamais vu Tyr et ne connaissait pas Théodote. Tout ce qu'il en savait, c'est que Théodote était un lieutenant du roi, gouverneur de la Phénicie. Cependant un de ses rivaux dans l'art de peindre, nommé Antiphile, jaloux de son talent et de la faveur dont il jouissait, avait assuré qu'Apelle était des conjurés, et qu'il savait tout le complot : on l'avait vu dîner en Phénicie avec Théodote ; on rapportait combien de temps avait duré le

---

(1) Chap. XII, n° 94.
(2) Lucien, *Opuscules*, Sur la délation, § 1.

festin, ce qu'on y avait dit, ce qu'on y avait fait; en un mot, c'était par les conseils d'Apelle que les villes de Tyr et Péluse s'étaient révoltées. Ptolémée était un prince paresseux et malavisé; les flatteurs qui entourent les grands lui avaient troublé la cervelle : il avala d'un trait le poison de cette calomnie, et fut aussitôt en proie à une telle fureur qu'il ne pensa plus à rien. Il ne lui vint pas à l'esprit que le délateur était un rival jaloux, ni que l'illustre peintre était incapable d'une si basse trahison, surtout après avoir été comblé des bienfaits du roi, qui l'avait préféré à tous les artisans de son métier; il ne se donna même pas la peine d'examiner si Apelle était jamais allé en Phénicie. Tout entier à son délire, il remplissait le palais de ses cris : « Apelle est un ingrat, un perfide, un lâche, un traître, un scélérat! » Et si quelqu'un de ses courtisans, choqué de l'impudence d'Antiphile, n'eût fait observer combien l'accusation était absurde, le malheureux Apelle eût payé de sa tête la faute des Tyriens. Honteux de son erreur, le Ptolémée donna cent talents à Apelle et lui livra Antiphile pour en faire son esclave. Apelle, en souvenir du péril qu'il avait couru, peignit son tableau de la *Délation*. La morale de cette histoire est la règle de Descartes, chère à la Bruyère, qu'il ne faut décider sur les moindres vérités avant qu'elles ne soient connues clairement et distinctement; mais il nous semble bien que, dans la pensée de la Bruyère, Vauban est Apelle, et que cet Antiphile, son rival jaloux et sujet aux fautes, c'est Louvois.

La Bruyère marchait alors dans les ténèbres, il le sentait mieux que personne. Peut-être même s'était-il un peu exagéré le danger : il nous a fait déjà l'aveu de ces frayeurs qui prennent un homme oisif la nuit dans la solitude. Pourquoi déclarer Vauban infaillible? On disputait ce titre au pape; on l'accordait au roi, et cependant on ne voyait que trop bien le défaut de la doctrine à la mode. Si Vauban, même sur le siège qui était son fort, était sujet aux fautes comme Louvois, qu'était-ce donc sur la politique, qui était son faible? Témoigner de la sympathie au peuple, avoir compassion des paysans, demander le rappel des protestants, et réclamer la liberté de conscience comme le meilleur moyen de rendre la paix au royaume, c'était précisément répéter les *Soupirs de la France esclave*, se faire l'écho des pamphlets de Hollande, s'allier aux huguenots exilés, prendre parti pour le prince d'Orange et conspirer avec les ennemis de la France. Apelle est un ingrat, un perfide, un lâche, un traître, un scélérat! il avait soulevé les habitants de Tyr et de Péluse contre leur légitime souverain. Aux yeux de Louvois et de ses partisans, Vauban n'était guère moins coupable ; si on ne l'accusait pas d'avoir soulevé les huguenots dans les Cévennes, c'est qu'alors ils ne bougeaient plus ; mais quand les camisards seront en armes, et qu'il présentera la *Dîme royale* au roi, il sera traité comme fou et séditieux. Il n'avait pas encore eu le temps de commettre cette action criminelle ; mais on le connaissait, et cela eût suffi pour le perdre, si le roi n'eût eu confiance en sa fidélité longtemps éprouvée, et n'eût eu besoin de son talent d'ingénieur pour soutenir la gloire de son règne et l'honneur de la France : mais la Bruyère n'avait ni le talent d'Apelle pour plaire à Ptolémée, ni celui de Vauban pour plaire à Louis XIV ; que lui arrivera-t-il, s'il est dénoncé comme complice des ennemis du roi ?

Le talent remarquable de la Bruyère pour démasquer les vices et peindre les caractères lui avait attiré de secrètes inimitiés. On ne le louait qu'avec beaucoup de précaution à la cour. Dans la maison de Condé, bien des gens gardaient envers lui une attitude menaçante. Il entendait plus de critiques que de compliments. En Hollande, on le louait plus hardiment, et l'on y avait déjà signalé son admiration excessive pour la constitution athénienne, comme une marque de son goût pour la république. Dans sa dernière édition, il avait fait une peinture très sombre de l'aristocratie française ; il avait osé dire même, en comparant les grands au peuple, que s'il fallait opter entre les deux, il voulait être peuple. Il n'en fallait pas plus pour le perdre, si l'on y faisait attention. Puis il y avait dans son livre je ne sais quelle fierté philosophique qui sentait fort le libertinage d'esprit. Il défendait la religion catholique, mais avec une indépendance qui excluait toute prévention aveugle en faveur de la religion à la mode. Il recommandait l'autorité de la raison, comme s'il n'avait pas eu la foi. Il osait dire que la vertu se suffit à elle-même, quel orgueil ! et que l'humanité est la meilleure politique, quel ennemi du roi ! Ne se trouvera-t-il pas quelque Antiphile ou rival jaloux pour le dénoncer au gouvernement, ou mieux que cela, quelque faux dévot pour le ruiner entièrement par une légère médisance ?

La Bruyère avait une réputation fort nette, des principes aussi clairs que ceux de Descartes, des maximes aussi certaines que celles de la géométrie ; à quoi cela pouvait-il servir contre la délation ? « Un coupable puni (1) est un exemple pour la canaille, un innocent con-

---

(1) Chap. XIV, n° 52.

damné est l'affaire de tous les honnêtes gens. » Mais les honnêtes gens se taisent, et l'innocent pâtit pour le coupable : témoin M. de Langlade (1), condamné pour vol et reconnu ensuite innocent ; témoin ce pauvre valet de tripot (2), qui venait de mourir à la torture peu de jours avant que le véritable assassin fût arrêté. « Je dirai presque de moi : « Je ne serai pas voleur ou meurtrier ; je ne serai pas un jour puni comme tel : » c'est parler bien hardiment (3). » Surtout quand il s'agit d'accusations politiques, l'erreur est facile. « Une condition lamentable est celle d'un homme innocent à qui la précipitation et la procédure ont trouvé un crime ; celle même de son juge peut-elle l'être davantage (4) ? »

Enfin il y avait de sombres mystères dans la police de M. de la Reynie, et de bien terribles secrets d'État dans les procédés administratifs de M. de Louvois. Comment ne pas être inquiet et alarmé ? La Bruyère, volé par son domestique, il y avait bientôt dix ans, n'avait pas, malgré ses plaintes, obtenu la moindre nouvelle de son argent ni de son voleur. Il en était tellement surpris et blessé, qu'il alla jusqu'à se demander si la police n'était pas d'accord avec les voleurs (5) : « Si l'on me racontait qu'il s'est trouvé autrefois un prévôt, ou l'un de ces magistrats créés pour poursuivre les voleurs et les exterminer, qui les connaissait tous depuis longtemps de nom et de visage, savait leurs vols, j'entends l'espèce, le nombre et la quantité, pénétrait si avant dans toutes ces profondeurs, et était si initié dans ces affreux mystères, qu'il sut rendre à un homme de crédit un bijou qu'on lui avait pris dans une foule au sortir d'une assemblée, et dont il était sur le point de faire de l'éclat, que le parlement intervint dans cette affaire et fit le procès à cet officier : je regarderais cet événement comme l'une des choses dont l'histoire se charge et à qui le temps ôte la croyance. Comment donc pourrais-je croire qu'on doive présumer par des faits récents, connus et circonstanciés, qu'une connivence si pernicieuse dure encore, qu'elle a même tourné en jeu, et passé en coutume. » On pouvait voler un honnête homme qui n'avait pas de crédit, on pouvait lui prendre tout son argent dans sa chambre (6) sans être

---

(1) Dangeau.
(2) Servois, *la Bruyère*, t. II, p. 401.
(3) Chap. XIV, n° 52.
(4) Chap. XIV, n° 52.
(5) Chap. XIV, n° 53.
(6) *Mercure historique et politique*, t. V, p. 743, 814.

inquiété par la police ; mais il ne fallait pas toucher aux parents ou amis du ministre de la guerre. M. de Saint-Pouange, cousin germain et premier commis de M. de Louvois, ayant perdu une boucle de diamants qui lui avait été volée au sortir de l'Opéra, le sieur Francine de Grandmaison, prévôt général du connétable et maréchaux de France, la lui fit rendre au bout de quelque temps. En 1690-1691, on parlait fort à Paris (1) d'un vol semblable fait à M. de Barbezieux, fils de Louvois et déjà son successeur désigné. On lui avait volé aussi et de la même façon une boucle de diamants de mille pistoles, à la sortie de l'Opéra. Il en fit grand bruit, et deux jours après le lieutenant criminel la lui rapporta lui-même. On le voit, cela semble un jeu, c'est passé en coutume. N'est-ce pas assez pour justifier l'indignation du moraliste ?

Ce qui était plus effrayant encore, c'était de penser que de pareils abus pussent durer autant que la monarchie. Cependant il fallait s'y attendre, car ils s'appuyaient sur les mêmes principes que la monarchie héréditaire, sur ces principes qui font durer (2) le gouvernement des États et perpétuent le genre humain. Point de brigues, point de cabale dans un État pour se faire un roi, la nature en a fait un : le mort, disons-nous, saisit le vif et le roi ne meurt jamais. De même dans les diverses fonctions ou dans les emplois qui se transmettent et se perpétuent de père en fils, chacun en naissant a sa place marquée d'avance ; il est naturel et doux de ne montrer au père de famille d'autre successeur que son fils. La dignité des maisons s'augmente à mesure qu'on en voit naître des hommes qui se distinguent par leurs talents ou leur capacité. Par ce moyen (3) tous les arts arrivent à leur perfection : on fait mieux ce qu'on a toujours vu faire et à quoi l'on s'est uniquement exercé dès son enfance. Les partialités s'éteignent ; les égaux que l'ambition et la jalousie rendent incompatibles entre eux sont tenus dans le devoir et l'obéissance ; on s'aperçoit alors combien ces principes sont aisés et commodes parmi les hommes. C'est l'ordre qui roule le mieux tout seul. Louvois et Seignelay en étaient des exemples frappants : fils de ministres, ils avaient appris le ministère chez leurs pères sous les yeux du roi. Michel le Tellier et Colbert ne

---

(1) *Comédie de la Bruyère*, par E. Fournier, 2ᵉ édition ; Préface, p. XXX. Clef de Feliben des Avaux.

(2) Bossuet, *Politique tirée de l'Écriture*, livre II, article 1ᵉʳ, proposition 9, 10.

(3) Bossuet, *Discours sur l'histoire universelle*, 3ᵉ partie, ch. III.

leur avaient épargné aucune leçon pour les habituer à bien comprendre les intentions du roi et à les bien exécuter. Le roi semblait avoir présidé lui-même à leur éducation politique (1). Il aimait à croire qu'il formait des ministres comme il formait des soldats et des officiers. Si Seignelay n'avait pas de fils, Louvois en avait quatre, qui pouvaient élever la plus puissante maison du monde après les maisons princières. L'aîné des fils de Louvois, M. de Courtanvaux, paraissait, dit Gourville, avoir le mérite de son père, mais il n'avait pas l'esprit tourné vers la même direction. Cependant son père lui avait acheté la place de secrétaire d'État ou de ministre de la guerre par survivance. M. de Courtanvaux ne se distingua que par d'obscures débauches, et n'aurait pu jamais être que le Tigellin (2) d'un autre Néron. La Bruyère, qui l'avait vu dîner à l'hôtel de Condé et qui avait admiré ses talents à table, prétend (3) qu'il était plus propre à parer les avenues d'une foire et à être montré en chambre pour de l'argent, qu'à être ministre du roi. C'est pourquoi Louvois avait retiré à M. de Courtanvaux la survivance à sa charge de secrétaire d'État, pour la donner à son troisième fils M. de Barbezieux; mais en échange il lui avait acheté l'une des plus belles charges de la cour, celle de capitaine des Cent-Suisses. Cela ne suffit pas : il lui donna en plus le régiment de la Reine. Cela ne fut pas encore assez : avare et colère, Courtanvaux se plaignait sans cesse de l'injustice de son père à son égard; et ses conversations, comme Louvois le lui écrivait (4), « étaient remplies d'une infinité de sottises ». « Quelques-uns, dit la Bruyère (5), ont fait dans leur jeunesse l'apprentissage d'un certain métier, pour en exercer un autre, et fort différent, le reste de leur vie. »

Pareille chose était arrivée à M. de Souvré, second fils de Louvois. On l'avait cru propre au sacerdoce, et on l'avait chargé de dix bénéfices, sans compter la riche abbaye de Bourgueil. Ennuyé de ce qui eût fait le bonheur de tant d'autres, il avait quitté la crosse pour prendre l'épée, avait fait campagne en Hongrie au service de l'Empereur, puis en Allemagne au service de France à partir du siège de Philippsbourg; mais partout et toujours il s'était montré brutal, paresseux et ivrogne (6).

(1) Correspondance de Bussy, t. VI, p. 461, lettre à l'abbé de Choisy.
(2) *Annales de Tacite*, livre XV, § 37.
(3) Chap. XIII, n° 6.
(4) *Hist. de Louvois*, par C. Rousset.
(5) Chap. VI, n° 8.
(6) *Hist. de Louvois*, par C. Rousset.

En 1690, son père lui écrivait que, dans l'armée de Monseigneur où il était, tout le monde se plaignait de son incivilité, de son manque de politesse : « Si cela continue, ajoutait le père irrité, nous ne serons pas longtemps bons amis ensemble. » Cela continua (1), on le mit en prison (1691) ; mais rendu bientôt à la liberté, il but et s'enivra comme auparavant. Vraiment Louvois n'était pas heureux avec ses enfants ; il avait cela de commun avec bien des pères de famille qui avaient voulu disposer de l'avenir de leurs enfants sans tenir compte de leur vocation ou de leur capacité. « Votre fils est bègue : ne le faites pas monter sur la tribune (2). Votre fille est née pour le monde : ne l'enfermez pas parmi les vestales. Xanthus, votre affranchi, est faible et timide : ne différez pas, retirez-le des légions et de la milice. « Je veux l'avancer, » dites-vous. Comblez-le de biens, surchargez-le de terres, de titres et de possessions ; servez-vous du temps ; nous vivons dans un siècle où elles lui feront plus d'honneur que la vertu. « Il m'en coûterait trop, » ajoutez-vous. Parlez-vous sérieusement, Crassus ? Songez-vous que c'est une goutte d'eau que vous puisez du Tibre pour enrichir Xanthus que vous aimez, et pour prévenir les honteuses suites d'un engagement où il n'est pas propre. » Louvois passait alors pour le plus riche particulier de toute l'Europe, non seulement par ses grandes et belles terres, mais encore par ses charges, les plus importantes et les plus lucratives du royaume (3). Et cela ne lui suffisait pas, à moins qu'il ne vît tant de puissance et de gloire renaître avec ses enfants, et se continuer de génération en génération aussi loin que son esprit pouvait pénétrer dans l'avenir de la monarchie. Il donnait aux siens titres, honneurs, dignités et charges de l'État, comme si ses descendants devaient avoir tous les talents, sans autre souci que de faire durer son nom et conserver sa mémoire à travers les siècles ; ce qui fait dire au moraliste (4) : « Il y a plus d'outils que d'ouvriers, et de ces derniers plus de mauvais que d'excellents : que pensez-vous de celui qui veut scier avec un rabot, et qui prend sa scie pour raboter ? »

Mais, répondait-on, les hommes en place, ministres ou favoris, ont toujours agi ainsi. C'est assez, selon le langage ordinaire, qu'un tel

---

(1) Dangeau, mars 1691. De Sourches, t. III, p. 363.
(2) Chap. II, n° 18.
(3) *Relation de Spanheim.*
(4) Chap. II, n° 8.

soit fils d'un tel pour que le fils (1), quelles que soient son indignité et son incapacité personnelles, ait l'assurance de vouloir être tout ce qu'a été le père. La Bruyère alors s'écria : « Hommes en place, ministres, favoris, me permettrez-vous de le dire (2)? ne vous reposez point sur vos descendants pour le soin de votre mémoire et pour la durée de votre nom : les titres passent, la faveur s'évanouit, les dignités se perdent, les richesses se dissipent, et le mérite dégénère. Vous avez des enfants, il est vrai, dignes de vous, j'ajoute même capables de soutenir toute votre fortune ; mais qui peut vous en promettre autant de vos petits-fils ? Ne m'en croyez pas, regardez cette unique fois de certains hommes que vous ne regardez jamais, que vous dédaignez : ils ont des aïeuls, à qui, tout grands que vous êtes, vous ne faites que succéder. Ayez de la vertu et de l'humanité ; et si vous me dites : « Qu'aurons-nous de plus ? » je vous répondrai : « De l'humanité et de la vertu. » Maîtres alors de l'avenir, et indépendants d'une postérité, vous êtes sûrs de durer autant que la monarchie ; et dans le temps que l'on montrera les ruines de vos châteaux, et peut-être la seule place où ils étaient construits, l'idée de vos louables actions sera encore fraîche dans l'esprit des peuples ; ils considéreront avidement vos portraits et vos médailles ; ils diront : « Cet homme dont vous regardez la peinture a parlé à son maître avec force et liberté, et a plus craint de lui nuire que de lui déplaire ; il lui a permis d'être bon et bienfaisant, de dire de ses villes : *ma bonne ville,* et de son peuple : *mon peuple.* Cet autre dont vous voyez l'image, et en qui l'on remarque une physionomie forte, jointe à un air grave, austère et majestueux, augmente d'année à autre de réputation : les plus grands politiques souffrent de lui être comparés. Son grand dessein a été d'affermir l'autorité du prince et la sûreté des peuples par l'abaissement des grands : ni les partis, ni les conjurations, ni les trahisons, ni le péril de la mort, ni ses infirmités n'ont pu l'en détourner. Il a eu du temps de reste pour entamer un ouvrage, continué ensuite et achevé par l'un de nos plus grands et de nos meilleurs princes, l'extinction de l'hérésie. »

Si le cardinal Georges d'Amboise et le cardinal de Richelieu n'avaient eu d'autre mérite que d'être célibataires, ils n'auraient pu servir à faire la leçon à Louvois ; mais ils étaient deux grands minis-

---

(1) Bourdaloue, Sermon sur l'ambition.
(2) Chap. X, n° 21.

tres, l'un de Louis XII, le père du peuple, l'autre de Louis XIII, dit le Juste ; ils avaient parlé chacun à leur maître avec force et avec liberté, craignant plus de lui nuire que de lui déplaire ; ils avaient protégé le peuple, ils lui avaient donné le repos et la sécurité, et par leurs bienfaits ils avaient fait aimer leurs rois de toute la France : c'est pourquoi leur nom vivra aussi longtemps que la monarchie. Mézerai, dans son *Abrégé de l'histoire de France,* si souvent lu par la Bruyère et le duc de Bourbon (1), trace ainsi le portrait de Georges d'Amboise : « Ministre sans avarice et sans orgueil, cardinal avec un seul bénéfice, il n'avait en vue d'autres richesses que celles du public, et il s'est amassé par *son humanité et par sa vertu* un trésor de bénédictions dans toute la postérité. » C'est lui qui avait par ses conseils permis à son maître d'être bon et bienfaisant, de dire de ses villes : *ma bonne ville,* et de son peuple : *mon peuple.* L'idée de ses louables actions était encore fraîche dans l'esprit des peuples : en janvier 1687, après la guérison de Louis XIV, quand les transports de joie éclatèrent par toute la France, on ne trouva rien de mieux pour féliciter le grand roi que de le comparer à Louis XII ; jamais on n'eut l'idée de comparer Louvois à Georges d'Amboise.

Pendant longtemps on n'avait pas rendu justice à Richelieu : sa mémoire était odieuse aux grands qu'il avait abaissés. Depuis quelque temps sa réputation se relevait, et augmentait d'année en année : les plus grands politiques souffraient maintenant de lui être comparés. En 1688, on avait publié son *Testament politique* à Amsterdam : en vain essayait-on d'en contester l'authenticité, et de feindre que c'était une invention des protestants. La Bruyère ne se laissa point tromper. « C'est la peinture de son esprit (2) ; son âme toute entière s'y développe ; l'on y découvre le secret de sa conduite et de ses actions ; l'on y trouve la source et la vraisemblance de tant et de si grands événements qui ont paru sous son administration : l'on y voit sans peine qu'un homme qui pense si juste et si virilement a pu agir sûrement et avec succès. Du reste, on pouvait déjà reconnaître dans ses portraits, à cette physionomie forte jointe à un air grave, austère et majestueux, un génie supérieur qui sut tout le mystère du gouvernement, qui connut le beau et le sublime du ministère. » Il réprima sévèrement les révoltes des protestants comme celles des catholiques ; il

---

(1) Mézerai, *Abrégé de l'histoire de France,* t. II, p. 893.
(2) Discours à l'Académie.

leur ôta leurs places de sûreté et autres privilèges dont ils avaient abusé; mais il leur laissa la liberté de conscience que Henri IV leur avait donnée, et que Louvois venait de leur arracher avec son effroyable instrument de supplice surnommé les dragonnades. Richelieu, au milieu des grands travaux dont il était accablé, et malgré les conjurations, les trahisons, les menaces de mort et les infirmités dont il était affligé, avait encore trouvé du temps pour travailler par des livres, des prédications, des missions et d'autres moyens de propagande à la conversion volontaire des protestants. Il n'avait fait qu'entamer cet ouvrage, qui venait d'être repris, continué et achevé par Louis XIV. Ainsi tout l'odieux des dragonnades et de la révocation de l'édit de Nantes retombait sur Louvois, et tout l'honneur de l'extinction de l'hérésie revenait à Louis XIV (1). Il fallait que le roi fût aussi peu éclairé qu'il l'était pour se faire de pareilles illusions; mais on avait su intéresser sa gloire à résoudre et à exécuter une entreprise qui était au-dessus de ses forces, et il croyait que c'était la plus grande et la plus éclatante action de son règne.

L'hérésie était éteinte : les nouveaux convertis, qui avaient voulu remuer en 1689, avaient été écrasés. Nul n'osait plus lever la tête. On n'en parlait plus à la cour de France (2). Seulement il y avait de sincères et vrais catholiques qui gémissaient d'avoir vu les orthodoxes imiter contre les hérétiques ce que les tyrans païens avaient fait contre les confesseurs et les martyrs; il y avait de saints évêques qui ne pouvaient se consoler de cette immensité de parjures et de sacrilèges imposés par la force aux mal convertis; il y avait de sages politiques qui regrettaient de voir la France affaiblie par la fuite des gens de la religion protestante et nos ennemis fortifiés de ce que nous avions perdu; il y avait enfin de bons Français qui pleuraient amèrement la flétrissure irrémédiable imprimée à notre patrie par l'expulsion de leurs concitoyens innocents ou dignes d'estime. On crut même à un certain moment remarquer dans l'esprit du roi un retour à des sentiments plus équitables envers les exilés, et des dispositions favorables à la tolérance. « Je ne vous assure pas, disait l'*Avis aux réfugiés* (3), que tout le monde s'en réjouisse : il se trouvera toujours des gens en

---

(1) Spanheim, *Relation*, p. 23.
(2) Saint-Simon. Spanheim, *Relation*, p. 261-262, p. 267, p. 358-360.
(3) *Avis aux réfugiés*, chez Jacques le Censeur, la Haye, 1690; attribué à Bayle par Jurieu. Cf. la *Cabale chimérique*, de Bayle, p. 12.

grand nombre qui condamneront la tolérance de votre secte dans le royaume du roi très chrétien, du fils aîné de l'Église. Mais je vous réponds qu'en général tout ce qu'il y a de plus raisonnable dans les trois ordres du royaume approuveront qu'on vous laisse une honnête liberté, puisqu'il n'a pas semblé bon au Saint-Esprit de seconder les vues qu'on a eues de vous réunir à l'Église catholique. Vous ne sauriez croire le plaisir que je ressens par avance en m'imaginant que vous ne serez pas des derniers à revenir. Je ne parle guère d'autre chose à mes amis, et je ne vois guère de gens qui n'aient perdu, par la révocation de l'édit de Nantes, quelques personnes qu'ils aimaient et qu'ils estimaient infiniment malgré la différence de religion. » Au printemps de 1691, la Bruyère lisait et relisait l'*Avis aux réfugiés*, que Bossuet lui avait prêté (1). Il ne pouvait se détacher de ce livre où il retrouvait beaucoup de ses propres sentiments. Mais on ne songeait plus à rappeler les protestants. La guerre sévissait avec plus de fureur que jamais. Les exilés servaient dans les armées étrangères contre leur pays. Le moment favorable pour leur rappel était passé. Du moins il était permis à la Bruyère de poser nettement devant le public les principes de son enseignement politique et de son cours d'histoire contemporaine à M. le duc de Bourbon : la meilleure politique est encore celle qui est fondée sur l'humanité et la vertu. Les événements dont l'Europe était le théâtre le prouvaient avec évidence ; mais combien peu de gens y faisaient attention !

(1) *Œuvres complètes de Bossuet*, t. XXX, p. 586. Lettre de Desmahis à Bossuet, 27 juillet 1691.

CHAPITRE XXXI.

1690-1691.

La Bruyère ne tient pas à la fortune; ni riche ni pauvre, il est indépendant et blâme la philosophie des égoïstes. — Assemblée du clergé. — Ses deux principaux personnages, l'archevêque de Paris et l'évêque d'Autun. — Attitude particulière de la maison de Condé à cette époque. — Mort de Mme la Dauphine; effet qu'elle produit à la cour. — Oraison funèbre par Fléchier. — Mort de Montausier. — Grossesse de Mme la Duchesse; ses distractions. — Changement surprenant dans la conduite de M. le Prince à son égard. — Rôle de la Bruyère auprès d'elle : petits caractères, la mode et ses fantaisies. — Situation singulière. — Naissance de Mlle de Bourbon, fille de M. le Duc. — Ce que devient le ménage de M. le Duc et de Mme la Duchesse. — Le philosophe raille les Pamphiles. — Il se moque des grands, mais avec quelque colère. — Il l'avoue et se corrige. — Rien ne ressemble plus au peuple que les grands. — La véritable aristocratie est celle de la vertu. — Le moraliste ne cherche qu'à faire régner la raison.

La réhabilitation de Gourville marchait assez lentement, mais elle paraissait sûre. Après la parole du roi, qui eût osé en douter? « *Réhabilitations*, disait la Bruyère (1), mot en usage dans les tribunaux, qui a fait vieillir et rendu gothique celui de *lettres de noblesse*, autrefois si français et si usité; se faire réhabiliter suppose qu'un homme devenu riche, originairement est noble, qu'il est d'une nécessité plus que morale qu'il le soit; qu'à la vérité son père a pu déroger, ou par la charrue, ou par la houe, ou par la malle, ou par les livrées; mais qu'il ne s'agit pour lui que de rentrer dans les premiers droits de ses ancêtres, et de continuer les armes de sa maison, les mêmes pourtant qu'il a fabriquées, et tout autres que celles de sa vaisselle d'étain; qu'en un mot les lettres de noblesse ne lui conviennent plus; qu'elles

---

(1) Chap. XIV, n° 3.

n'honorent que le roturier, c'est-à-dire celui qui cherche encore le secret de devenir riche. »

La Bruyère avait connu un moyen de devenir riche : quand on mettait de l'argent à fonds perdu sur les hôpitaux de Paris, on abandonnait son capital aux pauvres et aux malades, et l'on pouvait s'assurer en toute sûreté de conscience une rente viagère qui permettait aux prêteurs d'espérer plus douce vie en ce monde et peut-être dans l'autre. En 1689, les administrateurs des hôpitaux de Paris firent banqueroute. Alors se posa une question délicate : comme on tire une rente perpétuelle d'un argent qu'on s'engageait à ne jamais réclamer, ne pourrait-on pas tirer, durant dix, vingt ou trente ans, une rente d'un argent qu'on s'obligerait à ne redemander que dans dix, vingt ou trente ans. Le saint-siège avait permis l'intérêt légal jusqu'à décision contraire ; l'Église gallicane l'avait absolument prohibé. Bossuet dans son Traité de l'usure se prononce sur ce sujet avec une extrême rigueur. La Bruyère faisait cette réflexion fort juste (1) : « Le fonds perdu, autrefois si sûr, si religieux et si inviolable, est devenu, par le temps et par les soins de ceux qui en étaient chargés, un bien perdu. Quel autre secret de doubler mes revenus et de thésauriser? Entrerai-je dans le huitième denier, ou dans les aides? Serai-je avare, partisan, ou administrateur ? »

Il ne sera rien du tout : alors que deviendra-t-il? Riche ou pauvre? S'il devient riche, voici son portrait (2) : « Giton a le teint frais, le visage plein et les joues pendantes, l'œil fixe et assuré, les épaules larges, l'estomac haut, la démarche ferme et délibérée. Il parle avec confiance ; il fait répéter celui qui l'entretient, et il ne goûte que médiocrement tout ce qu'il lui dit. Il déploie un ample mouchoir, et se mouche avec grand bruit ; il crache fort loin, et il éternue fort haut. Il dort le jour, il dort la nuit, et profondément ; il ronfle en compagnie. Il occupe à table et à la promenade plus de place qu'un autre. Il tient le milieu en se promenant avec ses égaux ; il s'arrête, et l'on s'arrête ; il continue de marcher, et l'on marche : tous se règlent sur lui. Il interrompt, il redresse ceux qui ont la parole : on ne l'interrompt pas, on l'écoute aussi longtemps qu'il veut parler ; on est de son avis, on croit les nouvelles qu'il débite. S'il s'assied, vous le voyez s'enfoncer

---

(1) Chap. XIV, n° 39.
(2) Chap. VI, n° 83.

dans un fauteuil, croiser les jambes l'une sur l'autre, froncer le sourcil, abaisser son chapeau sur ses yeux pour ne voir personne, ou le relever ensuite et découvrir son front par fierté et par audace. Il est enjoué, grand rieur, impatient, présomptueux, colère, libertin, politique, mystérieux sur les affaires du temps; il se croit des talents et de l'esprit. Il est riche. »

La Bruyère ne pouvait jouer ce personnage dans la maison de Condé : il y eût été ridicule et insupportable. Il ne pouvait non plus adopter le rôle contraire. « Phédon a les yeux creux, le teint échauffé, le corps sec et le visage maigre; il dort peu et d'un sommeil fort léger; il est abstrait, rêveur, et il a avec de l'esprit l'air d'un stupide : il oublie de dire ce qu'il sait, ou de parler d'événements qui lui sont connus; et s'il le fait quelquefois, il s'en tire mal, il croit peser à ceux à qui il parle, il conte brièvement, mais froidement; il ne se fait pas écouter, il ne fait point rire. Il applaudit, il sourit à ce que les autres lui disent, il est de leur avis; il court, il vole pour leur rendre de petits services. Il est complaisant, flatteur, empressé; il est mystérieux sur ses affaires, quelquefois menteur; il est superstitieux, scrupuleux, timide. Il marche doucement et légèrement, il semble craindre de fouler la terre; il marche les yeux baissés, et il n'ose les lever sur ceux qui passent. Il n'est jamais du nombre de ceux qui forment un cercle pour discourir; il se met derrière celui qui parle, recueille furtivement ce qui se dit, et il se retire si on le regarde. Il n'occupe point de lieu, il ne tient point de place; il va les épaules serrées, le chapeau abaissé sur les yeux pour n'être point vu; il se replie et se renferme dans son manteau : il n'y a point de rues ni de galeries si embarrassées et si remplies de monde où il ne trouve moyen de passer sans effort et de se couler sans être aperçu. Si on le prie de s'asseoir, il se met à peine sur le bord d'un siège; il parle bas dans la conversation et il articule mal : libre néanmoins avec ses amis sur les affaires publiques, chagrin contre le siècle, médiocrement prévenu des ministres et du ministère. Il n'ouvre la bouche que pour répondre; il tousse, il se mouche sous son chapeau; il crache presque sur soi, et il attend qu'il soit seul pour éternuer, ou si cela lui arrive, c'est à l'insu de la compagnie; il n'en coûte à personne ni salut ni compliment. Il est pauvre. »

La Bruyère avait le cœur trop haut et l'âme trop fière pour se laisser tomber à ce degré d'abaissement. Il n'eût pu d'ailleurs dans cette attitude humiliée remplir convenablement sa charge, ni s'acquitter de ses devoirs. Ni riche ni pauvre, mais jouissant d'une modeste aisance et d'une indépendance entière, il n'était soumis qu'à ses Altesses, et savait se faire respecter de ses égaux. On pouvait rire de sa philosophie, mais sa philosophie, quoique un peu superbe, n'était pas égoïste : il aimait à rendre service à ses proches et à ses amis. « Il y a une philosophie qui nous élève au-dessus de l'ambition et de la fortune (1), qui nous égale, que dis-je, qui nous place plus haut que les riches, que les grands et que les puissants; qui nous fait négliger les postes et ceux qui les procurent; qui nous exempte de désirer, de demander, de prier, de solliciter, d'importuner, et qui nous sauve même l'émotion et l'excessive joie d'être exaucés. Il y a une autre philosophie qui nous soumet et nous assujettit à toutes ces choses en faveur de nos proches et de nos amis : c'est la meilleure. »

Ce n'était pas celle de M. de Harlay de Chanvallon, archevêque de Paris. Au commencement de l'année 1690, les députés du clergé de France s'assemblèrent à Saint-Germain en Laye. A voir trente-deux prélats, autant d'abbés et quatre agents siéger ensemble environ pendant six mois, qui ne croirait qu'ils s'occupaient des affaires les plus importantes ? Le 7 juin, les commissaires du roi vinrent apporter une lettre de Sa Majesté à Messieurs du clergé. Le lendemain Pussort parla au nom du roi, et demanda 12,000,000 de fr. Douze millions ! L'assemblée entière se récria contre l'énormité de ce don gratuit (2); cependant, sur les instances de M. de Paris, elle l'accorda d'un vote unanime : elle espérait qu'en échange, le roi supprimerait la taxe établie sur les évêchés et les abbayes depuis la révocation de l'édit de Nantes en faveur des ministres protestants qui se feraient catholiques; du moins M. de Paris devait en faire la demande au roi. Il hésita : les députés le pressèrent. Il en parla au roi, et rapporta cette réponse : « Ceux qui ne sont pas contents n'ont qu'à remettre leurs brevets; le roi à leur place nommera des gens qui seront contents de payer le tiers de leur revenu aux nouveaux catholiques. » Personne n'osa plus faire d'objection. Tout le monde se tut, de peur qu'on ne lui retirât son brevet; chacun se montra presque content d'avoir été refusé. On louait les mille honnêtetés dont M. de Paris assaisonnait ses refus, on aimait sa domination douce et polie, on admirait sa tenue

---

(1) Chap. XII, n° 69.
(2) *Mémoires de l'abbé Legendre.*

toujours gracieuse et son grand air de courtisan. « Théognis (1) est recherché dans son ajustement, et il sort paré comme une femme ; il n'est pas hors de sa maison, qu'il a déjà ajusté ses yeux et son visage, afin que ce soit chose faite quand il sera dans le public, qu'il y paraisse tout concerté, que ceux qui passent le trouvent déjà gracieux et souriant, et que nul ne lui échappe. Marche-t-il dans les salles, il se tourne à droite, où il y a un grand monde, et à gauche, où il n'y a personne ; il salue ceux qui y sont et ceux qui n'y sont pas. Il embrasse un homme qu'il trouve sous sa main, il lui presse la tête contre sa poitrine ; il demande ensuite quel est celui qu'il a embrassé. Quelqu'un a besoin de lui dans une affaire qui est facile ; il va le trouver, lui fait sa prière : Théognis l'écoute favorablement, il est ravi de lui être bon à quelque chose, il le conjure de faire naître des occasions de lui rendre service ; et comme celui-ci insiste sur son affaire, il lui dit qu'il ne la fera point ; il le prie de se mettre à sa place, il l'en fait juge. Le client sort reconduit, caressé, confus, presque content d'être refusé. » Et au retour de Saint-Germain, l'archevêque de Paris se fit recevoir duc et pair (2) : cette qualité brillante dans les premiers temps donnait part au gouvernement, alors même elle donnait rang après les princes du sang ; mais pour l'archevêque de Paris son seul avantage était d'avoir séance au parlement et d'entrer en carrosse au Louvre.

Des onze prélats qui fussent en cette assemblée, le plus ancien était M. de la Roquette, évêque d'Autun, vieillard de 73 ans, qui se plaignait toujours d'être malade, et qui se flattait toujours de gouverner les grands. Sa vie était une énigme. On conserve dans les archives de la maison de Condé près de 400 lettres de M. de la Roquette à feu M. le Prince ; il s'agit presque uniquement dans cette correspondance, de services à rendre, de devoirs à remplir, de compliments de condoléances, de félicitations sur des événements heureux, de médiations et de protections. Cependant jamais M. d'Autun ne gouverna ni le grand Condé ni son fils. « Quelle est donc l'incurable maladie de Théophile ? demande la Bruyère (3). Elle lui dure depuis plus de trente années, il ne guérit point : il a voulu, il veut, il voudra gouverner les grands ; la mort seule lui ôtera avec la vie cette soif d'empire et d'ascendant sur les esprits. Est-ce en lui zèle du prochain ? est-ce habitude ? est-ce une

---

(1) Chap. IX, n° 48.
(2) *Mémoires de l'abbé Legendre,* p. 126.
(3) Chap. IX, n° 15.

excessive opinion de soi-même ? Il n'y a point de palais où il ne s'insinue ; ce n'est pas au milieu d'une chambre qu'il s'arrête : il passe à une embrasure ou au cabinet; on attend qu'il ait parlé, et longtemps et avec action, pour avoir audience, pour être vu. Il entre dans le secret des familles ; il est de quelque chose dans tout ce qui leur arrive de triste ou d'avantageux ; il s'offre, il prévient, il se fait de fête, il faut l'admettre. Ce n'est pas assez pour remplir son temps ou son ambition, que le soin de dix mille âmes dont il répond à Dieu comme de la sienne propre : il y en a d'un plus haut rang et d'une plus grande distinction dont il ne doit aucun compte, et dont il se charge plus volontiers. Il écoute, il veille sur tout ce qui peut servir de pâture à son esprit d'intrigue, de médiation, de manège. A peine un grand est-il débarqué (Jacques II), qu'il l'empoigne et s'en saisit; on entend plus tôt dire à Théophile qu'il le gouverne, qu'on n'a pu soupçonner qu'il pensait à le gouverner. » L'abbé Legendre croit avoir trouvé le secret de la maladie incurable de M. de la Roquette (1). En prêchant l'ouverture de l'assemblée du clergé en 1690, comme Bossuet avait prêché l'ouverture de l'assemblée de 1682, M. d'Autun fit voir une imagination usée et une voix à demi éteinte, tristes reliques d'un talent qui, il y a trente ans, avait fait du bruit dans le monde ; mais on put dire à la reine d'Angleterre, qui avait voulu l'entendre (2) : « Le pauvre homme! qu'il a de zèle! Voyez, Madame, comme il se sacrifie au désir d'annoncer la parole de Dieu et au plaisir de la prêcher devant Votre Majesté. » L'allusion au *Tartuffe* de Molière n'est pas douteuse, mais très mal justifiée.

L'assemblée du clergé se sépara mécontente ; on s'en moqua. Santeul composa (3) une églogue sur ce sujet. Quelques-uns eussent désiré corriger les abus criants dont souffrait le bas clergé, réduit à la portion congrue ; quelques autres eussent voulu qu'on censurât le nouveau dogme connu sous le nom de péché philosophique. La Bruyère avait des idées plus pratiques. « Un pasteur frais et en parfaite santé, en linge fin et en point de Venise, a sa place dans l'œuvre auprès les pourpres et les fourrures (4) ; il y achève sa digestion pendant que le feuillant ou le récollet quitte sa cellule et son désert, où

(1) *Mémoires*, p. 107, 108.
(2) Lettre de Mme de Sévigné, 12 avril 1689.
(3) *Opera Santolii*, p. 105-107.
(4) Chap. XIV, n° 24.

il est lié par ses vœux et par la bienséance, pour venir le prêcher, lui et ses ouailles, et en recevoir le salaire, comme d'une pièce d'étoffe. Vous m'interrompez et vous dites : « Quelle censure! Combien elle est nouvelle et peu attendue! Ne voudriez-vous point interdire à ce pasteur et à son troupeau la parole divine et le pain de l'Évangile? » Au contraire, je voudrais qu'il le distribuât lui-même le matin, le soir, dans les temples, dans les maisons, dans les places, sur les toits, et que nul ne prétendît à un emploi si grand, si laborieux, qu'avec des intentions, des talents et des poumons capables de lui mériter les belles offrandes et les riches rétributions qui y sont attachées. Je suis forcé, il est vrai, d'excuser un curé sur cette conduite par un usage reçu, qu'il trouve établi, et qu'il laissera à son successeur ; mais c'est cet usage bizarre et dénué de fondement et d'apparence que je ne puis approuver, et que je goûte encore moins que celui de se faire payer quatre fois des mêmes obsèques, pour soi, pour ses droits, pour sa présence, pour son assistance. » En cela le moraliste était d'accord avec Fénelon, avec Fleury (1), avec Bossuet, avec tous les esprits élevés qui étaient sincèrement chrétiens. Il l'était aussi avec son frère l'abbé de la Bruyère, qui peut-être désirait une place quelque part. Mais on ne voulait rien entendre. « Il n'y avait guère plus d'un mois que l'assemblée avait commencé, dit l'abbé Legendre (2), M. de Paris et le roi souhaitaient déjà qu'elle finît. Tant il est vrai que les grandes assemblées, quelque soumises qu'elles soient, font toujours plus ou moins de peur ou de peine aux princes les plus absolus. »

La maison de Condé ne tenait pas moins que le clergé de France à montrer son zèle pour soutenir le roi dans sa guerre contre la ligue d'Augsbourg ; mais il lui en coûta moins cher : le roi excita ce beau zèle par quelques petites satisfactions qui flattèrent son orgueil et allumèrent ses espérances. M. le Prince aimait beaucoup Chantilly; il y déployait à l'aise tous ses goûts de grand propriétaire. Il venait de faire construire la galerie des batailles, et y avait placé les tableaux de Van der Meulen qui racontent les principales actions de la vie du grand Condé; il avait eu l'idée ingénieuse d'ajouter un tableau où la Muse de l'histoire déchire la page des années d'exil. Le Dauphin vint chasser à Chantilly, et le roi s'y arrêta en allant à Compiègne : ils virent les nouveaux appartements de M. le Prince et lui en firent

---

(1) Fénelon, 3⁰ *Dialogue sur l'éloquence*. Fleury, *Opuscule, Sur la prédication*.
(2) *Mémoires de Legendre*, p. 122, 123.

leurs compliments. Le roi nomma M. le Duc et M. le prince de Conti maréchaux de camp, et les désigna pour aller servir en Allemagne sous Monseigneur contre Maximilien de Bavière et les troupes impériales. On espérait bien que cette campagne serait encore plus brillante que celle de Philippsbourg. Pendant tout le voyage de Compiègne, Mme la Duchesse occupait dans le carrosse du roi la première place après Sa Majesté. Elle était d'un rang au-dessus de la princesse de Conti sa sœur et paraissait bien au-dessus de son ancienne gouvernante ; enfin elle était grosse. On n'en parlait pas parce que cette grossesse n'était pas encore avancée ; mais c'était la plus grande bénédiction et la plus douce espérance qui réjouît alors la maison de Condé. Pendant ce temps-là où donc était la Bruyère? Vraiment je ne le sais pas. « Il n'y a rien à la cour, dit-il (1), de si méprisable et de si indigne qu'un homme qui ne peut contribuer en rien à notre fortune : je m'étonne qu'il ose se montrer. » Du moins on ne l'insultait plus. « La cour est comme un édifice bâti de marbre (2) : je veux dire qu'elle est composée d'hommes polis, mais fort durs. »

Ces hommes si durs furent touchés de voir la douleur de la Dauphine. Dans la plus belle place de la première cour du monde, toute sa gloire avait été d'être méprisée ; et aujourd'hui son seul plaisir est de mourir d'un long supplice (3). « Le 23 mars, dit Dangeau, Mme la Dauphine a été encore plus agitée qu'hier ; elle a demandé si instamment le viatique, que, quoique son mal ne presse point, on le lui a porté sur les deux heures. Le roi et Monseigneur ont été prendre le saint sacrement à la chapelle ; M. de Meaux a communié Mme la Dauphine, et lui a fait un discours fort touchant auquel elle a très bien répondu. » Bossuet a raconté plus tard (4) que, la foi ranimant la nature, Mme la Dauphine se leva comme hors d'elle-même pour aller au-devant de Jésus-Christ dans l'eucharistie, et qu'elle reçut ce dernier gage de son amour comme le sceau de sa prédestination éternelle. Ce spectacle attendrit extrêmement Sa Majesté, et le discours de M. de Meaux fut si beau et si édifiant (5), qu'il tira les larmes des yeux du roi et des assistants. Mme la Dauphine témoigna toute la fermeté

---

(1) Chap. VIII, n° 23.
(2) Chap. VIII, n° 10.
(3) Saint-Simon, Notes sur le *Journal de Dangeau*.
(4) Fléchier, *Oraison funèbre de la Dauphine*.
(5) De Sourches, t. III, p. 215.

imaginable en cette occasion; ensuite ayant fait venir les princes ses enfants, elle ne s'ébranla pas des grands cris que jeta le duc de Bourgogne, et prit même soin de le consoler en lui disant qu'elle n'était pas aussi mal qu'il se l'imaginait. « Quoi que j'aie pu dire ailleurs, observe la Bruyère (1), peut-être que les affligés ont tort. Les hommes semblent être nés pour l'infortune, la douleur et la pauvreté; peu en échappent, et comme toute disgrâce peut leur arriver, ils devraient être préparés à toute disgrâce. » Le Dauphin était choisi pour aller combattre son beau-frère Maximilien en Allemagne; il allait partir, lorsque Mme la Dauphine, le 20 avril, se sentant à toute extrémité (2), parla au roi en particulier, lui ouvrit son cœur, et, humiliée devant lui, demanda mille pardons de n'avoir pas eu assez de complaisance; elle veut baiser sa main, il l'embrasse. Quand Monseigneur vint auprès d'elle (3), les sanglots l'empêchèrent de lui parler, elle leva seulement vers lui ses yeux mourants et ses mains tremblantes. Il ne put supporter longtemps ce spectacle (4), le roi le fit passer dans une autre chambre, et lui dit (5) : « Mon fils, vous voyez là un bel exemple, et qui doit bien nous faire penser tous à nous-mêmes. Car enfin un peu plus tôt, un peu plus tard, nous en viendrons tous là. » Déjà la Dauphine allait expirer, lorsqu'elle bénit ses enfants. Elle conserva sa connaissance jusqu'à la fin. Mais comme elle mourait dévorée par d'affreux ulcères, on trouva encore moyen de se moquer d'elle (6), et de dire qu'elle mourait bien salement.

La jeunesse de la cour rêvait une mort plus propre et plus belle que celle de Mme la Dauphine : combien de victimes de la redoutable campagne de 1690, qui était déjà commencée, n'eurent pas à choisir la mort qui les attendait ! Bien des gentilshommes et même des princes s'efforçaient par mille réflexions courageuses de s'élever au-dessus des sentiments de la nature. « C'est plus tôt fait, pensait la Bruyère (7), de céder à la nature et de craindre la mort, que de faire de continuels efforts, s'armer de raisons et de réflexions, et être continuellement aux prises avec soi-même pour ne la pas craindre. » On

---

(1) Chap. XI, n° 23.
(2) Mme de Sévigné, t. IX, p. 502.
(3) Fléchier, *Oraison funèbre*.
(4) Dangeau.
(5) De Sourches, t. III, p. 229.
(6) Mme de Sévigné.
(7) Chap. XI, n° 42.

raillait le philosophe et sa timidité. « Dans quelque prévention que l'on puisse être sur ce qui doit suivre la mort, répondait-il aux esprits forts (1), c'est une chose bien sérieuse que de mourir : ce n'est point alors le badinage qui sied bien, c'est la constance. »

Bossuet ne voulut point faire l'oraison funèbre de Mme la Dauphine. Il tenait l'engagement qu'il avait pris en terminant celle du grand Condé, de n'en jamais prononcer aucune autre. Ce fut Fléchier, évêque de Nîmes, qui prononça l'oraison funèbre de Mme la Dauphine, le 15 juin, dans l'église Notre-Dame de Paris. Il commença par écarter le souvenir de la voix de Bossuet : « Vous ne verrez dans ce discours ni ces digressions politiques qu'on accommode au sujet et qu'on ramène à la religion avec peine, ni ces portraits ingénieux où l'imagination vive et hardie fait voir comme en éloignement les agitations du monde, avec les intérêts et les passions des grands hommes qui le gouvernent. » Il n'y avait rien à redire à l'oraison funèbre de la Dauphine, tant les idées étaient choisies avec goût, tant les expressions étaient mesurées avec soin et les mots mêmes pesés dans une balance délicate. Mais il n'en fut pas de même de l'oraison funèbre du duc de Montausier : il mourut peu de temps après la Dauphine, et Fléchier comparait au roi David « cet homme qui ne se détourna jamais de ses devoirs, qui pour maintenir la raison se raidit contre la coutume, qui n'eut jamais d'autre intérêt que celui de la vérité et de la justice, et qui, ayant eu part à toutes les prospérités de son siècle, n'en a point eu à ses corruptions ». Les fautes du roi David étaient trop connues, celles de Montausier n'étaient pas oubliées, et la maladresse du panégyriste en rappela le souvenir.

Pendant ce temps-là M. le Prince était fort inquiet et agité. La petite vérole de M. le Duc l'avait mis hors de lui. S'il perdait son fils unique, quel serait l'héritier du grand nom de Condé? La grossesse de Mme la Duchesse offrait de précieuses espérances, mais c'étaient les seules qui restassent (2). De fréquents accès de fièvre se joignirent à ces graves inquiétudes. L'incertitude ordinaire de l'esprit de M. le Prince s'accrut d'une manière surprenante (3). Il appelait un de ses serviteurs, et puis il n'avait plus rien à lui dire ; il commençait un conte, et il ne l'achevait pas ; il vous adressait une

(1) Chap. XVI, n° 8.
(2) De Sourches, t. III, p. 335 et 340.
(3) *Recueil de Lassay*, t. I, p. 349-360.

harangue, s'interrompait tout à coup, et il oubliait que vous étiez là. Il s'asseyait, se relevait, marchait tout seul et marmottait entre ses dents. Il faisait partir ses valets et leur ordonnait de rester; il faisait mettre ses chevaux à son carrosse, ils y demeuraient cinq ou six heures, et on les ramenait à l'écurie (1). « L'entendez-vous crier, gronder, contre un de ses domestiques? Il est étonné de ne le point voir. « Où peut-il être? qu'est-il devenu? qu'il ne se présente plus devant moi, je le chasse dès à cette heure. » Le valet arrive, à qui il demande fièrement d'où il vient; il lui répond qu'il vient de l'endroit où il l'a envoyé, et il lui rend un fidèle compte de sa commission. Vous le prendriez souvent pour ce qu'il n'est pas : pour un stupide, car il n'écoute point, et il parle encore moins; pour un fou, car, outre qu'il parle seul, il est sujet à de certaines grimaces et à des mouvements de tête involontaires; pour un homme fier et incivil, car vous le saluez, et il passe sans vous regarder; ou pour un inconsidéré, car il parle de banqueroute devant une famille où il y a cette tache, d'exécution et d'échafaud devant un homme dont le père y a monté, de roture devant des gens qui sont riches et qui se donnent pour nobles. » Tout cela pouvait être aussi quelquefois une comédie, car M. le Prince, selon Saint-Simon, aimait à faire quelquefois des tours de Scapin. On appelait cela dans la maison de Condé les distractions de M. le Prince. La Bruyère y vit autre chose. « Un homme inégal n'est pas un seul homme, ce sont plusieurs (2) : il se multiplie autant qu'il a de nouveaux goûts et de manières différentes; il est à chaque moment ce qu'il n'était point, et il va être bientôt ce qu'il n'a jamais été : il se succède à lui-même. Ne demandez pas de quelle complexion il est, mais quelles sont ses complexions; ni de quelle humeur, mais combien il a de sortes d'humeurs. Ne vous trompez-vous point? Est-ce Euthycrate que vous abordez? Aujourd'hui quelle glace pour vous! Hier il vous recherchait, il vous caressait, vous donniez de la jalousie à ses amis : vous reconnaît-il bien? Dites-lui votre nom. » Euthycrate en grec signifie l'homme qui gouverne droit : c'était la prétention de M. le Prince.

Mme la Duchesse, pendant les ennuis de sa grossesse et l'absence de M. le Duc, s'amusait des distractions de son beau-père. Pour égayer sa belle-fille, et pour réparer la perte de ses filles d'honneur,

(1) Chap. XI, n° 7.
(2) Chap. XI, n° 6.

M. le Prince se prêtait à ce jeu : il contait lui-même, et avec beaucoup d'esprit, les aventures de M. le comte de Brancas, chevalier d'honneur d'Anne d'Autriche, le plus célèbre et le moins vraisemblable des distraits de cette époque; il contait aussi les singulières absences d'esprit de M. Clermont-Tonnerre, évêque de Noyon (1), qui se faisait reconduire par un prince du sang comme par un domestique, et qui donnait du monseigneur à son fermier. Chacun citait des faits étranges, arrivés soit dans la maison de Condé, soit ailleurs. La Bruyère écoutait et composait ainsi le caractère de Ménalque (2). Santeul vint passer quelque temps à Chantilly pendant l'été de 1690. « S'il se trouve à un repas, on voit le pain se multiplier insensiblement sur son assiette : il est vrai que ses voisins en manquent, aussi bien que de couteaux et de fourchettes, dont il ne les laisse pas jouir longtemps. » Il est vrai aussi que les voisins abusaient de la distraction de Santeul pour rire à ses dépens. « On a inventé aux tables une grande cuillère pour la commodité du service : il la prend, la plonge dans le plat, l'emplit, la porte à sa bouche, et il ne sort d'étonnement de voir répandre sur son linge et sur ses habits le potage qu'il vient d'avaler. » Santeul (3) oubliait quelquefois de dîner; mais quand il était pressé par la faim, il était goulu et peu propre. Il en convenait lui-même. « Il oublie de boire pendant le dîner; ou s'il s'en souvient et qu'il trouve que l'on lui donne trop de vin (4), il en *flaque* plus de la moitié au visage de celui qui est à sa droite; il boit le reste tranquillement, et ne comprend pas pourquoi tout le monde éclate de rire de ce qu'il a jeté à terre ce qu'on lui a versé de trop. » Fleury et Fénelon ont remarqué en 1690 qu'il aimait Bacchus (5). Saint-Simon affirme que souvent, dans la maison de Condé, on lui remplissait son verre malgré lui et à son insu. Santeul, comme M. le Prince, profitait quelquefois du privilège d'être distrait, non seulement pour se faire pardonner, mais encore pour se venger des mauvais tours qu'on lui jouait.

Il faisait aussi des contes sur ce sujet, non sans gaieté. Le pape Alexandre VIII, élevé au souverain pontificat avec l'appui de la

---

(1) *Note de Saint-Simon sur Dangeau.* Commentaire de M. de Boislisle.
(2) Chap. XI, n° 7.
(3) *Santeuillana,* Bons mots, p. 30-31; la Haye, 1708.
(4) Chap. XI, n° 7.
(5) Lettre de Fénelon à Santeul.

France en 1689, le jour de Saint-Bruno, chargea Santeul, l'hymnographe français, de lui composer des hymnes en l'honneur du saint fondateur des Chartreux. Pour que ces hymnes (1) pussent être approuvées par le pape et fussent dignes d'être chantées dans ces déserts dont il est dit qu'ils se sont réjouis de la gloire de Dieu, « on mène Santeul (2) aux Chartreux de Paris, rue d'Enfer, près du Luxembourg; on lui fait voir un cloître orné d'ouvrages qui étaient tous de la main d'un excellent peintre ». Il y avait là vingt-deux tableaux de Lesueur, séparés par des tables où l'on trouvait la vie de saint Bruno écrite en vers latins (publiés au seizième siècle par Jarry). « Le religieux qui les lui explique (3) parle de saint Bruno, du chanoine et de son aventure, en fait une longue histoire, et la montre dans l'un des tableaux. » Ce tableau, le troisième de l'œuvre de Lesueur, est aujourd'hui au Louvre, et représente les funérailles d'un éloquent et savant chanoine de Paris, qui pendant l'office, au milieu de l'église, se soulève dans son cercueil et prononce ces paroles inscrites sur le drap funéraire : *Justo Dei judicio appellatus sum; justo Dei judicio judicatus sum; justo Dei judicio condemnatus sum* : c'est-à-dire, « par le juste jugement de Dieu, j'ai été appelé ; par le juste jugement de Dieu, j'ai été jugé ; par le juste jugement de Dieu, j'ai été condamné. » Saint Bruno, vu de profil, réfléchit sur le terrible jugement de Dieu. Le bon religieux rapportait sans doute la tradition attachée à ce tableau et mentionnée dans les vers latins qui l'accompagnaient. On prétend que saint Bruno, épouvanté du sort de Raymond Diocrès, qu'il avait cru sûr de son salut, quitta le monde, où les hommes les plus pieux, les plus grands prédicateurs eux-mêmes, sont exposés à la damnation, et se retira dans la solitude. Malheureusement l'aventure du chanoine avait été reconnue apocryphe, quoiqu'elle fût depuis longtemps dans l'office de saint Bruno. Le pape Urbain VIII l'avait supprimée, il y avait bien cinquante ans ; mais probablement le religieux y tenait et insistait pour que Santeul l'y remît (4). « Ménalque, qui pendant la narration est hors du cloître, et bien loin au delà, y revient enfin, et demande au père si c'est le chanoine ou saint Bruno qui est damné. » Je suppose que le conte en fut fait par Santeul à Chantilly

---

(1) Lettre de Bossuet à Santeul, 15 avril 1690.
(2) Chap. XI, n° 7.
(3) Chap. XI, n° 7.
(4) Chap. XI, n° 7.

devant la Bruyère (1), à qui il donna un exemplaire de ses hymnes. Cette bouffonnerie malicieuse n'était pas plus invraisemblable que cette autre qui nous est aussi rapportée par la Bruyère. « Ménalque se trouve par hasard avec une jeune veuve (2); il lui parle de son défunt mari, lui demande omment il est mort; cette femme, à qui ce discours renouvelle ses douleurs, pleure, sanglote, et ne laisse pas de reprendre tous les détails de la maladie de son époux, qu'elle conduit depuis la veille de sa fièvre, qu'il se portait bien, jusqu'à l'agonie : « Madame, lui demande Ménalque qui l'avait apparemment écoutée avec attention, n'aviez-vous que celui-là? » Je ne sais quel est l'auteur de cette anecdote, mais je ne doute pas qu'elle ait diverti Mme la Duchesse.

M. le Prince avait pour sa belle-fille des attentions si fines et si délicates, qu'il ne lui laissait rien désirer. Les caprices d'une belle femme qui est grosse sont des ordres auxquels il faut que tout le monde obéisse. Il voulait qu'on lui procurât toutes les petites commodités de la vie, même celles qui n'étaient pas encore connues. Après avoir épuisé toutes les ressources de son génie mécanique, il eut recours à celui d'un homme extraordinaire (3), Jean-Jacques Renouard, comte de Villayer, conseiller au parlement, maître des requêtes et membre de l'Académie française. Ce bonhomme était vraiment surprenant. On lui attribue l'invention des timbres-poste, des ascenseurs et des montres à répétition (4). Il avait disposé à sa portée, dans son lit, une horloge avec un fort grand cadran, dont les chiffres des heures étaient creux et remplis de différentes épices : quand il se réveillait pendant l'obscurité de la nuit, il conduisait son doigt le long de l'aiguille sur l'heure qu'elle marquait, il goûtait ensuite, et par le goût et la mémoire il connaissait quelle heure il était (5). C'est lui aussi qui avait inventé ces chaises volantes qui, par des contrepoids, montent et descendent seules entre deux murs à l'étage qu'on veut : on s'asseyait dedans, et par le seul poids du corps on les faisait marcher ou s'arrêter à son gré. M. le Prince s'en était fort servi à Paris et à Chantilly. Mme la Duchesse sa belle-fille

---

(1) *Santeuillana*, lettre de l'abbé Anselme, 12 novembre 1690.
(2) Chap. XI, n° 7.
(3) Tallemant des Réaux, t. VI, p. 58; VII, p. 441.
(4) *Journal de Dangeau*, t. III, p. 295, note de Saint-Simon.
(5) *Comédie de la Bruyère*, par Éd. Fournier, t. II, p. 560, note 1.

voulut en avoir aussi pour son entresol à Versailles. Un soir, la machine manqua et s'arrêta à mi-chemin. Avant qu'on pût entendre les cris de Mme la Duchesse et la tirer de là, il fallut rompre le mur. Cela demanda trois bonnes heures. Cette aventure corrigea la jeune princesse, et fit passer la mode de la voiture.

On ne devait pas oublier ces hommes ingénieux et si attentifs à se procurer une vie douce et commode. La Bruyère en a fait un caractère (1) : « Hermippe est l'esclave de ce qu'il appelle *ses petites commodités;* il leur sacrifie l'usage reçu, la coutume, les modes, la bienséance. Il les cherche en toutes choses, il quitte une moindre pour une plus grande, il ne néglige aucune de celles qui sont praticables, il s'en fait une étude, et il ne se passe aucun jour qu'il ne fasse en ce genre une découverte. Il laisse aux autres hommes le dîner et le souper, à peine en admet-il les termes; il mange quand il a faim, et les mets seulement où son appétit le porte. Il voit faire son lit : quelle main assez adroite ou assez heureuse pourrait le faire dormir comme il veut dormir? Il sort rarement de chez soi; il aime la chambre, où il n'est ni oisif ni laborieux, où il n'agit point, où il tracasse, et dans l'équipage d'un homme qui a pris médecine. On dépend servilement d'un serrurier et d'un menuisier, selon ses besoins : pour lui, s'il faut limer, il a une lime; une scie, s'il faut scier, et des tenailles, s'il faut arracher. Imaginez, s'il est possible, quelques outils qu'il n'ait pas, et meilleurs et plus commodes à son gré que ceux mêmes dont les ouvriers se servent : il en a de nouveaux et d'inconnus, qui n'ont point de nom, productions de son esprit, et dont il a presque oublié l'usage. Nul ne se peut comparer à lui pour faire en peu de temps et sans peine un travail fort inutile. Il faisait dix pas pour aller de son lit dans sa garde-robe, il n'en fait plus que neuf par la manière dont il a su tourner sa chambre : combien de pas épargnés dans le cours d'une vie! Ailleurs l'on tourne la clef, l'on pousse contre, ou l'on tire à soi, et une porte s'ouvre : quelle fatigue! voilà un mouvement de trop, qu'il sait épargner, et comment? c'est un mystère qu'il ne révèle point. Il est à la vérité un grand maître pour le ressort et la mécanique, pour celle du moins dont tout le monde se passe. Hermippe tire le jour de son appartement d'ailleurs que de la fenêtre; il a trouvé le secret de monter et descendre au-

---

(1) Chap. XIV, n° 64.

trement que par l'escalier, et il cherche celui d'entrer et de sortir plus commodément que par la porte. »

Mme la Duchesse eut d'autres fantaisies : elle voulut voir des tulipes. M. Cabout, avocat au parlement, avec qui M. le Prince faisait souvent des affaires, avait tout justement la passion des fleurs, comme M. Villayer celle de la mécanique. Il était venu (1), en octobre 1684, à Chantilly, planter lui-même des anémones dans l'ordre qu'il s'était proposé pour que le grand Condé en eût plus de plaisir au printemps suivant. En août 1685, il lui écrivait : « J'ai reçu, Monseigneur, pour Votre Altesse, du sieur de la Motte d'Harfleur, deux cents tulipes de couleur et six de panachées dont il fait grand cas. C'est un fort honnête homme, qui voudrait bien contribuer en quelque chose au divertissement de Votre Altesse et à la beauté de ses jardins à fleurs. » Si M. le Prince n'a pas, dans les jardins que lui a laissés son père, des tulipes qui puissent satisfaire Mme la Duchesse, ses amis, comme M. Cabout, s'empresseront de lui en offrir. A leur défaut (2), le flûtiste Descoteaux, qui avait la passion des fleurs au suprême degré, et qui avait comme la Bruyère un appartement au Luxembourg, sera heureux d'offrir les tulipes du petit jardin qu'on lui avait donné près de là dans le faubourg. Et la Bruyère, pendant ce temps, empruntait à M. Cabout, à M. de la Motte d'Harfleur et au flûtiste Descoteaux divers traits de leurs caractères pour en composer le portrait du fleuriste, qui n'a pas moins de coloris que leurs tulipes (3). « Le fleuriste a un jardin dans un faubourg ; il y court au lever du soleil, et il en revient à son coucher. Vous le voyez planté, et qui a pris racine au milieu de ses tulipes et devant la *solitaire :* il ouvre de grands yeux, il frotte ses mains, il se baisse, il la voit de plus près, il ne l'a jamais vue si belle, il a le cœur épanoui de joie, il la quitte pour *l'orientale*, de là il va à la *veuve*, il passe au *drap-d'or*, de celle-ci à *l'agate*, d'où il revient enfin à la *solitaire*, où il se fixe, où il se lasse, où il s'assied, où il oublie de dîner : aussi est-elle nuancée, bordée, huilée, à pièces emportées ; elle a un beau vase ou un beau calice : il la contemple, il l'admire. Dieu et la nature sont en tout cela ce qu'il n'admire point ; il ne va pas plus loin que l'oignon de sa tulipe, qu'il ne livrerait pas pour mille écus, et qu'il donnera

---

(1) Cf. Servois, *la Bruyère*, t. II, p. 355, 356.
(2) Éd. Fournier, *Comédie de la Bruyère*, t. I, p. 212.
(3) Chap. XIII, n° 2.

pour rien quand les tulipes seront négligées et que les œillets auront prévalu. Cet homme raisonnable, qui a une âme, qui a un culte et une religion, revient chez soi fatigué, affamé, mais fort content de sa journée : il a vu des tulipes. » Je suis persuadé que Mme la Duchesse goûta plus le portrait du fleuriste que la morale de la Bruyère.

Un autre jour, Mme la Duchesse voulut manger des prunes. Vite il fallut lui en chercher, et les meilleures. Où les trouver? Chez l'avocat Merlet (1), qui avait publié, en 1690, un livre intitulé : *Abrégé des bons fruits avec la manière de les cultiver,* disent les clefs. Non, répond M. de Walckenaer : chez le riche financier, M. de Rambouillet de la Sablière : c'est lui qui, dans son vaste enclos du faubourg Saint-Antoine où l'on venait danser, faisait cultiver les meilleurs fruits de Paris. On envoyait chercher pour la table du roi des fruits de l'enclos Rambouillet, qu'on appelait aussi des Quatre-Pavillons. J'avoue que je ne sais pas quel était l'homme divin, l'homme qu'on ne saurait jamais assez louer ni admirer, l'homme dont il sera parlé dans plusieurs siècles, l'homme dont la Bruyère (2) voulut voir la taille et le visage pendant qu'il vivait, dont il observa les traits et la contenance, parce que, seul entre les mortels, il possédait la meilleure prune. « Parlez à cet homme de la richesse des moissons, d'une ample récolte, d'une bonne vendange : il est curieux de fruits ; vous n'articulez pas, vous ne vous faites pas entendre. Parlez-lui de figues et de melons, dites que les poiriers rompent de fruit cette année, que les pêchers ont donné avec abondance, c'est pour lui un idiome inconnu : il s'attache aux seuls pruniers, il ne vous répond pas. Ne l'entretenez pas même de vos pruniers : il n'a de l'amour que pour une certaine espèce, toute autre que vous lui nommez le fait sourire et se moquer. Il vous mène à l'arbre, cueille artistement cette prune exquise ; il l'ouvre, vous en donne une moitié et prend l'autre : « Quelle chair! dit-il ; goûtez-vous cela? Cela est-il divin ? Voilà ce que vous ne trouverez pas ailleurs. » Et là-dessus ses narines s'enflent ; il cache avec peine sa joie et sa vanité par quelques dehors de modestie. » Je soupçonne fort M. le Prince d'être l'auteur de ce joli petit conte. Du moins je ne sache pas

---

(1) Éd. Fournier, *Comédie de la Bruyère*, t. I, p. XXXIII. *Remarques et éclaircissements*, p. 730, par Walckenaer.
(2) Chap. XIII, n° 2.

que la Bruyère possédât des pruniers dont il tirait vanité, ni qu'il fût choqué de partager une prune exquise avec le propriétaire.

Artenice eut encore d'autres fantaisies : elle voulut voir des estampes. La Bruyère va chez Démocède : aussitôt Démocède lui parle des curieux ses confrères, et surtout de Diognète le numismate. « Je l'admire, dit-il (1), et je le comprends moins que jamais. Pensez-vous qu'il cherche à s'instruire par les médailles, et qu'il les regarde comme des preuves parlantes de certains faits, et des monuments fixes et indubitables de l'ancienne histoire ? Rien moins. Vous croyez peut-être que toute la peine qu'il se donne pour recouvrer une *tête* vient du plaisir qu'il se fait de ne voir pas une suite d'empereurs interrompue ? C'est encore moins. Diognète sait d'une médaille le *frust*, le *feloux*, et la *fleur de coin*; il a une tablette dont toutes les places sont garnies, à l'exception d'une seule : ce vide lui blesse la vue, et c'est précisément et à la lettre pour le remplir qu'il emploie son bien et sa vie. »

« Vous voulez, ajoute Démocède (2), voir mes estampes ? » Et bientôt il les étale et vous les montre. Vous en rencontrez une qui n'est ni noire, ni nette, ni dessinée, et d'ailleurs moins propre à être gardée dans un cabinet qu'à tapisser un jour de fête (et de procession) le Petit-Pont ou la rue Neuve (Notre-Dame) : il convient qu'elle est mal gravée, plus mal dessinée ; mais il assure qu'elle est d'un Italien qui a travaillé peu, qu'elle n'a presque jamais été tirée, que c'est la seule qui soit en France de ce dessin, qu'il l'a achetée très cher, et qu'il ne la changerait pas pour ce qu'il a de meilleur. « J'ai, continue-t-il, une sensible affliction, et qui m'obligera de renoncer aux estampes pour le reste de mes jours : j'ai tout *Callot*, hormis une seule, qui n'est pas, à la vérité, de ses bons ouvrages ; au contraire, c'est une des moindres, mais qui m'achèverait Callot : je travaille depuis vingt ans à recouvrer cette estampe, et je désespère enfin d'y réussir; cela est bien rude ! »

On prétend que Diognète est M. de Longpré, écuyer du roi, directeur d'une académie ou manège au carrefour Saint-Benoît. Félibien affirme (3) que, dans sa collection de médailles, il lui manquait le Pescennius. Les clefs disent que Démocède est M. de Gaignières, écuyer de feu Mlle de Guise : il avait en effet (4) une fort belle collection de li-

---

(1) Chap. XIII, n° 2.
(2) Chap. XIII, n° 2.
(3) Éd. Fournier, *Comédie de la Bruyère*, 2ᵉ édition ; Préface, p. XXXIV-XXXVI.
(4) Cf. Delisle, *Cabinet des manuscrits de la Bibliothèque impériale*, t. I, p. 335, 356.

vres, estampes, manuscrits, plans et cartes qu'il offrit à Louis XIV, et qui sont encore un des fonds les plus précieux de notre Bibliothèque nationale. M. le Prince, comme héritier de Mlle de Guise, dut être curieux de voir cette collection. Mais et Diognète et Démocède sont peut-être (1) aussi des employés de la maison de Condé ou de la maison du roi. Au reste, la scène comique que décrit la Bruyère dut amuser Mme la Duchesse. Et c'est pour cela qu'il lui en raconta d'autres. Mais il semble bien que Son Altesse n'aurait pas voulu (2) sentir cette tannerie que les amateurs de reliures appellent leur bibliothèque; qu'elle n'eût pas été curieuse d'entendre ces savants qui passent leur vie à déchiffrer les langues orientales et les langues du Nord, celles des deux Indes, celles des deux pôles et celle (3) qui se parle dans la lune; ni de voir cet hôtel si beau, si orné, digne d'être habité par un prince (4), et dont le propriétaire, Amelot de Bisseuil, était logé dans un galetas. On disait à l'hôtel de Condé que les Allemands et les Anglais qui voyageaient heurtaient sans cesse à la porte d'Amelot de Bisseuil et demandaient à voir la maison, jamais le propriétaire. Mme la Duchesse voyait d'assez beaux palais à Versailles, à Paris et à Chantilly, sans sortir de chez elle; elle y entendait parler très purement le français, la langue qui lui paraissait la plus naturelle; elle y pouvait lire tous les livres qui lui plaisaient sans tomber en faiblesse à l'odeur du maroquin, comme chez l'amateur de reliures. On a dit qu'elle avait des serins et qu'elle les aimait; je doute fort qu'elle soit jamais allée dans la maison empestée de Diphile (5), entendre le vacarme étourdissant de ses oiseaux : les vents d'automne et les eaux dans leurs plus grandes crues ne font pas un bruit si perçant et si aigu. Cela pouvait convenir à Santeul, qui avait aussi la passion des serins et n'avait pas un goût exagéré pour la propreté. Il pouvait hurler ses hymnes parmi ses oiseaux sans les faire taire (6). La Bruyère était obligé d'admettre que Mme la Princesse eût le goût des oiseaux comme beaucoup de grandes dames, qu'elle payât pension à un homme

---

(1) De Sourches, t. III, p. 103, et note 2.
(2) Chap. XIII, n° 2.
(3) *Voyage dans la lune*, de Cyrano de Bergerac.
(4) Walckenaer, *Remarques et éclaircissements*, etc., p. 831, 732.
(5) Chap. XIII, n° 2.
(6) Éd. Fournier, *Comédie de la Bruyère*, t. I, p. 209. — Le *Traité des serins des Canaries* (édition de 1709, in-8°) est dédié par l'auteur à Mme la Princesse. Il prend dans l'épître dédicatoire le titre de gouverneur des serins de S. A. Mme la Princesse. Il s'appelle Hervieux.

pour siffler des serins au flageolet et faire couver des canaries, et qu'il n'eût point d'autre ministère ; mais il ne pouvait souffrir qu'un homme négligeât sa famille, et laissât ses enfants sans maîtres et sans éducation, pour soigner ses oiseaux et nourrir ce petit peuple qu'il n'aime que parce qu'il chante et ne cesse de chanter.

Je ne saurais dire (1) quels sont ces gens qui ont des filles bonnes à marier, mais qu'ils laissent sans dot, mal vêtues, à peine nourries ; qui se refusent à eux-mêmes un tour de lit et du linge blanc, qui sont pauvres et vivent dans la misère pour un garde-meuble chargé et embarrassé de bustes rares déjà poudreux et couverts d'ordures, dont la vente les mettrait au large ; ni quel est l'amateur de coquilles, qui semble vouloir vendre son coquillage, comme il l'a acheté, au poids de l'or ; ni quel est ce collectionneur d'insectes, qui fait tous les jours de nouvelles emplettes de papillons, et qui vient d'avoir l'horrible douleur de voir mourir une chenille. Tous ces gens-là ne sont pas des savants qui cultivent la science désintéressée ; ils ont plutôt l'air de ces marchands qui vantent leurs précieuses marchandises et ne peuvent s'en détacher qu'en considération de Leurs Altesses sérénissimes et d'un énorme bénéfice. On dirait vraiment qu'ils ont deviné les goûts bizarres de Mme la Duchesse : ils connaissaient du moins fort bien la grande fortune de M. le Prince, qui ne savait plus rien refuser à sa belle-fille.

La fantaisie la plus coûteuse de Mme la Duchesse fut la maison qu'on lui bâtit sur la route de Versailles à la Minière. Elle l'appela le Désert par opposition à la maison de ville de la princesse de Conti (qui est aujourd'hui l'hôtel de ville de Versailles) ; mais ce désert, qu'elle fut heureuse de le montrer à son mari quand il revint de sa campagne d'Allemagne ! Elle y invita Monseigneur le 12 novembre. Monseigneur, à qui l'on interdisait depuis son veuvage les divertissements publics, fut satisfait de pouvoir aller avec la princesse de Conti faire pénitence au désert ; et Mme la Duchesse eut beaucoup de plaisir à lui montrer toutes les commodités de la vie que l'on trouvait dans cette solitude admirablement aménagée. Je ne sais trop comment il se fit que le soir la duchesse tomba : elle fut obligée de revenir à Versailles en chaise à porteurs, parce qu'elle était proche de son neuf, dit Dangeau ; depuis lors elle parut peu à la cour, jusque après ses couches.

(1) Chap. XIII, n° 2.

Le 2 décembre, Mme de Langeron, après plusieurs rechutes contre lesquelles elle ne s'était jamais assez précautionnée, mourut plus promptement qu'on ne l'aurait cru; c'est Fénelon (1), son exécuteur testamentaire, qui nous l'annonce. Elle était de ces femmes qui ont pénétré la cour, et qui, suivant l'expression de la Bruyère (2), connaissent ce que c'est que vertu et ce que c'est que dévotion. On ne put pas la remplacer : il n'était personne qui sût aussi bien qu'elle les avantages et les inconvénients de l'hôtel de Condé. Elle laissait quatre enfants : deux fils qui n'étaient plus à pourvoir, M. de Langeron, chef d'escadre, et l'abbé de Langeron, lecteur des enfants de Monseigneur, et deux filles dont M. le Prince se chargea en donnant à l'aînée 1,000 écus de pension et 2,000 francs à la cadette. Dans le même temps, M. le Prince fit échoir la députation de la noblesse de Bourgogne à M. de Briord. Cela lui vaudra 12,000 écus : Xaintrailles sort de cet emploi-là, et voilà deux fois de suite, observe Dangeau, que M. le Prince donne cela dans sa maison. Fallait-il donc que M. de Xaintrailles fût seul dans la maison de Condé à obtenir cette lucrative distinction? Lorsque M. de Briord eut cette place, M. de Xaintrailles devint un peu moins hautain. « Il y a des hommes superbes que l'élévation de leurs rivaux humilie et apprivoise (3); ils en viennent, par cette disgrâce, jusqu'à rendre le salut (nous avons vu qu'Alcippe ne saluait pas la Bruyère), mais le temps, qui adoucit toutes choses, les remet dans leur naturel. »

Lorsque le temps des couches de Mme la Duchesse approcha, Mme de Montespan, qui était restée assez longtemps à Saint-Joseph, vint auprès de sa fille. Qui pouvait le trouver mauvais? Le 22 décembre, à trois heures du matin, le roi fut éveillé, comme il l'avait ordonné, et vint auprès de Mme la Duchesse avec Mme de Montespan. Pendant un mois, le roi et Monseigneur allèrent tous les jours chez la nouvelle accouchée ; souvent Monseigneur y demeura l'après-dînée à jouer aux cartes : il faisait si froid, qu'il ne pouvait chasser. Le roi, quand il ne dînait pas à son petit couvert, allait tous les jours, au sortir de la messe, chez Mme de Montespan, ainsi qu'il le faisait dans le temps passé. L'enfant de Mme la Duchesse était une fille; on l'appela Mlle de Bourbon. Le roi l'avait réglé ainsi. Au bout d'un mois, Mme la Duchesse

---

(1) Correspondance de Fénelon, t. II, p. 17.
(2) Chap. XIII, n° 20.
(3) Chap. IX, n° 17; ch. XI, n° 74.

commença à sortir de sa chambre, puis elle alla tous les soirs chez le roi après souper ; bientôt elle se promena en traîneau avec sa belle-sœur, la princesse de Conti, invita Monseigneur à une collation à la Ménagerie, fut du voyage de Marly (14 février) et de toutes les fêtes qui suivirent. Avec sa liberté elle avait repris son empire sur son mari. C'est ce que la Bruyère exprime par une allégorie bien délicate : « Une personne à la mode ressemble à une *fleur bleue* qui croît de soi-même dans les sillons, où elle étouffe les épis, diminue la moisson, et tient la place de quelque chose de meilleur ; qui n'a de prix et de beauté que ce qu'elle emprunte d'un caprice léger qui naît et qui tombe presque dans le même instant ; aujourd'hui elle est courue, les femmes s'en parent ; demain elle est négligée et rendue au peuple (1). Une personne de mérite, au contraire, est une fleur qu'on ne désigne pas par sa couleur, mais que l'on nomme par son nom, que l'on cultive pour sa beauté ou pour son odeur ; l'une des grâces de la nature, l'une de ces choses qui embellissent le monde, qui est de tous les temps et d'une vogue ancienne et populaire ; que nos pères ont estimée et que nous estimons après nos pères ; à qui le dégoût ou l'antipathie de quelques-uns ne sauraient nuire : un lis, une rose (2). » Ces barbeaux, qui croissent parmi les blés et les seigles, furent pendant un été à la mode à Paris. Les dames, disent les clefs de la Bruyère, en mettaient pour bouquet. M. le Duc cueillit quelques-unes de ces fleurs à la mode ; mais il conserva toute son estime et son affection pour sa femme, dont il appréciait le mérite, pour Mme la Duchesse, mille fois plus heureuse que ne l'avait été feu la Dauphine.

Ce jeune prince avait des maîtresses et n'en était point amoureux ! Il était toujours amoureux de sa femme ! M. le marquis de Lassay trouvait cette conduite vraiment incroyable. « Il n'y a rien, dit-il (3), que M. *** ne fasse pour être prié à des soupers qu'on ne lui veut point donner : il ne dit jamais ce qu'il fera ; il fait des mystères des plus petites choses, et tout cela en faveur du bel air, qu'il blâme cependant parce que c'est encore un air de le blâmer. » M. de Coligny, gendre de M. de Lassay, venait d'obtenir de M. le Prince le régiment de cavalerie de Condé (4). M. de Lassay venait d'écrire

---

(1) Chap. XIII, n° 8.
(2) Chap. XIII, n° 8.
(3) *Recueil de Lassay*, t. I, p. 367.
(4) *Recueil de différentes choses*, t. I, p. 333-336.

à Mme de Maintenon une lettre très humble, où il avouait quelques peccadilles et demandait qu'en considération de son repentir et de ses mérites elle le fît nommer aide de camp du roi ; et pendant ce temps-là il s'occupait toujours de honteuses intrigues pour M. le Duc et pour lui-même. « Ménophile emprunte ses mœurs d'une profession et d'une autre son habit ; il masque toute l'année, quoique à visage découvert ; il paraît à la cour, à la ville, ailleurs, toujours sous un certain nom et sous le même déguisement. On le reconnaît et on sait quel il est à son visage (1). »

Si M. le Duc avait épousé une Marianne Pajot, M. de Lassay lui eût sans doute pardonné. Ce fait n'était pas aussi rare alors qu'on serait tenté de le croire (2) : « Deux marchands étaient voisins et faisaient le même commerce, qui ont eu dans la suite une fortune toute différente. Ils avaient chacun une fille unique ; elles ont été nourries ensemble, et ont vécu dans cette familiarité que donnent un même âge et une même condition : l'une des deux, pour se tirer d'une extrême misère, cherche à se placer ; elle entre au service d'une fort grande dame et l'une des premières de la cour, chez sa compagne. » On dit que Mme la duchesse de Lorges était de semblable condition : elle était tellement effacée par son mari, qu'on ne lui accordait aucune attention. Rien de semblable chez Mme la duchesse de Bourbon. Le contraire s'y trouvait-il ? Voyons donc : « Il y a telle femme (3) qui anéantit ou enterre son mari au point qu'il n'en est fait dans le monde aucune mention ; vit-il encore ? ne vit-il plus ? on en doute. Il ne sert dans sa famille qu'à montrer l'exemple d'un silence timide et d'une parfaite soumission. Il ne lui est dû ni douaire ni conventions ; mais à cela près, et qu'il n'accouche pas, il est la femme, et elle le mari. Ils passent des mois entiers dans une même maison sans le moindre danger de se rencontrer ; il est vrai seulement qu'ils sont voisins. Monsieur paye le rôtisseur et le cuisinier, et c'est toujours chez madame qu'on a soupé. Ils n'ont souvent rien de commun, ni le lit, ni la table, pas même le nom : ils vivent à la romaine ou à la grecque ; chacun a le sien, et ce n'est qu'avec le temps et après qu'on est initié au jargon d'une ville qu'on sait enfin que M. B... est publiquement depuis vingt années le mari de Mme L... » Rien de semblable chez

---

(1) Chap. VIII, n° 48.
(2) Chap. VI, n° 6.
(3) Chap. III, n° 76.

M. le duc de Bourbon. M. le Duc et Mme la Duchesse étaient unis autant que les grands peuvent l'être dans les conditions que nous venons de décrire; mais aucun des deux ne gouvernait l'autre.

La Bruyère était désolé de voir M. le Duc s'engager dans les mauvaises compagnies, qu'il allait chercher bien loin, tandis qu'il avait dans sa famille auprès de sa mère la meilleure et la plus douce société qu'il pût trouver. « Si vous êtes vicieux, ô Théagène (fils de déesse), je vous plains (1). Si vous le devenez par faiblesse pour ceux qui ont intérêt à ce que vous le soyez, qui ont juré entre eux de vous corrompre, et qui se vantent déjà de pouvoir y réussir, souffrez que je vous méprise. Mais si vous êtes sage, tempérant, modeste, civil, généreux, reconnaissant, laborieux, d'un rang d'ailleurs et d'une naissance à donner des exemples plutôt qu'à en recevoir, convenez avec cette sorte de gens de suivre par complaisance leurs dérèglements, leurs vices et leur folie, quand ils auront, par la déférence qu'ils vous doivent, exercé toutes les vertus que vous chérissez : ironie forte, mais utile, très propre à mettre vos mœurs en sûreté, à renverser tous leurs projets, et à les jeter dans le parti de continuer d'être ce qu'ils sont, et de vous laisser tel que vous êtes. » Mais M. le Duc n'écoutait plus la Bruyère (2) : « Si vous dites aux hommes, et surtout aux grands, qu'un tel a de la vertu, ils vous disent : « Qu'il la garde; » qu'il a bien de l'esprit, de celui surtout qui plaît et qui amuse, ils vous répondent : « Tant mieux pour lui; » qu'il a l'esprit fort cultivé, qu'il sait beaucoup, ils vous demandent quelle heure il est ou quel temps il fait. Mais si vous leur apprenez qu'il y a un Tigillin qui souffle ou qui *jette en sable* un verre d'eau-de-vie, et, chose merveilleuse, qui y revient à plusieurs fois en un repas, alors ils disent : « Où est-il? amenez-le-moi demain, ce soir; me l'amènerez-vous? » On le leur amène; et cet homme propre à parer les avenues d'une foire et à être montré en chambre pour de l'argent, ils l'admettent dans leur familiarité. » M. le Duc était tellement entiché des mœurs militaires, qu'il était parfaitement capable de donner ce scandale au pauvre moraliste; peut-être même trouvait-il un surcroît de plaisir à le narguer.

La Bruyère voulut faire comprendre à Son Altesse, M. le Duc, qu'il n'était pas dupe de la comédie, et combien ce rôle de Pamphile, où

---

(1) Chap. IX, n° 2.
(2) Chap. XIII, n° 6.

se complaisait un prince du sang, était indigne de son rang et de sa naissance (1) : « Un Pamphile est plein de lui-même, ne se perd pas de vue, ne sort point de l'idée de sa grandeur, de ses alliances, de sa charge, de sa dignité ; il ramasse pour ainsi dire toutes ses pièces, s'en enveloppe pour se faire valoir ; il dit : *Mon ordre, mon cordon bleu;* il l'étale ou il le cache par ostentation. Un Pamphile, en un mot, veut être grand, il croit l'être, il ne l'est pas, il est d'après un grand. Si quelquefois il sourit à un homme du dernier ordre, à un homme d'esprit, il choisit son temps si juste, qu'il n'est jamais pris sur le fait : aussi la rougeur lui monterait-elle au visage, s'il était malheureusement surpris dans la moindre familiarité avec quelqu'un qui n'est ni opulent, ni puissant, ni ami d'un ministre, ni son allié, ni son domestique. Il est sévère et inexorable à qui n'a point encore fait sa fortune. Il vous aperçoit un jour dans une galerie, et il vous fuit ; et le lendemain, s'il vous trouve en un endroit moins public, ou s'il est public en la compagnie d'un grand, il prend courage, il vient à vous, et il vous dit : « *Vous ne faisiez pas hier semblant de nous voir.* » Tantôt il vous quitte brusquement pour joindre un seigneur ou un premier commis ; et tantôt, s'il les trouve avec vous en conversation, il vous coupe et vous les enlève. Vous l'abordez une autre fois, et il ne s'arrête pas ; il se fait suivre, vous parle si haut que c'est une scène pour ceux qui passent. Aussi les Pamphiles sont-ils toujours sur un théâtre : gens nourris dans le faux et qui ne haïssent rien tant que d'être naturels, vrais personnages de comédie, des Floridors, des Mondoris. »

Il ne s'agit plus du Pamphile de la quatrième édition, c'est-à-dire de M. le Duc, gourmé dans la société, guindé dans la conversation, employant sans discernement des termes à la fois civils et hautains, d'une honnêteté impérieuse ; fausse grandeur qui l'abaissait, fort embarrassante pour ses amis qui ne voulaient pas le mépriser. En voyant arriver tout à coup d'Allemagne ce jeune prince amoureux, plein de soupçons injustes contre sa femme qui s'amusait à se moquer des galants, on pouvait rire, on pouvait le plaindre ; mais ce n'est pas du mépris qu'on avait pour lui. Il s'agit toujours de M. le Duc dans le Pamphile de la sixième édition, non de M. le Duc, bon, brave, généreux, homme de mérite, plein de franchise, vrai prince du sang royal de France ; mais de M. le Duc, abusé par les flatteurs, dupe de

(1) Chap. IX, n° 50.

sa vanité, jouet de ses propres illusions, réduit à imiter ceux qui l'imitaient lui-même. Les Pamphiles qui imitaient les grands étaient nombreux : on trouvait partout de ces espèces (1), qui, n'ayant ni considération ni mérite, se prêtaient encore d'eux-mêmes à leur avilissement, par la prétention qu'ils avaient d'être des grands : gens fades et sans esprit, vrais comédiens, ils étaient l'opposé des grands.

« La cour n'est jamais dénuée d'un certain nombre de gens à qui l'usage du monde, la politesse ou la fortune tiennent lieu d'esprit, et suppléent au mérite (2). Ils savent entrer et sortir ; ils se tirent de la conversation en ne s'y mêlant point ; ils plaisent à force de se taire, et se rendent importants par un silence longtemps soutenu, ou tout au plus par quelques monosyllabes ; ils payent de mines, d'une inflexion de voix, d'un geste et d'un sourire : ils n'ont pas, si je l'ose dire, deux pouces de profondeur ; si vous les enfoncez, vous rencontrez le tuf. » Ces Pamphiles ne parlaient pas assez ; la Bruyère en trouva d'autres qui parlaient trop. « Il y a des gens à qui la faveur arrive comme un accident : ils sont les premiers surpris et consternés. Ils se reconnaissent enfin, et se trouvent dignes de leur étoile ; et comme si la stupidité et la fortune étaient deux choses incompatibles, et qu'il fût impossible d'être heureux et sot tout à la fois, ils hasardent, que dis-je ? ils ont la confiance de parler en toute rencontre, et sur quelque matière qui puisse s'offrir, et sans nul discernement des personnes qui les écoutent (3). Ajouterai-je qu'ils épouvantent et qu'ils donnent le dernier dégoût par leur fatuité et leur fadaise ? Il est vrai du moins qu'ils déshonorent sans ressource ceux qui ont quelque part au hasard de leur élévation. » Les Pamphiles qui avaient de l'esprit le perdaient, dès que la faveur les avait touchés. « Un homme qui vient d'être placé ne se sert plus de sa raison et de son esprit pour régler sa conduite et ses dehors à l'égard des autres ; il emprunte sa règle de son poste et de son état : de là l'oubli, la fierté, l'arrogance, la dureté, l'ingratitude (4). »

Telle était la prévention en faveur des grands (5), qu'on supposait volontiers que ceux qui méritaient nos hommages n'étaient pas indi-

---

(1) Duclos, *Considérations sur les mœurs*, ch. v.
(2) Chap. VIII, n° 83.
(3) Chap. VIII, n° 84.
(4) Chap. VIII, n° 51.
(5) Chap. IX, n° 1.

gnes de notre imitation. S'ils n'avaient pas toutes les qualités du cœur, par exemple, la modestie et la bonté, on voulait qu'ils eussent au moins celles de l'esprit, comme ces idées justes du bon goût et du bon sens que les gens de noble famille se transmettaient de génération en génération. On n'était pas loin même de leur prêter un génie supérieur, qui s'était formé dans le secret du cabinet auprès du roi, qui savait juger le présent, prévoir l'avenir, reconnaître le mal et récompenser le bien. C'est ce que la Bruyère conteste avec énergie (1). « Les grands, dit-il, se gouvernent par sentiment : âmes oisives, sur lesquelles tout fait d'abord une vive impression. Une chose arrive, ils en parlent trop; bientôt ils en parlent peu; ensuite ils n'en parleront plus. Action, conduite, ouvrage, événement, tout est oublié; ne leur demandez ni correction, ni prévoyance, ni réflexion, ni reconnaissance, ni récompense. »

Quelle que fût la légèreté de leur caractère, ils aimaient surtout deux choses : la guerre et les plaisirs. Dans ces deux choses excellaient le duc de Vendôme et son frère le grand prieur. Malgré leurs mœurs corrompues et bien connues de tous, ils n'étaient plus réduits à fonder leurs espérances sur la mort du roi. Au contraire, le roi, pour favoriser ses légitimés, était réduit à favoriser les descendants des légitimés de Henri IV. Du reste, ils avaient tous les deux beaucoup d'esprit, de valeur et d'audace. On opposait le duc de Vendôme au prince de Conti pour protéger le duc du Maine. Ils prirent rang, suivant l'étiquette de la cour, avant les princes étrangers et les ducs français. Ils devaient venir après les princes du sang adorer la croix, le jour du vendredi saint. Cela faisait bien un peu murmurer : ils s'abstenaient d'y venir par irréligion, on trouvait qu'ils avaient raison, parce qu'ils devaient défendre leur droit contre les ducs français (2). « Êtes-vous en faveur, tout manège est bon; vous ne faites point de faute, tous les chemins vous mènent au terme : autrement, tout est faute, rien n'est utile, il n'y a point de sentier qui ne vous égare. » Le grand prieur fut envoyé à Versailles pour annoncer la victoire de Fleurus, le roi lui donna une épée magnifique ornée de pierreries, comme s'il avait gagné la bataille.

La Bruyère n'avait jamais vu qu'à une certaine distance de si grands personnages, mais il connaissait bien leur homme d'affaires, l'abbé de

(1) Chap. IX, n° 54.
(2) Chap. VIII, n° 90.

Chaulieu, qui venait d'acheter une compagnie pour son neveu dans les gendarmes de Bourgogne. Le moraliste ne fut pas invité à suivre M. le Duc aux fêtes d'Anet (23 février) : on comprend sans peine qu'il y fût inutile. Mais pendant ce temps-là il faisait ces réflexions comme s'il eût parlé à M. de Vendôme lui-même (1) : « Avez-vous de l'esprit, de la grandeur, de l'habileté, du goût, du discernement? en croirai-je la prévention et la flatterie qui publient hardiment votre mérite? Elles me sont suspectes, et je les récuse. Me laisserai-je éblouir par un air de capacité et de hauteur qui vous met au-dessus de tout ce qui se fait, de ce qui se dit et de ce qui s'écrit ; qui vous rend sec sur les louanges, et empêche qu'on ne puisse arracher de vous la moindre approbation? Je conclus de là plus naturellement que vous avez de la faveur, du crédit, et de grandes richesses. Quel moyen de vous définir, Antiphon? (C'est le nom d'un jeune Athénien débauché dans l'*Ennuque* de Térence.) On n'approche de vous que comme du feu, et dans une certaine distance, et il faudrait vous développer, vous manier, vous confronter avec vos pareils, pour porter de vous un jugement sain et raisonnable. Votre homme de confiance, qui est dans votre familiarité, dont vous prenez conseil, avec qui vous riez et qui rit plus haut que vous, Dave enfin, m'est très connu : serait-ce assez pour vous bien connaître? »

Le maréchal de Luxembourg n'avait pas des mœurs plus honnêtes que M. de Vendôme. Ce brillant élève du grand Condé, qui depuis la bataille de Rocroy l'avait suivi partout, même en exil, cet heureux vainqueur de Fleurus, à soixante-trois ans, s'en croyait vingt-cinq et vivait comme un homme qui n'en a pas davantage. « Rien de plus juste que le coup d'œil de M. de Luxembourg un jour de bataille, rien de plus avisé, de plus prévoyant que lui devant l'ennemi ; il avait une audace et un sang-froid admirables au milieu du plus grand feu et du danger le plus imminent ; comme son maître Condé, c'était là qu'il était grand. Mais pour le reste, c'était la paresse même et parfois le manque de sens commun (2). » Il s'était fait prendre assez sottement avec la comtesse de Soissons dans l'affaire des poisons, et depuis qu'il était rentré en grâce auprès du roi, il se tenait sur ses gardes, mais il n'avait pas renoncé à ses plaisirs. Alors il se lia avec le prince de Conti, et trouva charmant de faire avec lui des parties secrètes et

---

(1) Chap. IX, n° 20.
(2) Saint-Simon, éd. Boislisle, t. I, II, III, et les notes.

communes, comme si à son âge et avec sa difformité (il était bossu) il était encore capable d'avoir de bonnes fortunes. Il aimait aussi la conversation et causait avec beaucoup de grâce et d'esprit; tous les soirs il avait un petit souper avec un petit nombre de familiers; mais on y jouait plus encore qu'on ne faisait autre chose. M. de la Chapelle, membre de l'Académie française et secrétaire des commandements du prince de Conti, y fut admis : c'était un homme poli, enjoué, spirituel, qui avait écrit un livre sur les amours de Catulle, outre ses petites comédies. Mais il y avait aussi des joueurs de profession comme Morin et Seissac, et la Bruyère n'admettait pas qu'il pût rivaliser avec eux. « Il n'y a rien qui mette plus subitement un homme à la mode et qui le soulève davantage, que le grand jeu : cela va de pair avec la crapule.(1). Je voudrais bien voir un homme poli, enjoué, spirituel, fût-il un *Catulle* ou son disciple, faire quelque comparaison avec celui qui vient de perdre huit cent pistoles en une séance. »

La passion du jeu prit alors chez les grands une vogue extraordinaire. Luxembourg à l'armée jouait tous les soirs, la veille même d'une bataille. Monseigneur (2), pendant sa dernière campagne, jouait toutes les fois qu'il n'avait rien à faire, et cela ne lui arrivait que trop souvent. Qu'était-ce donc à la cour et à la ville, pendant les loisirs de l'hiver, dans l'intervalle d'une campagne à l'autre? On justifiait cette fureur du jeu par une maxime de politique démocratique : « L'on dit du jeu qu'il égale les conditions (3); mais elles se trouvent quelquefois si étrangement disproportionnées, et il y a entre telle et telle condition un abîme d'intervalle si immense et si profond, que les yeux souffrent de voir de telles extrémités se rapprocher : c'est comme une musique qui détonne; ce sont comme des couleurs mal assorties, comme des paroles qui jurent et offensent l'oreille, comme de ces bruits ou de ces sons qui font frémir; c'est, en un mot, un renversement de toutes les bienséances. Si l'on m'oppose que c'est la pratique de tout l'Occident, je réponds que c'est peut-être aussi l'une de ces choses qui nous rendent barbares à l'autre partie du monde, et que les Orientaux qui viennent jusqu'à nous remportent sur leurs tablettes : je ne doute pas même que ces excès de familiarité ne les

(1) Chap. XIII, n° 7.
(2) Dangeau, t. III, p. 230.
(3) Chap. VI, n° 71.

rebute davantage que nous ne sommes blessés de leur *zombaye* (1) et de leurs autres prosternations. » Il semblait que le jeu fût la seule institution parlementaire qui existât en France. « Une tenue d'états, ou les chambres assemblées pour une affaire très capitale, n'offrent point aux yeux rien de si grave et de si sérieux qu'une table de gens qui jouent un grand jeu (2) : une triste sévérité règne sur leurs visages ; implacables l'un pour l'autre, et irréconciliables ennemis pendant que la séance dure, ils ne reconnaissent plus ni liaisons, ni alliances, ni naissance, ni distinctions : le hasard seul, aveugle et farouche divinité, préside au cercle, et y décide souverainement ; ils l'honorent tous par un silence profond, et par une attention dont ils sont partout ailleurs fort incapables ; toutes les passions, comme suspendues, cèdent à une seule ; le courtisan alors n'est ni doux, ni flatteur, ni complaisant, ni même dévot. »

N'y a-t-il point dans ce tableau de l'exagération, de la colère ? « Nous avons pour les grands et pour les gens en place, dit la Bruyère (3), une jalousie stérile ou une haine impuissante, qui ne nous venge point de leur splendeur et de leur élévation, et qui ne fait qu'ajouter à notre propre misère le poids insupportable du bonheur d'autrui. Que faire contre une maladie de l'âme si invétérée et si contagieuse ? Contentons-nous de peu, et de moins encore, s'il est possible ; sachons perdre dans l'occasion : la recette est infaillible, et je consens à l'éprouver. J'évite par là d'apprivoiser un suisse ou de fléchir un commis ; d'être repoussé à une porte par une foule innombrable de clients (4) ou de courtisans dont la maison d'un ministre se dégorge plusieurs fois le jour ; de languir dans sa salle d'audience ; de lui demander en tremblant et en balbutiant une chose juste ; d'essuyer sa gravité, son ris amer et son laconisme. Alors je ne le hais plus, je ne lui porte plus d'envie, il ne me fait aucune prière, je ne lui en fais pas ; nous sommes égaux, si ce n'est peut-être qu'il n'est pas tranquille, et que je le suis. »

De ces hauteurs sublimes de la véritable philosophie, quand notre moraliste considère les grands et les petits, il les voit se confondre en

---

(1) Voyez les relations du royaume de Siam, par exemple, le père Tachard, éd. 1686, p. 215 et suivantes.

(2) Chap. VI, n° 72.

(3) Chap. IX, n° 51.

(4) *Géorgiques de Virgile*, livre II, v. 462.

un même peuple. « A la cour, à la ville, mêmes passions, mêmes faiblesses, mêmes petitesses, mêmes travers d'esprit, mêmes brouilleries dans les familles et entre les proches, mêmes envies, mêmes antipathies (1). Partout des brus et des belles-mères, des maris et des femmes, des divorces, des ruptures, et de mauvais raccommodements ; partout des humeurs, des colères, des partialités, des rapports et ce qu'on appelle de mauvais discours. Avec de bons yeux on voit sans peine la petite ville, la rue Saint-Denis, comme transportées à V......... ou à F.......... (2). Ici l'on croit se haïr avec plus de fierté et de hauteur, et peut-être avec plus de dignité : on se nuit réciproquement avec plus d'habileté et de finesse ; les colères sont plus éloquentes, et l'on se dit des injures plus poliment et en meilleurs termes ; l'on n'y blesse point la pureté de la langue ; l'on n'y offense que les hommes ou que leur réputation : tous les dehors du vice y sont spécieux ; mais le fond, encore une fois, y est le même que dans les conditions les plus ravalées ; tout le bas, tout le faible et tout l'indigne s'y trouvent. Ces hommes si grands ou par leur naissance, ou par leur faveur, ou par leurs dignités, ces têtes si fortes et si habiles, ces femmes si polies et si spirituelles, tous méprisent le peuple, et ils sont peuple. »

Nous voilà revenus à la morale populaire : la véritable aristocratie (3) n'est pas celle de la naissance, de la faveur, de l'esprit, de la richesse, de l'habileté, de l'éloquence, de la politesse, ni même de la sagesse ; c'est celle de la vertu. Tel est en un mot l'enseignement de la Bruyère (4). Mais il n'enseignait plus rien comme un homme qui professe la chose, ou qui la connaît mieux que les autres hommes. Auprès de Mme la Duchesse, il était simplement un homme grave qui savait se tenir à sa place. « Une gravité trop étudiée devient comique (5) ; ce sont comme des extrémités qui se touchent et dont le milieu est dignité ; cela ne s'appelle pas être grave, mais en jouer le personnage ; celui qui songe à le devenir ne le sera jamais : ou la gravité n'est point, ou elle est naturelle ; et il est moins difficile d'en descendre que d'y monter. » Auprès de M. le Duc, quoiqu'il blâmât les incartades de Son Altesse, il n'avait nulle affectation am-

---

(1) Chap. IX, n° 53.
(2) Versailles ou Fontainebleau.
(3) Chap. IX, n° 53, 4° éd.
(4) Chap. XIII, n° 5.
(5) Chap. XII, n° 29.

bitieuse d'austérité: « Un homme de talent et de réputation (1), s'il est chagrin et austère, il effarouche les jeunes gens, les fait penser mal de la vertu, et la leur rend suspecte d'une trop grande réforme et d'une pratique trop ennuyeuse. S'il est au contraire d'un bon commerce, il leur est une leçon utile; il leur apprend qu'on peut vivre gaiement et laborieusement, avoir des vues sérieuses sans renoncer aux plaisirs honnêtes; et il leur devient un exemple qu'on peut suivre. » Mais le philosophe, qui avait retrouvé son indépendance, la conservait avec un soin jaloux. « L'homme sage, dit-il (2), ni ne se laisse gouverner, ni ne gouverne les autres : il veut que la raison gouverne seule, et toujours. »

(1) Chap. XII, n° 30.
(2) Chap. IV, n° 71.

CHAPITRE XXXII.

1690-1691.

Mme de Maintenon parvient au comble de la faveur. — Mme de Montespan est bannie de la cour. — Mme la Duchesse imite les *Caractères ou mœurs de ce siècle*. — Remarques de la Bruyère sur les modes et les révolutions du goût. — Légèreté des femmes et des hommes. — De la forme des coiffures et du mouvement philosophique. — Caractères de la nouvelle dévotion. — Influence des directeurs de conscience. — Les directeurs infidèles. — Les hypocrites : Onuphre et Tartuffe, différence des deux personnages. — Changements remarquables dans le caractère du roi. — Benserade vieilli et baissé. — Racine à la mode. — Fontenelle veut éclipser *Esther* avec l'opéra d'*Ænée et Lavinie*. — Racine ne peut faire jouer *Athalie*. — Comparaison de ce poème tragique avec la pièce de Fontenelle. — Mort de Villayer ; sortie de Benserade contre la Bruyère. — Fontenelle est élu à l'Académie. — Son discours de réception efface Racine. — Le *Mercure* triomphe. — La Bruyère manque d'esprit. — La Fontaine et Corneille en manquent aussi, mais ils ont du talent. — Développement du caractère de Santeul ou Théodas. — Portrait de Socrate. — Rapports de la Bruyère avec Ménage. — Le moraliste écrit par humeur ; Bonaventure d'Argonne veut l'imiter. — Michallet le presse d'achever son ouvrage. — Il cède enfin, pour le rendre plus complet, plus fini et plus régulier. — Le volume de la 6e édition n'est guère plus gros que celui de la 5e.

Le 23 février 1690, Mme de Maintenon écrivait à Mme de Brinon : « Les nouvelles de Versailles sont bonnes, car le roi se porte à merveille ; sa santé et sa sainteté se fortifient tous les jours : la piété devient à la mode. Dieu veuille la rendre sincère dans tous les cœurs qui la professent ! » En mars, elle écrivait à Mme de Rocquemont, dame de Saint-Louis : « L'esprit des subalternes doit être le même que celui des premiers en charge, tout roule en tout sur la bonne foi. On dit dans la maison que je ne cesse de prêcher ; mais que pourrai-je prêcher de meilleur que cette bonne foi sans laquelle tout ce que nous faisons n'est que grimaces. » Le 2 avril, le roi donna le chapeau de cardinal à M. le cardinal de Forbin. L'abbé Trevisani, camérier de Sa Sainteté, avait apporté avec ce chapeau une lettre du pape à Mme de Maintenon. En voici la traduction : « A Rome, 18 février 1690. — Noble dame, très chère fille en Jésus-Christ, vos mérites insignes, vos recommandables prérogatives nous sont si connues qu'elles nous portent à vous donner des marques de notre affection paternelle. Notre cher fils Trevisani vous en rendra de bouche un éclatant témoignage. Nous vous prions de donner à notredit fils François Trevisani toute l'assistance et la protection dans la cour, où votre mérite vous a acquis avec justice une faveur qui est approuvée de tout le monde... et de vouloir, dans les occasions qui s'en présenteront, montrer votre attachement filial pour le Saint-Siège, et en défendre les justes droits. » Mme de Maintenon écrivait, le 28 avril à Mme de Brinon : « Il est vrai, Madame, que nous avons été très touchées de la mort de Mme la Dauphine, et qu'une pareille scène est bien propre à faire faire de sérieuses réflexions ; mais tout le monde ne voit pas aussi clair que vous, ni n'est pas si bien préparé à tout ce qui se présente. Dieu fait tout pour m'attirer : une autre serait toute à lui ; cependant je suis convaincue qu'il est le seul digne de remplir notre cœur (1). » Où ne peut s'élever l'ambition de cette femme ? voudrait-elle épouser Dieu le Père ? demandait un courtisan. Impie et folle question ! Mme de Maintenon, heureuse de voir la piété à la mode, ne se contentait pas de prêcher les vertus évangéliques, elle voulait les faire pratiquer en esprit et en vérité ; elle n'était point satisfaite par de vaines grimaces, elle voulait que chacun fût de bonne foi, non seulement dans l'observation des bienséances de son état, mais encore dans les sentiments les plus intimes de la sainteté. Après la lettre du pape à sa chère fille en Jésus-Christ, on eût été mal venu à conserver le moindre doute sur la faveur qu'elle avait acquise avec justice par son mérite et qui était approuvée de tout le monde. Enfin, après la mort de Mme la Dauphine, il n'y eut plus personne à la cour qui la dominât, que le roi, qui n'était rien pour elle auprès de Dieu. Qui donc alors pouvait lui porter ombrage ?

Dans son chapitre *De la mode,* la Bruyère a peint en un court ta-

---

(1) Dangeau, t. III, 15 mars et 15 avril 1691.

bleau le naufrage d'une personne célèbre à la cour de France (1) : « L'on voit Eustrate assis dans sa nacelle, où il jouit d'un air pur et d'un ciel serein : il avance d'un bon vent et qui a toutes les apparences de devoir durer ; mais il tombe tout d'un coup, le ciel se couvre, l'orage se déclare, un tourbillon enveloppe la nacelle, elle est submergée ; on voit Eustrate revenir sur l'eau et faire quelques efforts ; on espère qu'il pourra du moins se sauver et venir à bord ; mais une vague l'enfonce, on le tient perdu ; il paraît une seconde fois, et les espérances se réveillent, lorsqu'un flot survient et l'abîme : on ne le revoit plus, il est noyé. » Telle fut la fin de Mme de Montespan à la cour de France. M. le duc du Maine alla faire entendre à sa mère qu'elle pouvait se retirer de la cour. Elle n'en fit rien, et sut fort mauvais gré à son fils de lui avoir apporté cet ordre injuste de Sa Majesté. D'ailleurs elle était bien résolue de ne donner au roi aucun prétexte de se défaire d'elle (2). Mais voyant que le roi emmenait avec lui au siège de Mons son fils, le comte de Toulouse, et qu'il retirait de ses mains sa fille, Mlle de Blois, pour la confier aux soins de la marquise de Montchevreuil, c'est-à-dire de Mme de Maintenon, elle en conçut un si violent chagrin, qu'elle oublia ses sages résolutions. Dans le premier mouvement de sa colère (3), elle envoya chercher l'évêque de Meaux, qui était déjà entré plus d'une fois dans les séparations de ces trop célèbres amants ; elle le pria d'aller dire au roi de sa part « que, puisqu'il lui ôtait ses enfants, elle était forcée de reconnaître qu'il n'avait plus aucune considération pour elle ; en conséquence elle suppliait Sa Majesté de trouver bon qu'elle prît un congé de retraite pour toujours ; qu'elle demeurerait une partie du temps à Fontevrault, et l'autre à Saint-Joseph de Paris. Le prélat aurait peut-être bien voulu n'être point chargé d'une semblable commission, mais il ne s'en put défendre ; aussitôt qu'il s'en fut acquitté, le roi lui répondit avec joie qu'il donnait à la marquise de Montespan la permission qu'elle demandait : sur-le-champ il disposa de son appartement dans le château de Versailles en faveur du duc du Maine, son fils, et il donna l'appartement du duc du Maine à Mlle de Blois, sa fille. C'était le moyen d'ôter à Mme de Montespan toute espérance de retour. Elle ne reparut plus jamais dans cette cour où elle avait brillé si longtemps ;

---

(1) Chap. XIII, n° 9.
(2) Additions de Saint-Simon aux mémoires de Dangeau, t. III, p. 301-302.
(3) De Sourches, t. III, p. 365, et les notes de l'auteur.

elle ne revint plus à Versailles qu'en cachette et pendant l'absence du roi pour voir Mme la Duchesse ou Mlle de Blois (1), comme ces âmes malheureuses qui reviennent dans les lieux qu'elles ont habités expier leurs fautes.

« Lorsque le roi partit pour assiéger Mons, les princesses demeurèrent à Versailles, et Mme de Maintenon à Saint-Cyr, « dans une si grande solitude qu'elle ne voulait pas que j'y allasse, dit sa nièce, Mme de Caylus (2). Je demeurai à Versailles avec les princesses et, comme il n'y avait point d'hommes, nous étions dans une grande liberté. Mme la princesse de Conti (3) et Mme la Duchesse avaient chacune leurs amies différentes ; elles ne s'aimaient pas, leurs cours étaient fort séparées. C'est là que Mme la Duchesse fit voir cette humeur heureuse et aimable par laquelle elle contribuait elle-même à son amusement et à celui des autres. Elle imagina de faire un roman, et de transporter les caractères et les mœurs du temps présent sous les noms de la cour d'Auguste. Celui de Julie avait par lui-même assez de rapport avec Mme la princesse de Conti, à ne le prendre que suivant les idées qu'Ovide en donne, et non pas dans la débauche qu'en rapportent les historiens ; mais il est aisé de comprendre que le canevas n'était pas mal choisi, et avec assez de malignité. Nous ne laissions pas d'y avoir tous nos épisodes, mais en beau, au moins pour celles qui étaient de la cour de Mme la Duchesse. Cet ouvrage ne fut qu'ébauché, et nous amusa : c'était tout ce que nous en voulions. »

Il est clair que le roman de Julie, emprunté à la poésie d'Ovide (4) et non à la vérité historique, ne manquait ni de décence ni de malice. Il n'est pas moins clair que Mme la Duchesse et ses amies de la cour de Versailles, en transportant sous des noms de la cour d'Auguste les caractères et les mœurs du temps présent, imitèrent les *Caractères ou les mœurs de ce siècle,* que la Bruyère décrivait sous des noms antiques. Elles imitaient aussi certains romans de Mlle de Scudéry ; mais le roman ne fut qu'ébauché et le tout n'était qu'un amusement, qui fut vite oublié. Cela nous fait voir combien Arténice goûtait le talent de M. de la Bruyère. « Elle s'approprie vos sentiments, dit-il (5),

---

(1) Mme de Caylus, p. 163 et p. 164.
(2) *Souvenirs,* p. 165.
(3) La veuve.
(4) Ovide, *de Arte amandi; Tristia,* lib. I, *elegia,* 1, 2, 5.
(5) Chap. XII, n° 28.

elle les croit siens, elle les étend, elle les embellit : vous êtes content de vous d'avoir pensé si bien, et d'avoir mieux dit encore. » Puis elle n'y pensa plus ; elle n'avait fait rien d'achevé, de fini, de parfait. Mais la Bruyère, qui songeait moins à sa personne qu'à ses écrits, et qui avait moins d'égard en écrivant au goût de son siècle (1) qu'au jugement de la postérité, devait-il laisser son ouvrage inachevé, incomplet, irrégulier? Son livre sur les mœurs de ce siècle n'était cependant point une fantaisie légère, frivole, un caprice comme le roman ébauché par son Arténice. Que d'observations curieuses il faisait tous les jours ! Faut-il les perdre, les ensevelir dans l'oubli? Eh quoi! s'il doit se taire sur la disparition de Mme de Montespan de la cour de France, ne pourra-t-il, ne devra-t-il rien dire de la grande puissance de Mme de Maintenon et de l'influence qu'elle exerça sur les révolutions du goût et de la mode?

Lorsque le roi revint de Mons, il trouva au bas de son degré à Versailles les enfants de France, Madame, les princesses, toutes les dames, et le peu qui restait de courtisans à Paris. Il fut reçu, dit le grand prévôt de l'hôtel (2), par une infinité de dames qu'il regarda d'un œil favorable, mais il ne leur tint pas longtemps compagnie : elles étaient venues avec des costumes nouveaux sur des modes nouvelles. « Parlons maintenant, écrivait Mme de Sévigné (3), de la plus grande affaire qui soit à la cour. Votre imagination va tout droit à de nouvelles entreprises. Vous croyez que le roi, non content de Mons et de Nice, veut encore le siège de Namur. Point du tout ; c'est une chose qui a donné plus de peine à Sa Majesté et qui lui a coûté plus de temps que ses dernières conquêtes ; c'est la défaite des *fontanges* à plate couture : plus de coiffures élevées jusques aux nues, plus de *casques,* plus de *rayons,* plus de *bourgognes,* plus de *jardinières;* les princesses ont paru de trois quartiers moins hautes qu'à l'ordinaire ; on fait usage de ses cheveux comme on faisait il y a dix ans. Ce changement a fait un bruit et un désordre à Versailles qu'on ne saurait vous représenter. Chacun raisonnait à fond sur cette matière ; et c'était l'affaire de tout le monde. On nous assure que M. de Langlée a fait un traité sur ce changement pour envoyer dans les provinces. »

---

(1) Chap. I, n° 67.
(2) Dangeau, t. III, p. 409.
(3) T. X, p. 24, 25, 15 mai 1691 (de Grignan à M. de Chaulnes à Rome).

« N*** est riche, dit la Bruyère (1), elle mange bien, elle dort bien ; mais les coiffures changent, et lorsqu'elle y pense le moins, et qu'elle se croit heureuse, la sienne est hors de mode. »

Rien ne plaît tant aux dames qu'une mode nouvelle (2) ;

> Et je sais même sur ce fait
> Bon nombre d'hommes qui sont femmes.

« Iphis voit à l'église un soulier d'une nouvelle mode (3) ; il regarde le sien et en rougit ; il ne se croit plus habillé. Il était venu à la messe pour s'y montrer, et il se cache ; le voilà retenu par le pied tout le reste du jour. Il a la main douce, et il l'entretient avec une pâte de senteur ; il a soin de rire pour montrer ses dents ; il fait la petite bouche, et il n'y a guère de moments où il ne veuille sourire ; il regarde ses jambes, il se voit au miroir : l'on ne peut être plus content de sa personne qu'il l'est de lui-même ; il s'est acquis une voix claire et délicate, et heureusement il parle gras ; il a un mouvement de tête, et je ne sais quel adoucissement dans les yeux, dont il n'oublie pas de s'embellir ; il a une démarche molle et le plus joli maintien qu'il est capable de se procurer ; il met du rouge, mais rarement, il n'en fait pas habitude. Il est vrai aussi qu'il porte des chausses et un chapeau, et qu'il n'a ni boucles d'oreilles ni collier de perles ; aussi ne l'ai-je pas mis dans le chapitre des femmes. » Iphis est le nom d'une jeune fille de Crète qui, le jour de son mariage, fut tout à coup métamorphosée en garçon. Ovide a raconté fort joliment cette aventure dans ses *Métamorphoses* (4), où la Bruyère l'avait lue avec le duc de Bourbon. Benserade, au temps de Richelieu, en avait fait une pièce de théâtre qui ne manquait pas de galanterie. La Bruyère en fit le caractère de l'homme à la mode en 1691. Mais dans ce caractère (5) il y avait peut-être aussi quelque chose de l'abbé de Choisy, qui aimait tant à s'occuper de la toilette des dames, qui même se plaisait à se déguiser en femme. Une clef manuscrite cite le nom d'un M. Le Rebours, avocat au grand conseil. On dut trouver bien d'autres Iphis en ce temps-là. Mme la Duchesse devait en rire de bon cœur.

---

(1) Chap. XIII, n° 13.
(2) La Fontaine, livre VIII, fable 6.
(3) Chap. XIII, n° 14.
(4) *Métamorphoses,* livre IX, v. 700-795.
(5) Lettre de l'abbé de Choisy à Bussy (Corresp., t. VI, p. 485). Servois, t. II, p. 368.

« Ces mêmes modes que les hommes suivent si volontiers pour leurs personnes (1), ils affectent de les négliger dans leurs portraits, comme s'ils sentaient ou qu'ils prévissent l'indécence et le ridicule où elles peuvent tomber, dès qu'elles auront perdu ce qu'on appelle la fleur ou l'agrément de la nouveauté; ils leur préfèrent une parure arbitraire, une draperie indifférente, fantaisies du peintre qui ne sont prises ni sur l'air ni sur le visage, qui ne rappellent ni les mœurs ni la personne. Ils aiment des attitudes forcées ou immodestes, une manière dure, sauvage, étrangère, qui font un capitan d'un jeune abbé, et un matamore d'un homme de robe, une Diane d'une femme de ville, comme d'une simple et timide une Amazone ou une Pallas; une Laïs d'une honnête fille; un Scythe, un Attila d'un prince qui est bon et magnanime. » Je suppose que Mme la Duchesse et sa petite cour durent goûter ces réflexions. Les suivantes ne leur plurent peut-être pas autant. « Une mode a à peine détruit une autre mode qu'elle est abolie par une plus nouvelle, qui cède elle-même à celle qui la suit, et qui ne sera pas la dernière : telle est notre légèreté (2). Pendant ces révolutions, un siècle s'est écoulé, qui a mis toutes parures au rang des choses passées et qui ne sont plus. La mode alors la plus curieuse et qui fait plus de plaisir à voir, c'est la plus ancienne : aidée du temps et des années, elle a le même agrément dans les portraits qu'a la saye ou l'habit romain sur les théâtres, qu'ont la mante, le voile et la tiare dans nos tapisseries et dans nos peintures. » Il faut avouer que la conclusion de la Bruyère est une morale assez étriquée (3) : « Nos pères nous ont transmis, avec la connaissance de leurs personnes, celle de leurs habits, de leurs coiffures, de leurs armes, et des autres ornements qu'ils ont aimés pendant leur vie. Nous ne saurions bien reconnaître cette sorte de bienfait qu'en traitant de même nos descendants. »

Jusque dans les questions de modes, on devait respecter la tradition; et les règles du beau devaient se transmettre de main en main comme les maximes de la vérité. En tout genre on remontait à la source. Séparer la saine doctrine de la chaîne de succession (4), c'était, disait-on, séparer le ruisseau d'avec le canal, et se

---

(1) Chap. XIII, n° 15.
(2) Chap. XIII, n° 15.
(3) Chap. XIII, n° 15.
(4) Bossuet, t. XVII, p. 247.

vanter d'avoir conservé les eaux après que les tuyaux sont rompus. Il n'y avait pas plus de dix ans que l'usage des hautes coiffures s'était établi. C'est pourquoi Louis XIV les condamna et invita les princesses à ne plus s'en servir. « Je sais le meilleur gré du monde au roi du rabaissement des coiffures, répond Bussy à l'abbé de Choisy (1). Je ne pouvais plus souffrir les femmes ; et quoique je n'aie plus affaire de leur beauté, je ne m'accommode point de leur désagrément. » Pendant que les armées de l'Europe se disputaient le monde, il ne fallait pas s'affranchir du joug de la discipline qui faisait la force de la France. Aux époques tumultueuses tout s'ébranle, tout s'agite, et l'esprit de nouveauté eût tout renversé ; c'est pourquoi le roi Louis XIV faisait sentir partout, jusque dans l'empire de la mode, son irrésistible autorité. Mais on parvenait toujours à s'en affranchir, et parfois assez vite : l'année suivante, les coiffures étaient aussi hautes qu'auparavant.

En philosophie, l'intelligence française, forte des vérités éprouvées qu'elle possédait, n'avait guère d'autre besoin que d'obéir aux règles de la morale et du bon sens. Après dix ans de retards accumulés, Régis (2) avait enfin publié son système de philosophie, contenant la logique, la métaphysique, la physique et la morale. Cette compilation judicieuse de la doctrine cartésienne n'était pas absolument dénuée d'idées particulières à l'auteur ; mais le public était fort indifférent à ce genre de nouveautés. La Bruyère ne se souciait guère de démêler ce qui appartenait à Régis dans son système, et il ne perdit pas son temps à le discuter. Descartes était toujours à la mode ; mais ses disciples avaient perdu de leur crédit : le juif hollandais Spinoza leur avait fait tort. Quant à la Bruyère, il n'avait aucun système, ou s'il en avait un, c'était toujours celui de Descartes, mais considérablement amoindri et corrigé. Soit par les conseils de Bossuet, soit à la suite d'un meilleur et plus ample informé, il avait renoncé à quelques illusions de sa jeunesse sur la solidité de cette doctrine. Comment le prendre au sérieux quand, sous prétexte d'expliquer son cartésianisme (3), il veut nous démontrer que le sot gagne à mourir tout ce que l'homme d'esprit y perd? On doit s'appliquer avec soin dans les questions philosophiques, encore plus que

---

(1) *Lettre de Choisy, corresp. de Bussy*, p. 485. *Lettre de Bussy* ibid. p. 486.
(2) Paris, 1690, 3 vol. in-4°.
(3) Chap. XI, n° 143.

dans les autres, à se défendre de toute plaisanterie aux dépens du bon sens et de la raison. Fait-il une plaisanterie de bon goût quand il dit que l'âme cartésienne est mal logée dans le corps d'un paysan, d'un lourdaud, et quand il la trouve en meilleure société (1) chez Condé, chez Pascal, chez le cardinal de Richelieu, chez le jésuite Lingendes, ou plus au large (2) dans un homme de la taille du mont Athos? Non.

Cependant après avoir lu l'histoire de la philosophie dans Mlle de Scudéry, et les jolis vers philosophiques que M. le duc de Nevers écrivait à sa sœur, Mme de Bouillon (3), sur l'identité du plus grand roi du monde, on comprend que le moraliste traitât cette philosophie mondaine, dont Mme de Grignan était entichée, presque aussi légèrement que la mode des fontanges ou des bourgognes, ou autres coiffures de femmes. Mieux vaut encore la simplicité d'une foi naïve que la sagesse folâtre d'un monde servile ou insolent envers ce qui l'a précédé. C'est sans doute pour ce monde-là que la Bruyère a fait ce raisonnement, quelque peu boiteux : « Le docile et le faible sont susceptibles d'impressions (4) : l'un en reçoit de bonnes, l'autre de mauvaises; c'est-à-dire que le premier est persuadé et fidèle, et que le second est entêté et corrompu. Ainsi l'esprit docile admet la vraie religion ; et l'esprit faible ou n'en admet aucune ou en admet une fausse. Or l'esprit fort n'a point de religion, ou se fait une religion ; donc l'esprit fort, c'est l'esprit faible. » Il suffit, dira-t-on, d'un peu d'audace pour échapper aux ennuis de cette docilité, et d'un peu de prudence pour éviter les périls d'une émancipation prématurée.

« Celui qui a pénétré la cour, reprend la Bruyère (5), connaît ce que c'est que vertu et ce que c'est que dévotion : il ne peut plus s'y tromper. » « La dévotion vient à quelques-uns, et surtout aux femmes (6), comme une passion, ou comme le faible d'un certain âge, ou comme une mode qu'il faut suivre. Elles comptaient autrefois une semaine par les jours de jeu, de spectacle, de concert, de mascarade, ou d'un joli sermon : elles allaient le lundi perdre leur argent chez Ismène, le mardi leur temps chez Climène, et le mercredi leur réputation chez Célimène;

---

(1) Chap. XI, n° 143.
(2) Chap. XII, n° 119.
(3) *Mémoires de Coulanges*, p. 226.
(4) Chap. XVI, n° 2.
(5) Chap. XIII, n° 20.
(6) Chap. III, n° 43.

elles savaient dès la veille toute la joie qu'elles devaient avoir le jour d'après et le lendemain : elles jouissaient tout à la fois du plaisir présent et de celui qui ne leur pouvait manquer; elles auraient souhaité de les pouvoir rassembler tous en un seul jour : c'était alors leur unique inquiétude et tout le sujet de leurs distractions; et si elles se trouvaient quelquefois à l'opéra, elles y regrettaient la comédie. Autres temps, autres mœurs : elles outrent l'austérité et la retraite; elles n'ouvrent plus les yeux qui leur sont donnés pour voir; elles ne mettent plus leurs sens à aucun usage; et, chose incroyable! elles parlent peu; elles pensent encore, et assez bien d'elles-mêmes, comme assez mal des autres; il y a chez elles une émulation de vertu et de réforme qui tient quelque chose de la jalousie; elles ne haïssent pas de primer dans ce nouveau genre de vie, comme elles faisaient dans celui qu'elles viennent de quitter par politique ou par dégoût. Elles se perdaient gaiement par la galanterie, par la bonne chère et par l'oisiveté; et elles se perdent tristement par la présomption et par l'envie. » Voilà la réforme qui s'était opérée dans les mœurs depuis que l'influence de Mme de Maintenon avait succédé à celle de Mme de Montespan.

La Bruyère suivait avec attention le développement de cette réforme, sans exprimer ce qu'il en pensait. « J'ai différé à le dire (1), et j'en ai souffert; mais enfin il m'échappe, et j'espère même que ma franchise sera utile à celles qui, n'ayant pas assez d'un confesseur pour leur conduite, n'usent d'aucun discernement dans le choix de leurs directeurs. Je ne sors pas d'admiration et d'étonnement à la vue de certains personnages que je ne nomme point; j'ouvre de fort grands yeux sur eux; je les contemple : ils parlent, je prête l'oreille; je m'informe, on me dit des faits, je les recueille; je ne comprends pas comment des gens en qui je crois voir toutes choses diamétralement opposées au bon esprit, au sens droit, à l'expérience des affaires du monde, à la connaissance de l'homme, à la science de la religion et des mœurs, présument que Dieu doive renouveler en nos jours la merveille de l'apostolat, et faire un miracle en leurs personnes, en les rendant capables, tout simples et petits esprits qu'ils sont, du ministère des âmes, celui de tous le plus délicat et le plus sublime; et si au contraire ils se croient nés pour un emploi si relevé, si difficile, et

---

(1) Chap. III, n° 42.

accordé à si peu de personnes, et qu'ils se persuadent de ne faire en cela qu'exercer leurs talents naturels et suivre une vocation ordinaire, je le comprends encore moins. » Cette question était délicate ; mais il ne tarda pas à la comprendre (1) : « Je vois que le goût qu'il y a à devenir le dépositaire du secret des familles, à se rendre nécessaire pour les réconciliations, à procurer des commissions ou à placer des domestiques, à trouver toutes les portes ouvertes dans les maisons des grands, à manger souvent à de bonnes tables, à se promener en carrosse dans une grande ville et à faire de délicieuses retraites à la campagne, à voir plusieurs personnes de nom et de distinction s'intéresser à sa vie et à sa santé, et à ménager pour les autres et pour soi-même tous les intérêts humains, je vois bien encore une fois que cela seul a fait imaginer le spécieux et irrépréhensible prétexte du soin des âmes, et semé dans le monde cette pépinière intarissable de directeurs. »

« Les directeurs des âmes, dit Bossuet (2), sont établis par le Saint-Esprit, dispensateurs d'une grâce qui se diversifie en plusieurs manières. Il ne faut pas s'en étonner, puisque, la sagesse de Dieu étant elle-même, comme parle saint Paul, fort diversifiée dans ses desseins, les grâces qu'elle distribue ne peuvent être uniformes. Ainsi le fidèle directeur des âmes, dont tout le travail est d'accommoder sa conduite à l'opération de Dieu, la doit changer selon ses ordres ; mais cette remarque est utile à faire : il ne s'ensuit pas que, pour tenir des voies différentes, les ministres de Jésus-Christ ne soient pas animés d'un même esprit, » irréconciliable avec l'esprit du mal. Et Bossuet comptait parmi les plus dangereux flatteurs (3) « ces directeurs infidèles que nous choisissons pour nous séduire ». On choisissait ces directeurs pour cacher sous le voile d'une dévotion feinte le venin d'une doctrine corrompue ou le dérèglement d'une conduite coupable. En vain le confesseur condamnait les fautes commises et les mauvaises habitudes (4), le directeur infidèle, par flatterie, ou par indulgence, ou par simple politesse, trouvait des excuses au péché, des accommodements avec le ciel, enfin quelque moyen court et facile d'arriver à la perfection (5). Déjà le livre de Mme Guyon était connu, déjà le père Lacombe, son

---

(1) Chap. III, n° 42.
(2) *Instruction sur les états d'oraison*, traité I, livre X, nombre 20.
(3) Péroraison de l'oraison funèbre de la reine de France.
(4) Chap. III, n°s 37, 38.
(5) *Moyen court et facile d'arriver à la perfection*, par Mme Guyon, 1686.

directeur, était en prison ; et le janséniste Nicole disait franchement, en blâmant l'hypocrisie à la mode (1) : « Il n'y a personne de nous qui ne soit hypocrite en quelque degré. » Quels que soient les reproches qu'on peut justement lui adresser, ce n'était pas un hypocrite que celui qui parlait ainsi. En dehors du monde où vivaient Mme de Maintenon, Bossuet, Mme Guyon et Nicole, il y avait des hypocrites dont la Bruyère fit le portrait avec toutes les précautions d'une charité prudente, exacte et bien intentionnée.

Dans ce trésor de l'esprit humain qu'on appelle le bon sens public, brillaient assez de vérités claires et pratiques, ou si on l'aime mieux, assez de lumières pour permettre au grand nombre de discerner les fanatiques et les hypocrites des philosophes et des vrais sages. Le Tartuffe de Molière était un véritable et franc hypocrite, que l'auteur (2) avait peint avec des couleurs expresses et des traits essentiels qui le fissent reconnaître tout d'abord, et ne permissent jamais de le confondre avec l'homme de bien. Le roi aimait encore à le voir jouer sur le théâtre ; mais il ne l'eût pas toléré jusqu'au cinquième acte dans la réalité. Ce coquin fieffé n'était plus de mode. Onuphre est plus de son temps, et sait mieux se tenir à sa place ; il manque d'audace, non de scélératesse ; il critique Tartuffe, comme un farceur qui sait mal son métier.

« Onuphre n'a pour tout lit qu'une housse de serge grise, mais il couche sur le coton et sur le duvet (3) ; de même il est habillé simplement, mais commodément, je veux dire d'une étoffe fort légère en été, et d'une autre fort moelleuse pendant l'hiver ; il porte des chemises très déliées qu'il a un très grand soin de bien cacher. Il ne dit point : *ma haire et ma discipline* (4), au contraire ; il passerait pour ce qu'il est, pour un hypocrite, et il veut passer pour ce qu'il n'est pas, pour un homme dévot : il est vrai qu'il fait en sorte que l'on croit, sans qu'il le dise, qu'il porte une haire et qu'il se donne la discipline. Il y a quelques livres répandus dans sa chambre indifféremment ; ouvrez-les : c'est *le Combat spirituel* (5), *le Chrétien intérieur* (6), et

---

(1) *Traité de la crainte de Dieu*, par Nicole, ch. VIII.
(2) Préface de *Tartuffe*.
(3) Chap. XIII, n° 24.
(4) *Tartuffe*, acte III, scène II.
(5) *Le Combat spirituel*, traduit de l'italien par le père Brignon, 1688.
(6) *Le Chrétien intérieur*, par un solitaire (Jean de Besnières).

l'*Année sainte* (1); d'autres livres sont sous clef. S'il marche par la ville, et qu'il découvre de loin un homme devant qui il est nécessaire qu'il soit dévot, les yeux baissés, la démarche lente et modeste, l'air recueilli lui sont familiers : il joue son rôle. S'il entre dans une église, il observe d'abord de qui il peut être vu ; et, selon la découverte qu'il vient de faire, il se met à genoux et prie, ou il ne songe ni à se mettre à genoux ni à prier. Arrive-t-il vers lui un homme de bien et d'autorité qui le verra et qui peut l'entendre, non seulement il prie, mais il médite, il pousse des élans et des soupirs ; si l'homme de bien se retire, celui-ci, qui le voit partir, s'apaise et ne souffle pas. Il évite une église déserte et solitaire, où il pourrait entendre deux messes de suite, le sermon, vêpres et complies, tout cela entre Dieu et lui, sans que personne lui en sût gré : il aime la paroisse, il fréquente le temple où se fait un grand concours ; on n'y manque point son coup, on y est vu. Il choisit deux ou trois jours dans toute l'année, où à propos de rien il jeûne et fait abstinence ; mais à la fin de l'hiver il tousse, il a une mauvaise poitrine, il a des vapeurs, il a eu la fièvre : il se fait prier, presser, quereller pour rompre le carême dès son commencement, et il en vient là par complaisance. S'il se trouve bien d'un homme opulent, à qui il a su imposer, dont il est le parasite et dont il peut tirer de grands secours (1), il ne cajole point sa femme, il ne lui fait du moins ni avance ni déclaration ; il s'enfuira, il lui laissera son manteau, s'il n'est aussi sûr d'elle que de lui-même. Il est encore plus éloigné d'employer pour la flatter (2) le jargon de la dévotion ; ce n'est point par habitude qu'il le parle, mais avec dessein, et selon qu'il lui est utile, et jamais quand il ne servirait qu'à le rendre très ridicule. Il n'oublie pas de tirer avantage de l'aveuglement de son ami et de la prévention où il l'a jeté en sa faveur ; tantôt il lui emprunte de l'argent ; tantôt il fait si bien que cet ami lui en offre : il se fait reprocher de n'avoir pas recours à ses amis dans ses besoins ; quelquefois il ne veut pas recevoir une obole sans donner un billet, qu'il est bien sûr de ne jamais retirer ; il dit une autre fois, et d'une certaine manière, que rien ne lui manque, et c'est lorsqu'il ne lui faut qu'une petite somme ; il vante quelque autre fois la générosité de cet homme, pour le piquer d'honneur et le conduire à lui faire

---

(1) *L'Année sainte*, par Loisel, 1678.
(2) *Tartuffe*, acte IV, scène v.
(3) *Ibid.*

une grande largesse. Il ne pense point à profiter de toute sa succession, ni à s'attirer une donation générale de tous ses biens, s'ils'agit surtout de les enlever à un fils, le légitime héritier (1) : un homme dévot n'est ni avare, ni violent, ni intéressé ; Onuphre n'est pas dévot, mais il veut être cru tel, et par une parfaite quoique fausse imitation de la piété, ménager sourdement ses intérêts ; aussi ne se joue-t-il pas à la ligne directe, et il ne s'insinua (2) jamais dans une famille où se trouvent tout à la fois une fille à pourvoir et un fils à établir ; il y a des droits trop forts et trop inviolables : on ne les traverse point sans faire de l'éclat (et il l'appréhende), sans qu'une pareille entreprise vienne aux oreilles du prince (3), à qui il dérobe sa marche par la crainte d'être découvert et de paraître ce qu'il est. Il en veut à la ligne collatérale ; on l'attaque plus impunément, et s'il ne peut la frustrer à fond de l'hérédité où elle aspire, il lui en ôte du moins une bonne partie : une petite calomnie, moins que cela, une légère médisance (4) lui suffit pour ce pieux dessein, et c'est le talent qu'il possède au plus haut degré de perfection : il se fait même souvent un point de conduite de ne le pas laisser inutile : il y a des gens, selon lui, qu'on est obligé en conscience de décrier (5), et ces gens sont ceux qu'il n'aime point, à qui il veut nuire et dont il désire la dépouille. Il vient à ses fins sans se donner même la peine d'ouvrir la bouche : on lui parle d'Eudoxe (homme de bon renom, d'après l'étymologie grecque), il sourit ou il soupire ; on l'interroge, on insiste, il ne répond rien ; et il a raison : il en a assez dit. »

L'exagération est permise au poète, surtout au poète comique ; les exigences de l'action dramatique ont réduit Molière à forcer les traits de son hypocrite au delà des limites de la stricte vraisemblance. Au dénouement de la comédie, l'hypocrite est tellement chargé de méfaits qu'il touche au tragique ; lorsque le roi intervient, comme la statue du commandeur dans *Don Juan*, le scélérat n'est déjà plus supportable : enfin on le châtie comme il faut. La Bruyère ne peut s'élever aussi haut que le poète ; il doit éviter ce qui semble excessif : il peint son hypocrite froidement avec une exactitude minutieuse, sans souci de

---

(1) *Tartuffe*, acte III, scène VII, et acte IV, scène VII.
(2) *Ibid.*, acte V, scène III, IV, V, VI.
(3) Acte V, scène VII.
(4) Pascal, *Lettres provinciales*, 11, 15, 16.
(5) *Tartuffe*, acte V, scène VI.

l'effet dramatique. Onuphre n'est qu'un vil fripon auprès du grand Tartuffe ; mais il a un avantage, c'est qu'il ne s'expose pas à être pris en flagrant délit : il continue à exercer tranquillement son infâme métier, non pas à la cour et sous les yeux du roi, mais loin des regards du marquis de Sourches, grand prévôt de l'hôtel, et du sieur de la Reynie, lieutenant général de police.

Quand le roi dans sa jeunesse était, disait-on, l'esclave de ses passions, et donnait le scandale à ses sujets par des débauches dont ils n'étaient que trop instruits, le courtisan libertin pouvait rire à l'aise de la fausse piété comme d'un vice à la mode, précisément parce qu'elle ne l'était pas. Il était plaisant alors d'entendre Don Juan (1) se plaindre que tous les autres vices fussent exposés à la censure et que chacun eût la liberté de les attaquer hautement, mais que l'hypocrisie fût un vice privilégié qui de sa main fermât la bouche à tout le monde, et jouît en repos d'une impunité souveraine ; tandis que en réalité le faux dévot ou l'hypocrite, voué par l'opinion publique à l'exécration et au mépris, était considéré de tous comme le plus noir et le plus méchant des hommes. Mais depuis que le roi s'était converti, depuis que Mme de Maintenon exerçait sur lui sa pieuse influence, il eût été dangereux de faire à la cour profession d'hyprocrisie, ou seulement de traiter de grimaces les pratiques religieuses. Ce qui dominait à la cour, ce n'était pas une hypocrisie formelle et de pleine délibération, c'était l'hypocrisie politique ou la dévotion gouvernée par l'intérêt. La Bruyère ne crut pas pouvoir traiter à fond ce sujet délicat, qui relevait directement des prédicateurs du roi (2). Jamais Bourdaloue ne fut plus éloquent qu'en flétrissant la fausse piété ou l'hypocrisie des Pharisiens.

Dans sa jeunesse, Louis XIV aimait à danser des ballets où il faisait valoir les avantages de sa personne, et les courtisans étaient heureux de flatter ses penchants en partageant ses plaisirs. C'était le beau temps de la poésie d'opéra ; nul n'y réussit mieux que Benserade. « Avant lui, dit Perrault (3), les vers d'un ballet ne parlaient que des personnages qu'on y faisait entrer et point du tout des personnes qu'ils représentaient. M. de Benserade tournait ses vers de manière qu'ils s'entendaient également des uns et des autres ; et comme le roi re-

---

(1) *Festin de Pierre,* acte V, scène II.
(2) Cf. Sermon de Bourdaloue sur la vraie et fausse piété, 2e partie.
(3) *Hommes illustres,* par Perrault, p. 80.

présentait tantôt Jupiter, tantôt Neptune, quelquefois le dieu Mars et d'autre fois le Soleil, rien n'était plus agréable, ni plus admirable tout ensemble, que la finesse des louanges qu'il lui donnait sans s'adresser à lui. Le coup portait sur le personnage et le contre-coup sur la personne; ce qui faisait un double plaisir en donnant à entendre deux choses à la fois, qui, belles séparément, devenaient encore plus belles étant jointes ensemble. Il en était de même de tous les seigneurs et de toutes les dames de la cour qui dansaient avec le roi dans les mêmes ballets : leurs qualités, leurs talents et quelquefois même leurs intrigues y étaient touchés si délicatement qu'ils étaient obligés d'en rire les premiers. » Ils étaient trop bons courtisans pour n'en pas rire au moins du bout des lèvres. Ces traits délicatement touchés étaient quelquefois d'une singulière indécence (1). Nous ne savons pas ce qu'en pensaient au fond du cœur le duc de Damville et le marquis de Genlis, quand l'âge avancé de l'un et l'excessive laideur de l'autre les exposaient aux sarcasmes de Benserade. Nous supposons que M. de Soyecourt sut assez mauvais gré à Benserade de l'attitude extrêmement immodeste (2) où il le représenta dans les *Plaisirs de l'Ile enchantée*. Du moins Mme de Soyecourt n'avait pas lieu d'en être satisfaite, et ne devait pas même chercher à comprendre les grossières allusions du poète. Il est possible que la Bruyère ait partagé le déplaisir de Mme de Soyecourt contre Benserade. Il est certain que Mme de Maintenon eût trouvé (3) de fort mauvais goût les compliments que tolérait Mme de la Vallière, sur la manière dont elle avait placé son cœur. En 1686, Bussy-Rabutin (4), qui avait vu Benserade à la cour, ne pouvait oublier dans son exil ce génie singulier qui a, dit-il, employé plus d'esprit dans les badineries qu'il a faites, qu'il n'y en a dans les poèmes les plus achevés. Mais M. le Prince avait rejeté avec dégoût les deux sonnets de Benserade sur la mort du grand Condé; M. le Duc s'était si fort ennuyé à lire, avec feu M. Deschamps, les fables d'Ésope mises en quatrains par Benserade, qu'il ne voulait plus entendre parler de ce bel esprit suranné; Mme la Duchesse était trop jeune pour goûter le poëte vieilli et baissé.

---

(1) *Essai sur les mœurs du dix-septième siècle,* par F. Barrière, en tête des *Mémoires inédits de Brienne,* t. I, p. 121 et note p. 358.
(2) Course de bagues à Versailles, 1 mai 1664.
(3) Ballet royal des Arts, *Œuvres de Benserade,* t. II, p. 287.
(4) Lettre à Furetière, 4 mai 1686 (Correspondance, t. V, p. 538).

M. de Benserade, irrité contre l'injustice du siècle, blâmait amèrement les auteurs à la mode, comme la Bruyère, d'être si peu galants, et surtout Racine d'avoir fait oublier les anciens ballets par le nouveau genre d'opéra qui fut joué à Saint-Cyr.

Rien n'avait manqué au succès d'*Esther,* pas même de faire des jaloux. L'un d'eux, Fontenelle, se flattait de n'avoir pas moins d'esprit que Racine. Il avait d'ailleurs à venger l'honneur de la famille de Corneille du triomphe de son rival. S'il avait suffi à M. Racine, pour réussir, de faire sur une élégie tirée de la Bible un tissu de jolis sentiments, de déclarations tendres, d'entretiens galants, de portraits agréables et de mots doucereux, pourquoi M. de Fontenelle, qui avait trouvé un plus beau sujet dans les six derniers chants de l'*Énéide* de Virgile (1), et qui se croyait supérieur à Virgile par sa manière d'amener les événements, de ménager les surprises, par la noblesse des caractères et la variété des incidents, ne pourrait-il pas réussir aussi bien que M. Racine, avec l'aide de M. Jean Berain, le plus habile dessinateur de décors que l'on connût, avec la musique de M. Colasse, le meilleur compositeur du moment, et avec le talent des acteurs et actrices de l'Opéra, qui valaient bien les petites filles nobles de la maison de Saint-Cyr? Fontenelle, depuis la chute d'*Aspar,* qui fut tant sifflé, s'était relevé au théâtre par le demi-succès de *Bellérophon* et par la tragédie de *Thétis et Pélée.* On voyait souvent affichée à la fin du *Mercure galant* la liste de ses ouvrages, et dans le corps du journal leur éloge plus ou moins dissimulé. On lit dans le numéro de novembre 1690 : « Toute l'Europe liguée contre le roi n'empêche pas que tout marche en France d'un pas égal. Les seuls États de nos ennemis se ressentent de la guerre; et la magnificence qui est ordinaire aux opéras semble avoir augmenté cette année (2) dans celui d'*Énée et Lavinie,* qui vient de paraître. En effet, on ne peut rien voir de plus somptueux que les habits et les décorations (décors) dessinés par M. Berain. La musique de M. Colasse est si belle, que l'on se récrie à haute voix dès le prologue. Les paroles sont de M. de Fontenelle : on ne peut douter qu'un ouvrage de sa façon ne soit plein d'esprit, après l'applaudissement général qu'ont reçu tous les livres qu'il a donnés au public. » Cette pièce fut représentée pour la pre-

---

(1) Digressions sur les anciens et les modernes, *Œuvres de Fontenelle* (Paris, chez Salmon, 1825), t. IV, p. 245.

(2) *Œuvres de Fontenelle,* t. V, p. 401 et suivantes.

mière fois à Paris, le 7 novembre 1690, et le 15 novembre à Trianon, en grande pompe. La première représentation à Paris eut beaucoup d'éclat : Monsieur, frère du roi, et Madame, duchesse d'Orléans, y assistèrent. La représentation de Trianon fut la plus brillante qu'on eût vue depuis longtemps. Le roi de France et toute sa cour, le roi d'Angleterre avec la reine, voulurent en avoir le divertissement. Fontenelle se crut supérieur à Racine, comme son oncle Pierre Corneille.

Le même jour que Fontenelle triomphait à Trianon, 15 novembre 1690, Racine à Paris, chez le marquis de Chandenier, devant une société choisie et peut-être un peu janséniste, récitait quelques scènes de son *Athalie*. Car le succès d'*Esther* lui avait aussi inspiré l'idée de faire un poème tragique ou un opéra dramatique, mais bien différent d'*Énée et Lavinie*, sans amour, sans galanterie, sans allusions politiques, consacré tout entier à la gloire du Très-Haut. « Rien n'est plus grand ni plus parfait, écrivait l'abbé Duguet après avoir entendu Racine (1). Des personnes de goût me l'avaient fort vantée, mais on ne peut mettre de la proportion entre le mérite de cette pièce et les louanges ; le courage de l'auteur est encore plus digne d'admiration que sa lumière, sa délicatesse et son inimitable talent pour les vers. L'Écriture y brille partout, et de manière à se faire respecter par ceux qui ne respectent rien. C'est partout la vérité qui touche et qui plaît ; c'est elle qui attendrit et qui arrache les larmes de ceux-là mêmes qui s'appliquent à les retenir. On est encore plus instruit que remué, mais on est remué jusqu'à ne pouvoir dissimuler les mouvements de son cœur. » Eh bien ! cette pièce sublime et pathétique, Racine ne put la faire jouer. « Mme de Maintenon, dit Mme de Caylus (2), reçut de tous côtés tant d'avis et tant de représentations des dévots, qui agissaient en cela de bonne foi, et de la part des poètes jaloux de la gloire de Racine, qui, non contents de faire parler les gens de bien, écrivirent plusieurs lettres anonymes, qu'ils empêchèrent enfin *Athalie* d'être représentée sur le théâtre (de Saint-Cyr)... Mme de Maintenon... aurait pu ne pas s'embarrasser de discours qui n'étaient fondés que sur l'envie et la malignité ; mais elle pensa différemment, et arrêta ces spectacles dans le temps que tout était prêt pour jouer *Athalie*. Il y

---

(1) *Lettres sur divers sujets de morale et de piété*, t. VI, en 1735. Cf. *Port-Royal*, de Sainte-Beuve, t. V, p. 389.

(2) *Souvenirs*.

eut seulement quelques répétitions avec une excessive simplicité (1), une représentation sans décors ni théâtre, mais devant le roi et Leurs Majestés Britanniques. Cette pièce est si belle que l'action n'en parut pas refroidie ; il me semble même qu'elle produisit plus d'effet qu'elle n'en a produit sur le théâtre de Paris. » Il n'est peut-être pas bien difficile de comprendre la politique de Mme de Maintenon. Le 11 décembre, M. de Torf était mort ; il était gentilhomme ordinaire du roi : S. M. l'employait souvent pour les affaires des pays étrangers; il était Allemand. Depuis la guerre, on ne se servait plus de lui. Racine fut nommé à sa place gentilhomme ordinaire du roi ; c'était un titre de noblesse pour lui et sa famille : en échange Mme de Maintenon crut pouvoir imposer au poète chrétien le chagrin de voir sa tragédie religieuse condamnée à l'obscurité comme une pièce à scandale. Racine n'avait ni dans le génie, ni dans le caractère, l'âpreté hautaine de Corneille : il plia en silence, et abandonna aux dédains de la cour (2) sa magnifique épopée d'*Athalie*.

Pendant ce temps-là la tragédie épique d'*Énée et Lavinie* tombait, malgré les éloges du *Mercure*, sous l'indifférence publique. Fontenelle n'entendit point dire que ce fut à cause des décors de J. Berain ou de la musique de Colasse. Alors à qui la faute ? « Le poème tragique, dit la Bruyère (3), vous serre le cœur dès son commencement, vous laisse à peine dans tout son progrès le temps de respirer et le temps de vous remettre, ou s'il vous donne quelque relâche, c'est pour vous replonger dans de nouveaux abîmes et dans de nouvelles alarmes. Il vous conduit à la terreur par la pitié, ou réciproquement à la pitié par le terrible, vous mène par les larmes, par les sanglots, par l'incertitude, par l'espérance, par la crainte, par les surprises et par l'horreur jusqu'à la catastrophe. Ce n'est donc pas un tissu de jolis sentiments, de déclarations tendres, d'entretiens galants, de portraits agréables, de mots doucereux ou quelquefois assez plaisants pour faire rire, suivi à la vérité d'une dernière scène où les mutins n'entendent aucune raison et où, pour la bienséance, il y a enfin du sang répandu et quelque malheureux à qui il en coûte la vie. » Turnus est tué en duel par Énée, qui épouse Lavinie. Si *Athalie* est un poème tragique, qu'est-ce qu'*Énée et Lavinie* ?

(1) 5 février 1691.
(2) Victor Hugo, Préface de *Cromwell*.
(3) Chap. I, n° 51.

Le 7 mars 1691, mourut M. de Villayer, qui laissa une place vacante à l'Académie française : une puissante cabale se monta aussitôt pour faire nommer Fontenelle à sa place. La Bruyère eût été content d'être académicien ; il avait pour lui M. de Novion, Racine, Boileau, Bossuet : mais il avait contre lui le doyen de l'Académie, M. Charpentier, qui s'était reconnu dans le caractère de Théodecte ; de Visé, qui cherchait toutes les occasions de soutenir l'influence du *Mercure galant;* Thomas Corneille, qui défendait l'honneur de sa famille ; l'abbé Lavau, que l'Académie avait préféré à Racine pour faire l'éloge funèbre de Pierre Corneille ; Boyer, l'une des victimes de Boileau et de Racine ; Leclerc, qui ne pardonnait pas à la Bruyère d'être un bon auteur (1) et d'avoir reconnu qu'il était un froid écrivain ; enfin Benserade, qui prétendait exercer sur l'Académie une sorte d'empire et de domination, et qui prit parti contre la Bruyère avec toute la vivacité de son caractère présomptueux. Le 2 avril, l'Académie se réunit pour délibérer sur le nom du candidat qui devait être soumis à l'approbation du roi ; on dit que Benserade fit une vive sortie contre les *Caractères* de la Bruyère, et que l'on trouva cet ouvrage incomplet, mal fini, peu régulier. « M. de Fontenelle, dit le *Mercure galant* (2), fut désigné par l'Académie comme étant le plus digne d'entrer dans son corps. » La Bruyère répondit à la sortie de Benserade. « Je le sais, *Théobalde,* vous êtes vieilli (3) ; mais voudriez-vous que je crusse que vous êtes baissé, que vous n'êtes plus poète ni bel esprit, que vous êtes présentement aussi mauvais juge de tout genre d'ouvrage que méchant auteur, que vous n'avez plus rien de naïf et de délicat dans la conversation ? Votre air libre et présomptueux me rassure, et me persuade tout le contraire. Vous êtes donc aujourd'hui tout ce que vous fûtes jamais, et peut-être meilleur ; car si à votre âge vous êtes si vif et si impétueux, quel nom, Théobalde, fallait-il vous donner dans votre jeunesse, et lorsque vous étiez la *coqueluche* ou l'entêtement de certaines femmes qui ne juraient que par vous et sur votre parole, qui disaient : *Cela est délicieux : qu'a-t-il dit ?* » Le roi, en revenant de Mons, le 16 avril, approuva la nomination de Fontenelle, qui fut élu (4) le 23 avril, et reçu le 5 mai à l'Académie.

(1) Chap. I, n° 32. *Art poétique,* chant IV, v. 134.
(2) N° d'avril 1691.
(3) Chap. V, n° 66.
(4) Dangeau, t. III, p. 325.

Fontenelle reprochait à son oncle, le grand Corneille (1), de s'être assuré trop peu sur son rare mérite et d'avoir cru trop facilement qu'il pût avoir des rivaux. Jamais Fontenelle ne mérita pareil reproche, surtout lorsqu'il prononça son discours de réception à l'Académie. Il prit un air victorieux et méprisant pour Racine et la Bruyère, et tâcha de cacher sa vanité sous les raffinements de la fausse modestie (2). « Messieurs, si je ne songeais aujourd'hui, dit-il, à me défendre des mouvements flatteurs de la vanité, quelle occasion n'aurait-elle pas de me séduire et de me jeter dans la plus agréable erreur où je sois jamais tombé? En entrant dans votre illustre compagnie, je croirais entrer en partage de toute sa gloire ; je me croirais associé à l'immortelle renommée qui vous attend; et comme la vanité est également hardie dans ses idées et ingénieuse à les autoriser, je me croirais digne du choix que vous avez fait de moi, pour ne vous pas croire capables d'un mauvais choix. Mais, Messieurs, j'ose assurer que je me garantis d'une si douce illusion ; je sais trop ce qui m'a donné vos suffrages. J'ai prouvé par ma conduite que je connaissais tout ce que vaut l'honneur d'avoir place dans l'Académie française, et vous avez compté cette connaissance pour mon mérite (Fontenelle s'était présenté quatre fois aux suffrages des académiciens) ; mais le mérite d'autrui vous a encore plus fortement sollicité en ma faveur. Je tiens par le bonheur de ma naissance à un grand nom, qui dans la plus noble espèce des productions de l'esprit, *efface* tous les autres noms, à un nom que vous respectez vous-mêmes. Quelle noble matière m'offrirait l'illustre mort qui l'a ennobli le premier ! Je ne doute pas que le public, pénétré de la vérité de son éloge, ne me dispensât de cette scrupuleuse bienséance qui nous défend de publier des louanges où le sang nous donne quelque part : mais je me veux épargner la honte de ne pouvoir, avec tout le zèle du sang, parler de ce grand homme que comme en parlent ceux que sa gloire intéressent le moins. » Racine, dit-on, fit une chanson sur la mémorable séance où fut reçu ce bel esprit, et sur le discernement de ceux qui l'avaient nommé. On riait de la noblesse poétique et de l'infatuation du sieur de Fontenelle, qui vantait le bonheur de sa naissance comme s'il eût été de la famille royale ; mais Fontenelle joua fort habilement le personnage du neveu d'un grand homme : en *effaçant* les rivaux de son

---

(1) *Vie de Corneille*, par Fontenelle.
(2) Chap. XI, n° 66.

oncle, *il effaçait* les siens. Sa réception à l'Académie fut généralement approuvée.

L'abbé Testu de Mauroy était de la coterie hostile à la Bruyère (1). Nous avons vu comment sur un mot de Monsieur, frère du roi, cet ancien précepteur de Mademoiselle avait été aussitôt reçu à l'Académie, sans que Fontenelle (2) osât même entrer en concurrence. Il était célèbre par ses distractions, dignes de Ménalque (3) : c'est lui qui disait *Votre Révérence* à un prince du sang et *Votre Altesse* à un jésuite. Pendant que Racine et Boileau voyaient l'Académie tomber (4) en décadence, *in pejus ruere*, la Bruyère se consolait ainsi (5) : « Un homme de mérite se donne, je crois, un joli spectacle, lorsque la même place à une assemblée, ou à un spectacle, dont il est refusé, il la voit accorder à un homme qui n'a point d'yeux pour voir, ni d'oreilles pour entendre, ni d'esprit pour connaître et pour juger, qui n'est recommandable que par de certaines livrées, que même il ne porte plus. » Puis il ajoutait (6) : « Les fautes des sots sont si lourdes et si difficiles à prévoir, qu'elles mettent les sages en défaut et ne sont utiles qu'à ceux qui les font. » La Bruyère aurait pu commettre la faute d'aller à M. le Prince demander sa recommandation auprès de Messieurs de l'Académie. Pourquoi ne commit-il pas cette faute, qui lui eût été fort utile ?

M. le Prince était dans un de ces accès d'humeur qui ne permettaient à personne de l'approcher. Le roi venait de lui refuser l'honneur de commander à l'armée de Flandre, comme Monsieur, sous Monseigneur. Vraiment on eût été bien venu alors de lui parler du désir qu'avait M. de la Bruyère d'entrer à l'Académie, et du grand service que Son Altesse Sérénissime aurait pu lui rendre ! « Il y a des hommes, dit la Bruyère (7), nés inaccessibles, et ce sont précisément ceux dont les autres ont besoin, de qui ils dépendent. Ils ne sont jamais que sur un pied ; mobiles comme le mercure, ils pirouettent, ils gesticulent, ils crient, ils s'agitent ; semblables à ces figures de carton

---

(1) Cf. notre chapitre XXIX, p. 12.
(2) Corresp. de Bussy, t. VI, p. 111.
(3) *Clef de l'Arsenal*, citée par Ed. Fournier, *la Comédie de la Bruyère*, t. II, p. 553, 554, note 3.
(4) Lettre de Racine à Boileau, 3 avril 1691.
(5) Chap. VIII, n° 60.
(6) Chap. XI, n° 62.
(7) Chap. IX, n° 32.

qui servent de montre à une fête publique, ils jettent feu et flamme, tonnent et foudroient : on n'en approche pas, jusqu'à ce que, venant à s'éteindre, ils tombent, et par leur chute deviennent traitables, mais inutiles. » Au retour de Mons, M. le Prince était devenu traitable, mais il ne pouvait plus rien faire en faveur de la Bruyère. Le roi avait donné son approbation au choix de l'Académie : il n'y avait plus qu'à s'y soumettre.

Le *Mercure galant* triomphait, et ses rédacteurs ne perdaient pas une occasion de faire l'éloge des princes du sang ; ils trouvaient mille moyens ingénieux de vanter l'esprit, le bon goût et la magnificence de M. le Prince ; l'esprit, la bravoure et les connaissances militaires de M. le Duc ; l'esprit, la science et les exploits du prince de Conti. Le *Mercure* n'était pas cependant aux gages de la maison de Condé : il n'en était que plus souple et plus commode. On lui faisait dire ce qu'on voulait, quand on le voulait et comme on le voulait, et l'on pouvait toujours le désavouer. Enfin il venait d'annoncer à l'univers que M. le Duc et M. le prince de Conti avaient été nommés maréchaux de camp. La Bruyère n'était ni si complaisant, ni si galant, ni si utile. Il avait peu de jugement dans les querelles d'étiquette, peu de mémoire des droits et prétentions de chacun, nulle vivacité dans la conversation, des mœurs bourgeoises, mais la conduite d'un philosophe étranger aux affaires. On n'était pas surpris que MM. de l'Académie, qui étaient venus chercher M. de la Chapelle, n'eussent pas même pensé au moraliste. Il était à la mode, il avait du talent, mais il manquait d'esprit. « Il est souvent, dit la Bruyère (1), plus utile de quitter les grands que de s'en plaindre. » Il ne se plaignit pas et ne quitta pas la maison de Condé.

Il était à la mode, disait-on ; mais Fontenelle l'était bien plus que lui. Depuis le 1er décembre 1687, les dames vantaient le mérite incomparable du neveu de Corneille (2), et charmées par ses ouvrages, ravies par sa conversation, le menaient dans les sociétés pour le faire applaudir, et réclamaient avec instance son admission à l'Académie. Le président Cousin n'était guère moins sévère envers l'auteur des *Caractères*. A la fin pourtant il voulut bien accorder à la Bruyère le talent de faire un bon livre. « Ces gens, dit-il (3), laissent échapper

---

(1) Chap. IX, n° 9.
(2) Correspondance de Bussy, t. VI, p. 116, p. 121, p. 461, 468 et p. 470.
(3) Chap. I, n° 21.

les plus belles occasions de nous convaincre qu'ils ont de la capacité et des lumières, qu'ils savent juger, trouver bon ce qui est bon, et meilleur ce qui est meilleur (1). Un bel ouvrage tombe entre leurs mains, c'est un premier ouvrage, l'auteur ne s'est pas encore fait un grand nom, il n'a rien qui prévienne en sa faveur, il ne s'agit point de faire sa cour ou de flatter les grands en applaudissant à ses écrits ; on ne vous demande pas, Zelotes (en grec, envieux, jaloux), de vous récrier : *C'est un chef-d'œuvre de l'esprit ; l'humanité ne va pas plus loin ; on ne jugera à l'avenir du goût de quelqu'un qu'à proportion qu'il en aura pour cette pièce ;* phrases outrées, dégoûtantes, qui sentent la pension ou l'abbaye, nuisibles à cela même qui est louable et qu'on veut louer. Que ne disiez-vous seulement : « Voilà un bon livre ? » Vous le dites, il est vrai, avec toute la France, avec les étrangers comme avec vos compatriotes, quand il est imprimé par toute l'Europe et qu'il est traduit en plusieurs langues : il n'est plus temps. »

Enfin la Bruyère se demanda ce que l'on entendait par l'esprit et par le talent. Pour lui le talent est supérieur à l'esprit : c'est un don naturel qui n'est accordé qu'à un petit nombre d'âmes privilégiées. C'est l'esprit élevé au degré le plus éminent. « Il y a des artisans ou des habiles dont l'esprit est aussi vaste que l'art ou la science qu'ils professent ; ils lui rendent avec avantage, par le génie et par l'invention, ce qu'ils tiennent d'elle et de ses principes. Ils vont fort haut et pénètrent fort loin (2). » Ce sont des hommes de talent. Le talent a des bornes comme l'art ou la science dans lesquels il s'exerce ; l'esprit n'a point de bornes : il s'applique à tout. Mais les femmes, les gens de cour et les hommes du monde restreignent l'esprit dans des limites fort étroites. Nul n'aura d'esprit hors nous et nos amis, telle est toujours leur devise, fixée par Molière. L'esprit pour eux, c'est le jugement qui discerne vite et bien ce qui est utile ou nuisible à leurs intérêts, c'est la mémoire des règles de l'étiquette et des convenances sociales, c'est la vivacité qui anime nos paroles, nos pensées et nos actions, ce sont les mœurs ou plutôt le savoir-vivre et la politesse des manières, c'est la conduite ou le savoir-faire qui mène à la fortune. Cependant, après avoir restreint l'esprit à ce peu d'étendue, on prétend toujours qu'entre esprit et talent il y a la proportion du tout à la partie. La Bruyère, qui n'avait pas d'esprit, réfuta cette opinion.

(1) Éd. Fournier, *Comédie de la Bruyère*, 2ᵉ édition ; Préface, p. XXXIX-XLIII.
(2) Chap. I, n° 61.

Le 24 avril 1691, Monseigneur, dit Dangeau, alla à Paris avec Mme la princesse de Conti pour voir le nouvel opéra de Coronis; la musique en est de Théobald. Ce Théobald était première basse de viole à l'Opéra; c'est comme qui dirait aujourd'hui premier violoncelle. On fut ravi de la musique de Théobald, on ne put rien tirer de sa conversation pour plaire à Leurs Altesses. « Appellerai-je homme d'esprit, dit la Bruyère (1), celui qui, borné et renfermé dans quelque art, ou même dans une certaine science qu'il exerce dans une grande perfection, ne montre hors de là ni jugement, ni mémoire, ni vivacité, ni mœurs, ni conduite; qui ne m'entend pas, qui ne pense point, qui s'énonce mal; un musicien, par exemple, qui, après m'avoir comme enchanté par ses accords, semble s'être remis avec son luth dans un même étui, ou n'être plus sans cet instrument qu'une machine démontée, à qui il manque quelque chose, et dont il n'est plus permis de rien attendre? » C'était un peu le cas de Sauveur, quand il ne parlait pas de mathématiques; c'était surtout le cas de M. de Benserade depuis que le roi ne dansait plus dans les ballets de la cour. Voilà pourquoi la Bruyère appelait Benserade Théobald.

« Que dirai-je encore de l'esprit du jeu (2)? Pourrait-on me le définir? Ne faut-il ni prévoyance, ni finesse, ni habileté pour jouer l'hombre ou les échecs? Et s'il en faut, pourquoi voit-on des imbéciles qui y excellent, et de très beaux génies qui n'ont pu même atteindre la médiocrité, à qui une pièce ou une carte dans les mains trouble la vue et fait perdre contenance? » Cette observation n'était pas flatteuse pour M. de Dangeau, alors directeur de l'Académie, ni pour M. de Xaintrailles et tant d'autres habiles joueurs, qui ne pouvaient comprendre que les hommes de talent eussent de l'esprit.

« Il y a dans le monde quelque chose, s'il se peut, de plus incompréhensible (3). Un homme paraît grossier, lourd, stupide; il ne sait pas parler, ni raconter ce qu'il vient de voir : s'il se met à écrire, c'est le modèle des bons contes; il fait parler les animaux, les arbres, les pierres, tout ce qui ne parle point : ce n'est que légèreté, qu'élégance, que beau naturel et que délicatesse dans ses ouvrages. » Eh quoi! La Fontaine ne serait-il pas un homme d'esprit? Le système qui aboutit à pareille conséquence est absurde. C'est bien la pensée

---

(1) Chap. XII, n° 56.
(2) Chap. XII, n° 56.
(3) Chap. XII, n° 56.

de la Bruyère; car il avait dit dans sa cinquième édition (1) : « Supposons que notre langue pût un jour avoir le sort de la grecque et de la latine, serait-on pédant quelques siècles après qu'on ne la parlerait plus pour lire Molière ou la Fontaine? » « Ils avaient porté le naturel et le délicat dans leurs ouvrages jusqu'au sublime (2). »

On ne s'occupait guère alors du fabuliste : il n'avait pas de rivaux. Toute l'attention était alors portée sur Corneille, dont on se servait pour accabler Racine et ses amis. Or, au point de vue étroit où l'on se plaçait pour définir l'esprit, pouvait-on appeler Corneille lui-même un homme d'esprit? « Il est vrai, ce qu'il y avait en Corneille de plus éminent (3), c'était l'esprit, qu'il avait sublime. » Mais quelle prodigieuse différence entre cet esprit-là et ce que l'on est convenu dans le monde d'appeler de l'esprit! « Un homme (4) est simple, timide, d'une ennuyeuse conversation; il prend un mot pour un autre, et il ne juge de la bonté de sa pièce que par l'argent qui lui en revient; il ne sait pas la réciter, ni lire son écriture. Laissez-le s'élever par la composition : il n'est pas au-dessous d'*Auguste*, de *Pompée*, de *Nicomède*, d'*Héraclius*; il est roi, et un grand roi; il est politique, il est philosophe; il entreprend de faire parler des héros, de les faire agir ; il peint les Romains; ils sont plus grands et plus romains dans ses vers que dans leur histoire. » Est-ce assez pour le distinguer de son frère et de son neveu, qui n'étaient que des hommes d'esprit?

Voulez-vous quelque autre prodige? Examinons le caractère de Santeul. Le poète latin (5) avait trouvé un heureux perfectionnement dans la fabrique de ses vers en substituant aux fables antiques et aux divinités païennes les mystères du christianisme et les saints catholiques. Il courait les églises où l'on chantait ses hymnes, et attribuait naïvement à son talent poétique la piété des fidèles. Un beau jour, transporté de joie à la vue des jardins de Versailles, où le roi avait fait venir la rivière d'Eure par un canal aérien, il entonna un hymne magnifique à la déesse Pomone en l'honneur du grand jardinier la Quintinie (6). Aussitôt les autres poètes latins éclatent

---

(1) Chap. XII, n° 19.
(2) Chap. I, n° 55.
(3) Chap. I, n° 54.
(4) Chap. XII, n° 56.
(5) *Santolii Victorini opera omnia*, 1698, t. I, p. 64-67, épître à Pellisson.
(6) *Santolii opera*, p. 90-94, Pomone.

de rire : la Rue, Jouvency, Fraguier, Tarillon, Joubert, et Longuet dit Pamphilion, le criblent de quolibets (1). Santeul se fâche, et la contestation donne une scène agréable au public lettré. Au milieu du combat, le chanoine de Saint-Victor est blessé d'un trait perçant : « Saint Paulin, après sa conversion, fut sollicité par Ausone de revenir aux muses, mais il répondit qu'un cœur voué au Christ ne se rouvrait plus au dieu Apollon. » Santeul envoie sa Pomone à Fleury, et lui demande s'il est parjure (2). Fleury consulte Fénelon : ils tombent d'accord que jamais Santeul n'a rien fait de plus latin ni de plus agréable, rien qui approchât plus de Virgile. C'est une simple description de la nature qui n'est point du tout contraire aux bonnes mœurs : quel mal font des noms de nymphes ou de déesses, dès qu'il n'y a pas d'amours impurs ni de fictions impies. Santeul n'était nullement obligé à être plus grave et plus religieux que le R. P. Rapin (3) dans son poème des *Jardins*. Mais Bossuet, nourri depuis de longues années de l'Écriture sainte, qui est le trésor de la vérité, trouvait un grand creux dans ces fictions de l'esprit humain et dans ces produits de sa vanité. Santeul reconnaît sa faute, et envoie à M. de Meaux sa pièce de vers intitulée *le Poète chrétien*. En tête il avait fait graver une vignette en taille-douce (4) : l'on y voyait Bossuet en habits pontificaux, et le poète à genoux devant lui en costume de pénitent. La scène représentait le parvis de la cathédrale de Meaux ; Santeul, la corde au cou, faisait amende honorable et jetait au feu ses vers profanes. Bossuet ne put s'empêcher de rire en regardant cette facétie ; mais elle cachait une pensée sérieuse et un sentiment sincère, il écrivit à Santeul : « Voilà, Monsieur (5), ce que c'est que de s'humilier. L'ombre d'une faute contre la religion vous a fait peur, vous vous êtes abaissé, et la religion elle-même vous a inspiré les plus beaux vers, les plus élégants, les plus sublimes que vous ayez jamais faits. Voilà ce que c'est, encore un coup, que de s'humilier. » Mais tout le monde n'est pas aussi indulgent que Bossuet. Beaucoup de ses amis traitent Santeul de fou : il a pris des engagements qu'il ne pourra tenir. Les poètes sont comme les

---

(1) *Iambes à Bossuet*, p. 271, 272.
(2) *Cl. Florus Santolio*, p. 275.
(3) *Hortorum libri IV*; Paris, 1666, in-12.
(4) *Florus Santolio*, p. 276.
(5) Lettre du 15 avril 1690.

amoureux : ils font les plus belles promesses, ils prononcent les serments les plus terribles; autant en emporte le vent qui passe ; aussitôt que leur fantaisie les reprend, ils ont tout oublié. Alors Bossuet donne à Santeul une absolution générale. « Lorsque l'on est convenu de se servir de la mythologie comme d'un langage figuré, pour exprimer d'une façon plus vive ce que l'on veut faire entendre aux personnes accoutumées à ce langage, on est bien forcé de faire grâce au poète chrétien qui n'en use ainsi que par une espèce de nécessité. » « Si je suis de nouveau un déserteur, un transfuge, s'écrie Santeul, ô Bossuet, ô vous qui m'avez absous une première fois, vous l'honneur et la lumière de notre siècle, vous le vengeur de la foi de nos pères (je tremble en écrivant, ma main se glace d'effroi), qu'il ne me soit plus permis de jouir jamais de votre entretien, de contempler la dignité de votre front auguste, de voir votre visage où reluit la bonté qui réjouit tous les cœurs, d'entendre l'éloquence de votre parole, ni d'admirer l'éclat et la pénétration de votre génie, lorsque avec la puissance de la foudre vous forcez l'hérésie à rentrer dans ses ténèbres. » Bossuet répondit : « J'ai reçu trois exemplaires de vos merveilleux ïambes ; je n'en saurais trop avoir. Faut-il, illustre Santeul, vous inviter à venir chez moi? Qui a plus de droit d'y entrer? Qui peut y être mieux reçu que vous? Ne parlons plus de l'amende honorable que pour exalter les vers qui l'ont célébrée et ceux dont elle a été suivie. »

Santeul portait ce singulier mélange du bon sens et de la folie, du profane et du sacré, jusque dans les situations les plus sévères où il pût se rencontrer. A la fin de l'année 1690, il tomba malade d'une colique néphrétique, qui le tint quarante jours au lit en proie à d'atroces douleurs. Il se recommanda aux prières des Trappistes. M. de Rancé répondit, le 24 décembre 1690 : « Je loue Dieu de la patience qu'il a donnée à M. Santeul dans un mal aussi douloureux que celui dont il a été attaqué. Tout ce qui part de sa plume a un caractère qui frappe et qui plaît tout ensemble. Je ne doute pas qu'il ne se fasse remarquer dans ses derniers vers, qui peuvent être considérés comme une production de sa douleur. Nous le recommanderons à Notre-Seigneur comme il le désire. » Or dans ses derniers vers le poète invoquait le nom du Sauveur. Les larmes qu'il versait n'étaient pas des images poétiques, mais bien de véritables larmes. La pénitence était plus dure que celle qu'il avait faite en imagination sur les marches de la cathédrale de Meaux. Et cependant c'était avec les mêmes sentiments de repentir sincère et de componction (1) qu'il priait, qu'il suppliait le Christ d'avoir pitié de lui. « Si lui, pauvre pécheur, il était indigne de l'attention divine, du moins il espérait que les saints, qu'il avait chantés dans ses vers, intercéderaient pour lui. Sa consolation sur son lit de mort était de répéter ces hymnes, gages éternels de sa foi, et de prier la Vierge, mère de Jésus, de ne pas dédaigner dans sa détresse un client qui ne l'avait jamais invoquée en vain. Est-il possible, s'écriait-il, que les antres de l'enfer retentissent un jour de mes hurlements, pendant que sur la terre les temples chrétiens retentiront de mes cantiques? Est-il possible, ô Christ, que tu me tourmentes dans les flammes éternelles, moi qui, quelquefois du moins, ai brûlé de l'amour de ta gloire. Oh! reçois-moi plutôt dans les citadelles célestes, pour y chanter à perpétuité avec les saints une douce mélodie. » Mais après cela, le poète fut à peine remis de sa maladie, qu'il reprit ses métaphores antiques et ses outils païens pour faire le siège de Mons (2). « Il aperçut l'Olympe de Thessalie dans la capitale du Hainaut; il admira un chef-d'œuvre de Mars dans les murs de circonvallation; et il reconnut dans les canons dont ils étaient garnis l'ouvrage du cyclope Brontes. Il n'oublia pas la corne d'abondance qui en plein hiver versait à toute l'armée française de larges approvisionnements. C'est Louvois qui dirige tout, mais c'est Louis qui a formé Louvois. Autant Louvois l'emporte sur tous les sujets du roi, autant le roi l'emporte sur le ministre son élève. » Avec la santé, l'appétit est revenu au poète : il tend la main. Mais c'est toujours la même langue latine mêlée de christianisme et de paganisme; c'est toujours le même caractère de poète qui a mordu du laurier : avec beaucoup de talent, il a aussi beaucoup d'extravagance. L'appellerai-je un homme d'esprit? oui, comme la Fontaine ou Pierre Corneille.

« Voulez-vous quelque autre prodige (3)? Concevez un homme facile, doux, complaisant, traitable, et tout d'un coup violent, colère, fougueux, capricieux. Imaginez-vous un homme simple, ingénu, crédule, badin, volage, un enfant en cheveux gris; permettez-lui de se

---

(1) *Au Christ*, Dédicace des hymnes, p. 277-278.
(2) *La prudence et la force pour la prise de Mons*, t. I, p. 178-179.
(3) Chap. XII, n° 56.

recueillir, ou plutôt de se livrer à un génie qui agit en lui, j'ose dire, sans qu'il y prenne part et comme à son insu : quelle verve! quelle élévation! quelles images! quelle latinité! — Parlez-vous d'une même personne? me direz-vous. — Oui, du même, de Théodas, et de lui seul. Il crie, il s'agite, il se roule à terre, il se relève, il tonne, il éclate; et du milieu de cette tempête il sort une lumière qui brille et qui réjouit. Disons-le sans figure : il parle comme un fou et pense comme un sage; il dit ridiculement des choses vraies, et follement des choses sensées et raisonnables; on est surpris de voir naître et éclore le bon sens du sein de la bouffonnerie, parmi les grimaces et les contorsions. Qu'ajouterai-je davantage? Il dit et il fait mieux qu'il ne sait; ce sont en lui comme deux âmes qui ne se connaissent point, qui ne dépendent point l'une de l'autre, qui ont chacune leur tour, ou leurs fonctions toutes séparées. Il manquerait un trait à cette peinture si surprenante, si j'oubliais de dire qu'il est tout à la fois avide et insatiable de louanges, prêt de se jeter aux yeux de ses critiques, et dans le fond assez docile pour profiter de leur censure. Je commence à me persuader moi-même que j'ai fait le portrait de deux personnages tout différents. Il ne serait pas même impossible d'en trouver un troisième dans Théodas; car il est bon homme, il est plaisant homme, et il est excellent homme. »

S'il y avait deux hommes dans Théobald, la Fontaine, Corneille et Santeul, il y en avait aussi deux dans Socrate : c'est ce que la Bruyère (1) nous fait comprendre dans sa lettre à Ménage. Ce célèbre savant lui avait envoyé une note sur sa traduction de Théophraste et sur un passage de ses *Caractères*. La Bruyère avait été fort sensible aux termes civils et obligeants dont le vieux savant avait accompagné ses observations, comme au plaisir de connaître qu'il avait su par son livre se concilier l'estime d'une personne d'une telle réputation; mais il n'avait pas tenu compte (2) d'une observation de Ménage sur la *Vie de Socrate* par Diogène Laërce, publiée en 1663 : c'était une grave omission dont le moraliste se défendit mal (3). Il voyait une équivoque où il n'y en avait pas. Du moins il expliqua très clairement le mystère de l'existence de Socrate et de la sienne. De même qu'il y avait deux hommes dans Socrate,

---

(1) Lettre 18e.
(2) Chap. XII, n° 66.
(3) Cf. Servois, *Notes sur la lettre à Ménage*.

un homme simple (1), assez extraordinaire, d'humeur bizarre qu'on aimait à railler, à qui l'on faisait mille mauvais tours quand il était absorbé par une vive discussion, à qui l'on donnait des coups de poing, à qui l'on tirait les cheveux, enfin dont on riait avec mépris sans pouvoir troubler la suite de ses idées, et un philosophe d'une sagesse divine, inspiré par un démon particulier, dont on écoutait les sentences comme des oracles; de même il y avait dans la Bruyère (2) un bon homme dont la simplicité paraissait ridicule aux courtisans vaniteux, qui semblait manquer d'esprit à cause de sa modestie, et un moraliste qui se faisait respecter par la hardiesse et l'élévation de ses principes, et par la beauté de son imagination. Comme Socrate, la Bruyère (3) chercha la vérité et cultiva la vertu.

A quelque temps de là, la Bruyère alla faire visite à Ménage pour lui continuer ses très humbles respects; et il lui lut quelque chose de nouveau, qu'il venait de composer. Il espérait que le fameux critique lui ferait encore quelques observations dont il pourrait profiter. Ménage lui parla de la nouvelle édition corrigée et considérablement augmentée (4) de son *Commentaire sur Diogène de Laërce*, qu'il était en train de préparer. Il est possible qu'il lui ait dit aussi un mot de son *Histoire des femmes savantes*, qui parut à Lyon en 1690, et qu'il ajouta, non sans additions remarquables, aux vies des philosophes de l'antiquité. Peut-être était-ce une leçon indirecte qu'il adressait au moraliste; car il a dit à ses amis (5) : « Si le livre de M. de la Bruyère avait paru de notre temps, il n'aurait pas eu la vogue et la réputation qu'il a : la raison en est que les femmes y sont trop maltraitées, et que pour lors elles étaient en possession de décider de la destinée de ces sortes d'ouvrages. Comme à l'extérieur près les femmes de ce temps-là ressemblaient à celles d'aujourd'hui, il y a apparence que M. de la Bruyère ne les aurait pas épargnées davantage. » On comprend que Ménage n'ait pas fait ce compliment à la Bruyère. Le moraliste raconte ainsi leur entrevue : « Théocrine sait des choses assez inutiles (6); il a des sentiments assez singuliers; il est moins profond que méthodique;

---

(1) Diogène Laërce, *Vie de Socrate*, VI, 21.
(2) Chap. XII, n° 66.
(3) Chap. XIII, n° 5.
(4) Édition Meibomius, Amsterdam, 1692, 2 vol. in-4°.
(5) *Menagiana*, éd. de 1715, t. IV, p. 218.
(6) Chap. I, n° 25.

il n'exerce que sa mémoire ; il est abstrait, dédaigneux, et il semble toujours rire en lui-même de ceux qu'il croit ne le valoir pas. Le hasard fait que je lui lis mon ouvrage, il l'écoute. Est-il lu, il me parle du sien. « Et du vôtre, me direz-vous, qu'en pense-t-il? » Je vous l'ai déjà dit, il me parle du sien. » En lisant ce petit caractère dans le livre de la Bruyère, Ménage semble bien s'être reconnu. Il disait à ses amis : « Je m'étonne qu'on n'ait pas encore fait le portrait de M. de la Bruyère (1), lui qui se fait une occupation de faire celui des autres. Il y en a de ceux qu'il a dépeints qui n'en doivent pas être fort contents. Il n'y a pas longtemps qu'il m'a fait l'honneur de venir me voir, mais je ne l'ai pas vu assez longtemps pour le connaître. Il m'a paru que ce n'était pas un grand parleur. »

Cependant Ménage rendait parfaitement justice au talent de la Bruyère comme écrivain. « M. de la Bruyère (2) peut passer parmi nous pour auteur d'une manière d'écrire toute nouvelle. Personne avant lui n'avait trouvé la force et la justesse d'expression qui se rencontrent dans son livre. Il dit en un mot ce qu'un autre ne dit pas aussi parfaitement en dix. Je doute fort que cette manière d'écrire soit suivie : on trouve mieux son compte à suivre le style efféminé. Il faut avoir autant de génie que M. de la Bruyère pour l'imiter, et cela est bien difficile. » Le chartreux Bonaventure d'Argonne n'était pas de cet avis (3). Il croyait pouvoir imiter la Bruyère aussi bien que la Bruyère imitait Théophraste. « Que fait le singe qui regarde un philosophe? Il fait des grimaces (4). » C'est sans doute ce qu'a fait la Bruyère en regardant Théophraste pour le traduire. « Tout est dit (5), mais toutes les manières de dire ne sont pas épuisées. » Trop de sel dans les ouvrages de l'esprit (6) en rend le goût amer ; et il affadissait la Bruyère, ou, comme il dit, il imitait ses grimaces. Un nommé Vincent écrivait dans ce goût les *Caractères, de l'honnête homme et du chrétien* (7). L'abbé de Villiers trouvait que la Bruyère avait un style trop recherché, alam-

---

(1) *Menagiana*, éd. de 1715, t. III, p. 382.
(2) *Ibid.*, t. IV, p. 218.
(3) *De l'Éducation*, par Moncade, Rouen, 1691, chez la veuve Maury.
(4) Maxime 125.
(5) Maxime 205.
(6) Maxime 241.
(7) Paris, 1690, chez Villette.

biqué (1); il le délaya en écrivant les *Réflexions sur les défauts d'autrui*. On pourrait encore citer d'autres copistes qui adoucissaient le style de la Bruyère. Mais ses saillies naturelles et ses idées, qui semblent des inspirations, comme le reconnut Basnage, valent mieux que des pensées polies et des expressions limées de sang-froid. « Je conseille à un auteur né copiste (2), et qui a l'extrême modestie de travailler d'après quelqu'un, de ne se choisir pour exemplaires que ces sortes d'ouvrages où il entre de l'esprit, de l'imagination, ou même de l'érudition : s'il n'atteint pas ses originaux, du moins il en approche, et il se fait lire. Il doit au contraire éviter comme un écueil de vouloir imiter ceux qui écrivent par humeur, que le cœur fait parler, à qui il inspire les termes et les figures, et qui tirent, pour ainsi dire, de leurs entrailles tout ce qu'ils expriment sur le papier : dangereux modèles et tout propres à faire tomber dans le froid, dans le bas et dans le ridicule ceux qui s'ingèrent de les suivre. En effet, je rirais d'un homme qui voudrait sérieusement parler mon ton de voix, ou me ressembler de visage. »

Le conseil est bon, l'aveu est précieux, la confession de l'auteur parfaitement sincère; mais tout cela ne faisait pas les affaires de l'éditeur E. Michallet. La cinquième édition des *Caractères ou mœurs de ce siècle* était épuisée; l'auteur s'était engagé solennellement devant le public à n'en jamais faire d'autre. Le public, alléché par un article du *Journal des savants* (3), achetait chez Barbin le livre de l'abbé de Villiers. Michallet avait voulu retenir la faveur du public en éditant les *Nouvelles Réflexions, ou sentences et maximes morales et politiques*, dédiées à Mme de Maintenon (par l'abbé du Vernage). Le nom de Mme de Maintenon et un article du *Journal des savants* (4) avaient attiré l'attention sur ce livre honnête, mais insipide. La curiosité du public, une fois satisfaite par une première édition, ne mordait plus à la seconde, quoique l'auteur eût augmenté le nombre et modifié l'ordre de ses réflexions, sentences et maximes. Un nouvel article du *Journal des savants* (5) ne put réveiller le goût du public pour ces fades publications. Michallet n'eut pas de

---

(1) Paris 1690, chez Barbin, 2 vol. in-12.
(2) Chap. I, n° 64.
(3) 1690, n° du 28 août, p. 407.
(4) 1690, n° du 5 juin, p. 390.
(5) 1691, n° du 7 mai, p. 284.

repos qu'il n'eût décidé la Bruyère à publier une sixième édition. Il fallut donc en prendre son parti, et faire de nouveau gémir la presse à bras du premier imprimeur du roi, rue Saint-Jacques, à l'image de Saint-Paul.

« La vertu a cela d'heureux qu'elle se suffit à elle-même (1), et qu'elle sait se passer d'admirateurs, de partisans et de protecteurs; le manque d'appui et d'approbation non seulement ne lui nuit pas, mais il la conserve, l'épure et la rend parfaite ; qu'elle soit à la mode, qu'elle n'y soit plus, elle demeure vertu. » Appuyé sur cette doctrine un peu altière, le moraliste trouvait un plaisir de chaque jour à observer la nature humaine telle qu'elle se montrait à lui, à la voir plus nettement que le commun des hommes, et à la reproduire dans ses remarques avec beaucoup de soin et d'exactitude. Il était plus heureux encore de mettre sous les yeux des autres hommes des images si vives de leurs propres sentiments, qu'ils ne pussent les renier et fussent obligés, pour ainsi dire, de mieux se comprendre eux-mêmes. Mais sa joie, sa grande joie était de voir les diverses éditions de son livre se répandre de tous côtés, et insinuer dans l'esprit des lecteurs ces instructions pénétrantes qui devaient y laisser une trace profonde, et les aider, s'ils le voulaient bien, à corriger leurs défauts. Et au moment précis où il goûtait cette joie, la plus douce suivant lui pour un auteur sérieux, il avait jeté sa plume avec mépris et presque juré de ne plus rien hasarder en ce genre! Et pourquoi? Parce que, dit-il, le progrès de son livre, qui grossissait chaque année, irait à l'infini. Mais un homme de talent et de réputation comme lui ne pouvait pas s'arrêter en si beau chemin. Il avait porté la lumière sur divers points obscurs de l'esprit humain ; il avait rendu ses contemporains capables de penser avec plus de force, et de sentir avec plus de clarté bien des choses dont ils n'avaient auparavant que des idées vagues et confuses ; enfin il avait enrichi de ses découvertes l'un des plus magnifiques domaines de l'humanité : et il croyait pouvoir maintenant demeurer tranquille et jouir tout seul de son intelligence supérieure de la vérité morale! Quelle erreur!

« Je ne sais, dit le moraliste (2), s'il est permis de juger des hommes par une faute qui est unique, et si un besoin extrême, ou une

---

(1) Chap. XIII, n° 5.
(2) Chap. XII, n° 37.

violente passion, ou un premier mouvement tirent à conséquence. » —
C'est pourquoi dans la préface des *Caractères ou mœurs de ce siècle,* la Bruyère glissa cet avertissement : « Que si quelqu'un m'accuse d'avoir manqué à ma parole en insérant dans cette sixième édition un très petit nombre de nouvelles remarques, que j'avoue ingénument n'avoir pas eu la force de supprimer, il verra du moins qu'en les confondant avec les anciennes, par la suppression entière de ces différences qui se voient par apostille, j'ai moins pensé à lui faire lire rien de nouveau qu'à laisser peut-être un ouvrage de mœurs plus complet, plus fini et plus régulier à la postérité. »

Pour rendre son ouvrage plus complet, il y ajouta ses remarques sur les événements politiques, religieux et moraux dont il avait été témoin à la cour, à la ville et dans la maison de Condé, depuis le mois de mars 1690 jusqu'au mois de mai 1691. Ce ne sont souvent, comme il l'avoue, que des boutades ou des premières impressions : il dit franchement ce qu'il éprouve en entendant les discussions des partisans du peuple et des partisans du roi, en voyant l'orgueil des grands, des guerriers, des héros : il est pour Vauban contre Louvois, et ne dissimule pas ses préférences pour l'humanité et la vertu (1). Malgré la hardiesse de ses expressions, il n'y en a point de fausses, et qui ne rendent très heureusement sa pensée. La Bruyère ajouta aussi à son livre un certain nombre de réflexions qui remontent à une époque antérieure, mais dont les événements contemporains rappelèrent les principales idées ou provoquèrent la publication : par exemple, ses réflexions sur les réhabilitations sont venues à propos du procès en réhabilitation (2) que soutint Gourville. Et ses réflexions sur la nécessité de lire et de comprendre les textes sans commentaires (3) sont venues à propos du récent ouvrage de Domat sur les lois civiles dans leur ordre naturel, et du brillant concours qui venait d'avoir lieu entre les agrégés à la faculté de droit de Paris. Il est probable que ces réflexions remontaient au temps où la Bruyère faisait ses études de droit avec Cl. Fleury.

Pour rendre son livre plus fini, il y introduisit la description d'un certain nombre d'exceptions aux lois générales qu'il en avait écartées

---

(1) *Menagiana*, t. IV, p. 218.
(2) Chap. XIV, n° 3.
(3) Chap. XIV, n° 73. *Lois civiles*, par Domat, 1689 et 1691. *Mercure galant*, avril 1690, p. 61-75.

jusque-là (1), des vices uniques qui étaient moins de l'humanité que de la personne, des curiosités qui étaient plus amusantes que contagieuses, des ridicules qui étaient d'une grande ressource, sinon pour l'instruction et la morale, du moins pour la peinture des mœurs de l'époque : par exemple, l'amour des tulipes (2), le goût des prunes, la philologie orientale, la passion des insectes ou des coquilles, et l'éducation des serins, qui plaisait tant à son ami Santeul. A côté de ces petits caractères où il semble avoir fait quelque chose de rien, il mit de grands caractères dans le genre d'Aristote où il peint sous les costumes de son époque (3) les mœurs des différentes classes de l'humanité : tels sont Giton et Phédon, ou le riche et le pauvre. Enfin il a inséré dans sa sixième édition un certain nombre de portraits qui sont néanmoins des caractères, parce qu'il n'a pris à ses originaux que les traits qui pouvaient servir de types ou d'exemples pour le grand nombre des lecteurs. La sixième édition ne contient guère plus de 70 numéros nouveaux; mais souvent ils sont plus longs que les autres, et il y a des morceaux d'une beauté achevée.

Pour rendre son livre plus régulier, il s'efforça de disposer ses nouvelles remarques dans les différents chapitres en suivant un ordre plus logique. Jamais il n'y put parvenir. Le cadre de ses chapitres était trop étroit, et se déchirait sous la pression des remarques qu'il y entassait. Il voulut leur donner du jour et de la place, et il transposa une quarantaine des anciennes remarques : alors le fil des idées se rompait à chaque instant, soit par ce qu'on ôtait, soit par ce qu'on ajoutait. D'ailleurs ce chassé-croisé de ses remarques produisait une confusion inévitable. La Bruyère essaya d'y remettre un peu de clarté en changeant quelques noms : par exemple, en mettant Antisthius (4) à la place d'Antisthènes, et Antisthènes (5) à la place de Démocrite. Vains efforts! travail inutile! La sixième édition des *Caractères ou mœurs de ce siècle* n'aura pas une meilleure forme que la cinquième, au contraire; elle sera encore plus irrégulière et plus obscure. L'auteur tournait dans un cercle vicieux d'où il ne pouvait sortir. Renonçant à distinguer dans son livre les différentes éditions entre elles, il

---

(1) Chap. XI, n° 158.
(2) Chap. XIII, n° 2.
(3) Chap. VI, n° 83.
(4) Chap. XII, n° 67.
(5) Chap. XII, n° 21.

supprima dans la sixième les pieds de mouche qui se voyaient en marge dans la cinquième. Espérait-il que le public, qui ne verrait plus de pieds de mouche en marge, ne s'apercevrait pas des additions si importantes insérées dans l'ouvrage? On pourrait le croire; quand la sixième édition fut achevée d'imprimer (1), on remarqua que son volume n'était pas beaucoup plus gros que celui de la cinquième : c'est que la traduction de Théophraste était imprimée en caractères plus petits que dans les éditions précédentes. Plus la Bruyère s'efforçait de cacher les additions de sa sixième édition, plus il en signalait l'importance à ses ennemis. Ils s'en apercevront, et ils le lui feront bien sentir. Michallet n'en avait nul souci : il augmentait sa fortune, et les Célestins ne pourront pas lui chercher querelle.

(1) 1er juin 1691.

CHAPITRE XXXIII.

1691-1692.

Situation politique de la France en Europe au mois de juin 1691. — Grandeur et faiblesse de Louis XIV. — Empire de Louvois, son activité fébrile, ses inquiétudes, sa mort. — Effet que produit cette mort en France et en Europe. — Le roi de France veut gouverner seul. — Succès de Guillaume d'Orange en Irlande; combat de Leuse en Flandre; Catinat, chassé du Piémont, prend Montmélian en Savoie. — Rôle politique de Mme de Maintenon : sa réforme à Saint-Cyr et à la cour de France. — On fait marier Courtanvaux et Barbézieux, fils de Louvois, le duc du Maine et le duc de Chartres. — Étranges intrigues. — L'abbé Dubois se révèle : il réduit le duc de Chartres à épouser, malgré sa mère, Mlle de Blois. — Le duc du Maine est amené par Mme de Maintenon à épouser Mlle de Charolais, fille de M. le Prince. — Scènes curieuses à la cour de France et dans la maison de Condé. — La Bruyère jouit de ce spectacle et fait une ample récolte d'observations de tout genre. — Le gouvernement du royaume ressemble à une pastorale. — Mais pendant ce temps les événements les plus graves se préparent : la guerre la plus terrible au dehors, et au dedans une révolution sociale.

La Bruyère l'avait déjà remarqué, « de même qu'il y a une intempérance de langue qui ne permet pas à quelques-uns de se taire (1), il y a une intempérance de savoir qui ne permet pas à quelques autres d'ignorer quelque chose (2) : ils ne peuvent pas se résoudre à renoncer à toute sorte de connaissances; ils les embrassent toutes, et n'en possèdent aucune; ils aiment mieux savoir beaucoup que de savoir bien, et être faibles et superficiels dans diverses sciences que d'être sûrs et profonds dans une seule. Ils trouvent en toute rencontre celui qui est leur maître, et qui les redresse. » Ce fut le travers de M. Charpentier, doyen de l'Académie française. Louis XIV n'avait point daigné enten-

---

(1) Théophraste, *Le babil.*
(2) Chap. XIII, n° 2.

dre les compliments de l'Académie, qui était venue en corps le féliciter à son retour de Mons. M. Charpentier ne voulut point perdre la belle harangue qu'il avait composée pour la circonstance : il la fit insérer dans le *Mercure galant* du 28 mai 1691. On y lit que « le roi est comme le Jupiter d'Homère (1), contre qui tous les dieux sont unis ; après leur avoir reproché la vanité de leur dessein, le père des dieux et des hommes leur fait voir par expérience que sa force est inébranlable, et tandis qu'ils tirent contre lui, il les enlève avec le globe de la terre et de la mer. » — « N'en déplaise à M. Charpentier, dit Bayle (2), Jupiter dans Homère ne met point en expérience son dessein d'enlever avec le globe de la terre et de la mer tous les dieux ligués contre lui : il ne fait que s'en vanter, il ne fait que menacer. Les autres dieux n'étaient point persuadés qu'il s'en vantait justement. Ils se contentaient de croire que, dans les combats d'un à un, il se trouverait plus fort qu'eux. Sa menace (3) parut ridicule à Mars, qui se souvenait qu'il n'y avait pas longtemps que Neptune, Junon, Minerve, ayant entrepris de se saisir de Jupiter et de le lier, le remplirent de frayeur, et l'eussent lié effectivement, si Téthys n'avait eu pitié de lui, et n'eût appelé à son secours les cent bras de Briarée. Si M. Charpentier avait connu l'esprit satirique de nos faiseurs de libelles, il se serait apparemment abstenu de comparaisons. Il eût songé à Lucien et à ses dialogues des dieux. »

Louis XIV n'avait pas réussi au siège de Mons comme il l'aurait désiré. C'était sa faute, disait-on : la ville de Mons prise, il n'avait qu'à marcher sur Bruxelles pour s'en emparer ; déjà les bourgeois de la capitale des Pays-Bas espagnols poursuivaient de leurs cris le prince d'Orange, qui les abandonnait au vainqueur. Mais le roi de France, qui savait préparer et conduire un siège, ne savait pas et ne voulait pas faire campagne ; il n'agissait qu'à coup sûr et ne livrait rien au hasard. On lui reprochait dans la maison de Condé cette prudence excessive, qui n'était pas dans le caractère de feu M. le Prince. Mais on justifiait aussi cette stratégie par des considérations politiques qui n'étaient pas sans valeur. Un général, chargé du commandement en chef d'une armée, n'a pas la même responsabilité qu'un souverain (4):

---

(1) *Iliade,* livre VIII, v. 19-27.
(2) *Dictionnaire de Bayle,* t. III, p. 534.
(3) *Dialogues des Dieux,* par Lucien, n° 21.
(4) Chap. X, n° 25.

« Les huit ou dix mille hommes (que Condé ne craignait pas de sacrifier à Senef pour avoir la gloire de battre l'ennemi) sont au souverain comme une monnaie dont il achète une place ou une victoire : s'il fait qu'il lui en coûte moins, s'il épargne les hommes, il ressemble à celui qui marchande et qui connaît mieux qu'un autre le prix de l'argent. »
Le prince d'Orange n'était pas si économe du sang humain. Les journaux et libelles imprimés en Hollande crièrent victoire, quand ils virent que le roi de France était rentré à Versailles. Le siège de Mons n'avait été qu'une splendide illumination, et n'avait pas produit plus d'effet qu'un *Te Deum* chanté dans l'église Notre-Dame de Paris. Le roi de France fut réduit comme auparavant à combattre sur terre et sur mer ses ennemis coalisés. Et maintenant la ligue d'Augsbourg avait pour chef incontesté le plus grand diplomate de son temps, cet usurpateur qui par son habileté était devenu un libérateur, ce profond politique qui prenait conseil du temps, du lieu, des occasions, du génie des nations, qui savait profiter de sa faiblesse comme de sa puissance, qui avait réuni les protestants et divisé les catholiques, en un mot, ce Mars qui savait lier Jupiter : il voulait obliger Louis XIV à restituer ses conquêtes depuis le traité de Nimègue.

La Bruyère comprenait les dialogues de Lucien mieux que Charpentier ; il connaissait aussi, comme le voulait Bayle, les libelles écrits en Hollande et leur esprit satirique (1) ; il méprisait ces conteurs de fables, qui arrangent selon leur caprice des discours et des faits remplis de fausseté : mais le maître de politique de M. le Duc crut devoir répondre au reproche que les Anglais et les Hollandais faisaient aux Français, de n'avoir pas de patriotisme et d'obéir en esclaves à la volonté d'un despote. Il ne chercha point à cacher le défaut de la cuirasse royale ; il dit franchement (2) : « Il n'y a point de patrie dans le despotique ; d'autres choses y suppléent : l'intérêt, la gloire et le service du prince. » — 1° L'intérêt : « Tout prospère dans une monarchie où l'on confond les intérêts de l'État avec ceux du prince (3). » — 2° La gloire : « A voir comme les hommes aiment la vie (4), pourrait-on soupçonner qu'ils aimassent quelque autre chose plus que la vie ? et que la gloire, qu'ils préfèrent à la vie, ne fût souvent qu'une cer-

---

(1) Caractère du nouvelliste, dans Théophraste.
(2) Chap. x, n° 4.
(3) Chap. x, n° 26.
(4) Chap. xii, n° 98.

taine opinion d'eux-mêmes établie dans l'esprit de mille gens qu'ils ne connaissent point ou qu'ils n'estiment point? » — 3° Le service du prince : « Il y a un commerce ou un retour de devoirs du souverain à ses sujets, et de ceux-ci au souverain (1) : quels sont les plus assujettissants et les plus pénibles, je ne le déciderai pas. Il s'agit de juger, d'un côté, entre les étroits engagements du respect, des secours, des services, de l'obéissance, de la dépendance ; et, d'un autre, les obligations indispensables de bonté, de justice, de soins, de défense, de protection. Dire qu'un prince est arbitre de la vie des hommes, c'est dire seulement que les hommes par leurs crimes deviennent naturellement soumis aux lois et à la justice, dont le prince est le dépositaire : ajouter qu'il est maître absolu de tous les biens de ses sujets, sans égards, sans compte ni discussion (2), c'est le langage de la flatterie, c'est l'opinion d'un favori qui se dédira à l'agonie. »

Bien des gens étaient las de supporter l'empire de Louvois, surtout ceux qui espéraient gagner quelque chose à sa chute ou à sa mort. « Tous les hommes, par les postes différents, par les titres et par les successions, se regardent comme héritiers les uns des autres, et cultivent par cet intérêt, pendant le cours de leur vie, un désir secret et enveloppé de la mort d'autrui (3) : le plus heureux dans chaque condition est celui qui a le plus de choses à perdre par sa mort et à laisser à son successeur. » Aussi dès qu'on s'aperçut que le crédit du puissant ministre était ébranlé, une foule de courtisans avides rivalisèrent de zèle, de finesse et d'habileté pour le faire tomber tout à fait et recueillir quelque chose de son immense héritage. Il reconnut, affirme Saint-Simon (4), que sa perte était inévitable, et que le roi voulait le mettre à la Bastille. « Un jour à Meudon, il menait lui-même une petite calèche où étaient sa bonne amie Mme de Rochefort et la fille de cette dame ; il les conduisit droit dans un bassin, et ces paroles lui échappèrent, assez haut pour qu'elles l'entendissent : « Je suis perdu!... et après tout ce que j'ai fait, l'osera-t-il ? » Ces dames se jetèrent aux rênes, tout sur le bord du bassin, et réveillèrent M. de Louvois d'une sorte de léthargie qui le tenait extérieurement absorbé, et dont, tout libre qu'il était avec elles, il demeura fort em-

---

(1) Chap. x, n° 28.
(2) *Mémoires de la Fare*, éd. Michaud, p. 297.
(3) Chap. vi, n° 70.
(4) Addition au Journal de Dangeau, t. III, p. 365.

barrassé. Le jour qu'il mourut, ajoute Saint-Simon, les ordres étaient donnés pour le conduire à la Bastille, d'où il ne serait jamais sorti. » Il nous semble fort douteux que ces ordres aient jamais été donnés, mais le bruit en courut, surtout dans le monde où l'on désirait qu'ils fussent exécutés.

Pendant ce temps-là le favori, dont le bonheur excitait tant d'envie, travaillait avec une activité fébrile à lancer cinq armées françaises sur les terres des ennemis de son roi. Luxembourg en Flandre, Boufflers sur la Moselle, de Lorges en Allemagne, Catinat en Italie, de Noailles en Catalogne, étaient chargés d'écraser les princes de la ligue d'Augsbourg. Il les pressait de réduire les faibles à s'en détacher, et de faire perdre patience aux peuples, leurs sujets, en les tourmentant le plus qu'il se pourrait (1). Mais ce système, qu'il croyait le plus pratique et le plus sûr, ne réussissait plus à son gré. Les ennemis étaient révoltés d'un pareil procédé, et les généraux français commençaient à distinguer les ordres du ministre des volontés du roi. Luxembourg en Flandre brûla Hall, et s'en tint là; Boufflers bombarda Liège, et se retira. Louvois voulait qu'on bombardât aussi Bruxelles; mais Luxembourg et Vauban refusèrent de faire un mal inutile, qui ne servait qu'à exaspérer des populations inoffensives. En Italie, Louvois subit un véritable affront : Catinat occupa Veillane et Carmagnole, comme il lui était ordonné; mais Bulonde son lieutenant, qui jouissait de toute la confiance de Louvois, échoua au siège de Coni et fut chassé par le prince Eugène après une légère escarmouche. Enfin on sut qu'en Allemagne les ennemis avaient jeté un pont sur le Rhin au-dessus de Mayence, quoique le marquis d'Huxelles fût campé vis-à-vis avec toute l'infanterie. Cruellement mortifié de tous ces échecs, le ministre s'acharnait au travail, sans trêve ni merci, lorsqu'il fut subitement enlevé par une apoplexie foudroyante.

Le 16 juillet, M. de Louvois travaillait avec le roi dans le cabinet (2); en lisant une lettre, il s'arrêta tout à coup, tant il se sentit oppressé. « Vous changez de visage ; qu'avez-vous? dit le roi. — Je me trouve mal; et comme il n'y a rien de bien pressé dans ma liasse de papiers, je supplie Sa Majesté de remettre mon travail à demain matin. » Le roi le lui accorda facilement. Il sortit du cabinet du roi, traversa les appartements et la galerie, appuyé sur le

---

(1) Lettre de Louvois à Vauban, voy. C. Rousset, t. IV, p. 477.
(2) De Sourches, t. III, p. 436.

bras de Chavigny, l'un de ses gentilshommes, parla en chemin à différentes personnes de leurs affaires, remit au lendemain un capitaine de cavalerie qui avait été cassé, et, à peine rentré chez lui, se fit saigner par Dionis, chirurgien de Mme la Dauphine (1). Puis il dit : « Je me sens évanouir. » Il se jeta en arrière, il eut quelques râlements, et il expira. On lui donna encore mille remèdes ; mais il était mort. Une infinité de gens accoururent à son appartement et le virent étendu sur son lit. Le roi fut sensiblement touché de cette perte, au milieu d'une campagne et pendant le cours d'une guerre dont ce ministre semblait seul avoir la clef. Cet incident troubla toute la cour. Pour remettre les esprits, le roi, après avoir tenu conseil avec les trois ministres Croissy, le Pelletier et Pontchartrain, descendit dans son jardin pour prendre l'air un moment, et aussi par pure politique, pour se montrer au public et faire voir qu'il n'était pas mort comme son ministre.

Parmi les amis de Louvois, il y avait bon nombre de braves et galants gentilshommes dont il protégeait la fortune et les plaisirs ; esprits légers et vaniteux, gens sans consistance ni vergogne, uniquement attachés au ministre, ils lui disaient comme Horace à Munatius Plancus (2) : « Les uns aiment le glorieux Chantilly, ou l'aimable Anet, d'autres recherchent les agréments de Sceaux, ou l'austérité de Basville : pour moi, je préfère Meudon, votre superbe Meudon. Quel beau site ! quels nobles bâtiments ! quelle vue magnifique et quelle douce liberté ! C'est là que l'on dîne ! c'est là que l'on soupe avec délices. — Et que dit-on de moi dans le monde ? demandait Louvois. — Ce que nous vous avons dit souvent (3) : « M. de Seignelay est mort pour ses maîtresses, et vous vous tuez pour votre maître. » Louvois mort, la Bruyère fut témoin d'une scène historique qu'il a ainsi décrite (4) : « Celui qui dit : *Je dînai hier à Tibur* (Meudon), ou : *J'y soupe ce soir*, qui le répète, qui fait entrer dix fois le nom de Plancus (Louvois) dans les moindres conversations, qui dit : *Plancus me demandait... Je disais à Plancus...* celui-là même apprend dans ce moment que son héros vient d'être enlevé

---

(1) *Dissertation sur la mort subite*, par Dionis (Paris, 1710, in-12), ch. De l'apoplexie pulmonaire.
(2) Horace, livre Ier, ode VII.
(3) Correspondance de Bussy, t. VI, p. 414.
(4) Chap. VIII, n° 59.

par une mort extraordinaire. Il part de la main, il rassemble le peuple dans les places ou sous les portiques, accuse le mort, décrie sa conduite, dénigre son consulat, lui ôte jusqu'à la science des détails que la voix publique lui accorde, ne lui passe point une mémoire heureuse, lui refuse l'éloge d'un homme sévère et laborieux, ne lui fait pas l'honneur de lui croire, parmi les ennemis de l'empire, un ennemi. » La Bruyère détestait la politique de Louvois; il lui reprochait de manquer de droiture dans ses intentions, de maturité ou de réflexion dans ses conseils, d'équité dans ses projets, de modération dans sa conduite (1), et d'y apporter plus de violence et de prévention que de justice et de bonne foi; mais il lui reconnaissait, avec tout le monde, les talents d'un grand ministre : la science des détails qui lui permettait de conduire non sans aisance la plus vaste et la plus lourde administration, une mémoire heureuse qui embrassait tout, retenait tout et à qui rien n'échappait, une sévérité qui rompait tous les fils de l'intrigue et brisait toutes les résistances, une opiniâtreté au travail et un attachement au bien de l'État qui lui valurent l'honneur d'être odieux aux ennemis de la France.

La mort extraordinaire de Louvois fit croire qu'il avait été empoisonné (2). Lorsqu'on ouvrit le corps du ministre, sa famille fit promettre aux médecins et chirurgiens que, s'ils remarquaient quelque trace de poison, ils ne le diraient à personne : tous gardèrent leur parole; mais Daquin, premier médecin, qui croyait avec raison, dit le grand prévôt de France, qu'aucune parole ne le pouvait obliger à faire finesse à son maître d'une chose qui regardait son service, alla aussitôt trouver le roi, et l'assura que le marquis de Louvois avait été empoisonné, de cette espèce de poison qui ne fait autre chose que flétrir le cœur et empêcher tout à coup la circulation du sang. Le roi demanda ensuite d'où venait qu'on avait voulu en faire finesse, et la chose devint publique. Cela ne contribua pas peu à faire raisonner les courtisans, qui avaient déjà bien discouru sur la mort de Seignelay. En effet, la maladie de langueur qui avait traîné lentement au tombeau le jeune et brillant ministre de la marine, avait permis à ses flatteurs de se retirer peu à peu et de ménager la transition, tandis que la fin subite et tragique de Louvois avait, par un coup de théâtre imprévu, tiré le rideau, fait tomber

---

(1) Chap. x, n° 2.
(2) De Sourches, t. III, p. 437.

les masques, et montré en plein jour la comédie des courtisans. Ils étaient tellement occupés de leurs intérêts et de leurs vues particulières, qu'ils ne pensaient à rien d'autre. « Un grand croit s'évanouir (1), et il meurt; un autre grand périt insensiblement, et perd chaque jour quelque chose de soi-même avant qu'il soit éteint : formidables leçons, mais inutiles! Des circonstances si marquées et si sensiblement opposées ne se relèvent point et ne touchent personne : les hommes n'y font pas plus d'attention qu'à une fleur qui se fane ou à une feuille qui tombe; ils envient les places qui demeurent vacantes, ou ils s'informent si elles sont remplies et par qui. »

Oui, par qui remplacer M. de Louvois? Telle était la grande question du jour; car on ne pouvait se dissimuler le vide énorme que laissait cet homme à la cour de France. « Le voilà donc mort, ce grand ministre (2) qui tenait une si grande place, dont le moi, comme dit Nicole, était si étendu, qui était le centre de tant de choses! Que d'affaires, que de desseins, que de projets, que de secrets, que d'intérêts à démêler, que de guerres commencées, que d'intrigues, que de beaux coups d'échecs à faire et à conduire! Ah! mon Dieu, donnez-moi un peu de temps, je voudrais bien donner un échec au duc de Savoie, un mat au prince d'Orange. Mais non, vous n'aurez pas un seul moment. » Celui qui remplacera Louvois doit prendre en main ce jeu formidable, et le jouer à l'instant, sinon comme lui, au moins aussi bien que lui, ou bien il ne pourra pas rester à son poste. « Je crois pouvoir dire d'un poste éminent et délicat, qu'on y monte plus aisément qu'on ne s'y conserve (3). » La Bruyère ajoute (4) : « L'on voit des hommes tomber d'une haute fortune par les mêmes défauts qui les y ont fait monter. »

Autant que cela peut être dit d'un homme mortel et borné de sa nature, rien n'était impossible à Louvois. Il écrivait ou dictait jusqu'à soixante et onze lettres en un jour. Il fut démontré qu'il était mort à la peine, et non par le poison (5). Le roi ne demandait qu'à remplacer un pareil ministre, mais il ne put jamais y parvenir.

(1) Chap. XVI, n° 18.
(2) Lettre de Mme de Sévigné à M. de Coulange.
(3) Chap. VIII, n° 33.
(4) Chap. VIII, n° 34.
(5) *Dissertation sur la mort subite,* par Dionis. Dangeau, t. III, Appendice.

Le troisième fils de Louvois, M. de Barbézieux, âgé de vingt-cinq ans, qui avait la survivance du secrétaire d'État à la guerre, devint titulaire, sous la protection de Mme de Maintenon et sous la tutelle du premier commis M. de Saint-Pouange. Le ministre M. le Pelletier, ancien contrôleur général des finances, eut la direction des postes; son frère, le Pelletier de Souzy, eut les fortifications. Villacerf, frère de Saint-Pouange, eut la surintendance des bâtiments. Les manufactures et les haras passèrent au ministre Pontchartrain. Dangeau sera grand maître de l'ordre de Saint-Lazare. Chamlay fut appelé auprès du roi pour le conseiller sur les opérations militaires. Arnaud de Pomponne rentra au conseil et Beauvillier y fut admis pour s'occuper des dépêches et des affaires générales. Tant d'hommes de mérite, avec leurs talents divers, ne pouvaient-ils pas remplacer Louvois? Louis XIV le crut; car le roi Jacques II lui ayant fait faire ses compliments de condoléance sur la mort de M. de Louvois, le roi répondit à l'envoyé, s'il faut en croire Dangeau : « Dites au roi d'Angleterre que j'ai perdu un bon ministre, mais que ses affaires et les miennes n'en iront pas plus mal. » On peut supposer toutefois que Louis XIV comptait sur lui-même plus que sur ses ministres. « Il faut se faire valoir par des choses qui ne dépendent point des autres, mais de soi seul, ou renoncer à se faire valoir (1). » Telle est la maxime qu'il mit à la mode.

Dès sa jeunesse, à l'âge des plaisirs, il avait toujours montré beaucoup d'application pour son métier de roi. Cette habitude n'avait fait que s'accroître avec les années (2); après la mort de Louvois, il travailla trois ou quatre heures de plus par jour qu'il ne faisait auparavant. Les solliciteurs se plaignaient qu'il les oubliât : « Je suis sûre, leur disait Mme de Maintenon, que vous lui pardonneriez, si vous voyiez de près comment ses journées se passent; les personnes qui l'ont vu le plus sont surprises de son activité. Il a plus de conseils que jamais; il ne donne que deux heures par jour pour la chasse. Quand il le peut, il rentre à six heures et est jusqu'à dix heures à écrire, à lire, à dicter. Souvent il congédie les princesses, après souper, pour expédier quelques courriers. Les généraux sont si charmés d'être en commerce avec lui, qu'ils lui rendent un compte fort détaillé, pour s'attirer de ces réponses qui les enchantent, et que, sans

---

(1) Chap. II, n° 11.
(2) Dangeau, *Journal*, 21 août 1691.

vouloir insulter Louvois, ils trouvent d'un style fort doux. » Mais si le roi redoublait de zèle et d'ardeur au travail, il exigeait que chacun en fît autant. « Le 26 juillet, il dit à Mgr le Dauphin qu'il voulait que dorénavant il fût de tous ses conseils (1). Ses deux nouveaux ministres, M. de Beauvillier et de Pomponne, étant venus pour la première fois au conseil d'État, il commença par instruire Monseigneur, en bon père et en monarque très juste et très habile, de tous ses devoirs et de la manière de les accomplir : il lui expliqua comment il devait entrer dans les affaires pour devenir un jour un grand roi, qui gouvernât ses peuples avec justice et avec piété, et qui fût plutôt le père que le maître de ses sujets. Il parla à son fils et successeur avec tant de force et de tendresse, que Monseigneur ne put s'empêcher de se jeter à ses genoux pour lui témoigner son respect et sa reconnaissance. Ensuite le roi, se tournant vers ses deux nouveaux ministres, leur fit le plan de toutes les affaires de l'Europe, leur dit toutes les raisons qu'il avait eues d'agir comme il avait fait jusqu'alors, leur apprit tous les intérêts des princes étrangers et toutes leurs liaisons, leur découvrit les desseins qu'il formait pour l'avenir et les moyens qu'il avait pour les exécuter. Enfin, pendant plus d'une heure que son discours dura, il ne prit jamais une parole pour l'autre, et leur parla avec tant de force, d'éloquence et de justesse, qu'ils sortirent du conseil pénétrés de la beauté de son génie, qui n'avait été cultivé par aucune science. »

La flatterie ne renonçait pas à ses droits ; mais malheur à la jeunesse légère qui manquera de respect pour les commandants de corps d'armée que le roi honorait de sa confiance ! Catinat (2), qui entrait parfaitement dans les vues de Sa Majesté, se plaignit de la conduite de deux maréchaux de camp, le marquis de Créquy et le prince d'Elbeuf, et d'un brigadier d'infanterie, le duc de la Ferté : ils aimaient trop leur plaisir, critiquaient la conduite de leur général, et l'embarrassaient au lieu de le seconder. Le roi était si mécontent, qu'il fallut l'intervention des amis de toutes les parties pour empêcher une punition exemplaire. On en parla beaucoup à la cour. Les princesses trouvaient bien austères ces nouvelles habitudes du roi leur père : il n'allait plus du tout à la comédie ; il venait rarement aux apparte-

---

(1) De Sourches, t. III, p. 442.
(2) De Sourches, t. III, p. 458.

ments, qu'elles étaient obligées de tenir seules (1). Pendant qu'elles s'amusaient à l'escarpolette, à la roulette, à la chasse avec Monseigneur, ou à des collations charmantes qu'elles se donnaient entre elles, le roi ne songeait qu'à travailler : c'est qu'il apprenait tous les jours, par son expérience personnelle (2), combien il était difficile de remplacer Louvois, le plus grand homme en son genre qu'on eût vu depuis plusieurs siècles.

« Tout ce que fait le roi est parfait (3) ; il est le plus habile homme de son royaume ; il travaille sans cesse et suffit à tout. Il n'y a qu'à prier Dieu qu'il le conserve. » Voilà le langage de la flatterie. Louis XIV en sentait mieux que personne toute la fausseté. Il écrivait au maréchal de Luxembourg (4) : « Je suis persuadé que, quand je ne vous manderais pas mes pensées, vous feriez aussi bien et peut-être mieux ; mais l'amour-propre fait croire que ce qu'on dit n'est pas inutile, et peut donner des connaissances que l'on n'a pas, quoique l'on soit très capable. » Les événements lui répétaient chaque jour qu'il s'était trompé lorsqu'il s'était engagé à rétablir Jacques II sur son trône. En 1691, il n'avait envoyé en Irlande qu'un général, Saint-Ruth, avec quelques officiers et des munitions (5). Ce général, aussi vain et présomptueux que les Irlandais, trouvait cela suffisant pour expulser les Anglais d'Irlande. Lui aussi, il voulait se faire valoir par ce qui ne dépend pas des autres, mais de soi-même, ou renoncer à se faire valoir. Mais déjà Churchill avait soumis à Guillaume d'Orange la province de Munster, et Saint-Ruth avait perdu la place d'Athlone, qui protégeait le Connaught. Alors Saint-Ruth avait livré la bataille d'Aghrim pour relever les affaires de Jacques II ; mais il avait été tué au commencement de la journée ; ses troupes s'étaient débandées, et les Anglais en avaient fait grand carnage. Limerick fut de nouveau assiégée, et finit par capituler le 13 octobre. Les officiers français qui étaient encore en Irlande ramenèrent à Brest 12,000 Irlandais, qui entrèrent au service de la France. L'usurpateur était maître des trois royaumes de la Grande-Bretagne, et Louis XIV, moralement vaincu par le prince d'Orange, fut bien obligé de courber la tête

---

(1) Dangeau.
(2) Saint-Simon, *Addition au Journal de Dangeau.* C. Rousset, t. IV, p. 501.
(3) Mme de Sévigné, t. X, p. 55 (lettre à M. de Coulanges, 14 août 1691).
(4) Septembre 1691.
(5) *Mémoires du maréchal de Berwick.*

sous la main du Très-Haut, qui élève ou renverse les trônes comme il lui plaît, et donne aux princes de terribles leçons.

Alors Guillaume, dans les Pays-Bas, se flattait d'écraser l'armée française : elle était inférieure en nombre à la sienne, et il la supposait désorganisée par la mort de Louvois. Le maréchal de Luxembourg reçut ordre de manœuvrer avec prudence (1) : « Il serait bon de rabattre un peu la gloire du prince d'Orange, et de faire voir aux peuples les artifices dont il se sert et les menteries qu'il leur dit en toutes rencontres. Je vous dépêche un courrier pour vous en donner avis, et vous recommander toujours que vous devez vous servir de ma cavalerie, plutôt que de vous engager à un combat d'infanterie, où l'on perd beaucoup de monde, et qui ne décide jamais rien. » Luxembourg manœuvra si habilement en face de l'armée de Guillaume, qu'il la réduisit à l'impuissance : elle ne put l'attaquer. Mais un jour Luxembourg aperçut 45 escadrons de la cavalerie ennemie sur un terrain étroit où ils ne pouvaient se déployer ; il les attaqua aussitôt avec 28 escadrons et, après un combat très vif, resta maître du champ de bataille. Cette victoire coûta aussi cher qu'un combat d'infanterie et ne décida rien. On n'eut pas même la satisfaction d'avoir battu Guillaume, qui depuis trois jours s'était séparé du prince de Waldeck. Ce fut le vaincu de Fleurus qui ajouta la défaite de Leuse à tant d'autres qu'il avait essuyées, et qui ne s'en trouva guère plus mal, car il put se vanter d'avoir pris quelques drapeaux français, dont les journaux de Hollande firent grand bruit. Étonné de n'avoir appris qu'indirectement cet accident, le roi en fit reproche au maréchal de Luxembourg : le roi ne semblait pas comprendre que ses recommandations étaient des ordres, et qu'il imposait un mauvais système stratégique aux chefs de ses armées. Il en eut bientôt la preuve. Sans doute le maréchal de Noailles assiégea la Seu d'Urgel et s'en empara ; sans doute la flotte française bombarda Barcelone et Alicante sous les yeux de l'amiral espagnol Papachino, qui commandait une flotte supérieure en nombre ; mais le roi avait défendu au maréchal de Lorges de livrer bataille en Allemagne : les ennemis se gardèrent bien de la lui offrir. Pendant ce temps-là, le prince Louis de Bade, qui commandait les Allemands en Hongrie, gagnait sur les Turcs la sanglante bataille de Salankemen ; et le prince Eugène, avec

---

(1) *Hist. de Louvois*, par C. Rousset, t. IV, p. 510.

12,000 hommes de troupes impériales et quelques régiments d'Espagne, s'étant joint au duc de Savoie, lui donnait un grand avantage sur Catinat. Le roi pressait Catinat de faire l'impossible pour ne pas céder à l'ennemi. Catinat fit l'impossible et, après la perte de Carmagnole, il fut chassé du Piémont, et ne put y conserver que Suse et Saluces. Il se maintenait non sans peine en Savoie, et assiégeait le château de Montmélian, qu'on disait imprenable. Les ennemis se préparaient à passer les Alpes pour venir l'y accabler. Le roi lui écrivit : « Je veux que vous alliez les combattre, et que vous souteniez cette affaire avec toute la hauteur qui convient à l'honneur de mes armes et au bien de mon service. » La neige qui couvrit les Alpes arrêta la marche des ennemis. Enfin, le 26 décembre, le roi eut la consolation d'apprendre que l'infatigable Catinat était maître du château de Montmélian, et que la garnison avait pris parti dans les troupes françaises : succès médiocre, si on le compare aux pertes que l'on avait éprouvées ; mais il fallut bien s'en contenter. On était déjà las de faire une guerre infructueuse. « C'est par faiblesse que l'on hait un ennemi, et que l'on songe à se venger ; et c'est par paresse que l'on s'apaise, et qu'on ne se venge point (1). » On commençait à s'apaiser en France, mais les ennemis de la France n'en étaient que plus acharnés au combat : ils estimaient avec raison que la campagne de 1691 finissait à leur avantage. Si Louis XIV avait la vigilance qui fait agir, le courage et l'élévation d'esprit qui font décider et entreprendre, il manquait de ces lumières qui empêchent d'être surpris : les grands caractères sont exposés à de grandes faiblesses.

« Les hivers, dit Mme de Caylus, ne se ressentaient point de la guerre. La cour était toujours aussi nombreuse, magnifique et occupée de ses plaisirs, tandis que Mme de Maintenon bornait ses soins à Saint-Cyr et à perfectionner cet ouvrage. » L'influence de Mme de Maintenon s'étendait beaucoup plus loin. Le roi travaillait plus que jamais dans sa chambre ; la présence de Louvois ne la gênait plus, les ministres et les courtisans voyaient bien la confiance qu'avait Sa Majesté dans le solide bon sens et la haute raison de cette dame (2). Elle avait deux buts : 1° se consacrer entièrement au roi et à ses volontés, à ses goûts, à ses habitudes, dans la dépendance d'une épouse chrétienne et d'une humble religieuse ; 2° travailler à le ramener de plus en plus à Dieu

---

(1) Chap. IV, n° 70.
(2) *Histoire de Mme de Maintenon*, par le duc de Noailles, t. III.

à la pratique de la religion, comme le lui conseillaient tous ses [rec]teurs, depuis Bourdaloue et Fénelon, jusqu'à Godet des Marais. [E]lle avait maintenant une assez belle part dans le monde pour qu'elle [pû]t entrer sincèrement dans la voie du détachement et renoncer un peu [à] elle-même. Comment n'eût-elle pas été effrayée en considérant de près la place de l'homme qu'elle aimait. « Quelle heureuse place [qu]e celle qui fournit dans tous les instants l'occasion à un homme de [fai]re du bien à tant de milliers d'hommes! Quel dangereux poste que [ce]lui qui expose à tous les moments un homme à nuire à un million [d']hommes (1)! » Le roi pouvait-il oublier l'affection que ses peuples [lui] avaient toujours témoignée d'une manière si touchante, et [da]ns tant de circonstances remarquables, depuis sa maladie? Les [ho]mmes sont-ils capables sur la terre d'une joie plus naturelle, plus [flat]teuse et plus sensible, que de connaître qu'ils sont aimés? Si le roi [éta]it homme, pouvait-il jamais acheter trop cher le cœur de ses [pe]uples (2)? C'est pourquoi il mettait tant d'ardeur au travail, tant [d']application à ses devoirs, tant de patience à souffrir les scandales, [ta]nt de soin à les empêcher et tant de prudence à les réparer.

Pour comprendre l'action morale de Mme de Maintenon à la cour, [il] faut se faire au moins une idée de sa réforme à Saint-Cyr (3). Le [1er] septembre 1691, elle écrivait à Mme de Fontaine, maîtresse géné[ra]le des classes (4) : « La peine que j'ai sur les filles de Saint-Cyr ne [se] peut réparer que par le temps, et par un changement entier de l'é[du]cation que nous leur avons donnée jusqu'à cette heure ; il est bien [ju]ste que j'en souffre, puisque j'y ai contribué plus que personne, et [je] serai heureuse, si Dieu ne m'en punit pas plus sévèrement. Mon [or]gueil s'est répandu par toute la maison, et le fond est si grand, qu'il [l']emporte même par-dessus mes bonnes intentions. Dieu sait que j'ai [vo]ulu établir la vertu à Saint-Cyr, mais j'ai bâti sur le sable. N'ayant [po]int ce qui peut seul faire un fondement solide, j'ai voulu que les [fil]les eussent de l'esprit, qu'on élevât leur cœur, qu'on formât leur [ra]ison ; j'ai réussi à ce dessein : elles ont de l'esprit et s'en servent [co]ntre nous ; elles ont le cœur élevé, et sont plus fières et plus hau[ta]ines qu'il ne conviendrait de l'être aux plus grandes princesses ; à

---

(1) Chap. x, n° 30.
(2) Chap. x, n° 31.
(3) Cf. *Mme de Maintenon, extraits sur l'éducation*, par M. Gréard (de l'Institut).
(4) *Lettres sur l'éducation des filles*, publiées par Lavallée, t. I, p. 76, 77.

parler même selon le monde, nous avons formé leur raison, et fait des discoureuses présomptueuses, curieuses, hardies. C'est ainsi que l'on réussit quand le désir d'exceller nous fait agir. Une éducation simple et chrétienne aurait fait de bonnes femmes et de bonnes religieuses, et nous avons fait de beaux esprits que nous-mêmes, qui les avons formés, ne pouvons souffrir. Voilà notre mal et auquel j'ai plus de part que personne. Venons au remède. » Le même jour, 20 septembre, Mme de Maintenon indiquait ainsi le remède à Mme de Montfort, l'une des dames de Saint-Louis : « Nous étions orgueilleuses et curieuses de toutes les choses d'esprit : soyons humbles et simples ; vous et moi devons passer notre vie dans cette pratique ; mais surtout soyez, ma chère fille, un exemple d'humilité. C'est sur quoi il faut établir votre maison, qui va prendre une nouvelle forme, à cette heure que nous allons avoir des bulles pour la transformer en monastère régulier. »

Le véritable auteur de cette réforme était Godet des Marais, récemment nommé évêque de Chartres, diocésain de Saint-Cyr, et directeur de Mme de Maintenon (1). Sulpicien austère, irrépréhensible dans ses mœurs et sa doctrine, mais d'un esprit un peu étroit, il exerçait sur Mme de Maintenon un empire extraordinaire. Mme de Maintenon rédigea un nouveau règlement pour l'éducation des demoiselles, qui fut vu et approuvé par leur évêque. Plus rien de mondain, plus de citations profanes, plus d'autre littérature que les livres de piété (2). La religion suffit à tout. Il faut élever ces jeunes filles le plus durement qu'il sera possible, et ramener ces temps bienheureux, décrits par Fénelon (3), où toutes les familles vivaient comme on vit présentement ou comme on doit vivre dans les maisons régulières. « On se taisait, on priait, on travaillait sans cesse des mains, on obéissait aux pasteurs ; point d'autre joie que celle de notre bienheureuse espérance pour l'avènement du grand Dieu de gloire, point d'autres assemblées que celles où on écoutait les paroles de la foi, point d'autre festin que celui de l'Agneau suivi d'un repas de charité, point d'autres pompes que celles des fêtes et des cérémonies, point d'autres plaisirs que celui de chanter des psaumes ou les sacrés cantiques, point d'autres veilles que celles où l'on ne cessait de prier. O beaux jours ! quand vous reverrons-nous ? qui me donnera des yeux pour voir la gloire de

---

(1) Saint-Simon, t. I. p. 109.
(2) *Lettres sur l'éducation*, t. I, p. 89-98.
(3) Écrit fait par Fénelon pour Saint-Cyr. Cf. *Lettres sur l'éducation*, t. I, p. 99.

Jérusalem renouvelée? C'est à Saint-Cyr que ce bonheur est réservé, et la peinture que je viens de faire doit être la règle des demoiselles ; n'oubliez rien pour les y conduire. » C'est-à-dire que Saint-Cyr, après la réforme de l'évêque Godet des Marais, allait devenir un couvent dans toute la rigueur de cette expression. Mais Mme de Maintenon aura de la peine à vaincre la répugnance du roi, qui n'aimait ni les habits ni les usages de couvent (1) : « Ce n'étaient pas des religieuses qu'il avait voulu faire à Saint-Cyr, et il lui semblait qu'on trouverait dans cette résolution nouvelle l'inconstance de gens qui ne savent ce qu'ils veulent. » C'est pourquoi à la cour et dans la maison de Condé on se permettait d'en parler un peu légèrement : un jour, disait-on, l'une des dames de Saint-Louis écrivit à Mme de Maintenon : « Rassurez-vous, Madame, les jaunes n'ont plus le sens commun. »

Si Louis XIV ne voulait point faire de sa cour un couvent, il ne voulait pas non plus permettre aux grands d'y donner de mauvais exemples ; et, toujours attentif, il ne perdait aucune occasion de prévenir les scandales ou de les corriger. C'était alors dans les dissipations et la licence des armes que la piété rencontrait le plus d'obstacles et d'écueils. Aussi les gens de guerre avaient mauvais renom auprès des dévots, et particulièrement le maréchal de Luxembourg. « L'éclat de ses campagnes et son brillant état de général de l'armée la plus proche et la plus nombreuse lui avaient acquis un grand crédit. La cour était presque devenue la sienne, par tout ce qui s'y rassemblait autour de lui ; surtout depuis la mort de Louvois, la bruyante jeunesse le regardait comme son père ; il était du moins le protecteur de leurs débauches, dont sa conduite, à son âge, ne l'éloignait pas. Il avait captivé les troupes et les officiers généraux ; il était ami intime de M. le Duc et surtout de M. le prince de Conti, le Germanicus d'alors (2). » Il reçut, après sa victoire de Leuse, la lettre suivante que lui écrivait le prince de Conti (du camp d'Endigen, 27 septembre 1691) (3) : « Par ma foi, vous êtes un plaisant homme, et, dans le temps que l'on ne parle partout que de quartiers de fourrage, vous vous avisez d'aller battre la cavalerie de ce pauvre Waldeck. J'avais espéré que cette année vous ne me donneriez pas la peine de vous écrire, et que vous

---

(1) *Mémoires de Louis XIV*, t. II, p. 270.
(2) Saint-Simon, t. II, p. 47, éd. Boislisle.
(3) Saint-Simon, t. II, p. 185 ; l'autographe est au Musée britannique, Mss. additionnel, n° 21509, fol. 105-106.

n'auriez fait autre chose que de faire repasser la Sambre au prince d'Orange, et rompre les grands projets qu'il avait faits contre la France ; mais je vois bien que vous voulez vous battre à quelque prix que ce soit. Je serais bien fâché que le garde qui s'est détaché pour vous tuer eût réussi à son dessein : la France et vos amis y auraient trop perdu. Mais je vous avoue que je me serais consolé qu'il vous eût donné quelque coup qui vous eût un peu étourdi, pour vous apprendre à ne pas tant faire le méchant. Toutes plaisanteries cessantes, homme en France ne prend tant de part à votre gloire que moy, et, si j'ose le dire, n'est si fâché de n'en pas être le témoin, quoique je sache bien qu'il n'y fasse pas sûr. J'ai bien peur que vous n'ayez pas autant d'envie de me voir sous vos ordres que j'en aurais d'y être. J'espère pourtant que ma bonne volonté viendrait au secours de mon ignorance. Je suis ravi de vous savoir en bonne santé, et j'ai beaucoup d'impatience que la campagne soit finie, pour vous assurer moi-même que je m'intéresse plus que personne au monde à tout ce qui peut vous faire plaisir. » Cette lettre nous fait mieux voir que de longues dissertations le caractère du prince de Conti et les rapports d'amitié qui l'attachaient au maréchal de Luxembourg. Ce n'est pas là le style d'un jeune libertin à un vieux protecteur de la débauche. Celui qui écrit ainsi peut être un Germanicus, comme dit Saint-Simon (c'est-à-dire un vrai héros, avec une étoile malheureuse), un prince né pour la gloire, à qui l'on refusait les occasions de se montrer, un homme de guerre qui savait son métier, qui l'aimait, qui en faisait toute son application, et qui ne s'ennuierait jamais à la guerre si on y donnait tous les jours des batailles. Rien de plus doux et de plus flatteur que cette familiarité respectueuse d'un jeune et vaillant prince pour le vieux capitaine, son maître, et qui fut comme lui à l'école du grand Condé. Nous ne comprenons pas qu'on fût scandalisé de l'attachement du prince de Conti et de M. le Duc pour l'heureux général qui défendait la France contre les entreprises de ses plus redoutables ennemis et savait rompre les projets du prince d'Orange. Si la politesse, si le rang, si l'intérêt même ne les éloigna pas de honteux excès, l'autorité d'un prince qui comptait pour rien la valeur, lorsqu'elle était toute seule, suffisait pour empêcher des scandales dont l'éclat ne fût pas demeuré impuni.

Mais les désordres des grands, leurs mauvaises mœurs, donnent à la licence une apparence de noblesse et de bon goût, et répandent jusque dans le peuple le vice et la corruption. Il fallait donc soustraire la jeunesse de la cour aux entreprises criminelles de ces femmes, affranchies de tout respect humain, qui ne gardaient plus aucune mesure et se faisaient une vanité de ne ménager rien. Mme de Maintenon, pour conjurer ces dangers si pressants, fit marier au plus vite les deux fils de Louvois (1). M. de Courtanvaux devait épouser Mlle d'Uzès : on préféra donner ce beau parti à M. de Barbézieux, qui était plus docile et plus laborieux que son aîné (2). Courtanvaux se fâcha; on redoutait sa violence brutale. Son oncle, l'archevêque de Reims, le chapitra tant et si bien (3), qu'il le réduisit à venir déposer son ressentiment aux pieds du roi ; et Mlle d'Estrées, qu'il épousa, le ramena tout à fait à la raison. Le jour du mariage (4), on chantait à l'Opéra ces vers de la Fontaine :

> Que l'amour et l'hymen, toujours d'intelligence,
> Vous comblent à jamais de toutes leurs douceurs !
> Chantons, portons nos voix jusqu'au céleste empire,
> Que les plus graves dieux en nous entendant rire
> Y soient forcés de rire aussi !

Le roi et Mme de Maintenon ne riaient pas. La réforme monastique de Saint-Cyr s'insinuait peu à peu à la cour. Les filles du roi, qui aimaient le plaisir, furent surveillées avec plus de soin que jamais par Mme de Montchevreuil. Mme la princesse de Conti et Mme la Duchesse, sa sœur, ne pouvaient plus s'éloigner ; elles demeuraient assujetties sous l'empire de la grande maîtresse des classes comme Mlle de Blois. Elles tenaient les appartements sans repos, elles devaient s'y amuser sans relâche. A la fin, elles succombèrent à la fatigue ou à l'ennui. « Il devait y avoir appartement ce soir, dit Dangeau (26 décembre 1691) (5); mais Mme la princesse de Conti s'est trouvée mal, et Mme la Duchesse est tombée, on la croit blessée. » Elle était grosse; elle profita de sa grossesse pour se dérober quelques instants à la cour, mais elle ne cessa pas de tenir les appartements autant qu'elle put. Monsieur, frère du roi, et Madame tinrent

(1) Dangeau, t. III, p. 393 et 394.
(2) Dangeau, t. III, p. 429
(3) Dangeau, t. III, p. 404.
(4) 27 novembre 1691, opéra d'*Astrée,* paroles de la Fontaine, musique de Colasse. Dangeau, t. III, p. 435.
(5) Dangeau, t. III, p. 446.

aussi les appartements; mais ils n'étaient plus assez jeunes pour y répandre beaucoup de gaieté et d'agrément. Il fallut songer à renouveler le personnel des princesses. Alors M. le duc du Maine commençait à s'ennuyer de sa vertu; il avait vingt-deux ans, il demanda à se marier. « C'est, disait Mme de Maintenon, un guerrier très étourdi, irrégulier et distrait; à cela près, il a du mérite. » Quoique le roi eût dit que les hommes de cette espèce ne devaient point avoir lignée, on se décida à lui donner satisfaction; mais auparavant on voulut marier le duc de Chartres, fils unique du frère du roi. Le duc de Chartres n'avait encore que dix-huit ans et demi; déjà il était plus avancé que le duc du Maine, si avancé même qu'on ne voulait pas attendre, de peur qu'il ne fût trop tard. Non, la cour de Louis XIV ne sera pas un couvent.

« M. le duc de Chartres, dit Mme de Caylus (1), avait été parfaitement élevé, et comme dans sa jeunesse les qualités de son esprit couvraient les défauts de son cœur, on avait conçu de grandes espérances de lui. » Il avait été mis d'abord entre les mains de M. de Saint-Laurent, l'homme de son siècle qui était, dit Saint-Simon (2), le plus propre à élever un prince et à former un grand roi. La bassesse de sa naissance l'empêcha d'avoir un titre pour cette éducation, mais son mérite l'en fit laisser seul maître; et quand la bienséance exigea que le prince eût un gouverneur, ce gouverneur ne le fut qu'en apparence, et Saint-Laurent jouit toujours de la même confiance et de la même autorité (3). Saint-Laurent mourut brusquement en 1687 : Dubois, qui était sous-précepteur depuis quatre ans et demi, fut nommé par le roi précepteur à la place de Saint-Laurent (4). En 1688, vers le mois de juillet, il fit un plan d'études pour le duc de Chartres et l'appliqua. « M. le duc de Chartres, dit-il (5), est né avec beaucoup d'intelligence. Il a extrêmement de bon sens. De tout temps, lorsqu'on lui a proposé quelque chose de difficile, ou il a répondu qu'il n'en pouvait pas juger et en a dit la raison, ou il a pris un bon parti. Il a l'esprit net et agréable. D'inclination et de caractère, il est infiniment éloigné du pédant. Il a un

---

(1) *Souvenirs*, p. 186.
(2) Édition Boislisle, t. I, p. 62.
(3) Racine, t. VI, p. 575. Saint-Simon, t. I, p. 62-63.
(4) *Notice sur Dubois*, par Boislisle, note 1.
(5) Cf. *Histoire de l'abbé Dubois, premier ministre de Louis XV*, par le comte de Seilhac.

génie particulier pour les affaires ; ce qui paraît, lorsqu'on lui fait lire l'histoire, par la facilité qu'il a à démêler les intrigues les plus délicates et les plus embarrassées. Ainsi l'on voit que, si son esprit est bien cultivé, il se distinguera par là. » D'où Dubois conclut qu'il ne faut pas négliger ces études pour les études militaires. Ajoutons que dans ce plan d'études la religion occupe le premier rang : elle comprend le Catéchisme, l'Écriture sainte, la Vie des Saints, l'Histoire ecclésiastique et la Morale. Bien que Dubois n'eût aucun des ordres sacrés, le duc de Chartres demanda pour lui un canonicat honoraire avec prébende, à la collégiale de Saint-Honoré, et Dubois en fut pourvu moyennant une dispense de Rome et un diplôme de maître ès arts, qu'il obtint le 26 décembre 1689. Le génie particulier du duc de Chartres pour les affaires ne s'arrêta pas là. En 1690, le roi donna l'abbaye d'Airvault (en Poitou) à Dubois, qui devint ainsi abbé par le crédit de son élève (1). Enfin l'abbé Dubois ayant été nommé principal du collège de Saint-Michel, un arrêt du conseil le dispensa de la résidence exigée par les statuts de cet établissement, pour qu'il pût se consacrer entièrement à son prince. Après avoir fait de si brillantes études, le duc de Chartres ne craignait pas que l'abbé, comme il disait, pût rien lui refuser. L'abbé vantait sa vertu et sa piété auprès de Madame, qui n'en avait guère ; auprès de Monsieur qui n'en avait pas ; auprès de Fénelon, qui connaissait mal la maison de Monsieur ; auprès du père de la Chaise, qui ne demanda pas mieux que d'y croire et qui fit partager à Mme de Maintenon « les espérances (2) des dévots. Elle se réjouissait de voir paraître en lui un prince capable de faire goûter à la cour, par son exemple, la vertu et l'esprit. »

Pendant ce temps-là, le duc de Chartres avait changé quatre fois de gouverneur : au libertin M. de Sillery avait succédé le maréchal de Navailles, au maréchal de Navailles le maréchal d'Estrades, au maréchal d'Estrades le duc de la Vieuville, au duc de la Vieuville le marquis d'Arcy ; tous hommes plus ou moins respectables, mais qui n'avaient aucun crédit sur le jeune prince. En 1689, on avait mis en tête à Monsieur de faire de son grand écuyer, le marquis d'Effiat, le gouverneur de son fils ; mais Madame (3), qui connaissait cet homme

---

(1) *Addition à Dangeau,* par Saint-Simon, t. III, p. 265-266.
(2) Mme de Caylus, p. 186, 187.
(3) *Lettres inédites de la Princesse palatine,* publiées par M. A.-A. Rolland, p. 101 et suiv.

comme un des drôles les plus méchants et les plus débauchés du monde, s'y opposa avec la plus grande énergie. « On avait prévenu Madame que le chevalier de Lorraine et le marquis d'Effiat avaient promis au roi d'amener Monsieur à marier les enfants de la Montespan avec les siens ; savoir : sa fille avec le boiteux duc du Maine, et son fils avec M{}^{lle} de Blois ; et que, dans cette circonstance, la Maintenon était tout à fait pour la Montespan. » Madame fut si éloquente dans ses protestations contre d'Effiat, que le roi lui dit : « C'est mentir que de m'accuser de vouloir faire d'Effiat gouverneur du prince mon neveu. » Dubois resta chargé de protéger la vertu du duc de Chartres. Quand le jeune prince alla à la guerre en Flandre (1691), le roi régla les traitements qu'on lui ferait : on lui rendit un peu moins d'honneurs qu'à Monsieur, mais beaucoup plus qu'aux princes du sang (1) ; sa maison militaire était au grand complet, et néanmoins Dubois le gouvernait. Le duc de Chartres se licencia dans sa conduite et ses discours : l'on accusa Dubois de lui donner de mauvais conseils. Monsieur écrivit à Dubois une lettre des plus sévères. Dubois dit à son élève qu'il n'avait plus qu'à se retirer en son pays natal, à Brive-la-Gaillarde (2). Le jeune prince lui répondit sur le ton léger qui lui était habituel : « L'abbé, faites comme moi, laissez dire. C'est le bon parti pour avoir raison des méchantes langues. Quant à me quitter, vous ne me ferez pas ce chagrin ; continuons plutôt à faire enrager nos ennemis, en vous moquant, comme je le fais, de ce qu'ils peuvent dire de nous. » L'abbé Dubois écrivit (d'Empture, 6 août 1691) à M. l'abbé de Fénelon pour lui conter ses chagrins ; sa lettre se termine ainsi : « M{}^{me} de Maintenon eut la bonté de me dire, lorsque j'eus l'honneur de lui faire la révérence en partant, que je pouvais compter que le roi me soutiendrait dans les traverses que l'on voudrait me faire essuyer dans cette maison-ci. Ce mot me fortifia beaucoup. Je vous supplie, Monsieur, de vouloir bien l'en faire souvenir ; j'ai besoin que le roi soit prévenu, afin qu'on ne lui donne pas de mauvaises impressions contre moi, et que je ne sois pas accablé lorsque j'y penserai le moins. » Dubois écrivit aussi au père de la Chaise, pour réclamer de lui la protection qu'il lui avait promise. Enfin Madame le consola (3) en traitant de sottises tout ce qu'on avait dit contre lui. « Avec la vertu et le bon

(1) Dangeau, 18 mai 1691, t. III, p. 337-338.
(2) *L'abbé Dubois,* par le comte de Seilhac, t. I, p. 26 et suivantes.
(3) Seilhac, t. I, p. 206, 545. Correspondance de Madame (lettre du 21 août 1691).

esprit que vous avez, vous n'avez guère à vous effrayer de la calomnie, Monsieur l'abbé ; et avec le temps, tout le monde vous rendra justice aussi bien que moi. » La campagne finie, lorsque l'on revint à Versailles, Mme de Maintenon dit à Dubois : « Le roi a fait la part de la jeunesse ; mais M. le duc de Chartres oublie que, pour les personnes de son rang, il est de justes mesures qu'il faut garder. Sa Majesté songe sérieusement à le rendre à ses devoirs. Disposez-le, Monsieur l'abbé, à donner au roi des marques de sa respectueuse soumission ; vous ne sauriez mieux servir une personne que vous aimez. » Dubois comprit parfaitement ce que cela voulait dire.

« Si la vieille s'en mêle, s'écria Madame, mon fils est dans le filet. » Mais la princesse sa fille était sauvée. En effet, pressé par les conseils de Mme de Maintenon, le duc du Maine, se tournant vers la maison de Condé, qui lui avait déjà fait bon accueil, eut l'idée de demander en mariage une des princesses de cette maison. M. le Prince n'y était point opposé, surtout si ce mariage se faisait incontinent après celui du duc de Chartres. Madame, qui avait horriblement appréhendé que le roi ne lui enlevât sa fille, éprouva la joie d'une véritable délivrance. Pendant ce temps-là, le duc de Chartres se débattait joliment dans le filet où il était enveloppé. Les dames les plus spirituelles (1) lui trouvaient une conception aisée, une grande pénétration, beaucoup de discernement, de la mémoire et de l'éloquence. Il avait déjà remarqué les beautés les plus accomplies du temps (2), et citait une douzaine des femmes les plus agréables de la cour ; il s'était même composé un idéal dans lequel il faisait entrer toutes leurs perfections. Il n'était pas pressé de se marier, parce qu'il voulait trouver cet idéal dans la femme qu'il épouserait. Les deux dames de la cour qui lui plaisaient le mieux étaient Mme la princesse de Conti douairière et Mme la Duchesse. La première avait l'air de Vénus qui descend des cieux avec toutes les grâces d'une divinité parmi les mortels ; la seconde, plus petite, plus piquante, avait aussi plus d'esprit et savait mieux le rendre amoureux. Mais Mme la Duchesse était mariée ; il n'y fallait pas penser (3). Monsieur eut envie de préférer la princesse de Conti à Mlle de Blois ; et je crois, dit Mme de Caylus (4), que le roi y

---

(1) Mme de Caylus, p. 186.
(2) *L'abbé Dubois,* par le comte de Seilhac.
(3) De Sourches, t. IV, p. 3.
(4) *Souvenirs,* p. 185.

eût consenti, si elle l'avait voulu ; mais elle dit à Monsieur qu'elle préférait la liberté à tout. Il fallut donc décider le duc de Chartres à épouser Mlle de Blois. Il était pris, et ne pouvait plus s'échapper.

Vers la fin de l'année 1691, le P. de la Chaise ménagea une entrevue entre Mme de Maintenon et l'abbé Dubois : elle chargea l'abbé d'obtenir le consentement de son élève au mariage projeté. L'abbé fut très flatté de cette préférence qu'on lui accordait sur le marquis d'Arcy, gouverneur du duc de Chartres (1) : car ce gouverneur était un homme fort estimé et de grande considération pour la conduite qu'il avait tenue à la guerre, dans le monde et dans les ambassades; l'abbé promit, mais quand il voulut s'acquitter de sa promesse, il fut assez embarrassé. Il alla trouver l'abbé de Fénelon et lui demanda conseil. « Fénelon éprouvait les plus grands scrupules pour un mariage dont il comprenait mal les avantages politiques; mais le roi était souverain, il avait le droit de disposer des alliances de sa famille; sa volonté n'était pas douteuse ? — Non, affirmait l'abbé Dubois. — Il fallait donc obéir. Comment résister? Ce serait risquer le présent et l'avenir de la famille. Que pensait le futur (2)? » Ce fut à Dubois de s'en informer. Comment s'y prit-il? Il est difficile de le savoir : chacun put faire ses conjectures; beaucoup sur ce point donnèrent carrière à leur imagination, la Bruyère comme les autres. Il nous est parvenu, à travers les mémoires de l'abbé d'Espagnac, une espèce de résumé assez vraisemblable des négociations de Dubois. Monseigneur, il faut vous marier. — Avec qui, l'abbé? — Choisissez, Monseigneur. — L'abbé, je veux épouser Glycère. — Monseigneur, le roi ne voudra pas. — Eh bien! choisissez vous-même, vénérable pasteur. — Monseigneur, il faut épouser une dévote. — Une dévote! Hermas (c'est le nom d'un auteur des premiers siècles de l'Église, dont le livre, intitulé *le Pasteur*, jouissait d'un grand crédit chez les théologiens de la cour de France). « Si j'épouse, Hermas, une femme avare, elle ne me ruinera point (3) ; si une joueuse, elle pourra s'enrichir; si une savante, elle saura m'instruire; si une prude, elle ne sera point emportée; si une emportée, elle exercera ma patience ; si une coquette, elle voudra me plaire; si une galante, elle le sera peut-être jusqu'à m'aimer; si une dévote, répondez, Hermas, que dois-je

---

(1) Saint-Simon, t. I, p. 91.
(2) *L'abbé Dubois*, par le comte de Seilhac.
(3) Chap. III, n° 44.

attendre de celle qui veut tromper Dieu, et qui se trompe elle-même? » Hermas, ou le vénérable pasteur, ou l'abbé Dubois, n'avait aucune peine à répondre : par dévote, il n'entendait pas une des clientes de l'abbé Mauroy, curé des Invalides, mais seulement une femme qui fût approuvée de Sa Majesté. Cela était bien plus sûr et plus facile à trouver que la femme idéale, ou l'abrégé des douze perfections rêvé par Son Altesse. Il fallut quelque temps au jeune prince pour rabattre de ses prétentions; tout ce qu'il put accorder fut de ne point s'opposer aux volontés du roi.

Pendant ce temps-là, le duc du Maine cherchait aussi la femme qu'il devait épouser. Incapable de résister aux intentions de Mme de Maintenon, il voulait une femme simple et pieuse, bien dirigée comme les demoiselles de Saint-Cyr. C'est précisément là ce qu'il ne trouvera pas dans la maison de Condé. « Qu'est-ce qu'une femme que l'on dirige? demande la Bruyère (1). Est-ce une femme plus complaisante pour son mari, plus douce pour ses domestiques, plus appliquée à sa famille et à ses affaires, plus ardente et plus sincère pour ses amis; qui soit moins esclave de son humeur, moins attachée à ses intérêts; qui aime moins les commodités de la vie; je ne dis pas qui fasse des largesses à ses enfants qui seraient déjà riches, mais qui, opulente elle-même et accablée de superflu, leur fournisse le nécessaire et leur rende au moins la justice qu'elle leur doit; qui soit plus exempte d'amour de soi-même et d'éloignement pour les autres; qui soit plus libre de tous attachements humains? — Non, dites-vous, ce n'est rien de toutes ces choses. » J'insiste et je vous demande : « Qu'est-ce donc qu'une femme que l'on dirige? — Je vous entends, c'est une femme qui a un directeur. » Depuis la mort du R. P. Bergier (2 octobre 1688) (2), M. le Prince ne voulait plus souffrir de directeur, ni à Chantilly ni à Versailles; lui seul prétendait diriger sa maison. Aucune de ses filles mariées ou à marier n'était une des femmes que l'on dirige. Il y en avait deux parmi lesquelles M. le duc du Maine pouvait choisir : âgée de seize ans (3), Mlle de Condé avait un caractère plus doux et un esprit plus raisonnable; sa sœur, Mlle de Charolais (4), n'avait que quinze ans, mais l'aînée était d'une santé délicate et lan-

---

(1) Chap. III, n° 86.
(2) Dangeau, t. II, p. 180.
(3) Née le 11 août 1675.
(4) Née le 8 septembre 1676.

guissante. M. le duc du Maine lui fit un affront fort sensible en préférant Mlle de Charolais, qui avait un pouce de taille plus qu'elle. Elle supporta cet affront avec constance, avec sagesse, avec hauteur. On attribua à une basse complaisance de M. le Prince ce qui n'était qu'un calcul de la prudence de Mme de Maintenon. Le roi se prononça en faveur de Mlle de Charolais; mais avant de conclure ce mariage, il voulut terminer celui du duc de Chartres.

Quels arguments furent employés pour amener le duc de Chartres dans les dispositions morales où le roi voulait le voir? Qui peut le dire? Nous en trouvons dans la Bruyère qui ne furent pas peut-être sans influence. « Telle femme, à qui le désordre manque pour mortifier son mari, y revient par sa noblesse et ses alliances, par la riche dot qu'elle a apportée, par les charmes de sa beauté, par son mérite, par ce que quelques-uns appellent vertu (1). » D'où l'on peut tirer cette conséquence : « Il y a peu de femmes si parfaites qu'elles empêchent un mari de se repentir au moins une fois le jour d'avoir une femme, ou de trouver heureux celui qui n'en a point (2). » En un mot, « il y a de bons mariages, il n'y en a point de délicieux, » comme dit la Rochefoucauld. Le duc de Chartres se résigna donc à faire un bon mariage, et le roi fut secrètement informé de la bonne volonté du jeune prince. Cela fut connu, car l'abbé de Choisy écrivit à M. de Bussy : « Le duc de Chartres épouse Mlle de Blois, et M. du Maine, Mlle de Charolais (3). »

Madame, outrée de dépit, réprimanda vertement le duc de Chartres, et elle exigea que son fils lui promît de ne point donner son consentement. Le 9 janvier 1692 (4), le roi, étant seul avec Monsieur dans son cabinet, fit venir le duc de Chartres et lui annonça qu'il voulait le marier. Après lui avoir expliqué les diverses raisons politiques qui l'empêchaient de penser à toute autre princesse qu'à Mlle de Blois, il lui dit qu'il ne pouvait mieux lui témoigner sa tendresse qu'en lui offrant sa fille, dont les deux sœurs avaient déjà épousé deux princes du sang; que cela joindrait en lui la qualité de gendre à celle de neveu, et qu'il ne l'en aimerait que mieux, mais qu'il ne le voulait point contraindre et lui laissait là-dessus toute liberté. Le duc de

---

(1) Chap. III, n° 77.
(2) Chap. III, n° 78.
(3) 5 janvier 1692, Correspondance de Bussy, t. VI, p. 518.
(4) Saint-Simon, t. I, p. 69. Dangeau, t. IV, p. 6-8 et p. 15, p. 28-32, p. 36, etc.

Chartres, fort intimidé, répondit en balbutiant que le roi était le maître, mais que sa volonté dépendait de Monsieur et de Madame. « Cela est bien à vous, reprit le roi, mais dès que vous y consentez, votre père et votre mère ne s'y opposeront pas. N'est-il pas vrai, mon frère? » Monsieur consentit. On fit venir Madame; elle avait compté sur le refus de son fils : elle demeura confuse et muette, fit une courte révérence, et s'en alla. Puisque Monsieur et son fils le voulaient bien, elle n'avait rien à dire. Quand le mariage fut déclaré, grand fut l'étonnement de la cour; mais tous les discours que Madame put tenir étaient bien inutiles. Elle marchait à grands pas, parlait sans contrainte, gesticulait, et pleurait son fils qu'on lui enlevait. Monsieur paraissait fort déconcerté : le duc de Chartres était triste comme un homme qu'on mène au supplice. Mlle de Blois, fort parée, tremblait comme une victime qu'on va sacrifier. Quelque jeune qu'elle fût, quelque prodigieux que fût son mariage, elle en voyait et en sentait toute la scène, et en appréhendait toutes les suites (1). Le lendemain, Madame, allant à la messe du roi, vit le duc de Chartres s'approcher pour lui baiser la main; elle lui appliqua un tel soufflet qu'on l'entendit de quelques pas : le pauvre prince fut couvert de confusion. Mais sa fiancée lui sut gré de ce qu'il souffrait pour elle. L'immense dot fut déclarée, le contrat de mariage fut annoncé, et l'on ne s'occupa plus que des préparatifs de la noce. Mme la Duchesse, remise de sa chute, revint à la cour. On lui dit que la princesse de Conti était très mécontente de ce mariage, qui faisait passer sa jeune sœur au-dessus d'elle. « J'aime mieux, répondit-elle (2), puisqu'il faut que quelqu'un ait un rang au-dessus de moi, que ce soit ma sœur qu'une autre. » Cependant on répétait que M. le duc de Chartres était amoureux de Mme la Duchesse. Mme de Caylus en dit un mot en badinant à Mlle de Blois (3), et Mlle de Blois lui répondit avec son ton de lendore : « Je ne me soucie pas qu'il m'aime, pourvu qu'il m'épouse. » Mme de Caylus fut surprise de cette réponse. Elle croyait Mlle de Blois plus sotte qu'elle n'était. « On veut à la ville que bien des idiots et des idiotes aient de l'esprit (4); on veut à la cour que bien des gens manquent d'esprit, qui en ont beaucoup; et, entre les personnes de ce der-

---

(1) Saint-Simon.
(2) *Souvenirs de Mme de Caylus*, p. 185.
(3) *Ibid.*, p. 184.
(4) Chap. III, n° 57.

nier genre, une belle femme ne se sauve qu'à peine avec d'autres femmes. »

Brisée par ces émotions, qui étaient trop fortes pour une jeune fille de 14 ans et un peu languissante, Mlle de Blois se trouva mal; le dimanche 13 janvier, elle avait la fièvre; le 16, la fièvre augmenta, la rougeole parut; il fallut attendre qu'elle fût guérie pour faire le mariage, mais toute inquiétude disparut bientôt. Le 27 janvier, Mme de Sévigné écrivait à Bussy (1) : « Toute la cour est pleine de joie et de plaisirs pour le mariage de M. de Chartres et de Mlle de Blois. Il y aura un grand bal, où tous ceux qui disent qu'ils n'ont pas un sou font des dépenses de deux ou trois cents pistoles. C'est ce qui fait qu'on ne croit point à leurs misères, qui sont pourtant bien véritables. Mais les Français ont des ressources dans leur envie de plaire au roi, qui ne trouveraient point de créance dans ce qu'on nous en pourrait dire, si nous ne le voyions de nos propres yeux. Nous verrons donc tous les jeunes et vieux courtisans parés selon leur âge et toujours magnifiquement. » Pour que rien ne manquât à la fête, le roi envoya quérir M. le Prince et lui proposa le mariage du duc du Maine avec Mlle de Charolais (12 février soir) (2). M. le Prince, après avoir remercié le roi, partit pour s'en aller à Paris en porter la nouvelle à Mme la Princesse et à Mlle de Charolais. Cette nouvelle ne les surprit guère; c'était si bien convenu d'avance que, le matin, M. le duc du Maine était allé à Paris pour faire part à Mlle de Montpensier de son mariage avec la fille de M. le Prince. On comprend le dépit de la grande Mademoiselle : si elle avait pu faire manquer le projet de mariage du duc du Maine avec Mlle de Bourbon, maintenant princesse de Conti, elle ne pourra rien contre celui-ci. En effet, le roi ayant déclaré sa volonté, Mlle de Charolais était dès lors aussi sûre de devenir duchesse du Maine que Mlle de Blois duchesse de Chartres. Le 13 février dans l'après-dînée, le roi alla voir Mme la Princesse, qui était venue le matin de Paris à Versailles. M. le Prince alla recevoir Sa Majesté au bas du grand degré, et Mme la Princesse à la porte de son appartement dans la galerie. Il dit qu'il venait en forme demander Mlle de Charolais pour M. le duc du Maine. Il fit beaucoup d'amitié à Mlle de Charolais et à Mme la princesse de Conti, sa sœur : il aurait voulu achever le mariage aussitôt après celui du duc de Chartres; mais il était obligé de le remettre à un mois, après

---

(1) Mme de Sévigné, t. X, p. 70.
(2) Dangeau.

son retour de Compiègne où il voulait aller passer ses troupes en revue. Mlle de Charolais ne put dissimuler sa joie, et se moqua de tout ce que son père put lui dire : elle était émancipée. Mme la Duchesse, qui appelait ses belles-sœurs les poupées du sang (1), redoubla ses plaisanteries avec M. le Duc sur le pouce de taille qui allait faire une duchesse du Maine. La duchesse du Maine prétendait que Mme la Duchesse parlait contre sa pensée, et déguisait ses sentiments comme elle fardait son visage. Mme la Duchesse admirait les hauts talons de Mme la duchesse du Maine, qui lui convenaient si bien, et la coiffure élevée dont elle ornait sa tête. C'était la mode, il est vrai : mais quelle heureuse mode! Ces plaisanteries, dit Mme de Caylus, furent longtemps une cause de discussion dans la famille royale. Elles inspirèrent à la Bruyère ces bizarres réflexions : « Chez les femmes (2), se parer et se farder n'est pas, je l'avoue, parler contre sa pensée; c'est plus aussi que le travestissement et la mascarade, où l'on ne se donne point pour ce que l'on paraît être, mais où l'on pense seulement à se cacher et à se faire ignorer; c'est chercher à imposer aux yeux, et vouloir paraître, selon l'extérieur, contre la vérité; c'est une espèce de menterie. » Voilà pour Mme la Duchesse. « Il faut juger des femmes depuis la chaussure jusqu'à la coiffure exclusivement, à peu près comme on mesure le poisson entre queue et tête. » Voilà pour Mme la duchesse du Maine. Mais à combien d'autres femmes ces réflexions ne pouvaient-elles pas s'appliquer en dehors de la maison de Condé!

La grande Mademoiselle ne signa point au contrat de mariage de M. le duc de Chartres, ni à celui de M. le duc du Maine, à cause de ses prétentions contre Monsieur et contre M. le Prince sur la succession de Mlle de Guise. Elle avait pris des arbitres avec M. le Prince pour régler ce qui leur revenait aux uns et aux autres. Les arbitres (27 février) adjugèrent à M. le Prince ou à ses cohéritiers le duché de Guise, l'hôtel de Guise, et plus de 100,000 livres de rente d'ailleurs. Mlle de Montpensier n'eut que la principauté de Joinville, et 35,000 livres de rente d'ailleurs. Il y avait grande apparence que ce jugement-là tiendrait, parce qu'il y avait 200,000 francs de dédit. Mais Mademoiselle, sollicitée de faire quelques donations au duc du Maine à l'occasion de son mariage, refusa net et déclara qu'elle lui avait déjà donné beau-

---

(1) Mme de Caylus, p. 185.
(2) Chap. III, n° 5.

coup. On se moqua d'elle à la cour et dans la maison de Condé ; on ne tarissait pas sur sa coquetterie et sa prétention d'être toujours jeune. « Une femme coquette, dit la Bruyère (1), ne se rend point sur la passion de plaire, et sur l'opinion qu'elle a de sa beauté : elle regarde le temps et les années comme quelque chose seulement qui ride et qui enlaidit les autres femmes ; elle oublie du moins que l'âge est écrit sur le visage. La même parure qui a autrefois embelli sa jeunesse défigure enfin sa personne, éclaire les défauts de sa vieillesse. La mignardise et l'affectation l'accompagnent dans la douleur et dans la fièvre : elle meurt parée et en rubans de couleur. » La vieille maréchale d'Aumont, à qui M. de Marsan avait fait tourner la tête comme Lauzun à Mlle de Montpensier, venait de mourir à Paris (2), toujours dans la même passion, et dans le désespoir de ne pouvoir plus voir M. de Marsan ni rien lui donner. La grande Mademoiselle ne voulait plus voir Lauzun, mais elle persistait dans sa passion pour les rubans de couleur : en 1683, elle avait appris à Lauzun que la reine avait le droit d'en porter quoiqu'elle ne fût plus jeune, et elle en portait elle-même en robe de chambre. « La qualité, dit-elle, fait que l'on en porte plus longtemps que les autres. » Aussi blâmait-elle la maréchale d'Aumont et toutes les vieilles coquettes qui n'avaient point qualité pour prendre les affiquets de la jeunesse. « Lise entend dire d'une autre coquette qu'elle se moque de se piquer de jeunesse, et de vouloir user d'ajustements qui ne conviennent plus à une femme de quarante ans (3). Lise les a accomplis (64 ans) ; mais les années pour elle ont moins de douze mois, et ne la vieillissent point : elle le croit ainsi ; et pendant qu'elle se regarde au miroir, qu'elle met du rouge sur son visage, et qu'elle place des mouches, elle convient qu'il n'est pas permis à un certain âge de faire la jeune, et que Clarice en effet, avec ses mouches et son rouge, est ridicule. » Il faut se faire valoir par des choses qui ne dépendent point des autres, mais de soi seul, ou renoncer à se faire valoir : c'est la maxime des grands.

Jamais les grands ne se firent mieux valoir qu'aux mariages du duc de Chartres et du duc du Maine. Le dimanche gras, 17 février, il y eut grand bal réglé chez le roi. Tout le monde se montra magnifique. Un peu après, ce furent les fiançailles du duc de Chartres et la signa-

---

(1) Chap. III, n° 7.
(2) *Journal de Dangeau*, 18 novembre 1692.
(3) Chap. III, n° 8.

ture du contrat dans le cabinet du roi, en présence de toute la cour Le roi donnait à sa fille : 1° une somme de deux millions, dont le trésor royal payerait les intérêts jusqu'à ce qu'on eût déboursé le capital ; 2° une rente de 150,000 livres ; 3° des pierreries que Dangeau évalue à 600,000 livres. Le roi promettait au duc de Chartres, en cas de décès de Monsieur, d'ajouter une pension de 200,000 livres à celle de 150,000 livres qu'il avait déjà. Enfin le roi donna à Monsieur le Palais-Royal, pour lui et sa postérité masculine (1). Le lundi gras, bénédiction nuptiale, et ensuite grand festin royal ; après le dîner, grande musique et grand jeu ; le souper pareil au dîner ; le roi toujours fort paré et fort aise, et toute la royale noce également parée, mais fort peu à l'aise. Le mardi gras, grande toilette de la duchesse de Chartres : le roi y assista avec toute sa cour ; ensuite, après la messe du roi, grand dîner comme la veille, et enfin un grand et superbe bal où tout le monde fut obligé de danser, le sourire sur les lèvres, dût-on avoir l'amertume dans l'âme. Mme la Duchesse ne dansa point à cause de sa grossesse ; Mme de Montespan ne fut point invitée à la noce de sa fille. Le mercredi des Cendres mit fin au pompeux et triste carnaval. C'est à propos de ce mariage, qui fit l'étonnement du public et où le chagrin des proches et des amis ne put se cacher, que la Bruyère fit, je crois, cette réflexion (2) : « Il semble qu'aux âmes bien nées les fêtes, les spectacles la symphonie rapprochent et font mieux sentir l'infortune de nos proches et de nos amis. »

Le mariage du duc du Maine avec Mlle de Charolais fut tout différent. Là point d'aversion d'une part, point de crainte de l'autre, nul embarras d'aucun côté. Le roi, en allant à Compiègne, s'arrêta un jour à Chantilly, et deux jours en revenant. Tout fut convenu d'avance par le roi avec M. le Prince. Le 18 mars, le contrat fut signé à Versailles (3). Pour l'honneur que les deux époux avaient d'appartenir à Sa Majesté, de sang et de lignage, ils eurent, l'un une somme de 150,000 fr. comme les princes du sang, et l'autre 100,000 livres. Le prince et la princesse de Condé constituaient à leur fille une dot de 800,000 livres, dont 500,000 fr. en avancement d'hoirie. Le roi donnait à son fils un million comptant. Le 19 mars, le mariage fut célébré solennellement à la messe du roi, comme l'avait été celui du duc de

---

(1) Cf. Analyse du contrat, par M. de Boislisle, Saint-Simon, t. I, p. 74-75, note 5.
(2) Chap. XI, n° 80.
(3) Analyse du contrat, par M. de Boislisle, note sur Saint-Simon, t. I, p. 102.

Chartres ; le dîner de même, et le souper aussi ; après l'appartement, le roi d'Angleterre donna la chemise au marié. Le lendemain, la mariée sur son lit reçut toute la cour, la princesse d'Harcourt faisant les honneurs. Mme de Saint-Valery fut dame d'honneur, et M. le marquis de Montchevreul continua à gouverner la maison du duc du Maine comme auparavant. Mme de Montespan ne parut pas au mariage : c'était bien naturel, puisqu'elle n'avait point paru au mariage de la duchesse de Chartres ; ni Mlle de Condé : on le comprit après l'affront qu'elle avait essuyé ; ni Mlle de Montpensier : elle ne pardonnait pas ce mariage à M. le Prince ; ni la duchesse de Hanovre : elle se plaignait que M. le Prince lui avait coupé l'herbe sous le pied, parce qu'elle voulait marier une de ses filles avec le duc du Maine. Cela n'empêcha pas la noce d'être assez gaie. Voilà Mme la duchesse du Maine tout entière dans les mains de Mme de Maintenon, qui en était fort contente. « Dieu veuille, écrivait-elle (22 mars 1692), à Mme de Brinon (1), qu'ils en soient tous aussi satisfaits que je le suis à cette heure. On m'a dit qu'elle irait passer la semaine sainte à Maubuisson : reposez-la bien, on la tue ici par la contrainte et la fatigue de la cour ; elle succombe sous l'or et les pierreries, et sa coiffure pèse plus que toute sa personne. On l'empêchera de croître et d'avoir de la santé. Elle est plus jolie sans bonnet qu'avec toutes leurs parures ; elle ne mange guère ; elle ne dort peut-être pas assez, et je meurs de peur qu'on ne l'ait trop tôt mariée. Je voudrais la tenir à Saint-Cyr, vêtue comme l'une des vertes, et courant d'aussi bon cœur dans les jardins ; il n'y a point d'austérités pareilles à celles du monde. » — « Le monde, dit la Bruyère (2), est pour ceux qui suivent les cours ou qui peuplent les villes ; la nature n'est que pour ceux qui habitent la campagne : eux seuls vivent, eux seuls du moins connaissent qu'ils vivent. »

Là-dessus notre moraliste composa une bergerie, où la mit en œuvre pour représenter le gouvernement de Louis XIV (3) : « Quand vous voyez quelquefois un nombreux troupeau qui, répandu sur une colline par le déclin d'un beau jour, paît tranquillement le thym et le serpolet, ou qui broute dans une prairie une herbe menue et tendre qui a échappé à la faux du moissonneur, le berger soigneux et attentif est debout auprès de ses brebis ; il ne les perd pas de vue, il les

---

(1) *Lettres historiques de Mme de Maintenon*, t. I, p. 209.
(2) Chap. XII, n° 110.
(3) Chap. X, n° 29.

suit, il les conduit, il les change de pâturage ; si elles se dispersent, il les rassemble ; si un loup avide paraît, il lâche son chien qui le met en fuite ; il les nourrit, il les défend ; l'aurore le trouve déjà en pleine campagne, d'où il ne se retire qu'avec le soleil : quels soins ! quelle vigilance ! quelle servitude ! quelle condition vous paraît la plus délicieuse et la plus libre, ou du berger ou des brebis ? Le troupeau est-il fait pour le berger, ou le berger pour le troupeau ? Image naïve des peuples et du prince qui les gouverne, s'il est bon prince. »

Image naïve sans doute, et même trop naïve pour ne pas laisser percer une froide raillerie cachée sous les fleurs de ce poétique tableau. Quelle heureuse constitution politique que celle qui donne au souverain toute la peine et réserve aux peuples tous les plaisirs, qui impose la servitude au roi pour réserver à ses sujets les délices de la liberté ! Les grands pouvaient faire ces beaux rêves lors du mariage du duc de Bourbon, quand le roi imposait silence à l'univers et qu'on admirait sur les bords de la Seine les aventures du Lignon. Monseigneur pouvait concevoir ces illusions à l'opéra d'*Astrée,* spectacle galant et moral, où l'amour récompensait sans retard quelques moments d'ennui qu'avait eus le tendre Céladon. La Fontaine pouvait faire dire à ses Nymphes en vue de Marly (1) :

> Nous tenons ces faveurs d'un roi plein de sagesse ;
> La terreur et l'effroi respectent ces beaux lieux.
>   Des chants les plus délicieux
>   Nos bois retentissent sans cesse.
>   La paix, dans nos ombrages,
> Le murmure des eaux, les plaintes des amants,
>   Les rossignols par leurs tendres ramages,
> Occupent seuls Écho dans ces lieux charmants.

Mais ces rêves et ces illusions disparurent bien vite.

La situation politique de la France devenait de plus en plus grave. Le roi était préoccupé : non seulement pour ses ennemis il n'était plus invincible, mais encore les divers États de l'Europe coalisés redoublaient d'efforts pour l'accabler. L'Empereur et tous les États de l'Empire, l'Espagne, la Savoie et l'Italie mettaient leurs troupes en mouvement. Les Hollandais déployaient la plus grande activité pour augmenter le nombre de leurs vaisseaux et de leurs régiments. Le

(1) *Astrée,* prologue.

prince d'Orange prenait un ascendant extraordinaire sur les alliés et dominait les Iles-Britanniques. A la cour de France (1), on racontait des traits de sa générosité, et l'on calculait avec surprise les énormes subsides que lui fournissait le parlement d'Angleterre. Il était venu d'Irlande d'excellentes troupes pour renforcer les armées ennemies du continent, et le roi Guillaume à leur tête dirigeait par sa diplomatie les opérations militaires de toute l'Europe contre la France. Dès le 11 mars, à Chantilly, ordre fut donné à M. le Prince de tenir ses équipages prêts pour le 20 avril. Le roi les voulait pareils à ceux qu'il avait l'an dernier au siège de Mons, c'est-à-dire très solides et très simples. Peu après, M. de Barbézieux fit savoir à M. le Duc et au prince de Conti, qui étaient avec Monseigneur au château d'Anet, que le roi les avait nommés pour servir en Flandre dans l'armée de M. de Luxembourg. Il y aura neuf lieutenants généraux, dont M. de Vendôme; quatorze maréchaux de camp, dont M. le Duc, le prince de Conti, le duc du Maine, le grand prieur et le prince d'Elbeuf. Il fut bien entendu que le roi ne voulait ni faste ni luxe (2). Il donnait lui-même l'exemple de la modestie dans ses vêtements, excepté aux noces royales. En effet, à quoi pouvait servir le faste et le luxe contre les ennemis de la France? « Le faste et le luxe dans le souverain (3), c'est le berger habillé d'or et de pierreries, la houlette d'or en ses mains. Son chien a un collier d'or, il est attaché avec une laisse d'or et de soie. Que sert tant d'or à son troupeau ou contre les loups? »

En partant pour la guerre, les grands, comblés des faveurs du roi, répétaient leur maxime favorite : « Se faire valoir par des choses qui ne dépendent point des autres, mais de soi seul, ou renoncer à se faire valoir. » Enivrés de leur grandeur et confiants dans leur courage, ils s'applaudissaient du succès de leur politique. Sans doute ils avaient des talents, de l'esprit et un incontestable mérite ; ils confondaient les intérêts de l'État avec ceux du prince ; ils aimaient la gloire plus que la vie ; pour le service du roi, ils savaient s'acquitter des devoirs les plus assujettissants et les plus pénibles : mais ils regardaient les honneurs qu'on leur accordait comme leur étant dus, les richesses qu'on leur distribuait comme des biens qui leur appartenaient, les charges et les postes qu'on leur confiait comme des héritages qui ne

---

(1) Dangeau.
(2) Saint-Simon, t. XII, p. 465.
(3) Chap. x, n° 29.

pouvaient leur manquer. Ils jouissaient enfin de leur prospérité comme d'un droit, et trouvaient leur conduite parfaitement simple et naturelle; ils ne s'apercevaient pas des conséquences de leur maxime favorite : (1) « Se faire valoir par des choses qui ne dépendent point des autres, mais de soi seul, ou renoncer à se faire valoir : maxime inestimable et d'une ressource infinie dans la pratique, utile aux faibles, aux vertueux, à ceux qui ont de l'esprit, qu'elle rend maîtres de leur fortune ou de leur repos ; pernicieuse pour les grands : » elle les dépouille de tous leurs privilèges.

(1) Chap. II, n° 11.

CHAPITRE XXXIV.

1691-1692.

Qu'est-ce que la richesse? — Sa puissance. — Comment s'élèvent dans la société les bourgeois qui s'enrichissent. — Peu à peu ils se sentent capables de tout, même de gouverner. — Presque tous les ministres de Louis XIV sortis du peuple. — Traité de la Bruyère sur l'art de gouverner. — Comment Mme de Maintenon gouvernait ; comment Monsieur était gouverné. — Impertinence de Drancès. — Habileté de Troïle à gouverner les grands. — Dans Troïle il y avait du Chaulieu chez MM. de Vendôme, du la Chapelle chez le prince de Conti, et surtout du Gourville dans la maison de Condé. — Pendant que les grands négligent de rien connaître aux affaires publiques et à leurs propres affaires, des citoyens s'instruisent du dedans et du dehors du royaume, deviennent politiques et puissants, et partagent le pouvoir avec le prince sous le nom de secrétaires d'État. — Puissance de Pontchartrain. — Il préside à l'avènement de la bourgeoisie qui prime la noblesse dans les fonctions d'État. — Caractère de l'homme et du ministre ; caractère de sa femme, qui partage l'autorité avec Mme de Maintenon. — Caractère de Celse, ou l'homme d'un rang médiocre. — Caractère de Ménippe, ou l'oiseau paré de divers plumages. — Caractère des Pamphiles, ou courtisans de M. de Pontchartrain. — Où avait abouti la fameuse maxime des grands : se faire valoir par des choses qui ne dépendent point des autres? A l'abaissement des grands, à l'élévation de la classe moyenne ou du tiers état.

« *Qui n'a, ne peut,* » dit Jacques Bonhomme. La Fontaine ajoutait, avec l'air diabolique de Belphégor :

> Je l'ai jà dit et je le redis encore,
> Je ne connais d'autre premier mobile,
> Dans l'univers, que l'argent et que l'or.

Ce n'était pas l'avis de la Bruyère ; et aux décisions tranchantes du préjugé il opposait les maximes, beaucoup plus modestes et plus sûres, de l'expérience et du bon sens (1) :

---

(1) Chap. VI, n° 49.

« Celui-là est riche, qui reçoit plus qu'il ne consume; celui-là est pauvre, dont la dépense excède la recette. »

« Tel, avec deux millions de rente (1), peut être pauvre chaque année de cinq cent mille livres. »

« Il n'y a rien qui se soutienne plus longtemps qu'une médiocre fortune; il n'y a rien dont on voie mieux la fin que d'une grande fortune. »

« L'occasion prochaine de la pauvreté, c'est de grandes richesses. »

« S'il est vrai que l'on soit riche de tout ce dont on n'a pas besoin, un homme fort riche, c'est un homme qui est sage. »

« S'il est vrai que l'on soit pauvre par toutes les choses que l'on désire, l'ambitieux et l'avare languissent dans une extrême pauvreté. »

Logé dans des palais, à la ville dans le Luxembourg, à la cour dans l'hôtel de Condé, à la campagne dans le château de Chantilly, la Bruyère pouvait disserter avec une sérénité philosophique sur la richesse et la pauvreté. Avec son revenu, il goûtait en paix les avantages du présent sans avoir souci de l'avenir. Et quoiqu'il combattît avec persévérance les préjugés des grands, il en adoptait quelques-uns, ne fût-ce que leur dédain pour l'ignorance et pour la vanité d'un grand nombre de bourgeois. « On s'élève à la ville dans une ignorance grossière des choses rurales et champêtres (2); on distingue à peine la plante qui porte le chanvre d'avec celle qui produit le lin, et le blé-froment d'avec les seigles, et l'un ou l'autre d'avec le méteil : on se contente de se nourrir et de s'habiller. Ne parlez à un grand nombre de bourgeois ni de guérets, ni de baliveaux, ni de provins, ni de regains, si vous voulez être entendu : ces termes, pour eux, ne sont pas français. Parlez aux uns d'aunage, de tarif, ou de sol pour livre, et aux autres de voie d'appel, de requête civile, d'appointement, d'évocation. Ils connaissent le monde, et encore par ce qu'il a de moins beau et de moins spécieux ; ils ignorent la nature, ses commencements, ses progrès, ses dons et ses largesses. Leur ignorance souvent est volontaire, et fondée sur l'estime qu'ils ont pour leur profession et pour leurs talents. Il n'y a si vil praticien qui, au fond de son étude sombre et enfumée, et l'esprit occupé d'une plus noire chicane, ne se préfère au laboureur, qui jouit du ciel, qui

---

(1) Mme de Sévigné, t. IV, p. 583-585.
(2) Chap. VII, n° 21.

cultive la terre, qui sème à propos, et qui fait de riches moissons ; et, s'il entend quelquefois parler des premiers hommes ou des patriarches, de leur vie champêtre et de leur économie, il s'étonne qu'on ait pu vivre en de tels temps, où il n'y avait encore ni offices, ni commissions, ni présidents, ni procureurs ; il ne comprend pas qu'on ait jamais pu se passer du greffe, du parquet, et de la buvette. »

Au milieu des splendeurs de Versailles, dans l'allée des Philosophes, en se promenant avec Bossuet, Fénelon, Fleury, ou d'autres admirateurs de la simplicité du monde naissant, il était doux et facile de parler des premiers hommes, de leur vie champêtre et de leur économie, de vanter le bonheur du laboureur qui jouit du ciel, qui cultive la terre, qui sème à propos et qui fait de riches moissons. Mais, le ciel n'étant pas toujours clément, la terre était souvent ingrate, chaque saison ne permettait pas de semer à propos, et, au lieu de riches moissons, le laboureur ne faisait qu'une maigre récolte : alors il maudissait son métier, et la vie champêtre des patriarches manquait d'agrément pour lui. Il portait envie au bourgeois, qui ne connaissait ni le chanvre, ni le lin, ni le blé, ni le seigle, ni le méteil, mais se contentait de se nourrir et de s'habiller ; au marchand, qui n'avait d'autre peine que de vendre ses marchandises le plus cher possible ; au praticien, qui se tenait au chaud dans son étude sombre et enfumée, et vivait de sa chicane. Quant aux milliers d'officiers de toute sorte et aux commissaires de toute espèce, qui remplissaient les villes, il s'en serait passé mieux que personne ; mais il fallait obéir à la volonté du roi. Et ils croissaient en nombre et en puissance tous les jours, tant et si bien que dans beaucoup de cas on voyait, à la surprise générale, la bourgeoisie effacer la noblesse. Comment s'opérait ce prodige ?

« Vous avez une pièce d'argent, ou même une pièce d'or (1) ; ce n'est pas assez, c'est le nombre qui opère : faites-en, si vous pouvez, un amas considérable et qui s'élève en pyramide, et je me charge du reste. Vous n'avez ni naissance, ni esprit, ni talents, ni expérience, qu'importe ? Ne diminuez rien de votre monceau, et je vous placerai si haut que vous vous couvrirez devant votre maître, si vous en avez ; il sera même fort éminent, si, avec votre métal qui de jour à autre se multiplie, je ne fais pas en sorte qu'il se découvre devant vous. »

---

(1) Chap. XIV, n° 40.

La question est bien posée ; si le problème est délicat, la solution est bien claire ; c'est une recette sûre, infaillible : mais quand on veut s'en servir, il ne faut pas se tromper, ou tout est perdu. « Si le financier manque son coup, les courtisans disent de lui : « C'est un bourgeois, un homme de rien, un malotru. » S'il réussit, ils lui demandent sa fille (1). »

Non seulement on estimait le mérite d'un homme d'après sa fortune, mais encore on mesurait la fortune que chacun devait avoir sur l'estime qu'on faisait de son mérite. Dans la société et la conversation, des gens, qui se croyaient l'esprit juste et le jugement droit, avaient un tarif de ce genre. « Pour vous, dit *Euthyphron* (2), vous êtes riche, ou vous devez l'être (3) : dix mille livres de rente, et en fonds de terre, cela est beau, cela est doux, et l'on est heureux à moins ; » pendant que lui qui parle ainsi a cinquante mille livres de revenu, et qu'il croit n'avoir que la moitié de ce qu'il mérite. Il vous taxe, il vous apprécie, il fixe votre dépense ; et, s'il vous jugeait digne d'une meilleure fortune, et de celle où il aspire, il ne manquerait pas de vous la souhaiter. Il n'est pas le seul qui fasse de si mauvaises estimations ou des comparaisons si désobligeantes : le monde est plein d'Euthyphrons. » Le goût du bien-être et du luxe commençait à égaler les conditions.

Les bourgeois enrichis voulaient goûter les plaisirs des nobles et des grands, et croyaient avoir grandi dans l'opinion publique quand ils avaient étalé un bel équipage. « L'on s'attend au passage réciproquement dans une promenade publique ; l'on y passe en revue l'un devant l'autre : carrosse, chevaux, livrées, armoiries, rien n'échappe aux yeux, tout est curieusement ou malignement observé ; et, selon le plus ou le moins de l'équipage, ou l'on respecte les personnes ou on les dédaigne (4). »

Ce spectacle était amusant pour les grands seigneurs, qui n'avaient rien à craindre de ces sottes prétentions, et pour leurs domestiques, qui pouvaient, comme la Bruyère, étudier les faibles et les ridicules de la nature humaine. Rarement ceux qui ont toujours vécu d'épargne savent dépenser. Ils veulent ménager les plus petites choses sans

---

(1) Chap. VI, n° 7.
(2) *Euthyphron*, en grec, qui pense droit.
(3) Chap. V, n° 24.
(4) Chap. VII, n° 1, § 3.

aucune fin honnête ; et ils apprécient les grandes au-dessous de ce qu'elles valent. « On convie ; on invite ; on offre sa maison, sa table, son bien et ses services : rien ne coûte qu'à tenir parole (1). » On ne peut se mettre dans l'esprit que « la libéralité consiste moins à donner beaucoup qu'à donner à propos (2). » « Les Sannions et les Crispins veulent encore davantage que l'on dise d'eux qu'ils font une grande dépense, qu'ils n'aiment à la faire (3). Ils font un récit long et ennuyeux d'une fête ou d'un repas qu'ils ont donné ; ils disent l'argent qu'ils ont perdu au jeu, et ils plaignent fort haut celui qu'ils n'ont pas songé à perdre. Ils parlent jargon et mystère sur de certaines femmes ; *ils ont* réciproquement *cent choses plaisantes à se conter ; ils ont fait depuis peu des découvertes ;* ils se passent les uns aux autres qu'ils sont gens à belles aventures. L'un d'eux, qui s'est couché tard à la campagne, et qui voudrait dormir, se lève matin, chausse des guêtres, endosse un habit de toile, passe un cordon où pend le fourniment, renoue ses cheveux, prend un fusil : le voilà chasseur, s'il tirait bien. Il revient de nuit, mouillé et recru, sans avoir tué. Il retourne à la chasse le lendemain, et il passe tout le jour à manquer des grives ou des perdrix. » Quels bons contes ne faisait-on pas, chez les grands et dans la maison de Condé, sur la gaucherie de ces gens du négoce qui s'avisaient un beau matin de vouloir imiter les habitudes héréditaires et les mœurs traditionnelles de la meilleure société !

On ne tarissait pas sur ce sujet et l'on n'épargnait pas plus les gens de justice que les négociants. « Un autre, avec quelques mauvais chiens (4), aurait envie de dire : *ma meute*. Il sait un rendez-vous de chasse, il s'y trouve ; il est au laisser-courre ; il entre dans le fort, se mêle avec les piqueurs ; il a un cor. Il ne dit pas, comme Ménalippe (5) : *Ai-je du plaisir ?* Il croit en avoir. Il oublie lois et procédure : c'est un Hippolyte. Ménandre, qui le vit hier sur un procès qui est en ses mains, ne reconnaîtrait pas son rapporteur. Le voyez-vous le lendemain à la chambre, où l'on va juger une cause grave et capitale ? Il se fait entourer de ses confrères, il leur raconte

---

(1) Chap. IV, n° 52.
(2) Chap. IV, n° 47.
(3) Chap. VII, n° 10.
(4) Chap. VII, n° 10, § 3.
(5) Cf. Tallemant des Réaux, t. VI, p. 29, et Mme de Sévigné, t. IV, p. 461.

comme il n'a point perdu le cerf de meute, comme il s'est étouffé de crier après les chiens qui étaient en défaut, ou après ceux des chasseurs qui prenaient le change, qu'il a vu donner les six chiens. L'heure presse; il achève de leur parler des abois et de la curée, et il court s'asseoir avec les autres pour juger. » Quel scandale! La chasse n'était-elle plus un privilège de la noblesse? Jadis la bourgeoise menait une vie rangée et timide; l'épargne et l'économie suffisaient à son bonheur; jamais elle n'eût osé se divertir comme les grands seigneurs à ces exercices qui sont l'image de la guerre. Aujourd'hui le bourgeois ne craint plus de prendre ces nobles amusements. Il achète à beaux deniers comptants de vastes domaines avec tous les droits de la propriété, le droit de chasse comme les autres; ou bien il suit la meute des grands qui ont donné rendez-vous à leurs voisins : chasse à tir, chasse à courre, tout lui est bon, pourvu qu'il imite les plus illustres seigneurs. Il oublie lois et procédure pour adopter la langue de la vénerie; il la parle couramment avant d'avoir appris à tuer le gibier : il se vante, jusque dans le sanctuaire de la justice, d'être devenu un fort chasseur, un Hippolyte. O temps! ô mœurs! où cette audace si ridicule pouvait-elle aboutir? Ménandre, le poète comique qui peignait les mœurs des Athéniens, ou si vous aimez mieux, la Bruyère, le moraliste, voit ces procédés étranges et n'en est point scandalisé. Pourquoi?

Il n'y avait plus guère en France que deux choses : un pouvoir central très puissant, mais toujours despotique, et une nation (1) dont les classes supérieures étaient les plus libres et les plus éclairées du continent, et au sein de laquelle chacun pouvait s'enrichir à sa guise et garder sa fortune. Aucune loi n'empêchait le bourgeois de se ruiner, il s'enrichissait néanmoins sans cesse; dans bien des cas il était devenu aussi riche, et quelquefois plus riche que le gentilhomme. Il y avait entre la noblesse et la bourgeoisie une différence notable, celle des manières. En effet, il n'y a rien qui s'égalise plus lentement que la superficie des mœurs, qu'on appelle les manières (2). Mais pour le reste la bourgeoisie s'élevait peu à peu, et prenait même en importance politique un certain avantage sur la noblesse.

« A force de faire des contrats, ou de sentir son argent grossir dans

---

(1) De Tocqueville.
(2) Id.

ses coffres, on se croit enfin une bonne tête, et presque capable de gouverner (1). » Bourdaloue entendait alors crier dans le cœur de chacun : « Ne demeure pas dans les bornes qu'on t'a prescrites, va plus loin, monte plus haut, fais ton chemin (2). » Tel est le sentiment naturel de l'ambition humaine qui aspire à tout, qui prétend à tout, qui se croit capable de tout. Bossuet tirait les mêmes principes de l'Écriture sainte (3) : « Tous les hommes sont faits pour entendre; mais vous principalement, sur qui tout un grand peuple se repose, qui devez être l'âme et l'intelligence d'un État, en qui se doit trouver la raison première de tous ses mouvements. Le contraire d'agir par raison, c'est agir par passion ou par humeur. Agir par humeur entraîne toute sorte d'irrégularité, d'inconstance, de bizarrerie, d'injustice, d'étourdissement dans la conduite. N'eût-on qu'un cheval à gouverner, on ne le peut faire sans raison. Tout se fait parmi les hommes par l'intelligence et le conseil. La Sagesse dit elle-même : « C'est par moi que les rois règnent (4); par moi les législateurs prescrivent ce qui est juste. » Elle est tellement née pour commander, qu'elle donne l'empire à qui est né dans la servitude. « Le sage serviteur commandera aux enfants de la maison qui ne sont pas sages, et il fera leurs partages (5). » Et encore : « Les personnes libres s'assujettiront à un serviteur sensé (6). » Ainsi presque tous les ministres de Louis XIV étaient sortis du peuple ou de la bourgeoisie : le Bouthillier, Bailleul, Servien, Guénégaud, Fouquet, Michel le Tellier, Louvois, Barbézieux, Colbert, de Croissy, Seignelay, Arnauld de Pomponne, le Pelletier, Phelippeaux, de la Vrillière, de Châteauneuf et de Pontchartrain. La descendance de Jacques Bonhomme occupait une belle place auprès du grand roi; son esprit de patience et de travail dominait sur les préjugés de la noblesse dans le gouvernement des affaires publiques.

Il eût été ridicule à un simple particulier de prétendre gouverner l'État : c'était le privilège du roi; mais il était permis à quiconque en était capable de gouverner un homme à force de raison, fût-ce le roi lui-même. C'est pourquoi la Bruyère se place à ce point de vue dans son petit traité sur l'art de gouverner.

(1) Chap. VI, n° 37.
(2) Sermon sur l'ambition.
(3) *Politique tirée de l'Écriture*, livre V, article 1er, proposition 1re.
(4) *Proverbes de Salomon*, ch. VIII, v. 45.
(5) *Ibid.*, ch. XVII, v. 2.
(6) *Ecclésiastique*, ch. X, v. 28.

« Il ne faut pas penser à gouverner un homme tout d'un coup (1), et sans autre préparation, dans une affaire importante et qui serait capitale à lui ou aux siens ; il sentirait d'abord l'empire et l'ascendant qu'on veut prendre sur son esprit, et il secouerait le joug par honte ou par caprice : il faut tenter auprès de lui les petites choses, et de là le progrès jusqu'aux plus grandes est immanquable. Tel ne pouvait au plus dans les commencements qu'entreprendre de le faire partir pour la campagne ou retourner à la ville, qui finit par lui dicter un testament où il réduit son fils à la légitime. »

« Pour gouverner quelqu'un longtemps et absolument, il faut avoir la main légère, et ne lui faire sentir que le moins qu'il se peut sa dépendance. »

« Tels se laissent gouverner jusqu'à un certain point, qui au delà sont intraitables et ne se gouvernent plus : on perd tout à coup la route de leur cœur et de leur esprit ; ni hauteur ni souplesse, ni force ni industrie ne les peuvent dompter : avec cette différence que quelques-uns sont ainsi faits par raison et avec fondement, et quelques autres par tempérament et par humeur. »

« Il se trouve des hommes qui n'écoutent ni la raison ni les bons conseils, et qui s'égarent volontairement par la crainte d'être gouvernés. » C'est ce que Lassay reprochait à M. le Prince (2).

« D'autres consentent d'être gouvernés par leurs amis en des choses presque indifférentes, et s'en font un droit de les gouverner à leur tour en des choses graves et de conséquence. » C'est ce que Lassay reprochait à M. le Duc (3).

Qui réussit le mieux à cette époque dans l'art de gouverner les grands ? Sans contredit Mme de Maintenon. On ne se lassait pas à la cour d'admirer la manière dont elle s'était emparée du cœur de Louis XIV et conservait l'empire qu'elle avait acquis sur sa volonté. Aux yeux de bien des courtisans, c'était le chef-d'œuvre du genre. On avait déjà vu des dames illustres se montrer capables de former l'esprit et le cœur des enfants de France (4), de leur inspirer des paroles et des pensées dignes de leur rang et de leur naissance, d'imprimer dans leurs âmes encore tendres ces sentiments élevés qui distinguent

---

(1) Chap. IV, n° 71.
(2) *Recueil*, t. I, p. 341 et 243.
(3) *Ibid.*, t. I, p. 363-370.
(4) *Oraison funèbre de Montausier*, par Fléchier.

les âmes royales des âmes du commun ; mais ce que l'on n'avait pas encore vu, c'était le plus grand monarque du monde gouverné par la veuve du cul-de-jatte Scarron (1), c'était le conseil des ministres tenu chez cette femme pendant qu'elle faisait de la tapisserie, et le roi, quand on était embarrassé, dire : « Consultons la raison, » et se tournant vers elle : « Qu'en pense votre solidité ? » tant il avait confiance dans le jugement de cette personne raisonnable. Bien des courtisans en étaient indignés ; mais la Bruyère n'avait pas cette délicatesse. Qu'une pauvre servante comme Toinette gouvernât le Malade imaginaire de Molière, ou que Mme de Maintenon gouvernât Sa Majesté Louis XIV, peu lui importait : il voulait que la raison gouvernât seule et toujours. « Je ne haïrais pas, dit-il (2), d'être livré par la confiance à une personne raisonnable et d'en être gouverné en toutes choses, et absolument et toujours ; je serais sûr de bien faire sans avoir le soin de délibérer ; je jouirais de la tranquillité de celui qui est gouverné par la raison. »

De tous les grands, le plus gouverné fut Monsieur, frère du roi. Tout le monde dans la maison d'Orléans prétendait gouverner Monsieur ; mais tous n'y parvenaient pas. Madame, avec son humeur dure et farouche, sa physionomie rude et grossière, son esprit ferme et hautain, montrait le caractère viril des palatins et autres princes allemands ; Monsieur, avec sa jolie bouche et ses beaux yeux, sa longue perruque étalée par devant, sa riche toilette, ses bagues, ses bracelets, ses pierreries, ses rubans et ses parfums, avait les mauvaises qualités des femmes. Madame boudait souvent Monsieur ; Monsieur vivait honnêtement avec Madame, sans se soucier de sa personne, et la laissait prendre du tabac tant qu'elle voulait. Le chevalier de Lorraine, beau comme un ange, méchant comme un démon, menait Monsieur avec la hauteur des Guise, leur art et leur esprit. Il eut le singulier talent de se mettre entre le roi et le frère du roi, sans que personne pût l'en empêcher. Il se fit craindre de l'un et de l'autre, et combler de faveurs par tous les deux. La puissance de ce favori devint un objet d'envie pour tous les autres : ils voulurent l'imiter. L'homme le mieux fait de France était le marquis de Châtillon ; avec peu d'esprit, sa figure fit sa fortune chez Monsieur, qui le nomma capitaine de ses gardes et lui prêta de l'argent pour gagner un grand

---

(1) *Histoire de Fénelon*, par M. de Beausset, t. I, p. 255.
(2) Chap. IV, n° 71.

procès (1). Il acquit du bien et il épousa la belle Mlle de Piennes, qui devint dame d'atour de Madame. « C'était, dit Saint-Simon, le plus beau couple de la cour et du plus grand air. » Là se borna sa faveur, que Madame ne lui pardonna jamais. M. de Clermont-Tonnerre, premier gentilhomme de la chambre de Monsieur (2), prétendait ne le céder à personne par sa naissance, par sa fortune, par son esprit. Par sa naissance il était neveu de M. de Noyon, c'était tout dire; par sa fortune il avait gagné le cœur de la Champmeslé, qui le préféra au pauvre Racine. C'est lui aussi qui vendit à Louvois ces immenses « états » dont il est parlé dans les lettres de Coulanges. Enfin M. de Tonnerre avait tant d'esprit qu'il lui échappait à chaque instant des traits extrêmement plaisants et salés (3). Cela lui attira des aventures qu'il ne soutint pas. Il ne se corrigea pas non plus : il devint honteux d'avoir querelle avec lui. Aussi ne se contraignait-on pas pour lui répondre par des brocards injurieux ou par un silence plus injurieux encore. Un jour, il dit : « Je ne sais vraiment pas ce que je fais de demeurer dans cette boutique ; Monsieur est la plus sotte femme du monde, et Madame le plus sot homme que j'aie jamais vu. » L'un et l'autre le surent, et parurent très offensés ; il n'en fut pourtant autre chose. En attendant qu'il soit chassé de la maison d'Orléans, ce qui ne pouvait beaucoup tarder, on eût dit qu'il gouvernait Monsieur et qu'il était maître de tout. Il jouait assez bien le rôle de Drancès dans l'*Énéide* de Virgile (4). « Drance veut passer pour gouverner son maître (5), qui n'en croit rien, non plus que le public : parler sans cesse à un grand que l'on sert, en des lieux et en des temps où il convient le moins, lui parler à l'oreille ou en des termes mystérieux, rire jusqu'à éclater en sa présence, lui couper la parole, se mettre entre lui et ceux qui lui parlent, dédaigner ceux qui viennent faire leur cour, ou attendre impatiemment qu'ils se retirent, se mettre proche de lui en une posture trop libre, figurer avec lui le dos appuyé à une cheminée, le tirer par son habit, lui marcher sur les talons, faire le familier, prendre des libertés, marquent mieux un fat qu'un favori. »

---

(1) *Lettres de Madame*, éd. Brunet, t. I, p. 245.
(2) Saint-Simon, éd. Boislisle, t. II, p. 208 et 209.
(3) *Énéide* de Virgile, livre XI, v. 337-339, v. 399 et 292.
(4) Livre XI, v. 337, etc.
(5) Chap. IV, n° 71.

En effet, le vrai favori ne pouvait l'être longtemps avec une pareille fatuité. Les clefs s'accordent pour reconnaître à ces traits M. de Clermont-Tonnerre ; mais la Bruyère avait en vue bien d'autres courtisans qui ne faisaient pas mieux leur cour auprès des grands. M. le Prince se plaignait souvent qu'on voulût prendre à son égard ces manières impertinentes. M. de Xaintrailles les avait eues, affirme Saint-Simon ; mais il y avait renoncé depuis qu'il en avait senti les inconvénients : il était d'ailleurs devenu un trop gros personnage pour se faire valoir par ces petits moyens si dangereux. C'était le privilège des petits-maîtres, et d'une noblesse légère et vaniteuse qui pouvait encore briller dans les cours galantes, mais qui n'était plus capable de s'élever fort haut dans l'État, ni d'aller fort loin dans le gouvernement d'une grande maison. Alors les grands se reposaient du soin de leurs affaires sur des intendants (1), qui étaient sortis presque tous du peuple, et qui devenaient, dans la maison de leurs maîtres, plus maîtres que les maîtres eux-mêmes.

« Troïle est utile à ceux qui ont trop de bien (2) : il leur ôte l'embarras du superflu ; il leur sauve la peine d'amasser de l'argent, de faire des contrats, de fermer des coffres, de porter des clefs sur soi et de craindre un vol domestique. Il les aide dans leurs plaisirs, et il devient capable ensuite de les servir dans leurs passions ; bientôt il les règle et les maîtrise dans leur conduite. Il est l'oracle d'une maison, celui dont on attend, que dis-je? dont on prévient, dont on devine les décisions. Il dit de cet esclave : « Il faut le punir, » et on le fouette ; et de cet autre : « Il faut l'affranchir, » et on l'affranchit. L'on voit qu'un parasite ne le fait pas rire ; il peut déplaire : il est congédié. Le maître est heureux si Troïle lui laisse sa femme et ses enfants. Si celui-ci est à table, et qu'il prononce d'un mets qu'il est friand, le maître et les conviés, qui en mangeaient sans réflexion, le trouvent friand et ne s'en peuvent rassasier ; s'il dit au contraire d'un autre mets qu'il est insipide, ceux qui commençaient à le goûter, n'osant avaler le morceau qu'ils ont à la bouche, ils le jettent à terre : tous ont les yeux sur lui, observent son maintien et son visage avant de prononcer sur le vin ou sur les viandes qui sont servies. Ne le cherchez pas ailleurs que dans la maison de ce riche qu'il gouverne : c'est

---

(1) Cf. Le portrait de l'intendant dans le *Belphégor* de la Fontaine.
(2) Chap. v, n° 13.

là qu'il mange, qu'il dort et qu'il fait digestion, qu'il querelle son valet, qu'il reçoit ses ouvriers, et qu'il remet ses créanciers. Il régente, il domine dans une salle ; il y reçoit la cour et les hommages de ceux qui, plus fins que les autres, ne veulent aller au maître que par Troïle. Si l'on entre par malheur sans avoir une physionomie qui lui agrée, il ride son front et il détourne sa vue; si on l'aborde, il ne se lève pas; si on s'assied auprès de lui, il s'éloigne ; si on lui parle, il ne répond point ; si l'on continue de parler, il passe dans une autre chambre ; si on le suit, il gagne l'escalier; il franchirait tous les étages, ou il se lancerait par une fenêtre, plutôt que de se laisser joindre par quelqu'un qui a un visage ou un son de voix qu'il désapprouve. L'un et l'autre sont agréables en Troïle, et il s'en est servi heureusement pour s'insinuer ou pour conquérir. Tout devient avec le temps au-dessous de ses soins, comme il est au-dessus de vouloir se soutenir ou de continuer de plaire par le moindre des talents qui ont commencé à le faire valoir. C'est beaucoup qu'il sorte quelquefois de ses méditations et de sa taciturnité pour contredire, et que même pour critiquer il daigne une fois le jour avoir de l'esprit. Bien loin d'attendre de lui qu'il défère à vos sentiments, qu'il soit complaisant, qu'il vous loue, vous n'êtes pas sûr qu'il aime toujours votre approbation, ou qu'il souffre votre complaisance. »

On ne peut guère douter que l'abbé de Chaulieu ne fût un de ces intendants qui savaient ôter à leur maître l'embarras du superflu. Dans la maison de Condé on disait de M. de Vendôme, qui tenait table deux fois le jour et qui passait sa vie à faire digestion (1), qu'il mourrait de faim, pour exprimer qu'il n'était pas riche ou que ses affaires étaient fort mauvaises : « C'est une figure, reprenait quelqu'un ; on le dirait plus à la lettre de ses créanciers. » On peut voir aussi dans ce Troïle un autre personnage : il gère les affaires de son maître, il porte sur soi les clefs de son coffre fort, il l'aide dans ses plaisirs, le sert dans ses passions, les règle, les maîtrise et devient l'oracle de la maison; M. de la Chapelle, même après le mariage du prince de Conti, exerça dans sa maison une autorité dominante ; il n'admettait que ses créatures au service du prince, et ses amis à sa table; il savait plaire à Mme la princesse de Conti et à ses enfants, il les charmait par son esprit, par la douceur de son caractère et l'honnêteté

(1) Chap. XII, n° 82.

de sa conduite : mais pour Segrais et Boileau, il était le sec la Chapelle ; pour Chaulieu, le maussade imitateur de Catulle ; pour Saint-Simon, un très hardi et très dangereux fripon, recrépi de bel esprit ; pour lui-même, quelqu'un de l'Académie française connu par les bontés d'un grand prince (1), qu'il n'avait pas méritées. Le reste du caractère de Troïle s'applique à Gourville en 1692.

Gourville avait débuté dans les affaires par être maître d'hôtel de M. de la Rochefoucauld, c'est là qu'il avait commencé son éducation politique et appris l'art de faire un bon dîner ; mais il avait perfectionné ce talent dans les divers pays où il était allé, et professait volontiers ce que nous appellerions aujourd'hui la gastronomie comparée ; il porta très haut en tout pays l'honneur de la cuisine française, et s'en servit partout comme d'une des principales ressources de la diplomatie. Il aimait beaucoup le vin choisi de l'Ermitage (2), sans doute parce qu'il est très propre à faire parler les gens ; il adora les primeurs (3) jusqu'à son dernier soupir. Il avait mangé les meilleurs poulets de sa vie à Londres (4), dans le cabaret d'un nommé Giraud, qui avait été cordelier en France et s'en était échappé avec une religieuse. Il avait fait de fort belles études sur la bonne chère avec M. de Saint-Évremond, un autre expert en ces matières, chez lord Germain, lord Craff et lord Buckingham. Pendant son exil, il acquit par ses dîners la plus haute considération à Bruxelles et à la Haye (5). Il avait un cuisinier de grande réputation. Le prince d'Orange, les ambassadeurs de France, d'Espagne et de Portugal en Hollande (6) dirent qu'ils voulaient l'éprouver : « Nous convînmes que je leur donnerais à dîner à la maison de campagne d'un de mes amis (7), et qu'en y entrant chacun serait dépouillé de son caractère et de sa qualité, ce qui fut fort bien observé. Je leur fis préparer un grand dîner, auquel j'invitai aussi quatre ou cinq personnes de la Haye ; quand il fut question de se mettre à table, je pris par la main la comtesse de Meslin, fille de don Estevan de Gomara, ambassadeur d'Espagne, et la fis asseoir auprès de moi à la première place : chacun

---

(1) Cf. Son discours de réception à l'Académie.
(2) *Mémoires de Gourville*, p. 536.
(3) *Ibid.*, p. 587.
(4) *Ibid.*, p. 540.
(5) *Ibid.*, p. 542.
(6) *Ibid.*, p. 543.
(7) *Ibid.*, p. 553.

prit la sienne sans songer à aucune cérémonie. » Après un tel triomphe, nous n'avons pas besoin de raconter la fameuse campagne culinaire et diplomatique que fit Gourville à Madrid (1), où, avec ses ragoûts, ses entremets et surtout ses pâtés de perdrix rouges, il débaucha ces affamés de grands d'Espagne et les gagna aux intérêts de M. le Prince. On comprend assez l'autorité et même le pédantisme de Gourville sur la bouche de la maison de Condé. Ailleurs on ne savait trop ce qu'il faisait; mais ce n'était pas ailleurs qu'il fallait le voir pour l'admirer, c'était à l'hôtel de Condé, dans cette maison qu'il gouvernait : c'est là qu'il mangeait, qu'il dormait et qu'il faisait digestion; partout ailleurs, ou il ne mangeait pas, ou il digérait mal. Il avait soixante-sept ans (2) : il perdait le sommeil, sa santé commençait à s'altérer, et il venait d'éprouver un échec dont il ne pouvait prendre son parti (3).

Après avoir obtenu du roi les lettres patentes qui le déchargeaient de tout ce qu'il devait à l'État, il se souvint qu'il avait déjà eu, douze ans auparavant, son premier arrêt de décharge et que cependant il avait été obligé d'en obtenir un second. Ne pourrait-on pas revenir sur les lettres patentes ? Il les fit sceller extraordinairement par le chancelier. Mais ces lettres patentes n'ayant point été vérifiées par la cour des comptes, il demeurait possible que Gourville fût inquiété plus tard pour la somme dont le roi lui faisait remise. C'est pourquoi Gourville porta ces lettres chez M. de Nicolaï, premier président de la chambre des comptes, qui lui avait donné plusieurs marques de son estime. M. de Nicolaï les lui rendit pour les porter chez M. le procureur général, dont il fallait obtenir les conclusions. « M. le procureur général me dit, rapporte Gourville, que M. de Pompònne, le ministre d'État, l'avait fort prié de me faire plaisir en tout ce qui dépendrait de lui; mais qu'il était obligé de me dire en toute sincérité que la grâce que j'avais obtenue du roi était si extraordinaire, et si éloignée de toutes sortes d'exemples, qu'il ne savait comment donner ses conclusions favorables comme je pouvais le désirer. » Le hasard ayant fait trouver là M. l'abbé de Pomponne qui lui fit encore des instances en ma faveur, il me dit qu'à son tour il me priait, pour l'honneur de la chambre et pour le sien particulier, de demander des

---

(1) *Mémoires de Gourville,* p. 555.
(2) *Ibid.*, p. 491.
(3) *Ibid.*, p. 584, 585.

lettres de jussion ; que je n'aurais point de peine à les obtenir, après la manière dont le roi m'avait accordé des lettres patentes et avec l'envie qu'avait M. de Pontchartrain de me faire plaisir. » On ne pouvait pas lui faire entendre plus clairement qu'il était un fripon, et qu'on le tenait pour tel à moins qu'un ordre exprès du roi ne vînt d'en juger autrement. « Effectivement j'obtins, dit Gourville, ces lettres de jussion aussitôt que je les eus demandées, et je me mis en marche pour voir Messieurs de la chambre chez eux. M. Pajot, maître des comptes que j'avais fort connu autrefois, les ayant présentées à la chambre, elles furent vérifiées d'une seule voix. » Que d'humiliations éprouvait Gourville pour se faire déclarer honnête homme sans y parvenir ! Mais aussi pourquoi avait-il engagé cette lutte avec le procureur général ? M. de la Briffe était ce jeune et brillant magistrat dont la Fontaine disait dans sa lettre au prince de Conti (1689).

> La Briffe est chargé des affaires
> Du public et du souverain :
> Au gré de tous, il sut enfin
> Débrouiller ce chaos de dettes
> Qu'un maudit compteur avait faites.
> Ce n'est pas là le seul essai
> Qui le rend successeur d'Harlay.

En 1688, M. de la Briffe avait été chargé de poursuivre l'affaire de Harouys, trésorier des états de Bretagne, et il avait obtenu la condamnation. Il eût fait condamner aussi Gourville, si on lui eût permis, après avoir examiné ses comptes, de présenter ses conclusions. Les lettres de jussion avaient sauvé Gourville, la chambre pour obéir au roi les avait vérifiées ; mais, l'affaire ainsi étouffée, Gourville n'en demeurait pas moins condamné par le procureur général et l'opinion publique. C'est pourquoi la Bruyère le comparait à ce jeune guerrier troyen dont la disgrâce (1) était peinte sur les murs de Carthage, à Troïle, qui avait osé engager avec Achille un combat inégal et qui fut victime de sa témérité.

Mais Gourville était plus fier que jamais : il était protégé par le roi. Dans la maison de Condé, il se met maintenant à l'aise. C'est à l'hôtel de Condé qu'il querelle son valet, le fameux Belleville, le nouvelliste, qui lui apporte des nouvelles très désagréables de l'as-

(1) Virgile, *Énéide*, liv. Ier, v. 474-477.

semblée du Luxembourg. C'est là qu'il reçoit ses ouvriers, qui embellissent son château de Saint-Maur; c'est là qu'il remet ses créanciers, dans ce champ de bataille où il a remporté de si belles victoires sur ceux de M. le Prince. Il régente, il domine dans une salle; il y reçoit la cour et les hommages de ceux qui, plus fins que les autres, ne veulent aller au maître que par Troïle. La Bruyère n'avait pas cette finesse; c'est pourquoi sa figure ne plaisait point à Troïle; sa voix lui blessait l'oreille, sa présence l'irritait. Si la Bruyère entrait dans une chambre, Troïle ridait son front et détournait la vue; si la Bruyère l'abordait, Troïle ne se levait pas; si la Bruyère s'asseyait auprès de lui, Troïle s'éloignait; si la Bruyère lui parlait, Troïle ne répondait point; si la Bruyère continuait de lui parler, Troïle passait dans une autre chambre; si la Bruyère le suivait, Troïle gagnait l'escalier. La Bruyère fut bien obligé de le laisser tranquille; « il franchirait, dit-il, tous les étages, ou il se lancerait par une fenêtre, plutôt que de se laisser joindre par quelqu'un qui a un visage ou un son de voix qu'il désapprouve. L'un et l'autre sont agréables en Troïle, et il s'en est servi heureusement pour s'insinuer ou pour conquérir. » Mais ce temps des conquêtes était passé : le visage de Gourville a perdu sa fraîcheur, et cet air aimable qui lui avait valu bien des succès. Sa voix douce est cassée; son ton patelin n'a plus de charme. « Tout devient avec le temps au-dessous de ses soins, comme il est au-dessus de vouloir se soutenir ou de continuer de plaire par le moindre des talents qui ont contribué à le faire valoir. C'est beaucoup qu'il sorte quelquefois de ses méditations et de sa taciturnité pour contredire, et que même pour critiquer il daigne une fois le jour avoir de l'esprit. Bien loin d'attendre de Troïle qu'il défère à vos sentiments, qu'il soit complaisant, qu'il vous loue, vous n'êtes pas sûr qu'il aime toujours votre approbation ou qu'il souffre votre complaisance. »

Le moraliste aimait à louer ces hommes sortis des derniers rangs de la société, qui étaient parvenus, à force de patience et d'industrie, de courage et d'habileté, non seulement à se faire une grande et belle fortune, mais encore à gouverner, sous des titres divers, les premières maisons du royaume et même les plus grands seigneurs de la chrétienté. Pourquoi, je vous le demande, pourquoi parler de ces choses-là dans la maison de Condé en face de Gourville? Vraiment le moraliste était bien indiscret. Ce n'était pas la faute de Gourville si « l'émulation de travail utile qu'on remarquait dans la bourgeoisie (1) faisait un contraste frappant avec l'oisiveté politique où s'endormait la haute noblesse ». D'ailleurs l'aiguillon de la pauvreté a de tout temps donné de l'audace aux plus timides ; combien d'occasions de s'instruire, de s'avancer, de s'élever trouvait la bourgeoisie au service du roi ! Ce que la guerre était aux nobles, l'administration civile l'était à la classe moyenne, le chemin qui mène à tout. On ne trouvait pas la gloire dans les bureaux de finances, ni dans les bureaux du commerce et de la marine ; mais on s'y instruisait du dedans et du dehors du royaume. On n'était pas célèbre pour avoir siégé à une table de marbre ou cour souveraine des eaux et forêts, comme le père de feu Sarazin, qui avait gouverné le père du prince de Conti ; mais on avait appris une partie importante de la science du père de famille, l'économie d'un vaste domaine. On ne brillait pas à la cour pour être membre d'un parlement ; mais il fallait apprendre le droit et les coutumes de France. On ne devenait pas ministre pour avoir été du conseil d'État, ou maître des requêtes ; mais on avait fréquenté la meilleure école des sciences morales et politiques qui existât alors (2). La charge qui préparait le mieux à celle de ministre ou de secrétaire d'État, c'était l'intendance. A côté des chefs militaires établis dans les provinces sous le nom de gouverneurs, les intendants du roi représentaient (3) directement le pouvoir royal ; et comme le roi réunissait tous les pouvoirs en sa main, ses délégués avaient autorité et juridiction sur toutes les branches de l'administration civile. Ils devaient connaître de toutes injustices, foules et oppressions que les sujets du roi pouvaient souffrir, et veiller incessamment pour procurer la subsistance, la sûreté et la santé des peuples (4). Ainsi « pendant que les grands négligent de rien connaître, je ne dis pas seulement aux intérêts des princes et aux affaires publiques, mais à leurs propres affaires ; qu'ils ignorent l'économie et la science d'un père de famille, et qu'ils se louent eux-mêmes de cette ignorance ; qu'ils se laissent appauvrir et maîtriser par des intendants ; qu'ils se contentent d'être gourmets ou *coteaux,* d'aller chez *Thaïs* (5) ou

---

(1) *Mémoires de Louis XIV,* t. I, p. 32.
(2) *Des Secrétaires d'État,* par M. de Luçay.
(3) *La Justice administrative en France,* par R. Dareste, p. 104-115.
(4) Chap. IX, n° 24.
(5) Thaïs, courtisane des grands dans l'*Eunuque* de Térence. Boileau, 3ᵉ satire, v. 107.

chez *Phryné*, de parler de la meute et de la vieille meute, de dire combien il y a de postes de Paris à Besançon, ou à Philipsbourg; des citoyens s'instruisent du dedans et du dehors d'un royaume, étudient le gouvernement, deviennent fins et politiques, savent le fort et le faible de tout un État, songent à se mieux placer, se placent, s'élèvent, deviennent puissants, soulagent le prince d'une partie des soins publics. Les grands, qui les dédaignaient, les révèrent (1) : heureux s'ils deviennent leurs gendres ! » Notons en passant une observation curieuse de la Bruyère : les courtisans épousaient les filles de financiers enrichis, et les grands seigneurs épousaient les filles des citoyens qui étaient devenus ministres. Voilà les mœurs républicaines du siècle de Louis le Grand.

Mais ces ministres du roi oubliaient souvent la modestie de leur origine. Les Colbert et les le Tellier étaient déjà admis aux rangs de la haute aristocratie. Arnauld de Pomponne était d'une famille si célèbre par la noblesse de ses sentiments, et il avait une telle dignité de caractère, qu'il eût été malséant de lui disputer sa place parmi les hommes les mieux élevés et les plus aimables de son temps. Les gens pointilleux sur le rang et la naissance le trouvaient un parfait gentilhomme et ne commençaient à montrer quelque scrupule que pour M. le Pelletier : ce nom-là sonnait mal aux oreilles délicates. On était plus habitué au nom de Phelippeaux de Pontchartrain ; mais celui qui le portait était un si petit personnage, que les amis ou admirateurs de Colbert de Seignelay ne comprenaient pas que le roi l'eût choisi pour lui succéder. « Ce dernier, disait M. de Coulanges en parlant de Pontchartrain (2), ne me paraît pas revêtu de charges, mais accablé, et je ne saurais croire qu'il n'y succombe à la fin ; pour moi, je ne reviens point de l'étonnement où je suis. Voilà ce que c'est que d'avoir été élevé par M. le Pelletier ! » Il fallut pourtant se rendre à l'évidence ; non seulement Pontchartrain ne succomba pas sous le poids de ses charges, mais après la mort de Louvois le roi y en ajouta encore d'autres, et le contrôleur général des finances, secrétaire d'État pour la marine, les pierreries, les

---

Mᵐᵉ de Sévigné, t. II, p. 519. Saint-Évremond, t. I, p. 84. *Contemporains de Molière*, par V. Fournel, t. I, p. 345.

(1) Cf. Ernest Bertin, *les Mariages dans l'ancienne société française*, p. 263-380 et 381-477, etc.

(2) Mᵐᵉ de Sévigné, t. IX, p. 598.

manufactures et les haras, devint tout naturellement le plus puissant ministre de Sa Majesté. Quel sujet de réflexions et de méditations ! dit avec une ironie amère M. de Coulanges.

Ces réflexions que Coulanges n'exprimait pas, Bourdaloue les a clairement exprimées en son langage (1) : « Il y a deux sortes de grandeurs, les unes que Dieu a établies dans le monde, et les autres qui s'y érigent, pour ainsi dire, d'elles-mêmes ; celles-là sont les ouvrages de la Providence, et celles-ci sont comme les productions de l'ambition humaine : il ne faut pas s'étonner qu'elles causent des effets si contraires, non seulement dans ceux qui les possèdent, mais dans ceux mêmes qui n'y ont aucune part, et qui les envisagent avec un œil désintéressé et exempt de passion. Une grandeur légitime et naturelle porte en elle-même un certain caractère qui, avec le respect et la vénération, lui attire encore la bienveillance et le cœur des peuples. C'est par ce principe que nous aimons nos rois. Nous croyons que leur élévation vient de Dieu et qu'elle contribue au bien commun. Mais ces grandeurs irrégulières qui n'ont d'autre fondement que l'ambition et la cupidité des hommes, ces grandeurs où l'on ne parvient que par artifice, par ruse ou par intrigue, et dont les politiques du siècle s'applaudissent, ces grandeurs, quelque éclatantes qu'elles paraissent à nos yeux, ont je ne sais quoi qui nous pique et qui nous révolte, parce qu'elles nous paraissent comme autant d'usurpations et autant d'excès qui vont au renversement de l'équité publique. » Voilà ce que pensaient les amis des anciens ministres. Pour eux l'autorité des Colbert et des le Tellier était légitime et naturelle, l'autorité de Pontchartrain irrégulière et injuste. Vraiment ne fallait-il pas le comparer à Guillaume d'Orange ? Ce n'était pas ainsi que raisonnait Louis XIV. « J'étais résolu, dit-il (2), à ne point prendre de premier ministre, et à ne pas laisser faire par un autre les fonctions de roi, pendant que j'en aurais le titre. Il était aussi de mon intérêt (3) de ne pas prendre des hommes d'une qualité éminente. Il fallait, avant toutes choses, faire connaître au public, par le rang même où je les prenais, que mon dessein n'était pas de partager mon autorité avec eux. » Il sentait bien que s'il pouvait accabler un grand seigneur sous le poids de sa disgrâce, il ne pou-

(1) Sermon sur l'ambition, 3e point.
(2) Œuvres du roi, t. II, p. 385.
(3) Ibid., t. I, p. 32.

vait l'anéantir, ni lui, ni les siens; mais en précipitant un secrétaire d'État de sa place, ou un autre ministre de la même espèce, il le replongeait lui et tous les siens dans la profondeur du néant d'où il les avait tirés. Voilà pourquoi il se plaisait (1) à élever les secrétaires d'État au-dessus des autres. Ainsi il s'élevait lui-même, et abattait tout à ses pieds. Du pouvoir personnel de Louis XIV date l'avènement des secrétaires d'État à la vie politique. Il avait déterminé leurs fonctions, comme l'instrument le plus intelligent du pouvoir absolu, mais aussi le plus facile à détruire. Il les tenait constamment dans sa main; mais c'étaient de ces vases fragiles qui se brisent dès qu'ils tombent. Louvois avait voulu s'émanciper, le roi avait pris en dégoût les gens présomptueux. « A qui faut-il se confier? A celui qui se défie de soi-même; car la défiance qu'il a de soi-même m'assure de lui (2). » Telle était la nouvelle maxime de Sa Majesté.

Pontchartrain, craignant sa chute prochaine, voulait se retirer. Mais l'abbé de Choisy écrivait à Bussy (22 août 1691) : « M. de Pontchartrain a dans ses papiers plus de cent millions d'affaires extraordinaires sans charger le peuple. Ce sont les fonds de 1692 et 1693 (3). « Bussy répondait : « Il est beau à M. de Pontchartrain de trouver de grandes sommes à son maître sans fouler le peuple. Je crois que les confédérés auront de la peine à payer leurs troupes en 1693 (4). » Voilà ce que la Bruyère appelait d'un mot heureux la science du père de famille appliquée aux affaires publiques, cette science que les grands n'avaient pas et qui était nécessaire au prince pour mériter le nom de roi. « Nommer un roi PÈRE DU PEUPLE est moins faire son éloge que l'appeler par son nom, ou faire sa définition (5). »

Cependant ces affaires extraordinaires n'étaient pour la plupart fondées que sur la ruine des institutions populaires. Pontchartrain avait tiré des sommes considérables de la création de nouvelles charges au parlement et de nouveaux offices dans les villes du ressort de la chambre des comptes de Paris. L'idée lui vint d'étendre cette in-

---

(1) *Des Secrétaires d'État sous le règne de Louis XIV*, par H. de Luçay, maître des requêtes au conseil d'État, p. 2 et p. 21, 22.
(2) Bourdaloue, Sermon sur l'ambition, 2ᵉ partie.
(3) Correspondance de Bussy, t. VI, p. 502.
(4) Ibid., p. 504.
(5) Chap. X, n° 27.

novation (1) à tout le royaume, de s'emparer des magistratures urbaines et de tous les emplois à la nomination des villes, de les ériger en offices héréditaires, et de les vendre le plus cher possible, soit à des particuliers, soit aux villes elles-mêmes. Un maire perpétuel et des assesseurs candidats-nés pour les fonctions d'échevins, consuls, capitouls, jurats, syndics, furent imposés aux municipalités. On justifia par l'exemple de Louis XIII et la sagesse de Richelieu cette confiscation des derniers débris des communes de France (2). Dans l'édit de juillet 1690, il est dit : « Le feu roi, notre très honoré seigneur et père, avait cru que, pour remettre le bon ordre dans lesdites communautés, empêcher la dissipation de leurs deniers communs et arrêter le cours des abus qui se commettaient avec trop de licence, il n'y avait pas de moyen plus certain que d'établir quelques officiers perpétuels qui, ayant une entière connaissance des affaires, seraient en état d'instruire les autres magistrats électifs qui ne sont qu'à temps, et, concourant tous ensemble dans un même dessein, ne manqueraient pas de faire sentir au public de salutaires effets d'une bonne administration. » Ces raisons inspirèrent aussi les édits de 1692 et 1693. Quelles enchères que celles de ces offices devenus royaux et parés du titre de conseillers du roi! La passion des riches familles bourgeoises pour les charges héréditaires et l'attachement des villes à leurs franchises immémoriales se disputèrent l'honneur de remplir les coffres de Sa Majesté. Ce coup d'État fiscal se fit doucement, sans bruit. Il y eut des plaintes plus ou moins vives, mais partout on se soumit : c'était le devoir de tous les citoyens d'aider Louis XIV à soutenir la guerre contre l'Europe. Des gens entichés de leur naissance déplorèrent l'élévation de la plume et de la robe, et virent là un nouveau pas vers l'anéantissement de la noblesse. Les nouveaux fonctionnaires de l'État, ou comme on disait alors, les nouveaux conseillers du roi, repoussaient avec dédain l'épithète de savonnettes à vilains qu'on appliquait à leurs charges, puisque les nobles pouvaient y parvenir comme les autres. Et la Bruyère se réjouissait de voir appliquer sur une vaste échelle la fameuse maxime tant aimée des grands (3) : « Se faire valoir par des choses qui ne dépendent point des autres, mais de soi seul, ou renoncer à se faire valoir. » Il répétait que cette

---

(1) *Essai sur l'histoire du tiers état,* par A. Thierry; p. 228.
(2) *Recueil des anciennes lois françaises,* t. XXII, p. 106.
(3) Chap. II, n° 11.

maxime était infinie dans la pratique, utile aux faibles, aux vertueux, à ceux qui ont de l'esprit. En effet, elle servait à les décrasser, à les polir, à les élever et à répandre par toute la France, sur toutes les conditions, une teinte d'urbanité. Pendant ce temps, les grands seigneurs qui ne pouvaient être bons à personne voyaient diminuer rapidement le nombre de leurs courtisans. Ils ne seront pas pour cela sons le joug de la vile bourgeoisie; mais vraiment (et c'est ce qui semblait amer), en mille façons différentes, ils dépendront d'un bourgeois intelligent, dépositaire de l'autorité royale.

Saint-Simon, qui était le plus indigné de ces changements, nous a parfaitement expliqué le caractère de M. de Pontchartrain. « C'était, dit-il (1), un petit homme, maigre, bien pris dans sa petite taille, avec une physionomie d'où sortaient sans cesse des étincelles de feu et d'esprit, et qui tenait encore plus qu'elle ne promettait. Jamais tant de promptitude à comprendre, tant de légèreté et d'agrément dans la conversation, tant de justesse dans les reparties, tant de facilité et de solidité dans le travail, tant de subite connaissance des hommes ni plus de tour à les prendre. Avec ces qualités, une simplicité éclairée et une sage gaieté surnageaient à tout, et le rendaient charmant en riens et en affaires. Sa propreté était singulière et s'étendait à tout, et à travers tout cela beaucoup de piété, de bonté, et j'ajouterai d'équité jusque dans la gestion des finances autant qu'elle en pouvait comporter. Il en avouait lui-même la difficulté, et c'est ce qui les lui rendait si pénibles; il s'en expliqua souvent avec amertume aux parties qui la lui remontraient. Du moins quoi qu'il fît, il abrégeait le supplice de l'attente autant que possible. Amis et ennemis l'ont reconnu :

> Homme n'est plus expéditif,
> Plus instruit, plus inventif,
> Talents aujourd'hui nécessaires,

disait la Fontaine dans une lettre au prince de Conti (2). Il avait trouvé l'art de satisfaire, les grands seigneurs soit qu'il accordât, soit qu'il refusât, et ne s'était jamais fait un ennemi personnel à la cour : mais en revanche il était bien haï du peuple, dit Spanheim (3) qui ne

---

(1) Saint-Simon, éd. Chéruel, t. II, p. 305-306. *Journal de Dangeau*, annotation de Saint-Simon.

(2) Lettre en vers au prince de Conti, 9 novembre 1689.

(3) *Relation*, p. 408.

l'aimait pas et qui a lancé contre lui ce trait extraordinairement piquant : « Un petit chien, un oiseau, sa famille, un valet, font le plus souvent ses occupations, lorsque le public croit qu'il en a de fort sérieuses. » Le peuple, surchargé d'impôts, ne pouvait voir dans le contrôleur général des finances qu'un esprit fol et léger, ou un homme dur, avare et cruel. Il n'était ni l'un ni l'autre, mais seulement accablé par la responsabilité des actes que lui imposait le roi son maître.

Quand Pontchartrain était conseiller aux requêtes, son château en Espagne était d'arriver conseiller d'honneur au parlement et d'avoir une maison dans le cloître Notre-Dame. Maintenant il a son appartement à Versailles, et il est invité avec sa femme à Marly : il est devenu grave. « Dans sa jeunesse, il avait été galant avec un feu et une grâce que je n'ai vus, dit Saint-Simon, dans aucun autre, si ce n'est en M. de la Trappe ; il se distinguait dans les ruelles et les sociétés à sa portée, et plus encore au palais par sa capacité, sa grande facilité et son assiduité. » C'est probablement dans ces sociétés que la Bruyère l'avait connu, et ils étaient demeurés en bonne intelligence. Le moraliste n'avait rien à demander au puissant ministre ; ils n'avaient donc pas lieu de se brouiller. L'auteur des *Caractères ou mœurs de ce siècle* trouvait chez le contrôleur général des finances une foule d'originaux à observer : c'était une raison pour qu'il cultivât cette connaissance. Enfin il s'amusait à examiner les curieux effets produits par la prompte élévation de Pontchartrain sur ses parents qui jadis ne voulaient pas le reconnaître et sur les anciens amis qui se rapprochaient de lui. « Quelqu'un vous dit (1) : *Je me plains d'un tel, il est fier depuis son élévation, il me dédaigne, il ne me connaît plus.* — *Je n'ai pas, pour moi*, lui répondez-vous, *sujet de m'en plaindre; au contraire, je m'en loue fort, et il me semble qu'il est assez civil.* Je crois vous entendre : vous voulez qu'on sache qu'un homme en place a de l'attention pour vous, et qu'il vous démêle dans l'antichambre entre mille honnêtes gens dont il détourne les yeux, de peur de tomber dans l'inconvénient de leur rendre leur salut ou de leur sourire. » La Bruyère était un de ces mille honnêtes gens. Pontchartrain évitait de le regarder, de peur d'être obligé de lui rendre son sourire : cela pouvait avoir des inconvénients.

« Pontchartrain avait épousé la fille de Maupeou, président d'une

---

(1) Chap. IX, n° 37.

des chambres des enquêtes, peu riche, mais bon parti pour lui quand il l'épousa (1). C'était une grosse femme, de bonne taille et de bonne mine, qui avait l'air imposant, et quelque chose de fin. On ne peut guère être plus laide qu'elle n'était, mais d'une laideur ignoble et grossière : avec cela elle ne laissait pas d'avoir de l'humeur, mais elle la domptait autant que possible. Bonne ménagère, elle tenait sa maison vaec un ordre admirable. Personne ne s'entendait mieux qu'elle à donner des fêtes. Délicieuse à la campagne et en liberté, elle était dangereuse à table, parce qu'elle prolongeait les repas, se connaissait en bonne chère sans presque y tâter, et faisait crever ses convives d'indigestion. Elle ne donnait de fêtes à Paris ou à Versailles qu'avec raison et bien à propos, conservant toujours son air simple et tranquille, sans jamais sortir de son âge, de sa place, de sa condition, de sa modestie. Elle avait une politesse attentive et avisée, savait distinguer et mesurer à chacun les égards ou les honneurs qui lui étaient dus, et mettre tout le monde à l'aise. Elle avait beaucoup d'agrément et d'adresse dans l'esprit sans qu'il y parût, de la souplesse sans rien qui approchât du faux, et quand il le fallait, une légèreté qui surprenait : car elle avait trop longtemps trempé dans la bourgeoisie pour qu'il ne lui en restât pas quelque petite odeur. Il est vraiment étonnant qu'une femme de la robe, qui n'avait de monde qu'en Bretagne, se fût mise en si peu de temps au fait des manières et du langage de la cour ; elle devint un des meilleurs conseils qu'on y pût trouver pour s'y gouverner; son mari sut le reconnaître et en profiter. Elle avait compris mieux que personne pourquoi le contrôleur général des finances était de tous les ministres celui qui plaisait le plus au roi : c'était lui d'ordinaire qui avait la principale influence sur mille affaires auxquelles Mme de Maintenon portait intérêt, et sur des milliers de personnes que Mme de Maintenon voulait éloigner ou approcher de Sa Majesté. La dévotion alors se mêlait de tout : Mme de Pontchartrain avait toujours été pieuse ; sa piété crut avec sa fortune, et déjà elle embrassait toutes les bonnes œuvres ; outre les sommes énormes qu'elle donnait aux pauvres de sa paroisse, elle était toujours en quête de pauvres honteux, de gentilshommes et de demoiselles dans le besoin, de filles dans le danger, et elle se montrait ingénieuse pour leur venir en aide. Mme de Maintenon tirait de grandes ressources de ses charitables manèges. Il

---

(1) Saint-Simon, t. XI, p. 71, 72, 74, et *Mercure galant*, juin 1705, p. 373-391.

arrivait bien quelquefois que Mme de Maintenon ne pouvait manier le contrôleur général des finances comme elle le voulait ; Mme de Pontchartrain tâchait de rendre son mari plus complaisant, et pour l'amour d'elle Mme de Maintenon souffrait des raideurs de Pontchartrain qu'elle n'eût jamais passées à un autre. » Quand Pontchartrain voulait quitter les finances, nous comprenons pourquoi sa femme les lui faisait garder, en lui demandant tantôt deux, tantôt quatre, tantôt huit jours de délai : elle avait sa part du ministère, comme Mme de Maintenon de la royauté.

Elle avait aussi des ennemis comme Mme de Maintenon (1). Elle était, disaient-ils, d'un très mauvais caractère, dure, injuste et méchante. Elle se demandait elle-même si elle était faite pour le rôle qu'elle jouait. M. de Pontchartrain se déclarait indigne des charges que le roi lui imposait ; Mme de Pontchartrain était-elle digne des responsabilités qu'elle avait encourues ? Jadis, quand elle était pauvre, elle était gaie et heureuse. Elle logeait chez son père avec son mari, elle n'avait de carrosse que celui de son père ; elle n'avait d'appartement qu'un cabinet de travail pour son mari chez son père, et une chambre à coucher au second étage. Mais alors comme elle badinait, folâtrait et riait de bon cœur ! elle souriait même à la Bruyère en passant, dans les sociétés où ils se rencontraient. Il ne l'a pas oublié, mais elle ne s'en souvient plus. C'est pourquoi le gentilhomme de la maison de Condé donne ces bons conseils à Mme de Pontchartrain (2) : « Riez, *Zélie*, soyez badine et folâtre à votre ordinaire ; qu'est devenue votre joie? « Je suis riche, dites-vous, me voilà au large, et je commence à respirer. » Riez plus haut, Zélie, éclatez : que sert une meilleure fortune, si elle amène avec soi le sérieux et la tristesse ? Imitez les grands qui sont nés dans le sein de l'opulence : ils rient quelquefois, ils cèdent à leur tempérament, suivez le vôtre ; ne faites pas dire de vous qu'une nouvelle place ou que quelques mille livres de rente de plus ou de moins vous font passer d'une extrémité à l'autre. « Je tiens, dites-vous, à la faveur par un endroit. » Je m'en doutais, Zélie ; mais croyez-moi, ne laissez pas de rire, et même de me sourire en passant, comme autrefois : ne craignez rien, je n'en serai ni plus libre ni plus familier avec vous ; je n'aurai pas une moindre opinion de vous et de votre poste ; je croirai également que vous

---

(1) Spanheim, Appendice, p. 409.
(2) Chap. XIII, n° 25.

êtes riche et en faveur. « Je suis dévote, » ajoutez-vous. C'est assez, Zélie, et je dois me souvenir que ce n'est plus la sérénité et la joie que le sentiment d'une bonne conscience étale sur le visage; les passions tristes et austères ont pris le dessus et se répandent sur les dehors : elles mènent plus loin, et l'on ne s'étonne plus que la dévotion sache encore mieux que la beauté et la jeunesse rendre une femme fière et dédaigneuse. »

Mme de Pontchartrain plaisantait encore quelquefois avec beaucoup de réserve, mais jamais elle ne parlait légèrement de la religion : c'était le mot d'ordre de Mme de Maintenon. M. de Caumartin, intendant des finances et parent de Pontchartrain, avait introduit chez elle le baron de Breteuil, qui n'avait d'autre titre pour être baron, dit Saint-Simon (1) que d'être né à Montpellier, pendant l'intendance de son père, M. le Tonnelier de Breteuil. Le baron de Breteuil était lecteur du roi; ce qui supposait en lui beaucoup de belles-lettres et d'érudition. Il avait la rage des ministres, des gens en place, des hommes à la mode : il prétendait les connaître par le menu et dans l'intimité; il gagnait même beaucoup d'argent, dit-on, en promettant sa protection aux gens naïfs qui voulaient bien le croire. Il fut chargé de diverses missions à l'étranger, où il fut désavoué par son gouvernement. Mais il avait été envoyé à Parme et à Mantoue pour y annoncer la naissance du duc de Bourgogne; cette fois on ne le désavoua point. Un jour à dîner chez M. de Pontchartrain, il se mit à parler et à décider de la façon la plus hasardeuse. Mme de Pontchartrain voulut l'arrêter; ce lui fut impossible. Pour en finir, elle lui dit qu'avec tout son savoir il ne savait pas qui avait fait le *Pater*. Le baron se met à rire et à plaisanter; Mme de Pontchartrain le ramène au fait, et le défie de répondre. Il se défendit comme il put, et gagna la sortie de table. Caumartin, qui voit son embarras, le suit en rentrant dans la chambre, et avec bonté lui souffle : « *Moïse* ». Le baron, qui ne savait plus où il en était, se trouva bien fort : au café, il remet le *Pater* sur le tapis et triomphe. Mme de Pontchartrain alors n'eut pas de peine à le pousser à bout; et M. de Breteuil, après lui avoir fait beaucoup de reproches sur le doute qu'elle affectait, et sur la honte qu'il avait d'être obligé de dire une chose si triviale, prononça magistralement que c'était Moïse qui était l'auteur du *Pater*. L'éclat de rire fut universel. Le pauvre baron, confondu, ne trouvait plus la porte pour

(1) *Mémoires*, t. II, p. 223.

sortir. Chacun lui dit son mot sur sa rare suffisance, et ce *Pater* lui fut longtemps reproché. Est-ce pour cela que la Bruyère lui a donné le nom de Celse, c'est-à-dire du philosophe antique qui a le plus vivement attaqué la divinité de Jésus-Christ? Tournant en dérision les faits rapportés dans les évangiles, Celse, le vrai Celse, se moquait des chrétiens, qui croyaient que Dieu lui-même était descendu du ciel pour leur apprendre à réciter leur patenôtre ou l'oraison dominicale. Sous ce nom de Celse, la Bruyère décrivit le caractère de ces esprits faibles et superficiels qui croyaient tout savoir et ne savaient pas même se taire à propos (1). Ils trouvent en toutes rencontres celui qui est leur maître et qui les redresse.

« Celse est d'un rang médiocre (2), mais des grands le souffrent; il n'est pas savant, il a relation avec des savants; il a peu de mérite, mais il connaît des gens qui en ont beaucoup; il n'est pas habile, mais il a une langue qui peut servir de truchement, et des pieds qui peuvent le porter d'un lieu à un autre. C'est un homme né pour les allées et venues, pour écouter des propositions et les rapporter, pour en faire d'office, pour aller plus loin que sa commission et en être désavoué, pour réconcilier des gens qui se querellent à leur première entrevue; pour réussir dans une affaire et en manquer mille, pour se donner toute la gloire de la réussite, et pour détourner sur les autres la haine d'un mauvais succès. Il sait les bruits communs, les historiettes de la ville; il ne fait rien, il dit ou il écoute ce que les autres font, il est nouvelliste; il sait même le secret des familles : il entre dans de plus hauts mystères : il vous dit pourquoi celui-ci est exilé, et pourquoi on rappelle cet autre; il connaît le fond et les causes de la brouillerie des deux frères et de la rupture des deux ministres. N'a-t-il pas prédit aux premiers les tristes suites de leur mésintelligence? N'a-t-il pas dit de ceux-ci que leur union ne serait pas longue? N'était-il pas présent à de certaines paroles qui furent dites? N'entra-t-il pas dans une espèce de négociation? Le voulut-on croire? Fut-il écouté? A qui parlez-vous de ces choses? Qui a plus de part que Celse à toutes ces intrigues de cour? Et si cela n'était ainsi, s'il ne l'avait du moins ou rêvé ou imaginé, songerait-il à vous le faire croire? Aurait-il l'air important et mystérieux d'un homme revenu d'une ambassade? »

(1) Chap. XIII, n° 2, § 8.
(2) Chap. II, n° 39.

La Bruyère voyait alors chez M. de Pontchartrain, à l'hôtel de Condé et à la cour de France, bien d'autres gens que le baron de Breteuil qui jouaient le rôle de Celse avec plus ou moins de succès ; mais il n'y en avait qu'un qui pût le jouer sérieusement et avec un incontestable mérite : c'était M. de Bonrepaus. L'*État de France* comptait deux lecteurs du roi (1) ; si M. de Breteuil était l'un, M. de Bonrepaus était l'autre. Cette charge de lecteur ordinaire de la chambre et du cabinet donnait les entrées, c'est-à-dire permettait d'entrer dans la chambre du roi, dès que le roi, sorti du lit, se mettait entre les mains des coiffeurs. Avec une telle charge, n'avait-on pas l'air d'entrer dans les hauts mystères de la politique? M. de Bonrepaus avait été nommé à cette charge le 20 novembre 1685, en considération de ses services dans les bureaux de la marine, que personne ne contestait ; de sa condition, qui était, dit Saint-Simon, assez incertaine, et enfin de ses lumières et de ses connaissances en littérature, qui n'étaient nullement démontrées. Il n'était pas savant, mais il était en relation avec des savants, comme Boileau, Racine et la Fontaine. « Celse, dit la Bruyère, a peu de mérite, mais il connaît des gens qui en ont beaucoup. »

En décembre 1685, Bonrepaus alla en Angleterre, chargé de négociations secrètes et importantes ; il devait aider l'ambassadeur, M. de Barillon, à poser les bases d'un traité de commerce ; mais en même temps il devait étudier avec soin l'état de la marine anglaise, et tâcher de ramener en France les émigrés protestants qui voudraient revenir dans leur patrie. Il réussit assez bien dans cette mission délicate (2). Et tout en faisant sa cour à la duchesse de Mazarin, tout en discutant les questions littéraires avec Waller et Saint-Évremond, il acquit une connaissance assez remarquable de la politique anglaise. Son expérience des affaires maritimes le recommanda au roi Jacques, qui s'était pendant de longues années occupé d'amirauté et se piquait d'être sur ce point aussi fort que personne. Ils passaient des journées entières à causer librement sur leur sujet favori. Le résultat de cette intimité fut heureux pour la diplomatie française ; mais le diplomate français porta un jugement sévère sur Sa Majesté Britannique. « Jacques, dit-il, a moins de capacité que Charles, il n'a pas plus de vertu. » Il savait maintenant le fond et les causes de la brouillerie des deux

---

(1) M. de Sourches.
(2) Macaulay, *History of England*, t. II, p. 51, 52.

frères (1) : le duc d'York, sous le règne de Charles II, avait été banni, persécuté, et sur le point d'être déhérité par le vœu du peuple et par les efforts du Parlement; après avoir subi tous les affronts que pouvait lui infliger la haine des protestants, ses ennemis, avec la rigueur des lois pénales, il n'eut plus d'autre pensée, quand il monta sur le trône, que d'abolir ces lois odieuses dont il avait tant souffert, et de rétablir la liberté du culte catholique. Bonrepaus comprit que Jacques II ne pourrait pas s'arrêter dans cette entreprise, et qu'il finirait par devenir persécuteur à son tour, parce que les protestants étaient trop irrités contre lui : il le dit à Jacques II lui-même dans leurs conversations intimes, et il s'en vanta dans sa correspondance avec Seignelay.

La cour d'Angleterre était alors divisée en deux partis : 1° les vieux torys, avec Rochester à leur tête, voulaient conserver l'alliance du trône et de l'Église anglicane, et gouverner d'après le système de Charles II ; 2° les nouveaux torys, avec Sunderland à leur tête, se moquaient de cette alliance, ne reconnaissaient que le pouvoir absolu du roi, et abandonnaient tout, lois pénales, franchises politiques et privilèges religieux à la discrétion de Jacques II. Les catholiques les plus respectables demandaient la modération, mais les sages (2) sont-ils crus des esprits déréglés? Bonrepaus prévit que les deux ministres, Rochester et Sunderland, ne pourraient pas être longtemps d'accord, et il partit pour la Hollande, où il réussit moins bien qu'en Angleterre. Revenu à Paris en janvier 1687, il retourna en Angleterre au mois de mai, avec le titre de ministre plénipotentiaire, pour régler l'exécution du traité de commerce qui avait été signé par Barillon pendant son absence. Ce qu'il avait prévu était arrivé (3). Rochester, protestant convaincu, et champion de l'Église anglicane, avait perdu beaucoup de terrain; Sunderland, hypocrite raffiné, qui ne professait aucune religion et parlait de toutes fort librement, poussait aux mesures violentes en faveur des catholiques. D'après les lettres de Bonrepaus à Seignelay, Sunderland était exactement le dévot défini par la Bruyère (4), « celui qui sous un roi athée serait athée ». Alors il était

---

(1) *Mémoires de Jacques II*, t. III, p. 2. Collection des mémoires relatifs à la révolution d'Angleterre, publiés par M. Guizot.
(2) Bossuet, *Oraison funèbre de la reine d'Angleterre*.
(3) Macaulay, *Hist. of England*, t. II, p. 63-65.
(4) Chap. XIII, n° 20.

catholique que le pape, comme Jacques II (1). Tout à coup ce roi
[fai]t et déjà vieux s'amouracha d'une pauvre fille protestante, Ca-
[ther]ine Sidley. Il la fit comtesse. Rochester et sa femme avaient noué
[un]e intrigue. « Leur projet, écrit Bonrepaus, est de faire gouverner
[le r]oi d'Angleterre par la nouvelle comtesse : ils s'étaient assurés
[d'el]le. » Mais la reine légitime fit renvoyer cette femme. Le roi subit
[la p]énitence qui lui était imposée. Sunderland se moqua de Rochester,
[qui] passa pour un hypocrite. De là rupture entre les deux ministres.
[A p]artir de ce moment, le caractère despotique de Jacques II n'eut
[plus] aucun frein ; et l'on vit clairement qu'il ne demandait pas la
[libe]rté de conscience pour permettre aux catholiques d'exercer leur
[cult]e, mais pour empêcher les protestants d'exercer le leur (2). C'est
[pour]quoi la rupture des deux ministres a toujours été considérée en
[Ang]leterre comme une grande époque dans le règne de Jacques II ;
[c'es]t le moment décisif où commence la révolution de 1688. Whigs et
[torie]s s'entendirent pour renverser ce monarque aveugle et tyranni-
[que.] Tout était prêt et le complot allait éclater, lorsque Bonrepaus
[vi]nt une troisième fois en Angleterre et signa (13 septembre 1688),
[en q]ualité d'envoyé extraordinaire, un traité d'alliance offensive et
[déf]ensive entre le roi d'Angleterre et le roi de France. Il s'agissait de
[prév]enir l'invasion du prince d'Orange ; mais, par les conseils de Sun-
[derl]and, Jacques II repoussa le secours du roi de France. Il ne com-
[prit] le danger que lorsque le perfide Sunderland eut passé à l'ennemi :
[c'é]tait trop tard. Trois ans après, Jacques II avait perdu ses trois
[roya]umes, et il s'ennuyait à Saint-Germain. Il voulut réparer ses fautes :
[prof]itant de l'agitation jacobite qui éclatait dans l'aristocratie anglaise,
[il ré]solut d'aller en Angleterre avec une armée française, comme Guil-
[laum]e y était venu avec des troupes hollandaises. Déjà il avait signé
[une] proclamation au peuple anglais pour indiquer les conditions de
[son] retour, et Bonrepaus lisait au roi de France (3) deux mémoires
[sur] la manière de faire une descente en Angleterre : le lecteur du roi
[lis]ait même l'itinéraire que devait suivre l'armée jacobite jusqu'à
[Lon]dres. Ces plans furent discutés dans le conseil de Louis XIV et
[ado]ptés. M. de Bonrepaus connaissait mieux que personne les ma-

(1) Macaulay, t. II, p. 67-75.
(2) Id., p. 158.
(3) M. de Bonrepaus, *la Marine et le désastre de la Hougue*, par A. de Boislisle. Extrait [de l'] Annuaire-bulletin de la Société de l'histoire de France.

rines anglaise et hollandaise : il soutenait que leurs flottes combinées ne pourraient résister à la flotte française, mais il fallait prévenir leur réunion, et en quinze jours les Stuarts seraient rétablis sur le trône d'Angleterre. On comprend pendant ce temps-là l'attitude de M. de Bonrepaus à la cour de France et chez M. de Pontchartrain : quand on lui parlait des affaires d'Angleterre, de l'exil de Marlborough, de la démission de Rochester, et du rappel de Sunderland à la cour de Guillaume, Celse seul pénétrait ces hauts mystères. « N'avait-il pas vu de ses yeux les conséquences de la brouillerie des deux frères et de la rupture des deux ministres? N'était-il pas présent à certaines paroles qui furent dites? N'entra-t-il pas dans une espèce de négociation? Le voulut-on croire? Fut-il écouté? A qui parlez-vous de ces choses? Qui a plus de part que Celse à toutes ces intrigues de cour? Et si cela n'était ainsi, s'il ne l'avait du moins ou rêvé ou imaginé, songerait-il à vous le faire croire? Aurait-il l'air important et mystérieux d'un homme revenu d'une ambassade? »

On sait par quelle sinistre tragédie finit cette entreprise (1). Le roi envoya Bonrepaus hâter les préparatifs et l'embarquement de l'armée qui devait conquérir l'Angleterre. Mais cela ne se fit pas aussi vite qu'il le pensait. Aux lenteurs inévitables de l'administration se joignirent des vents contraires, qui empêchèrent la flotte de la Méditerranée de se joindre à celle de Tourville. Les Anglais et les Hollandais avaient augmenté depuis deux ans l'effectif de leurs flottes, ils étaient prêts à écraser sous le nombre de leurs vaisseaux de guerre la flotte de débarquement. Jacques II, à Cherbourg, assista au désastre de la Hougue. Il vit la mer couverte des vaisseaux français qui brûlaient. « Pendant tout ce désordre, dit le rapport officiel de Foucault (2), M. de Bonrepaus a demeuré dans sa chambre dans une fort grande quiétude. Les marins petits et grands ne le ménagent pas, et le publient très incapable du métier qu'il fait. Il n'a pas donné avis à M. de Tourville de l'état des ennemis, et il nous disait tous les jours qu'ils n'avaient pas un vaisseau de premier rang ni quarante assemblés, et cependant il y a près de trois semaines qu'ils étaient quatre-vingt-dix vaisseaux à l'île de Wight. Mais Celse était « né, dit la

---

(1) *Histoire de la marine française,* par E. Sue, t. IV, p. 215, 225, ou par L. Guérin, t. II, p. 48-63.

(2) *Mémoires de Foucault,* par Baudry, p. 288 et p. 291. Documents inédits de l'histoire de France.

Bruyère, pour réussir dans une affaire et en manquer mille, pour se donner toute la gloire de la réussite et pour détourner sur les autres la haine d'un mauvais succès. » Bonrepaus rejeta sur Pontchartrian, ministre de la marine, la responsabilité de ce terrible revers. Le roi ne partagea pas cet avis, car il supprima la charge de Bonrepaus dans les armées navales et n'employa plus M. de Bonrepaus que dans la diplomatie.

« C'était, dit Saint-Simon, un très petit homme, gros, d'une figure assez ridicule. Il avait un accent gascon désagréable; mais il parlait bien. Avec lui on pouvait apprendre, et même s'amuser. Quoiqu'il ne se fût pas donné pour un autre, il était sage et respectueux. Il avait fort gagné chez M. de Seignelay, pendant la prospérité de la marine. Il était riche et entendu, fort honorable, et toutefois ménageant fort bien son fait. Il avait du talent, de la capacité, de l'esprit (1), mais aussi des prétentions qui n'étaient pas toujours justifiées. Il avait été gâté par beaucoup de commerce direct avec le roi, et par beaucoup d'amis considérables qui le flattaient. » On se demande si Racine ne se moquait pas un peu (2), quand il disait que M. l'ambassadeur savait écrire aussi bien que Cicéron dans ses lettres, tant il traitait solidement les grandes affaires et badinait agréablement sur de petites choses. On reconnaissait assez vite, en entendant parler M. de Bonrepaus, qu'il avait fait son éducation dans les bureaux de la marine : il montrait la corde. Il ne cessait de redire les paroles et les actions de M. de Seignelay, et sur ce sujet il s'élevait jusqu'au sublime. Il avait assisté, comme lieutenant général des armées navales, à la bataille du cap Bévéziers; quand il racontait cette glorieuse campagne, il se croyait un héros. Quand il faisait parade de ses lumières dans les belles-lettres, il rapportait ce qu'il avait entendu dire aux beaux esprits de sa connaissance, dans les diverses maisons qu'il avait fréquentées, même au café Will à Londres, où le grand poète Dryden (3) lui avait souvent offert une prise de tabac, et enfin chez Ninon de Lenclos à Paris, où il rencontrait les hommes de la meilleure société. Chez M. de Pontchartrain il avait l'attitude d'un homme qui ne porte envie à personne; mais il se parlait souvent à soi-même, et ne s'en cachait pas. Il se

---

(1) Bonrepaus, *la Marine*, etc., par A. de Boislisle, extrait du *Bulletin-annuaire de la Société de l'histoire de France*.
(2) *Œuvres de Racine*, t. VII, p. 220, 256, p. 359, 260.
(3) W. Scott, *Vie de Dryden*.

répétait souvent (1) ce qu'il n'avait pas craint d'écrire au roi dans un mémoire secret : Pontchartrain veut détruire la marine française, d'abord parce qu'il n'y connaît rien et qu'il est trop vieux pour s'en instruire, ensuite parce qu'il veut obtenir la charge de secrétaire d'État pour son fils. En effet, si l'emploi de la marine continue à demeurer une fonction considérable et nécessaire à l'État, le fils ne sera pas capable d'un si grand emploi; au contraire, si la marine est anéantie, le roi accordera plus facilement au fils la survivance de la charge du père. Ce raisonnement semblait sans réplique à M. de Bonrepaus. La Bruyère, qui le rencontra souvent chez M. de Pontchartrain et le vit prendre ces décisions en se parlant à lui-même, l'appelle Ménippe à cause de sa laideur et de son esprit satirique; mais c'est un Ménippe plein de vanité, qui se croit propre à tout, et qui pense que les hommes ne sont occupés qu'à l'admirer.

« Ménippe est l'oiseau paré de divers plumages qui ne sont pas à lui (2). Il ne parle pas, il ne sent pas; il répète des sentiments et des discours, se sert même si naturellement de l'esprit des autres, qu'il y est le premier trompé, et qu'il croit souvent dire son goût ou expliquer sa pensée, lorsqu'il n'est que l'écho de quelqu'un qu'il vient de quitter. C'est un homme qui est de mise un quart d'heure de suite, qui le moment d'après baisse, dégénère, perd le peu de lustre qu'un peu de mémoire lui donnait, et montre la corde. Lui seul ignore combien il est au-dessous du sublime et de l'héroïque; et, incapable de savoir jusqu'où l'on peut avoir de l'esprit, il croit naïvement que ce qu'il en a est tout ce que les hommes en sauraient avoir : aussi a-t-il l'air et le maintien de celui qui n'a rien à désirer sur ce chapitre, et qui ne porte envie à personne. Il se parle souvent à soi-même, et il ne s'en cache pas, ceux qui passent le voient, et qu'il semble toujours prendre parti, ou décider qu'une telle chose est sans réplique. Si vous le saluez quelquefois, c'est le jeter dans l'embarras de savoir s'il doit rendre le salut ou non ; et pendant qu'il délibère, vous êtes déjà hors de sa portée. La vanité l'a fait honnête homme, l'a mis au-dessus de lui-même, l'a fait devenir ce qu'il n'était pas. L'on juge, en le voyant, qu'il n'est occupé que de sa personne;

---

(1) Mémoire daté du 20 juin 1691 et cité par M. de Boislisle, p. 156 et 157 de l'*Annuaire-bulletin de la Société de l'histoire de France*, 1877.

(2) Chap. II, n° 40.

qu'il sait que tout lui sied bien, et que sa parure est assortie; qu'il croit que tous les yeux sont ouverts sur lui, et que les hommes se relayent pour le contempler. »

Tous les Ménippes ne sortaient pas des bureaux de la marine. On voyait autour de M. de Pontchartrain bien d'autres oiseaux parés de divers plumages, et qui ne valaient pas M. de Bonrepaus. Le nombre des nouveaux avancés était très considérable. Il venait des bureaux de finance, de l'administration, de tous côtés, des parvenus que leur vanité avait fait d'honnêtes gens et mis au-dessus d'eux-mêmes. Ils étaient bien un peu embarrassés dans leur nouvelle situation, mais ils n'étaient point étonnés de leur élévation. Il ne fallait pas les regarder longtemps pour s'apercevoir qu'ils trouvaient leur parure bien assortie. Quelques-uns même se figuraient que tous les yeux étaient fixés sur eux, et que les hommes se relayaient pour les contempler. Vrais personnages de comédie, ils étaient toujours sur un théâtre et jouaient un rôle : c'étaient des Pamphiles. Le moraliste les reconnut et signala leurs traits distinctifs. « On ne tarit point sur les Pamphiles (1) : ils sont bas et timides devant les princes et les ministres, pleins de hauteur et de confiance avec ceux qui n'ont que de la vertu, muets et embarrassés avec les savants ; vifs, hardis et décisifs avec ceux qui ne savent rien. Ils parlent de guerre à un homme de robe, et de politique à un financier ; ils savent l'histoire avec les femmes ; ils sont poètes avec un docteur, et géomètres avec un poète. De maximes, ils ne s'en chargent pas ; de principes, encore moins : ils vivent à l'aventure, poussés et entraînés par le vent de la faveur et par l'attrait des richesses. Ils n'ont point d'opinion qui soit à eux, qui leur soit propre ; ils en empruntent, à mesure qu'ils en ont besoin ; et celui à qui ils en empruntent n'est guère un homme sage, ou habile, ou vertueux, c'est un homme à la mode. »

Ces Pamphiles étaient des gens naïfs qui commençaient par montrer leur jeu à leurs adversaires ; ils ne comprenaient rien à la finesse des vieux courtisans. La Bruyère se crut obligé en conscience de leur donner un bon conseil. « Il faut briguer la faveur de ceux à qui l'on veut du bien, plutôt que de ceux de qui l'on espère du bien (2). » Ce conseil était le fruit d'une expérience consommée ; fut-il compris ? On en

---

(1) Chap. IX, n° 50.
(2) Chap. IV, n° 58.

peut douter. C'est pour cela que l'auteur y ajoutait ce petit résumé de sa morale populaire (1) :

« Les vices partent d'une dépravation du cœur ; les défauts, d'un vice de tempérament ; le ridicule, d'un défaut d'esprit. »

« Une erreur de fait jette un homme sage dans le ridicule. »

« L'homme ridicule est celui qui, tant qu'il demeure tel, a les apparences d'un sot. »

« Le sot ne se tire jamais du ridicule, c'est son caractère ; l'on y entre quelquefois avec de l'esprit, mais l'on en sort. »

Voilà donc où avait abouti la maxime favorite des grands. « Se faire valoir par des choses qui ne dépendent point des autres, mais de soi seul, ou renoncer à se faire valoir : maxime inestimable et d'une ressource infinie dans la pratique, utile aux faibles, aux vertueux, à ceux qui ont de l'esprit, qu'elle rend maîtres de leur fortune ou de leur repos ; mais pernicieuse aux grands... » On se récriait. Pourquoi cette maxime, si utile aux petits, serait-elle pernicieuse aux grands ? Parce que si elle était appliquée dans la société avec tous les développements qu'elle comporte, elle produirait en France une révolution encore plus étrange que celle qui venait de s'accomplir en Angleterre. — Quelle révolution ? — Tous les citoyens, égaux devant la loi (2), seraient également admissibles à tous les emplois publics selon leur capacité, et sans autre distinction que celle de leurs vertus et de leurs talents. — Eh bien ! quel mal cela ferait-il aux grands ? — « Cela diminuerait (3) la cour des grands, ou plutôt le nombre de leurs esclaves ; cela ferait tomber leur morgue avec une partie de leur autorité, et les réduirait presque à leurs entremets et à leurs équipages ; cela les priverait du plaisir qu'ils trouvent à se faire prier, presser, solliciter, à faire attendre ou à refuser, à promettre et à ne pas donner ; cela les traverserait dans le goût qu'ils ont quelquefois à mettre les sots en vue et à anéantir le mérite quand il leur arrive de le discerner ; cela bannirait des cours les brigues, les cabales, les mauvais offices, la bassesse, la flatterie, la fourberie ; cela ferait d'une cour orageuse, pleine de mouvements et d'intrigues, comme une pièce comique ou même tragique dont les sages ne seraient que les specta-

---

(1) Chap. XII, n° 47.
(2) Déclaration des droits de l'homme. Article 6, § 3.
(3) Chap. II, n° 11. (Pour plus de clarté, nous avons mis *cela*, au lieu de *qui*, dans la citation de la Bruyère.)

teurs ; cela remettrait de la dignité dans les différentes conditions des hommes, de la sérénité sur les visages ; cela étendrait leur liberté ; cela réveillerait en eux, avec les talents naturels, l'habitude du travail et de l'exercice ; cela les exciterait à l'émulation, au désir de la gloire, à l'amour de la vertu ; au lieu de courtisans vils, inquiets, inutiles, souvent onéreux à la république, cela ferait ou de sages économes ou d'excellents pères de famille, ou des juges intègres, ou de bons officiers, ou de grands capitaines, ou des orateurs ou des philosophes, et ne leur attirerait à tous nul autre inconvénient que celui peut-être de laisser à leurs héritiers moins de trésors que de bons exemples. »

Ces réflexions de la Bruyère sont comme une déclaration des droits naturels de l'homme, pour justifier la révolution pacifique dont il était témoin. L'esprit du gouvernement de Louis XIV, dit Augustin Thierry (1), fut de tendre par toutes sortes de moyens au rapprochement des classes de la société française sous son autorité. Il acheva sans violence la ruine de l'indépendance nobiliaire, astreignit sans contrainte les grands seigneurs à la vie de cour et au service régulier dans l'armée, et partout, même à la cour, fit prévaloir pour les honneurs la fonction sur la naissance. Les maréchaux, qu'ils fussent nobles ou non, passaient avant les ducs ; les ministres nés dans la bourgeoisie n'avaient au-dessus d'eux que les princes du sang, et leurs femmes étaient admises à la table du roi. Tandis que la vieille aristocratie (2) perdait du terrain tous les jours, la classe moyenne s'élevait d'un élan plus prompt que jamais en capacité, en valeur sociale, en importance dans l'État. Elle obtenait des succès, un crédit, une puissance dont les exemples frappèrent vivement les contemporains et arrachèrent des cris d'indignation aux admirateurs de l'ancienne société.

(1) *Tiers état*, p. 222.
(2) *Ibid.*, p. 224.

CHAPITRE XXXV.

1691-1692.

M. de Pontchartrain est chargé du soin des Académies. — Amitié de Tourreil et de la Bruyère. — Théodote. — Pavillon et Tourreil à l'Académie française prennent les places de Benserade et Leclerc. — Éloge de M. de Pontchartrain par Tourreil. — Discours de Charpentier contre la Bruyère. — Le caractère de Théobalde en dehors de l'Académie. — Les amis de la Fontaine et de Corneille sont des Théobaldes. — Apparition des clefs de divers côtés. — Santeul défend son ami le moraliste. — Théodas fou et sage. — La Bruyère sérieux, cynique et mordant. — Mme la Duchesse pendant la campagne de Flandre. — Des mots à la mode. — Histoire des mots et leurs diverses aventures; variations du goût littéraire. — Correspondance de Mme la Duchesse avec Mme de Caylus et Mlle de Croissy surprise et interrompue par le roi. — La Bruyère disserte sur la pruderie et les prudes, sur la science et les femmes savantes; il ennuie Mme la Duchesse. — Devant Namur, M. le Duc fait à la Condé. — On se moque des bourgeois qui étaient au siège de Namur. — Caractère d'Émile.

Après la mort de Louvois, lorsque le roi donna la charge de surintendant des bâtiments à M. de Villacerf, il en détacha les Académies et les confia aux soins de M. de Pontchartrain, qui avait déjà le département de la maison du roi. Comme le roi avait pris l'Académie française sous sa protection, ainsi le ministre donna une attention particulière à la petite académie, qui devint l'Académie des inscriptions et médailles; il voulut que son fils se rendît souvent aux assemblées, qu'il fixa exprès au mardi et au samedi de chaque semaine (1). Jérôme Phélypeaux était le dernier enfant de M. de Pontchartrain. Mince,

---

(1) *Hist. de l'Académie des Inscriptions et belles-lettres* (Paris, 1740, 3 vol. in-12), t. I, p. 14, 15.

fluet, borgne et d'une santé délicate, il avait d'abord été destiné à l'Église. Depuis la mort de son frère (1), il se préparait à devenir secrétaire d'État, ou ministre de S. M. comme son père. On l'élevait comme un prince du sang, et on le flattait déjà comme un académicien. Cela n'eut d'autre inconvénient que de lui inspirer une vanité folle, et à son précepteur, M. de Tourreil, une ambition démesurée.

M. de Tourreil, né à Toulouse, s'était voué de bonne heure à la haute éloquence. Il cultivait aussi la poésie (2) : étant venu à Paris, il décrivit en vers latins la magnifique maison que possédait sur le quai des Augustins son proche parent et son protecteur, M. Fieubet. En 1681 et en 1683, il remporta le prix d'éloquence à l'Académie française, la première fois par un discours sur la salutation angélique, la seconde fois par un discours sur le psaume *Magnificat*. Ensuite, pour montrer tout son talent oratoire, il entreprit de traduire « le prince des orateurs ». En 1691, il publia la 1re Philippique, les trois Olynthiennes et le discours sur la Paix. Le traducteur de Démosthènes ne pouvait manquer de s'entendre avec le traducteur de Théophraste (3). La Bruyère, dit Coray, a traduit Théophraste à peu près comme Cicéron aurait traduit Démosthènes. Dût-il être infidèle, il ne peut se décider à se traîner servilement sur les pas d'un écrivain original, quand il se sent de force à se frayer comme lui une route nouvelle. Tourreil traduit Démosthènes comme la Bruyère a traduit Théophraste. « Ceux qui l'ont connu, écrivait son ami et confident l'abbé Massieu (4), savent avec quel soin il travaillait ses ouvrages. Il ne cessait de les retoucher. Sa délicatesse sur ce point allait jusqu'au scrupule. Quelque parfaites que fussent ses productions, elles étaient toujours au-dessous de l'idée qu'il s'était faite de la perfection. Dans ce qu'il a traduit de Démosthènes, il n'y a pas une période qu'il n'ait tournée en sept ou huit façons ; de sorte que, avec la traduction qu'on fait imprimer aujourd'hui, on eût pu en faire imprimer sept ou huit autres, et toutes bonnes. » Il eût fallu dire « et toutes mauvaises ». « Le bourreau, s'écriait Racine, il finira par donner de l'esprit à Démosthènes ! » « Tourreil n'est pas un sot, disait Boileau, bien au contraire, et cepen-

---

(1) Cf. Le père Léonard, cité par M. de Boislisle, Saint-Simon, t. I, p. 300.
(2) *Notice sur l'école Massillon*, par le père Lallemand de l'Oratoire.
(3) *Discours préliminaire à la traduction de Théophraste*, par Coray.
(4) *Préface des œuvres de Jacques de Tourreil*, publiées par l'abbé Massieu, à Paris, chez Brunet, 1721.

dant quel monstre que son Démosthènes ! » La Bruyère consolait Tourreil (1) : « Les hommes ne se goûtent qu'à peine les uns les autres, n'ont qu'une faible pente à s'approuver réciproquement : action, conduite, pensée, expression, rien ne plaît, rien ne contente ; ils substituent à la place de ce qu'on leur dit ou de ce qu'on leur lit, ce qu'ils auraient fait eux-mêmes en pareille conjoncture, ce qu'ils penseraient ou ce qu'ils écriraient sur un tel sujet, et ils sont si pleins de leurs idées qu'il n'y a plus de place pour celles d'autrui. » Il semble que Tourreil n'ait point oublié ces consolations de la Bruyère, du moins on les retrouve dans sa préface du discours de Démosthènes sur la Couronne (2).

Tourreil était alors occupé d'un autre ouvrage qui intéressait également la Bruyère. Pour préparer son élève à l'étude du droit, il s'était jeté hardiment en dehors de l'ornière de l'École : il choisissait les questions de droit qui lui semblaient les plus intéressantes, et il les traitait d'une manière vive et enjouée (3). La Bruyère goûtait fort (4) quelques opinions de Tourreil, notamment sa manière de considérer la torture (5). Il admettait jusqu'à un certain point sa méthode d'enseigner : « Il est souvent plus court et plus utile de cadrer aux autres que de faire que les autres s'ajustent à nous (6). » Enfin la Bruyère approuvait Tourreil d'avoir, comme Pellisson dans sa paraphrase sur les *Institutes* de Justinien, montré qu'on peut écrire sur ces matières avec pureté et avec élégance ; mais il ne pouvait supporter que Tourreil fît d'un huissier *un monsieur Loyal,* d'un notaire *un confident public,* d'un exploit *un compliment timbré,* etc. Tourreil voulait publier ces jolis essais de jurisprudence, persuadé sans doute qu'il serait utile à la jeunesse française d'apprendre comment son élève faisait son droit, et combien il avait d'esprit. La Bruyère criait merci au nom du public et priait Tourreil de ne plus imprimer (7), l'assurant que M. de Pontchartrain ne laisserait pas de lui accorder tout ce qu'il voudrait.

Tourreil vers ce temps fut assez désappointé (8) : son protecteur

---

(1) Chap. XII, n° 9.
(2) *Œuvres de Tourreil* (1721, 2 vol. in-4°), t. II, p. 12 et 13.
(3) Préface de Massieu.
(4) Chap. XIV, n°s 48, 49, 50, 51.
(5) Chap. XV, n° 26.
(6) Chap. V, n° 48.
(7) Chap. VIII, n° 61.
(8) 9 août 1691.

M. Fieubet se retira du monde chez les camaldules de Grosbois, près Villeneuve-Saint-Georges. On raisonnait beaucoup dans le monde sur l'étrange résolution de cet homme d'esprit, très goûté dans les meilleures compagnies de la cour, et ami particulier de gens les plus distingués de France. Qu'est-ce qui l'avait décidé à la retraite? Selon les uns, c'était la mort de sa femme ; selon les autres, c'était le dépit de n'avoir pu être conseiller d'État après avoir été chancelier de la reine. La Fontaine assurait (1) qu'il ne s'était point du tout privé des commodités de la vie. On disait même qu'il s'était réservé son écurie et sa cuisine. « Qui a vu la cour, disait la Bruyère (2), a vu du monde ce qui est le plus beau, le plus spécieux et le plus orné ; qui méprise la cour après l'avoir vue, méprise le monde. » Mais il faut avouer que « si la cour ne rend pas content (3), elle empêche qu'on ne le soit ailleurs ». Un jour M. de Pontchartrain envoya son fils aux Camaldules avec M. de Tourreil voir M. Fieubet (4). Le jeune homme demanda au solitaire ce qu'il faisait là. « Ce que je fais, voulez-vous le savoir? Je m'ennuie : mais c'est ma pénitence. Je me suis assez diverti toute ma vie pour m'ennuyer présentement. » La Bruyère ne fut point surpris de cette réponse (5) : « Est-ce un bien pour l'homme que la liberté, si elle peut être trop grande et trop étendue, telle enfin qu'elle ne serve qu'à lui faire désirer quelque chose, qui est d'avoir moins de liberté. La liberté n'est pas oisiveté; c'est un usage libre du temps, c'est le choix du travail et de l'exercice. Être libre, en un mot, ce n'est pas ne rien faire, c'est être seul arbitre de ce qu'on fait et de ce qu'on ne fait point. Quel bien en ce sens que la liberté! » Ni le jeune Phélypeaux ni M. de Tourreil n'étaient, je suppose, de l'avis de la Bruyère.

Malgré ses discours académiques en l'honneur de la sainte Vierge Marie, M. de Tourreil conçut des doutes sur la vérité de la religion, qui persistèrent jusqu'à sa mort (6). Il portait un habit austère, comme M. Fieubet, et avait l'air d'un homme qui s'est donné à Dieu; mais il avait la mine souriante, les yeux caressants et les petites

---

(1) *Œuvres de la Fontaine*, Épitre à M. de Vendôme, 1691.
(2) Chap. VIII, n° 100.
(3) Chap. VIII, n° 8.
(4) *Journal de Dangeau*, Addition de Saint-Simon, t. IV, p. 14, 15.
(5) Chap. XII, n° 104.
(6) Dangeau, t. IV, p. 14, Addition de Saint-Simon.

manières de courtisan (1). Dans la conversation il aimait à s'exprimer d'une façon peu commune, et il disait avec apprêt les choses les plus simples. Comme M. Fieubet, il osait beaucoup en ce genre et faisait passer les idées les plus singulières. Enfin, comme M. Fieubet, il se moquait des gens épris de la fortune, et, en voyant le moindre des gens de l'hôtel Pontchartrain tirer des sommes considérables de tous ceux qui avaient à parler au maître (2), il raillait les insensés qui perdaient ainsi leur argent; il les appelait des fous à lier, dignes d'être enfermés à Saint-Lazare par leurs parents ou par leur famille, de peur que leur folie ne devînt fureur et que le monde n'en souffrît. Mais cet homme de Dieu, Théodote, ne parlait ainsi que pour mieux cacher son jeu. Dans ce même temps il aimait la faveur éperdument ; il lui faisait des vœux en secret, il la cultivait, il la servait mystérieusement. Toujours au guet pour découvrir ce qui paraissait avec les livrées de la faveur, s'il trouvait quelqu'un qui eût l'avantage de plaire à M. ou à Mme de Pontchartrain, il n'y avait rien qu'il ne fît pour lui. Mérite, alliance, amitié, engagement, reconnaissance, il lui sacrifiait tout pour en faire l'instrument de sa fortune et obtenir par ce moyen ce qu'il convoitait. M. de la Loubère arrivait de Siam (3) : il fit publier en 1691 la méthode siamoise de calculer les mouvements du soleil et de la lune, méthode obscure, confuse, inextricable à laquelle il ne pouvait rien comprendre. Cassini, directeur de l'Observatoire (4), déchiffra cette énigme à l'aide de sa nouvelle manière de calculer les parallaxes, en s'appuyant sur une étoile qui semblait presque miraculeuse. Il se servit aussi, en étudiant la méthode siamoise, des beaux travaux qu'il venait de faire sur les satellites de la planète Jupiter (5), pour déterminer une nouvelle période qui accordait les mouvements du soleil et de la lune par rapport à la fête de Pâques, et il en fixa l'époque à la veille de l'incarnation de Notre-Seigneur Jésus-Christ. Cela fit du bruit dans le monde, surtout dans la maison de Pontchartrain, dont M. de la Loubère était un Pamphile des plus assidus. Tourreil voulait accaparer au profit de la Loubère la gloire de cette brillante découverte. Il n'y avait plus, selon la Bruyère, qu'à nommer le suisse de

---

(1) Cf. le portrait gravé par Edelink en tête de l'édition de 1721.
(2) Spanheim, Appendice, p. 409.
(3) Mémoires de l'Académie des Inscriptions, *Vie de la Loubère*.
(4) *Éloge de Cassini*, par Fontenelle.
(5) *Mercure galant*, n° de février 1691.

l'hôtel Pontchartrain directeur de l'Observatoire royal, ou à donner la survivance de cette place au postillon du favori. Vraiment le caractère de Tourreil était une énigme plus difficile à déchiffrer que la méthode siamoise pour calculer les mouvements du soleil et de la lune : était-il auteur ou plagiaire, original ou copiste, dévot ou courtisan? Qui pouvait le décider? La seule chose bien claire, c'est que Tourreil va être bientôt placé. La Bruyère le lui annonce sur la foi de son étoile, qu'il a, dit-il, étudiée, comme si Théodote confondait l'astronomie avec l'astrologie.

« Théodote, avec un habit austère, a un visage comique, et d'un homme qui entre sur la scène (1) ; sa voix, sa démarche, son geste, son attitude accompagnent son visage. Il est fin, *cauteleux,* doucereux, mystérieux ; il s'approche de vous, et il vous dit à l'oreille : *Voilà un beau temps; voilà un grand dégel.* S'il n'a pas les grandes manières, il a du moins toutes les petites, et celles même qui ne conviennent guère qu'à une jeune précieuse. Imaginez-vous l'application d'un enfant à élever un château de cartes ou à se saisir d'un papillon : c'est celle de Théodote pour une affaire de rien, et qui ne mérite pas qu'on s'en remue ; il la traite sérieusement, et comme quelque chose qui est capital ; il agit, il s'empresse, il la fait réussir : le voilà qui respire et qui se repose, et il a raison ; elle lui a coûté beaucoup de peine. L'on voit des gens enivrés, ensorcelés de la faveur ; ils y pensent le jour, ils y rêvent la nuit ; ils montent l'escalier d'un ministre, et ils en descendent ; ils sortent de son antichambre, et ils y rentrent ; ils n'ont rien à lui dire, et ils lui parlent ; ils lui parlent une seconde fois : les voilà contents, ils lui ont parlé. Pressez-les, tordez-les, ils dégouttent l'orgueil, l'arrogance, la présomption ; vous leur adressez la parole, ils ne vous répondent point, ils ne vous connaissent point, ils ont les yeux égarés et l'esprit aliéné : c'est à leurs parents à en prendre soin et à les renfermer, de peur que leur folie ne devienne fureur et que le monde n'en souffre. Théodote a une plus douce manie : il aime la faveur éperdument, mais sa passion a moins d'éclat ; il lui fait des vœux en secret, il la cultive, il la sert mystérieusement ; il est au guet et à la découverte sur tout ce qui paraît de nouveau avec les livrées de la faveur ; ont-ils une prétention, il s'offre à eux, il s'intrigue pour eux, il leur sacrifie sourdement

---

(1) Chap. VIII, n° 61.

mérite, alliance, amitié, engagement, reconnaissance. Si la place d'un Cassini devenait vacante, et que le suisse ou le postillon du favori s'avisât de la demander, il appuierait sa demande, il le jugerait digne de cette place, il le trouverait capable d'observer et de calculer, de parler de parélies et de parallaxes. Si vous demandiez de Théodote s'il est auteur ou plagiaire, original ou copiste, je vous donnerais ses ouvrages, et je vous dirais : « Lisez et jugez. » Mais s'il est dévot ou courtisan, qui pourrait le décider sur le portrait que j'en viens de faire ? Je prononcerais plus hardiment sur son étoile. Oui, Théodote, j'ai observé le point de votre naissance ; vous serez placé, et bientôt ; ne veillez plus, n'imprimez plus : le public vous demande quartier. »

Benserade était mort le 21 octobre 1691 ; la Bruyère se croyait sûr de lui succéder. Il en parlait à ses amis, ou ses amis lui en parlaient ; ce qui revenait au même. Il aurait voulu qu'on sollicitât pour lui : « Il me semble que qui sollicite pour les autres a la confiance d'un homme qui demande justice ; et qu'en parlant ou en agissant pour soi-même, on a l'embarras et la pudeur de celui qui demande grâce (1). » Mais les Altesses auxquelles il était attaché n'y pensèrent même pas : « Les grands aiment à mettre les sots en vue pour anéantir le mérite, quand il leur est arrivé de le discerner (2). » Pendant ce temps-là la coterie du *Mercure galant* ne s'endormait pas, elle agissait contre l'auteur du caractère de Théobalde (3) ; elle prétendait qu'il serait ridicule, inconvenant de lui permettre de s'asseoir à la place de Benserade, pour faire l'éloge du vieux poète après l'avoir si grossièrement insulté. La Bruyère avait toujours pour lui l'amitié de Bossuet ; de Visé lui reprochait de vouloir en tirer avantage sans être pour cela meilleur catholique. Que faisait à l'Académie l'autorité de ceux que Fontenelle appelait les illustres de la cour ? Les illustres de Paris étaient moins décidés que jamais à leur céder le pas. Le doyen Charpentier prenait la grosse voix de Théodecte pour accabler de ses dédains cet autre Furetière. Enfin les partisans des modernes repoussaient le nouveau Théophraste qui passait son temps à dénigrer le siècle de Louis le Grand. On intéressa même la gloire de Corneille à tenir loin de l'Académie l'admirateur des anciens, l'ami de Racine et Boileau.

(1) Chap. VIII, n° 87.
(2) Chap. II, n° 11.
(3) Chap. V, n° 66.

L'Académie délibérait (22 novembre) pour choisir un successeur à M. de Benserade (1); elle se trouvait balancée entre deux personnes qui partageaient les voix, et formait deux partis qu'on ne pouvait accorder (2). « Je ne sais par quel instinct, dit l'abbé Paul Tallemant (3), il me vint à l'esprit de parler de M. Pavillon. Dès que je l'eus nommé, il se fit un applaudissement général; on abandonna les deux partis, et tout se réunit (moins sept voix) en faveur d'un mérite qui paraissait supérieur à tout autre. » Cette décision peu usitée étonna tout le monde, M. Pavillon lui-même. Elle n'étonna pas la Bruyère; il avait compris la comédie jouée par l'abbé Tallemant, qui présentait à l'Académie sous les livrées de la faveur (4) le doux et faible Pavillon : le favori du ministre (5), avec lequel il était lié, dit Charpentier, par une étroite affinité, devait l'emporter sur tous les autres. L'abbé Regnier Desmarais, secrétaire perpétuel de l'Académie, alla demander au roi à Versailles s'il approuvait le choix de M. Pavillon. La réponse ne pouvait être douteuse (6) : le roi n'entendait pas que les places qui devaient être la récompense du mérite pussent être données à la faveur. Sa Majesté recommanda que, toutes les fois qu'il y aurait une élection à faire, on eût uniquement égard au plus digne. C'est ce que l'on peut voir encore dans les registres de l'Académie, au 24 novembre 1691; et c'est pourquoi Pavillon fut élu à l'unanimité par l'Académie, le 1er décembre. Malgré ce triomphe, Pavillon, qui n'était guère connu que par (7) sa jolie fable de l'Arrière-ban et par son petit traité sur l'Art de se taire, dit à MM. de l'Académie (17 décembre) : « Après avoir donné tant de preuves de délicatesse et de goût dans les élections précédentes, vous avez jugé à propos de ne songer en celle-ci qu'à faire éclater la liberté de vos suffrages. » — « La gloire et le mérite de certains hommes, dit la Bruyère (8), est de bien écrire; et de quelques autres, c'est de n'écrire point. » Maintenant Tourreil était sûr d'entrer à l'Académie sous peu, dès la prochaine vacance. Après avoir élevé ce château de

---

(1) Préface des *Œuvres de Pavillon*, 1715, 2 vol. in-12.
(2) *Histoire de l'Académie des Inscriptions*, t. II.
(3) *Éloge de Pavillon*, prononcé par l'abbé Tallemant, 21 avril 1705, t. I, H. p. 337.
(4) *Temple du goût*, par Voltaire.
(5) Chap. VIII, n° 61.
(6) *Histoire de l'Académie*, par d'Olivet.
(7) Mme de Sévigné, t. IX, p. 50-52. *Œuvres de Pavillon*, 1715, sa harangue à l'Académie.
(8) Chap. I, n° 59.

cartes ou saisi ce papillon, Théodote respire et se repose : et il a raison. « Cette affaire lui avait, dit la Bruyère (1), coûté beaucoup de peine. »

Avant même que Pavillon n'eût prononcé son discours de réception, une nouvelle vacance s'ouvrit à l'Académie (8 décembre), par la mort prévue de Leclerc, l'auteur du drame lyrique d'*Orontée* qu'on avait joué à Chantilly. Le lendemain, 9 décembre, la Bruyère écrivait à M. de Bussy en Bourgogne (2) : « Si vous ne vous cachiez pas de vos bienfaits, Monsieur, vous auriez eu plus tôt mon remerciement. Je vous le dis sans compliment, la manière dont vous venez de m'obliger m'engage pour toute ma vie à la plus vive reconnaissance dont je puisse être capable. Vous aurez bien de la peine à me fermer la bouche : je ne puis me taire sur cette circonstance qui me dédommage de n'avoir pas été reçu dans un corps à qui vous faites tant d'honneur. Les Altesses à qui je suis seront informées de tout ce que vous avez fait pour moi, Monsieur. Les sept voix qui ont été pour moi, je ne les ai pas mendiées, elles ont été gratuites ; mais il y a quelque chose à la vôtre qui me flatte plus sensiblement que les autres. Je vous envoie, Monsieur, un de mes livres des *Caractères* fort augmenté, et je suis avec toutes sortes de respects et de gratitude, etc. » Si Bussy n'avait pas lu le livre de la Bruyère depuis la première édition, il dut en effet le trouver fort augmenté dans la sixième. Mais Bussy comprit fort bien que si la Bruyère ne mendiait pas sa voix pour la prochaine élection académique, il la demandait cependant en faisant valoir sa reconnaissance pour la manière si délicate dont Bussy déjà la lui avait accordée. Il était trop tard. C'est ce que Bussy lui fit entendre par sa réponse datée de Chaseu, 16 décembre 1691 (3) : « Quand je vous ai voulu faire plaisir sans vous faire fête, Monsieur, ce n'est pas que j'eusse honte de vous servir, mais c'est qu'il m'a paru qu'un service annoncé avant qu'il soit rendu a perdu son mérite. Les voix que vous avez eues n'ont regardé que vous : vous avez un mérite qui pourrait se passer de la protection des Altesses, et la protection de ces Altesses pourrait bien, à mon avis, faire recevoir l'homme du monde le moins recommandable. Jugez combien vous auriez paru avec elles et avec vous-même, si vous les aviez em-

---

(1) Chap. VIII, n° 61.
(2) Lettre XIX.
(3) Lettre XX.

ployées. Pour moi, je vous trouve digne de l'estime de tout le monde, et c'est aussi sur ce pied-là que je suis votre ami sincère et votre, etc. » C'est bien clair : la Bruyère avait eu tort de vouloir se passer de ses Altesses. L'élection de Pavillon avait rendu Pontchartrain maître de l'Académie. Elle choisit (12 janvier 1692), à la pluralité des voix, un autre favori du ministre. Jacques de Tourreil reçut alors la récompense de ses divers services. Le 25 janvier, le roi donna 2,000 fr. de pension à M. de Tourreil et 500 écus à l'abbé Renaudot, et il les mit tous les deux à l'Académie des médailles. Le 14 février, M. de Tourreil fut reçu à l'Académie française, et fit un très beau discours.

Dans le même temps, M. le comte de Pontchartrain fut reçu docteur en droit et avocat au parlement; le 26 mars, deux jours après avoir atteint ses dix-huit ans, il prit séance à l'une des chambres des requêtes. Il ne manquait rien au bonheur de Tourreil.

Il n'avait pas regardé son entrée à l'Académie comme une de ces affaires de rien qui ne méritent pas qu'on s'en remue; au contraire, il disait bien haut qu'il croyait devoir à la bienveillance dont le ministre l'honorait la grâce que lui faisaient messieurs de l'Académie française (1) : « C'est ce ministre qui m'a mis à portée de puiser dans l'habitude de le voir et de l'entendre tout ce que j'ai à regretter pour le rang où vous m'appelez. Je sais tout le prix d'un si rare commerce, mais je sais aussi tout le poids des complaisances pénibles qu'il exige. Que n'a pas à souffrir un cœur sincère sous les yeux d'un ministre louable par tant d'endroits, et tout à la fois si farouche pour les louanges? Vivrons-nous éternellement esclave de sa modestie qui nous tyrannise? N'oserons-nous jamais rendre un témoignage intrépide aux seules vérités qui lui déplaisent? Cette facilité de génie qui forme en lui le prompt, le juste, le perpétuel accord des soins et des mouvements que les ordres d'un vainqueur infatigable lui demandent; cette facilité de travail qui ne cesse de l'immoler aux besoins de l'État; cette agilité d'esprit qui sans relâche transporte son attention où il lui plaît; cette variété de talents qui tour à tour le font paraître uniquement né pour l'occupation présente... » Arrêtons ici cette énumération, qui est interminable. M. de Pontchartrain a toutes les qualités de l'esprit et du cœur, Tourreil n'en oublie guère; toutes les vertus d'un grand caractère, Tourreil ne nous fait grâce d'aucune : « Il a

---

(1) *Œuvres de J. de Tourreil,* éditées par l'abbé Massieu (Paris, 1721, 4 vol. in-8º), t. I, p. 36, 37, 38, 39.

même les vertus académiques ; oui, Messieurs : style poli sans affectation et majestueux sans emphase ; tour ingénieux sans art et délicat sans raffinement ; pensées nobles et fleurs de diction sans cesse renaissantes ; académicien de cœur par amour, académicien d'esprit par mérite, il donne à la lecture de vos ouvrages tous les moments que lui laissent les emplois qui vous l'arrachent, et sous les auspices de son maître fait refleurir les arts et les sciences en un temps qui semble au moins permettre qu'on les néglige. Quel agrément pour vous, Messieurs, de voir ainsi revivre votre fondateur ! Quelle joie de sentir que la gloire de vous aimer devient comme l'apanage héréditaire des grands hommes ! »

La harangue de Tourreil fut couverte d'applaudissements. Le *Mercure galant* ne pouvait lui donner assez d'éloges. Dangeau lui-même l'admirait. L'abbé Renaudot, dans la *Gazette* (1), annonça que le sieur de Tourreil, admis au nombre des quarante de l'Académie française, avait prononcé une harangue fort éloquente. Et cependant elle n'eut pas, quand elle fut imprimée (2), le succès attendu. « Il y a certaines gens, dit la Bruyère (3), qui veulent si ardemment et si déterminément une certaine chose, que, de peur de la manquer, ils n'oublient rien de ce qu'il faut faire pour la manquer. »

« Ce Tourreil, remarque Saint-Simon (4), était un garçon savant, plein d'esprit, mais fort pédant et fort extraordinaire, qui se brouilla avec M. de Pontchartrain pour l'avoir loué ; ce qui ne brouille guère avec les ministres, mais ce qui était en singulière horreur à celui-ci : il avait fait ses conventions là-dessus tant qu'il avait pu. Il fallait qu'il y eût aussi quelque autre chose : car cela ne s'est jamais raccommodé. » Pontchartrain savait mieux que personne que le roi était résolu à ne pas tolérer de premier ministre (5) ; on comprend sa colère contre ce pédant comblé de ses bienfaits, qui, à peine académicien, lui joue un si mauvais tour de le louer plus que le roi et de le comparer à Richelieu. Quelle faute ! quelle lourde faute ! M. de Pontchartrain prit de justes mesures pour empêcher que ces louanges dangereuses ne parussent sous les yeux du roi (6) : à l'impression, elles furent sup-

---

(1) *Gazette de France*, n° du 16 février 1692.
(2) Chez Coignard, libraire éditeur de l'Académie.
(3) Chap. IV, n° 61.
(4) Addition au *Journal de Dangeau*, t. IV, p. 14.
(5) *Mémoires du roi*, t. II, p. 385.
(6) *Œuvres complètes de J. de Tourreil*, Paris, 1721 ; préface de l'abbé Massieu.

primées. Privée de son principal ornement, quel effet la harangue pouvait-elle produire ? En la lisant, le public demeura froid et indifférent. Jamais l'orateur ne pardonna au ministre cet acte d'une odieuse tyrannie. La Bruyère raconte ainsi les aventures de Théodote (1) : « L'on voit des hommes que le vent de la faveur pousse d'abord à pleines voiles ; ils perdent en un moment la terre de vue, et font leur route : tout leur rit, tout leur succède ; action, ouvrage, tout est comblé d'éloges et de récompenses, ils ne se montrent que pour être embrassés et félicités. Il y a un rocher immobile qui s'élève sur une côte ; les flots se brisent au pied ; la puissance, les richesses, la violence, la flatterie, l'autorité, la faveur, tous les vents ne l'ébranlent pas : c'est le public, où ces gens échouent. » Probablement la Bruyère ne connut pas le beau caractère académique de Pontchartrain, qui avait amené la brouille du ministre et de M. de Tourreil. Ce caractère, ou plutôt ce portrait énormément grossi, ne fut imprimé qu'en 1721 par l'abbé Massieu, et alors le public n'y fit aucune attention : l'historiette était entièrement oubliée.

L'année 1691-1692 avait été malheureuse pour la Bruyère : il y avait eu trois élections à l'Académie française où il désirait entrer, et trois fois il en avait été repoussé avec mépris. Qu'avait-il donc fait pour être si mal traité ?

Il n'avait qu'à relire les articles du *Mercure galant* pour voir ce qu'on lui reprochait. On ne l'attaquait jamais en face ; mais les éloges dont on comblait ses heureux concurrents étaient toujours assaisonnés de critiques à son adresse. Ainsi, dans le numéro du *Mercure galant* de novembre 1691 (2), on trouve un grand portrait de M. Pavillon peint à la détrempe, faible imitation des *Caractères* de la Bruyère, mais où l'on distingue parfaitement les trois principales qualités académiques que la Bruyère n'avait pas et dont M. Pavillon était largement pourvu. Nous ne dirons rien de la philosophie de M. Pavillon (qui était celle d'Aristippe (3), s'il faut en croire l'abbé Tallemant le jeune). 1° M. Pavillon était un habile homme : il est sorti de sa plume différents ouvrages que personne ne pourrait imiter. 2° M. Pavillon était un honnête homme : quelque sujet qu'il eût choisi, il le traitait toujours avec une délicatesse et un goût qui le

(1) Chap. XII, n° 61.
(2) P. 273-283.
(3) *Œuvres de Pavillon,* Amsterdam, 1747 ; notice par l'abbé Tallemant.

faisaient connaître avant même (1) que l'on sût qu'il en était l'auteur. 3° M. Pavillon était un homme de bien, exact dans ses devoirs, sans aucun fard : avec les qualités des meilleurs catholiques, il n'avait rien de ceux qui voulaient en tirer avantage. Qu'est-ce que cela voulait dire? La Bruyère dut résoudre cette question.

« L'honnête homme, dit-il (2), tient le milieu entre l'habile homme et l'homme de bien, quoique dans une distance inégale de ces deux extrêmes. »

« La distance qu'il y a de l'honnête homme à l'habile homme s'affaiblit de jour à autre, et est sur le point de disparaître. »

« L'habile homme est celui qui cache ses passions, qui entend ses intérêts, qui y sacrifie beaucoup de choses, qui a su acquérir du bien ou en conserver. »

« L'honnête homme est celui qui ne vole pas sur les grands chemins, et qui ne tue personne, dont les vices enfin ne sont pas scandaleux. »

« On conçoit assez qu'un homme de bien est un honnête homme; mais il est plaisant d'imaginer que tout honnête homme n'est pas homme de bien. »

« L'homme de bien est celui qui n'est ni un saint ni un dévot, et qui s'est borné à n'avoir que de la vertu. »

Mais la vertu était-elle un titre académique? Oui, même celle d'un oncle.

Quand Pavillon fut reçu à l'Académie, Charpentier lui tint ce langage (3) : « Il ne faut point chercher hors de vous-même les choses qui vous rendent estimable; cependant, Monsieur, je ne puis m'empêcher de réfléchir sur la mémoire d'un saint évêque avec qui vous avez été si étroitement uni par les liens du sang (4). L'éclat de sa piété rejaillira éternellement sur vous et sur tout ce qui porte son nom ; et à moins que les choses d'ici-bas ne soient tout à fait indifférentes à ces âmes bienheureuses qui sont en possession de la gloire, il semble que le grand Armand ne peut s'empêcher de se réjouir en voyant entrer dans cette compagnie, qui a été son ouvrage chéri, le neveu d'un homme qu'il avait élevé à la première dignité de l'Église et qui a fait tant d'honneur à son choix. N'oserai-je dire, Messieurs, que ce

---

(1) Cf. Correspondance de Bussy, t. VI, p. 391 et p. 402.
(2) Chap. XII, n° 55.
(3) *Harangues à l'Académie française*, chez Coignard, 1698.
(4) Pavillon, évêque d'Aleth ; cf. *Port-Royal*, de Sainte-Beuve, t. IV, p. 248-285.

grand cardinal s'applaudit jusque dans le ciel d'une si noble et si utile institution que la vôtre, quand il se représente tous les avantages que la France en retire, soit pour la prédication de l'Évangile, soit pour la défense de la justice et des lois? Quel spectacle pour lui de vous voir occuper une partie de ce palais auguste, et qu'il vous soit permis désormais de philosopher sous le dais et dans la pourpre! »

Le jour où Tourreil fut reçu, Charpentier, radieux comme au jour de sa propre élection, traça un magnifique tableau des académiciens qui l'avaient élu, il y avait plus de quarante ans. « Représentez-vous, Messieurs, les Gombaut, les Chapelain, les Bourzeis, les Voiture, les Vaugelas, les Racan, les Lachambre, les Corneille, les d'Ablancourt, les Saint-Amant, les Godeau, les Balzac, quels noms, Messieurs! et figurez-vous que c'est l'intention de Sa Majesté que vous donniez des successeurs à tous ces grands personnages, non seulement pour occuper leurs places, mais encore pour les remplir. Je les ai tous connus, ces hommes incomparables que je viens de vous nommer, et c'est par leurs suffrages que je me suis vu élever à un rang dont je ne m'estime pas encore digne!... Je ne vous dirai point, car vous le savez tous, que les places de cet illustre corps n'étaient recherchées qu'en vue de se procurer une vie tranquille dans un commerce perpétuel de l'esprit et de la raison. On ne connaissait point ces préséances dont les esprits faibles et les mérites médiocres font leur capital. On fuyait les occasions de se donner le moindre déplaisir l'un à l'autre, avec le même soin que l'on évite la rencontre des serpents et des scorpions. Ce n'était qu'honneur, qu'amitié, que déférence réciproque. Je ne saurais m'empêcher de l'avouer, ce souvenir ne me revient jamais à l'esprit que je n'en ressente de la joie. C'est ainsi que Louis le Grand donne sa voix pour l'élection des académiciens, dont il abandonne le détail à votre prudence et à votre discernement (1). »

En résumé, quels sont les torts de la Bruyère? Celui qui croit pouvoir trouver en soi-même (2) de quoi se passer de tout le monde, se trompe fort; celui qui croit qu'on ne peut se passer de lui, se trompe encore davantage. La Bruyère a un esprit faible et un mérite médiocre, il fait son capital de la préséance de la maison de Condé. Il faut écarter avec le plus grand soin cet homme qui prétend se réjouir aux dé-

(1) *Harangues à l'Académie française.*
(2) La Rochefoucauld, *Maximes,* 101.

pens de son prochain : c'est un serpent, c'est un scorpion. Souvenez-vous de ce qui nous est arrivé avec Furetière : la Bruyère est pire encore. Heureusement il n'est pas de l'Académie ; il ne doit jamais en être : vous ne vous laisserez pas vaincre par son importunité. Personne ne sera reçu dans l'Académie qui ne soit agréable à Mgr le protecteur, et qui ne soit de bonnes mœurs, de bonne réputation, de bon esprit, et propre aux fonctions académiques (1).

Le caractère de Théobalde, qui avait suscité tant d'ennemis à la Bruyère dans le sein de l'Académie, ne laissa pas de lui faire tort aussi dans le public parmi les anciens admirateurs de Benserade. C'est peut-être pour cela que Bussy, qui avait voté une première fois à l'Académie pour la Bruyère (2), ne se donna pas la peine de voter une seconde fois pour le moraliste, qui d'ailleurs était abandonné de ses Altesses. Nous ne pouvons guère expliquer autrement le silence que Mme de Sévigné a toujours gardé sur un écrivain aussi remarquable que la Bruyère. En 1686, elle écrivait à Bussy (3) : « On ne fait point entrer certains esprits durs et farouches dans le charme et dans la facilité des ballets de Benserade et des fables de la Fontaine. Cette porte leur est fermée, et la mienne aussi ; ils sont indignes de jamais comprendre ces sortes de beautés, et sont condamnés au malheur de les improuver et d'être improuvés aussi des gens d'esprit. Nous avons rencontré beaucoup de ces pédants. Mon premier mouvement est toujours de me mettre en colère, et puis de tâcher de les instruire ; mais j'ai trouvé la chose absolument impossible. C'est un bâtiment qu'il faudrait reprendre par le pied : il y aurait trop d'affaires à le vouloir réparer ; et enfin nous trouvions qu'il n'y avait qu'à prier Dieu pour eux : car nulle puissance humaine n'est capable de les éclairer. C'est le sentiment que j'aurai toujours pour un homme qui condamne le beau feu et les vers de Benserade, dont le roi et toute la cour a fait ses délices, et qui ne connaît pas les charmes des fables de la Fontaine. » La Bruyère goûtait peu les vers et le bel esprit de Benserade, mais il rendait parfaitement justice à la Fontaine.

Oui, aux ouvrages de cet excellent auteur, reprenait Mme Ulrich,

---

(1) Article 1er des statuts de l'Académie, chez Coignard, 1708.
(2) Correspondance de Bussy, t. V, p. 513, 538, 542, 548, 550, 553 ; t. VI, p. 23, 216, 222.
(3) Mme de Sévigné, t. VII, p. 507, 8.

mais pas à sa personne. « Un homme paraît lourd, grossier, stupide ; il ne sait pas parler, ni raconter ce qu'il vient de voir. S'il se met à écrire, c'est le modèle des bons contes ; il fait parler les animaux (1), etc. » — Quoi! la Fontaine grossier! s'écriait Mme Ulrich; grossier vous-même ! C'est vous qui êtes lourd et stupide! « Voilà le résumé des premières lignes du portrait que Mme Ulrich fit mettre en tête des œuvres posthumes de M. de la Fontaine (2). Mme Ulrich, fille de l'un des vingt violons du roi, dut connaître le musicien Théobald, et le distingua fort bien de Benserade; mais elle se souciait aussi peu de l'un que de l'autre. Quand elle était encore toute jeune, un Suédois nommé Ulrich, maître d'hôtel du comte d'Auvergne, l'avait recueillie, l'avait mise au couvent pour la faire instruire, puis l'avait épousée. Ensuite, veuve et jolie, elle eut des amants. Ravie des contes de la Fontaine, elle lui en fit composer de nouveaux ; le vieux poète vantait l'empire de ses charmes. On comprend la colère de cette dame un peu légère contre le moraliste. « Il faut avouer, dit Voltaire, que la Bruyère s'est servi de couleurs un peu fortes pour peindre notre fabuliste, mais il y a du vrai dans ce portrait (3). » Presque tous les contemporains le reconnurent. Mais pourquoi la Bruyère avait-il osé soutenir qu'on peut être un homme de talent et n'être pas ce qu'on appelle dans le monde un homme d'esprit? Le duc de Ventadour, M. de Sablé, l'abbé Servien, Mme de Choiseul-Praslin, toute la société de Mme Ulrich partagea son indignation et grossit la troupe des Théobaldes.

« Un autre est simple, timide, d'une ennuyeuse conversation ; il prend un mot pour un autre, et il ne juge de la bonté de sa pièce que par l'argent qui lui en revient : il ne sait pas la réciter ni lire son écriture. Laissez-le s'élever par la composition : il n'est pas au-dessous d'Auguste, Pompée, Nicomède, Héraclius ; il est roi, et un grand roi, etc. » La famille de Corneille ne fut pas moins offensée de ce portrait que ne l'était Mme Ulrich de celui de la Fontaine. Racine n'avait pas un génie aussi élevé que celui de Corneille, mais il avait l'esprit de conversation ; il récitait admirablement ses vers ; il était un lecteur fort goûté du roi et de la meilleure société : il avait tous les petits talents qui manquaient à son rival. Fontenelle prétendait que son

---

(1) Chap. XII, n° 16.
(2) Paris, 1696.
(3) *Notice biographique sur la Fontaine*, par M. Paul Mesnard; Paris, 1883, p. 154-157.

oncle le grand Corneille ne pouvait avoir de rival (1). La rivalité de Racine, quelque sage et modérée qu'elle fût, était une injustice, une usurpation, une espèce de sédition contre l'autorité légitime. « Le vieux poète s'était retranché dans son cabinet, pendant que les doucereux et les enjoués poussaient leurs intrigues et parvenaient auprès du roi. Il avait l'âme fière et indépendante, nulle souplesse, nul manège ; ce qui l'a rendu très propre à peindre la vertu romaine et très peu propre à faire sa fortune. Il n'aimait point la cour ; il y apportait un visage presque inconnu, un grand nom qui ne s'attirait que des louanges et un mérite qui n'était point le mérite de ce pays-là. » D'ailleurs la théorie philosophique de la Bruyère sur l'esprit et le talent était absolument fausse, s'il faut en croire Fontenelle. En effet, l'esprit, c'est la raison (2) ; et le talent, c'est l'instinct. Le talent est aveugle et ne sait ce qu'il fait. L'instinct des castors et des abeilles, voilà le vrai talent. Pour faire quelque chose de raisonnable, le talent ne peut se passer de l'esprit ; mais l'esprit peut se passer du talent. Tous les génies au-dessus du commun sont un assemblage de l'esprit et du talent combinés selon une infinité de degrés différents. Il était donc faux de dire que Corneille et la Fontaine manquaient d'esprit. Mais on pouvait soutenir que M. de la Bruyère en manquait, et beaucoup. « N'en déplaise aux illustres de la cour, telle est l'opinion des illustres de la ville. » Ils n'avaient pas de peine à la faire accepter dans les assemblées où étaient admises Mme Ulrich, Corinne et Glycère. « Dans les conversations, dit le président Bouhier, Fontenelle était bien au-dessus de ses écrits et insinuait sa doctrine dans tous les esprits. » Pavillon, le doux Pavillon lui-même, était indigné de trouver tant de fiel et de bile dans un moraliste comme M. de la Bruyère (3). « Il n'y avait que feu M. de Benserade qui sût faire souffrir des railleries aux plus impatients, des louanges aux plus modestes, qui pût dire des vérités au milieu de la cour sans nuire à sa fortune, et divertir ceux mêmes auxquels il reprochait quelques défauts. »

Si les Théobaldes se fussent contentés d'accuser la Bruyère de manquer de justice pour la Fontaine et Pierre Corneille, ils auraient commis une erreur ; mais ils auraient eu le droit de dire que le moraliste avait fait quelques portraits dans sa sixième édition. S'ils se

---

(1) Œuvres de Fontenelle (Paris, Salmon, 1725), *Vie de Corneille*, t. IV, p. 223, 229, 230.
(2) *Traité de la poésie en général*, Œuvres de Fontenelle, t. V, p. 32-35.
(3) *Œuvres d'Étienne Pavillon*, Amsterdam, 1747, t. I, p. 67-73.

fussent arrêtés là, on eût été contraint de les approuver. Dans la maison de Condé on leur eût dit les véritables noms de Théodas et d'Hermippe; peut-être même leur eût-on dit quel était l'amateur de tulipes et le propriétaire de la meilleure prune du dix-septième siècle. Mais, heureux d'avoir reconnu dans la sixième édition quelques portraits, ils prétendirent que tous les caractères de la Bruyère étaient des portraits dans toutes les éditions qu'il avait publiées, depuis la première jusqu'à la dernière. Ils purent ensuite affirmer que tous ces portraits étaient des satires personnelles. « Il n'est pas difficile, dit le *Mercure galant,* de coudre ensemble quelques médisances, et d'y ajouter une petite calomnie pour faire rire. » — « La plaisanterie, disait Longepierre (1), donne aux choses un air qui fait tout passer. » Combien de feu, de vie et d'agrément un pareil tour d'esprit répand dans un ouvrage! De là le succès de ce mauvais livre. On le savait depuis longtemps, mais on n'avait pas encore osé le dire. Dès 1692 on le disait sans hésiter, ou bien on le laissait entendre de mille manières à Paris, à Versailles, partout où l'on pouvait pénétrer. Le public se mit à lire les *Caratères ou mœurs de ce siècle,* avec des dispositions toutes nouvelles. Et comme on ne lisait pas l'ouvrage avec les mêmes yeux, l'auteur parut avoir un autre esprit qu'auparavant. Dès lors commencèrent à circuler dans Paris ces clefs qui causèrent tant de chagrin à la Bruyère.

Qui fabriquait ces clefs, ces fausses clefs, ou listes des personnes dont on accusait la Bruyère d'avoir fait le portrait? La Bruyère a imprimé en toutes lettres que les auteurs de ces clefs étaient peut-être excités par les Théobaldes. Il est certain que les Théobaldes profitèrent du scandale que produisaient ces clefs pour en accabler l'écrivain qui en était la cause involontaire. Nous ne pouvons rien dire de plus. Nous ne savons pas ce que pensa M. de Lauzun quand il lut le caractère de Straton (2), où il est si bien et si uniquement peint en deux mots (3) : « Il n'est pas permis de rêver comme il a vécu. » Nous croyons bien que le marquis de Dangeau ne fut pas content quand il vit son nom accolé au caractère de Pamphile, et qu'on lui appliqua ce passage (4) : « Ce n'est pas un seigneur, mais il est d'après un seigneur. »

---

(1) *Discours sur les anciens,* p. 231.
(2) Chap. VIII, n° 96.
(3) *Œuvres de Saint-Simon,* éd. Boislisle, t. III, p. 353 et 354.
(4) Chap. IX, n° 50.

Saint-Simon, qui rapporte le fait, ne nous dit pas quel est l'auteur de la clef. A chaque instant, de la part de tout le monde, la Bruyère était exposé à des questions insidieuses. Ainsi le roi nomma parmi ses aides de camp, pour aller au siège de Namur, MM. de Lanjamet et de Lassay. Si on venait demander à la Bruyère quels personnages il avait peints sous les traits de Mopse ou de Nicandre, que répondre? Il ne voulut jamais donner aucune clef. Ses amis les plus familiers le priaient dans l'intimité de leur répondre seulement par oui ou non sur tel ou tel caractère : il refusa toujours de se laisser prendre à ce piège. Les personnes les plus accréditées à la cour l'interrogèrent, M. le Duc avec brutalité, Mme la Duchesse avec finesse, M. le Prince avec son esprit de lieutenant criminel : ils désespérèrent d'avoir son secret.

En 1689, lorsque l'auteur, dans sa quatrième édition, introduisit quelques véritables caractères au milieu des remarques et réflexions qui faisaient la plus grande partie de son livre, il protesta (1) contre les fausses applications que pouvaient imaginer les lecteurs malintentionnés : il connaissait assez les hommes pour prévoir qu'au lieu de s'instruire par la saine morale répandue dans l'ouvrage, ils ne s'attacheraient qu'aux peintures et aux caractères (2) ; et qu'au lieu de s'en servir pour corriger leurs mœurs, ils s'appliqueraient à découvrir, suivant leur fantaisie, quels de leurs amis ou de leurs ennemis ces différents traits pouvaient regarder. C'est pourquoi il hésita pendant quelque temps s'il devait rendre son livre public : il balançait entre le désir d'être utile à sa patrie par ses écrits et la crainte de fournir à quelques-uns de quoi exercer leur malignité. Or non seulement il avait eu la faiblesse de publier la quatrième édition, mais encore il avait, dans la cinquième et la sixième, augmenté le nombre et développé la forme des peintures ou caractères. Comme ce genre littéraire dans lequel il excellait plaisait beaucoup, il s'était laissé entraîner plus loin qu'il ne l'eût voulu. La curiosité du public, une fois éveillée, s'amusait partout à deviner la pensée secrète de l'auteur ; et comme rien ne pouvait la satisfaire entièrement, il naissait de tous côtés (3), dans l'esprit des lecteurs, des explications nouvelles et différentes. Chacun se faisait, selon la prédiction attribuée à Bussy

---

(1) Préface des *Caractères*.
(2) *Discours sur Théophraste*, et Préface du discours à Messieurs de l'Académie.
(3) Chap. XII, n° 9.

Rabutin, une galerie d'originaux, qui n'étaient point ceux de la Bruyère mais auxquels on prétendait que la Bruyère avait dû penser. Partout où pénétrait le livre des *Caractères*, on faisait de nouvelles clefs et on forçait l'auteur à jouer malgré lui le rôle de médisant ou de calomniateur. La Bruyère pouvait ainsi aller partout, jusque dans les provinces les plus éloignées, injurier à son insu des milliers de gens qu'il n'avait jamais ni vus ni connus.

Il n'y avait guère qu'un fou qui pût alors prendre sa défense : ce fut Santeul. Un jour cet homme simple, ingénu, crédule, badin, volage, cet enfant à cheveux gris (1), se recueillit et se livra, sans qu'il y prît garde, comme à son insu, au génie qui habitait en lui. Il eut une vision étrange et la raconta en vers latins avec une verve prodigieuse (2) : il vit la bibliothèque du savant évêque de Soissons, M. Huet, s'engloutir dans les catacombes de la montagne Sainte-Geneviève. Le fait était malheureusement vrai ; et Huet, avec les meilleurs livres qu'il avait pu sauver de ce désastre, s'était réfugié dans la maison professe des Jésuites, au faubourg Saint-Antoine. Le poète expliqua la catastrophe d'une manière assez vraisemblable, par un tremblement de terre qui aurait ouvert un abîme sous la maison de Huet ; et il supposa que les livres eurent, dans l'effondrement, la destinée que méritaient leurs auteurs. Les mauvais auteurs furent perdus sans ressource, et demeurèrent ensevelis dans le sombre séjour que le soleil n'éclaira jamais. Au contraire, les bons auteurs sortirent facilement de l'obscurité et revinrent à la lumière du jour. Les médiocres restèrent suspendus au milieu du gouffre, dans les positions les plus bizarres. L'abbé Regnier Desmarais, secrétaire perpétuel de l'Académie française, avait fait la culbute dans un précipice, où il poussait des cris lamentables ; et, accablé sous le poids de ses livres, il cherchait vainement à se dégager. L'Académie en corps s'était assemblée autour du trou, et délibérait gravement sur les meilleurs moyens de tirer de là son secrétaire perpétuel, qui ne cessait de crier au secours. Touchés de la détresse de ce malheureux vieillard, Messieurs de l'Académie s'attellent à des cordes et le hissent jusqu'en haut. En sortant de l'affreux puits où il avait cru périr, il distribue, avec beaucoup de remerciements, à ses confrères qui lui avaient sauvé la vie, ses livres bien faits pour être

---

(1) Chap. XII, n° 56.
(2) *Santolii opera*, 2ᵉ édition, 1698, t. I, p. 279-288.

donnés : le libraire ne pouvait pas les vendre. « Tel n'était pas, censeur mon ami, le sort réservé à tes livres. Les Muses elles-mêmes ont pris soin de les composer. En décrivant avec exactitude les différents caractères des hommes dans toutes les conditions, tu instruis chacun de nous sans prononcer son nom. Si quelqu'un ne peut supporter de voir dans ce miroir la laideur de ses traits, qu'il s'en prenne à sa propre sottise ou à son indifférence pour le bien ; mais qu'il ne blâme pas la fidélité du miroir! Tes livres sont tombés du ciel pour nous apprendre à devenir sages. Quant à moi, j'y trouve une inspiration divine. » « Théodas parle comme un fou, et pense comme un homme sage (1); il dit ridiculement des choses vraies, et follement des choses sensées et raisonnables. On est surpris de voir naître et éclore le bon sens du sein de la bouffonnerie, parmi les grimaces et les contorsions. » — « La Bruyère a fort bien représenté Santeul, dit le président Bouhier (2), dans le beau portrait qu'il en a fait parmi ses caractères, sous le nom de Théodas : ce portrait plut si fort à Santeul lui-même, que je me souviens d'avoir vu, entre les mains de la Bruyère, une de ses lettres où il l'en remerciait et où il signait : votre ami Théodas, fou et sage. »

L'abbé Legendre (3) appelle Santeul un Jean Farine, un saltimbanque sous le costume d'un moine de Saint-Victor ; et il prétend que c'était son air maniaque ou polisson qui le faisait admettre dans les meilleures compagnies pour y servir de baladin. L'exagération est évidente. S'il en eût été ainsi, la Bruyère (4) ne l'eût point appelé un bon homme, un plaisant homme, un excellent homme. La Monnoie nous semble plus près de là vérité quand il dit (5) : « On ne pouvait pratiquer Santeul sans l'aimer. Ses saillies, ses plaisanteries, au travers desquelles il faisait paraître un sens exquis, étaient les plus agréables du monde. Je voudrais que vous eussiez assisté à la description d'un chapitre que tinrent ses confrères pour délibérer s'ils chanteraient ses hymnes dans leur congrégation. Je défie tous les scaramouches de mieux copier les personnes qui composèrent cette assemblée. Ce n'était plus Santeul; c'étaient une vingtaine de visages et de tons tous différents les uns des autres. Une des choses qui

---

(1) Chap. XII, n° 56.
(2) *Souvenirs de J. Bouhier,* président au parlement de Dijon, publiés par M. Lorédan Larchey, p. 71.
(3) *Mémoires de Legendre,* p. 84.
(4) Chap. XII, n° 56.
(5) *Œuvres choisies de B. de la Monnoie,* Paris, 1770, t. III, p. 215.

plaisaient le plus en lui, c'était sa franchise à reconnaitre ses défauts et à relever ceux d'autrui. » De là des scènes comiques qu'il jouait dans la maison de Condé, et qui amusaient tout le monde. C'est pourquoi M. le Prince le mit souvent dans son carrosse de préférence à d'autres, qui le souffraient impatiemment. « J'en ai vu, entre autres, la Bruyère fort offensé, dit le président Bouhier (1) : il se croyait fort au-dessus de Santeul; mais l'enjouement et la vivacité de celui-ci plaisaient plus à M. le Prince que le sérieux cynique et mordant de l'autre. »

Ainsi, à la cour et dans la maison de Condé, le sérieux cynique et mordant de la Bruyère lui faisait des ennemis. Nous avons vu comment il se justifiait : ce qu'on appelait du cynisme était la sagesse de Socrate, qui appliquait les lois de la morale à tout le monde sans acception de personnes, et qui maintenait la règle de la justice avec une intrépide fermeté. « Tel soulage les misérables, dit-il (2), qui néglige sa famille et laisse son fils dans l'indigence. Un autre élève un nouvel édifice, qui n'a pas encore payé les plombs d'une maison qui est achevée depuis dix années ; un troisième fait des largesses, et ruine ses créanciers. Je demande : la pitié, la libéralité, la magnificence, sont-ce les vertus d'un homme injuste? ou plutôt si la bizarrerie et la vanité ne sont pas les causes de l'injustice. » Les grands avaient certainement le droit d'honorer de leurs faveurs ceux qui savaient leur plaire, à la condition pourtant de ne pas commettre d'injustice, et après avoir rendu à chacun ce qui lui est dû.

« Pendant la campagne de Flandre (1692), dit Mme de Caylus (3), les dames suivirent le roi en partie, c'est-à-dire Mme la duchesse de Chartres, les princesses de Conti et Mme de Maintenon allèrent au siège de Namur. Mme la Duchesse ne suivit pas, parce qu'elle était grosse : et quoique je le fusse aussi, ce qui m'empêcha aussi de suivre, on ne me permit pas de demeurer avec Mme la Duchesse. Mme de Maintenon m'envoya avec Mme de Montchevreuil à Saint-Germain, où je m'ennuyai, comme on peut le croire. » Plusieurs personnes instruites et sérieuses tinrent société à Mme la Duchesse; du nombre était la Bruyère. Mais Mme la Duchesse ne s'amusa guère plus à Versailles que Mme de Caylus à Saint-Germain. On l'avait séparée de sa bonne

---

(1) *Souvenirs de J. Bouhier*, p. 75.
(2) Chap. XII, n° 80.
(3) *Souvenirs*, p. 181, 182.

amie, Mlle de Croissy; puis, comme il est dit dans une chanson qu'on lui attribue,

> C'est une chose trop ennuyeuse
> De ne voir que de vieux pédants.

Pour se distraire, elle désirait savoir ce qui se disait, ce qui se faisait, ce qui se passait dans le monde et à Paris. Il fut fait mention des livres de M. de Callières, surtout des mots à la mode et des nouvelles façons de parler, avec des observations sur diverses manières d'agir et de s'exprimer (1). La Bruyère y est attaqué, ainsi que Mme la Duchesse : il fallut bien en dire quelque chose à Son Altesse; du moins on en trouve des traces visibles dans la septième édition des *Caractères*.

Mme la Duchesse avait le droit de demander : « Pourquoi y a-t-il des mots à la mode? Y a-t-il aussi une autorité qui dirige ces choses-là? » Et la Bruyère répondait (2) : « Qui règle les hommes dans la manière de vivre et d'user des aliments? La santé et le régime? Cela est douteux. Une nation entière mange les viandes après les fruits, une autre fait le contraire; quelques-uns commencent leurs repas par de certains fruits et les finissent par d'autres : est-ce raison? est-ce usage? Est-ce par un soin de leur santé que les hommes s'habillent jusqu'au menton, portent des fraises et des collets, eux qui ont eu longtemps la poitrine découverte? Est-ce par bienséance, surtout dans un temps où ils avaient trouvé le secret de paraître nus tout habillés? Et d'ailleurs les femmes, qui montrent leur gorge et leurs épaules, sont-elles d'une complexion moins délicate que les hommes, ou moins sujettes qu'eux aux bienséances? Quelle est la pudeur qui engage celles-ci à se couvrir les jambes et presque leurs pieds, et qui leur permet d'avoir les bras nus au-dessus du coude? Qui avait mis autrefois dans l'esprit des hommes qu'on était à la guerre ou pour se défendre ou pour attaquer, et qui leur avait insinué l'usage des armes offensives et des défensives? Qui les oblige aujourd'hui de renoncer à celles-ci, et, pendant qu'ils se bottent pour aller au bal, de soutenir sans armes et en pourpoint des travailleurs exposés à tout le feu d'une contrescarpe? Nos pères, qui ne jugeaient pas une telle conduite utile

---

(1) *Des mots à la mode*, chez Barbin à Paris 1691 et 1692. Cf. la préface et les pages 321, 322, 323, 324.
(2) Chap. XIV, n° 73.

au prince et à la patrie, étaient-ils sages ou insensés ? Et nous-mêmes, quels héros célébrons-nous dans notre histoire ? Un Guesclin, un Clisson, un Foix, un Boucicaut, qui ont tous porté l'armet et endossé une cuirasse. Qui pourrait rendre raison de la fortune de certains mots, et de la proscription de quelques autres ? »

La Bruyère n'ignorait pas quels sont les fruits de l'histoire et de la poésie (1), mais il savait aussi quelle est la nécessité de la grammaire, la base et le fondement des autres sciences : cette dissertation grammaticale ne porte-t-elle pas la date du temps où Racine racontait, dans une lettre à Boileau (2), l'attaque des Français (13 juin 1692) contre le château de Namur ? « Comme M. de Vauban connaît la chaleur du soldat dans ces sortes d'attaques, il leur avait dit : « Mes enfants, on ne vous défend pas de poursuivre les ennemis, quand ils s'enfuiront; mais je ne veux pas que vous alliez vous faire échigner mal à propos sur la contrescarpe de leurs ouvrages. Je retiens donc à mes côtés cinq tambours pour vous rappeler, quand il sera temps. Dès que vous les entendrez, ne manquez pas de revenir chacun à vos postes. » Cela fut fait comme il l'avait concerté. » Racine dit dans la même lettre : « M. le Duc était général de jour, et y fit à la Condé, c'est tout dire. M. le Prince, dès qu'il vit que l'action allait commencer, ne put s'empêcher de courir à la tranchée, et de se mettre à la tête de tout. » Mais l'exact Dangeau (3) observe que le maréchal d'Humières y alla aussi avec M. le Prince, et qu'ils ne se mêlèrent de rien, pour en laisser tout l'honneur à M. le Duc.

Après cette dissertation qui sert de préambule à l'histoire des mots, la Bruyère raconte leurs diverses aventures. Il ne se pique pas d'une grande exactitude dans cette histoire, il craint de ressembler à Furetière. Il débute de cette façon (4) : « *Ains* a péri : la voyelle qui le commence, et si propre à l'élision, n'a pu le sauver ; il a cédé à un autre monosyllabe (5), et qui n'est au plus que son anagramme (6). »

---

(1) Discours à l'Académie.
(2) Lettre de Racine à Boileau, datée du camp devant Namur, le 15 juin (1692).
(3) *Journal de Dangeau*, 13 juin 1692.
(4) Chap. XIV, n° 73.
(5) Mais. Note de la Bruyère.
(6) *Comédie des Académistes*, par Saint-Évremond, 1643. — *Histoire de l'Académie française*, par Pellisson. — Richelet, *Dictionnaire français*, 1680. — Furetière, *Dictionnaire français*, 1690. — Ménage, *Requête des dictionnaires*, 1692. — *Guerre civile des Français sur la langue*, par Allemand, 1688. — *Nouvelles remarques de M. de Vaugelas sur la langue*

Il est clair que *mais* n'est point l'anagramme d'*ains*. « *Certes* est beau dans sa vieillesse, et a encore de la force sur son déclin : la poésie le réclame, et notre langue doit beaucoup aux écrivains qui le disent en prose, et qui se commettent pour lui dans leurs ouvrages. *Maint* est un mot qu'on ne devait jamais abandonner, et par la facilité qu'il y avait à le couler dans le style, et par son origine, qui est française. *Moult,* quoique latin, était dans son temps d'un même mérite, et je ne vois pas par où *beaucoup* l'emporte sur lui. Quelle persécution le *car* n'a-t-il pas essuyée ! et s'il n'eût trouvé de la protection parmi les gens polis, n'était-il pas banni honteusement de notre langue à qui il a rendu de si longs services, sans qu'on sût quel mot lui substituer ? *Cil* a été dans ses beaux jours le plus joli mot de la langue française, il est douloureux pour les poètes qu'il ait vieilli. » La Bruyère continue son petit dictionnaire sur ce ton léger, en rappelant les discussions pédantesques auxquelles les gens polis prenaient part ; sur chacun de ces mots, il donne son opinion nettement, mais sans insister : il n'a point de système. L'autorité de l'usage peut toujours se discuter, mais on est toujours obligé de lui obéir. Auprès de Mme la Duchesse, il était de bon goût de se mutiner contre la tyrannie de l'usage, lors même qu'on était décidé à s'y soumettre, et de refaire une nouvelle scène de la *Comédie des Académistes*. « Est-ce donc faire pour le progrès d'une langue que de déférer à l'usage ? serait-il mieux de secouer le joug de son empire si despotique ? Faudrait-il, dans une langue vivante, écouter la seule raison, qui prévient les équivoques, suit la racine des mots et le rapport qu'ils ont avec les langues originaires dont ils sont sortis, si la raison d'ailleurs veut qu'on suive l'usage ? »

Est-ce que nos ancêtres ont écrit mieux que nous ? demandait Mme la Duchesse. « C'est une question souvent agitée, toujours indécise, répondait la Bruyère. On ne la terminera point en comparant, comme l'on fait quelquefois, un froid écrivain de l'autre siècle aux plus célèbres de celui-ci, ou les vers de Laurent, payé pour ne plus écrire, à ceux de MAROT et de DESPORTES. Il faudrait, pour prononcer juste sur cette matière, opposer siècle à siècle, excellent ouvrage à excellent ouvrage : par exemple, les meilleurs rondeaux de BENSERADE et de VOITURE à

---

française, avec observations de Th..... (Allemand), 1690. — *Suite des Remarques nouvelles sur la langue française,* Bouhours, 1692. — Notes de Servois sur la Bruyère, t. II, p. 205-215. — Notes de Chassang sur la Bruyère, t. II, p. 75-83.

ces deux-ci, qu'une tradition nous a conservés, sans en marquer le temps ni l'auteur :

1°
 Bien à propos s'en vint Ogier en France
 Pour le païs de mescréans monder :
 Ja n'est besoin de conter sa vaillance,
 Puisqu'ennemis n'osoient le regarder.

 Or quand il eut tout mis en assurance,
 De voyager il voulut s'enharder ;
 En Paradis trouva l'eau de Jouvance,
 Dont il se sceut de vieillesse engarder
   Bien à propos.

 Puis par cette eau son corps tout décrepite
 Transmué fut par manière subite
 En jeune gars, frais, gracieux et droit.

 Grand dommage est que cecy soit sornettes :
 Filles connoy qui ne sont pas jeunettes,
 A qui cette eau de Jouvance viendroit
   Bien à propos.

2°
 De cettuy preux maints grands clercs ont escrit
 Qu'oncques dangier n'étonna son courage :
 Abusé fut par le malin esprit,
 Qu'il épousa sous féminin visage.

 Si piteux cas à la fin découvrit
 Sans un seul brin de peur ny de dommage,
 Dont grand renom par tout le monde acquit,
 Si qu'on tenoit très honneste langage
   De cettuy preux.

 Bien-tost après fille de roy s'esprit
 De son amour, qui voulentiers s'offrit
 Au bon Richard en second mariage.

 Donc s'il vaut mieux de diable ou femme avoir
 Et qui des deux bruït plus en ménage,
 Ceulx qui voudront, si le pourront sçavoir
   De cettuy preux.

Ménage appelait le rondeau d'Ogier le Danois le roi des rondeaux (1), et il ne trouvait pas moins beau celui de Richard sans Peur. La Monnoie (2), éditeur du *Menagiana*, critique ces rondeaux parce qu'ils ne sont pas dans les règles. Il n'y a pas là, ce lui semble, tant de quoi se récrier. « Il suffisait, dit-il, de les trouver jolis. Le sens en est naïf : c'est tout ce que la Bruyère en devait louer. » Mais sous leur air naïf la Bruyère n'a-t-il point caché quelque malice? Il est difficile de croire que la Bruyère ait parlé sans motif de Laurent au public, qui ne connaissait guère ce poète parasite, et qui ne savait pas du tout qu'on l'eût payé pour ne plus écrire : Mme la Duchesse le savait, et connaissait peut-être mieux que personne pourquoi on l'avait fait taire. Elle n'avait pas oublié la fête dauphine, ni les sottes plaisanteries de cet Aristophane de bas étage. Mais elle dut bien rire du remède contre la vieillesse trouvé en paradis, c'est-à-dire dans la patrie de la dévotion, et qui rendit si grand service à d'autres qu'à Ogier le Danois. Elle devait bien regretter qu'il n'y eût rien de vrai dans cette histoire; car elle connaissait des filles qui n'étaient pas jeunettes, et à qui l'eau de Jouvence fût venue aussi bien à propos. Mme la Duchesse connaissait mieux encore un preux chevalier qui avait épousé le diable sous féminin visage et une fille de roi, et qui savait lequel des deux fait le plus de bruit en ménage. Qui était-ce? Richard sans Peur? Il était mort depuis longtemps. Qui donc? « Cettuy preux dont aucun danger alors n'étonnait le courage, » au siège de Namur?

Pendant ce temps-là Mme de Caylus, qui s'ennuyait à Saint-Germain avec Mme de Montchevreuil, vint à Versailles rendre visite à Mme la Duchesse. « Je lui parlai, dit-elle (3), de mon ennui, et lui fis sans doute des portraits vifs de Mme de Montchevreuil et de sa dévotion : ils lui firent assez d'impression pour en écrire à Mlle de Croissy d'une manière qui me rendit auprès du roi beaucoup de mauvais offices. Le roi fut curieux de voir sur quoi leur commerce pouvait rouler; et malheureusement cet article, qui me concernait, tomba ainsi entre ses mains. On regarda ces plaisanteries, qui m'avaient paru innocentes, comme très criminelles; on y trouva de l'impiété, et elles disposèrent les esprits à recevoir les impressions désavantageuses qui me firent

---

(1) *Manegiana*, t. II, p. 280.
(2) *Ibid.*, t. IV, p. 151.
(3) *Souvenirs de Mme de Caylus*, p. 182.

quitter la cour pour quelque temps. Ainsi Mme de Maintenon avait eu raison de me dire qu'il n'y avait rien de bon à gagner avec ces gens-là. » Mme de Maintenon n'abandonnait pas son projet de ramener les temps bienheureux où toutes les familles vivaient comme on vivait d'après l'écrit de l'abbé de Fénelon. Elle disait dans ses divers avis aux maîtresses des classes de Saint-Cyr (1) : « Nous ne prétendons point rassembler ici une troupe de libertines, d'espiègles de couvent, qui vivent comme des écoliers... Otez celles dont l'esprit vain et superbe ne peut se soumettre à cette vie simple et innocente, qui est la vraie grandeur. Otez les filles qui ne respirent que le monde, qui veulent en parler et s'en occuper, qui entraînent les autres par leurs discours et par leur exemple ; ôtez ces beaux esprits qui s'ennuient de cette vie uniforme, et qui désirent de faire leur volonté. » Mme de Maintenon ne se fit point scrupule d'ôter de la cour sa nièce (2), qu'elle connaissait bien, pour établir auprès de Mme la Duchesse la simple pratique d'une maison régulière.

La Bruyère, dans cette maison, à Versailles, auprès de Mme la Duchesse, dut entendre bien des plaintes sur Mme de Montchevreuil et sa dévotion, bien des plaisanteries piquantes sur la pruderie qu'elle voulait imposer aux princesses comme aux filles de Saint-Cyr. Il ne suffisait pas d'avoir cassé la chambre des filles de Mme la Duchesse; une amie lui restait, Mlle de Croissy : on ne lui permet plus de lui écrire. Il fallut passer bien des choses à Mme la Duchesse, à cause de sa grossesse, surtout en l'absence de M. le Duc et de M. le Prince. Elle exagérait, c'est évident, l'ennui d'une vie sérieuse et occupée. Mais qui peut se tenir dans les strictes limites de la justice et de la vérité? Pas plus les prudes que les autres, pas même les moralistes. A ce point de vue, Son Altesse put pardonner à M. de la Bruyère quelques réflexions sur la pruderie.

« Un comique outre sur la scène ses personnages (3); un poète charge ses descriptions; un peintre qui fait d'après nature force et exagère une passion, un contraste, des attitudes ; et celui qui copie, s'il ne mesure au compas les grandeurs et les proportions, grossit ses figures, donne à toutes les pièces qui entrent dans l'ordonnance de

---

(1) *Lettres sur l'éducation*, t. I, p. 98-101.
(2) Addition au journal de Dangeau, par Saint-Simon, t. IV, p. 252.
(3) Chap. III, n° 48.

son tableau plus de volume que n'en ont celles de l'original : de même la pruderie est une imitation de la sagesse. »

Alors qu'est-ce que la pruderie?

« Il y a une fausse modestie qui est vanité, une fausse gloire qui est légèreté, une fausse grandeur qui est petitesse, une fausse vertu qui est hypocrisie, une fausse sagesse qui est pruderie. »

Eh bien ! qu'est-ce qu'une femme prude?

« Une femme prude paye de maintien et de paroles ; une femme sage paye de conduite. Celle-là suit son humeur et sa complexion, celle-ci sa raison et son cœur. L'une est sérieuse et austère ; l'autre est dans les diverses rencontres précisément ce qu'il faut qu'elle soit. La première cache des faibles sous de plausibles dehors ; la seconde couvre un riche fonds sous un air libre et naturel. La pruderie contraint l'esprit, ne cache ni l'âge ni la laideur ; souvent elle les suppose. La sagesse au contraire pallie les défauts du corps, ennoblit l'esprit, ne rend la jeunesse que plus piquante, et la beauté que plus périlleuse. »

Si quelqu'un pouvait se plaindre de ce caractère, c'était Mme de Montchevreuil : elle n'y pensa même pas. Mais Mme la Duchesse ne voulait plus écouter les leçons de la Bruyère, si bien déguisées qu'elles fussent. « Les hommes n'aiment pas les femmes savantes, » disait-elle.

« Pourquoi s'en prendre aux hommes de ce que les femmes ne sont pas savantes? Par quelles lois, par quels édits, par quels rescrits, leur a-t-on défendu d'ouvrir les yeux et de lire, de retenir ce qu'elles ont lu, et d'en rendre compte ou dans leur conversation ou par leurs ouvrages? Ne se sont-elles pas au contraire établies elles-mêmes dans cet usage de ne rien savoir, ou par la faiblesse de leur complexion, ou par la paresse de leur esprit, ou par le soin de leur beauté, ou par une certaine légèreté qui les empêche de suivre une longue étude, ou par le talent et le génie qu'elles ont seulement pour les ouvrages de la main, ou par les distractions que donne le détail d'un domestique, ou par un éloignement naturel pour les choses pénibles et sérieuses, ou par une curiosité toute différente de celle qui contente l'esprit, ou par un tout autre goût que celui d'exercer leur mémoire? Mais, à quelque cause que les hommes puissent devoir cette ignorance des femmes, ils sont heureux que les femmes, qui les dominent d'ailleurs par tant d'endroits, aient sur eux cet avantage de moins. »

Quelle galanterie de moraliste! Mme la Duchesse ne daigna peut-être pas y faire attention. Cependant, comme elle était curieuse, il est possible qu'elle ait voulu savoir pourquoi une femme ne doit pas être aussi savante que son mari. « On regarde une femme savante comme on fait une belle arme (1) : elle est ciselée artistement, d'une polissure admirable, et d'un travail fort recherché ; c'est une pièce de cabinet, que l'on montre aux curieux, qui n'est pas d'usage, qui ne sert ni à la guerre ni à la chasse, non plus qu'un cheval de manège, quoique le mieux instruit du monde. » — Et si la science et la sagesse se trouvent réunies dans la même femme, qu'en fait monsieur le philosophe? « Si la science et la sagesse se trouvent réunies en un même sujet, je ne m'informe plus du sexe, j'admire ; et si vous me dites qu'une femme sage ne songe guère à être savante, ou qu'une femme savante n'est guère sage, vous avez déjà oublié ce que vous venez de lire, que les femmes ne sont détournées des sciences que par de certains défauts : concluez donc vous-même que moins elles auraient de ces défauts, plus elles seraient sages, et qu'ainsi une femme sage n'en serait que plus propre à devenir savante, ou qu'une femme savante, n'étant telle que parce qu'elle aurait pu vaincre beaucoup de défauts, n'en est que plus sage. » Mme la Duchesse n'avait garde de s'embrouiller dans ces raisonnements sophistiqués. La Bruyère venait de commettre une grosse faute : il était tombé dans le genre ennuyeux. Son Artenice elle-même ne pouvait plus le souffrir. Peut-être la santé de Mme la Duchesse était-elle pour quelque chose dans son indifférence pour le moraliste.

Les nouvelles que Mme la Duchesse recevait du siège de Namur étaient bien plus intéressantes que tout ce que la Bruyère pouvait lui raconter. On peut en juger par une lettre de Racine à Boileau (24 juin 1692), dont beaucoup de détails ont été fournis par M. le Duc lui-même. Il s'agit de la prise du fort Guillaume, qui décida du sort de la place. « C'était encore M. le Duc qui était général de jour, dit Racine, et voici la troisième affaire qui passe par ses mains. Je voudrais que vous eussiez pu entendre de quelle manière aisée, et même avec quel esprit, il m'a bien voulu raconter une partie de ce que je vous mande ; les réponses qu'il fit aux officiers qui le vinrent trouver pour capituler; et comme, en leur faisant mille honnêtetés, il ne lais-

---

(1) Chap. III, n° 49.

sait pas de les intimider. » Il est probable que M. Maret ou M. de Saint-Projet, secrétaires de M. le Duc, n'auraient pas écrit aussi bien que Racine sous la dictée de Son Altesse; on conçoit néanmoins sans aucune peine combien ces récits militaires devaient intéresser Mme la Duchesse, surtout quand son mari en était le héros et l'historien.

Après la capitulation de Namur, le roi, laissant les princes à l'armée avec M. de Luxembourg, revint à Versailles. Son retour aurait pu être un triomphe; il ne le voulut pas. A Villers-Cotterets, il défendit que les grandes compagnies vinssent le complimenter. Il fallut encore que M. Charpentier de l'Académie française rengainât son compliment. Cette grandeur simple et modeste, qui convenait si bien aux guerriers et aux hommes d'État, n'était pas du goût de quelques magistrats qui avaient assisté au siège de Namur, et qui auraient été heureux d'entendre la harangue emphatique de M. le doyen de l'Académie. Je suppose que M. le Prince, qui était revenu avec le roi, ne laissa pas de se moquer de ces héros d'un nouveau genre, et que la Bruyère, recueillant les plaisanteries qu'il entendit alors dans la maison de Condé, en a composé ce tableau d'une remarquable exactitude (1) : « Ceux qui, ni guerriers ni courtisans, vont à la guerre et suivent la cour, qui ne font pas un siège, mais qui y assistent, ont bientôt épuisé leur curiosité sur une place de guerre, quelque surprenante qu'elle soit, sur la tranchée, sur l'effet des bombes et du canon, sur les coups de main, comme sur l'ordre et le succès d'une attaque qu'ils entrevoient. La résistance continue, les pluies surviennent, les fatigues croissent, on plonge dans la fange, on a à combattre les saisons et l'ennemi, on peut être forcé dans ses lignes, et enfermé entre une ville et une armée : quelles extrémités! On perd courage, on murmure. « Est-ce un si grand inconvénient que de lever un siège? Le salut de l'État dépend-il d'une citadelle de plus ou de moins? Ne faut-il pas, ajoutent-ils, fléchir sous les ordres du ciel, qui semble se déclarer contre nous, et remettre la partie à un autre temps? » Alors ils ne comprennent plus la fermeté, et, s'ils osaient dire, l'opiniâtreté du général qui se roidit contre les obstacles, qui s'anime par la difficulté de l'entreprise, qui veille la nuit et s'expose le jour pour la conduire à sa fin. A-t-on capitulé, ces hommes si découragés relèvent l'importance de cette conquête, en prédisent les

---

(1) Chap. XII, n° 99.

suites, exagèrent la nécessité qu'il y avait de la faire, le péril et la honte qui suivaient de s'en désister, prouvent que l'armée qui nous couvrait des ennemis était invincible. Ils reviennent avec la cour, passent par les villes et les bourgades, fiers d'être regardés de la bourgeoisie qui est aux fenêtres, comme ceux mêmes qui ont pris la place ; ils en triomphent par les chemins, ils se croient braves. Revenus chez eux, ils vous étourdissent de flancs, de redans, de ravelins, de fausses-braies, de courtines et de chemin couvert ; ils rendent compte des endroits où *l'envie de voir* les a portés, et où *il ne laissait pas d'y avoir du péril,* des hasards qu'ils ont courus à leur retour d'être pris ou tués par l'ennemi : ils taisent seulement qu'ils ont eu peur. »

La politique de M. le Prince ne pouvait se contenter de ces innocentes plaisanteries. Il fit distribuer à divers auteurs d'amples largesses pour chanter la gloire de M. le Duc et de la maison de Condé. Le vieux la Fontaine dut, lui aussi, se remettre à l'ouvrage :

> Il faut reprendre nos brisées.
> Les Muses ne sont point sur ce prince épuisées.
> Quel plaisir pour celui dont il reçut le jour !
> Le bon sens et l'esprit, conducteurs du courage,
> Sont du sang des Condé l'ordinaire apanage.
> Moi, j'en tiens cent louis : chacun m'en fait la cour.

Ces derniers vers du vieux poète valaient-ils les cent louis qu'il avait reçus ? Il ne put aller plus loin ; et quand à la fin d'août (1) il apprit la conduite du duc de Bourbon à la bataille de Steinkerque : « C'est là un fort beau sujet de poème, dit-il ; le caractère du héros, l'action et les circonstances, il n'y manque rien que le bon Homère ou le bon Virgile, si vous voulez : car pour votre poète, il ne faut plus vous y attendre. » Mais la Bruyère avait inséré dans sa septième édition, que Michallet imprimait, le caractère d'Æmile (2).

« Æmile était né ce que les plus grands hommes ne deviennent qu'à force de règles, de méditation et d'exercice. Il n'a eu dans ses premières années qu'à remplir des talents qui étaient naturels, et qu'à se livrer à son génie. Il a fait, il a agi, avant que de savoir, ou plutôt il a su ce qu'il n'avait jamais appris. Dirai-je que les jeux de

---

(1) Lettre à M. de Sillery, datée du 28 août.
(2) Chap. II, n° 32.

son enfance ont été plusieurs victoires? Une vie accompagnée d'un extrême bonheur joint à une longue expérience serait illustre par les seules actions qu'il avait achevées dès sa jeunesse. Toutes les occasions de vaincre qui se sont depuis offertes, il les a embrassées ; et celles qui n'étaient pas, sa vertu et son étoile les ont fait naître : admirable même et par les choses qu'il a faites et par celles qu'il aurait pu faire. On l'a regardé comme un homme incapable de céder à l'ennemi, de plier sous le nombre ou sous les obstacles ; comme une âme du premier ordre, pleine de ressources et de lumières, et qui voyait encore où personne ne voyait plus ; comme celui qui, à la tête des légions, était pour elles un présage de la victoire, et qui valait seul plusieurs légions ; qui était grand dans la prospérité, plus grand quand la fortune lui a été contraire (la levée d'un siège, une retraite, l'ont plus ennobli que ses triomphes ; l'on ne met qu'après les batailles gagnées et les villes prises); qui était rempli de gloire et de modestie ; on lui a entendu dire : *Je fuyais*, avec la même grâce qu'il disait : *Nous les battîmes;* un homme dévoué à l'État, à sa famille, au chef de sa famille ; sincère pour Dieu et pour les hommes, autant admirateur du mérite que s'il lui eût été moins propre et moins familier ; un homme vrai, simple, magnanime, à qui il n'a manqué que les moindres vertus. »

Voilà un caractère dont il n'est pas difficile de trouver la clef. On n'a jamais douté qu'Æmile ne fût le grand Condé. Déjà le père Rapin, en son livre du *Du grand et du sublime,* avait comparé la retraite de Condé dans son château de Chantilly à la retraite du grand Scipion ou d'Æmile dans sa maison de campagne près Capoue. Æmile était le nom que les lettrés entre eux donnaient à feu M. le Prince vers la fin de sa vie. La Bruyère avait composé le caractère d'Æmile avec des souvenirs dont la maison de Condé était encore remplie, et dont chacun pouvait vérifier l'exactitude. C'est donc un portrait que ce caractère, un vrai portrait, qui semblait faire revivre Condé au milieu de sa famille. Ce n'est pas le héros banal auquel le *Mercure galant* (1) compare M. le Duc et le prince de Conti ; c'est le vrai Condé, tel que la Bruyère l'avait vu et connu ; mais surtout c'est le Condé que rêvait M. le Prince, et que M. le Duc voulait imiter. Il n'y est pas question des actions que la muse de l'histoire arrachait de sa vie ; c'est un idéal

---

(1) Nº d'août 1692, 2ᵉ partie, p. 188-195, Relation de la bataille de Steinkerque.

auquel il n'a manqué que les moindres vertus, et cependant cet idéal était d'une verité saisissante. Les Théobaldes auraient été mal venus à le critiquer. Mme la Duchesse elle-même aurait pu l'admirer : mais elle venait de donner le jour à un fils, qui mit le comble à la joie de sa famille. Ce prince sera, pensait-on, l'image la plus fidèle du grand ancêtre qui devait servir de modèle à tous ses descendants. Qu'était-ce que la septième édition des *Caractères* de M. de la Bruyère auprès de la naissance de ce petit enfant, qui sera le triste ministre de Louis XV?

CHAPITRE XXXVI.

1691-1692.

La réforme des mœurs inspirée par Mme de Maintenon parut compromise par le scandale de l'abbé de Mauroy, curé des Invalides. — Sermon de Bourdaloue devant le roi sur l'hypocrisie. — Approbation de l'Onuphre de la Bruyère, et critique du *Tartuffe* de Molière. — Corrections et additions au caractère d'Onuphre. — Hypocrisie raffinée de la femme galante, Glycère. — Où en est réduite Lélie, l'impudique effrontée ? — La Bruyère essuie d'amères critiques : le sermonneur est plus vite récompensé que le plus solide écrivain. — Que signifient les jugements des hommes ? un bon conseil donné par Bossuet. — La Bruyère partage le chagrin de Bossuet contre la critique. — Singulière démonstration de l'existence de Jésus-Christ. — Scepticisme de Fontenelle ; opinion de Leibnitz sur ce sujet. — La Bruyère entreprend la réfutation de la *Pluralité des mondes*. — Ses erreurs et ses solides raisons pour démontrer l'existence de Dieu, sa providence et les vérités éternelles de la justice et de la vertu. — Mystère de la vie morale. — Répartition de la richesse en ce monde. — Système des compensations ; elles viennent de Dieu et se trouvent dans tous les gouvernements. — La morale indépendante prépare les révolutions du XVIIIe siècle. — La Bruyère les prévoit, mais ne les annonce pas.

Tandis que Mme de Maintenon réformait la maison royale de Saint-Cyr, et tâchait d'introduire à la cour le zèle pour l'honneur de la religion ; tandis que le roi faisait connaître sa volonté de bannir de sa présence les scandales dont il avait donné l'exemple, et s'occupait de marier les jeunes gens les plus exposés au libertinage, il arriva un fait scandaleux qui est aujourd'hui oublié, mais qui eut alors le plus grand retentissement. M. de Mauroy, curé des Invalides, prêtre de la congrégation de la Mission, gentilhomme de bon lieu, savant, de beaucoup d'esprit et d'intrigue, grand directeur de femmes, fit banqueroute et emporta plus de 40,000 écus. « On a découvert beaucoup d'histoires scandaleuses, dit Dangeau le 5 décembre 1691 ; et même des dames de qualité sont mêlées dans cette affaire (1). » L'exact Dangeau ajoute, le 16 janvier 1692 : « On a arrêté M. de Mauroy, curé des Invalides, à l'abbaye de Sept-Fonts, en Bourgogne, où il était allé pour prendre l'habit. On le fait transférer au Châtelet, à Paris. » On lui fit son procès : il allait être condamné aux galères ; mais le roi ne voulut pas le pousser à bout, et le confina dans l'abbaye de Sept-Fonts ; là « il se convertit, dit Saint-Simon, si bien qu'il y fit profession, et y a été pendant plus de trente ans l'exemple le plus parfait de la pénitence, de la miséricorde de Dieu, et des vertus de cette maison qui a la même règle que la Trappe. » Mais dans l'hiver de 1691-1692 on ne parlait que du scandale qu'il avait donné : « l'Église de France était en butte aux railleries et aux outrages des impies, des athées et des partisans de l'hérésie ; on disait qu'il avait fait longtemps avec ses pénitentes de quoi être brûlé, sans qu'on en eût le moindre soupçon ; on affirmait qu'il avait volé tant et plus M. de Louvois, de qui il tirait, sous prétexte d'aumônes, des sommes très considérables. » — « Le dimanche 16 décembre 1691, à Versailles, le roi et Monseigneur, dit Dangeau, allèrent entendre le père Bourdaloue qui prêcha sur l'hypocrisie. Il fit le plus beau sermon du monde. » Après avoir flétri ces âmes artificieuses qui, comme Tartuffe et Onuphre, cachent le crime sous le voile de la dévotion, le prédicateur entreprit de combattre ceux qui, raisonnant mal sur le sujet de l'hypocrisie, en tirent de malignes conséquences contre la vraie piété.

« L'impie, déterminé à être impie, soutient que tous les autres ne sont pas meilleurs que lui. Parce qu'il y a des dévots hypocrites, il conclut d'abord que tous le peuvent être ; et de là, passant plus loin, il s'assure que la plupart et même communément tous le sont. Il se croit en un sens moins coupable qu'eux, parce qu'il est au moins de bonne foi, et qu'il n'affecte point de paraître ce qu'il n'est pas. Que s'il est après tout forcé de reconnaître que toute piété n'est pas fausse, du moins prétend-il qu'elle est suspecte, et qu'il y a toujours lieu de s'en défier. Or cela lui suffit : car il n'y a point de piété qu'il ne rende par là méprisable en la rendant douteuse ; et tandis qu'on la méprisera, qu'on la soupçonnera, elle sera faible et impuissante contre lui. C'est ce qu'il croit gagner en faisant de ses entretiens et

---

(1) T. III, p. 438, et l'addition de Saint-Simon.

de ses discours autant de satires de l'hypocrisie et de la fausse dévotion : car, comme la fausse dévotion tient en beaucoup de choses de la vraie ; comme la fausse et la vraie ont je ne sais combien d'actions qui leur sont communes ; comme les dehors de l'une et de l'autre sont presque tout semblables, il est non seulement aisé, mais d'une suite presque nécessaire, que la même raillerie qui attaque l'une intéresse l'autre, et que les traits dont on peint celle-ci défigurent celle-là, à moins qu'on n'y apporte toutes les précautions d'une charité prudente, exacte et bien intentionnée, ce que le libertinage n'est pas en état de faire. Et voilà, Chrétiens, ce qui est arrivé, lorsque des esprits profanes, et bien éloignés de vouloir entrer dans les intérêts de Dieu, ont entrepris de censurer l'hypocrisie, non point pour en réformer l'abus, ce qui n'est pas de leur ressort, mais pour faire une espèce de diversion dont le libertinage pût profiter, en concevant et en faisant concevoir d'injustes soupçons de la vraie piété par de malignes représentations de la fausse. Voilà ce qu'ils ont prétendu, exposant sur le théâtre et à la risée publique un hypocrite imaginaire, ou même, si vous voulez, un hypocrite réel, et tournant dans sa personne les choses les plus saintes en ridicule, la crainte des jugements de Dieu, l'horreur du péché, les pratiques les plus louables en elles-mêmes et les plus chrétiennes. Voilà ce qu'ils ont affecté, mettant dans la bouche de cet hypocrite des maximes de religion faiblement soutenues, au même temps qu'ils les supposaient fortement attaquées ; lui faisant blâmer les scandales du siècle d'une manière extravagante ; le représentant consciencieux jusqu'à la délicatesse et au scrupule sur des points moins importants, où toutefois il le faut être, pendant qu'il se portait d'ailleurs aux crimes les plus énormes ; le montrant sous un visage de pénitent, qui ne servait qu'à couvrir ses infamies ; lui donnant, selon leur caprice, un caractère de piété la plus austère, ce semble, et la plus exemplaire, mais, dans le fond, la plus mercenaire et la plus lâche. »

La Bruyère avait évité ces inconvénients, qui sont ceux du *Tartuffe* de Molière ; ou du moins il avait tracé le caractère d'Onuphre, comme le voulait Bourdaloue, avec toutes les précautions d'une charité prudente, exacte et bien intentionnée. Fort de cette approbation, il résolut de poursuivre partout l'hypocrisie du siècle, et de forcer les esprits forts jusque dans leurs derniers retranchements. Pour bien montrer à ses ennemis, Théobaldes ou libertins, qu'il n'avait aucun souci de leurs finesses ni de leurs interprétations malicieuses, il introduisit Onuphre à la cour, et développa les replis de son caractère, en y ajoutant quelques traits empruntés à M. de Mauroy, curé des Invalides.

Dans la quatrième édition, la Bruyère avait tracé le caractère du vrai dévot. « Un homme dévot entre dans un lieu saint, perce modestement la foule, choisit un coin pour se recueillir, et où personne ne voit qu'il s'humilie ; s'il entend des courtisans qui parlent, qui rient et qui sont à la chapelle avec moins de silence que dans l'antichambre, quelque comparaison qu'il fasse de ces personnes avec lui-même, il ne les méprise pas, il ne se plaint pas ; il prie pour eux. » Dans la septième édition, la Bruyère supprime ce caractère et en met quelques traits dans le caractère d'Onuphre. « Il entre dans un lieu saint, perce la foule, choisit un endroit pour se recueillir, et où tout le monde voit qu'il s'humilie (1) : s'il entend des courtisans qui parlent, qui rient, et qui sont à la chapelle (2) avec moins de silence que dans l'antichambre, il fait plus de bruit qu'eux pour les faire taire ; il reprend sa méditation, qui est toujours la comparaison qu'il fait de ces personnes avec lui-même, et où il trouve son compte. » Voilà l'hypocrite à Versailles et devenu un vrai courtisan. « Si Onuphre est nommé arbitre dans une querelle de parents ou dans un procès de famille, il est pour les plus forts, je veux dire pour les plus riches, et il ne se persuade point que celui ou celle qui a beaucoup de bien puisse avoir tort. » Enfin Onuphre est plus prudent que Tartuffe ; nous l'avons déjà vu dans la sixième édition. « S'il se trouve bien d'un homme opulent (3), à qui il a su imposer, dont il est le parasite, et dont il peut tirer de grands secours, il ne cajole point sa femme, il ne lui fait du moins ni avance ni déclaration ; il s'enfuira, il lui laissera son manteau, s'il n'est aussi sûr d'elle que de lui-même. Il est encore plus éloigné d'employer pour la flatter et pour la séduire le jargon de la dévotion ; ce n'est point par habitude qu'il le parle, mais avec dessein, et selon qu'il est utile, et jamais quand il ne servirait qu'à le rendre très ridicule. » Quoi donc? Onuphre serait-il vraiment sage? Pas du tout : il représente le curé des Invalides et ses poulettes, comme les appelle Saint-Simon. « Onuphre sait, dit la Bruyère (4) dans la

---

(1) Chap. XIII, n° 24.
(2) Cette chapelle ne peut être que celle de Versailles.
(3) Orgon est riche dans Molière.
(4) Chap. XIII, n° 24.

septième édition, où se trouvent des femmes plus sociables et plus dociles que celle de son ami ; il ne les abandonne pas pour longtemps, quand ce ne serait que pour faire dire de soi dans le public qu'il fait des retraites : qui en effet pourrait en douter, quand on le revoit paraître avec un visage exténué et d'un homme qui ne se ménage point? Les femmes d'ailleurs qui fleurissent et qui prospèrent à l'ombre de la dévotion lui conviennent, seulement avec cette petite différence qu'il néglige celles qui ont vieilli, et qu'il cultive les jeunes; et entre celles-ci les plus jeunes et les mieux faites, c'est son attrait : elles vont, et il va ; elles reviennent, et il revient ; elles demeurent, et il demeure ; c'est en tous lieux et à toutes les heures qu'il a la consolation de les voir : qui pourrait n'être pas édifié? elles sont dévotes et il est dévot. »

Appliqué au curé des Invalides, ce dernier trait ne manque pas d'exagération oratoire. Mais l'immoralité de ce prêtre avait fait un tel scandale qu'on ne connaissait plus d'autre hypocrisie que celle-là. « Les dévots, disait la Bruyère (1), ne connaissent de crimes que l'incontinence, parlons plus précisément, que le bruit ou les dehors de l'incontinence. Si Phérécide passe pour être guéri des femmes, ou Phérénice pour être fidèle à son mari, ce leur est assez : laissez-le jouer un jeu ruineux, faire perdre leurs créanciers, se réjouir du malheur d'autrui et en profiter, idolâtrer les grands, mépriser les petits, s'enivrer de leur propre mérite, sécher d'envie, médire, cabaler, nuire, c'est leur état. Voulez-vous qu'ils empiètent sur celui des gens de bien, qui avec les vices cachés fuient encore l'orgueil et l'injustice? »

Il y avait un autre genre d'hypocrisie qui avait moins de rapport à la dévotion, et dont la Bruyère a fait ainsi le tableau. « *Glycère* (2) n'aime pas les femmes ; elle hait leur commerce et leurs visites, se fait celer pour elles, et souvent pour ses amis, dont le nombre est petit, à qui elle est sévère, qu'elle resserre dans leur ordre, sans leur permettre rien qui passe l'amitié ; elle est distraite avec eux, leur répond par des monosyllabes, et semble chercher à s'en défaire ; elle est solitaire et farouche dans sa maison ; sa porte est mieux gardée et sa chambre plus inaccessible que celle de Monthoron et d'Hémery (3).

---

(1) Chap. XIII, n° 22. Faux dévots. (Note de la Bruyère.)
(2) Chap. III, n° 73.
(3) Montauron est le financier auquel Corneille dédia sa tragédie de *Cinna* ; d'Esmery, un surintendant des finances mort en 1650.

Une seule, *Corinne,* y est attendue, y est reçue, et à toutes les heures; on l'embrasse à plusieurs reprises; on croit l'aimer; on lui parle à l'oreille dans un cabinet où elles sont seules; on a soi-même plus de deux oreilles pour l'écouter; on se plaint à elle de toute autre que d'elle; on lui dit toutes choses, et on ne lui apprend rien : elle a la confiance de tous les deux. L'on voit Glycère en partie carrée au bal, au théâtre, aux jardins publics, sur le chemin de Venouze, où l'on mange les premiers fruits; quelquefois seule en litière sur la route du grand faubourg, où elle a un verger délicieux, ou à la porte de *Canidie,* qui a de si beaux secrets, qui promet aux jeunes femmes de secondes noces, qui en dit le temps et les circonstances. Elle paraît ordinairement avec une coiffure plate et négligée, en simple désha-billé, sans corps et avec des mules : elle est belle en cet équipage, et il ne lui manque que la fraîcheur. On remarque néanmoins sur elle une riche attache, qu'elle dérobe avec soin aux yeux du mari. Elle le flatte, elle le caresse; elle invente tous les jours pour lui de nouveaux noms; elle n'a pas d'autre lit que celui de ce cher époux, et elle ne veut pas découcher. Le matin elle se partage entre sa toilette et quelques billets qu'il faut écrire. Un affranchi vient lui parler en secret; c'est *Parmenon,* qui est favori, qu'elle soutient contre l'antipathie du maître et la jalousie des domestiques. Qui à la vérité fait mieux connaître des intentions, et rapporte mieux une réponse que Parmenon? qui parle moins de ce qu'il faut taire? qui sait ouvrir une porte secrète avec moins de bruit? qui conduit plus adroitement par le petit escalier? qui fait mieux sortir par où l'on est entré? » Et pendant ce temps-là que di-sait le mari? Il était fort content. « Un mari n'a guère de rival qui ne soit de sa main, et comme un présent qu'il a fait autrefois à sa fem-me (1). Il le loue devant elle de ses belles dents et de sa belle tête; il agrée ses soins; il reçoit ses visites; et après ce qui lui vient de son cru, rien ne lui paraît de meilleur goût que le gibier et les truffes que cet ami lui envoie. Il donne à souper, et il dit aux conviés : « Goûtez bien cela; il est de *Léandre,* et il ne me coûte qu'un grand merci. »

Glycère, la femme galante en 1691, porte le nom d'une des plus célèbres courtisanes d'Athènes, qui fut la maîtresse du poète Ménan-dre; ce nom a été aussi chanté par Horace, et par bien d'autres poètes anciens et modernes. Avant de se lier avec Ménandre, elle avait été la

---

(1) Chap. III, n° 75.

maîtresse de l'un des plus puissants personnages de son temps, d'Harpalus, lieutenant d'Alexandre le Grand. En Syrie, Harpalus lui avait élevé une statue d'airain ; à Tarse, il l'avait logée dans son propre palais (1) ; il disait qu'il ne voulait pas porter la couronne, si Glycère n'en portait une comme lui ; il ordonnait que, pour l'amour d'elle, une immense cargaison de blé fût envoyée aux Athéniens. « Vous auriez vu, dit l'historien Théopompe (2), la foule, agenouillée devant elle, lui donner le nom de reine, et la traiter avec toutes les marques de respect que vous gardez pour vos femmes et pour vos mères. » Rien de semblable n'était plus possible en France depuis la chute et l'expulsion de Mme de Montespan. Glycère fuit le bruit et l'esclandre ; elle ne se permet ni espièglerie hautaine ni libertinage effronté : elle a compris la réforme que Mme de Maintenon introduit à Saint-Cyr et dans la maison royale. Elle sait que le suprême bon ton est d'aimer une vie simple et uniforme, et de s'ennuyer dans les plaisirs doux et innocents. Corinne, qui a bien l'air d'une entremetteuse dans la Bruyère, relève son triste métier par le renom poétique d'une femme auteur dont Pindare se souvenait, et par les succès de sa beauté dans les *Amours*, d'Ovide et les *Épigrammes* de Martial (3). Le valet Parmenon, si utile serviteur des galanteries de Glycère, n'était point un inconnu ; on trouve un de ses ancêtres dans l'*Eunuque* de Térence, où il exerce déjà la même profession. Canidie, la tireuse de cartes, ressemble beaucoup à cette parfumeuse napolitaine qu'Horace (4) appelle une empoisonneuse, une infâme sorcière. Elle rappelle la Voisin, brûlée en place de Grève (1680). Il faut oublier ce mari dont la Bruyère se garde bien de prononce le nom. Cependant ce n'était pas le premier venu : il était de ces gens qu'on appelait gourmets ou coteaux ; il avait un cru dont il préférait le vin à tout autre. Léandre, le beau Léandre dont il admirait les dents et la tête, n'avait pas besoin de traverser la mer à la nage pour venir chez lui voir sa maîtresse. N'était-ce pas déjà beaucoup que de l'honorer de son amitié ? Et comme si cela ne suffisait pas, il le comblait de cadeaux qui flattaient sa gourmandise ; il envoyait de si bon gibier, de si bonnes truffes, que l'ami était fier de son déshonneur. Mais il n'y avait point de scandale : le roi n'en voulait plus souffrir.

---

(1) Athénée, XIII, sect. 66, p. 594.
(2) Id., sect. 68, p. 595.
(3) Martial, livre XII, épigramme 44.
(4) Horace, livre II, satire 8, v. 92.

Alors que fera la noble dame, qui jadis bravait le scandale pour satisfaire sa honteuse passion? A qui s'adressera-t-elle? où tourner ses vues? de quel côté? « *Roscius* entre sur la scène de bonne grâce : oui, *Lélie;* et j'ajoute encore qu'il a les jambes bien tournées, qu'il joue bien, et de longs rôles, et que pour déclamer parfaitement, il ne lui manque, comme on le dit, que de parler avec la bouche; mais est-il le seul qui ait de l'agrément dans ce qu'il fait? et ce qu'il fait, est-ce la chose la plus noble et la plus honnête qu'on puisse faire? Roscius d'ailleurs ne peut être à vous, il est à une autre; et quand cela ne serait pas ainsi, il est retenu : *Claudie* attend, pour l'avoir, qu'il se soit dégoûté de *Messaline.* Prenez *Bathylle,* Lélie : où trouverez-vous, je ne dis pas dans l'ordre des chevaliers, que vous dédaignez, mais même parmi les farceurs, un jeune homme qui s'élève si haut en dansant, et qui passe mieux la capriole? Voudriez-vous le sauteur *Cobus,* qui, jetant ses pieds en avant, tourne une fois en l'air avant que de tomber à terre? Ignorez-vous qu'il n'est plus jeune? Pour Bathylle, dites-vous, la presse y est trop grande, et il refuse plus de femmes qu'il n'en agrée; mais vous avez *Dracon,* le joueur de flûte; nul autre de son métier n'enfle plus décemment ses joues en soufflant dans le hautbois ou le flageolet, car c'est une chose infinie que le nombre des instruments qu'il fait parler; plaisant d'ailleurs, il fait rire jusqu'aux enfants et aux femmelettes. Qui mange et qui boit mieux que Dracon en un seul repas? Il enivre tout une compagnie, et il se rend le dernier. Vous soupirez, Lélie; est-ce que Dracon aurait fait un choix, ou que malheureusement on vous aurait prévenue? se serait-il enfin engagé à *Césonie,* qui l'a tant couru, qui lui a sacrifié une si grande foule d'amants, je dirai même toute la fleur des Romains? A Césonie qui est d'une famille patricienne, qui est si jeune, si belle, et si sérieuse? Je vous plains, Lélie, si vous avez pris par contagion ce nouveau goût qu'ont tant de femmes romaines pour ce qu'on appelle des hommes publics, et exposés par leur condition à la vue des autres. Que ferez-vous, lorsque le meilleur en ce genre vous est enlevé? Il reste encore *Bronte,* le questionnaire : le peuple ne parle que de sa force et de son adresse; c'est un jeune homme qui a les épaules larges et la taille ramassée, un nègre d'ailleurs, un homme noir (1). »

Est-ce là une imitation du fameux roman, ébauché par Mme la Du-

---

(1) Chap. III, n° 33.

chesse à Versailles pendant le siège de Mons, où elle transporta les caractères et les mœurs du temps présent sous les noms de la cour d'Auguste? Dans ce cas Lélie serait Julie, qui avait assez de rapport, dit Mme de Caylus, avec la princesse de Conti, suivant les idées qu'Ovide en donne, et non pas dans la débauche rapportée par les historiens. Hé quoi! la belle princesse de Conti, la compagne fidèle et respectée de Monseigneur, serait réduite à ce degré d'ignominie de rechercher les hommes les plus méprisables (1)! Les femmes qui se détestent sont peut-être susceptibles d'imaginer de pareilles folies ; mais je ne crois pas que la Bruyère, même pour plaire à son Arténice, fût descendu à de si basses calomnies. Les auteurs de clefs n'ont point eu de scrupule pour appeler Claudie, Messaline et Césonie, Anne Mancini, duchesse de Bouillon, la maréchale de la Ferté et la comtesse d'Olonne, sa sœur, qui sont célèbres dans la chronique scandaleuse de cette époque. Si l'on voulait chercher les noms de toutes les dames qui s'amourachèrent de Roscius, la liste serait trop longue : à coup sûr la Bruyère ne les connaissait pas toutes. Roscius n'est pas un nom de fantaisie ; c'est Baron, le célèbre Baron, acteur et auteur de comédies où il peignait ses propres mœurs. Tel était le nombre de ses aventures galantes, qu'on pouvait presque l'appeler un homme public. D'ailleurs il est marqué d'un signe particulier : il prenait tellement du tabac à priser, qu'il parlait du nez, comme on dit, ou ne parlait pas avec la bouche. Bathylle était à Rome un gesticulateur et un danseur, dont Auguste admira la souplesse et l'habileté. Tacite (2) raconte gravement, dans ses *Annales,* que l'empereur aima Bathylle et apprit pour lui plaire son art de la pantomime, par les conseils de Mécène. A Paris, Bathylle s'appelait Pécourt, le Basque ou Beauchamp. Lequel des trois? Je l'ignore. Cependant on peut écarter Pécourt de ce groupe, à cause de son âge et de la confiance qu'on lui témoignait à la cour de France. Je ne connais ni le sauteur Cobus, qui faisait si bien la cabriole ; ni le joueur de flûte Dracon, qui faisait rire tout le monde jusqu'aux enfants et aux femmelettes. Mais les auteurs de clefs ne sont jamais à court. Dracon, le joueur de flûte, avait le nom terrible d'un législateur athénien qui infligeait la peine de mort pour les moindres peccadilles : donc Dracon était Philbert

---

(1) Cf. Le *Chansonnier,* de Gaignières ; vers attribués à Mme la Duchesse, p. 1-3. Ms. Fr. 12692.
(2) *Annales,* livre I, § 54.

ou Philibert, joueur de flûte allemand ; en effet, sa femme, pour l'épouser, avait empoisonné son premier mari ; elle fut pendue et brûlée en place de Grève. Bien plus Mlle de Briou, que l'on appelle aussi Césonie, avait épousé le marquis de Constantin, qui ne vécut que trois ans avec elle : alors elle s'attacha follement à Philbert pour lequel elle fit de grandes extravagances. Quel homme redoutable que ce Dracon ! Plus rien après lui que le bourreau en personne, que le solide et fort Bronte (1), l'un des cyclopes qui fabriquaient la foudre de Jupiter, un robuste forgeron, un homme noir comme un nègre. Voilà où en était réduit le libertinage le plus effronté, par la réforme des mœurs que présidait Mme de Maintenon.

Mais ni dans le caractère de Lélie, ni dans celui de Glycère, la Bruyère n'a voulu faire des portraits. Il fallait être de ses ennemis pour lui prêter des intentions si imprudentes, si odieuses et si contraires à ses principes. Le moraliste n'était pas un diffamateur.

Alors pourquoi s'exprimait-il avec tant d'obscurité ? Si après avoir expliqué, développé et rendu sa pensée aussi clairement que possible, il ne pouvait pas se faire comprendre, à qui la faute ? A lui d'abord. « Tout écrivain, pour écrire nettement, doit se mettre à la place de ses lecteurs, examiner son propre ouvrage comme quelque chose qui lui est nouveau, qu'il lit pour la première fois, où il n'a nulle part, et que l'auteur a soumis à sa critique ; et se persuader ensuite que l'on n'est pas entendu seulement à cause que l'on s'entend soi-même, mais parce que l'on est en effet intelligible (2). » Quelquefois aussi les lecteurs ne voulaient pas comprendre le moraliste. « Jusque dans la prédication de l'Évangile (le croirait-on si on ne l'avait éprouvé soi-même ?), disait Bourdaloue (3), jusque dans la prédication de l'Évangile, où nous supposons que c'est Dieu qui nous parle, à peine pouvons-nous supporter la vérité. Nous aimons ceux qui prêchent les vérités, et non pas nos vérités. Car du moment que les vérités qu'ils prêchent sont les nôtres, et que nous nous en apercevons, un levain d'aigreur et d'amertume commence à se former dans notre cœur. Qu'ils s'étendent tant qu'ils voudront sur les défauts d'autrui, nous les écoutons avec joie et nous n'avons que des louanges à leur donner ; mais qu'ils poussent l'induction jusqu'à nous, dès là nous nous aliénons

---

(1) Virgile, *Énéide*, II, v. 424. Ovide, *Fastes*, l. IV, v. 288. Stace, *Sylves*, l. IV, v. 4-6.
(2) Chap. I, n° 56.
(3) Sermon sur l'amour et la crainte de la vérité, 4e dimanche après Pâques.

d'eux, dès là nous n'avons plus pour eux cette bienveillance qui nous rendait leur parole utile, dès là nous nous érigeons nous-mêmes en censeurs de leur ministère. Un terme moins juste, qui leur sera échappé, devient le sujet de notre critique et de nos railleries. Nous allons même jusqu'à concevoir de la haine contre leurs personnes, à cause de la vérité qu'ils nous disent... c'est ce qui nous arrive tous les jours et de quoi il me serait aisé de vous convaincre sensiblement. Que j'entreprenne ici de dire la vérité dans toute l'étendue de la liberté que devrait me donner mon ministère, et que, parcourant tous les états et toutes les conditions des hommes, je vienne au détail de certaines vérités que j'aurais droit de leur reprocher, je m'attirerai l'indignation de la plupart des personnes qui m'écoutent. Je ne dirai ces vérités qu'en général, et j'y observerai toutes les mesures de cette précaution exacte que l'Église me prescrit. Il n'importe ; parce que ce seront des vérités qui feront rougir l'hypocrisie du siècle, et qui, par une anticipation du jugement de Dieu, exposeront à un chacun sa confusion et sa honte, elles susciteront contre moi presque tous les esprits. » S'il en était ainsi dans la prédication de l'Évangile, où l'on supposait que c'est Dieu qui parle par la bouche des prédicateurs, que devait-il arriver quand nos vérités étaient publiées, même avec toutes les précautions nécessaires, par un auteur qui n'était point revêtu d'un caractère sacré, par un laïque, semblable aux autres hommes, sujet aux mêmes misères et aux mêmes faiblesses, par un moraliste sans autorité?

« Quel avantage n'a pas un discours prononcé sur un ouvrage qui est écrit (1)! Les hommes sont les dupes de l'action et de la parole, comme de tout l'appareil de l'auditoire. Pour peu de prévention qu'ils aient en faveur de celui qui parle, ils l'admirent, et cherchent ensuite à le comprendre : avant qu'il ait commencé, ils s'écrient qu'il va bien faire ; ils s'endorment bientôt, et, le discours fini, ils se réveillent pour dire qu'il a bien fait. On se passionne moins pour un auteur : son ouvrage est lu dans le loisir de la campagne, ou dans le silence du cabinet ; il n'y a point de rendez-vous publics pour lui applaudir, encore moins de cabale pour lui sacrifier tous ses rivaux, et pour l'élever à la prélature. On lit son livre, quelque excellent qu'il soit, dans l'esprit de le trouver médiocre ; on le feuillette, on le discute, on le confronte ; ce ne sont pas des sons qui se perdent en l'air, et qui s'ou-

---

(1) Chap. XV, n° 27.

blient; ce qui est imprimé demeure imprimé. On l'attend quelquefois plusieurs jours avant l'impression pour le décrier, et le plaisir le plus délicat que l'on en tire vient de la critique que l'on en fait; on est piqué d'y trouver à chaque page des traits qui doivent plaire, on va même souvent jusqu'à appréhender d'en être diverti, et on ne quitte ce livre que parce qu'il est bon. Tout le monde ne se donne pas pour orateur : les phrases, les figures, le don de la mémoire, la robe ou l'engagement de celui qui prêche, ne sont pas des choses qu'on ose ou qu'on veuille s'approprier. Chacun au contraire croit penser bien, et écrire encore mieux ce qu'il a pensé; il en est moins favorable à celui qui pense et qui écrit aussi bien que lui. En un mot, le *sermonneur* est plus tôt évêque que le plus solide écrivain n'est revêtu d'un prieuré simple; et dans la distribution des grâces, de nouvelles sont accordées à celui-là, pendant que l'auteur grave se tient heureux d'avoir ses restes. »

Quel était ce sermonneur? « L'oisiveté des femmes, et l'habitude qu'ont les hommes de les courir partout où elles s'assemblent, donnent du nom à de froids orateurs, et soutiennent quelque temps ceux qui ont décliné (1). » Parmi ceux qui avaient décliné, il faut peut-être compter Bourdaloue ; du moins Mme de Sévigné (2), qui admirait toujours son merveilleux talent oratoire, nous apprend qu'on reprochait alors à Bourdaloue de répéter toujours les mêmes sermons. Les froids orateurs étaient aussi nombreux que les mauvais écrivains. « Tel tout d'un coup, et sans y avoir pensé la veille, prend du papier, une plume, dit en soi-même : « Je vais faire un livre, » sans autre talent pour écrire que le besoin qu'il a de cinquante pistoles... Il est imprimé, et à la honte du siècle, comme pour l'humiliation des bons auteurs, réimprimé. De même un homme dit en son cœur : « Je prêcherai, » et il prêche; le voilà en chaire, sans autre talent ni vocation que le besoin d'un bénéfice (3). » Parmi les plus distingués de ces sermonneurs, on citait l'abbé Bignon, neveu de M. de Pontchartrain (4). C'était un homme savant, accort et qui voulait faire fortune; son oncle avait pour lui une sorte de prédilection, qu'il avouait comme une faiblesse : il lui avait procuré l'honneur de prêcher devant les rois de France et

---

(1) Chap. xv, n° 19.
(2) Paris, 28 décembre 1692, t. X, p. 97.
(3) Chap. xv, n° 23.
(4) Dangeau, t. III, p. 344; t. IV, p. 208 ; t. VIII, p. 39.

d'Angleterre. Et là-dessus Santeul avait composé en vers latins un chant de triomphe à la gloire des Bignon (1). Après avoir célébré les louanges du grand-père, du père, de la mère et des frères de l'abbé, il lui fit ce compliment : « Orateur sacré, vous avez puisé aux sources la plus pure parole de Dieu, et vous la défendez, devant les rois eux-mêmes, avec l'autorité d'une majestueuse éloquence. Je sais ce que je dis : le roi, qui vous entendit récemment, admira votre beau talent et la profondeur de votre théologie. Mais quelle vivacité d'esprit! quelle grâce dans un langage châtié! Une flamme céleste anime votre discours; et les paroles éternelles, dictées jadis par Dieu lui-même au milieu du tonnerre et des éclairs, sont avidement recueillies par les peuples et les rois, par tous ceux qui ont le bonheur de vous entendre : tant votre éloquence sait se faire toute à tous pour les gagner tous à Jésus-Christ... Ici je vous passe sous silence, ô vous qui faites la gloire de la famille de Bignon. Vous ne pouvez supporter les louanges; plus vous les fuyez, plus vous les méritez. Mais tais-toi, ô Muse! qu'il soit permis d'être trop modeste! » Qui peut en douter? Santeul tremble en pensant au châtiment de Tourreil : M. de Pontchartrain ne tolérait pas la flatterie. Cette pensée fit taire le pauvre poète. Il était d'ailleurs bien évident que M. l'abbé Bignon sera plus tôt élevé à la prélature que la Bruyère revêtu d'un prieuré simple.

La Bruyère était-il bien humilié d'être si mal jugé? J'en doute. « Qu'est-ce que mon ombre qui me suit toujours, tantôt derrière, tantôt à côté (2)? Est-ce mon être ou quelque chose de mon être? Rien de tout cela. Mais cette ombre semble marcher, et se remuer avec moi? Ce n'en est pas plus mon être pour cela. Ainsi en est-il du jugement des hommes qui veut me suivre partout, me peindre, me figurer, me faire mouvoir à sa fantaisie, et il croit par là me donner une sorte d'être. Mais au fond je le sens bien, ce n'est qu'une ombre; qu'une lumière changeante qui me prend tantôt d'un côté, tantôt de l'autre, qui fait paraître et disparaître cette ombre sans que je perde rien du mien. Et qu'est-ce que cette image de moi-même encore plus expresse et en apparence plus vive dans cette eau courante? Elle se brouille, et souvent s'efface elle-même : elle disparaît quand cette eau est trouble. Qu'ai-je perdu? Rien du tout, qu'un amusement inutile. Ainsi en est-il des opinions, des bruits, des jugements fixes si vous le voulez,

---

(1) *Opera Santolii* (Paris, chez Thierry, 1698), 2ᵉ volume, p. 321.
(2) Œuvres de Bossuet, t. VII, *Discours sur la vie cachée en Dieu*, p. 492, 493.

où les hommes avaient voulu me donner un être à leur mode. Cependant, non seulement je m'y amusais comme à un rien, mais encore je m'y arrêtais comme à une chose sérieuse et véritable; et cette ombre, et cette image fragile me troublait et m'inquiétait en se changeant, et je croyais perdre quelque chose! Désabusé maintenant d'une erreur dont je ne devais jamais me laisser surprendre et encore moins entêter, je me contente d'une vie cachée, et je consens que le monde me laisse tel que je suis. Qu'on est tranquille alors! qu'on est heureux! S'unir à la vérité et ne dépendre que d'elle, voilà le seul bonheur. Pour moi, disait saint Paul, je me mets fort peu en peine d'être jugé par des hommes ou par le jugement humain. Je ne reconnais point ce tribunal. Qu'on me mette devant ou après celui-ci ou celui-là, au-dessus ou au-dessous ; qu'on me mette en pièces, qu'on m'anéantisse, je me laisse juger sans m'en émouvoir; ou si je m'en émeus, je plains ma faiblesse : car ce n'est pas aux hommes à me juger. Je ne me juge pas moi-même. Le premier des jugements humains dont je sois désabusé, c'est le mien propre : car encore que ma conscience ne me reproche rien, je ne me tiens pas pour justifié pour cela. C'est le Seigneur seul qui juge. Et lui seul me connaît bien. » La Bruyère lut le petit livre que M. de Meaux distribuait à ses amis (1) : il comprit cette leçon, et en profita.

Bossuet attachait peu d'importance aux querelles littéraires, mais beaucoup aux questions théologiques. Peu inquiet des affaires politiques, il voyait un grand péril dans les divisions de l'Église, et il s'efforçait de maintenir l'union des chrétiens en un seul corps et un seul esprit. Il était alors préoccupé de la réunion des protestants d'Allemagne à l'Église catholique. C'était l'abbesse de Maubuisson, tante de M. le Duc, qui avait engagé cette affaire en essayant de ramener sa sœur, la duchesse de Hanovre. Déjà son zèle avait mis en rapport Pellisson et Leibnitz. La question avait pris vite dans leur correspondance une étendue extraordinaire : il ne s'agissait de rien moins que d'établir une paix générale du christianisme sur les bases de l'Église universelle. Bossuet, appelé dans le débat, vit tout de suite la difficulté de l'entreprise. Pour ne pas se tromper, dit-il, dans ces projets d'union, il faut être bien averti qu'en se relâchant selon le temps et l'occasion sur les articles indifférents et de discipline, l'Église ro-

---

(1) Lettre de Bossuet à Mme Cornuau, 24 avril 1692.

maine ne se relâchera jamais d'aucun point de la doctrine définie, ni en particulier de celle qui l'a été par le concile de Trente. Néanmoins, par l'influence du duc de Hanovre, qui avait alors grand intérêt à s'appuyer sur les catholiques pour obtenir le titre d'électeur, les théologiens luthériens se montrèrent d'abord si favorables à la pacification religieuse, et Leibnitz montra des dispositions si conciliantes, qu'on semblait, selon son expression, s'approcher tous les jours de la rivière de Bidassoa pour passer bientôt dans l'île de la Conférence et conclure un traité comme celui des Pyrénées. « On se propose fermement, dans une affaire qu'on négocie, de taire une certaine chose; et ensuite, dans la chaleur de l'entretien, c'est la première qui échappe (1). »

Bossuet alla à Chantilly saluer le roi, qui se rendait au siège de Namur; Mme de Béthune lui remit, de la part de la duchesse de Hanovre, un livre où l'on voyait clairement « les menteries de Luther sur la justification (2). » Mais aucune diplomatie ne pouvait faire la paix désirée. La doctrine définie par l'Église ne changeait pas au gré des hommes. Ceux qui voulaient l'expliquer, et la plier à leurs desseins, ne pouvaient y parvenir. Ils variaient sans cesse, et ne tombaient un instant d'accord que pour mieux se séparer ensuite. La bonne foi était elle égale des deux côtés? je veux le croire ; mais les vérités révélées par Dieu n'ayant point été livrées aux disputes des hommes, la discussion fut vite impossible. Sur la physique, sur la dynamique et autres sciences de ce monde, Bossuet offrait d'être l'élève de Leibnitz, dont il reconnaissait la supériorité; mais sur le dogme il ne pouvait s'écarter un instant de sa règle de foi : il demeura le champion de l'orthodoxie. « Quand il s'élève un novateur, dit-il, de quelque couleur qu'il se pare et quelque beau tour qu'il donne à ses idées particulières, l'expérience de tous les siècles fait voir qu'il est bientôt reconnu, et ensuite repoussé par l'esprit d'unité qui est dans tout le corps, et qui ne cesse de réclamer contre les nouveautés. » La Bruyère n'avait rien à dire sur ce sujet (3) : esprit docile, persuadé, fidèle, il admettait la vraie religion sans discuter.

Autant Bossuet était doux et civil envers les protestants qui montraient quelque bonne volonté de revenir à l'Église catholique, autant il était sévère et rigoureux pour les catholiques qui faisaient mine de

---

(1) Chap. XI, n° 138.
(2) Lettre de Bossuet à Leibnitz, 30 mars 1692, t. XVIII, p. 150.
(3) Chap. XVI, n° 2.

s'en écarter. Il était surtout inquiet des progrès d'une dangereuse et libertine critique (1), qu'il croyait avoir été introduite dans le monde savant par le Hollandais Grotius, et qu'il avait découverte dans les ouvrages de Richard Simon, ancien professeur d'hébreu à l'Oratoire. Les commentaires de cet érudit sur l'Ancien et le Nouveau Testament, ses interprétations historiques et grammaticales, révélaient un esprit hardi et philosophique, qui est encore estimé au dix-neuvième siècle ; Bossuet y voyait les principes du socinianisme, et un sourd dessein de saper les fondements de la religion. « On croit n'être pas savant, disait Bossuet, si l'on ne s'écarte des opinions communes et si l'on ne donne dans les singularités. Ce serait la marque d'un faible esprit de paraître content des preuves que jusqu'ici l'on avait trouvées suffisantes. Peu à peu l'on ébranle la tradition et l'autorité de l'Écriture. L'édifice sacré de l'Église tremble sur ses fondements ; si on laissait faire ces ennemis de la religion, il ne resterait bientôt du christianisme ni foi, ni science, ni mœurs. » La Bruyère n'était pas tout à fait aussi effrayé que Bossuet : il n'avait pas la vue aussi perçante que l'aigle de Meaux, et n'apercevait pas les conséquences lointaines de la nouvelle critique ; seulement il en voyait assez bien les conséquences prochaines ou immédiates. C'est pourquoi il l'a définie ainsi (2) : « La critique souvent n'est pas une science, c'est un métier, où il faut plus de santé que d'esprit, plus de travail que de capacité, plus d'habitude que de génie. Si elle vient d'un homme qui a moins de discernement que de lecture, et qu'elle s'exerce sur de certains chapitres, elle corrompt et le lecteur et l'écrivain. » Mais cette définition de la critique convient mieux à Ellies Dupin qu'à Richard Simon.

M. Dupin, docteur en Sorbonne, « infiniment docte et laborieux, est, dit Saint-Simon (3), un exemple de la conduite de notre cour, qui dans le temps des brouilleries avec Rome, se servit très avantageusement de sa plume, puis la laissa manger aux poux. Il fut réduit à imprimer pour vivre ; c'est ce qui a rendu ses ouvrages si précipités et peu courus, et ce qui enfin le blasa de travail, et d'eau-de-vie qu'il prenait en écrivant pour se ranimer et pour épargner d'autant sa nourriture. » Esprit juste et sensé quand il avait le temps de l'être, on n'est pas étonné de voir qu'il lui soit échappé bien des erreurs dans

---

(1) Lettre de Bossuet à Nicole, septembre 1691, t. XXVI, p. 460.
(2) Chap. I, n° 63.
(3) Addition au journal de Dangeau, t. XVIII, p. 59 (7 juin 1719).

la rapidité de son travail, et qu'il ait montré moins de discernement que de lecture dans l'immense ouvrage qu'il venait d'entreprendre, *la Nouvelle Bibliothèque des auteurs ecclésiastiques*. Bossuet se crut obligé, comme évêque (1), de réprimer cette manière licencieuse d'écrire de la religion, et il fit un mémoire de ce qu'il y avait à corriger dans l'ouvrage de M. Dupin : pour rendre ses travaux utiles à l'Église, il aurait voulu lui persuader de n'aller pas si vite, de digérer un peu davantage ce qu'il écrivait, enfin de rendre sa théologie plus exacte et sa critique plus modeste et plus judicieuse. Il lui reprochait surtout d'affaiblir les témoignages de Jésus-Christ et de sa divinité. Mais Dupin savait se faire des partisans de tous les côtés (2) : il en trouvait non seulement parmi les protestants, les gallicans, les sociniens et les déistes, mais encore parmi les modernes de la république des lettres dont il invoquait le secours contre l'autorité des anciens. Racine, son proche parent (3), essaya de défendre ses intentions. Les amis du petit concile admirèrent, sauf en un point, la vigueur mesurée du vieil évêque de Meaux. Dupin fut condamné par la Sorbonne en 1692, à Rome en 1693, et sa critique avec lui (4). La Bruyère donna son avis sur l'application de la critique à l'Écriture sainte et aux Pères de l'Église.

« L'homme est né menteur : la vérité est simple et ingénue, et il veut du spécieux et de l'ornement (5). Elle n'est pas à lui, elle vient du ciel toute faite pour ainsi dire, et dans toute sa perfection ; et l'homme n'aime que son propre ouvrage, la fiction et la fable. Voyez le peuple : il controuve, il augmente, il charge par grossièreté et par sottise ; demandez même au plus honnête homme s'il est toujours vrai dans ses discours, s'il ne se surprend pas quelquefois dans des déguisements où engagent quelquefois la vanité et la légèreté ; si, pour faire un meilleur conte, il ne lui échappe pas souvent d'ajouter à un fait qu'il récite une circonstance qui y manque. Une chose arrive aujourd'hui, et presque sous nos yeux : cent personnes qui l'ont vue la racontent en cent façons différentes ; celui-ci, s'il est écouté, la dira encore d'une manière qui n'a pas été dite. Quelle créance donc pour-

---

(1) *Œuvres de Bossuet*, t. XX, p. 514-543.
(2) *Dictionnaire de Moréri*, article DUPIN.
(3) *Œuvres de Bossuet*, t. XXX, p. 537-540.
(4) *Mémoires de Legendre*, p. 160, 164.
(5) Chap. XVI, n° 22.

rai-je donner à des faits qui sont anciens et éloignés de nous par plusieurs siècles? quel fondement dois-je faire sur les plus graves historiens? que devient l'histoire? César a-t-il été massacré au milieu du sénat? Y a-t-il eu un César? « Quelle conséquence! me dites-vous; quels doutes! quelle demande! » Vous riez, vous ne me jugez pas digne d'aucune réponse; et je crois même que vous avez raison. Je suppose néanmoins que le livre qui fait mention de César ne soit pas un livre profane, écrit de la main des hommes, qui sont menteurs, trouvé par hasard dans les bibliothèques parmi d'autres manuscrits qui contiennent des histoires vraies ou apocryphes; qu'au contraire il soit inspiré, saint, divin; qu'il porte en soi ces caractères; qu'il se trouve depuis près de deux mille ans dans une société nombreuse qui n'a pas permis qu'on y ait fait pendant tout ce temps la moindre altération, et qui s'est fait une religion de le conserver dans toute son intégrité; qu'il y ait même un engagement religieux et indispensable d'avoir de la foi pour tous les faits contenus dans ce volume où il est parlé de César et de sa dictature : avouez-le, Lucile, vous douterez alors qu'il y ait eu un César. »

La Bruyère nous révèle ici les progrès que faisait le scepticisme sous le couvert de la dévotion officielle. Bien des gens dans la maison de Condé, à la cour, et dans la société polie, incapables de comprendre les difficultés de la critique historique, ne renonçaient pas pour cela au plaisir de dire leur mot sur ces graves débats : ils le disaient légèrement, assez à l'étourdie, au milieu même de la discussion, et naturellement ils doutaient de ce qu'ils ne comprenaient pas. Les faux dévots n'étaient pas fâchés de rire sans danger de ces grosses affaires, comme de la querelle des anciens et des modernes. Lucile (1), qui ne doute pas qu'il y ait eu un César ou un Alexandre, mais qui doute de l'Évangile et de l'Ancien Testament, va s'amuser au château d'Anet ou de Chantilly : il sera certainement un ami de Voltaire. En attendant, il faisait ses délices de ces esprits superbes qui méprisaient le Créateur et son ouvrage; il aimait à entendre dire à la marquise de M. de Fontenelle, après l'avoir entretenue de la pluralité des mondes : « Hé bien! J'avais une plus grande opinion de la nature, avant de voir que ce n'est que la boutique d'un ouvrier (2). Quoi!

---

(1) *Pluralité des mondes*, 6° soir.
(2) *Ibid.*

s'écria-t-elle, j'ai dans ma tête tout le système de l'univers ! Je suis savante ! — Oui, répliquait Fontenelle, vous l'êtes assez raisonnablement, et vous l'êtes avec la commodité de pouvoir ne rien croire de tout ce que je vous ai dit, dès que l'envie vous en prendra. — Trahir la vérité, dit la marquise ! Vous n'avez point de conscience. — J'avoue, dit Fontenelle, que je n'ai pas un grand zèle pour ces vérités-là, et que je les sacrifie volontiers aux moindres commodités de la vie. Contentons-nous d'être une petite troupe choisie qui les croyons, et ne divulguons pas nos mystères dans le peuple. » Voilà ce que la Bruyère appelait (1) « n'avoir point d'yeux pour voir, ni d'oreilles pour entendre, ni d'esprit pour connaître et pour juger. »

Alors Leibnitz écrivait à Bossuet (18 avril 1692) (2) : « Le roi Alphonse trouvait le système du monde fort médiocre (3), mais il n'en avait pas la véritable idée. J'ai peur que le même ne soit arrivé à cet auteur (Fontenelle), tout pénétrant qu'il est, qui croit à la cartésienne que toute la machine de la nature se peut expliquer par certains ressorts ou éléments. Il n'en est pas ainsi. Autrefois on admirait la nature sans y rien entendre, et l'on trouvait cela beau. Dernièrement on a commencé à la croire si aisée, que cela est allé jusqu'au mépris et à s'imaginer qu'on en sait déjà assez pour la bien comprendre. Le véritable tempérament est d'admirer la nature avec connaissance, et de reconnaître que plus on y avance, plus on y découvre de merveilleux. »

« Voyez, Lucile, ce morceau de terre (4), plus propre et plus orné que les autres terres qui lui sont contiguës : ici ce sont des compartiments mêlés d'eaux plates et d'eaux jaillissantes ; là des allées en palissades qui n'ont pas de fin, et qui vous couvrent des vents du nord ; d'un côté c'est un bois épais qui défend de tous les soleils, et d'un autre un beau point de vue. Plus bas, une Yvette ou un Lignon, qui coulait obscurément entre les saules et les peupliers, est devenu un canal qui est revêtu ; ailleurs de longues et fraîches avenues se perdent dans la campagne, et annoncent la maison, qui est entourée d'eau. Vous récrierez-vous : « Quel jeu du hasard ! combien de belles choses « se sont rencontrées ensemble inopinément ! » Non sans doute ; vous

(1) Chap. VIII, n° 60.
(2) *Œuvres de Bossuet*, t. XVIII, p. 157-158.
(3) On prête ce mot au roi de Léon et Castille, Alphonse X, dit *le Savant* : « Si Dieu m'avait appelé à son conseil au moment de la création, le monde eût été plus simple et mieux ordonné. »
(4) Chap. XVI, n° 43.

direz au contraire : « Cela est bien imaginé et bien ordonné ; il règne ici un bon goût et beaucoup d'intelligence. » Je parlerai comme vous, et j'ajouterai que ce doit être la demeure de quelqu'un de ces gens chez qui un Nautre (1) va tracer et prendre des alignements dès le jour même qu'ils sont en place. Qu'est-ce pourtant que cette pièce de terre ainsi disposée, et où tout l'art d'un ouvrier habile a été employé pour l'embellir, si même toute la terre n'est qu'un atome suspendu en l'air, et si vous écoutez ce que je vais vous dire. »

Ce début rappelle celui de la pastorale astronomique de Fontenelle. Comme l'habile auteur de la *Pluralité des mondes* avait commencé par nous mener dans le parc de Mme la marquise de la Mésangère pour nous expliquer le système de l'univers aussi aisément que Mme de la Fayette avait raconté le roman de la princesse de Clèves, sans plus s'occuper du créateur des mondes que s'il n'avait jamais existé ; la Bruyère nous conduit dans ce même parc ou dans un parc semblable, et demande à Lucile si ce parc et la maison qu'il entoure sont un jeu du hasard. C'est, selon lui, ce qu'il faudrait admettre dans l'hypothèse des Épicuriens, qui lui paraît inadmissible quand même la terre ne serait qu'un atome suspendu en l'air. On a cru que ce parc était celui de Chantilly ; on peut le supposer en effet sans invraisemblance ; mais je ne vois pas ce que la démonstration y pourrait gagner, ni pourquoi l'auteur aurait déguisé le domaine des Condé en un parc nouvellement dessiné par les ordres d'un parvenu.

« Vous êtes placé, ô Lucile, quelque part sur cet atome (2) : il faut donc que vous soyez bien petit, car vous n'y occupez pas une grande place ; cependant vous avez des yeux, qui sont deux points imperceptibles ; ne laissez pas de les ouvrir vers le ciel : qu'y apercevez-vous quelquefois? La lune dans son plein? Elle est belle alors et fort lumineuse, quoique sa lumière ne soit que la réflexion de celle du soleil ; elle paraît grande comme le soleil, plus grande que les autres planètes et qu'aucune des étoiles ; mais ne vous laissez pas tromper par les dehors. Il n'y a rien au ciel de si petit que la lune. » Et voilà notre philosophe qui la plume à la main se met à calculer la superficie, la solidité et le diamètre de la lune, et sa distance de la terre. Les chiffres du moraliste ne sont pas rigoureusement exacts ; mais

---

(1) Nautre, au lieu de Le Nostre. Cf. Jal, *Dictionnaire critique et biographique*.
(2) Chap. XVI, n° 43.

cela n'importe guère à son raisonnement. Il parle selon les apparences, il fait tourner le soleil autour de la terre, et, même à ce point de vue étroit et faux où demeuraient encore la plupart des esprits, il confond Lucile en comparant le soleil à la lune pour la grandeur, pour l'éloignement et pour la course. « Comprenez-vous bien cette étendue, dit-il à Lucile, et qu'un million de terres comme la nôtre ne seraient toutes ensemble pas plus grosses que le soleil ? » Quel est donc, direz-vous, son éloignement, si l'on en juge par son apparence ! — Vous avez raison, il est prodigieux : on n'a aucune méthode pour déterminer cette distance. » Sous prétexte d'aider l'imagination de Lucile à se la représenter, la Bruyère fait des calculs qui ne peuvent que l'embrouiller. « Ne vous effrayez pas, Lucile, écoutez-moi : la distance de la terre à Saturne est au moins décuple de celle de la terre au soleil. » Alors la Bruyère recommence à calculer : il calcule, il calcule toujours; c'est son habitude, ou sa manie. « Par cette élévation de Saturne, élevez vous-même votre imagination, si vous le pouvez, à concevoir quelle doit être l'immensité du chemin qu'elle parcourt chaque jour sur nos têtes. Un cheval anglais qui ferait dix lieues par heure n'aurait à courir que 20,548 ans pour faire ce tour. » Le Lucile de la Bruyère paraît stupéfait ; mais la marquise de la Mésangère, pour peu qu'elle se fût souvenue des charmantes leçons de Fontenelle, aurait tout simplement répondu à la Bruyère que cela lui semblait impossible, et que les calculs astronomiques du moraliste ne lui inspiraient pas confiance.

« Je n'ai pas tout dit (1), ô Lucile, sur le miracle de ce monde visible, ou, comme vous parlez quelquefois, sur les merveilles du hasard, que vous admettez seul pour la cause première de toutes choses. Il est encore un ouvrier plus admirable que vous ne pensez : connaissez le hasard, laissez-vous instruire de toute la puissance de votre Dieu. Savez-vous que cette distance de 30,000,000 de lieues qu'il y a de la terre au soleil, et celle de 300,000,000 de lieues de la terre à Saturne, sont si peu de chose, comparées à l'éloignement qu'il y a de la terre aux étoiles, que ce n'est pas même s'énoncer assez juste que de se servir, sur le sujet de ces distances, du terme de comparaison ? Quelle proportion, à la vérité, de ce qui se mesure, quelque grand qu'il puisse être, avec ce qui ne se mesure pas ? On ne connaît point

---

(1) Chap. XVI, n° 43.

la hauteur d'une étoile ; elle est, si j'ose ainsi parler, *immensurable;* il n'y a plus ni angles, ni sinus, ni parallaxes dont on puisse s'aider. » Et là-dessus notre moraliste imagine des hypothèses qui ne sont pas toujours justes, et fait des calculs qui sont quelquefois faux, pour arriver à cette conclusion parfaitement vraie qui n'avait pas besoin d'être démontrée : « Serons-nous encore surpris que ces mêmes étoiles, si démesurées dans leur grandeur, ne nous paraissent néanmoins que comme des étincelles? N'admirons-nous pas que d'une hauteur si prodigieuse elles puissent conserver une certaine apparence, et qu'on ne les perde pas toutes de vue? Il n'est pas aussi imaginable combien il nous en échappe. On fixe le nombre des étoiles : oui, de celles qui sont apparentes ; le moyen de compter celles qu'on n'aperçoit point, celles, par exemple, qui composent la voie de lait, cette trace lumineuse qu'on remarque au ciel dans une nuit sereine, du nord au midi, et qui par leur extraordinaire élévation, ne pouvant percer jusqu'à nos yeux pour être vues chacune en particulier, ne font au plus que blanchir cette route des cieux où elles sont placées? Me voilà donc sur la terre comme sur un grain de sable qui ne tient à rien, et qui est suspendu au milieu des airs : un nombre presque infini de globes de feu d'une grandeur inexprimable et qui confond l'imagination, d'une hauteur qui surpasse nos conceptions, tournent, roulent autour de ce grain de sable, et traversent chaque jour, depuis plus de six mille ans, les vastes espaces des cieux. » Ce raisonnement est bien vieux. « Voulez-vous un autre système, et qui ne diminue rien du merveilleux? La terre elle-même est emportée avec une rapidité inconcevable autour du soleil, le centre de l'univers. » Le soleil n'est peut-être que le centre de notre système planétaire, mais enfin voilà donc la Bruyère arrivé au système de Copernic, qu'avait expliqué Fontenelle dans ses *Entretiens sur la pluralité des mondes.* Il eût mieux fait de commencer par là ; son raisonnement y eût gagné en brièveté, en justesse et en clarté. « Je me les représente tous ces globes, ces corps effroyables qui sont en marche ; ils ne s'embarrassent point l'un l'autre, ils ne se choquent point, ils ne se dérangent point : si le plus petit d'eux tous venait à se démentir et à rencontrer la terre, que deviendrait la terre? Tous au contraire sont en leur place, demeurent dans l'ordre qui leur est prescrit, suivent la route qui leur est marquée, et si paisiblement à notre égard, que personne n'a l'oreille assez fine pour les entendre marcher, et que le vulgaire ne sait pas s'ils sont au monde. O économie merveilleuse du hasard ! l'intelligence même pourrait-elle mieux réussir ? » Ni Lucile, ni la marquise de la Mésangère, ni Fontenelle lui-même, ne sauraient nier que ce raisonnement antique est encore assez solide. La Bruyère le sait ; c'est pourquoi il continue ainsi (1) : « Une seule chose, Lucile, me fait de la peine : ces grands corps sont si précis et si constants dans leur marche, dans leurs révolutions et dans tous leurs rapports, qu'un petit animal relégué en un coin de cet espace immense qu'on appelle le monde, après les avoir observés, s'est fait une méthode infaillible de prédire à quel point de leur course tous ces astres se trouveront d'aujourd'hui en deux, en quatre, en vingt mille ans. Voilà mon scrupule, Lucile ; si c'est par hasard qu'ils observent des règles si invariables, qu'est-ce que l'ordre ? qu'est-ce que la règle ? »

Cela posé, il n'est pas difficile à la Bruyère de faire voir que le hasard n'est rien par lui-même, qu'il ne peut mettre en mouvement les roues d'une pendule, ni à plus forte raison les corps de la mécanique céleste. « Si ces corps se meuvent néanmoins, ce n'est point d'eux-mêmes ni par leur nature. Il faudrait donc chercher, ô Lucile, s'il n'y a point hors d'eux un principe qui les fait mouvoir ; qui que vous trouviez, je l'appelle Dieu. »

La Bruyère, après avoir examiné l'infini en grandeur, se trouve conduit par les atomes à l'examiner en petitesse. Il répète l'argumentation de Pascal et de Malebranche sur le ciron qui est, dit Fontenelle, l'éléphant des animaux invisibles, et sur les infusoires ou sur les plus petits animaux que le microscope pût alors faire apercevoir. Son raisonnement pèche toujours par la base (2) : car il suppose que le ciron a un cristallin, une rétine, un nerf optique, c'est-à-dire un œil comme le nôtre, et il demande si cet œil est un jeu du hasard. Il suppose aussi que les infusoires ont des muscles, des vaisseaux équivalents aux veines, aux nerfs, aux artères, et un cerveau pour distribuer les esprits animaux, enfin qu'ils se multiplient par voie de génération comme les éléphants et les baleines. Il commet la même erreur pour les végétaux que pour les animaux : il croit que les plus petites plantes ont les mêmes organes que le chêne ou le pin. Il examine au microscope une tache de moisissure de la grandeur d'un grain de sable, il y voit « comme un amas de plusieurs plantes très

---

(1) Chap. XVI, n° 43.
(2) Chap. XVI, n° 44.

distinctes, dont les unes ont des fleurs, les autres des fruits ; il y en a qui n'ont que des boutons à demi ouverts ; il y en a quelques-unes qui sont fanées : de quelle étrange petitesse doivent être les racines et les filtres qui séparent les aliments de ces petites plantes ! » Il demande « qui a su travailler à des ouvrages si délicats, si fins, qui échappent à la vue des hommes et qui tiennent de l'infini comme les cieux, bien que dans l'autre extrémité. Ne serait-ce point celui qui a fait les cieux, les astres, ces masses énormes, épouvantables par leur grandeur, par leur élévation, par la rapidité et l'étendue de leur course, et qui se joue de les faire mouvoir ? » Sans doute c'est le même Dieu créateur et conservateur de l'univers ; mais la Bruyère, si bon observateur du cœur humain, observe mal la nature physique et appuie sur des faits mal connus des raisonnements fort justes qui dès lors se trouvent faux et tombent d'eux-mêmes.

Il faut pardonner au moraliste toujours préoccupé de l'homme, de son organisation, de ses mœurs, de son esprit et de son caractère, s'il porte cette préoccupation dans l'étude des animaux, des végétaux, de la terre, des astres, et du monde entier (1). « Il est de fait que l'homme jouit du soleil, des astres, des cieux et de leurs influences, comme il jouit de l'air qu'il respire, et de la terre sur laquelle il marche et qui le soutient ; et s'il fallait ajouter à la certitude d'un fait la convenance ou la vraisemblance, elle y est tout entière, puisque les cieux et tout ce qu'ils contiennent ne peuvent pas entrer en comparaison, pour la noblesse et la dignité, avec le moindre des hommes qui sont sur la terre, et que la proportion qui se trouve entre eux et lui est celle de la matière incapable de sentiment, qui est seulement une étendue selon trois dimensions, à ce qui est esprit, raison, ou intelligence. » La Bruyère n'emploie pas ici l'argument des causes finales : Descartes ne veut pas l'admettre. « Toute recherche sur les causes finales, dit-il dans ses *Principes* (2), est elle-même écartée ; car nous ne devons pas tant présumer de nous que de croire que Dieu ait voulu nous faire part de ses conseils. » La Bruyère craignait peut-être que M. le Duc, qui avait lu les *Principes* avec lui, ne lui fît cette objection qui est aussi dans la *Pluralité des Mondes*. C'est pourquoi il se contentait de constater le fait que l'homme jouit du

---

(1) Chap. XVI, n° 45.
(2) *Principes de Descartes*, 1re partie, art. 38, et 3e partie, art. 2.

spectacle de l'univers comme il jouit de l'air qu'il respire; et il ajoute « que Dieu ne pouvait moins faire pour étaler son pouvoir, sa bonté, sa magnificence, puisque quelque chose que nous voyions qu'il ait fait, il pouvait faire infiniment davantage. »

Ici Fontenelle l'arrête. « Prenez garde, présomptueux : vous faites le catéchisme, et vous n'en avez pas le droit. Je vous supplie de considérer qu'un sujet aussi réjouissant que notre philosophie, où chacun fait caracoler la terre, le ciel et les planètes à sa fantaisie, permet de n'être pas tout à fait sérieux ; mais quand il s'agit de la religion, il ne faut choquer personne, et vous n'avez pas voix au chapitre. » — La Bruyère répond : « Le monde entier, s'il est fait pour l'homme, est littéralement la moindre chose que Dieu ait faite pour l'homme : la preuve s'en tire du fond de la religion. Ce n'est donc ni vanité ni présomption à l'homme de se rendre sur ses avantages à la force de la vérité ; ce serait en lui stupidité et aveuglement de ne pas se laisser convaincre par l'enchaînement des preuves dont la religion se sert pour lui faire connaître ses privilèges, ses ressources, ses espérances, pour lui apprendre ce qu'il est et ce qu'il peut devenir. — Mais la lune est habitée (1); il n'est pas du moins impossible qu'elle le soit. — Que parlez-vous, Lucile, de la lune, et à quel propos? En supposant Dieu, quelle est en effet la chose impossible? Vous demandez peut-être si nous sommes les seuls dans l'univers que Dieu ait si bien traités ; s'il n'y a point dans la lune ou d'autres hommes, ou d'autres créatures que Dieu ait aussi favorisées. Vaine curiosité! frivole demande! La terre, Lucile, est habitée; nous l'habitons, et nous savons que nous l'habitons ; nous avons nos preuves, notre évidence, nos convictions sur tout ce que nous devons penser de Dieu et de nous-mêmes : que ceux qui peuplent les globes célestes, quels qu'ils puissent être, s'inquiètent pour eux-mêmes ; ils ont leurs soins, et nous les nôtres (2). Vous avez, Lucile, observé la lune ; vous avez reconnu ses taches, ses abîmes, ses inégalités, sa hauteur, son étendue, son cours, ses éclipses : tous les astronomes n'ont pas été plus loin. Imaginez de nouveaux instruments, observez-la avec plus d'exactitude : voyez-vous qu'elle soit peuplée, et de quels animaux ? ressemblent-ils aux hommes? sont-ce des hommes? Laissez-moi voir après vous ; et si nous sommes convaincus

---

(1) *Pluralité des mondes*, 2º soir.
(2) *Traité de la connaissance de Dieu et de soi-même*, par Bossuet.

l'un et l'autre que des hommes habitent la lune, examinons alors s'ils sont chrétiens, et si Dieu a partagé ses faveurs entre eux et nous. » A l'insidieuse question de Fontenelle sur le plan divin et la philosophie chrétienne, la Bruyère répond par le doute scientifique d'après la méthode de Descartes. Cela suffit.

Aussitôt il est assailli d'autres questions qui paraissent insolubles. Si Dieu existe, pourquoi le désordre moral règne-t-il sur cette terre? Les méchants prospèrent, le crime est impuni et la vertu est malheureuse; que fait Dieu pendant ce temps-là? où est-il? à quoi sert sa providence? La Bruyère répond : « Plusieurs millions d'années, plusieurs centaines de millions d'années, en un mot, tous les temps ne sont qu'un instant, comparés à la durée de Dieu, qui est éternelle : tous les espaces du monde entier ne sont qu'un point, qu'un léger atome, comparés à son immensité. S'il est ainsi, comme je l'avance (car quelle proportion du fini à l'infini?) je demande : Qu'est-ce que le cours de la vie d'un homme? qu'est-ce qu'un grain de poussière qu'on appelle la terre? qu'est-ce qu'une petite portion de cette terre que l'homme possède et qu'il habite? — Les méchants prospèrent pendant qu'ils vivent. — Quelques méchants, je l'avoue. — La vertu est opprimée, et le crime impuni sur la terre. — Quelquefois, j'en conviens. — C'est une injustice. — Point du tout : il faudrait, pour tirer cette conclusion, avoir prouvé qu'absolument les méchants sont heureux, que la vertu ne l'est pas, et que le crime demeure impuni; il faudrait du moins que ce peu de temps où les bons souffrent et où les méchants prospèrent eût une durée, et que ce que nous appelons prospérité et fortune ne fût pas une apparence fausse et une ombre vaine qui s'évanouit; que cette terre, cet atome, où il paraît que la vertu et le crime rencontrent si rarement ce qui leur est dû, fût le seul endroit de la scène où se doivent passer la punition et les récompenses. »

Tout ce qu'il y a en nous-mêmes nous sert à connaître Dieu, et Dieu se laisse voir à nous par un nouveau côté. « De ce que je pense, je n'infère pas plus clairement que je suis esprit, que je conclus de ce que je fais, ou ne fais point selon qu'il me plaît, que je suis libre : or liberté, c'est choix, autrement une détermination volontaire au bien ou au mal, et ainsi une action bonne ou mauvaise, et ce qu'on appelle vertu ou crime. Que le crime absolument soit impuni, il est

---

(1) Chap. XVI, n° 47.

vrai, c'est injustice; qu'il le soit sur la terre, c'est un mystère. Supposons pourtant avec l'athée que c'est injustice : toute injustice est une négation ou une privation de justice; donc toute injustice suppose justice. Toute justice est une conformité à une souveraine raison : je demande en effet quand il n'a pas été raisonnable que le crime soit puni, à moins qu'on ne dise que c'est quand le triangle avait moins de trois angles. Or toute conformité à la raison est une vérité; cette conformité, comme il vient d'être dit, a toujours été : elle est donc de celles que l'on appelle des éternelles vérités. Cette vérité, d'ailleurs, ou n'est point et ne peut être, ou elle est l'objet d'une connaissance; elle est donc éternelle, cette connaissance, et c'est Dieu. »

Où règne la Providence, il n'y a pas de place pour le hasard. — On ne s'en douterait guère à voir aller le monde comme il va. — Quand on le cherche bien, on trouve Dieu partout. « Les dénouements qui découvrent les crimes les plus cachés (1), et où la précaution des coupables pour les dérober aux yeux des hommes a été plus grande, paraissent si simples et si faciles qu'il semble qu'il n'y ait que Dieu seul qui puisse en être l'auteur; et les faits d'ailleurs que l'on en rapporte sont en si grand nombre que, s'il plaît à quelques-uns de les attribuer à de purs hasards, il faut donc qu'ils soutiennent que le hasard de tout temps a passé en coutume. » Si Héraclite (2) exagérait beaucoup la part du mal dans les affaires humaines, il nous semble que notre Démocrite (3) n'exagère pas moins la part du bien : on peut surtout lui reprocher de regarder comme une coutume ce qui ne peut être qu'une exception, l'intervention de Dieu dans les affaires humaines pour découvrir à la justice des hommes les crimes les plus cachés; mais il est parfaitement d'accord avec l'expérience de tous les temps et le bon sens pratique de toutes les nations, quand il soutient que la misère et la pauvreté des uns, la richesse et l'abondance des autres, ne sont point des arguments acceptables contre la divine Providence. A ce propos il emprunte sans scrupule à la comédie grecque, le *Plutus* d'Aristophane, une comparaison employée par saint Jean Chrysostome, et dont Bossuet orna son sermon sur l'éminente dignité des pauvres dans l'Église de Jésus-Christ.

(1) Chap. XVI, n° 47.
(2) Chap. XII, n° 118.
(3) Chap. XII, n° 119.

« Si vous faites cette supposition (1), que les hommes qui peuplent la terre sans exception soient chacun dans l'abondance, et que rien ne leur manque, j'infère de là que nul homme qui est sur la terre n'est dans l'abondance, et que tout lui manque. Il n'y a que deux sortes de richesses, et auxquelles les autres se réduisent, l'argent et les terres : si tous sont riches, qui cultivera les terres, et qui fouillera les mines? Ceux qui sont éloignés des mines ne les fouilleront pas, ni ceux qui habitent des terres incultes et minérales ne pourront pas en tirer des fruits. On aura recours au commerce, et on le suppose. Mais si les hommes abondent de biens, et que nul ne soit dans le cas de vivre par son travail, qui transportera d'une région à une autre les lingots ou les choses échangées? qui mettra des vaisseaux en mer? qui se chargera de les conduire? qui entreprendra des caravanes? On manquera alors du nécessaire et des choses utiles. S'il n'y a plus de besoins, il n'y a plus d'arts, plus de sciences, plus d'invention, plus de mécanique. D'ailleurs cette égalité de possessions et de richesses en établit une autre dans les conditions, bannit toute subordination, réduit les hommes à se servir eux-mêmes et à ne pouvoir être secourus les uns des autres, rend les lois frivoles et inutiles, entraîne une anarchie universelle, attire la violence, les injures, les massacres, l'impunité.

« Si vous supposez au contraire que tous les hommes sont pauvres, en vain le soleil se lève pour eux sur l'horizon, en vain il échauffe la terre et la rend féconde, en vain le ciel verse sur elle ses influences, les fleuves en vain l'arrosent et répandent dans les diverses contrées la fertilité et l'abondance; inutilement aussi la mer laisse sonder ses abîmes profonds, les rochers et les montagnes s'ouvrent pour laisser fouiller dans leur sein et en tirer tous les trésors qu'ils y renferment. Mais si vous établissez que, de tous les hommes répandus dans le monde, les uns soient riches et les autres pauvres et indigents, vous faites alors que le besoin rapproche mutuellement les hommes, les lie, les réconcilie : ceux-ci servent, obéissent, inventent, travaillent, cultivent, perfectionnent ; ceux-là jouissent, nourrissent, secourent, protègent, gouvernent : tout ordre est rétabli, et Dieu se découvre. »

Le maître de politique de M. le Duc n'avait pas la prétention (2)

---

(1) Chap. XVI, n° 48.
(2) *Pensées de Pascal*, 2° partie, art. 12.

de pénétrer les secrets de cette céleste politique qui régit toute la nature, et qui, enfermant dans son ordre toute l'instabilité des choses humaines, ne dispose pas avec moins d'égards les accidents inégaux qui mêlent la vie des particuliers, que ces grands et mémorables événements qui décident de la fortune des empires. Mais dans le mouvement incessant qui agite le genre humain, dans les diverses révolutions des États et dans le perpétuel renouvellement des affaires de ce monde, il voit agir deux causes bien distinctes, les passions de l'homme et la sagesse de Dieu. Tout désordre dans la société, il l'attribue à l'homme ; toute justice, à Dieu.

« Mettez l'autorité, les plaisirs et l'oisiveté d'un côté (1), la dépendance, les soins et la misère de l'autre : ou ces choses sont déplacées par la malice des hommes, ou Dieu n'est pas Dieu.

« Une certaine inégalité dans les conditions, qui entretient l'ordre et la subordination, est l'ouvrage de Dieu, ou suppose une loi divine : une trop grande disproportion, et telle qu'elle se remarque parmi les hommes, est leur ouvrage, ou la loi des plus forts.

« Les extrémités sont vicieuses et partent de l'homme : toute compensation est juste, et vient de Dieu. »

Voilà l'extrême limite où s'arrête la hardiesse philosophique de la Bruyère : ce n'est vraiment pas bien compromettant. La modération est le caractère essentiel de la morale qui sort de là. On n'est pas né pour de grandes choses, quand on n'est pas maître de soi-même. Ce qui met l'ordre dans l'homme peut seul le mettre dans la société. La raison doit gouverner, non le privilège ; cependant une certaine inégalité dans les conditions entretient l'ordre et l'harmonie publique. Tout ce qui trouble l'harmonie publique est un excès de l'homme, et non un progrès de la raison. L'état où Dieu a mis chacun de nous est la plus sûre voie de notre salut. Parmi les différentes formes de gouvernement, il est raisonnable d'estimer celle où l'on est né la meilleure de toutes, et de s'y soumettre. Si, par vanité ou paresse, nous négligeons de remplir les devoirs de notre état, si chacun aspire à un état au-dessus du sien, si on veut être ce qu'on n'est pas et ne pas être ce qu'on est, il n'y a plus de règle ni de justice : le désordre règne. Si au contraire chacun fait son devoir dans la société et s'applique à être parfaitement ce qu'il est ; si un soldat tâche d'être un parfait soldat ; si un père s'efforce de faire parfaitement l'office de père,

---

(1) Chap. XVI, n° 49.

et un juge les fonctions de juge ; si un ministre ne néglige rien pour exercer son ministère dans la perfection ; si tous marchent dans la voie qui leur est marquée, d'un pas ferme et assuré, sans empiéter sur le terrain d'autrui ni s'ingérer en ce qui est du ressort des autres, alors le bon ordre règne et Dieu se montre aux hommes qui ont écouté ses commandements.

En effet, que, content de son bien, chacun s'abstienne de celui de ses voisins, on a pour toujours la paix et la liberté (1) ; que les hommes, reconnaissants des services que chacun d'eux rend à l'État ou à la société, se respectent les uns les autres et se traitent avec une mutuelle bonté, à l'avantage de n'être jamais mortifiés ils joindront le grand bien de ne mortifier personne (2) : alors la politesse des mœurs exprime le degré de civilisation où l'on est parvenu, et la véritable philosophie se confond avec la sagesse, avec la raison la plus éclairée (3). Mais « la raison tient de la vérité, elle est une ; l'on n'y arrive que par un chemin, et l'on s'en écarte par mille (4). L'étude de la sagesse a moins d'étendue que celle que l'on ferait des sots et des impertinents. Celui qui n'a vu que des hommes polis et raisonnables, ou ne connaît pas l'homme, ou ne le connaît qu'à demi : quelque diversité qui se trouve dans les complexions ou dans les mœurs, le commerce du monde et la politesse donnent les mêmes apparences, font qu'on se ressemble les uns aux autres par des dehors qui plaisent réciproquement, qui semblent communs à tous, et qui font croire qu'il n'y a rien ailleurs qui ne s'y rapporte. Celui au contraire qui se jette dans le peuple ou dans la province, y fait bientôt, s'il a des yeux, d'étranges découvertes, y voit des choses qui lui sont nouvelles, dont il ne se doutait pas, dont il ne pouvait avoir le moindre soupçon ; il avance par des expériences continuelles dans la connaissance de l'humanité ; il calcule presque en combien de manières différentes l'homme peut être insupportable. »

Une curieuse découverte des esprits forts fut le moyen de goûter les et plaisirs de la raison sans avoir l'ennui d'être raisonnable. « La philosophie, écrivait Fontenelle (5), est en elle-même une chose admirable

---

(1) Chap. X, n° 9.
(2) Chap. XI, n° 131.
(3) Chap. XI, n° 132.
(4) Chap. XI, n° 156.
(5) *Dialogues des morts*, Anacréon et Aristote.

et qui peut être fort utile aux hommes ; mais parce qu'elle les incommoderait, si elle se mêlait de leurs affaires et si elle demeurait auprès d'eux à régler leurs passions, ils l'ont envoyée dans le ciel arranger des planètes et en mesurer les mouvements ; ou bien ils la promènent sur la terre pour lui faire examiner ce qu'ils y voient. Enfin ils l'occupent le plus loin d'eux qu'il leur est possible. Cependant comme ils veulent être philosophes à bon marché, ils ont l'adresse d'étendre ce nom, et ils le donnent à ceux qui font la recherche des causes naturelles. On a donc dispensé les philosophes d'être philosophes, et l'on s'est contenté qu'ils fussent astronomes ou physiciens. Ainsi l'on a trouvé le moyen de faire une morale qui ne touche pas les hommes de plus près que l'astronomie. » Toute la philosophie du dix-huitième siècle va passer par cette ouverture avec les systèmes absolus et téméraires de la morale indépendante. La Bruyère voyait déjà paraître les têtes de colonne de cette invasion. Il y a déjà longtemps qu'il étudie les esprits forts ; il connaît leur généalogie ; il les fait descendre de Voiture, Sarrasin et Benserade, dont il signale la mort subite ou inopinée ; il admire la hardiesse de leur conduite et les prévient du sort qui les attend. « Il y a des gens qui gagnent à être extraordinaires (1) : ils voguent, ils cinglent dans une mer où les autres échouent et se brisent ; ils parviennent, en blessant toutes les règles de parvenir ; ils tirent de leur irrégularité et de leur folie tous les fruits d'une sagesse la plus consommée ; hommes dévoués à d'autres hommes, aux grands à qui ils ont sacrifié, en qui ils ont placé leurs dernières espérances, ils ne les servent point, mais ils les amusent. Les personnes de mérite et de service sont utiles aux grands, ceux-ci leur sont nécessaires ; ils blanchissent auprès d'eux dans la pratique des bons mots, qui leur tiennent lieu d'exploits dont ils attendent la récompense ; ils s'attirent, à force d'être plaisants, des emplois graves, et s'élèvent par un continuel enjouement jusqu'au sérieux des dignités ; ils finissent enfin, et rencontrent inopinément un avenir qu'ils n'ont ni craint ni espéré. Ce qui reste d'eux sur la terre, c'est l'exemple de leur fortune, fatal à ceux qui voudraient le suivre. »

Cet avertissement ne pouvait effrayer ceux auxquels il s'adressait : ils avaient appris à douter de tout. « C'est ce que nous entendons tous les jours, disait Fénelon (2) au moment même où la Bruyère

---

(1) Chap. xi, n° 96.
(2) 5 janvier 1685, sermon pour l'Épiphanie.

était introduit à la cour de France ; un bruit sourd d'impiété vient frapper nos oreilles, et nous en avons le cœur déchiré. Après s'être corrompus dans ce qu'ils connaissent, ils blasphèment ce qu'ils ignorent. Mais l'impiété tremble sous Louis, et, comme Salomon, il la dissipe de son regard. » Fénelon se trompait ; le regard de Louis XIV pouvait faire trembler (1) ses courtisans sans détourner le courant de leurs idées : la Bruyère remarqua (2) de notables changements dans les costumes, les habitudes et l'extérieur des hommes, non dans le fond de leur cœur ni dans leurs mœurs. La révocation de l'édit de Nantes, qui devait établir l'unité religieuse en France, n'avait fait qu'augmenter le nombre des sceptiques ; et si les protestants ne pouvaient plus faire entendre dans le royaume la parole de leur Évangile, l'incrédulité, surtout parmi les nouveaux catholiques, n'était pas muette ; elle se glissait partout, même à la cour, sous des railleries piquantes ou des questions insidieuses. La réforme de la cour, par l'influence de Mme de Maintenon, ne parvint qu'à dissimuler certains scandales et à donner plus d'éclat à d'autres. D'où il était résulté une sorte de découragement qu'on n'avouait pas. Le roi avait beau corriger ses mœurs, rectifier sa conduite ; tous paraissaient l'imiter, mais chacun vivait toujours à sa mode (3) : chacun, ingénieux à se flatter, se faisait pour des temps nouveaux une nouvelle conscience. En 1692, la Bruyère prit part à un effort remarquable des esprits d'élite pour arrêter le mouvement de la civilisation sur cette pente dangereuse ; osait-il espérer d'y réussir ? Quoiqu'il ne dît guère que des choses dignes d'être goûtées (4), il était aussi surpris que jamais qu'on pût goûter ses *Caractères*. Permis à Bossuet et Fénelon de prédire sur le ton des prophètes les temps qui se hâtaient d'arriver, où le dérèglement, non content d'être toléré, deviendra la règle et appellera excès tout ce qui s'y oppose. Quant à la Bruyère, quoiqu'il eût le pressentiment des révolutions du dix-huitième siècle, il s'arrêtait en silence devant l'impénétrable secret de l'avenir (5). Descartes ne veut pas qu'on décide sur les moindres vérités avant qu'elles soient connues clairement et distinctement.

(1) Chap. VIII, n° 13.
(2) Chap. XIII, n°^{s} 1, 17, 18, 19.
(3) Chap. XIII, n° 23.
(4) Épilogue du ch. XVI des *Caractères*.
(5) Chap. XII, n° 42.

CHAPITRE XXXVII.

1693.

Situation de la Bruyère à la ville, à la cour et dans la maison de Condé. — Zénobie, ou Mlle de Monspensier, et son château de Choisy. — Mademoiselle donne ce château à Monseigneur. — Mort de Pellisson ; on l'accuse de n'être pas mort dans la foi catholique : Fénelon lui rend un témoignage public. — Réception de Fénelon à l'Académie : son beau discours et sa théorie littéraire. — Alors Pontchartrain fait nommer à l'Académie l'abbé Bignon son neveu, et la Bruyère. — Ruse de la Loubère pour entrer à l'Académie après eux. — État des esprits, le 15 juin, lorsque la Bruyère prononça sa harangue. — Contraste entre les deux orateurs. — Causes diverses de l'insuccès de la Bruyère. — Son apostrophe aux gens pécunieux, ses cinq portraits, caractère du roi : il se moque de la Loubère, de l'Académie et des académiciens. — Réponse de Charpentier. — Fureur des Théobaldes : ils font de vains efforts pour se venger. — Pontchartrain et son neveu se prononcent contre eux. — Le roi aussi, et M. le Prince, et la cour et la ville. — Élection de la Loubère. — Le roi fait savoir à l'Académie qu'il n'aime pas les cabales.

Dans la septième édition aucun signe particulier ne distinguait les nouveaux caractères ; mais à la fin du volume se trouvait une table des nouveaux caractères et des anciens auxquels il avait été ajouté. M. Servois (1) a relevé dans cette table assez d'inexactitudes pour ne pas en attribuer à l'auteur la responsabilité. Ce qu'il y avait de plus remarquable dans cette édition, c'était l'élévation du tiers état dans le gouvernement de Louis XIV et l'éloge habilement déguisé du ministère de Pontchartrain ; mais c'était aussi la lutte acharnée, implacable, du moraliste contre ses ennemis, qui devenaient de jour en jour plus nombreux et plus irrités. Cette lutte s'était concentrée dans les élections académiques : telle était l'animosité des Théobaldes,

(1) Notice bibliographique, *la Bruyère*, t. III, p. 145.

qu'il n'y avait plus aucune apparence que la Bruyère pût être jamais reçu à l'Académie française. Il avait profité de l'occasion pour faire à son usage un petit traité de philosophie chrétienne, qui ne laissait pas de lui inspirer l'espérance d'un monde meilleur, mais après sa mort.

Dans cette situation resserrée, sans perspective et sans avenir, la Bruyère pouvait s'appuyer sur ses Altesses et la maison de Condé; persistera-t-il obstinément dans sa résolution de ne leur rien demander? M. le Prince lui savait gré d'avoir publié le beau caractère d'Émile : c'était la première fois que S. A. S. voyait un portrait du grand Condé dont on pût être satisfait. Mme la Duchesse sut mauvais gré au moraliste de certaines observations qu'elle s'appliqua comme autant de censures impertinentes : le moraliste était devenu ennuyeux; c'était un crime abominable. Dès lors on pouvait lui reprocher mille sottises et tous les méfaits possibles. M. le Duc aurait voulu savoir à quoi pourrait servir un moraliste. Était-ce de philosophie et de vertu qu'il s'agissait dans la dernière campagne de Flandre? Or M. le Duc s'était encore plus distingué à la bataille de Steinkerque qu'au siège de Namur. L'on attribuait à sa valeur et à celle du prince de Conti, non moins qu'à celle des autres princes et de la plus florissante jeunesse du royaume, cette victoire, qui, dit Voltaire (1), fit à Versailles, à Paris et dans les provinces un effet qu'aucune bataille gagnée n'avait fait encore. Les acclamations dont on saluait les vainqueurs allèrent à la démence. Toutes les femmes s'empressaient d'attirer leurs regards. Les hommes portaient alors des cravates de dentelles qu'on arrangeait avec assez de peine et de temps. Les princes s'étaient habillés avec assez de précipitation pour le combat où l'ennemi les avait surpris, et avaient passé négligemment ces cravates autour de leur cou : les femmes portèrent des ornements faits sur ce modèle. On les appela des steinkerques. Toutes les bijouteries nouvelles étaient à la steinkerque. Le peuple s'attroupait autour des princes qui s'étaient trouvés à cette bataille; on les aimait d'autant plus que leur faveur à la cour n'était pas, disait-on, égale à leur gloire. Au milieu de ce fol enthousiasme, le sang-froid du moraliste semblait ridicule. Auprès des princes il n'y avait plus de place que pour les coureurs d'aventures galantes ou les hirondelles d'hiver, comme les appelait M. de Lassay, pour les hommes fins et entendus

---

(1) *Siècle de Louis XIV.*

qui tiraient autant de vanité que de distinction de savoir tromper, enfin pour tous les flatteurs qui se faisaient gloire de vivre aux dépens de leurs illustres dupes. « Comment, disait la Bruyère (1), voulez-vous qu'Érophile, à qui le manque de parole, les mauvais offices, la fourberie, bien loin de nuire, ont mérité des grâces et des bienfaits de ceux mêmes qu'il a manqué de servir ou désobligés, ne présument pas infiniment de soi et de son industrie ? »

La popularité des vainqueurs de Steinkerque dura presque tout l'hiver de 1692-1693, et fit naître une brouille entre MM. de Vendôme et le maréchal de Luxembourg. « Le roi nous a dit, rapporte Dangeau, qu'il n'avait jamais vu une si belle relation que celle de la bataille de Steinkerque, et qu'il nous la ferait lire. » MM. de Vendôme se plaignaient que, dans cette relation, le maréchal de Luxembourg eût fait valoir la conduite de M. le Duc et du prince de Conti plus que la leur. On leur répondit que c'était justice. On en vint aux récriminations de part et d'autre. Impossible de mettre fin à cette querelle. MM. de Vendôme demandèrent à passer dans l'armée de Catinat, afin de ne plus servir en Flandre avec les princes de la maison de Condé. La Bruyère ne pouvait se permettre de juger des affaires de cette importance entre des personnages d'un rang si élevé. Mais comme il était dans la maison de Condé, on lui permit de faire cette réflexion (2) : « J'entends dire de quelques particuliers ou de quelques compagnies : « Tel et tel corps se contestent l'un à l'autre la préséance ; le mortier et la pairie se disputent le pas. » Il me paraît que celui des deux qui évite de se rencontrer aux assemblées est celui qui cède, et qui, sentant son faible, juge lui-même en faveur de son concurrent. » Du reste, cette rivalité n'éclata point en mauvais procédés. M. le Duc et le prince de Conti allèrent avec Monseigneur (3) courir le loup au château d'Anet. Le roi vint passer huit jours à Chantilly avec toute sa cour (4), et y laissa de nombreuses et grandes marques de sa générosité. Accoutumé à dominer sur sa famille autant, pour le moins, que sur ses courtisans et sur son peuple, il ne souffrait point qu'il y eût des mécontents, et donnait à ses parents toutes les satisfactions que la politique lui permettait de leur accorder.

(1) Chap. XI, n° 26.
(2) Chap. XIV, n° 61.
(3) 21 février 1693.
(4) 5-13 mars 1693.

En ce temps-là la plus riche héritière de France, la grande Mademoiselle tomba gravement malade. Qui sera son héritier? Le roi l'avait empêchée de se marier. Elle expira le 5 avril. Monsieur et Madame ne la quittèrent presque point pendant sa maladie. Outre la liaison qui avait toujours existé entre elle et Monsieur dans tous les temps (1), il muguetait sa riche succession, et fut en effet son légataire universel. Mais les plus gros morceaux avaient échappé : Eu, Saint-Fargeau, les Dombes, donnés à M. le duc du Maine, revinrent au gendre de M. le Prince. Il y avait un petit morceau dont elle pensait, disait-on, faire cadeau à Monseigneur le Dauphin, comme elle le lui avait laissé entendre : c'était le château de Choisy. Cela contenait à peine cent arpents et n'était d'aucun revenu; inachevé, trop petit pour être une maison royale, à peine meublé, on le comparait à Saint-Maur, qui était situé en face, de l'autre côté de la Seine. Qui voudra de Choisy? Ce ne sera pas un prince : peut-être quelque paysan enrichi, comme Gourville a pris Saint-Maur, prendra Choisy, l'agrandira et l'embellira pour son usage particulier. Voilà les conjectures que l'on faisait dans la maison de Condé. Mais telle n'était pas la volonté de Mademoiselle. C'était un sujet de plaisanteries continuelles à la cour de France que l'entêtement de Mademoiselle pour sa maison de Choisy; la vieille princesse était tellement folle de son ouvrage qu'elle rompit en visière au roi lui-même, parce qu'il n'approuvait pas ce bâtiment (2). « Je le plantai là, dit-elle en parlant du roi, et je fis accommoder ma maison à ma mode. » Elle railla Le Nôtre, qui avait osé lui dire qu'on ne verrait la rivière que par une lucarne : « On la voit, dit-elle, d'un bout à l'autre du jardin, et de mon lit je vois les bateaux qui passent, même en été quand la rivière est la plus basse. » Le Nôtre voulait qu'on abattît du couvert pour donner un peu d'air. « Cette proposition, dit-elle, me déplut, j'aime à me promener à toutes sortes d'heures. » Elle garda deux bois assez épais du côté du couchant. Elle dépensa huit cent mille francs dans cette bâtisse; mais pour elle son architecte Gabriel est un fort bon architecte, parce qu'il suit ses intentions. La Fosse est un Zeuxis, parce qu'il a peint sa chapelle; Vander Meulen un homme merveilleux : il a fait les portraits de ses parents et alliés. « Oui, dit-elle,

---

(1) Saint-Simon. — *Mercure galant*, avril 1693, p. 152-160, Testament.
(2) *Mémoires de Mlle de Montpensier*, éd. Michaud, p. 490-497.

j'aime cette maison, je l'ai toute faite. Si j'avais lu des livres d'architecture, j'en ferais une belle description : cela aurait été une affectation qui ne me convient pas. » Par son testament, elle légua cette maison au Dauphin. Monseigneur fut ravi d'avoir un chez-soi, si petit qu'il fût : on accusa Mademoiselle de le lui avoir donné pour faire une niche au roi, qui n'y laissera pas Monseigneur longtemps et le fera bientôt venir à Meudon. La maison de Choisy ressemblait beaucoup pour le site et l'arrangement à la maison de Zénobie, décrite par Mlle de Scudéry (1). La Bruyère supposa que Mademoiselle, comme Zénobie, était veuve et avait des enfants. Sous ce masque antique, il la déguisa si bien, que personne ne l'a reconnue ; mais dans la maison de Condé on dut comprendre les allusions de ce caractère, et même bien en rire.

Pendant la Fronde, Mademoiselle dans l'éclat de sa jeunesse avait joué le rôle de la reine de Palmyre et paradé en costume militaire à la tête des troupes avec ses dames d'honneur transformées en aides de camp. Jamais Zénobie, digne adversaire de l'empereur Aurélien, n'avait joui d'un plus beau succès que Mademoiselle entrant par la brèche dans la ville d'Orléans. Enfin l'on ne pouvait oublier dans la maison de Condé que ce fameux coup de canon de la Bastille, qui avait tué son mari et détruit toutes ses espérances, sauva Condé vaincu au combat du faubourg Saint-Antoine. Après bien des mésaventures romanesques, devenue vieille et ridicule sous le nom de Lise (2), elle avait caché le dernier rêve de son orgueil humilié dans cette maison de Choisy, où elle aimait à contempler les innombrables portraits de tous les princes et princesses de sa famille. Si elle avait légué cette maison au Dauphin, c'était pour qu'elle fût respectée et conservée aussi longtemps que la monarchie. Mais la Bruyère, qui avait annoncé à Louvois la ruine de Meudon, prédit à Zénobie la triste destinée de Choisy. On dirait que, offensé de tant d'illusions et de vaine gloire, il contemple l'avenir dans ce pâtre devenu riche par les péages des rivières sur lesquelles Mlle de Montpensier exerçait des droits seigneuriaux, et qu'il aperçoit dans le lointain le flot de la démocratie qui monte et doit tout engloutir.

« Ni les troubles (3), Zénobie, qui agitent votre empire, ni la

---

(1) *Nouvelles Conversations de morale,* t. I, p. 1-7, etc.
(2) Chap. III, n° 8.
(3) Chap. VI, n° 78.

guerre que vous soutenez virilement contre une nation puissante depuis la mort du roi votre époux, ne diminuent rien de votre magnificence. Vous avez préféré à toute autre contrée les rives de l'Euphrate pour y élever un superbe édifice : l'air y est sain et tempéré, la situation en est riante ; un bois sacré l'ombrage du côté du couchant ; les dieux de Syrie, qui habitent quelquefois la terre, n'y auraient pu choisir une plus belle demeure. La campagne autour est couverte d'hommes qui taillent et qui coupent, qui vont et qui viennent, qui roulent ou qui charrient le bois du Liban, l'airain et le porphyre ; les grues et les machines gémissent dans l'air, et font espérer à ceux qui voyagent vers l'Arabie de revoir à leur retour en leurs foyers ce palais achevé, et dans cette splendeur où vous désirez de le porter, avant de l'habiter, vous et les princes vos enfants. N'y épargnez rien, grande reine ; employez-y l'or et tout l'art des plus excellents ouvriers ; que les Phidias et les Zeuxis de votre siècle déploient toute leur science sur vos plafonds et sur vos lambris ; tracez-y de vastes et de délicieux jardins, dont l'enchantement soit tel qu'ils ne paraissent pas faits de la main des hommes ; épuisez vos trésors et votre industrie sur cet ouvrage incomparable ; et après que vous y aurez mis, Zénobie, la dernière main, quelqu'un de ces pâtres qui habitent les sables voisins de Palmyre, devenu riche par les péages de vos rivières, achètera un jour à deniers comptants cette royale maison, pour l'embellir, et la rendre plus digne de lui et de sa fortune. »

Le 7 février, était mort à Versailles le fidèle adorateur de Mlle de Scudéry, un honnête homme qui fut, dit Saint-Simon (1), célèbre en laideur, en religion, en esprit, en ouvrages, en emplois, en amis, en bénéfices, en disgrâce, en faveur, Pellisson, de l'Académie française. Il était mort subitement sans avoir eu le temps de se confesser (2). Là-dessus on fit courir le bruit qu'il aurait bien eu le temps de se confesser, s'il avait voulu ; mais on dit que sa première religion, la protestante, ou n'avait pas été changée de bonne foi, ou avait pris le dessus dans ses derniers moments. Les protestants le publièrent tant qu'ils purent ; et comme il avait soin des économats et de quelques pensions pour les nouveaux convertis, on essaya de faire du scandale sur cette fin. Mlle de Scudéry, la grande amie de Pellisson, écrivit à Bossuet pour protester contre ces bruits calomnieux. Pellisson était

---

(1) Addition à Dangeau, sur le 7 février.
(2) Addition au journal de Dangeau, t. IV, p. 256. — De Sourches, t. IV, p. 160.

mort comme il avait vécu, en bon catholique; Bossuet le savait et répondit à Mlle de Scudéry (1) : « Ceux qui l'ont connu ne demanderont jamais de preuves de la fermeté et de la sincérité de sa foi. Le roi, à qui vous désirez qu'on fasse connaître ces bonnes dispositions, les a sues, et j'ai en cela prévenu vos souhaits. Ainsi, Mademoiselle, on n'a besoin que d'un peu de temps pour faire revenir ceux qui ont été trompés par les faux bruits répandus dans le monde. » Mlle de Scudéry publia dans le *Mercure* (2) le portrait de l'un des plus honnêtes hommes de ce siècle. L'abbé de Fénelon fut choisi par l'Académie française pour succéder à Pellisson (7 mars). Le roi était à Chantilly, lorsqu'il apprit et approuva cette élection. M. l'abbé de Fénelon, dit Dangeau, fut reçu à l'Académie le 31 mars, et fit une très belle harangue, où il justifie fort la mémoire de M. Pellisson sur les faux bruits qu'on avait voulu faire courir après sa mort : « Nous l'avons vu, malgré sa défaillance (3), se traîner aux pieds des autels jusqu'à la veille de sa mort, pour célébrer, disait-il, sa fête et l'anniversaire de sa conversion. Hélas! nous l'avons vu, séduit par son zèle et par son courage, nous promettre d'une voix mourante qu'il achèverait son grand ouvrage de l'Eucharistie. Oui, je l'ai vu les larmes aux yeux, je l'ai entendu; il m'a dit tout ce qu'un catholique, nourri depuis tant d'années des paroles de la foi, peut dire pour se préparer à recevoir les sacrements avec ferveur. La mort, il est vrai, le surprit venant sous l'apparence du sommeil : mais elle le trouva dans la préparation des vrais fidèles. » Le discours de Fénelon à l'Académie française fut un des plus éloquents qu'on y eût jamais entendus : le *Mercure galant* fut des premiers à le reconnaître.

Non seulement le récipiendaire affirma en termes émus la foi catholique de son prédécesseur, mais encore il loua ses ouvrages, surtout son histoire de l'Académie, et ce style noble et léger, semblable à la marche des divinités fabuleuses qui coulaient dans les airs sans poser le pied sur la terre. Fénelon insinua, dans le même style à l'usage de messieurs de l'Académie, quelques bonnes leçons de morale sur les qualités qu'on admirait dans leurs premières assemblées et non dans les dernières. Jamais on ne vit mieux combien l'emphase, la vanité, la flatterie étaient indignes d'une compagnie où se trou-

---

(1) *Œuvres de Bossuet*, t. XXVI, p. 462-483.
(2) Éloge de Pellisson, *Mercure galant* (février 1693).
(3) Fénelon, discours de réception à l'Académie.

vaient le mérite et la vertu joints à l'érudition et à la délicatesse, la naissance et les dignités avec le goût exquis des lettres. Quelles choses vous furent dites alors, Messieurs de l'Académie ! La Bruyère les entendit et ne les oublia point. Fénelon les disait avec tant d'élévation, de facilité, de politesse, que la Bruyère en eût été jaloux s'il n'avait été trop heureux de l'écouter, de sentir ce qu'il disait et comme il le disait. Ensuite Fénelon félicita messieurs de l'Académie de savoir, à l'ombre du grand nom de Louis XIV, leur protecteur, se renfermer dans les bornes de leur institution sans jamais les franchir ; et il leur expliqua la doctrine littéraire de ceux que Fontenelle appelait les Illustres de la cour par opposition aux Illustres de la ville. Il la leur recommanda comme étant, non l'œuvre d'une coterie éphémère, mais le fruit de l'expérience, la perfection de l'art, la méthode du bon sens et de la vérité. Cette doctrine littéraire était précisément celle qui avait été adoptée dans le petit concile, et que Bossuet (1) venait d'exposer dans le deuxième chapitre de sa dissertation latine sur les Psaumes et dans la préface des Proverbes. L'abbé Cl. Fleury l'exposera aussi dans son discours à l'Académie, en ajoutant que c'était celle de la Bruyère (2). En effet on en trouve les principes dans le chapitre *Des ouvrages de l'esprit,* et l'application dans le livre des *Caractères ou mœurs de ce siècle.* Aux préceptes Fénelon joignit l'exemple avec un petit avertissement à M. le doyen de l'Académie. « Qui osera dépeindre Louis dans cette dernière campagne, encore plus grand par sa patience que par sa conquête ? Ce n'est ni en la multitude de ses soldats aguerris, ni en la noble ardeur de ses officiers, ni en son propre courage, ressource de toute l'armée, ni en ses victoires passées, qu'il met sa confiance ; il la place encore plus haut, dans un asile inaccessible, qui est le sein de Dieu même. Il revient enfin victorieux, les yeux baissés sous la puissante main du Très-Haut, qui ôte et qui donne la victoire comme il lui plaît ; et, ce qui est plus beau que tous les triomphes, il défend qu'on le loue. » Entendez-vous, Monsieur Charpentier ? Comprenez-vous, Monsieur de Tourreil ? En littérature comme en saine morale, la vraie grandeur est simple et modeste.

« Telles étaient la force et l'ascendant de ce rare esprit, toujours

---

(1) *Œuvres de Bossuet,* t. I, p. 31-39 et p. 443-456.
(2) Chap. I, nos 14, 15, 17, et 55, 57, 60.

maître des oreilles et du cœur de ceux qui l'écoutaient, qu'on dut être content de soi, si l'on emporta ses réflexions et si l'on en profita (1). » Fénelon avait ouvert à la Bruyère les portes de l'Académie : avec la protection de Bossuet, Racine et leurs amis, il ne faut plus qu'attendre une occasion favorable.

Le roi avait donné (31 janvier) à M. de Pontchartrain l'abbaye de Saint-Quentin en l'Isle pour M. l'abbé Bignon son neveu, et lui avait dit que ce n'était pas sa coutume de donner des bénéfices sans s'informer de leur valeur *et de la vie de ceux qui les désiraient*. L'abbaye valait 25,000 livres de rente, et les mœurs de l'abbé Bignon n'étaient pas édifiantes. Pourvu d'une si bonne abbaye, le neveu de Pontchartrain dut renoncer à devenir évêque. Hé bien! s'il n'est pas évêque, il sera donc académicien.

Le mardi 14 avril, à Versailles, Dangeau écrivait dans son journal : « Le comte de Bussy-Rabutin est mort dans ses terres en Bourgogne... il était un des quarante de l'Académie française (2). » Le vendredi 17 avril, à Versailles, Dangeau écrivait encore dans son journal : « L'abbé de la Chambre mourut ces jours passés à Paris ; il était un des quarante de l'Académie française. » Le 18 avril, M. de Pontchartrain écrivait de Versailles à M. l'abbé Renaudot, historiographe de France, de l'Académie royale des inscriptions, rue Vivienne, à Paris, la lettre suivante (3) : « Comme j'ai toujours beaucoup compté sur l'amitié que vous m'avez si souvent témoignée, j'ai cru, Monsieur, que vous voudriez bien faire quelque chose à ma recommandation, et me permettre de solliciter en faveur de l'abbé Bignon et de M. de la Bruyère pour remplir les places vacantes à l'Académie française. Comme l'esprit et le mérite de ces deux messieurs ne vous est pas inconnu et que vous en êtes beaucoup meilleur juge que moi, je ne ferai pas ici leur éloge. J'ose même me flatter que vous aurez quelque égard à ma recommandation, et que vous me donnerez votre voix. Je vous serai infiniment obligé. » Pour faire admettre son neveu l'abbé Bignon, Pontchartrain, en habile politique, recommandait la candidature de la Bruyère. Son calcul devait réussir : l'abbé Renaudot était un ami de Bossuet et de Fénelon, de Racine et de Boileau ; pour faire passer la

---

(1) Harangue de la Bruyère à Messieurs de l'Académie.
(2) Dangeau, t. IV, p. 229.
(3) Cette lettre a été retrouvée dans les papiers de Renaudot, et publiée pour la première fois dans l'*Athenœum français*, 3 décembre 1853, p. 1164.

Bruyère, ils appuieront volontiers la candidature de l'abbé Bignon. La partie était bien liée ; qui pourra la rompre ? Il faudra bien que les Théobaldes courbent la tête devant « cette puissante brigue », qu'ils se résignent à voir ensemble (1) à l'Académie « et le *sermonneur* et l'auteur grave ou le plus solide écrivain ».

C'est ce que comprit M. de la Loubère ; il profita de l'occasion pour s'assurer aussi une place dans cet illustre corps.

Né à Toulouse, en 1642, d'un des principaux officiers du présidial (2), M. de la Loubère avait dans sa jeunesse étonné le collège de Toulouse par la prodigieuse facilité de son esprit. Plus tard étant venu à Paris, il fréquenta le théâtre, le barreau et les gens de lettres, fit la cour aux dames et composa une infinité de vers galants et tendres, que les meilleurs musiciens s'empressaient de mettre en musique et que tout le monde chantait. C'était le premier chansonnier de l'époque. Ensuite il étudia le droit public et les intérêts des princes ; et lorsque M. de Saint-Romain fut nommé ambassadeur en Suisse, il le demanda pour secrétaire d'ambassade. La Loubère, quoiqu'il ne bût, disait-il, que de l'eau (3), se fit estimer dans ce pays par son aimable gaieté de convive et par sa connaissance des affaires. Saint-Romain, amphibie de beaucoup de mérite et de peu de religion, lui apprit à faire son chemin dans le monde. La Loubère fut employé dans les négociations. Il partit pour Siam, le 1er mars 1687, y arriva en septembre, et repartit en janvier 1688, après avoir fait en ce pays un ample recueil d'observations dont il composa un livre intéressant. Étant allé en Espagne, il fut arrêté à Madrid sous l'inculpation de fourberie *comme postillon du favori* : il y demeura quelque temps prisonnier, et fut relâché sur les instances du gouvernement français ; revenu à Paris, il fit imprimer son livre en 1691. Il n'y avait guère qu'un an qu'il était auprès de Jérôme Phélypeaux, lorsqu'il avait songé à se faire recevoir académicien. Il savait assez de mathématiques pour traiter des sciences et de la philosophie avec Leibnitz (4), et il essaya de gagner la confiance de Bossuet, en publiant (1693) des lettres écrites par M. de Meaux, M. de Rancé et M.*** pour réfu-

---

(1) Chap. XV, n° 27.
(2) Notice par Dalembert, et article de Moréri.
(3) Saint-Simon, note sur Dangeau, t. V, p. 45.
(4) Lettre de Leibnitz à Bossuet (18 avril 1692), *Œuvres complètes de Bossuet*, t. XVIII, p. 155.

ter les faux bruits répandus sur la mort de Pellisson (1). « Sachez précisément ce que vous pouvez attendre des hommes en général et de chacun d'eux en particulier, et jetez-vous ensuite dans le commerce du monde. » C'est ce qu'avait fait M. de la Loubère. Aussi son admission à l'Académie était désirée par l'abbé Dangeau (2) et quelques autres : ils reconnaissaient en lui toutes les qualités qui peuvent faire un bon confrère, d'un commerce aisé, agréable, et bien préférable à M. de la Bruyère. Mais, puisque M. de Pontchartrain lui-même s'était déclaré pour le moraliste, comment résister au ministre tout-puissant qui tenait en ses mains, non pas le sort de l'Académie, dont le roi était le protecteur, mais la destinée des académiciens, qui dépendaient de lui. La Loubère eut vite pris son parti. L'abbé Tallemant « le vieux » était fort malade; il mourut le 6 mai. La Loubère s'assura la place de l'abbé Tallemant à l'Académie, en sollicitant pour la Bruyère celle de feu l'abbé de la Chambre. Le 14 mai, eut lieu le double scrutin de proposition, où furent choisis l'abbé Bignon et la Bruyère (3). Quelques jours plus tard, l'Académie fut avertie par une lettre de M. le marquis de Dangeau, chancelier, que le roi agréait ce choix. Le 28 mai, l'Académie achevait la double élection. Le doyen Charpentier chargeait quelques-uns de messieurs de l'Académie d'en donner avis aux nouveaux élus. On parlait déjà depuis quelques jours de M. de la Loubère pour remplir la place de feu l'abbé Tallemant, dit le *Mercure historique* (4), qui est en cela l'écho des rédacteurs du *Mercure galant*. L'abbé Bignon et la Bruyère furent reçus le 15 juin, et la Loubère le 24 août. C'était une affaire arrangée d'avance : « S'il y avait moins de dupes, il y aurait moins de ce qu'on appelle des hommes fins et entendus, » dit la Bruyère (5), qui ne fut pas dupe de cette comédie.

Le roi était parti, le 18 mai, de Versailles pour l'armée des Flandres. Il avait chargé M. de Pontchartrain de mener les affaires en son absence. Il avait avec lui dans son carrosse Monseigneur, Mme de Chartres, Mme la Duchesse, Mmes les princesses de Conti et Mme du Maine. Mme de Maintenon allait seule dans une calèche du roi. Les princes de la

---

(1) Chap. XI, n° 12.
(2) Réponse de l'abbé Dangeau au discours de réception de la Loubère, 25 août 1693.
(3) Les procès-verbaux de cette double élection sont publiés par G. Servois, *Notice biographique*, p. CXVII et CXVIII. *Mercure galant*, n° de mai, p. 281-282.
(4) *Mercure historique*, t. XIV, juin 1693, p. 655.
(5) Chap. II, n° 26.

maison de Condé étaient tous dans les armées. Ni les princes ni les princesses de la maison de Condé ne s'occupèrent de la réception de la Bruyère à l'Académie, encore moins du fameux discours qu'il devait prononcer en leur absence. Il eut pleine et entière liberté de dire ce qu'il voudrait, comme il l'entendrait.

Si, après quelques lieux communs en l'honneur du roi, du cardinal de Richelieu, du président Séguier, il eût fait entrer Rome et Athènes, le Lycée et le Portique dans l'éloge de l'Académie, et fini par se reconnaître indigne d'être académicien, mais fermement résolu de faire les plus grands efforts pour s'en rendre digne, il eût suivi l'exemple de la plupart de ses prédécesseurs ; il aima mieux suivre l'exemple de Fénelon (1), et tenter de faire de son remerciement à l'Académie française un discours oratoire qui eût quelque force et quelque étendue. Nul artisan n'était agrégé à une société ni n'obtenait ses lettres de maîtrise sans faire son chef-d'œuvre ; pour paraître digne du choix dont l'Académie venait de l'honorer, la Bruyère se crut obligé de composer une harangue qui fût un chef-d'œuvre. Puisque l'éloquence profane ne régnait plus au barreau, d'où elle avait été bannie par la nécessité de l'expédition, et qu'elle ne devait plus être admise que dans la chaire, où elle n'a été, disait-il, que trop soufferte, le seul asile qui pût lui rester était l'Académie française. Il n'y avait rien de plus naturel, ni qui pût mieux attirer la cour et la ville aux assemblées de la célèbre compagnie, qu'une belle harangue académique. C'est ce qu'il essaya de faire ; mais le succès ne répondit pas à ses espérances.

Bien des académiciens étaient mal disposés pour lui prêter une oreille favorable. Plusieurs ne pouvaient lui pardonner la protection de Pontchartrain, qui avait forcé ses ennemis à lui accorder leurs suffrages et réduit son adversaire à les solliciter pour lui, comme si l'Académie n'eût pu recevoir l'abbé Bignon de bonne grâce, sans qu'on y ajoutât cette injure. Les uns ne voyaient en M. de la Bruyère qu'un nouveau Furetière, c'est-à-dire un satirique sans vergogne qui passerait son temps à dénigrer ses confrères et à déchirer l'illustre compagnie. Les autres affectaient de considérer le moraliste comme un zéro, c'est-à-dire comme un homme nul et sans mérite, qui n'était pas capable de lier ses idées ni de composer un véritable discours. On faisait des épigrammes sur ce qu'il allait dire avant qu'il eût parlé.

---

(1) Préface du discours de la Bruyère à Messieurs de l'Académie française.

C'était convenu : il ne pouvait prononcer qu'une harangue folle et sans raison. L'abbé Bignon avait seul le droit d'être approuvé de l'Académie.

Le 15 juin, l'Académie se réunit, comme à l'ordinaire, dans la salle du Louvre. Les académiciens étaient assis de chaque côté d'une grande table fort longue. A l'une des extrémités, sur une estrade, siégeaient ordinairement les officiers de la compagnie, c'est-à-dire le directeur, le chancelier et le secrétaire perpétuel; le 15 juin, le directeur Boileau et le chancelier Dangeau étaient en Flandre auprès du roi : en leur absence, l'assemblée était présidée par le doyen Charpentier et par le secrétaire perpétuel Régnier Desmarais. A l'autre extrémité de la table s'assirent les deux récipiendaires. Tout autour des académiciens, se rangèrent debout les auditeurs que la curiosité avait appelés à cette séance. Nommé le premier, l'abbé Bignon se leva et prononça fort noblement son discours, qui, dit le *Mercure galant,* charma l'assemblée. « Elle n'admirait pas moins l'ordre et la liaison ingénieuse de chaque matière, que la beauté de l'expression et le tour agréable des pensées (1). » Ce discours fut couvert d'applaudissements. Comme l'abbé Bignon finissait de parler, l'archevêque de Paris vint prendre séance. A la vue de l'enthousiasme de l'assemblée, il exprima le regret d'être arrivé trop tard pour entendre un si beau morceau d'éloquence. De toutes parts on pria l'abbé Bignon de recommencer sa lecture; l'archevêque joignit ses prières à celles de l'assemblée. L'abbé Bignon recommença son discours, et la seconde fois l'applaudissement fut encore plus fort que la première. L'on ne trouvait à cet admirable discours d'autre défaut que d'être trop court. Enfin, quand on se fut rassasié de faire des compliments à l'abbé Bignon, la Bruyère put commencer « sa longue et ennuyeuse harangue ».

« Quelle différence, s'écrie le *Mercure galant,* des deux discours qui ont été prononcés le même jour, et des manières des deux orateurs! » Il y avait cependant une ressemblance remarquable entre les deux récipiendaires et leur remerciement à l'Académie : élus tous les deux et en même temps par la protection de Pontchartrain, ils ne remercièrent pas Pontchartrain; ils savaient l'un et l'autre ce qui était arrivé à M. de Tourreil, et ils se gardèrent de tomber dans ce piège. Pour le reste la différence, comme le dit le *Mercure,* est fort grande.

---

(1) Juin 1693, p. 259, 260.

La Bruyère (1) parle de certains académiciens qui, n'ayant jamais rien écrit, annonçaient la veille de leur réception, qu'ils n'avaient qu'un mot à dire et qu'un moment à parler; cela suffisait bien pour des hommes d'un nom et d'un mérite si distingués. L'abbé Bignon semble avoir été de ce nombre (2). Facile et bref, son discours n'est d'un bout à l'autre qu'un compliment flatteur. D'après lui, tous les académiciens sans exception sont des hommes de génie, chacun dans leur genre, des héros dans l'empire des lettres, qui font revivre en nos jours ce qu'Athènes et Rome ont eu de plus merveilleux. Quant à lui, il n'a d'autre mérite que son admiration vive et sincère pour eux. « Pardonnez, Messieurs, à ces transports. Le désordre où me jette l'honneur que vous me faites est le plus fidèle interprète des sentiments que vos bontés m'inspirent. » Voilà tout le discours.

La Bruyère le prit sur un autre ton. Il avait lu l'histoire de l'Académie ; il entama ce tissu de louanges qu'exigeaient le devoir et la coutume, par le caractère du cardinal de Richelieu. Puis il s'écria : « Comparez-vous, si vous l'osez, au grand Richelieu, hommes dévoués à la fortune (3), qui par le succès de vos affaires particulières vous jugez dignes que l'on vous confie les affaires publiques, qui vous donnez pour des génies heureux et pour de bonnes têtes (4); qui dites que vous ne savez rien, que vous n'avez jamais lu, que vous ne lirez point, ou pour marquer l'inutilité des sciences, ou pour paraître ne rien devoir aux autres, mais puiser tout de votre fonds. Apprenez que le cardinal de Richelieu a su, qu'il a lu : je ne dis pas qu'il n'a point eu d'éloignement pour les gens de lettres, mais qu'il les a aimés, caressés, favorisés, qu'il leur a ménagé des privilèges, qu'il leur destinait des pensions, qu'il les a réunis en une compagnie célèbre, qu'il en a fait l'Académie française. »

« Une circonstance essentielle à la justice que l'on doit aux autres (5), c'est de la faire promptement et sans différer : la faire attendre, c'est injustice. » Il ne la fit pas attendre, ni à Gourville et aux Fauconnets, ni à l'Académie et aux amis de l'érudition. « Oui, dit-il, hommes riches et ambitieux, contempteurs de la vertu et de toute association qui

---

(1) Préface du discours.
(2) *Recueil des harangues à Messieurs de l'Académie.*
(3) Chap. XII, n°s 17, 18, 19, 20, 21.
(4) Chap. XI, n° 67.
(5) Chap. XII, n° 81, 8° éd.

ne roule pas sur les établissements et sur l'intérêt, celle-ci est une des pensées de ce grand ministre, né homme d'État, dévoué à l'État, esprit solide, éminent, capable dans ce qu'il faisait des motifs les plus relevés et qui tendaient au bien public comme à la gloire de la monarchie ; incapable de concevoir jamais rien qui ne fût digne de lui, du prince qu'il servait, de la France à qui il avait consacré ses méditations et ses veilles. Il savait quelle est la force et l'utilité de l'éloquence (1), quels sont les fruits de l'histoire et de la poésie, quelle est la nécessité de la grammaire, et que pour conduire ces choses à un degré de perfection qui les rendît avantageuses à la république, il fallait dresser le plan d'une compagnie où la vertu seule fût admise, le mérite placé, l'esprit et le savoir rassemblés par des suffrages. N'allons pas plus loin : voilà vos principes, Messieurs, et votre règle, dont je ne suis qu'une exception. »

Quelque avides de louanges que fussent les académiciens, il y avait là de quoi les satisfaire ; cependant, s'il faut en croire le *Mercure galant*, ils ne furent pas satisfaits. On soupçonnait quelque venin dans le dernier mot de cette tirade éloquente, *in cauda venenum;* cette exception rappelait le scorpion dont avait parlé M. le doyen en recevant M. de Tourreil. On voyait bien que la Bruyère n'allait pas de franc jeu en faisant l'éloge de l'Académie : ces louanges étaient trop exagérées pour être sincères. La comparaison de l'Académie française avec le concile de Nicée a bien l'air d'une mauvaise plaisanterie. Qu'est-ce que la petite réunion des amis de Conrart auprès de la première et la plus grande assemblée générale de l'Église ? La Bruyère a beau dire que cette comparaison n'était pas injurieuse (2), on sent l'aiguillon de la plus cruelle ironie sous ces fleurs de rhétorique ; et bon nombre d'académiciens eurent lieu de craindre que leur nouveau confrère, si rudement repoussé par eux, enfin reçu malgré eux, ne voulût à son tour se moquer d'eux.

Ces craintes s'accrurent quand on vit l'orateur faire des éloges personnels (3), ou « des caractères qui louent », des sept académiciens auxquels il se croyait redevable de son élection. On lui pardonnait l'éloge de Régnier Desmarais, versé comme lui dans les langues anciennes et modernes, et qui venait de faire de la *Pratique de la per-*

---

(1) Cf. Discours de l'abbé de la Chambre en réponse à Boileau, 1684.
(2) Préface du discours de la Bruyère.
(3) Préface du discours à Messieurs de l'Académie.

fection chrétienne, par le père Rodriguez, « une traduction que le plus bel esprit pourrait avouer et que le plus pieux personnage devrait désirer d'avoir faite ». On lui pardonnait aussi l'éloge de Segrais, qui avait traduit l'*Énéide* de Virgile et fait des romans courts et vraisemblables. On lui pardonnait enfin le caractère de la Fontaine : « Plus égal que Marot et plus poète que Voiture, il a le jeu, le tour et la naïveté de tous les deux; il instruit en badinant, persuade aux hommes la vertu par l'organe des bêtes, élève des petits sujets jusqu'au sublime : homme unique dans son genre d'écrire ; toujours original, soit qu'il invente, soit qu'il traduise ; qui a été au delà de ses modèles, modèle lui-même difficile à imiter. » Qu'y avait-il à répondre à ce portrait du vieux poète? Que c'était une *amende honorable,* une réparation bien méritée (1). Les victimes de Boileau furent peu flattées d'entendre la Bruyère louer ses vers, forts et harmonieux, faits de génie quoique travaillés avec art, et affirmer qu'on y remarquait une critique sûre, judicieuse et innocente, s'il est permis du moins de dire de ce qui est mauvais qu'il est *mauvais*. Mais ce qui fut le plus difficile à écouter, ce fût le portrait de Racine, surtout la conclusion : « Quelques-uns ne souffrent pas que Corneille, le grand Corneille, lui soit préféré ; quelques autres, qu'il lui soit égalé : ils en appellent à l'autre siècle ; ils attendent la fin de quelques vieillards qui, touchés indifféremment de tout ce qui rappelle les premières années, n'aiment peut-être dans *Œdipe* que le souvenir de leur jeunesse. » Les parents et les amis de Corneille frémissaient de colère. Les courtisans de l'archevêque de Paris, à qui l'Académie venait de rendre un si bel hommage, enregistré dans ses annales, ne furent pas moins irrités en entendant appeler Bossuet *un Père de l'Église*. L'éloge même de M. de Fénelon ne laissa pas de blesser messieurs de l'Académie, parce que le récipiendaire les engageait à profiter des leçons que leur avait faites avec tant de politesse le précepteur de Mgr le duc de Bourgogne.

Une fois les esprits irrités, rien ne put adoucir leur aigreur envers l'orateur. Tout les choque en son discours, tout leur déplaît en sa personne, tout augmente leur antipathie pour lui. S'il les désigne clairement, ils sont offensés de la malignité de ses louanges; s'il ne les désigne pas en les louant, ils se plaignent d'éloges qui s'appli-

---

(1) *Notice biographique sur la Fontaine,* par P. Mesnard, p. 187-188.

quent à tout le monde. S'il parle d'un seul homme, qui au don des langues joint le double talent de savoir avec exactitude les choses anciennes et de narrer celles qui sont nouvelles avec autant de simplicité que de vérité, il n'a pas besoin d'en dire plus, c'est Eusèbe Renaudot ; on sait pourquoi la Bruyère le signale à l'admiration publique : la lettre de Pontchartrain a fait ce miracle. Quant aux orateurs diserts qui ont semé dans la chaire (1) toutes les fleurs de l'éloquence, et qui avec une saine morale ont employé tous les tours et toutes les finesses de la langue ; quant aux érudits qui vont fouiller dans les archives de l'antiquité et en retirent des choses ensevelies dans l'oubli, sans jamais s'égarer d'une année, quelquefois d'un seul jour sur tant de siècles ; quant aux hommes habiles, pleins d'esprit et d'expérience, qui placent heureusement et avec succès dans les négociations les plus délicates les talents qu'ils ont de bien parler et de bien écrire ; quant aux autres enfin, qui prêtent leurs soins et leur vigilance aux affaires publiques après les avoir employés aux judiciaires avec une égale réputation, tous se trouvent au milieu de vous, dit-il, et je souffre à ne pas les nommer. » Comme il devait observer en ce moment la physionomie de ceux qui auraient voulu être nommés ! Pour ne pas fatiguer leur patience, il continue : « Si vous aimez le savoir joint à l'éloquence, vous n'attendrez pas longtemps : réservez seulement toute votre attention pour celui qui parlera après moi. Que vous manque-t-il enfin ? Vous avez des écrivains habiles en l'une et l'autre oraison ; des poètes en tout genre de poésies, soit morales, soit chrétiennes, soit héroïques, soit galantes et enjouées ; des imitateurs des anciens ; des critiques austères ; des esprits fins, délicats, subtils, ingénieux, propres à briller dans les conversations et dans les cercles. Encore une fois à quels hommes, à quels grands sujets m'associez-vous ? » La Bruyère avait déjà posé cette question après avoir fait les portraits de la Fontaine, Boileau, Racine, Bossuet et Fénelon. On la comprenait alors ; il parlait sérieusement. Mais ici, après avoir mis en tas et pêle-mêle tous ces beaux esprits vaniteux qui ne demandent qu'à être distingués du reste des mortels, que signifie cette question : « A quels grands sujets m'associez-vous ? » Il n'y avait pas deux ans qu'on l'avait écarté, éloigné, chassé de l'Académie comme le geai paré des plumes

---

(1) Chap. XV, n°s 1, 9, 18, 21, 22, 23.

du paon ; maintenant il raille ces paons qui l'avaient insulté sur leurs fauteuils, même ce glorieux doyen qui se pavanait sous le dais et dans la pourpre et se croyait un homme éloquent ; ou du moins il les accable de compliments qui les humilient.

S'il n'eût pas félicité le digne neveu de Pontchartrain qui venait d'être tant applaudi, sa vengeance n'eût pas été complète. « Avec qui daignez-vous aujourd'hui me recevoir ? Après qui vous fais-je ce public remerciement ? Il ne doit pas néanmoins, cet homme si louable et si modeste, appréhender que je le loue : si proche de moi, il aurait autant de facilité que de disposition à m'interrompre. Je vous demanderai plus volontiers : « A qui me faites-vous succéder ? » A un homme *qui avait de la vertu.* » C'était donc un titre académique que d'avoir de la vertu, surtout quand on n'en avait pas d'autres (1). La Bruyère était heureux de le constater. Alors il fait sérieusement l'éloge de la vertu de M. l'abbé de la Chambre, sans oublier son mérite héréditaire : car cet homme si pieux, si tendre, si charitable, curé de Saint-Barthélemy, était le fils de Cureau de la Chambre, auteur des *Caractères des passions,* que notre moraliste n'estimait guère (2) ; de ce médecin du chancelier Séguier, qui l'avait pris, ainsi que l'Académie française, sous sa protection. L'éloge du chancelier par la Bruyère est grave, doux et facile comme ce vieux magistrat, mais il ne sert que de transition à l'éloge du nouveau protecteur dont l'Académie était si fière, et que le moraliste ne pouvait traiter légèrement : « Avec quelle bonté, avec quelle humanité ce magnanime prince vous a-t-il reçus ! N'en soyons pas surpris ; c'est son caractère : le même, Messieurs, que l'on voit éclater dans toutes les actions de sa belle vie, mais que les surprenantes révolutions (3) arrivées dans un royaume voisin et allié de la France ont mis dans le plus beau jour qu'il pouvait jamais recevoir. »

La Bruyère était au point le plus difficile de son discours ; ses ennemis dressèrent l'oreille : comment allait-il s'en tirer ? Il raconta simplement ce qu'il avait vu de la réception fort touchante du roi et de la reine d'Angleterre par Louis XIV. Mais que va dire le maître de politique de M. le Duc des desseins du roi dans la guerre

---

(1) Cf. notre chap. XXXV.
(2) Cf. *Discours sur Théophraste.*
(3) Les révolutions d'Angleterre.

qu'il soutient contre l'Europe entière ? — « Si le roi soutient cette longue guerre, n'en doutons pas, c'est pour nous donner une paix heureuse, c'est pour l'avoir à des conditions qui soient justes et qui fassent honneur à la nation, qui ôtent pour toujours à l'ennemi l'espérance de nous troubler par de nouvelles hostilités. Que d'autres publient, exaltent ce que ce grand roi a exécuté, ou par lui-même, ou par ses capitaines, durant le cours de ces mouvements dont toute l'Europe est ébranlée : ils ont un sujet vaste et qui les exercera longtemps. Que d'autres augurent, s'ils le peuvent, ce qu'il veut achever dans cette campagne. Je ne parle que de son cœur, que de la pureté et de la droiture de ses intentions. » Ainsi la Bruyère sans se compromettre sort du passage dangereux. — Mais comment ose-t-il parler des intentions du roi ? — « Elles sont connues, elles lui échappent. On le félicite sur des titres d'honneur dont il vient (1) de gratifier quelques grands de son État : que dit-il ? Qu'il ne peut être content quand tous ne le sont pas, et qu'il lui est impossible que tous le soient comme il le voudrait. Il sait, Messieurs, que la fortune d'un roi est de prendre des villes, de gagner des batailles, de reculer ses frontières, d'être craint de ses ennemis (2) ; mais que la gloire du souverain consiste à être aimé de ses peuples, en avoir le cœur, et par le cœur tout ce qu'ils possèdent. » Et alors la Bruyère fait une bergerie, c'est-à-dire une peinture de l'âge d'or, mis à la portée des Français du dix-septième siècle (3) ; le roi, dit-il, regardait ses provinces éloignées et ses provinces voisines avec des yeux tendres et pleins de douceur. Voilà l'attitude qu'il prête à Louis XIV, au moment le plus terrible de la guerre de la ligue d'Augsbourg : quand la France succombe sous les fardeaux dont on l'accable (4), il prétend que le roi veut rendre à ses peuples avec la paix et les fruits de la paix la joie et la sérénité. Lorsque Bayle lut en Hollande le discours de la Bruyère (5), il le trouva « d'un style fort singulier, peu conforme aux règles du dégagement des périodes et des équivoques de nos nouveaux grammairiens, mais plein d'idées qui en peu de mots renferment de grands objets ».

(1) *Mémoires de Dangeau*, t. IV, p. 281, 282.
(2) Chap. x, nos 26, 27, 28, 31.
(3) Chap. x, n° 21.
(4) Chap. x, n° 29.
(5) Lettre de Bayle à J.-A. Turretini, ou Janicon, tirée d'un mémoire de M. Janet. Cf. p. 769, juin 1875, *Séances et travaux de l'Académie des sciences morales et politiques*.

Alors la Bruyère loue Pontchartrain comme M. de Tourreil ne l'avait pas loué. « C'est pour arriver à ce comble de ses souhaits, la félicité commune, que le roi se livre aux travaux et aux fatigues d'une guerre pénible, qu'il essuie l'inclémence du ciel et des saisons, qu'il expose sa personne, qu'il risque une vie heureuse : voilà son secret et les vues qui le font agir; on les pénètre, on les discerne par les seules qualités de ceux qui sont en place et qui l'aident de leurs conseils. Je ménage leur modestie : qu'ils me permettent seulement de remarquer qu'on ne devine point les projets de ce sage prince; qu'on devine au contraire, qu'on nomme les personnes qu'il va placer (1), et qu'il ne fait que confirmer la voix du peuple dans le choix qu'il fait de ses ministres. Il ne se décharge pas entièrement sur eux du poids de ses affaires; lui-même, si je l'ose dire, il est son principal ministre. Toujours appliqué à nos besoins, il n'y a pour lui ni temps de relâche ni heures privilégiées, déjà la nuit s'avance, les gardes sont relevées aux avenues de son palais, les astres brillent au ciel et font leur course ; toute la nature repose, privée du jour, ensevelie dans les ombres ; nous reposons aussi, tandis que ce roi, retiré dans son balustre, veille seul sur nous et sur tout l'État. Tel est, Messieurs, le protecteur que vous vous êtes procuré, celui de ses peuples. » Quand la Bruyère écrivit et prononça ce discours, le roi n'était pas à Versailles, il était encore en Flandre à la tête de son armée ; mais Pontchartrain, chargé de l'administration générale des affaires, ne voulait pas qu'on parût s'apercevoir de l'absence du roi. Il sut gré à la Bruyère d'avoir dit qu'il n'y avait pas de premier ministre, et d'avoir si bien ménagé non seulement sa modestie, mais encore toutes les délicatesses de sa politique, en attribuant au roi seul la protection des peuples.

Il y avait quelque ridicule dans l'affectation de l'Académie à nommer sans cesse le roi son protecteur, comme s'il ne l'était pas aussi de tous ses sujets; la Bruyère profita de l'occasion pour régler ses comptes avec messieurs les académiciens. « Vous m'avez admis dans une compagnie illustrée par une si haute protection. Je ne le dissimule pas, j'ai assez estimé cette distinction pour désirer de l'avoir dans toute sa fleur et dans son intégrité, je veux dire de la devoir à votre seul choix ; et j'ai mis votre choix à tel prix, que je n'ai pas osé en blesser, pas même en effleurer la liberté, par une importune sollicitation.» Voilà

---

(1) Chap. x, n° 23.

ce que Th. Corneille ne pouvait supporter. Mais la Bruyère continua sans s'émouvoir du dépit (1) des Théobaldes; et prit même un plaisir dont nous voudrions douter à provoquer et à braver les colères de leur vanité outragée. « J'avais une juste défiance de moi-même, je sentais de la répugnance à demander d'être préféré à d'autres qui pouvaient être choisis. J'avais cru entrevoir, Messieurs, une chose que je ne devais avoir aucune peine à croire, que vos inclinations se tournaient ailleurs, sur un sujet digne, sur un homme rempli de vertus, d'esprit et de connaissances, qui était tel avant le poste de confiance qu'il occupe, et qui serait tel encore s'il ne l'occupait plus. Je me sens touché, non de sa déférence, je sais celle que je lui dois, mais de l'amitié qu'il m'a témoignée jusques à s'oublier en ma faveur. Un père mène son fils à un spectacle : la foule y est grande, la porte est assiégée; il est haut et robuste, il fend la presse; et comme il est près d'entrer, il pousse son fils devant lui, qui, sans cette précaution, ou n'entrerait point, ou entrerait tard. Cette démarche d'avoir supplié quelques-uns de vous, comme il a fait, de détourner vers moi leurs suffrages, qui pouvaient si justement aller à lui, elle est rare, puisque dans ces circonstances elle est unique, et elle ne diminue rien de ma reconnaissance envers vous, puisque vos voix seules, toujours libres et arbitraires, donnent une place dans l'Académie. » Jamais les académiciens qui avaient malgré eux voté en faveur de la Bruyère, pour obéir à Pontchartrain, ne pardonnèrent cette moquerie au plus indigne et au plus ingrat de leurs confrères. Eh! qu'importe à M. de la Loubère, homme fin et entendu, pourvu qu'il entre dans leur illustre compagnie? Si M. de la Bruyère se moque de lui en le comparant à un père qui mène son fils à un spectacle, c'est qu'il le considère déjà comme un académicien. Le chansonnier diplomate tirait autant de vanité que de distinction d'avoir su par son industrie faire son chemin en tous pays (2).

Il restait encore dans cette coupe de vérités amères que la Bruyère avait préparée pour messieurs de l'Académie une dernière goutte de lie à boire, la plus amère de toutes. « Cette place à l'Académie, vous me l'avez accordée, Messieurs, et de si bonne grâce, avec un consentement si unanime, que je la dois et la veux tenir de votre seule magnificence. Il n'y a ni poste, ni crédit, ni richesses, ni titres, ni autorité,

---

(1) *Mercure galant*, p. 273 du n° de juin 1693.
(2) Chap. II, n° 26.

ni faveur qui aient pu vous plier à faire ce choix : je n'ai rien de toutes ces choses, tout me manque. Un ouvrage qui a eu quelque succès par sa singularité, et dont les fausses, je dis les fausses et malignes applications pouvaient me nuire auprès des personnes moins équitables et moins éclairées que vous, a été toute la médiation que j'ai employée, et que vous avez reçue. Quel moyen de me repentir jamais d'avoir écrit? » Le discours finit sur cet aveu plein de malice. On comprend que les académiciens n'aient point applaudi la Bruyère comme ils avaient applaudi l'abbé Bignon.

En lisant aujourd'hui le discours de Charpentier, on sent encore l'embarras où il était pour répondre à la Bruyère. Ainsi qu'il y était obligé, il répond d'abord à l'abbé Bignon. Une petite page lui suffit pour vanter les qualités personnelles du jeune récipiendaire : il ne parle pas de ses ouvrages, puisqu'il n'avait rien écrit. Il s'étend pendant six grandes pages sur les talents et les ouvrages de ses ancêtres, et sur les mérites de toute sa famille. Ensuite il entonne un hymne de louanges en l'honneur de l'Académie, et s'efforce pendant quatre pages de prouver qu'elle a seule le droit de louer Louis XIV, son protecteur. Deux petites pages sèches et froides suffisent pour féliciter la Bruyère d'être admis dans son sein. Il considère le moraliste comme un traducteur et un imitateur de Théophraste; naturellement il donne sa préférence à l'auteur des *Caractères* grecs. « Théophraste, dit-il, a traité la chose d'un air plus philosophique : il n'a envisagé que l'universel; vous êtes plus descendu dans le particulier. Vous avez fait vos portraits d'après nature; lui n'a fait les siens que sur une idée générale. Vos portraits ressemblent à de certaines personnes, et souvent on les devine; les siens ne ressemblent qu'à l'homme. Cela est cause que ses portraits ressembleront toujours : mais il est à craindre que les vôtres ne perdent quelque chose de ce vif et de ce brillant qu'on y remarque, quand on ne pourra plus les comparer avec ceux sur qui vous les avez tirés. Cependant il vous sera toujours glorieux d'avoir attrapé si parfaitement les grâces de votre modèle, que vous laissiez à douter si vous ne l'avez pas surpassé. » C'est pourquoi l'Académie a reçu la Bruyère, afin qu'il fût une preuve vivante que les écrivains modernes, comme disait Perrault, peuvent égaler et même surpasser les anciens. Théodecte termine son discours en célébrant d'une voix tonnante la gloire littéraire du siècle de Louis le Grand.

Cela ne suffisait pas pour apaiser ceux que la Bruyère avait si cruellement offensés. Charpentier avait plutôt aigri leurs peines en voulant les soulager, et ses vaines consolations n'avaient été pour eux que des amertumes nouvelles. « Il est vrai que le discours de la Bruyère déplut beaucoup. Ceux même qu'il avait le plus loués s'en plaignirent, par considération pour ceux qu'il avait laissés dans l'oubli. » Ainsi parlait l'abbé d'Olivet vers le milieu du dix-huitième siècle, quand toutes les passions soulevées par ce discours étaient endormies et toutes les rancunes éteintes ; mais au dix-septième siècle, dans le feu de la colère on s'exprimait plus vivement. « Tout le monde disait, écrit l'abbé Bourdelot (1), que M. l'abbé Bignon fit assez bien et la Bruyère très mal. » Quelques-uns, qui avaient assisté à la séance, dirent sèchement, en sortant, que M. de la Bruyère avait fait des caractères, pour laisser entendre qu'il avait fait des portraits ou des satires personnelles ; et l'on se crut autorisé par ce discours, où il y a vraiment des portraits et « des caractères qui louent », à ne voir que des portraits satiriques dans le livre sur les mœurs de ce siècle. Jamais on ne fabriqua plus de clefs qu'en ce moment. Ce fut une véritable débauche de fausses et malignes applications. On savait que rien ne pouvait être plus désagréable à l'auteur : c'était un moyen trop facile de se venger de lui et de son discours. Pour les Théobaldes les *Caractères* devinrent un objet de dérision à la ville et à la cour.

« *Je viens d'entendre*, a dit Théobalde, *une grande vilaine harangue qui m'a fait bâiller vingt fois, et qui m'a ennuyé à la mort.* Voilà ce qu'il a dit, et voilà ensuite ce qu'il a fait, lui et peu d'autres qui ont cru devoir entrer dans les mêmes intérêts. Ils partirent pour la cour le lendemain de la prononciation de ma harangue ; ils allèrent de maisons en maisons ; ils dirent aux personnes auprès de qui ils ont accès que je leur avais balbutié la veille un discours où il n'y avait ni style ni sens commun, qui était rempli d'extravagances, et une vraie satire. Revenus à Paris, ils se cantonnèrent en divers quartiers, où ils répandirent tant de venin contre moi, s'acharnèrent si fort à diffamer cette harangue, soit dans leurs conversations, soit dans les lettres qu'ils écrivirent à leurs amis dans les provinces, en dirent tant de mal, et le persuadèrent si fortement à qui ne l'avait pas entendue, qu'ils crurent pouvoir insinuer au public, ou que les caractères faits

---

(1) C'est le neveu du médecin de Condé.

de la même main étaient mauvais, ou que s'ils étaient bons, je n'en étais pas l'auteur, mais qu'une femme de mes amis m'avait fourni ce qu'il y avait de plus supportable. » On a beaucoup discuté pour savoir quelle était cette femme. Suivant nous, dans l'esprit des Théobaldes, c'est Mme de la Fayette, qui venait de mourir, dont le nom était alors dans toutes les bouches et qu'on avait accusée jadis d'avoir fait une partie des *Maximes* de la Rochefoucauld. On pourrait aussi nommer ici Mlle de Scudéry, dont les ouvrages sont pleins de caractères semblables à ceux qu'on prétendait trouver dans la Bruyère. Mais selon la Bruyère, peu importe : c'est faire trop d'honneur au paradoxe des Théobaldes que de lui supposer la moindre vérité. Peut-être les Théobaldes eux-mêmes ne tenaient-ils pas beaucoup à leur hypothèse. Tout ce qu'ils ont voulu dire, c'est que la Bruyère avait fait de mauvais caractères, et qu'il était incapable d'en faire de bons. En effet, ils prononcèrent aussi, continue-t-il, que je n'étais pas capable de rien faire de suivi, pas même la moindre préface : tant ils estimaient impraticable à un homme même qui est dans l'habitude de penser, et d'écrire ce qu'il pense, l'art de lier ses pensées et de faire des transitions.

« Ils firent plus : violant les lois de l'Académie française, qui défend aux académiciens d'écrire ou de faire écrire contre leurs confrères, ils lâchèrent sur moi deux auteurs associés à une même gazette; ils les animèrent, non pas à publier contre moi une satire fine et ingénieuse, ouvrage trop au-dessous des uns et des autres, *facile à manier et dont les moindres esprits se trouvent capables,* mais à me dire de ces injures grossières et personnelles, si difficiles à rencontrer, si pénibles à prononcer ou à écrire, surtout à des gens à qui je veux croire qu'il reste encore quelque pudeur et quelque soin de leur réputation. » Il s'agit ici de l'article qui parut dans le numéro de juin 1693 du *Mercure galant*. « Quand j'ai à vous rendre compte du succès qu'eut le compliment que M. de la Bruyère fit à l'Académie, votre surprise sera grande de me voir sortir de mon caractère; mais j'espère que vous voudrez bien me faire la grâce de suspendre votre jugement jusqu'à la fin de cet article. M. de la Bruyère a fait une traduction des *Caractères* de Théophraste, et il y a joint un recueil de portraits satiriques, dont la plupart sont faux, et les autres tellement outrés, qu'il a été aisé de reconnaître qu'il a voulu faire réussir son livre à force de dire du mal de son prochain... Ce n'est qu'un amas de pièces détachées, qui ne peut faire connaître si celui qui les a faites, aurait assez de génie et de lumières pour bien conduire un ouvrage qui serait suivi. Rien de plus aisé que de faire trois ou quatre pages d'un portrait, qui ne demande point d'ordre, et il n'y a point de génie si borné qui ne soit capable de coudre ensemble quelques médisances de son prochain, et d'y ajouter ce qui lui paraît capable de faire rire. Ainsi il n'y a pas lieu de croire qu'un pareil recueil, qui choque les bonnes mœurs, ait fait obtenir à M. de la Bruyère la place qu'il a dans l'Académie. Il a peint les autres dans son amas d'invectives ; et dans le discours qu'il a prononcé, il s'est peint lui-même, et après avoir tâché de prouver que les places de l'Académie ne se donnaient qu'au mérite, il a dit que la sienne ne lui avait coûté aucunes sollicitations, aucune démarche, quoiqu'il soit constant qu'il ne l'ait obtenue que par les plus fortes brigues qui aient jamais été faites... Je suis fâché du chagrin que cet article pourra donner à M. de la Bruyère. Cependant, je le répète, il aura tort s'il se plaint, puisque c'est lui qui est l'agresseur. Quand il calomnie toute la terre, il ne doit pas vouloir empêcher une légère ébauche de ce qu'on lui répondra, s'il réplique ou s'il ajoute le moindre mot dans son livre à ce que sa vanité lui fait dire de gaieté de cœur contre moi, qui ne me suis rendu digne par aucun endroit des plaisanteries qui l'ont réjoui. Quand on insulte les autres, il faut être préparé à tout, et ne pas donner la comédie au public en se fâchant comme des enfants, qui ont souvent peur quoiqu'on ne fasse que les regarder. » On voit bien que de Visé est sorti de son caractère. Dans son emportement, il nous donne une foule de détails bien curieux sur la Bruyère, sur le succès de sa première édition, sur les critiques de Longepierre, homme de lettres du comte de Toulouse, sur les efforts que l'on fit auprès du roi pour intéresser sa piété en faveur des honnêtes gens et des bonnes mœurs contre les privilèges de la médisance et de la satire, enfin sur la *Réponse aux Caractères des mœurs*, commencée en 1689, et qu'il fallut abandonner en 1690 après la mort de Mme la Dauphine. L'article, composé par Thomas Corneille et de Visé, finit par une menace qui n'intimida point la Bruyère, « de le châtier plus sévèrement, s'il osait leur répondre le moindre mot ». Les Théobaldes avaient là de bien mauvais défenseurs.

« Ils sont encore allés plus loin ; car palliant d'une politique zélée le chagrin de ne se sentir pas à leur gré si bien loués et si longtemps que chacun des autres académiciens, ils ont osé faire des applications délicates et dangereuses de l'endroit de ma harangue où, m'exposant seul à prendre le parti de toute la littérature contre leurs plus irréconciliables ennemis, gens pécunieux, que l'excès d'argent ou qu'une fortune faite par de certaines voies, jointe à la faveur des grands, qu'elle leur attire nécessairement, mène jusqu'à une froide insolence, je leur fais à la vérité à tous une vive apostrophe, mais qu'il n'est pas permis de détourner de dessus eux pour la rejeter sur un seul, et sur tout autre. » Nous avons vu quels étaient ces gens pécunieux, ces financiers les plus irréconciliables ennemis de la littérature. Inutile de revenir sur ce point, mais quel était cet homme seul, et tout autre, qu'on l'accusait d'avoir pris à partie dans cet endroit de sa harangue où il le compare à Richelieu? N'était-ce pas le contrôleur général des finances et ministre de la marine, M. de Pontchartrain? A qui pouvait-on faire, si ce n'est à M. de Pontchartrain, ces applications délicates et dangereuses? Dès lors la Bruyère était plus coupable que M. de Tourreil, puisque, au lieu de louanges méritées, il adressait à son protecteur les reproches les plus sanglants et les plus injustes. En effet, par ce tour ingénieux, Pontchartrain était représenté comme un ministre ennemi des gens de lettres et de l'Académie, comme un politique ambitieux, contempteur de la vertu et de toute association qui ne roule pas sur les établissements et sur l'intérêt ; comme un de ces hommes qui savent les affaires sans avoir jamais étudié, se moquent de l'utilité des sciences, paraissent ne rien devoir aux autres, mais puisent tout de leur propre fonds. Quel amas d'invectives et de mensonges! Assurément, puisque l'on avait supprimé à l'impression l'éloge que M. de Tourreil avait fait de M. de Pontchartrain, il fallait supprimer tout le discours de la Bruyère, qui n'était qu'une satire odieuse et criminelle. L'abbé Bignon, dit la Bruyère, « fut prié, sollicité, persécuté de consentir à l'impression de sa harangue par ceux qui voulaient supprimer la mienne et en éteindre la mémoire; mais il leur résista toujours avec fermeté. *Il leur dit qu'il ne pouvait ni ne devait approuver une distinction si odieuse qu'ils voulaient faire entre lui et moi; que la préférence qu'ils donnaient à son discours avec cette affectation et cet empressement qu'ils lui marquaient, bien loin de l'obliger, comme ils pouvaient le croire, lui faisait au contraire une véritable peine; que deux discours également innocents, prononcés dans le même jour, devaient être imprimés dans le même temps.* Il s'expliqua ensuite obligeamment, en public et en particulier, sur le violent chagrin qu'il ressentait de ce que les deux auteurs de la gazette que j'ai cités, avaient fait servir les louanges qu'il leur avait plu de lui donner à un dessein formé de médire de moi, de mon discours et de mes *Caractères;* et il me fit, sur cette satire injurieuse, des explications et des excuses qu'il ne me devait point. »

S'il faut en croire certaines chansons de cette époque (1), les vengeurs de la gloire de Corneille demandèrent à l'Académie de supprimer au moins, dans le discours de la Bruyère, le passage où il sacrifiait à Racine Corneille, le grand Corneille, qui dans la poésie dramatique effaçait tous les autres noms. Des épigrammes racontent que le dévot Racine repoussa vivement cette prétention des Théobaldes ; un commentateur ajoute : « Bénigne Bossuet vint dire à l'Académie que M. Racine ne paraîtrait plus à ses séances et se plaindrait au roi, si le discours de M. de la Bruyère n'était pas imprimé dans son entier. » Mais tout cela, ce sont des chansons. La Bruyère rapporte lui-même : « L'Académie, assemblée extraordinairement, adopta ma harangue, la fit imprimer par son libraire et la mit dans ses archives. »

Le plus grand danger pour la Bruyère ne venait pas de l'Académie. « Je ne sais si vous avez lu le remerciement de M. de la Bruyère à l'Académie ; il a fait du bruit ici (à Versailles) ; il a été lu à un dîner du roi à Marly. Il y a quelques portraits assez vivement touchés. » Cette nouvelle, que nous trouvons dans une lettre de Bourdelot à l'abbé Nicaise en date du 25 juillet 1693 (2), se trouve confirmée par les *Dépêches du Parnasse, ou la Gazette des savants*, que V. Minutoli publiait à Genève. On était alors dans une saison extrêmement soupçonneuse. L'on avait cru que Louis XIV, qui se trouvait en Flandre à la tête de deux armées, allait écraser Guillaume d'Orange, qui s'était retranché dans son camp de l'abbaye du Park près de Louvain ; mais il avait subitement pris le parti d'envoyer Monseigneur le Dauphin avec une armée en Allemagne, et il était revenu à Versailles avec les dames le 26 juin, laissant au maréchal de Luxembourg une armée suffisante pour contenir le prince d'Orange. Le roi était convaincu comme il l'écrivit à Monsieur, son frère, que ce parti pouvait plus efficacement procurer le rétablissement de la paix que tout

---

(1) Cf. *Chansonnier Maurepas*, t. VII, fol. 431-449.
(2) Bibliothèque nationale, Mss. fonds français, n° 9360, publiée par Servois. — Éd. Fournier, p. 202.

autre qu'il aurait pu prendre, quelque éclatant qu'il pût être.« L'effet de cette retraite, dit Saint-Simon (1), fut incroyable, jusque parmi les soldats, et même parmi les peuples. Luxembourg, au désespoir de voir échapper une si glorieuse et si facile campagne, se mit à genoux devant le roi et ne put rien obtenir. Mᵐᵉ de Maintenon craignait les absences du roi ; ses larmes et ses lettres l'emportèrent sur les plus puissantes raisons d'État. Les ennemis ne purent cacher leur surprise et leur joie. Tout ce qui revenait des ennemis n'était guère plus scandaleux que ce qui se disait dans les armées, dans les villes, à la cour même, par des courtisans ordinairement si avides de se retrouver à Versailles, mais qui se faisaient honneur d'en être honteux. » Les plus mauvais bruits circulaient de tous côtés, lorsque le roi se fit lire à Marly le discours de la Bruyère à l'Académie française, sinon tout entier, au moins les passages que l'on avait crus capables de blesser Sa Majesté ou Mᵐᵉ de Maintenon. Heureusement on n'y trouva rien à dire : et « Marly, où la curiosité de l'entendre s'était répandue (2), n'a point retenti d'applaudissements que la cour ait donnés à la critique qu'on en avait faite. » Désormais, pendant que le roi, retiré dans son balustre, veillera sur tout l'État, la Bruyère pourra dormir en repos.

M. le Prince, laissant à l'armée de Flandre M. le Duc et le prince de Conti, était revenu avec le roi et les dames. Pendant quelque temps il dut être inquiet sur la manière dont on prendrait à la cour les considérations politiques de la Bruyère dans son discours à messieurs de l'Académie ; je suppose qu'il fit plus d'une critique à l'homme de lettres de la maison de Condé : il se flattait d'être un homme de goût (3), capable de juger les ouvrages de littérature et de marquer aux écrivains le ridicule de leurs écrits. Mais quand il apprit que la Bruyère, accusé à Versailles, avait été acquitté à Marly, il ne pouvait pas décemment se montrer plus difficile que le roi et Mᵐᵉ de Maintenon. Heureux de voir que, dans un moment si périlleux, la Bruyère ne lui eût attiré sur les bras aucune affaire désagréable, il reconnut l'innocence de la harangue académique, et se contenta de faire quelques critiques littéraires, par acquit de conscience. C'est ainsi,

---

(1) Saint-Siméon, éd Boislisle, t. I, p. 229, 230.
(2) Préface du discours.
(3) *Souvenirs du président Bouhier.*

j'imagine, que le discours de la Bruyère (1) « sut franchir Chantilly, écueil des mauvais ouvrages ».

Tout le monde voulut lire le fameux discours. Deux libraires ont plaidé à qui l'imprimerait : E. Michallet, éditeur de la Bruyère, et Coignard, libraire-imprimeur de l'Académie. Ils l'imprimèrent tous les deux, et le public les mit d'accord en enlevant les deux éditions : ils finirent par faire un accommodement. Il fallut bien reconnaître aussi que le discours tant décrié par les Théobaldes avait moins mal réussi dans le public que les Théobaldes ne l'avaient espéré. « Paris, à qui on l'avait promis mauvais, satirique, insensé, se plaignit qu'on lui avait manqué de parole. » Le jugement de la cour et de la ville, dse grands et du peuple, parut favorable à la Bruyère : que pouvait-il désirer de plus ? Il prophétisa. « Je vois les temps, le public me permettra de le dire, où ce ne sera pas assez de l'approbation qu'il aura donnée à un ouvrage pour en faire la réputation : pour y mettre le dernier sceau, il sera nécessaire que certaines gens le désapprouvent, qu'ils y aient bâillé. »

Mais ces « certaines gens », furieux d'avoir été trompés, joués, bernés et persiflés, voulurent se venger sur M. de la Loubère. Le jour de son élection, sur 21 académiciens présents, il y eut 8 boules noires ; s'il y avait eu une seule boule noire de plus, M. de la Loubère était, d'après les statuts, à tout jamais exclu de l'Académie française. Il fut reçu néanmoins (24 août) ; mais, comme dit une chanson, c'est un impôt que Pontchartrain veut mettre sur l'Académie. A quelque temps de là, après l'élection du traducteur Goiband Dubois, ancien maître à danser (novembre 1693), le président Rose, en faisant part à ses collègues de l'approbation du roi, ajoutait (2) : « Je ne dois vous laisser ignorer une circonstance qui semble mériter une sérieuse attention pour l'avenir, c'est la joie que le roi a témoignée d'apprendre que vos suffrages ont été libres, et sans mélange de la moindre cabale ni recommandation étrangère. »

Quant à la Bruyère, qui voyait si bien les fautes d'autrui, il put aussi reconnaître les siennes. Boileau (3) eut le courage de lui dire que « son discours était mauvais, quoique d'ailleurs très ingénieux et

---

(1) Préface du discours à l'Académie.
(2) *Histoire de l'Académie*, par P. Mesnard, p. 40.
(3) *Bolœana, ou Entretiens de M. de Losme de Monchesnay avec M. Despréaux. Œuvres de Boileau*, édition Saint-Marc, 1747, t. V, p. 77.

parfaitement écrit, en effet, l'éloquence ne consiste pas seulement à dire de belles choses ; elle tend à persuader, et pour cela il faut dire des choses convenables aux temps, aux lieux et aux personnes ». A notre avis, c'est par là que la Bruyère avait manqué. Il avait pris le discours de Fénelon pour modèle ; mais combien, à ce point de vue, ne lui était-il pas demeuré inférieur en élévation, en facilité, en politesse ! M. de la Loubère fut offensé du rôle ridicule que la Bruyère lui avait fait jouer en le comparant à un père qui mène son fils au spectacle ; il ne pouvait pas se plaindre du compliment que le moraliste lui avait adressé en pleine Académie, de s'être oublié en sa faveur ; mais il ne le lui pardonna jamais. On ne se moque pas ainsi des gens en face, si l'on ne veut pas qu'ils s'en souviennent. Le fils de Pontchartrain, élève de Tourreil et de la Loubère, se fera un vrai plaisir de venger Théodote, Érophile et peut-être Zélie : il ne cessera de reprocher à son ami la Bruyère « ses agréables folies et ses divertissantes extravagances ».

CHAPITRE XXXVIII.

1693-1694.

Comparaison des caractères de la 8ᵉ édition avec la préface du discours à l'Académie. — Orgueil et modestie de la Bruyère. — Thomas Corneille et de Visé associés pour la rédaction du *Mercure galant.* — Médiocrité de leurs ouvrages. — Ils dénigrent les ouvrages de mœurs qui réussissent. — « C'est médisance, c'est calomnie. » Comment la Bruyère se justifie lui-même. — On reprend des endroits faibles de son livre. — Ou n'y en a-t-il pas ? — Statue équestre de Louis XIV par le Bernin. — Fontenelle, ou Cydias. — Charpentier et le caractère d'Arrias. — Protestation éloquente contre les clefs. — Antagoras, ou le chicaneur. — Le courtisan ambitieux : M. le Prince, M. de Vendôme et toute la cour fournissent différents traits à ce caractère. — Arténice, Mᵐᵉ la Duchesse; Elvire, et la duchesse du Maine. — Fagon, Esculape. — Irène vient le consulter. — Le marquis de Caretto, ou les charlatans. — Clitiphon ou de l'égoïsme, Gourville. — Des hommes de lettres, ou l'amour de la gloire. — La Bruyère reçoit de Bossuet d'éloquents conseils sur ce sujet : il renonce à écrire de nouveaux caractères et se prépare à mourir chrétiennement.

« Parchemins inventés pour faire souvenir ou pour convaincre les hommes de leur parole : honte de l'humanité (1). » « Notre bien amé Étienne Michallet... nous a fait représenter qu'en vertu de nos lettres patentes du 8 octobre 1687 pour dix années, il aurait imprimé un livre intitulé : *les Caractères de Théophraste traduits du grec, avec les caractères ou mœurs de ce siècle;* lequel il désirerait faire réimprimer avec des augmentations considérables faites par l'auteur, même y joindre la harangue qu'il a prononcée à l'Académie française. — A ces causes... nous lui permettons et continuons par ces présentes de lui permettre d'imprimer et réimprimer ledit livre et augmentations ci-dessus... pendant le temps de dix années consécutives à commencer

---

(1) Chap. XI, n° 27, § 2.

du jour de l'expiration de nos précédentes lettres de permission... »
Ainsi Michallet était parvenu, non seulement à régulariser sa position avec les lois et règlements de la librairie, et à faire approuver les énormes augmentations que la Bruyère avait introduites dans les quatrième, cinquième, sixième et septième éditions, mais encore à justifier les augmentations considérables faites par l'auteur à la huitième édition, et à obtenir un privilège qui ne devait prendre fin qu'en 1707. Jusque-là il pouvait exploiter l'esprit de la Bruyère en pleine liberté : il en avait le monopole.

Ce privilège fut enregistré le 4 du mois de mars 1694 ; d'où l'on a conclu que la huitième édition des *Caractères* ne fut imprimée qu'après cette date. L'impression commencée, on exigea de l'auteur qu'une main fût placée en marge de chacune des additions de la huitième édition, pour que les remarques nouvelles ne pussent pas échapper à l'attention du lecteur. La Bruyère ne le voulait pas, mais il s'y résigna et avertit le public que cette main était exigée de lui (1). « Lorsqu'on désire, on se rend à discrétion à celui de qui l'on espère : est-on sûr d'avoir, on temporise, on parlemente, on capitule (2). » Qu'est-ce donc que désirait la Bruyère? C'était, je suppose, d'ajouter la préface à son discours : du moins il voulait répondre aux critiques du *Mercure galant* (3) sur son ouvrage des Mœurs et sur sa harangue à messieurs de l'Académie. La huitième édition et la préface du discours s'expliquent l'une l'autre, et nous montrent comment travaillait notre auteur.

Les Théobaldes, dont le *Mercure galant* était l'organe officiel, reprochaient à la Bruyère son orgueil et son ingratitude : il se croyait digne du choix de l'Académie, et il n'avait pas adressé les remerciements qu'il devait. « J'en conviens, répondait-il; *être au comble de ses vœux de se voir académicien; protester que ce jour où l'on jouit pour la première fois d'un si rare bonheur est le jour le plus beau de sa vie; douter si cet honneur qu'on vient de recevoir est une chose vraie ou qu'on ait songée; espérer de puiser désormais à la source les plus pures eaux de l'éloquence française; n'avoir accepté, n'avoir désiré une telle place que pour profiter des lumières de tant de personnes si éclairées; promettre que, tout indigne de leur choix qu'on se reconnaît, on s'ef-*

---

(1) P. 75 de la 8ᵉ éd.
(2) Chap. XI, n° 20.
(3) N° de juin 1693.

forcera de s'en rendre digne : cent autres formules de pareils compliments dont s'étaient servis, dans leurs discours de réception (1), Thomas Corneille, l'abbé Testu de Mauroy, l'abbé de Choisy, Fontenelle, Pavillon, Tourreil, l'abbé Bignon et bien d'autres, sont-elles si rares et si peu connues que je n'eusse pu les trouver, les placer et en mériter des applaudissements? »

Après avoir avoué son crime dans la préface de son discours académique, il insère dans son chapitre *Du mérite personnel* ses réflexions sur les accusations dont il était l'objet.

« La modestie est au mérite ce que les ombres sont aux figures dans un tableau : elle lui donne de la force et du relief (2).

« Un extérieur simple est l'habit des hommes vulgaires (3), il est taillé pour eux et sur leur mesure ; mais c'est une parure pour ceux qui ont rempli leur vie de grandes actions (4) : je les compare à une beauté négligée, mais plus piquante.

« Certains hommes, contents d'eux-mêmes (5), de quelque action ou de quelque ouvrage qui ne leur a pas mal réussi, et ayant ouï dire que la modestie sied bien aux grands hommes, osent être modestes, contrefont les simples et les naturels : semblables à ces gens d'une taille médiocre qui se baissent aux portes, de peur de se heurter. »

« En vérité (6), je ne doute point que le public ne soit enfin étourdi et fatigué d'entendre, depuis quelques années, de vieux corbeaux croasser autour de ceux qui, d'un vol libre et d'une plume légère, se sont élevés à quelque gloire par leurs écrits. Ces oiseaux lugubres semblent, par leurs cris continuels, leur vouloir imputer le décri universel où tombe nécessairement tout ce qu'ils exposent au grand jour de l'impression : comme si on était cause qu'ils manquent de force et d'haleine, ou qu'on dût être responsable de cette médiocrité répandue sur leurs ouvrages. » Thomas Corneille et de Visé furent peu flattés d'être comparés à des corbeaux ; que durent-ils donc penser des remarques suivantes ? « S'il arrive que les méchants vous haïssent et vous persécutent (7), les gens de bien vous

(1) M. Servois a cité une partie de ces formules.
(2) Chap. II, n° 17, § 1.
(3) Chap. II, n° 17, § 2.
(4) *Condé à Chantilly,* par le P. Rapin et par Santeul.
(5) Chap. II, n° 17, § 3.
(6) Préface du discours à l'Académie.
(7) Chap. XV, n° 28.

conseillent de vous humilier devant Dieu, pour vous mettre en garde contre la vanité qui pourrait vous venir de déplaire à des gens de ce caractère ; de même si certains hommes, sujets à se récrier sur le médiocre, désapprouvent un ouvrage que vous aurez écrit, ou un discours que vous venez de prononcer en public, soit au barreau, soit dans la chaire, ou ailleurs, humiliez-vous : on ne peut guère être exposé à une tentation d'orgueil plus délicate et plus prochaine. » — « Nous affectons souvent de louer avec exagération des hommes assez médiocres (1), et de les élever, s'il se pouvait, jusqu'à la hauteur de ceux qui excellent, ou parce que nous sommes las d'admirer toujours les mêmes personnes, ou parce que leur gloire, ainsi partagée, offense moins notre vue, et nous devient plus douce et plus supportable. »

Ces deux auteurs associés à une même gazette, que la Bruyère comparait à des corbeaux, n'étaient plus jeunes. Il y avait longtemps que de Visé avait débuté dans la carrière (2) par la critique des ouvrages de Molière et surtout de l'*École des femmes;* Thomas Corneille était encore plus vieux (3), mais il avait une vaste littérature et une mémoire prodigieuse, dit Voltaire : à eux deux, ils exerçaient avec le *Mercure galant* un empire redoutable dans la république des lettres. « S'il s'imprime, dit la Bruyère (4), un livre de mœurs assez mal digéré pour tomber de soi-même et ne pas exciter leur jalousie, ils le louent volontiers (5) (comme les *Maximes galantes* de Templéry), et plus volontiers encore ils n'en parlent point (6) (comme les *Caractères* de l'abbé Bordelon); mais s'il est tel que le monde en parle (comme les *Caractères* de la Bruyère, dont les ouvrages précédemment cités ne sont que de pâles copies), ils l'attaquent avec furie. Prose, vers, tout est sujet à leur censure, tout est en proie à une haine implacable, qu'ils ont conçue contre ce qui ose paraître dans quelque perfection et avec les signes d'une approbation publique. On ne sait plus quelle morale leur fournir qui leur agrée : il faudra leur rendre celle de la Serre ou de Desmarets, et, s'ils en sont crus, revenir (7)

---

(1) Chap. XII, n° 60.
(2) Né en 1640.
(3) Né en 1625.
(4) Préface du discours.
(5) *Mercure galant*, janvier 1690, p. 32 ou 35.
(6) *Journal des Savants,* 1692, n° du 25 février, p. 89 ou 68.
(7) *Pédagogue chrétien,* Paris, 1662, in-8°.

au *Pédagogue chrétien* et à *la Cour sainte* (1). Il paraît une nouvelle satire (2) écrite contre les vices en général, qui d'un vers fort et d'un style d'airain, enfoncé ses traits contre l'avarice, l'excès du jeu, la chicane, la mollesse, l'ordure et l'hypocrisie, où personne n'est nommé ni désigné, où nulle femme vertueuse ne peut ni ne doit se reconnaître ; un *Bourdaloue* en chaire ne fait point de peintures du crime ni plus vives ni plus innocentes : il n'importe, *c'est médisance, c'est calomnie.* Voilà depuis quelque temps leur unique ton, celui qu'ils emploient contre les ouvrages des mœurs qui réussissent. » La Bruyère défendait Boileau, qui avait couvert de ridicule (3) la Serre et Desmarets de Saint-Sorlin, comme Boileau avait défendu la Bruyère, qui avait révélé les ridicules des femmes de leur temps.

> Voilà le sexe peint d'une noble manière,
> Et Théophraste même, aidé de la Bruyère,
> Ne m'en pourrait pas faire un plus riche tableau.

Boileau et la Bruyère étaient donc bien d'accord sur ce point ; mais la Bruyère ne se laissait pas aveugler par l'esprit de parti. « Un homme partial est exposé à de petites mortifications (4) ; car comme il est également impossible que ceux qu'il favorise soient toujours heureux ou sages, et que ceux contre qui il se déclare soient toujours en faute ou malheureux, il naît de là qu'il lui arrive souvent de perdre contenance dans le public, ou par le mauvais succès de ses amis, ou par une nouvelle gloire qu'acquièrent ceux qu'il n'aime point. » Boileau fit son ode sur la prise de Namur pour montrer que sa muse, dans son déclin, savait encore des sources inconnues à l'auteur de Saint-Paulin (5). Perrault put rire à l'aise de l'insuccès lyrique de Boileau. La Bruyère n'en dit jamais rien ; mais il s'était cru obligé de faire voir que la satire sur les femmes, où, comme dans les *Caractères de ce siècle,* personne n'était ni nommé ni désigné, renfermait (6) des peintures du crime ni plus vives ni moins innocentes que les sermons des prédicateurs de ce temps-là.

(1) *La Cour sainte*, par le père Cassin ; Paris, 1623, in-8°.
(2) 10ᵉ satire de Boileau, sur les femmes.
(3) Boileau, satire III, v. 176 ; satire IX, v. 72 ; épître IX, v. 11 ; *Art poétique*, ch. III, v. 193, 204, 313-334 ; épigramme II. Lettre de Racine à l'auteur des *Hérésies imaginaires*.
(4) Chap. XII, n° 40.
(5) 3ᵉ partie du *Parallèle des anciens et des modernes*.
(6) Cf. l'avis au lecteur de la satire sur les femmes par Boileau.

Bourdaloue aussi avait été accusé de médisance et de calomnie (1). Et cependant qui a mieux montré la lâcheté de ce vice odieux? « On a trouvé moyen, dit-il (2), de le consacrer, de le changer en vertu, et même dans une des plus saintes vertus, qui est le zèle de la gloire de Dieu. » Mais les Théobaldes n'avaient pas commis un crime si noir aux yeux même de la Bruyère. Pourquoi, en effet, disaient-ils des ouvrages de mœurs qui avaient réussi : « C'est médisance, c'est calomnie? » — « Ils y prennent tout littéralement, disait la Bruyère, ils les lisent comme une histoire, ils n'y entendent ni la poésie ni la figure; ainsi ils les condamnent; ils y trouvent des endroits faibles : il y en a dans Homère, dans Pindare, dans Virgile et dans Horace; où n'y en a-t-il point? Si ce n'est peut-être dans leurs écrits. »

Tout est faible dans les ouvrages des écrivains médiocres; mais les Théobaldes ne s'aperçoivent pas que, en décriant l'ouvrage de la Bruyère, ils en font l'éloge par leurs critiques mêmes. Ils prennent des conceptions poétiques pour de l'histoire, des figures imaginées pour des portraits, tant ces caractères ont de la vie : je ne sais quel feu les anime, on les entend parler, on les voit marcher; ils sont faits d'après la nature; et la nature est l'œuvre de Dieu. « Tout est grand et admirable dans la nature (3); il ne s'y voit rien qui ne soit marqué au coin de l'ouvrier; ce qui s'y voit quelquefois d'irrégulier et d'imparfait suppose règle et perfection. Homme vain et présomptueux! faites un vermisseau que vous foulez aux pieds, que vous méprisez; vous avez horreur du crapaud, faites un crapaud, s'il est possible. Quel excellent maître que celui qui fait des ouvrages, je ne dis pas que les hommes admirent, mais qu'ils craignent! Je ne vous demande pas de vous mettre à votre atelier pour faire un homme d'esprit, un homme bien fait, une belle femme : l'entreprise est forte et au-dessus de vous; essayez seulement de faire un bossu, un fou, un monstre, je suis content. »

Rien ne fait tant de plaisir à l'homme que l'imitation de la nature vivante; plus cette imitation est parfaite, plus il lui est agréable de la regarder dans les œuvres de la peinture, de la sculpture et de la poésie. Mais quel homme peut imiter parfaitement les ouvrages de Dieu, surtout la nature humaine? La Bruyère ne pouvait pardonner

(1) Mme de Sévigné, lettre du 25 décembre 1671.
(2) Sermon sur la médisance, 1re partie. — Préface du discours à l'Académie.
(3) Chap. XVI, n° 46.

aux peintres et aux sculpteurs de préférer à la vérité, dans l'imitation de la nature humaine (1), une parure arbitraire, des draperies indifférentes, en un mot des fantaisies qui n'étaient prises ni sur l'air ni sur le visage, et qui ne rappelaient ni les mœurs ni la personne ; il était indigné de leur voir défigurer Louis XIV lui-même, de leur voir faire un Scythe, un Attila, de ce prince bon et magnanime. En 1668, il était arrivé à Versailles une statue équestre du Bernin, qui fut l'objet des plus vives critiques. Le sculpteur italien avait représenté le roi de France avec les traits d'un conquérant romain, et dans l'attitude d'un ravageur des nations qui foule le monde sous les pieds de son cheval. Personne ne pouvait reconnaître le prince humain et bienfaisant avec cette physionomie dure et farouche d'un désespéré. Mais le cheval était si beau, si naturel, si vif, que le roi qui allait ordonner qu'on brisât ce marbre, se ravisa. Girardon corrigea un peu la statue, et le roi la fit placer à l'extrémité de la pièce d'eau des Suisses. Ce n'était plus Louis XIV, roi de France ; c'était le consul Marcus Curtius qui, pour sauver Rome sa patrie, se précipitait avec son cheval dans un gouffre de la terre entr'ouverte. « Bernin, dit la Bruyère (2), n'a pas manié le marbre ni traité toutes ses figures d'une égale force ; mais on ne laisse pas de voir, dans ce qu'il a moins heureusement rencontré, de certains traits si achevés, tout proches de quelques autres qui le sont moins, qu'ils découvrent aisément l'excellence de l'ouvrier : si c'est un cheval, les crins sont tournés d'une main hardie, ils voltigent et semblent être le jouet du vent ; l'œil est ardent, les naseaux soufflent le feu et la vie ; un ciseau de maître s'y retrouve en mille endroits ; il n'est pas donné à ses copistes ni à ses envieux d'arriver à de telles fautes par leurs chefs-d'œuvre : l'on voit bien que c'est quelque chose de manqué par un habile homme, et une faute de Praxitèle. »

« Mais qui sont ceux qui, si tendres et si scrupuleux, ne peuvent même supporter que, sans blesser et sans nommer les vicieux, on se déclare contre le vice? Sont-ce des chartreux et des solitaires? Sont-ce les jésuites, hommes pieux et éclairés? Sont-ce ces hommes religieux qui habitent en France les cloîtres et les abbayes? Tous au contraire lisent ces sortes d'ouvrage, et en particulier et en public, à

---

(1) Chap. XIII, n° 15.
(2) Préface du discours.

leurs récréations ; ils en inspirent la lecture à leurs pensionnaires, à leurs élèves ; ils en dépeuplent les boutiques, ils les conservent dans leurs bibliothèques. N'ont-ils pas les premiers reconnu le plan et l'économie du livre des *Caractères?* N'ont-ils pas observé que, de seize chapitres qui le composent, il y en a quinze qui, s'attachant à découvrir le faux et le ridicule qui se rencontrent dans les objets des passions et des attachements humains, ne tendent qu'à ruiner tous les obstacles qui affaiblissent d'abord et qui éteignent ensuite dans tous les hommes la connaissance de Dieu ; qu'ainsi ils ne sont que des préparations au seizième et dernier chapitre, où l'athéisme est attaqué, et peut-être confondu ; où les preuves de Dieu, une partie du moins de celles que les faibles hommes sont capables de recevoir dans leur esprit, sont apportées ; où la providence de Dieu est défendue contre l'insulte et les plaintes des libertins ? Qui sont donc ceux qui osent répéter contre un ouvrage si sérieux et si utile ce continuel refrain : *C'est médisance, c'est calomnie ?* Il faut les nommer : ce sont des poètes ; mais quels poètes ? Des auteurs d'hymnes sacrés ou des traducteurs de psaumes (1), des Godeaux ou des Corneilles ? Non, mais des faiseurs de stances et d'élégies amoureuses (2), de ces beaux esprits qui tournent un sonnet sur une absence ou sur un retour, qui font une épigramme sur une belle gorge, et un madrigal sur une jouissance. Voilà ceux qui, par délicatesse de conscience, ne souffrent qu'impatiemment qu'en ménageant les particuliers avec toutes les précautions que la prudence peut suggérer, j'essaye, dans mon livre des Mœurs, de décrier, s'il est possible, tous les vices du cœur et de l'esprit, de rendre l'homme raisonnable et plus proche de devenir chrétien. Tels ont été les Théobaldes, ou ceux du moins qui travaillent sous eux et dans leur atelier. »

Le plus aimable des Théobaldes, celui qui avait le plus de talent et dont les raisonnements pénétraient le plus profondément dans l'esprit du public, méritait l'honneur particulier d'avoir son portrait dans le caractère, ou l'idéal du bel esprit.

« Ascagne est statuaire, Hégion fondeur, Eschine foulon, et Cydias bel esprit, c'est sa profession (3). Il a une enseigne, un atelier, des

---

(1) Godeau, évêque de Grasse, a traduit les Psaumes en vers français ; Corneille, l'*Imitation de N.-S. J.-C.*

(2) De Visé, Pavillon, Fontenelle, etc.

(3) Chap. v, n° 75.

ouvrages de commande, et des compagnons qui travaillent sous lui : il ne vous saurait rendre de plus d'un mois les stances qu'il vous a promises, s'il ne manque de parole à Dosithée, qui l'a engagé à faire une élégie ; une idylle est sur le métier, c'est pour Crantor, qui le presse, et qui lui laisse espérer une riche salaire. Prose, vers, que voulez-vous? Il réussit également en l'un et en l'autre. Demandez-lui des lettres de consolation, ou sur une absence, il les entreprendra ; prenez-les toutes faites et entrez dans son magasin, il y a à choisir. Il a un ami qui n'a point d'autre fonction sur la terre que de le promettre longtemps à un certain monde, et de le présenter enfin dans les maisons comme homme rare et d'une exquise conversation; et là, ainsi que le musicien chante et que le joueur de luth touche son luth devant les personnes à qui il a été promis, Cydias, après avoir toussé, relevé sa manchette, étendu la main et ouvert les doigts, débite gravement ses pensées quintessenciées et ses raisonnements sophistiqués. Différent de ceux qui, convenant de principes, et connaissant la raison ou la vérité qui est une, s'arrachent la parole l'un à l'autre pour s'accorder sur leurs sentiments, il n'ouvre la bouche que pour contredire : *Il me semble*, dit-il gracieusement, *que c'est tout le contraire de ce que vous dites;* ou : *Je ne saurais être de votre opinion;* ou bien : *Ç'a été autrefois mon entêtement, comme il est le vôtre, mais... il y a trois choses,* ajoute-t-il, *à considérer...* et il en ajoute une quatrième : fade discoureur, qui n'a pas mis plus tôt le pied dans une assemblée, qu'il cherche quelques femmes auprès de qui il puisse s'insinuer, se parer de son bel esprit ou de sa philosophie, et mettre en œuvre ses rares conceptions; car soit qu'il parle ou qu'il écrive, il ne doit pas être soupçonné d'avoir en vue ni le vrai ni le faux, ni le raisonnable ni le ridicule : il évite uniquement de donner dans le sens des autres, et d'être de l'avis de quelqu'un ; aussi attend-il dans un cercle que chacun se soit expliqué sur le sujet qui s'est offert, ou souvent qu'il a amené lui-même, pour dire dogmatiquement des choses toutes nouvelles, mais à son gré décisives et sans réplique. Cydias s'égale à Lucien et à Sénèque, se met au-dessus de Platon, de Virgile et de Théocrite; et son flatteur a soin de le confirmer tous les matins dans cette opinion. Uni de goût et d'intérêt avec les contempteurs d'Homère, il attend paisiblement que les hommes détrompés lui préfèrent les poètes modernes : il se met en ce cas à la tête de ces derniers, et il sait à qui il adjuge la seconde place. C'est, en un mot, un composé du pédant et du précieux, fait pour être admiré de la bourgeoisie et de la province, en qui néanmoins on n'aperçoit rien de grand que l'opinion qu'il a de lui-même. »

De Visé, Thomas Corneille, Perrault, etc., ont fourni divers traits à ce caractère ; mais l'abbé Trublet, neveu de Fontenelle, a écrit dans ses mémoires sur la vie et les ouvrages de son oncle (1) : « Sous le nom de Cydias, M. de la Bruyère paraît avoir voulu peindre M. de Fontenelle, et c'est vraisemblablement d'après ce portrait que Rousseau fit son épigramme (sur le *Joli pédant de Normandie*). Je dois pourtant dire que je n'ai trouvé le nom de M. de Fontenelle dans aucune des clefs du livre des *Caractères*, pendant qu'on y trouve une foule d'autres aussi respectables, et surtout bien plus redoutables que celui de M. de Fontenelle, qui ne l'était point du tout. Mais je ne me prévaudrai point du silence des clefs pour jeter du doute sur le véritable original du portrait ; la charge, pour être forte, n'en ôte point la ressemblance... j'aimais beaucoup le premier (M. de Fontenelle), mais j'estime beaucoup le second (la Bruyère). Je trouve même qu'on ne l'estime pas assez aujourd'hui, et, pour tout dire, je n'étais pas absolument content de M. de Fontenelle sur cet article. Il est vrai qu'il avait été cruellement offensé par ce portrait. » Il faut nous incliner devant l'autorité naïve du bon abbé Trublet. L'épigramme de Jean-Baptiste Rousseau, dont il parle, est très connue et souvent citée ; elle fut écrite beaucoup plus tard : aussi l'on peut douter qu'elle soit imitée du Cydias de la Bruyère ; mais il est certain, de l'aveu de l'abbé Trublet, que Fontenelle s'était reconnu dans Cydias et en avait gardé une longue rancune. Il se garda bien de l'avouer ; si l'on eût su qu'il jouait ce rôle, on eût trop ri à ses dépens. « Les femmes et les gens du monde se persuadent qu'un auteur écrit seulement pour les amuser par la satire, et point du tout pour les instruire par une saine morale. » Les Théobaldes les avaient peut-être excités à en user ainsi à l'égard de la Bruyère ; il donna aux Théobaldes une bonne leçon, en leur montrant, par cet exemple remarquable, la différence qu'il y a entre un caractère et un portrait satirique. Et Fontenelle agit prudemment en gardant le silence : la curiosité indiscrète du public se porta de tout autre côté que du sien.

(1) P. 185.

Charpentier s'était vanté de deviner les caractères de la Bruyère, et il lui avait donné ce conseil : « Vous auriez dû n'envisager que l'universel dans vos portraits ; votre ouvrage est trop particulier pour aller jamais à la postérité. » Où s'égarait le doyen de l'Académie française ? L'universel ! la postérité ! Qu'est-ce que cela voulait dire ? L'universel ! Depuis la quatrième édition, la Bruyère répétait dans la préface de ses *Caractères* : « Il ne faut pas perdre mon titre de vue ; il faut penser toujours, et dans toute la lecture de cet ouvrage, que ce sont les caractères ou les mœurs de ce siècle que je décris. » Il ajouta dans la huitième édition (1) : « Car bien que je les tire souvent de la cour de France et des hommes de ma nation, on ne peut pas néanmoins les restreindre à une seule cour, ni les renfermer en un seul pays, sans que mon livre ne perde beaucoup de son étendue et de son utilité, ne s'écarte du plan que je me suis fait d'y peindre les hommes en général, comme des raisons qui entrent dans l'ordre des chapitres et dans une certaine suite insensible des réflexions qui les composent. » La postérité ! Quel est ce pays dont Charpentier parle sans cesse ? le connaît-il ? l'a-t-il jamais vu ? Assurément il n'y est point allé et n'ira jamais. « Arrias a tout lu, a tout vu, il veut le persuader ainsi ; c'est un homme universel, et il se donne pour tel : il aime mieux mentir que de se taire ou de paraître ignorer quelque chose (2). On parle à la table d'un grand d'une cour du Nord : il prend la parole, et l'ôte à ceux qui allaient dire ce qu'ils en savent ; il s'oriente dans cette région lointaine comme s'il en était originaire ; il discourt des mœurs de cette cour, des femmes du pays, de ses lois et de ses coutumes ; il récite des historiettes qui y sont arrivées ; il les trouve plaisantes, et il en rit le premier jusqu'à éclater. Quelqu'un se hasarde de le contredire, et lui prouve nettement qu'il dit des choses qui ne sont pas vraies. Arrias ne se trouble point, prend feu au contraire contre l'interrupteur : « Je n'avance, lui dit-il, je ne raconte rien que je ne sache d'original : je l'ai appris de *Séthon,* ambassadeur de France dans cette cour, revenu à Paris depuis quelques jours, que je connais familièrement, que j'ai fort interrogé, et qui ne m'a caché aucune circonstance. » Il reprenait le fil de sa narration avec plus de confiance qu'il ne l'avait commencée, lorsque l'un des conviés lui dit : « C'est Séthon à qui vous parlez, lui-même, et qui arrive de son ambassade. »

(1) Préface de la 8ᵉ éd.
(2) Chap. v, n° 9.

Il est possible qu'une anecdote de ce genre ait été racontée en 1693 dans la maison de Condé, ou à la cour de France, après le retour de M. de Martangis (1), ambassadeur du roi en Danemarck. Des clefs du dix-huitième siècle (2) prétendent que l'aventure d'Arrias doit être attribuée à M. Robert de Châtillon, fils de M. Robert, procureur du roi au Châtelet, où il était lui-même conseiller depuis 1690. Mais nous avons vu que la Bruyère ne voulait pas qu'on lût ses *Caractères* comme de l'histoire, ni qu'on y prît tout littéralement. On peut donc supposer que, au sens poétique et figuré, Arrias est peut-être le même personnage que Théodecte, auquel du reste il ressemble beaucoup, c'est-à-dire Charpentier, qui voulait être cru un homme universel, et qui parlait de la postérité avec autant d'assurance que s'il était originaire de cette région lointaine. Dans ce cas, Séthon pourrait être Boileau, l'arbitre du goût qui délivrait des passeports aux auteurs pour aller à la postérité, et qui venait d'autoriser la Bruyère à faire avec Théophraste ce glorieux voyage. Mais qui peut être sûr de bien entendre le sens poétique et figuré comme le veut le moraliste ? Sens figuré, sens littéral, poésie ou histoire, rien n'est démontré. Nous n'avons pas tout vu, nous n'avons pas tout lu, nous aimons mieux nous taire que de mentir. Le caractère d'Arrias n'est peut-être qu'un apologue dont c'est la morale.

Ce qui blessait le plus la Bruyère, c'est que ceux qui l'accusaient de n'avoir d'autre but que d'amuser le public par la satire, prétendaient que le moraliste était auteur ou complice de ces clefs qui couraient la ville et qui bientôt allaient gagner la cour. Protestera-t-il avec d'horribles serments ? Réfutera-t-il sérieusement ces calomnies ? N'est-ce pas la même chose que s'il se tourmentait beaucoup à soutenir qu'il n'est pas un malhonnête homme, un homme sans pudeur, sans mœurs, sans conscience, tel enfin que les gazetiers dont il venait de parler avaient voulu le représenter dans leur libelle diffamatoire ? « Comment, s'écrie-t-il (3), aurais-je donné ces sortes de clefs, si je n'ai pu moi-même les forger telles qu'elles sont et que je les ai vues ? Étant presque toutes différentes entre elles, quel moyen de les faire servir à une même entrée, je veux dire à l'intelligence de mes *Remarques ?* Nommant des personnes de la cour et de la ville à qui je n'ai

---

(1) Dangeau, t. IV, p. 179.
(2) Servois, t. I, p. 465.
(3) Préface du discours.

jamais parlé, que je ne connais point, peuvent-elles partir de moi et être distribuées de ma main? Aurais-je donné celles qui se fabriquent à Romorentin, à Mortaigne et à Belesme, dont les différentes applications sont à la baillive, à la femme de l'assesseur, au président de l'élection, au prévôt de la maréchaussée et au prévôt de la collégiale? Les noms y sont fort bien marqués; mais ils ne m'aident pas davantage à connaître les personnes. Qu'on me permette ici une vanité sur mon ouvrage : je suis presque disposé à croire qu'il faut que mes peintures expriment bien l'homme en général, puisqu'elles ressemblent à tant de particuliers, et que chacun y croit voir ceux de sa ville ou de sa province. J'ai peint à la vérité d'après nature, mais je n'ai pas toujours songé à peindre celui-ci ou celle-là dans mon livre des Mœurs. Je ne me suis point loué au public pour faire des portraits qui ne fussent que vrais et ressemblants, de peur que quelquefois ils ne fussent pas croyables, et ne parussent feints ou imaginés. Me rendant plus difficile, je suis allé plus loin : j'ai pris un trait d'un côté et un trait d'un autre; et de ces divers traits qui pouvaient convenir à une même personne, j'en ai fait des peintures vraisemblables, cherchant moins à réjouir les lecteurs par le caractère ou, comme le disent les mécontents, par la satire de quelqu'un, qu'à leur proposer des défauts à éviter et des modèles à suivre. »

L'esprit de chicane, par exemple, est un défaut à éviter. « *Antagoras* a un visage trivial et populaire (1) : un suisse de paroisse ou le saint de pierre qui orne le grand autel n'est pas mieux connu que lui de toute la multitude. Il parcourt le matin toutes les chambres et tous les greffes d'un parlement, et le soir les rues et les carrefours d'une ville; il plaide depuis quarante ans, plus proche de sortir de la vie que de sortir d'affaires. Il n'y a point eu au palais depuis tout ce temps de causes célèbres ou de procédures longues et embrouillées où il n'ait du moins intervenu : aussi a-t-il un nom fait pour remplir la bouche de l'avocat, et qui s'accorde avec le demandeur ou le défendeur comme le substantif et l'adjectif. Parent de tous et haï de tous, il n'y a guère de familles dont il ne se plaigne, et qui ne se plaignent de lui. Appliqué successivement à saisir une terre, à s'opposer au sceau, à se servir d'un *committimus*, ou à mettre un arrêt à exécution, outre qu'il assiste chaque jour à quelques assemblées de créanciers;

---

(1) Chap. XI, n° 125.

partout syndic de directions, et perdant à toutes les banqueroutes, il a des heures de reste pour ses visites : vieux meuble de ruelle, où il parle procès et dit des nouvelles. Vous l'avez laissé dans une maison au Marais, vous le retrouvez au grand faubourg, où il vous a prévenu, et où déjà il redit ses nouvelles et son procès. Si vous plaidez vous-même, et que vous alliez le lendemain matin à la pointe du jour chez l'un de vos juges pour le solliciter, le juge attend pour vous donner audience qu'Antagoras soit expédié. »

Antagoras, je ne connais pas ce nom-là, dites-vous ; mais j'ai vu cet homme quelque part : je connais parfaitement son visage. — Je le crois facilement : on le rencontre partout, dans toutes les sociétés et dans tous les quartiers de Paris : il a le don d'ubiquité. On le rencontre aussi à Rouen, à Bordeaux, à Lyon, dans toutes les villes où il y a un parlement. Avec un peu d'attention, on le trouverait même dans de petites villes comme Romorentin, Mortaigne et Belesme, pourvu qu'il y eût un tribunal, un endroit pour plaider. Car Antagoras n'est pas un homme en chair et en os, c'est un être imaginaire, un idéal composé de différents traits empruntés de divers côtés, c'est le plaideur par excellence, ou, comme son nom grec l'indique, Monsieur Chicaneau de la comédie de Racine.

L'esprit de chicane pouvait réussir à la ville ; il n'était pas toléré à la cour. Le roi ne permettait pas de contester ses faveurs, et personne n'avait le droit d'être mécontent de la part qui lui était accordée. « Mille gens à la cour y traînent leur vie à embrasser, serrer et congratuler ceux qui reçoivent, jusqu'à ce qu'ils y meurent sans rien avoir (1). » Mais nulle part l'ambition n'était ni plus opiniâtre ni plus insatiable. « Théonas, abbé depuis trente ans, se lassait de l'être (2). On a moins d'ardeur et d'impatience de se voir habillé de pourpre, qu'il en avait de porter une croix d'or sur sa poitrine, et parce que les grandes fêtes se passaient toujours sans rien changer à sa fortune, il murmurait contre le temps présent, trouvait l'État mal gouverné, et n'en prédisait rien que de sinistre. Convenant en son cœur que le mérite est dangereux dans les cours à qui veut s'avancer, il avait enfin pris son parti et renoncé à la prélature, lorsque quelqu'un accourt lui dire qu'il est nommé à un évêché.

---

(1) Chap. VIII, n° 47.
(2) Chap. VIII, n° 52.

Rempli de joie et de confiance sur une nouvelle si peu attendue : « Vous verrez, dit-il, que je n'en demeurerai pas là, et qu'ils me feront archevêque. » Voilà l'abbé de cour sous Louis XIV, vers 1694.

Folie douce et supportable : mais les mœurs du courtisan livré à l'ambition, et qui voulait faire sa fortune, étaient autrement dures et dangereuses. « N'espérez plus de candeur, de franchise, d'équité, de bons offices, de services, de bienveillance, de générosité, de fermeté dans un homme qui s'est depuis quelque temps livré à la cour, et qui secrètement veut sa fortune (1). Le reconnaissez-vous à son visage, à ses entretiens ? Il ne nomme plus chaque chose par son nom ; il n'y a plus pour lui de fripons, de fourbes, de sots et d'impertinents : celui dont il lui échapperait de dire ce qu'il en pense, est celui-là même qui, venant à le savoir, l'empêcherait de *cheminer;* pensant mal de tout le monde, il n'en dit de personne ; ne voulant du bien qu'à lui seul, il veut persuader qu'il en veut à tous, afin que tous lui en fassent, ou que nul du moins ne lui soit contraire. Non content de n'être pas sincère, il ne souffre pas que personne le soit ; la vérité blesse son oreille : il est froid et indifférent sur les observations que l'on fait sur la cour et sur le courtisan ; et parce qu'il les a entendues, il s'en croit complice et responsable. Tyran de la société et martyr de son ambition, il a une triste circonspection dans sa conduite et dans ses discours, une raillerie innocente, mais froide et contrainte, un ris forcé, des caresses contrefaites, une conversation interrompue et des distractions fréquentes. Il a une profusion, le dirai-je ? des torrents de louanges pour ce qu'a fait ou ce qu'a dit un homme placé et qui est en faveur, et pour tout autre une sécheresse de pulmonique ; il a des formules de compliments différents pour l'entrée et pour la sortie à l'égard de ceux qu'il visite ou dont il est visité ; et il n'y a personne de ceux qui se payent de mines et de façons de parler qui ne sorte d'avec lui fort satisfait. Il vise également à se faire des patrons et des créatures ; il est médiateur, confident, entremetteur : il veut gouverner. Il a une ferveur de novice pour toutes les petites pratiques de cour ; il sait où il faut se placer pour être vu ; il sait vous embrasser, prendre part à votre joie, vous faire coup sur coup des questions empressées sur votre santé, sur vos affaires ; et pendant que vous lui répondez, il perd le fil de sa curiosité, vous inter-

---

(1) Chap. VIII, n° 62.

rompt, entame un autre sujet; ou s'il survient quelqu'un à qui il doive un discours tout différent, il sait, en achevant de vous congratuler, lui faire un compliment de condoléance : il pleure d'un œil, et il rit de l'autre. Se formant quelquefois sur les ministres ou sur le favori, il parle en public de choses frivoles, du vent, de la gelée; il se tait au contraire, et fait le mystérieux sur ce qu'il sait de plus important, et plus volontiers encore sur ce qu'il ne sait point. »

Voilà le courtisan livré à l'ambition et qui veut faire fortune. Quel est cet homme-là? Point de nom; et cependant il a l'air vivant. La cour de Louis XIV était pleine de gens qui lui ressemblaient. Serait-ce un portrait? Nullement. La Bruyère a pris divers traits qui pouvaient convenir à une même personne, il en a fait une peinture vraisemblable, cherchant moins à réjouir les lecteurs par le caractère ou, comme disaient les mécontents, par la satire de quelqu'un, qu'à leur proposer des défauts à éviter. Il serait trop long de chercher et de nommer toutes les personnes qui ont pu fournir divers traits au moraliste pour composer cet ouvrage d'imagination; mais alors tout le monde travaillait avec lui dans la maison de Condé, soit en lui présentant des modèles, soit en faisant des observations qu'il recueillait et mettait en œuvre : ceux qui l'ont le plus aidé dans son travail étaient souvent ceux qui s'en doutaient le moins (1). « Le roi, dit Dangeau (2), écrivit ces jours derniers des lettres très honnêtes et très obligeantes à M. de Vendôme et à M. le grand prieur sur ce qu'ils ont fait à la bataille de la Marsaille; cela est d'autant plus agréable pour eux que le roi n'avait point écrit à M. le Duc et à M. le prince de Conti après la bataille de Nerwinde, où ces deux princes, du consentement public, avaient fait des merveilles. » — « Il est difficile, ajoute Saint-Simon (3), qui était à Nerwinde, que les uns aient mieux mérité en Italie que les autres en Flandre. Cette différence (de traitement) ne les rapprocha pas, et scandalisa tout le monde. » On était surtout scandalisé de l'injustice que subit le prince de Conti. On crut un instant qu'il allait hériter de la principauté de Neufchâtel (4), et tout le

---

(1) *Recueil*, t. II, p. 145-148. Lettre de Lassay à M. le Duc à propos de la bataille de Nerwinde.

(2) Lettre de Chaulieu à M. de Vendôme à propos de la bataille de la Marsaille, publiée par M. de Boislisle (Saint-Simon, t. I, p. 548-550).

(3) *Mémoires de Saint-Simon*, éd. Boislisle, t. I, p. 379.

(4) De Sourches, t. IV, p. 307 (6 février 1694).

monde eut une extrême joie de voir arriver de grands biens au prince si maltraité. Bientôt on apprit qu'on s'était trompé. Un testament de l'abbé duc de Longueville le déshérita. « Cette nouvelle servit encore à faire connaître la forte inclination que tout le monde avait pour le prince de Conti, et la justice qu'on rendait à son mérite : car chaque courtisan témoigna autant de chagrin de ce revers que s'il eût lui-même perdu cette succession (1). » Enfin ce qui mit le comble à l'injustice dont le prince de Conti était la victime, fut la réponse du roi à M. le duc de la Rochefoucauld, qui le suppliait de vouloir bien faire brigadier son second fils, le marquis de Liancourt (2). Le roi dit qu'il avait fait tout son possible pour pardonner à M. de Liancourt la lettre qu'il avait écrite à feu le prince de Conti en Hongrie, et qui fut signée par le duc de la Roche-Guyon et par le marquis d'Alincourt, mais qu'il n'avait jamais pu gagner cela sur lui. Tout ce que le duc de la Rochefoucauld put obtenir pour son fils fut la permission de vendre sur-le-champ son régiment de la Marine. Personne ne pouvait comprendre le grief du roi contre le prince de Conti d'aujourd'hui. Pourquoi, demandait-on dans la maison de Condé, pourquoi tant de rancune envers ce prince, quand le roi avait promis à Condé mourant de lui pardonner? Pourquoi tant de sévérité pour des folies de jeunesse qui avaient dix ans de date, quand on pardonnait des désordres aussi graves et plus récents à M. de Vendôme, et à tel ou tel autre qui n'était qu'un sac à vin ? On dit que Mme la Duchesse était éloquente sur ce sujet. La Bruyère se contenta de faire cette remarque (3) : « Un grand aime la Champagne, abhorre la Brie ; il s'enivre de meilleur vin que l'homme du peuple : seule différence que la crapule laisse entre les conditions les plus disproportionnées, entre le seigneur et l'estafier. »

Comblés des bienfaits du roi, MM. de Vendôme ont l'avantage sur les princes du sang. Tout plie devant eux, tout s'humilie, même à la Cène le jeudi saint. Quelles nuits divines à Paris! Quelles chasses à Anet! Quelle meute que celle du grand prieur! Ils vont créer les modes ; tout le monde veut avoir des équipages et des habits comme eux : M. de Vendôme sait accorder, dit Chaulieu (4), les talents

---

(1) De Sourches, t. IV, p. 311 (18-19 février 1694).
(2) Id., t. IV, p. 325.
(3) Chap. IX, n° 28.
(4) 1694. Ode au duc de Vendôme.

d'un capitaine aux vertus d'un citoyen. La Bruyère compare la fortune de M. de Vendôme à celle d'Ergaste, de cet habile travailleur qui savait tirer parti de tout, même de la musique d'opéra ; mais il n'en est point scandalisé. « Qu'importe à l'État, dit-il (1), qu'Ergaste soit riche, qu'il ait des chiens qui arrêtent bien, qu'il crée les modes sur les équipages et sur les habits, qu'il abonde en superfluités ? Où il s'agit de l'intérêt et des commodités de tout le public, le particulier est-il compté ? La consolation des peuples dans les choses qui leur pèsent un peu est de savoir qu'ils soulagent le prince ou qu'ils n'enrichissent que lui : ils ne se croient point redevables à Ergaste de l'embellissement de sa fortune. »

Si la Bruyère savait proposer des défauts à éviter, il savait aussi proposer des modèles à suivre. Le caractère d'Émile dans la septième édition en est un exemple remarquable ; le caractère d'Arténice dans la huitième ne brille pas d'un moindre éclat. Les clefs sont unanimes pour désigner le grand Condé comme l'original d'Émile ; elles ne s'accordent pas pour désigner l'original d'Arténice : personne jusqu'ici n'a pu le découvrir.

En 1694, quand la Bruyère composait sa huitième édition, Mme la Duchesse n'avait pas tout à fait vingt et un ans. Déjà elle avait mis au monde un prince et deux princesses, savoir : Mlle de Bourbon, le 22 décembre 1690 ; M. le duc d'Enghien, le 18 août 1692 ; Mlle de Charolais, le 22 novembre 1693. Les batailles de Steinkerque et de Nerwinde ne firent pas plus d'honneur au mari que cette heureuse fécondité à l'épouse. La Bruyère, après avoir vécu auprès de Son Altesse dans une intimité fort enviée des courtisans, avait fini par être écarté comme les autres. Pendant la première grossesse il était encore admis familièrement auprès de la jeune princesse ; pendant la seconde il déplut, et pendant la troisième il fut négligé : que faire d'un moraliste qui ne pouvait plus servir à passer le temps et qui ne semblait pas approuver tout ce que pouvait faire Son Altesse ? D'ailleurs Mme la Duchesse suivit le roi à la campagne de Flandre, et pendant ce temps la Bruyère s'était occupé de l'Académie et des académiciens. Dès lors Son Altesse ne pensa plus guère à lui que pour lui adresser quelque fine plaisanterie. Arténice avait bien changé. La Bruyère ne pouvait se permettre de faire le portrait entier de Mme la Duchesse ; il répé-

(1) Chap. x, n° 8.

tera simplement une partie de ce qu'il disait de Son Altesse quand elle daignait le regarder comme son professeur. Ce ne pouvait donc être qu'un *fragment,* mais un FRAGMENT précieux et bien mis en œuvre avec l'approbation du grand Condé : c'était un beau rêve qui s'était envolé, une jeune fille charmante, mais qui n'existait plus que dans le souvenir attendri du pauvre philosophe.

... Il disait que l'esprit dans cette belle personne était un diamant bien mis en œuvre, et, continuant de parler d'elle : « C'est, ajoutait-il (1), comme une nuance de raison et d'agrément qui occupe les yeux et le cœur de ceux qui lui parlent; on ne sait si on l'aime ou si on l'admire; il y a en elle de quoi faire une parfaite amie, il y a aussi de quoi vous mener plus loin que l'amitié. Trop jeune et trop fleurie pour ne pas plaire, mais trop modeste pour songer à plaire, elle ne tient compte aux hommes que de leur mérite, et ne croit avoir que des amis. Pleine de vivacité et capable de sentiments, elle surprend et elle intéresse; et sans rien ignorer de ce qui peut entrer de plus délicat et de plus fin dans les conversations, elle a encore ces saillies heureuses qui, entre autres plaisirs qu'elles font, dispense toujours de la réplique. Elle vous parle comme celle qui n'est pas savante, qui doute et qui cherche à s'éclaircir; et elle vous écoute comme celle qui sait beaucoup, qui connaît le prix de ce que vous lui dites, et auprès de qui vous ne perdez rien de ce qui vous échappe. Loin de s'appliquer à vous contredire avec esprit, et d'imiter *Elvire,* qui aime mieux passer pour une femme vive que marquer du bon sens et de la justesse, elle s'approprie vos sentiments, elle les croit siens, elle les étend, elle les embellit : vous êtes content de vous d'avoir pensé si bien, et d'avoir mieux dit encore que vous n'aviez cru. Elle est toujours au-dessus de la vanité, soit qu'elle parle, soit qu'elle écrive : elle oublie les traits où il faut des raisons; elle a déjà compris que la simplicité est éloquente. S'il s'agit de servir quelqu'un et de vous jeter dans les mêmes intérêts, laissant à Elvire les jolis discours et les belles-lettres, qu'elle met à tous usages, *Arténice* n'emploie auprès de vous que la sincérité, l'ardeur, l'empressement et la persuasion. Ce qui domine en elle, c'est le plaisir de la lecture, avec le goût des personnes de nom et de réputation, moins pour en être connue que pour les connaître. On peut la louer

---

(1) Chap. XII, n° 28. — *Cf.* Chap. XV, XVII, XVIII et suivants de ce livre.

d'avance de toute la sagesse qu'elle aura un jour, et de tout le mérite qu'elle se prépare par les années, puisque avec une bonne conduite, elle a de meilleures intentions, des principes sûrs, utiles à celles qui sont comme elle exposées aux soins et à la flatterie ; et qu'étant assez particulière sans pourtant être farouche, ayant même un peu de penchant pour la retraite, il ne lui saurait peut-être manquer que les occasions, ou ce qu'on appelle un grand théâtre, pour y faire briller toutes ses vertus. »

Elvire, qui porte le nom de la gouvernante de Chimène dans *le Cid* de Pierre Corneille et de l'épouse de Don Juan dans *le Festin de pierre* de Thomas Corneille, n'a pas du tout l'humeur de ces deux personnes dans la peinture de la Bruyère. On ne manquait pas au dix-septième siècle de femmes vives qui aimaient mieux mettre les jolis discours et les belles-lettres à tous usages que de marquer du bon sens et de la justesse ; mais personne ne jouait mieux le rôle d'Elvire que Mme la duchesse du Maine. A peine fut-elle mariée, qu'elle se moqua de tout ce que M. le Prince put lui dire (1), et dédaigna aussi bien les exemples de Mme la Princesse que les conseils de Mme de Maintenon : ainsi s'étant rendue bientôt incorrigible, on la laissa en liberté faire tout ce qu'elle voulut. Vive comme la poudre à canon, elle se fit appeler Salpetria, nymphe de Chantilly. Santeul a célébré Salpetria en vers latins (2), et, pour plaire à cette femme pétrie de salpêtre, son faible mari traduisit en prose française les vers du poète latin (3) ; en voici un passage : « Ah ! par combien d'agréments voit-on que vous êtes déesse... Je vous prendrais aisément pour Vénus... Mais non, vous n'êtes pas Vénus : elle n'a point votre science, elle ne tient point des discours si sublimes et n'a jamais su pénétrer dans les replis obscurs de la philosophie. » Mme la duchesse du Maine était peut-être à Chantilly lorsque la Bruyère y lut son discours à l'Académie (4) ; peut-être aussi elle voulut l'entendre, lorsqu'elle sut le bruit qu'il faisait. L'académicien répondit ainsi aux critiques des beaux esprits trop rigoureux (5) : « Si certains esprits vifs et décisifs étaient crus, ce serait encore trop que les termes pour exprimer les sentiments : il faudrait

---

(1) *Souvenirs de Mme de Caylus*, p. 189.
(2) *Opera Santolii*, t. II, p. 136, 137, 138, 139, 140.
(3) Octobre 1696.
(4) Juillet 1693.
(5) Chap. I, n° 29.

leur parler par signes, ou sans parler se faire entendre. Quelque soin qu'on apporte à être serré et concis, et quelque réputation qu'on ait d'être tel, ils vous trouvent diffus. Il faut leur laisser tout à suppléer, et n'écrire que pour eux seuls. Ils conçoivent une période par le mot qui la commence, et par une période tout un chapitre : leur avez-vous lu un seul endroit de l'ouvrage, c'est assez, ils sont dans le fait et entendent l'ouvrage. Un tissu d'énigmes leur serait une lecture divertissante; et c'est une perte pour eux que ce style estropié qui les enlève soit rare, et que peu d'écrivains s'en accommodent. Les comparaisons tirées d'un fleuve dont le cours, quoique rapide (1), est égal et uniforme, ou d'un embrasement qui, poussé par les vents, s'épand au loin dans une forêt où il consume les chênes et les pins, ne leur fournissent aucune idée de l'éloquence. Montrez-leur un feu grégeois qui les surprenne, ou un éclair qui les éblouisse, ils vous quittent du bon et du beau. » Le grand Condé n'avait que du mépris pour ces ouvrages étincelants d'esprit dont la lecture ne laisse dans l'âme aucune idée sérieuse, aucun noble sentiment. Les auteurs qui croient atteindre le sublime en faisant briller sans cesse mille feux d'artifice dans leurs discours, se trompent. « Tout ce qui est véritablement sublime, dit Longin (2), a cela de propre, quand on l'écoute, qu'il élève l'âme et lui fait concevoir une plus haute opinion d'elle-même, la remplissant de joie et de je ne sais quel noble orgueil, comme si c'était elle qui eût produit les choses qu'elle vient simplement d'entendre. » En entendant lire cet endroit de la traduction de Boileau, feu M. le Prince s'écria : « Voilà le sublime, voilà son véritable caractère! » C'est pourquoi la Bruyère, répondant à certains esprits vifs et décisifs qui croyaient tenir des discours sublimes, conclut par cette réflexion sérieuse (3) : « Quand une lecture vous élève l'esprit, et qu'elle vous inspire des sentiments nobles et courageux, ne cherchez pas une autre règle pour juger de l'ouvrage; il est bon, et fait de main d'ouvrier. » Cette réflexion s'adressait à bien d'autres qu'à Mme la duchesse du Maine.

De même on put admirer le gracieux portrait de la belle Arténice sans penser à Mme la Duchesse. Aux yeux du public, qu'y avait-il de

---

(1) *Traité du sublime*, par Longin, ch. x.
(2) Traduction de Boileau, ch. v, *Œuvres en prose de Boileau Despréaux avec des éclaircissements historiques donnés par lui-même*, 4 vol. in-12 (Amsterdam, chez les frères Westein 1717), III, p. 51, remarque n° 1.
(3) Chap. I, n° 31.

commun entre la jeune fille qui avait un peu le goût de la retraite et Mme la Duchesse qui aimait à se retirer au désert, c'est-à-dire dans sa jolie maison de campagne, pour se distraire et se reposer des solennelles représentations du palais de Versailles? Dans Mme la Duchesse, en 1694, qu'est-ce que l'on pouvait apercevoir d'un peu loin? la digne épouse d'un vaillant prince, fière du sang royal qui coulait dans leurs veines et des succès mal récompensés du prince son époux; une jeune mère glorieuse de ses enfants et qui les montrait à la cour comme des témoignages irrécusables de son bonheur; une princesse auguste qui déployait dans tout leur éclat avec joie et *orgueil* les honneurs accordés à la *famille* de Louis XIV et à l'alliance des Condé. Qu'elle était belle alors sur ce magnifique théâtre de la cour, brillante de santé, rayonnante de grâce et d'esprit! « Sa figure, dit Saint-Simon (1), était formée par les plus tendres amours, et son esprit était fait pour se jouer d'eux à son gré sans en être dominée. Tout amusement semblait le sien; aisée avec tout le monde, elle avait l'art de mettre chacun à son aise; rien en elle qui n'allât naturellement à plaire avec une grâce non pareille jusque dans ses moindres actions. N'aimant personne, connue pour telle, on ne se pouvait défendre de la rechercher, ni de se persuader, jusques aux personnes qui lui étaient les plus étrangères, d'avoir réussi auprès d'elle. Les gens mêmes qui avaient le plus lieu de la craindre, elle les enchaînait; et ceux qui avaient le plus lieu de la haïr avaient besoin de se le rappeler souvent pour résister à ses charmes. Jamais la moindre humeur en aucun temps; enjouée, gaie, plaisante avec le sel le plus fin, invulnérable aux surprises et aux contre-temps, toujours libre dans les moments les plus inquiets et les plus contraints; beaucoup de sens pour la cabale et les affaires avec une souplesse qui ne lui coûtait rien; mais peu de conduite pour les choses de long cours; méprisante, moqueuse, piquante, incapable d'amitié et fort capable de haine, et alors méchante, fière, implacable, féconde en artifices noirs et en chansons les plus cruelles dont elle affublait gaiement les personnes qu'elle semblait aimer et qui passaient leur vie avec elle (2). C'était la syrène des poètes, qui en avait tous les charmes et les périls; avec l'âge l'ambition vint, mais sans quitter le goût des

---

(1) Éd. Chéruel, t. VI, p. 362.
(2) *Correspondance littéraire*, t. III, p. 387-388, et le *Nouveau Siècle de Louis XIV*, t. IV, p. 135, etc.

plaisirs ; et le frivole lui servit longtemps à masquer le solide. »
Voilà ce qu'était devenue la jeune fille que la Bruyère avait appelée
son Arténice. Je ne doute pas qu'elle ne se soit reconnue, mais elle
était trop fine pour le laisser voir : il lui convenait mieux qu'à personne de jouer ce joli rôle incognito, comme à Fontenelle celui de
Cydias.

La Bruyère avait si soigneusement enlevé du caractère d'Arténice
tout ce qui pouvait trahir Son Altesse Sérénissime, que le public ne se
fit aucun scrupule de trouver à ce portrait une foule de ressemblances
vulgaires, auxquelles l'auteur n'avait jamais pensé. Quelle belle personne n'était pas heureuse d'être comparée à un diamant bien mis
en œuvre? Quelle jeune fille n'était pas flattée d'avoir en soi comme
une nuance de raison et d'agrément, pour occuper les yeux et l'esprit
de ceux qui lui parlaient? Quelle femme coquette eût demandé mieux
que d'être trop jeune et trop fleurie pour ne pas plaire, que de pouvoir faire une parfaite amie et de pouvoir aussi vous mener plus loin
que l'amitié? Il suffit à Mme de Boislandry d'être à peu près du même
âge que Mme la Duchesse pour représenter aux yeux de l'abbé de
Chaulieu le personnage d'Arténice : séparée de son mari après un
procès scandaleux et les plus humiliantes épreuves, elle ne pouvait
trouver mauvais que ce vieux libertin (1), qui sentait déjà la décadence qu'apporte le nombre des ans, se figurât que le moraliste n'avait eu d'autre souci que de faire le portrait de sa maîtresse. Elle lui
en fit accroire bien d'autres!

« Il me semble, dit la Bruyère (2), que je dois être moins blâmé
que plaint de ceux qui par hasard verraient leurs noms écrits dans
ces insolentes listes, que je désavoue et que je condamne autant qu'elles le méritent. J'ose même attendre d'eux cette justice, que, sans s'arrêter à un auteur moral qui n'a eu nulle intention de les offenser par
son ouvrage, ils passeront jusqu'aux interprètes, dont la noirceur est
inexcusable. Je dis en effet ce que je dis, et nullement ce qu'on assure que j'ai voulu dire ; et je réponds encore moins de ce qu'on me fait
dire, et que je ne dis point. Je nomme nettement les personnes que je
veux nommer, toujours dans la vue de louer leur vertu ou leur mérite;
j'écris leurs noms en lettres capitales, afin qu'on les voie de loin, et
que le lecteur ne coure pas risque de les manquer. Si j'avais voulu

---

(1) Servois, t. II, p. 322-337.
(2) Préface du discours.

mettre des noms véritables aux peintures moins obligeantes, je me serais épargné le travail d'emprunter les noms de l'ancienne histoire, d'employer des lettres initiales, qui n'ont qu'une signification vaine et incertaine, de trouver enfin mille tours et faux-fuyants pour dépayser ceux qui me lisent et les dégoûter des applications. Voilà la conduite que j'ai tenue dans la composition des *Caractères*. » Cela est parfaitement exact. Nous en avons vu bien des preuves dans les sept premières éditions et dans la huitième. Nous pouvons encore en citer d'autres qui nous semblent bien résumer l'application de ces principes.

« *Carro Carri* (1) débarque avec une recette qu'il appelle un prompt remède, et qui quelquefois est un poison lent ; c'est un bien de famille, mais amélioré en ses mains : de spécifique qu'il était contre la colique, il guérit de la fièvre quarte, de la pleurésie, de l'hydropisie, de l'apoplexie, de l'épilepsie. Forcez un peu votre mémoire, nommez une maladie, la première qui vous viendra à l'esprit : l'hémorragie, dites-vous ? il la guérit. Il ne ressuscite personne, il est vrai ; il ne rend pas la vie aux hommes ; mais il les conduit nécessairement jusqu'à la décrépitude, et ce n'est que par hasard que son père et son aïeul, qui avaient ce secret, sont morts fort jeunes. Les médecins reçoivent pour leurs visites ce qu'on leur donne ; quelques-uns se contentent d'un remercîment : Carro Carri est si sûr de son remède, et de l'effet qui en doit suivre, qu'il n'hésite pas de s'en faire payer d'avance, et de recevoir avant que de donner. Si le mal est incurable, tant mieux, il n'en est que plus digne de son application et de son remède. Commencez par lui livrer quelques sacs de mille francs, passez-lui un contrat de constitution (c'est-à-dire constituez-lui une rente), donnez-lui une de vos terres, la plus petite, et ne soyez pas ensuite plus inquiet que lui de votre guérison. L'émulation de cet homme a peuplé le monde de noms en O et en I, noms vénérables qui imposent aux malades et aux maladies. Vos médecins, Fagon, et de toutes les facultés, avouez-le, ne guérissent pas toujours, ni sûrement ; ceux au contraire qui ont hérité de leurs pères la médecine *pratique,* et à qui l'expérience est échue par succession, promettent toujours, et avec serments, qu'on guérira. Qu'il est doux aux hommes de tout espérer d'une maladie mortelle, et de se porter encore passablement bien à l'agonie ! La mort surprend agréablement

---

(1) Chap. XIV, n° 68.

et sans s'être fait craindre ; on la sent plus tôt qu'on n'a songé à s'y préparer et à s'y résoudre. O Fagon Esculape ! faites régner sur toute la terre le quinquina et l'émétique ; conduisez à sa perfection la science des simples, qui sont donnés aux hommes pour prolonger leur vie ; observez dans les cures, avec plus de précision et de sagesse que personne n'a encore fait, le climat, les temps, les symptômes et les complexions ; guérissez de la manière seule qu'il convient à chacun d'être guéri ; chassez des corps, où rien ne vous est caché de leur économie, les maladies les plus obscures et les plus invétérées ; n'attendez pas sur celles de l'esprit, elles sont incurables ; laissez à *Corinne*, à *Lesbie*, à *Canidie*, à *Trimalcion* et à *Carpus* la passion ou la fureur des charlatans. »

Carro Carri est bien connu : c'était cet empirique à la mode qu'on appelait Caret, Carette, Caretto, Caretti (1); il s'appelait de son vrai nom, croit-on, Octave del Caretto, et prétendait au titre de marquis de Balestrina de Savone. Il y avait aussi dans le même temps à Paris un autre Italien du même métier, et qui se qualifiait du titre de patricien romain, avec un nom presque semblable, Nicolas Scevoli del Carretto. C'est le premier dont la Bruyère a fait le portrait pour nous offrir le type du charlatan à cette époque (2) ; il n'y a pas un trait dans cette singulière physionomie qui ne fût parfaitement vrai. Saint-Simon, Mme de Sévigné, Dangeau, de Sourches (3) parlent du marquis de Caretto ou Caretti comme la Bruyère. Le moraliste a estropié son nom pour qu'il ne fût pas trop reconnaissable. En ce temps-là les clefs citent un autre empirique qu'il aurait aussi voulu peindre : Helvétius, médecin hollandais, grand-père du philosophe, se servit de la racine d'ipécacuana, comme le marquis de Caretto (4) se servait des gouttes dont son père lui avait légué le secret, pour guérir toutes les maladies. Qui a mieux décrit que la Bruyère la puissance, et même l'utilité de l'empirisme ? Il faut aux malades des gens dont le métier soit de les assurer qu'ils ne mourront point. Les médecins s'y exercent, mais ils n'y réussissent pas aussi bien que les autres : s'ils sont honnêtes, il leur faut bien avouer qu'ils ne guérissent pas

---

(1) Note de Boislisle, n° 3, Saint-Simon, t. II, p. 231.
(2) Lettre de Bourdelot à Condé, 6 décembre 1684 (archives de l'hôtel de Condé).
(3) Saint-Simon (Chéruel), t. II, p. 135-137. Mme de Sévigné, t. X, p. 162, 166, 168, etc. Dangeau, t. I, p. 152, et t. V, p. 129-131. De Sourches, t. I, p. 315, et t. IV, p. 13.
(4) Saint-Simon, t. III, p. 82, 83.

toujours, ni sûrement ; au contraire, le malade, persuadé par l'empirique qu'il va guérir, est surpris agréablement par la mort sans y penser. Quelle heureuse découverte !

Fagon se fâchait contre ces charlatans, qui se faisaient un titre ou d'un savoir incompréhensible et visionnaire, ou même de leur ignorance, pour tromper la crédulité publique, au mépris de tous les privilèges de la Faculté. Et l'indignation de Fagon n'était point à négliger surtout depuis qu'il était devenu premier médecin de Sa Majesté. Si tous les courtisans voulaient se confesser au père de la Chaise, par la même raison tous les malades de Versailles voulaient passer par les mains de Fagon (1). Sa maison ressemblait à ces temples d'Esculape dans l'antiquité, où étaient en dépôt les ordonnances et les recettes qui convenaient aux différents maux du corps humain ; on venait même de très loin pour le consulter. « *Irène*, dit la Bruyère (2), se transporte à grands frais en Épidaure, voit Esculape dans son temple et le consulte sur tous ses maux. D'abord elle se plaint qu'elle est lasse et recrue de fatigue ; et le dieu prononce que cela lui arrive par la longueur du chemin qu'elle vient de faire. Elle dit qu'elle est le soir sans appétit ; l'oracle lui ordonne de dîner peu. Elle ajoute qu'elle est sujette à des insomnies ; et il lui prescrit de n'être au lit que pendant la nuit. Elle lui demande pourquoi elle devient pesante, et quel remède ; l'oracle répond qu'elle doit se lever avant midi, et quelquefois se servir de ses jambes pour marcher. Elle lui déclare que le vin lui est nuisible : l'oracle lui dit de boire de l'eau ; qu'elle a des indigestions : et il ajoute qu'elle fasse diète. « Ma vue s'affaiblit, dit Irène. — Prenez des lunettes, dit Esculape. — Je m'affaiblis moi-même, continue-t-elle, et je ne suis ni si forte ni si saine que j'ai été. — C'est, dit le dieu, que vous vieillissez. — Mais quel moyen de guérir de cette langueur ? — Le plus court, Irène, c'est de mourir comme ont fait votre mère et votre aïeule. — Fils d'Apollon, s'écrie Irène, quel conseil me donnez-vous ? Est-ce là toute cette science que les hommes publient, et qui vous fait révérer de toute la terre ? Que m'apprenez-vous de rare et de mystérieux ? et ne savais-je pas tous ces remèdes que vous m'enseignez ? — Que n'en usiez-vous donc, répond le dieu, sans venir me chercher de si loin, et abréger vos jours par un

---

(1) Fontenelle, *Éloge de Fagon*.
(2) Chap. XI, n° 35.

long voyage ? » On reconnaît ici le langage de Fagon Esculape, il n'était point du tout charlatan et parlait franc et net à ses clients. Quant à Irène, quelques-uns veulent que ce fût Mme de Montespan : il est possible ; mais si jamais Fagon lui a parlé ainsi, certainement elle n'était pas la seule femme à qui cet Esculape sût tenir un tel langage.

Fagon ne se proposait que d'être utile, et de s'instruire pour l'être toujours davantage (1). Jamais il n'était satisfait tant qu'il lui restait quelque chose à apprendre (2). Il purgea le roi jusqu'au sang. Cet esprit systématique l'a fait comparer aux médecins de M. Pourceaugnac ; cependant il fit faire quelque progrès à son art : la science de la botanique se développa par ses soins et par ceux de Tournefort, qu'il ne cessa de protéger. Bon chimiste pour son temps, habile connaisseur en chirurgie, et grand praticien en médecine, il ne négligea rien pour étendre le domaine des sciences médicales, et il osa s'attaquer aux maladies du corps humain les plus obscures et les plus invétérées. Mais le moraliste lui conseilla de ne point attenter aux maladies de l'esprit, parce qu'elles sont incurables.

L'une de ces maladies incurables est précisément la passion pour les charlatans. Il est si rare dans la vie de rencontrer des esprits qui savent douter à propos et appliquer la méthode de Descartes ! Mais on ne les rencontre guère parmi les femmes livrées au dévergondage des mœurs, comme Corinne ou la femme de lettres, comme Lesbie ou la femme galante, comme Canidie ou la vieille sorcière ; ni parmi les hommes abrutis par les plaisirs, comme l'infâme Trimalcion, du *Satyricon* de Pétrone, et l'esclave Corpus, son écuyer tranchant (3). Dites-leur qu'il n'appartient qu'à la raison de gouverner les hommes et de régler tout dans l'univers, que les charlatans sont des trompeurs qui les flattent pour s'enrichir à leur dépens ; invitez-les à soumettre leurs flatteries au libre examen, à démêler le mensonge de la vérité, et à n'admettre d'autres raisonnements que ceux qui leur paraîtront intelligibles, justes et concluants : ils vous répondront que le marquis del Caretto a de l'esprit, du langage, de la conduite et une réputation bien établie ; heureux s'ils ne vous font pas entendre que vous n'êtes

---

(1) Fontenelle.
(2) Journal de la santé du roi, 6 juillet 1705.
(3) *Satyricon*, chap. XXXVI, Trimalchion et Carpus.

qu'un sot (1). Ces gens-là se supposent instruits, intelligents, raisonnables, et ils admirent ce qu'ils ne comprennent pas ! mais pour ceux qui les flattent, ils ont, je ne dirai pas du goût, c'est de la fureur, de la folie.

Une autre maladie incurable de l'esprit est l'égoïsme ou l'intérêt. L'égoïste est d'autant plus malade qu'il ne croit pas l'être ; aussi n'y a-t-il pas de dupe plus facile à tromper. « Le panneau le plus délié et le plus spécieux qui dans tous les temps ait été tendu aux grands par leurs gens d'affaires, et aux rois par leurs ministres, est la leçon qu'ils leur font de s'acquitter et de s'enrichir (2). Excellent conseil, maxime utile, fructueuse, une mine d'or, un Pérou, du moins pour ceux qui ont su jusqu'à présent l'inspirer à leurs maîtres. » Il est vrai, c'est par ce moyen que Colbert avait renversé Fouquet, et s'était élevé auprès de Louis XIV à un si haut degré de puissance que personne depuis n'avait pu y parvenir dans son ministère ; mais c'est aussi par ce moyen que Gourville avait fait sa fortune dans la maison de Condé ; et Gourville ne pouvait souffrir la Bruyère, qui prenait un malin plaisir à le braver. « Le suffisant, disait le moraliste (3), est celui en qui la pratique de certains détails que l'on honore du nom d'affaires se trouve jointe à une très grande médiocrité d'esprit. — Un grain d'esprit et une once d'affaires plus qu'il n'en entre dans la composition du suffisant, font l'important. — Pendant qu'on ne fait que rire de l'important, il n'a pas un autre nom ; dès qu'on s'en plaint, c'est l'arrogant. »

La Bruyère se plaignait que Gourville devînt arrogant ; mais ce n'était pas tout à fait sa faute. Le 2 juillet 1693, le chef du conseil de M. le Prince, dit le grand prévôt de France (4), eut une violente attaque d'apoplexie : on douta qu'il pût en revenir, ou s'il en revenait, qu'il eût la tête aussi ferme qu'il l'avait eue jusqu'alors. Il en revint cependant, et il avait encore une bonne tête ; mais il fut obligé de la ménager, et de ne pas se laisser troubler par des clients importuns ou par des fâcheux. « Je vais, Clitiphon, à votre porte (5) ; le besoin que j'ai de vous me chasse de mon lit et de ma chambre : plût aux dieux

---

(1) *Satyricon*, chap. LXXXIII, LXXXIV.
(2) Chap. X, n° 22.
(3) Chap. XII, n° 54.
(4) De Sourches, t. IV, p. 216-217.
(5) Chap. VII, n° 12.

que je ne fusse ni votre client ni votre fâcheux! Vos esclaves me disent que vous êtes enfermé, et que vous ne pouvez m'écouter que d'une heure entière. Je reviens avant le temps qu'ils m'ont marqué, et ils me disent que vous êtes sorti. Que faites-vous, Clitiphon, dans cet endroit le plus reculé de votre appartement, de si laborieux qui vous empêche de m'entendre? Vous enfilez quelques mémoires, vous collationnez un registre, vous signez, vous paraphez. Je n'avais qu'une chose à vous demander, et vous n'aviez qu'un mot à me répondre, oui, ou non. Voulez-vous être rare? Rendez service à ceux qui dépendent de vous : vous le serez davantage par cette conduite que par ne vous pas laisser voir. O homme important et chargé d'affaires, qui à votre tour avez besoin de mes offices, venez dans la solitude de mon cabinet : le philosophe est accessible ; je ne vous remettrai point à un autre jour. Vous me trouverez sur les livres de Platon qui traitent de la spiritualité de l'âme et de sa distinction d'avec le corps, ou la plume à la main pour calculer les distances de Saturne et de Jupiter : j'admire Dieu dans ses ouvrages, et je cherche, par la connaissance de la vérité, à régler mon esprit et à devenir meilleur. Entrez, toutes les portes vous sont ouvertes ; mon antichambre n'est pas faite pour s'y ennuyer en m'attendant; passez jusqu'à moi sans me faire avertir. Vous m'apportez quelque chose de plus précieux que l'argent et l'or, si c'est une occasion de vous obliger. Parlez, que voulez-vous que je fasse pour vous? Faut-il quitter mes livres, mes études, mon ouvrage, cette ligne qui est commencée? Quelle interruption heureuse pour moi que celle qui vous est utile? Le manieur d'argent, l'homme d'affaires est un ours qu'on ne saurait apprivoiser; on ne le voit dans sa loge qu'avec peine : que dis-je? On ne le voit point ; car d'abord on ne le voit pas encore, et bientôt on ne le voit plus. L'homme de lettres, au contraire, est trivial comme une borne au coin des places; il est vu de tous, et à toute heure, et en tous états, à table, au lit, nu, habillé, sain ou malade : il ne peut être important, et il ne le veut point être. »

On a souvent admiré ce morceau d'éloquence. De tous les caractères, c'est un de ceux, je l'avoue, que j'aime le moins. Il avait été accordé à la Bruyère de faire, en pleine académie, une sortie véhémente contre l'importance des hommes d'affaires, qui avaient tant d'éloignement pour les gens de lettres ; il avait eu raison dans la préface de son discours de dire qu'il n'était pas permis de détourner sa vive apostrophe, qui s'adressait à tous, et de la rejeter sur un seul et sur tout autre. Mais après cela il fallait s'arrêter. L'infatuation des hommes de lettres est aussi ridicule que celle des gens pécunieux. D'ailleurs il y a dans l'attitude triviale que prenait l'auteur quelque chose de cynique qui ne convenait point à un gentilhomme de la maison de Condé. Guindé au milieu des astres comme le Socrate d'Aristophane, toujours occupé de calculs astronomiques ou de la spiritualité de l'âme, il se tenait trop au-dessus de l'humanité pour que l'o daignât lui demander ses bons offices. Cette exagération ne nous choque pas aujourd'hui : l'homme de lettres exerce le plus populaire des sacerdoces ; il est parfois l'idole de la foule, et même l'objet d'un culte officiel. Alors il ne pouvait être important, mais il pouvait être modeste et indépendant; cela suffisait à sa dignité. Heureusement jusqu'ici personne n'a deviné quel était Clitiphon ; ou si Gourville s'est reconnu dans ce rôle, il n'en a rien dit, comme Fontenelle de Cydias, et M#me# la Duchesse d'Arténice.

De toutes les maladies de l'esprit, la plus incurable est l'amour de la louange. Si la louange est célèbre et publique, on l'appelle la gloire. L'amour de la gloire était la grande passion de Louis XIV et de son siècle. Bossuet, en faisant l'éducation du Dauphin (1), s'était appliqué à lui faire connaître que la vraie gloire ne peut s'accorder qu'avec le mérite; cependant il était convaincu qu'il n'y a rien de plus pauvre et de plus misérable que la gloire, et il disait hautement que la gloire du monde corrompt toutes les vertus. Après le grand roi et ses courtisans, les hommes alors les plus infectés de cette maladie de l'esprit étaient les académiciens. Insatiables de louange, ils prétendaient que la Bruyère ne les avait pas assez loués. Il répondait ainsi : « Quoi que l'envie et l'injustice publient de l'Académie française (2), quoi qu'elles veuillent dire de son âge d'or et de sa décadence, elle n'a jamais, depuis son établissement, rassemblé un si grand nombre de personnages illustres pour toutes sortes de talents et en tout genre d'érudition, qu'il est facile aujourd'hui d'y en remarquer; dans cette prévention où je suis, je n'ai pas espéré que cette compagnie pût être une autre fois plus belle à peindre, ni prise dans un jour plus favorable ; et parce que je me suis servi de l'occasion, ai-je rien fait qui doive m'attirer les moindres reproches? » Il avait loué en face

---

(1) *Discours sur l'histoire universelle*, avant-propos, § 1.
(2) Préface du discours à l'Académie.

Boileau, la Fontaine, Racine, Bossuet, Fénelon, voilà son crime. « Cicéron a pu louer impunément Brutus, César, Pompée, Marcellus, qui étaient vivants, qui étaient présents : il les a loués plusieurs fois ; il les a loués seuls dans le Sénat, souvent en présence de leurs ennemis, toujours devant une compagnie jalouse de leur mérite, et qui avait bien d'autres délicatesses de politique sur la vertu des grands hommes que n'en saurait avoir l'Académie française. J'ai loué les académiciens, je les ai loués tous, et ce n'a pas été impunément : que me serait-il arrivé, si je les avais blâmés tous ? » Mauvaise raison ; il en a loué quelques-uns pour se moquer des autres.

Le moraliste s'était laissé prendre comme les autres à l'amour de la gloire. Il s'applaudissait du succès de son livre et de son discours ; il était fier de pouvoir répondre à ses critiques « que le jugement de la cour et de la ville, des grands et du peuple, lui a été favorable. Qu'importe? dit-il (1). Ils répliqueront avec confiance que le public a son goût, et qu'ils ont le leur, réponse qui ferme la bouche et qui termine tout différend. Il est vrai qu'elle m'éloigne de plus en plus de vouloir leur plaire par aucun de mes écrits ; car si j'ai un peu de santé avec quelques années de vie, je n'aurai plus d'autre ambition que celle de rendre, par des soins assidus et par de bons conseils, mes ouvrages tels qu'ils puissent toujours partager les Théobaldes et le public. » Or il reçut de Bossuet, son ami et son protecteur, des conseils tout différents de ceux qu'il attendait.

En 1694, Bossuet écrivit son traité sur la concupiscence où nous trouvons un chapitre XIX ainsi conçu : « Mon Dieu, que vous punissez d'une merveilleuse manière l'orgueil des hommes! La gloire est le souverain bien qu'ils se proposent : et vous, Seigneur, comment les punissez-vous ? En leur ôtant cette gloire dont ils sont avides ? Quelquefois : car vous en êtes le maître, et vous la donnez ou vous l'ôtez comme il vous plaît, selon que vous tournez l'esprit des hommes. Mais pour montrer combien elle est non seulement vaine, mais encore trompeuse et malheureuse, vous la donnez très souvent à ceux qui en demandent, et vous en faites leur supplice... O vérité, ô justice et sagesse éternelle, qui pesez tout dans votre balance et donnez le prix à tout le bien, pour petit qu'il soit, vous avez préparé une récompense convenable à cette telle quelle industrie qui paraît dans les actions de ceux qu'on nomme héros, et dans les écrits de ceux qu'on nomme

---

(1) Préface du discours à l'Académie, à la fin.

les grands auteurs! Vous les avez récompensés et punis tout ensemble : vous les avez repus de vent : enflés par la gloire, vous les en avez pour ainsi dire crevés. Combien ces grands auteurs ont-ils donné de gêne à leur esprit pour arranger leurs paroles et composer leurs poèmes ! Celui-là, étonné lui-même du long et furieux travail de son *Énéide*, dont tout le but après tout était de flatter le peuple régnant et la famille régnante, avoue dans une lettre qu'il s'est engagé dans cet ouvrage par une espèce de manie, *pene vitio mentis*. Leur conscience leur reprochait qu'ils se donnaient beaucoup de peine pour rien, puisque ce n'était après tout que pour se faire louer. » Eh bien! Monsieur de la Bruyère, travaillez donc maintenant à mériter les louanges de la cour et de la ville des grands, et du peuple ; si vous avez un peu de santé avec quelques années de vie, n'ayez plus d'autre ambition que de rendre, par vos soins assidus, vos ouvrages si parfaits qu'ils puissent déplaire aux Théobaldes et plaire au public! Est-ce là le bon conseil que vous donne votre protecteur et ami, M. l'évêque de Meaux? La huitième édition est la dernière à laquelle la Bruyère ait ajouté des remarques ou des caractères.

Nous pouvons aussi supposer que *Fagon Esculape* lui fit entendre de bonnes vérités : car il avait déjà des doutes sur sa santé, et il n'osait se promettre beaucoup d'années à vivre. On mourait de bonne heure dans sa famille, vers la cinquantaine. Il arrivait à l'âge où son père et son oncle étaient morts ; pourquoi vivrait-il plus longtemps que les autres? Il se sentait malade, ses forces diminuaient, son esprit se fatiguait : le moment était venu de mettre un intervalle entre la vie et la mort, et de se préparer sérieusement à paraître devant un juge plus redoutable que la cour et la ville, que les grands et le peuple, que l'Académie et la maison de Condé. « Nous n'avons pas trop, dit-il (1), de toute notre santé, de toutes nos forces et de tout notre esprit pour penser aux hommes ou au plus petit intérêt : il semble au contraire que la bienséance et la coutume exigent de nous que nous ne pensions à Dieu que dans un état où il ne reste en nous qu'autant de raison qu'il faut pour ne pas dire qu'il n'y en a plus. » Après avoir publié cette remarque, on peut admettre qu'il ne se soumit pas aux exigences de la bienséance et de la coutume. Ayant eu le loisir d'être philosophe, il avait maintenant le loisir d'être chrétien.

(1) Chap. XVI, n° 17.

CHAPITRE XXXIX.

1694-1696.

La Bruyère est si attaché à la cour, qu'il ne veut plus la quitter même pour Paris. — Il décrit sa situation à Versailles. — Il ne met au-dessus des grands politiques que ceux qui se consacrent à Dieu. — Dévotion à la mode, pure courtisanerie. — Saluts, concerts des Théatins. — Le père Caffaro. — Exagération de Bossuet contre les poètes dramatiques. — Insuccès du père Séraphin. — Force de l'habitude. — Famine et misère du peuple; procession de la châsse de sainte Geneviève; il pleut! — Mort de Mme la Princesse douairière. — Vie des grands agitée et malsaine, vie tranquille du philosophe dans la maison de Condé. — Il a l'air d'un fou. — Il se moque de M. Phélypeaux, fils de Pontchartrain. — Bouffonneries de Santeul, souffleté par Mme la Duchesse et consolé par la Bruyère. — Phélypeaux finit par irriter la Bruyère, qui lui répond avec une certaine impertinence. — On ne rit pas toujours. — Histoire du mariage de M. de Lassay avec Mlle de Chateaubriand, fille légitimée de M. le Prince. — La Bruyère entreprend une 9e édition. — Point d'augmentations, mais seulement quelques corrections. — Ces corrections indiquent dans quels sentiments était l'auteur, lorsqu'il fut arrêté par la mort. — Il avait essayé de faire quelques dialogues sur le quiétisme. — Dégoûté de tout, sauf des vérités éternelles, il mourut subitement le 11 mai 1696 à Versailles, à l'hôtel de Condé. — Il fut inhumé le 12 mai dans l'église de Saint-Julien.

« Il y a dans les cours deux manières de ce que l'on appelle congédier son monde ou se défaire des gens (1) : se fâcher contre eux, ou faire si bien qu'ils se fâchent contre vous et s'en dégoûtent. » Les deux manières furent employées, aucune ne réussit contre la Bruyère. Après avoir bien médit de la cour, il s'aperçut qu'il était encore mieux là que partout ailleurs. Paris, qu'il avait jadis tant aimé, tant étudié, n'avait plus pour lui le même charme (2) : « Paris, pour l'ordinaire

(1) Chap. VIII, n° 35.
(2) Chap. VII, n° 15.

le singe de la cour, ne sait pas toujours la contrefaire; il ne l'imite en aucune manière dans ces dehors agréables et aressants que quelques courtisans, et surtout les femmes, y ont naturellement pour un homme de mérite, et qui n'a même que du mérite : elles ne s'informent ni de ses contrats ni de ses ancêtres; elles le trouvent à la cour, cela leur suffit ; elles le souffrent, elles l'estiment; elles ne demandent pas s'il est venu en chaise ou à pied, s'il a une charge, une terre ou un équipage : comme elles regorgent de train, de splendeur et de dignités, elles se délassent volontiers avec la philosophie ou la vertu. Une femme de ville entend-elle le bruissement d'un carrosse qui s'arrête à sa porte, elle pétille de goût et de complaisance pour quiconque est dedans, sans le connaître; mais si elle a vu de sa fenêtre un bel attelage, beaucoup de livrées, et que plusieurs rangs de clous parfaitement dorés l'aient éblouie, quelle impatience n'a-t-elle pas de voir déjà dans sa chambre le cavalier ou le magistrat! Quelle charmante réception ne lui fera-t-elle point! Otera-t-elle les yeux de dessus lui? Il ne perd rien auprès d'elle : on lui tient compte des doubles soupentes et des ressorts qui le font rouler plus mollement; elle l'en estime davantage, elle l'en aime mieux. »

A la ville, on n'estime que ceux qui font des contrats et des acquisitions, ou qui tiennent de grands biens de leurs ancêtres : un homme qui n'a que du mérite, fût-il académicien, n'est rien par lui-même. Les Fauconnets, que la Bruyère avait insultés dans son discours à l'Académie (1), avaient toujours le même dédain pour Homère et pour Descartes, et encore moins d'estime qu'auparavant pour le moraliste. Pendant qu'il perdait son temps à des bagatelles, ils s'enrichissaient. Il n'était avec sa philosophie pas plus avancé que son Antisthène (2), vendeur de marée qui s'amusait à écrire : il n'était ni mieux logé, ni mieux meublé, ni mieux nourri. « Quand je vois, dit-il (3), de certaines gens, qui me prévenaient autrefois par leurs civilités, attendre au contraire que je les salue, et en être avec moi sur le plus ou sur le moins, je dis en moi-même : « Fort bien, j'en suis ravi, tant mieux pour eux : vous verrez que cet homme-ci est mieux logé, mieux meublé et mieux nourri qu'à l'ordinaire; qu'il sera entré depuis quelques mois dans quelque affaire, où il aura fait déjà un gain rai-

---

(1) Chap. v, n° 56.
(2) Chap. xii, n° 21.
(3) Chap. vi, n° 55.

sonnable. Dieu veuille qu'il en vienne dans peu de temps jusqu'à me mépriser ! »

Mais à la ville on ne rencontrait pas, dit-on, ces politiques et ces diplomates (1) dont toutes les vues, toutes les maximes, tous les raffinements tendent à une seule fin, qui est de n'être point trompé et de tromper les autres. La Bruyère était bien revenu de cette erreur (2) : « Le marchand fait des montres pour donner de sa marchandise ce qu'il y a de pire ; il a le cati et les faux jours afin d'en cacher les défauts, et qu'elle paraisse bonne ; il la surfait pour la vendre plus cher qu'elle ne vaut ; il a des marques fausses et mystérieuses, afin qu'on croie n'en donner que son prix, un mauvais aunage pour en livrer le moins qu'il se peut ; et il a un trébuchet, afin que celui à qui il l'a livrée la lui paye en or qui soit de poids. » Ces procédés sont plus grossiers que ceux du diplomate ou du ministre plénipotentiaire, mais ils ne sont pas plus honnêtes.

Quant à lui la Bruyère, il n'hésite pas à le déclarer : « Dans un méchant homme (3) il n'y a pas de quoi faire un grand homme. Louez ses vues et ses projets, admirez sa conduite, exagérez son habileté à se servir des moyens les plus propres et les plus courts pour parvenir à ses fins : si ses fins sont mauvaises, la prudence n'y a aucune part ; et où manque la prudence, trouvez la grandeur, si vous le pouvez. » Trop longtemps le maître de politique de M. le Duc a été obligé de louer le talent extraordinaire de ces hommes sages qui peuvent être loués de leur bonne fortune comme de leur conduite (4), et de dire que le hasard peut être récompensé en eux comme la vertu. Il ne peut s'en dédire : c'est une vérité, mais une vérité plus rare qu'on ne le croit, et surtout qu'on ne le dit. Aujourd'hui qu'il envisage les vérités absolues et les perspectives éternelles, il néglige ses anciennes préférences ; et sans nier les succès des politiques, il ajoute (5) : « Je ne mets au-dessus d'un grand politique que celui qui néglige de le devenir, et qui se persuade de plus en plus que le monde ne mérite point qu'on s'en occupe. » Voilà le point de vue où il se place, et à ce point de vue que voit-il ?

(1) Chap. X, n° 12.
(2) Chap. VI, n° 43.
(3) Chap. XII, n° 116
(4) Chap. XII, n° 74.
(5) Chap. XII, n° 75.

« Deux sortes de gens fleurissent dans les cours, et y dominent dans divers temps, les libertins et les hypocrites (1) : ceux-là gaiement, ouvertement, sans art et sans dissimulation; ceux-ci finement, par des artifices, par la cabale. Cent fois plus épris de la fortune que les premiers, ils en sont jaloux jusqu'à l'excès ; ils veulent la gouverner, la posséder seuls, la partager entre eux et en exclure tout autre; dignités, charges, postes, bénéfices, pensions, honneurs, tout leur convient et ne convient qu'à eux; le reste des hommes en est indigne; ils ne comprennent point que sans leur attache on ait l'imprudence de les espérer. Une troupe de masques entre dans un bal : ont-ils la main, ils dansent, ils se font danser les uns les autres, ils dansent encore, ils dansent toujours ; ils ne rendent la main à personne de l'assemblée, quelque digne qu'elle soit de leur attention : on languit, on sèche de les voir danser et de ne danser point : quelques-uns murmurent; les plus sages prennent leur parti et s'en vont. » Il se mit un peu à l'écart pour réfléchir sur ce qu'il avait vu (2) : « Il y a deux espèces de libertins : les libertins, ceux du moins qui croient l'être, et les hypocrites ou faux dévots, c'est-à-dire ceux qui ne veulent pas être crus libertins : les derniers dans ce genre-là sont les meilleurs. » Du reste, cela revient au même : en effet, « le faux dévot ou ne croit pas en Dieu, ou se moque de Dieu ; parlons de lui obligeamment : il ne croit pas en Dieu (3). »

S'il croyait en Dieu, on le verrait à sa conduite. Or quel est le plus bel effort de la dévotion du temps? « Négliger vêpres comme une chose antique et hors de mode (4), garder sa place soi-même pour le salut (où le roi venait souvent), savoir les êtres (ou dispositions particulières) de la chapelle (de Versailles), connaître le flanc (les tribunes qui étaient à droite et à gauche sous les yeux de Sa Majesté), savoir où l'on est vu et où l'on n'est pas vu ; rêver dans l'Église à Dieu et à ses affaires, y recevoir des visites, y donner des ordres et des commissions, y attendre les réponses ; avoir un directeur mieux écouté que l'Évangile ; tirer toute sa sainteté et tout son relief de la réputation de son directeur, dédaigner ceux dont le directeur a moins de vogue, et convenir à peine de leur salut; n'aimer de la parole de Dieu

---

(1) Chap. XVI, n° 26.
(2) Chap. XVI, n° 27.
(3) Chap. XVI, n° 27.
(4) Chap. XIII, n° 21.

que ce qui s'en prêche chez soi ou par son directeur, préférer sa messe aux autres messes, et les sacrements donnés de sa main à ceux qui ont moins de cette circonstance ; ne se repaître que de livres de spiritualité, comme s'il n'y avait ni évangiles, ni épîtres des apôtres, ni morale des Pères ; lire ou parler un jargon inconnu aux premiers siècles ; circonstancier à confesse les défauts d'autrui, y pallier les siens ; s'accuser de ses souffrances, de sa patience ; dire comme un péché son peu de progrès dans l'héroïsme ; être en liaison secrète avec de certaines gens contre certains autres ; n'estimer que soi et sa cabale, avoir pour suspecte la vertu même ; goûter, savourer la prospérité et la faveur, n'en vouloir que pour soi, ne point aider au mérite ; faire servir la piété à son ambition, aller à son salut par le chemin de la fortune et des dignités : c'est du moins jusqu'à ce jour le plus bel effort de la dévotion du temps. » Après avoir fait ainsi la confession du dix-septième siècle sur la fin de ses années, il nous laisse entendre que ces dévots-là sous un roi athée seraient athées : c'est en effet ce qui arriva sous le règne de Louis XV.

Mais Louis XIV lui-même riait des comédies que lui donnait la dévotion des courtisans. Saint-Simon en cite un exemple fameux (1) : « M. de Brissac, major des gardes du corps, voyait avec impatience toutes les tribunes de la chapelle de Versailles bordées de dames, l'hiver, au salut, les jeudis et les dimanches, où le roi ne manquait guère d'assister. Sous prétexte de lire dans leurs heures, elles avaient toutes de petites bougies devant elles pour se faire connaître et remarquer. Un soir que le roi devait aller au salut, les gardes étant postés et les dames placées, vers la fin de la prière qui était suivie du salut, arrive le major, qui paraît à la tribune royale, lève son bâton, et tout haut : « Gardes du roi, retirez-vous, rentrez dans vos salles, le roi ne viendra pas. » Aussitôt les gardes obéissent ; les dames murmurent tout bas entre elles ; les petites bougies s'éteignent ; et voilà toutes les dames parties, sauf cinq ou six qui demeurèrent pour le salut. Brissac avait placé aux débouchés de la chapelle, pour arrêter les gardes, des brigadiers qui leur firent reprendre leur poste sitôt que les dames furent assez loin pour ne pas s'en douter. Là-dessus arriva le roi ; bien étonné de ne point voir de dames remplir les tribunes, il demanda par quelle aventure il n'y avait personne. Au sortir du salut, Brissac lui conta ce

---

(1) Éd. Chéruel, t. VI, p. 205-206.

qu'il avait fait, non sans s'espacer sur la piété des dames de la cour. Le roi en rit beaucoup; l'histoire s'en répandit incontinent après : toutes ces femmes auraient voulu étrangler Brissac. » Plus d'une dévote ne sut guère meilleur gré à la Bruyère de ce qu'il osa dire des saluts des Théatins.

« Déclarerai-je donc ce que je pense de ce qu'on appelle dans le monde un beau salut (1), la décoration souvent profane, les places retenues et payées, des livres distribués comme au théâtre (2), les entrevues et les rendez-vous fréquents, le murmure et les causeries étourdissantes, quelqu'un monté sur une tribune qui y parle familièrement, sèchement, et sans autre zèle que de rassembler le peuple, l'amuser, jusqu'à ce qu'un orchestre, le dirai-je? et des voix qui concertent depuis longtemps se fassent entendre? Est-ce à moi à m'écrier que le zèle de la maison du Seigneur me consume, et à tirer le voile léger qui couvre les mystères, témoins d'un telle indécence? Quoi! parce qu'on ne danse pas encore aux T. T. ***, me forcera-t-on d'appeler tout ce spectacle office d'église? » Non assurément, mais il faut bien s'entendre. Les Théatins avaient commencé la construction d'une église si grande, qu'elle ne convenait ni à leurs facultés ni à l'emplacement qu'ils occupaient sur le quai Malaquais (3). Vers 1685, ils eurent l'idée de donner des saluts en musique, où les places étaient louées 10 sols par chaise. La description qu'en fait la Bruyère est conforme à celles qu'on trouve dans le *Mercure galant* et dans une lettre de Seignelay à l'archevêque de Paris (4). Le 26 juin 1686, les Théatins s'étaient surpassés par la magnificence de la fête qu'ils célébrèrent pour rendre grâce à Dieu de la guérison du roi (5). Après le salut il y eut une grande illumination au milieu de laquelle parut un soleil très brillant et enfin un feu d'artifice. Quelle maladresse! Le roi, quatre mois après, dut subir la grande opération. Le père Alexis de Buc, supérieur de ce couvent, continua sans doute, sinon les fêtes, au moins les saluts concerts, pour parvenir à payer les frais de la construction de son église, dont les travaux furent souvent interrompus faute d'ar-

(1) Chap. XIV, n° 19.
(2) Note de la Bruyère : « Le motet traduit en vers français par L. L., » c'est-à-dire par l'abbé Louis Lavau de l'Académie française, l'un des Théobaldes qui faisait des vers très colérés, dit Mme Deshoulières, une autre Théobalde.
(3) *Dictionnaire historique de Dangeau*, par Hurtaut et Magny, t. IV, p. 696.
(4) *Correspondance administrative de Louis XIV*, t. II, p. 602.
(5) *Mercure*, 6 juin 1686, p. 297.

gent, et qui ne fut achevée qu'en 1714 au moyen d'une loterie. Déjà tout Paris, comme dit une clef manuscrite (1), était scandalisé de la musique des Théatins, et le scandale parvint à son comble quand, au commencement de 1694, parut en tête des comédies de Boursault une dissertation pour justifier les représentations théâtrales : c'est la fameuse lettre sur les spectacles, du père Caffaro, religieux italien qui professait la philosophie et la théologie au couvent des Théatins de Paris. L'esprit de parti du clergé gallican exagéra beaucoup ce scandale. On se vengeait sur le pauvre moine italien de l'humiliation qu'on avait subie en désavouant les décrets de l'assemblée de 1682. L'accommodement de la France avec la cour de Rome n'avait été fait qu'à cette condition (2). Les évêques et les abbés qui n'avaient point de bulles étaient allés (15 septembre 1693) chez le nonce du pape signer la formule par laquelle ils reconnaissaient l'infaillibilité du saint-père. Mais ceux qui avaient leurs bulles, comme Bossuet, crurent défendre l'autorité du clergé gallican en combattant les doctrines ultramontaines et le relâchement des mœurs qu'ils attribuaient aux Italiens. C'est pourquoi, dans le traité sur la concupiscence, Bossuet avait condamné si sévèrement la satire de Boileau sur les femmes, et était tombé dans quelques exagérations qu'on pouvait attribuer à l'entraînement de sa propre éloquence. Mais dans sa première lettre au père Caffaro (9 mai 1694) il dépassa toute mesure ; sous prétexte de se montrer gardien vigilant de la saine morale, il s'emporta, non seulement contre les ouvrages dramatiques, mais encore contre la personne même des auteurs. En entendant Bossuet tonner contre les impiétés et les infamies dont sont pleines, dit-il, les comédies de Molière, contre l'immoralité des tragédies d'un Corneille et d'un Racine pernicieuses à la pudeur, contre la corruption des mœurs du théâtre, la Bruyère à son tour fut scandalisé. Ce n'était pas à lui de s'écrier que le zèle de la maison du Seigneur le consumait ; personne d'ailleurs ne le forçait d'appeler office d'église les représentations théâtrales des Théatins ; mais personne ne le forcera non plus, pas même Bossuet, son ami et son protecteur, à jeter l'anathème sur les poètes dramatiques qu'il aime le mieux et qu'il respecte le plus. Il a, dans ses *Caractères,* aussi librement critiqué leurs défauts que loué leurs qualités.

(1) Citée par G. Servois, t. II, p. 382.
(2) De Sourches, t. IV, p. 257-260.

Quand l'évêque de Meaux condamne avec une injuste rigueur ces hommes de génie qui honorent la France, le moraliste se tait : c'est le mieux qu'il puisse faire pour eux et pour lui. Seulement il écrit à l'adresse de M. de Meaux cette réflexion bien sérieuse (1) : « La santé et les richesses, ôtant aux hommes l'expérience du mal, leur inspirent la dureté pour leurs semblables ; et les gens déjà chargés de leurs propres misères sont ceux qui entrent davantage par la compassion dans celles d'autrui. » Bossuet dut comprendre qu'il avait manqué de charité, et surtout d'humilité.

La Bruyère avait espéré qu'un homme plus humble, qui entrerait plus profondément dans la connaissance et la compassion de nos misères, aurait sur les hommes une meilleure et plus grande influence : c'était encore une erreur. Il en a fait l'aveu (2) : « Cet homme que je souhaitais impatiemment, et que je ne daignais pas espérer de notre siècle, est enfin venu (3). Les courtisans, à force de goût et de connaître les bienséances, lui ont applaudi ; ils ont, chose incroyable ! abandonné la chapelle du roi pour venir entendre avec le peuple la parole de Dieu annoncée par cet homme apostolique. La ville n'a pas été de l'avis de la cour : où il a prêché, les paroissiens ont déserté, jusqu'aux marguilliers ont disparu ; les pasteurs ont tenu ferme, mais les ouailles se sont dispersées, et les orateurs voisins en ont grossi leur auditoire. Je devais le prévoir, et ne pas dire qu'un tel homme n'avait qu'à se montrer pour être suivi, et qu'à parler pour être écouté (4) : ne savais-je pas quelle est dans les hommes, et en toutes choses, la force indomptable de l'habitude ? » Une note de la Bruyère nous apprend que cet homme qu'il attendait impatiemment et qu'il ne daignait pas espérer de son siècle, était le père Séraphin. Depuis longtemps ce capucin prêchait dans les paroisses de Paris ; il vint, en 1692, prêcher le carême dans l'église paroissiale de Versailles, et, comme le dit la Bruyère, son éloquence y attira les courtisans, mais déplut aux habitants de la ville de Versailles. La Bruyère fut surpris et indigné ; puis, en y réfléchissant, il comprit son erreur. Il n'avait oublié qu'une chose, c'est la force de l'habitude. Après en avoir fait l'aveu, il continue :

« Depuis trente années on prête l'oreille aux rhéteurs, aux déclama-

---

(1) Chap. XI, n° 79.
(2) Chap. XV, n° 5.
(3) Chap. XV, n° 3.
(4) Chap. XV, n° 24.

teurs, aux *énumérateurs;* on court ceux qui peignent en grand ou en miniature. Il n'y a pas longtemps qu'ils avaient des chutes ou des transitions ingénieuses, quelquefois même si vives et si aiguës qu'elles pouvaient passer pour épigrammes : ils les ont adoucies, je l'avoue, et ce ne sont plus que des madrigaux. Ils ont toujours, d'une nécessité indispensable et géométrique, trois sujets admirables de vos attentions : ils prouveront une telle chose dans la première partie de leur discours, cette autre dans la seconde partie, et cette autre encore dans la troisième. Ainsi vous serez convaincu d'abord d'une certaine vérité, et c'est leur premier point ; d'une autre vérité, et c'est leur second point ; et puis d'une troisième vérité, et c'est leur troisième point : de sorte que la première réflexion vous instruira d'un principe des plus fondamentaux de votre religion ; la seconde, d'un autre principe qui ne l'est pas moins ; et la dernière réflexion, d'un troisième et dernier principe, le plus important de tous, qui est remis pourtant, faute de loisir, à une autre fois. Enfin, pour reprendre et abréger cette division et former un plan... « Encore ! dites-vous, et quelles préparations pour un discours de trois quarts d'heure qui leur reste à faire ! Plus ils cherchent à le digérer et à l'éclaircir, plus ils m'embrouillent. » Je vous crois sans peine, et c'est l'effet le plus naturel de tout cet amas d'idées qui reviennent à la même, dont ils chargent sans pitié la mémoire de leurs auditeurs. Il semble, à les voir s'opiniâtrer à cet usage, que la grâce de la conversion soit attachée à ces énormes partitions. Comment néanmoins serait-on converti par de tels apôtres, si l'on ne peut qu'à peine les entendre articuler, les suivre et ne les pas perdre de vue ? Je leur demanderais volontiers qu'au milieu de leur course impétueuse ils voulussent plusieurs fois reprendre haleine, souffler un peu, et laisser souffler leurs auditeurs. Vains discours, paroles perdues ! Le temps des homélies n'est plus ; les Basiles, les Chrysostomes ne le ramèneraient pas ; on passerait en d'autres diocèses pour être hors de la portée de leur voix et de leurs familières instructions. Le commun des hommes aime les phrases et les périodes, admire ce qu'il n'entend pas, se suppose instruit, content de décider entre un premier et un second point, ou entre le dernier sermon et le pénultième. »

Il y avait trente ans, dit la Bruyère, qu'on avait perdu l'habitude d'entendre prêcher l'Évangile avec la liberté des apôtres : cela suffisait bien pour expliquer le succès du père Séraphin. Il n'était cependant ni un saint Basile, ni un saint Chrysostome. L'abbé Legendre ne lui accorde d'autre talent que de crier bien fort et de dire crûment des injures. Comprend-on une pareille hardiesse? Il avait accusé les chanoines de Paris de mener une vie molle et oisive! S'il traita les marguilliers de Versailles avec tant d'inconvenance, qui pouvait s'étonner de leur fuite précipitée? Mais les hommes et les femmes de la cour durent bien se divertir à écouter les sermons de cette mauvaise langue (1). Louis XIV lui-même exprima le désir d'entendre ce prédicateur, et il déclara que ses sermons étaient plus de son goût qu'aucun de ceux qu'il eût jamais entendus. Mais M. de Vendôme et les courtisans mondains ou incrédules, qu'il n'avait point ménagés, lui surent mauvais gré de sa franchise; et ils méprisèrent fort ces sermons à la capucine, où il répétait plusieurs fois des phrases comme celle-ci : *Sans Dieu, point de cervelle*. On ne changea pas encore les habitudes prises : le goût du commun des hommes maintint dans l'éloquence de la chaire les défauts critiqués par la Bruyère; Fénelon ne les critiquera pas avec moins de vivacité dans ses *Dialogues sur l'éloquence*, mais sans plus de succès. Massillon, par son exemple, produira plus d'effet.

La Bruyère ne méprisait pas toujours la force de l'habitude. Il savait même en louer les avantages (2) : « C'est une pratique ancienne dans les cours de donner des pensions et de distribuer des grâces à un musicien, à un maître de danse, à un farceur, à un joueur de flûte, à un flatteur, à un complaisant : ils ont un mérite fixe et des talents sûrs et connus qui amusent les grands et qui les délassent de leur grandeur; on sait que Fabvier est beau danseur, et que Lorenzani fait de beaux motets. Qui sait au contraire si l'homme dévot a de la vertu? Il n'y a rien pour lui sur la cassette, ni à l'épargne, et avec raison : c'est un métier aisé à contrefaire, qui, s'il était récompensé, exposerait le prince à mettre en honneur la dissimulation et la fourberie, et à payer pension à l'hypocrite. »

Que le roi m'accorde sa faveur, disait-on, je me charge du reste. Mais la puissance du roi était bornée; l'on commençait à en apercevoir les limites trop longtemps méconnues. Le temps des faciles succès et des brillantes conquêtes était passé : à force d'être battu,

---

(1) Dangeau, t. V, p. 376.
(2) Chap. XIII, n° 28.

Guillaume d'Orange avait fatigué Louis XIV, et allait réduire son vainqueur à lui accorder tous les bénéfices de la victoire. La France épuisée ne pouvait plus soutenir la lutte contre l'Europe entière. Tous les éléments semblaient conjurés contre nous. Le printemps de 1694 fut désolé par une sécheresse dévorante. Il fallut implorer la miséricorde de Dieu (1), lui demander la paix et la fertilité de la terre; car c'était une chose pitoyable de voir les villes, et surtout Paris, remplies d'une multitude de pauvres qui accouraient de tous côtés de la campagne : leurs visages, exténués de faim, faisaient peur à regarder; la plupart étaient étendus sur les fumiers ou sur le pavé des rues, criant et mourant de misère. La famine avait excité plusieurs séditions en diverses villes du royaume, et l'on n'osait y apporter remède de peur d'augmenter le mal. Le pain augmentait encore tous les jours de prix, et ce qui avait valu deux sous la livre en valait alors sept dans les marchés. D'après un mandement célèbre de l'archevêque de Paris, on descendit la châsse de sainte Geneviève (2), et on la porta avec toutes les cérémonies accoutumées à l'église cathédrale de Notre-Dame de Paris (3). Toutes les chambres souveraines la suivirent, et une affluence de peuple extraordinaire. Il y avait dans le mandement de l'archevêque que c'était pour avoir de la pluie et tout ce qui était nécessaire aux besoins de l'État. Dès le soir il plut, et il pleut encore, ajoutait Dangeau le lendemain. « Rois, monarques, potentats, sacrées majestés! Vous ai-je nommés par tous vos superbes noms, disait la Bruyère (4)? Grands de la terre, très hauts et très puissants, peut-être bientôt *tout-puissants seigneurs!* Nous autres hommes, nous avons besoin pour nos moissons d'un peu de pluie, de quelque chose de moins, d'un peu de rosée : faites de la rosée, envoyez sur la terre une goutte d'eau. »

Mais qui pensait à cela? « L'ordre, la décoration, les effets de la nature sont populaires; les causes, les principes ne le sont point (5). » L'esprit scientifique n'est point donné à tout le monde; les philosophes sont bien rares (6) : « Demandez à une femme comment un

---

(1) De Sourches, t. IV, p. 333.
(2) 27 mai 1694.
(3) Dangeau, t. IV, p. 17, 18.
(4) Chap. XVI, n° 46, § 2.
(5) Chap. XVI, n° 46, § 3.
(6) Chap. XVI, n° 46, § 3.

bel œil n'a qu'à s'ouvrir pour voir, demandez-le à un homme docte. »
En effet, l'homme docte se perd lui-même dans la recherche des causes et dans l'étude des principes. Comment une femme, comment le peuple pourraient-ils s'y reconnaître ?

Ce monde où vit le philosophe n'est qu'un tissu de contradictions (1) : « Les grands en toutes choses se forment et se moulent sur de plus grands, qui de leur part, pour n'avoir rien de commun avec leurs inférieurs, renoncent volontiers à toutes les rubriques d'honneurs et de distinctions dont leur condition se trouve chargée, et préfèrent à cette servitude une vie plus libre et plus commode. Ceux qui suivent leur piste observent déjà par émulation cette simplicité et cette modestie : tous ainsi se réduiront par hauteur à vivre naturellement et comme le peuple. Horrible inconvénient! »

Il y avait un inconvénient bien plus horrible : les grands meurent comme le peuple. Le 18 avril 1694 (2), M. le Prince reçut la nouvelle de la mort de Mme la Princesse sa mère, qui était depuis longtemps à Châteauroux. Le roi en prendra le deuil. Sa Majesté alla voir, le 19 au matin, M. le Prince, Mme la Duchesse et Mme la princesse de Conti, la mariée, pour leur faire ses compliments de condoléance. Saint-Simon observe qu'il ne fut mention de mantes ni de manteaux pour personne aux visites à cette occasion, qui furent pleinement reçues : il y avait longtemps qu'ayant perdu la raison, cette malheureuse princesse ne comptait plus en ce monde. Un voile de tristesse se répandit sur la maison de Condé. On vit apparaître comme un fantôme à Chantilly : c'était le sombre mystère qui planait sur la destinée des descendants de la pauvre folle de Châteauroux. Déjà l'on croyait apercevoir quelques symptômes sinistres dans les égarements de M. le Prince. Jusque dans les violences extravagantes de M. le Duc, on trembla de rencontrer des signes précurseurs de la fatale maladie. Il est certain que de mauvais plaisants reprochèrent alors à la Bruyère de devenir fou, parce qu'il vivait dans la maison de Condé.

« Les plaisirs, disait Bossuet (3), ont amené dans le monde des maux inconnus au genre humain ; et les médecins nous enseignent d'un commun accord que les funestes complications de symptômes et de maladies qui déconcertent leur art, confondent leur

---

(1) Chap. XIV, n° 8.
(2) Dangeau.
(3) Sermon sur l'amour des plaisirs.

expérience, déconcertent si souvent leurs anciens aphorismes, ont leur source dans les plaisirs. » Il est vrai, si dans la maison de Condé tous ces petits-maîtres et petites-maîtresses avaient suivi, comme le voulait Mme de Maintenon, les règles de la tempérance monastique et mené une vie active sous une bonne et sage discipline, ils auraient repris bientôt cet air de jeunesse et de fraîcheur qui les quittait si vite ; mais entraînés par le tourbillon du monde où ils brillaient, ils irritaient le mal qu'ils portaient dans leur sang, par les dévorantes passions de l'ambition, par de secrets et amers soucis, par les peines les plus cuisantes, par les douleurs sans remèdes et les dépravations de la sensibilité. On a dépeint la Bruyère au milieu de ce monde (1) comme un philosophe qui ne cherchait qu'à vivre tranquillement avec des amis et des livres ; faisant un bon choix des uns et des autres ; ne cherchant ni ne fuyant le plaisir ; toujours disposé à une joie modeste, et ingénieux à la faire naître ; poli dans ses manières et sage dans ses discours ; craignant toute sorte d'ambition, même celle de montrer de l'esprit. C'était là une folie comme une autre. Qui peut approuver dans autrui la sagesse qu'il n'a pas (2) ?

M. de Fougères, officier de la maison de Condé, disait (3), s'il faut en croire Galand, le traducteur des *Mille et une Nuits*, que M. de la Bruyère n'était pas un homme de conversation, et qu'il lui prenait des saillies de danser et de chanter, mais fort désagréablement. Il est possible que cela lui soit arrivé une ou deux fois, comme de jouer au lansquenet à Chantilly ; mais cela ne pouvait être chez lui ni une habitude ni un trait de caractère, pas plus que de voter pour Mme Dacier à l'Académie française.

Sur un feuillet de garde dans un exemplaire des *Caractères* (4), M. J. d'Ortigue a lu cette anecdote. L'abbé Lavau venait de mourir (février 1694). L'Académie française s'était assemblée pour lui nommer un successeur : on discutait les titres des abbés Caumartin et Boileau, qui se partageaient également les suffrages. La voix de la Bruyère allait décider entre les concurrents, chacun tâchait de l'attirer de son côté. Il parla ainsi : « Je n'ai pas oublié, Messieurs, qu'un des principaux statuts de cet illustre corps est de n'y admettre que ceux

---

(1) L'abbé d'Olivet.
(2) *Satyricon* de Pétrone, chap. LXXXIV.
(3) Journal de Galand, publié par la *Nouvelle Revue encyclopédique*, mai 1874, p. 486.
(4) *Journal des Débats*, 30 mars 1862.

qu'on en estime les plus dignes. Vous ne trouverez donc pas étrange, Messieurs, si je donne mon suffrage à M. Dacier, à qui même je préférerais Mme sa femme, si vous admettiez parmi vous des personnes de son sexe. » L'Académie, fort étonnée, se sépara sans conclure. En effet, on lit dans le procès-verbal de la séance (1) : « Les voix s'étant trouvées également partagées, savoir douze pour M. l'abbé Caumartin, et douze pour M. l'abbé Boileau, et une caduque, l'affaire a été remise à une autre assemblée conformément aux statuts. » La voix caduque était celle de la Bruyère. Il ne pouvait ignorer quels liens de parenté et d'étroite amitié unissaient la famille de l'abbé de Caumartin à celle de M. de Pontchartrain : celle-ci lui sut-elle bon gré ? J'en doute.

A ce moment le fils de Pontchartrain, le comte J. Phélypeaux, venait d'être reçu en survivance secrétaire d'État (27 décembre 1693). Ce ministre de vingt ans fut envoyé dans les ports de Bretagne et de Normandie pour y prendre connaissance des détails du service et pour voir les officiers de marine, comme Seignelay y avait été envoyé par Colbert pour apprendre la marine. Il était à Brest le 21 juin, juste au moment où il venait de se passer en ces parages des événements considérables. Guillaume III n'avait point renoncé à son projet d'incendier Brest ; une énorme flotte anglaise et hollandaise était maîtresse de la mer ; elle parut devant Brest vers le 7 juin, avec 6,000 hommes de débarquement. Une partie de cette flotte alla mettre un terme aux succès des Français en Catalogne ; l'autre partie, qui comptait près de cent voiles, s'arrêta à l'entrée du goulet de la rade de Brest, et y débarqua 1,200 hommes pour s'emparer de Camaret, et de là bombarder Brest. Mais Vauban était venu mettre la ville et le port en état de défense. Tous les Anglais qui avaient débarqué furent tués ou pris. De plus 400 matelots périrent, et un vaisseau fut capturé. Pour se venger de cet échec, la flotte anglaise alla brûler Dieppe et le Havre. Avant de quitter Brest, J. Phélypeaux écrivit à la Bruyère en réponse à une lettre qu'il avait reçue de lui.

Il y avait longtemps que le moraliste avait promis cette lettre : il craignait que M. de Phélypeaux et M. de la Loubère ne voulussent lui reprocher son silence. Il les priait de lui pardonner sa faute et s'engageait à ne plus la commettre à l'avenir. Il n'ignorait pas tout

---

(1) Cité par M. Servois, *Notice biographique,* CVXVIII.

le plaisir que M. le secrétaire d'État pour la marine trouvait à recevoir des nouvelles de Chantilly. C'est pourquoi il se croyait obligé de lui faire part de la terrible aventure qui venait d'arriver à une demoiselle dont M. le ministre en survivance connaîtrait facilement le nom. Mlle de Chateaubriand, ci-devant Mlle de Guenani, légitimée en 1693, était arrivée en âge d'être pourvue, et avait été demandée en mariage par M. de Lassay. Mais M. le Prince ne voulait pas encore donner son consentement. Mlle de Chateaubriand était à Chantilly lorsque l'on y connut l'apparition de la flotte anglaise sur les côtes de la France (1). Elle se fit montrer sur la carte le bois du Montcanisy, où Lassay aimait à se retirer, et, en voyant qu'il était près des côtes de Normandie, elle eut peur que les Anglais ne le vinssent brûler en approchant du Havre. Je suppose que la Bruyère, en écrivant au comte J. Phélypeaux, s'amusa volontiers à lui peindre l'inquiétude de la demoiselle, qui était assez glorieuse et folle (2) pour vouloir que le secrétaire d'État de la marine s'occupât de protéger le vieux donjon de son heiduque (3). Le moraliste après cela devait sembler un peu folâtre quand il parlait de ses succès au jeu de lansquenet. Voici la réponse de M. J. Phélypeaux, du 5 juillet 1694 (4) : « Il me semble, Monsieur, si je ne me trompe, avoir lu dans votre excellent livre des *Mœurs de ce siècle,* que l'amour-propre nous expose souvent à de grands inconvénients. Il faut assurément que vous ne vous souveniez pas de ce passage, ou que vous ne le preniez pas pour vous, et que vous soyez aussi amoureux de vous-même que le *Narcisse* de Chantilly pour croire que, lorsque nous sommes seuls, M. de la Loubère et moi, nous ne passons pas un seul moment sans songer à vous : il faudrait que nous n'eussions guère de choses à faire. Je vous dirai, moi, pour rabattre un peu de votre vanité, que sans votre lettre nous n'eussions peut-être pas fait réflexion que vous fussiez au monde, et que notre voyage se serait passé sans qu'il eût été fait mention de vous. Sérieusement parlant, vous êtes un grand paresseux : depuis près de deux mois que je suis parti (5), vous ne m'avez donné aucun

---

(1) *Recueil de différentes choses,* t. II, p. 11.
(2) Mme de Sévigné, t. IV, p. 501.
(3) Les heiduques, milice hongroise chargée de défendre la frontière contre les Turcs.
(4) Publiée par Depping, *Bulletin du comité historique,* t. II, p. 55 et 56. Nous préférons le texte donné par M. Servois.
(5) Il était parti le 22 mai de Versailles. Cf. Jal, *Dictionnaire critique.*

signe de vie, et vous méritez bien les reproches que je vous fais. Cependant je me sens trop de penchant à vous pardonner, pour ne pas excuser vos fautes passées, à la charge que vous vous corrigerez à l'avenir. J'ai lu avec un extrême plaisir toutes les nouvelles que vous m'écrivez de Chantilly. Il en est de telles qui m'ont fait trembler, et surtout l'aventure de la demoiselle avec son ……… (1) (heiduque?) et de ce que vous êtes un des rudes joueurs de lansquenet qui soit au monde. Il ne vous faut plus que cela pour devenir tout à fait fou; et si vous faites encore plusieurs voyages à Chantilly, je ne doute pas qu'avant qu'il soit un an, on ne vous mène haranguer aux Petites-Maisons. Ce serait une fin assez bizarre pour le Théophraste de ce siècle; et je trouve que cela conviendrait mieux au (2)……… (Théodas?) moderne dont il est tant fait mention. Si pourtant par cas fortuit cela arrivait, ne doutez que je vous aille rendre visite, et qu'en quelque état que vous soyez, je ne vous (mette) toujours au rang de mes amis, quoique l'homme le moins sage qui soit sur la terre. »

Il semble que J. Phélypeaux, qui n'avait encore que vingt et un ans, lorsqu'il écrivait ainsi à la Bruyère, traite assez cavalièrement l'auteur des *Caractères ou Mœurs de ce siècle* : au lieu de prendre pour soi les bons avis de la Bruyère et de s'en servir, selon le vœu de l'auteur, pour la correction de ses propres mœurs, Phélypeaux n'y voit que des aveux du philosophe, et il s'en sert contre lui pour rabattre sa vanité et lui donner une leçon de modestie sur le ton pédantesque d'un régent de collège. Du reste, le jeune Phélypeaux avait cette morgue envers tous ses amis (3). Dans cette tournée qu'il faisait avec M. de la Loubère par les ports du royaume pour apprendre la marine (4), il était reçu partout comme un fils de France, et tout se passait moins en étude et en examen qu'en réceptions, en festins, et en honneurs tels qu'on aurait pu les rendre au Dauphin; chacun se surpassa à faire sa cour au maître futur de son sort et de sa fortune; il revint peu instruit, mais beaucoup plus gâté qu'auparavant, et avec l'opinion d'être parfaitement au fait de tout : l'importance lui tourna la tête. Du reste, on sent que M. de la Loubère est derrière lui et le fait parler, surtout quand il s'adresse à la Bruyère. En effet il lui

---

(1) Le mot effacé peut être *heiduque*.
(2) Le mot effacé peut être *Théodas*.
(3) Jal, *Dictionnaire critique*, article Pontchartrain. Lettre à Fontenelle, 13 avril 1694.
(4) Saint-Simon.

rappelle sa harangue à l'Académie, et lui annonce que s'il fait encore quelques voyages à Chantilly, on le mènera avant un an haranguer aux Petites-Maisons, c'est-à-dire dans l'établissement des fous du faubourg Saint-Germain à Paris.

Santeul faisait alors les beaux jours de Chantilly par ses bouffonneries et ses extravagances : il n'était bruit que de ses étranges aventures. La Bruyère devait en faire mention dans ses lettres à J. Phélypeaux ; et l'on comprend que le grave secrétaire d'État de la marine, qui visitait son département, trouvât le Théodas moderne encore plus digne que le Théophraste de ce siècle d'aller finir sa vie aux Petites-Maisons. Il est probable que le moraliste ne goûta guère cette concession que lui faisait le futur ministre. Il ne se souciait point de recevoir sa visite en un si triste lieu; il ne manquait pas d'amis en meilleure société ; ni à l'Académie, ni dans la maison de Condé, on ne le considérait comme l'homme le moins sage qui fût sur la terre ; certainement à la cour même, où il tenait si peu de place, on ne le regardait pas comme un fou. Autant de vérités qu'il dut faire entendre délicatement en plaisantant dans sa réponse à J. Phélypeaux. Celui-ci trouva mauvais qu'un pauvre écrivain, le protégé de sa famille, osât se moquer de lui en face comme il s'était moqué de M. de la Loubère en pleine Académie. Il revenait alors de son voyage dans l'ouest et le nord du royaume, et il allait rejoindre à Versailles son père qui l'attendait, lorsque, entre Abbeville et Paris, il écrivit à la Bruyère la lettre suivante (28 août 1694).

« Si par hasard vous avez, Monsieur (1), quelqu'un de vos amis qui vous connaisse assez peu pour vous croire sage, je vous prie de me le marquer par nom et par surnom, afin que je le détrompe à ne pouvoir douter un moment du contraire. Je n'aurai pour cela qu'à lui montrer vos lettres : si après cela il ne demeure pas d'accord que vous êtes un des moins sensés de l'Académie française, il faut qu'il le soit aussi peu que vous. Je n'ai pas encore pu bien discerner si c'est la qualité d'académicien ou les honneurs que vous recevez à Chantilly qui vous ont fait tourner la cervelle. Quoi qu'il en soit, je vous assure que c'est dommage : car vous étiez un fort joli garçon qui donniez beaucoup d'espérances. Si j'arrive devant vous à Paris, je ne manquerai pas de vous faire préparer une petite chambre bien commode à l'Académie

---

(1) *Bulletin du comité historique*, t. II, p. 55, 56.

du faubourg Saint-Germain (c'est-à-dire aux Petites-Maisons). J'aurai bien soin qu'elle soit séparée des autres, afin que vous n'ayez communication qu'avec vos amis particuliers, et que les Parisiens, naturellement curieux, ne soient pas témoins du malheur qui vous est arrivé. En attendant, vous pouvez penser, faire et écrire autant d'extravagances que vous voudrez ; elles ne feront que me réjouir : car les folies, quand elles sont aussi agréables que les vôtres, divertissent toujours et délassent du grand travail dont je suis accablé. Je suis, Monsieur, entièrement à vous. »

Vers ce temps-là il arrivait au Théodas moderne une aventure singulière qui égaya les lettrés de cette époque. Pour la bien comprendre, il faut tenir compte d'un trait du caractère de Santeul (1), qui a déjà été signalé dans le caractère de Menalque (2). « Ventre affamé n'a point d'oreilles, » est un proverbe qui semblait fait pour Santeul, et qui à Chantilly, où M. le Prince l'admettait à sa table, devait lui attirer une solennelle correction. Un jour qu'il avait grand'faim, il se réjouissait à la vue d'un bon dîner ; on venait à peine de se mettre à table qu'il se jeta sur un plat délicieux. Avant qu'il pût rien porter à sa bouche, un soufflet, prompt comme l'éclair, frappa son visage. Mme la Duchesse était venue à Chantilly passer trois ou quatre jours (3), et elle avait amené avec elle la princesse de Furstemberg, Mme de Valentinois et Mlle de Melun. C'est elle qui infligeait ce châtiment au moine glouton, parce qu'il avait oublié devant elle les règles de la bienséance et de la propreté. Étourdi par ce coup imprévu, Santeul demeure stupide, et se plaint que la foudre lui soit tombée sur la tête. Malgré les mets exquis et leur douce fumée, il ne peut manger, tant il est saisi d'horreur. « Ce n'est pas ainsi, dit-il en soupirant, qu'une reine autrefois favorisa son poète (Alain Chartier). » En effet, elle lui marqua son estime par un baiser sur la bouche. Toute la table éclate de rire. Les dames de la cour et les princesses sont choquées de l'impertinence de ce moine malpropre. Pour lui laver la tête comme il convenait, Mme la Duchesse lui jette un verre d'eau au visage avec ces mots : « Après le tonnerre vient la pluie. » Les rires redoublèrent : il fallut bien que le poète rît aussi. Avec Mme la Duchesse il était

---

(1) *Santoliana*, la Haye, 1708. *La Vie et les bons mots de M. Santeul*, Cologne, 1722. *Santoliana*, par Dinouart, 1764.

(2) Cf. notre chap. XXXI.

(3) Dangeau, t. V, p. 65.

bien sûr de ne pas avoir le dernier mot. Il composa sur ce sujet une pièce de vers latins fort élégants (1); Melpomène lui remontra que si la fille du roi, si la sœur du Dauphin, si l'illustre épouse d'un Condé l'avait frappé, c'était en riant et pour lui rappeler qu'il avait jusque-là négligé de chanter ses louanges. Cette pièce latine fut trouvée si jolie, qu'elle fut traduite au moins trois fois en vers français, par le Noble, par Diéreville, et par la Monnoie.

Alors le poète soufflé fut en butte à mille plaisanteries : des lettrés l'appelèrent *palmaris poeta* : ce jeu de mots blessa cruellement son amour-propre (2). Il devint inquiet, soupçonneux, irritable. Une bagatelle suffit pour mettre le comble à son chagrin : dans la saison des chasses, il ne reçut point de Chantilly un pâté de venaison qu'on lui envoyait à cette époque de l'année, comme aux autres clients de la maison de Condé. Pourquoi ne lui avait-on pas envoyé son pâté accoutumé? N'était-ce pas la preuve que M. le Prince et Mme le Princesse étaient fâchés contre lui? Sans doute on leur avait fait des rapports malveillants, calomnieux. De quoi n'est pas capable la malice des courtisans? Voilà l'imagination du poète en campagne. Les Altesses auxquelles il avait voulu plaire ne peuvent plus le souffrir; il est perdu dans leur esprit, ruiné dans toute la maison de Condé. Il fit entendre les plaintes de son désespoir, auxquelles la Bruyère dut répondre ainsi (3) : « Voulez-vous que je vous dise la vérité, mon cher Monsieur, je vous ai fort bien défini la première fois : vous avez le plus beau génie du monde et la plus fertile imagination qu'il soit possible de concevoir; mais pour les mœurs et les manières vous êtes un enfant de douze ans et demi. A quoi pensez-vous de fonder sur une méprise ou sur un oubli, ou peut-être encore sur un malentendu, des soupçons injustes, et qui ne convenaient point aux personnes de qui vous les avez? Comptez que M. le Prince et Mme la Princesse sont très contents de vous, qu'ils sont très incapables d'écouter les moindres rapports; qu'on ne leur en a point fait, qu'on n'a point dû leur en faire sur votre sujet, puisque vous n'en avez point fourni de prétexte; que la première chose qu'ils auraient faite, aurait été de condamner les rapporteurs : voilà leur conduite; que tout le monde est

---

(1) *Santolii opera*, t. II, p. 65-67.
(2) Cela voulait dire : « Il a la palme de la victoire », mais aussi « la paume de la main » de Mme la Duchesse sur sa figure. Cf. *Linguarium Santolii*, par Commire.
(3) Le texte de cette lettre est emprunté à M. Servois, t. II, p. 514-517.

content de vous, vous loue, vous estime, vous admire : et vous reconnaîtrez que la circonstance du pâté est faible contre les assurances que vous donne avec plaisir et avec une estime infinie, Monsieur, votre très humble et bien obéissant serviteur. » La Bruyère dans cette lettre semble parler au nom de M. le Prince et de Mme la Princesse : cela nous donne la mesure de la considération dont il jouissait.

Pour prouver à Santeul qu'il n'était point en disgrâce, M. le Prince l'emmena avec lui aux états de Bourgogne, présidés par le duc de Bourbon, 14 octobre 1694. Le poète était au comble de la joie : sa verve était intarissable. Il trouvait de jolis hexamètres latins sur tous les sujets qu'abordaient les états, même sur les questions de finance. Un jour, M. le Duc voulut contrôler quelques-uns de ses vers, le poète les défendit, le prince s'échauffa, le poète perdit patience : « Voyez-vous, dit-il, vous êtes prince du sang, et moi prince de bon sens. » M. le Duc fut ravi d'avoir mis Santeul en tel état qu'il ne pût retenir cette folie. Un autre jour que M. le Prince et M. le Duc avaient beaucoup folâtré avec lui dans leurs appartements à huis clos, ils se jetèrent enfin sur lui comme pour l'étriller. « Mais, ajoutait-il en racontant à Dijon cette anecdote au président Bouhier, ils apprirent bientôt à ne plus s'y frotter ; car ayant pris chacun d'eux par le bras, je les enlevai de terre, et je vous secouai ces deux pygmées comme un Hercule. » M. le Prince faisait à Santeul cent niches qu'il prenait fort bien, et dont le moraliste ne se fût point accommodé. La Bruyère avait d'ailleurs une dignité naturelle qui n'était pas toujours agréable aux princes et aux grands : il repoussait leurs familiarités humiliantes par le respect qu'il leur témoignait, et en se tenant fermement à sa place, il les remettait à la leur. Nous en avons un exemple bien frappant dans sa conduite envers M. J. Phélypeaux.

Les exigences de ce jeune ministre étaient devenues insupportables. Il voyageait alors dans le midi de la France, traîné dans les carrosses de l'État (1), et visitait les ports et arsenaux maritimes. La Bruyère lui avait déjà écrit deux fois, et cela ne pouvait le contenter. Les lettres du philosophe n'étaient pas assez sérieuses. Le maître de politique de M. le Duc ne devait pas être embarrassé pour écrire à un ministre des choses tout à fait importantes, qui eussent plus de liaison avec les affaires publiques, et que par conséquent il était plus capital,

---

(1) Jal, *Dictionnaire critique et historique*.

dans le poste où il était, de ne pas ignorer. En un mot, il voulait que M. de la Bruyère lui écrivît des dépêches politiques d'un style grave et convenable au sujet. « Il se croyait tout dû et tout permis, affirme Saint-Simon. Il voulait connaître le dedans et le dessous de toutes les familles ; il disait aux gens les choses les plus désagréables avec volupté, et réprimandait durement sous prétexte d'amitié et en forme d'avis. Il s'établissait le gouverneur de la conduite de chacun, et il en exigeait compte : malheur à qui l'y avait accoutumé, c'était une chaîne qui ne se pouvait rompre qu'en rompant avec lui. » Je ne sais si la Bruyère voulait rompre cette chaîne, quand il écrivit de Versailles à M. Phélypeaux la lettre qui suit (16 juillet 1695) :

« Après vous avoir entretenu, Monseigneur (1), de choses tout à fait importantes dans les dernières dépêches que j'ai eu l'honneur de vous envoyer et que j'ai écrites du style le plus sérieux et le plus convenable au sujet qu'il m'a été possible, j'ai cru que je devais dans cette lettre vous rendre compte des nouvelles qui ont le plus de liaison avec les affaires publiques, et que par cette raison il est plus capital, dans le poste où vous êtes, que vous n'ignoriez pas.

« Avant-hier, Monseigneur, sur les sept heures du soir, les plombs de la gouttière qui est sous la fenêtre de ma chambre se trouvèrent encore si échauffés du soleil qui avait brillé tout le jour, que j'y fis cuire un gâteau, galette, fouée ou fouace, que je trouvai excellente ; vous voyez sans peine, avec votre sagacité ordinaire, de quelle utilité cela peut être aux intérêts de la ligue (d'Augsbourg), et je ne vous annonce cette particularité qu'avec le déplaisir que vous pouvez imaginer. Le temps hier se couvrit et menaça de la pluie toute l'après-dînée ; il ne plut pas néanmoins ; aujourd'hui il a plu ; s'il pleuvra demain ou s'il ne pleuvra pas, c'est, Monseigneur, ce que je ne puis décider quand le salut de toute l'Europe en devrait dépendre ; je crois avec cela, moralement parlant, qu'il tombera un peu de pluie, et que, dès que la pluie aura cessé, il ne pleuvra plus, à moins que la pluie ne recommence. Mais, à propos de la pluie, les beaux plans et les belles eaux que celles d'une maison que j'ai vue dans un vallon en deçà de la tour de Montfort (la terre de Pontchartrain) ! La belle et noble simplicité qui règne jusqu'à présent dans ses bâtiments ! Vou-

---

(1) Cette lettre, publiée dans la *Bibliothèque de l'École des chartes*, année 1874, p. 383-386, par M. Ulysse Robert, est à la Bibliothèque nationale, collection Clairambault. Mss. 873.

drait-on bien ne point s'en ennuyer? Il faut l'avouer nettement et sans détour, je suis fou de Pontchartrain, de ses tenants et aboutissants, circonstances et dépendances ; si vous ne me faites entrer à Pontchartrain, je romps avec vous, Monseigneur, avec notre M. de la Loubère, avec les jeux Floraux, et, qui pis est, avec M. et Mme de Pontchartrain, avec celle que vous épouserez, avec tout ce qui naîtra de vous, avec leurs parrains et leurs marraines, avec leurs mères nourrices : c'est une maladie, c'est une fureur.

« Comment vous conter, dans l'état où je suis, le fait de Saint-Olon et du major Brissac, leurs aventures? Muse, inspire-moi, et ne me laisse pas dans une matière si grave avancer rien de ridicule. Le comte de Grammont a dit au roi très chrétien : « Vous devez pardonner, Sire, comme vous voulez qu'on vous pardonne. » Il l'a fait sur cela ressouvenir du *Pater noster;* le *Pater noster,* Monseigneur, est cette oraison dont M. le Nôtre fait tant de cas qu'il en veut savoir l'auteur. Revenons au comte de Grammont. Il a dit au roi que peut-être se brouillerait-il avec le roi de Maroc, s'il ne vengeait pas l'injure faite à Saint-Olon, dont Sa Majesté maroquine était si contente ; mais qu'aussi ferait-il un plaisir singulier à la république de Gênes : le reste vous aura été écrit de plusieurs endroits ; ainsi je suis, avec mon respect ordinaire, Monseigneur, votre... »

Si J. Phélypeaux ne comprit pas cette lettre, M. de la Loubère, homme fin et entendu, sut bien la lui expliquer. Il était inutile que M. le secrétaire d'État harcelât la Bruyère de questions indiscrètes sur la maison de Condé et la cour de Versailles ; la Bruyère, devenu fou par ses fréquents voyages à Chantilly, ne pouvait rien répondre de sérieux qui pût intéresser un secrétaire d'État. Sans doute il pouvait lui parler de sa propre personne et de son oisiveté ; mais cela ne servira pas à vaincre la ligue d'Augsbourg, ni à éloigner la flotte anglaise qui ravageait nos côtes. Il pouvait parler de la pluie et du beau temps : cela devait porter moins d'ombrage au roi que les nouvelles qu'il recevait du siège de Namur et des troupes de Guillaume. « Le 15 juillet, à Marly, M. de Barbézieux, dit Dangeau (1), vint éveiller le roi à cinq heures du matin, et lui apporta une lettre du maréchal de Villeroy, qui commandait l'armée française ; il mandait qu'il avait surpris M. de Vaudemont et l'armée ennemie, et n'attendait que la

(1) T. V, p. 239-240.

pointe du jour pour l'attaquer. Cette lettre est venue par un courrier de M. de Bagnols, qui écrit de Courtray à six heures du matin du 14; il dit qu'on entend les salves de canon, de mousqueterie et les tambours qui battent la charge. Le roi a passé toute la journée dans l'attente d'un grand événement. Les princesses et les dames qui sont ici ont presque toutes leurs maris, leurs enfants ou leurs frères dans cette armée. Elles sont dans une inquiétude mortelle. Il n'y eut ni jeu ni divertissement de toute la journée; sur les dix heures du soir arriva l'écuyer du maréchal de Villeroy, qui mande au roi que les ennemis se sont retirés avant qu'il pût les attaquer. Il les suivit quelque temps, attaqua leur arrière-garde, leur prit trois ou quatre drapeaux, et ce fut tout. En même temps le roi eut des nouvelles de Namur : les ennemis avaient ouvert la tranchée et placé leurs batteries aux mêmes endroits où nous les avions au premier siège. Le roi nous dit, le soir à son coucher, qu'il avait attendu un plus grand événement : de la façon dont M. de Bagnols écrivait, il y avait apparence d'un combat général. » — « Cette faute, ajoute Saint-Simon, sauva M. de Vaudemont et son armée, et elle nous coûta Namur., etc. Le roi en fut outré plus que d'aucune autre chose de sa vie, et au point qu'étant l'homme de son royaume le plus maître de soi, il s'emporta au sortir du dîner à Marly, contre un garçon du serdeau (1), qui, en desservant le fruit, prit un biscuit : il lui cassa sa canne sur le corps avec un emportement étrange qui confondit les spectateurs. » En un tel moment, on comprend qu'il fût dangereux d'envoyer des dépêches politiques sur les événements du jour.

La Bruyère ne pouvait prendre trop de précautions pour ne pas se compromettre en écrivant à M. Phélypeaux. Il tâche de lui insinuer que M. de Pontchartrain, son père, semble être du même avis, et se tient sur ses gardes. Par le temps qui court, la modestie est la meilleure politique. Aussi la Bruyère loue la belle et noble simplicité de la maison de Pontchartrain (située près de Montfort-l'Amaury, à quatre lieues de Versailles). Il ne dit pas le « château », comme on le disait de Chantilly. « Le comte de Pontchartrain en faisait ses délices et y allait souvent, dit Saint-Simon (2); elle était

---

(1) Serdeau, lieu où l'on portait la desserte de la table royale, et où mangeaient les gentilshommes servants.
(2) Addition au journal de Dangeau, t. XV, p. 179.

devenue par ses soins une grande et riche terre, et une aimable demeure ; mais sa modestie, aidée de la politique, l'empêcha de tomber dans aucun excès pour les promenades, et le fit rester, pour la maison, fort au-dessous du médiocre, tant les dépenses et le sort de Meudon et de Sceaux avaient fait d'impression sur lui. » Quant à la Bruyère, il engage M. Phélypeaux à ne pas s'ennuyer de cette belle et noble simplicité, ou, s'il veut l'entraîner dans une position plus ambitieuse, il lui avoue nettement et sans détour, qu'il rompt avec lui, avec M. la Loubère, auteur d'un livre sur les jeux Floraux, et, qui pis est, avec M. et Mme de Pontchartrain qui ont trop de faiblesse pour leur fils unique, et même avec Mlle de Royan, qu'il voulait épouser, enfin avec toute sa famille présente et future. La modestie et la simplicité comme à Pontchartrain, voilà sa passion, sa maladie, sa fureur.

Quant à la querelle de M. de Saint-Olon (1), envoyé extraordinaire du roi à Gênes et au Maroc, et du major M. de Brissac, qui le provoqua en duel et fut puni pour ce fait, il est clair que si la Bruyère en parle, c'est pour ne rien dire que M. Phélypeaux ne sût déjà. Tout ce qu'il annonce, c'est que le comte de Grammont, le héros des *Mémoires* d'Hamilton, qui ne passait pas pour un dévot, a dit au roi très chrétien qu'il devait se souvenir du *Pater noster*, et que M. le Nôtre fait tant de cas de cette oraison qu'il en veut savoir l'auteur. Cela rappelle l'étourderie de M. de Breteuil (Celse), qui avait répondu à Mme de Pontchartrain que cet auteur était Moïse. Qu'y a-t-il de vrai dans toutes ces extravagances, de sérieux dans ces bizarres plaisanteries? Une seule chose : la Bruyère se moque des prétentions ridicules du jeune M. J. Phélypeaux, et ne veut point se laisser gouverner par lui. Était-ce une rupture? On peut le supposer ; mais il est possible que « le comte borgne », comme on appela plus tard le jeune Phélypeaux, n'ait point été offensé de cette lettre : il était de belle humeur en ce moment. Le 28 juillet, on apprit à Versailles qu'à une réception qu'on fit à M. Phélypeaux dans une ville de Languedoc, l'éclat d'une boîte l'avait frappé au visage (2). Tous ceux qui étaient là s'empressèrent pour savoir ce qu'il avait : « Ce n'est rien, dit-il, mon œil de verre est cassé, j'en ai d'autres dans ma valise. »

---

(1) Dangeau, 8 juillet 1095, t. V, p. 235-236.
(2) Id., t. III, p. 248.

Si la Bruyère boude avec lui, il a dans sa clientèle d'autres amis, comme M. de Fontenelle, qui seront heureux de le remplacer. Je suppose qu'il laissa le moraliste raisonner à son aise sur la pluie et le beau temps, et faire cuire des galettes, fouées ou fouaces, dans la gouttière de sa mansarde à l'hôtel de Condé.

Il est sûr qu'on ne rit pas toujours, comme disait une chanson bien connue de M. de la Loubère. M. le marquis de Lassay avait cessé de rire (1). Il écrivait à Mlle de Chateaubriand : « Je suis ici dans un château (2), au milieu des bois, qui est si vieux qu'on dit dans le pays que ce sont les fées qui l'ont bâti. Le jour, je me promène sous des hêtres, pareils à ceux que Saint-Amand dépeint dans sa solitude ; et depuis six heures du soir, que la nuit vient, jusqu'à minuit, qui est l'heure où je me couche, je suis tout seul dans une grosse tour, à plus de deux cents pas d'aucune créature vivante : je crois que vous aurez peur des esprits en lisant seulement cette peinture de la vie que je mène, et vous en mourriez si vous habitiez ce château (3). Vous voulez que je vous rende compte de ce que je fais, de ce que je dis et de ce que je pense. Le compte ne sera pas long : je ne fais rien, je ne dis rien, et je pense à vous ; mais j'y pense beaucoup et toujours. » En effet il pensait qu'il y avait bien longtemps qu'il était commode aux amours de M. le Duc sans en retirer le profit désiré. Le 28 mai 1695 (4), Dangeau écrivait dans son journal : « On parle fort du mariage de Mlle de Chateaubriand, fille légitimée de M. le Prince, avec M. de Lassay. Mme la Princesse, M. le Duc, M. le prince de Conti et M. du Maine, et la demoiselle, paraissent fort souhaiter cette affaire ; mais M. le Prince n'est pas encore bien déterminé sur cela. » En lisant les lettres de Lassay (5), on reconnaît que Dangeau était parfaitement informé. Mme la Princesse avait été décidée à ce mariage par Mme de Maintenon, qui protégeait Lassay ; M. le Duc, dont il était le Mercure, comme dans la pièce d'*Amphitryon*, ne pouvait lui refuser son appui ; M. le prince de Conti ne pouvait oublier les services qu'il lui avait rendus en Autriche, en Hongrie et peut-être en France ; M. le duc du Maine n'osait résister

---

(1) *Recueil de différentes choses*, t. II, p. 3.
(2) Le château de Lassay.
(3) *Recueil*, t. II, p. 6.
(4) Dangeau, *Mémoires*, t. V, p. 211.
(5) *Recueil de différentes choses*, t. II.

à la volonté de la toute-puissante Mme de Maintenon. La demoiselle avait vingt-sept ans, et, se voyant légitimée comme Mme la princesse de Conti douairière, comme Mme la Duchesse, comme Mme la duchesse de Chartres et comme Mme la duchesse du Maine, elle aimait mieux épouser un gentilhomme qui accompagnait le Dauphin à Choisy et à Meudon, que d'être toujours enfermée dans le couvent du Cherche-Midi.

« Hé bien ! puisque tout le monde les soutient, qu'ils s'épousent, s'ils s'aiment ; mais je ne veux rien leur donner (1). » Voilà ce que pensait M. le Prince ; il ne le disait pas, parce qu'il avait d'autres vues. Lassay courait deçà et delà, frappait à toutes les portes, essayait tous les moyens, s'agitait vainement pour deviner la pensée de M. le Prince. Il tremblait que M. de Briord ou de Xaintrailles (2) ne révélassent à M. le Prince les tristes aventures de sa jeunesse ; il maudissait le protestant M. de Vernillon (3), qui lui faisait encore plus de tort que les autres dans l'esprit de M. le Prince. La malveillance de la duchesse du Maine le mettait au désespoir ; elle avait déclaré à son mari qu'elle ne consentirait jamais à voir ni à rencontrer un pareil beau-frère : il proposait de s'éloigner avec sa femme et de se cacher si bien qu'on ne le verrait plus, ni à Versailles, ni à Chantilly. Il allait auprès de l'évêque d'Autun pour tâcher d'avoir des nouvelles, et lui faire connaître qu'il ne pouvait plus vivre sans Mlle de Chateaubriand. Il écrivait à sa demoiselle des lettres étincelantes d'amour ; et en sortant d'une soirée chez Mme de Caylus, qui noyait, dit-il, ses chagrins dans le vin et l'eau-de-vie brûlée, il répétait : « Quand j'ai vu d'autres femmes, il me semble que je vous aime plus vivement. » Pour sortir de ses incertitudes, il alla supplier Mme de Maintenon de demander à M. le Prince son consentement. Mme de Maintenon eut une entrevue avec M. le Prince (4) : parfaitement instruit des fredaines de son futur gendre, il le déclara trop pauvre pour être un parti sortable, et dit qu'on n'avait jamais vu demoiselle de la maison de Bourbon épouser un gentilhomme de si petite naissance. Là-dessus M. de Lassay écrit à Mme la Princesse qu'il n'a plus qu'à mourir ; à Mlle de Chateaubriand, qu'il est déjà malade et va bientôt en finir ;

(1) *Recueil*, t. II, p. 33, 34.
(2) *Ibid.*, p. 48.
(3) *Ibid.*, p. 56.
(4) *Ibid.*, t. II, p. 52, p. 62-68.

à M. le Prince, qu'on l'a calomnié et que Mme de la Fayette, si elle vivait encore, l'avouerait elle-même ; que, quoi qu'en dise la bécasse de Mailly, il a plus de bien qu'il n'en a accusé à M. de Gourville ; enfin qu'il a montré à M. le Duc, dans l'*Histoire généalogique* du P. Anselme, que ses pères avaient été honorés par des alliances de la maison de Bourbon. Mme de Maintenon comprit. En effet, le 18 février 1696, Dangeau enregistre le dénouement de cette intrigue : « M. le marquis de Lassay épouse Mlle de Chateaubriand, fille naturelle de M. le Prince ; elle aura en mariage la lieutenance du roi en Bresse, qui vaut 10,000 livres de rente ; il y a quelque temps que le roi donna cette lieutenance à M. le Prince pour marier sa fille. M. le Prince donne outre cela 100,000 francs dont il payera la rente. Le roi a témoigné à M. le Prince qu'il approuvait fort ce mariage, que Mme la Princesse souhaitait depuis longtemps. » Alors la demoiselle n'eut plus que de l'indifférence pour Lassay : elle ne voulait plus se marier. Mais M. le Prince lui donna 20,000 francs pour ses habits ; Mme la Princesse et toutes les princesses ses filles lui firent des présents de pierreries (1). Enfin ce mariage tant désiré, tant promis, tant remis, fut conclu le 5 mars 1696, à la satisfaction générale. Nicandre ne dira plus qu'il veut se remarier (2). Élise, ou Mlle de Colbert de Croissy, déjà fort montée en graine, dit Saint-Simon, se décida pour lors à épouser le marquis de Bouzols.

La Bruyère avait d'autres pensées : nous avons vu qu'en dépit de la bienséance et de la coutume, il se préparait à la mort (3). Il était d'un tempérament apoplectique ; il est probable qu'il fut prévenu de sa fin prochaine par divers accidents dans sa santé. D'ailleurs la mort presque subite de Louis de la Bruyère, M. de Romeau, (4) fut un avertissement suffisant. L'auteur des *Caractères* rendit à son frère les honneurs funèbres, et même accepta la tutelle de ses enfants : il savait que ce n'était pas pour longtemps. La loi morale avait établi dans son esprit une certitude infaillible qui tenait son cœur en repos ; mais il ne s'endormit pas dans la mollesse et l'oisiveté du quiétisme. Il y avait déjà longtemps (5) qu'il s'était prononcé assez vivement

---

(1) Lettre de Mme de Maintenon à Mme de Brinon, 17 mars 1676.
(2) Chap. v, n° 82.
(3) Chap. xvi, n° 17.
(4) 12 mai 1695.
(5) Chap. xv, n° 12.

contre la morale relâchée de Molinos ; ce n'était pas pour embrasser le mysticisme de Mme Guyon, surtout après que les mandements de l'archevêque de Paris et des évêques de Meaux, de Châlons et de Chartres eurent condamné les maximes de la nouvelle piété. Mme Guyon venait d'être emprisonnée pour la seconde fois (1) ; la discussion commençait à s'aigrir entre Bossuet et Fénelon. La Bruyère comprenait la gravité de cette question, mais il riait des agitations stériles que cela produisait dans le monde dévot, à la cour et à la ville. Il n'y vit qu'un sujet de plaisanterie, et il s'amusa à imaginer de singuliers dialogues entre une pénitente exigeante et un directeur trop facile. Il y trouva matière à diverses scènes comiques, capables d'égayer les compagnies qu'il fréquentait ; mais je ne crois pas qu'il ait entrepris un ouvrage de longue haleine aussi considérable que celui qu'on lui a plus tard attribué. Il lui suffisait bien alors de repasser sa vie et de mettre ses affaires spirituelles et temporelles en bon ordre : il ne voulait pas commencer à s'en occuper quand il faudra mourir (2).

Il revit pour la dernière fois avec grand soin les huit premières éditions de son livre des *Caractères*. Il n'y ajouta pas une seule remarque ; il y fit très peu de changements. La neuvième édition, dit M. Servois (3), compte un peu plus de fautes d'impression ou de fautes évidentes que les éditions antérieures, quelques variantes que la Bruyère introduisit de sa propre main, et une ou deux suppressions de mots qui peuvent être imputées à la distraction des imprimeurs. La mort arrêta l'auteur au milieu de ces corrections, et l'éditeur fut obligé d'achever tout seul la neuvième édition. On ne peut rien conclure de ces corrections, si ce n'est que l'auteur persévérait dans ses premières idées. Ainsi il n'avait pas la même religion que ces grands de la nation française qui s'assemblaient tous les jours, à une certaine heure, dans la chapelle de Versailles ou de Fontainebleau (4) ; qui faisaient un cercle autour de l'autel où le prêtre célébrait des mystères saints, sacrés et redoutables, et qui paraissaient debout le dos tourné directement au prêtre, et les faces élevées vers leur roi que l'on voyait à genoux sur une tribune. Ils adoraient le roi, le roi adorait Dieu. La Bruyère fit une variante qui confirme sa répulsion

---

(1) Décembre 1695.
(2) Chap. XI, n° 47.
(3) Notice bibliographique, p. 148.
(4) Chap. VIII, n° 74. Variante de la 9e éd., *au prêtre* au lieu de *aux prêtres*.

pour ce genre d'idolâtrie. Il n'était pas non plus de l'opinion des esprits forts : car il revit dans sa neuvième édition, corrigea et adopta avec un changement insignifiant sa profession de foi chrétienne (1). Les doutes sont levés, les erreurs sont corrigées : une autorité souveraine, plus ferme et plus inébranlable que celle de la raison humaine, règle sa volonté; il sait combien la justice de Dieu est droite, et réjouit l'âme.

Le lundi 7 mai 1696, il était à Paris dans une compagnie de gens qui me l'ont conté, dit d'Olivet (2); tout à coup il s'aperçut qu'il devenait sourd, mais absolument sourd. Point de douleur cependant; il s'en retourna à Versailles. « Je soupai avec lui le mardi 8, rapporte Antoine Bossuet (3); il était gai et ne s'était jamais mieux porté. Il me fit boire à votre santé, et me lut des dialogues qu'il avait faits sur le quiétisme, non pas à l'imitation des *Lettres provinciales* (car il était toujours original), mais des dialogues de sa façon; il disait que vous seriez bien étonné quand vous le verriez à Rome. Le mercredi et le jeudi même, jusqu'à neuf heures du soir, se passèrent en visites et en promenades, sans aucun pressentiment; il soupa avec appétit, et tout d'un coup, il perdit la parole, et sa bouche se tourna. M. Félix, M. Fagon, et toute la médecine de la cour vint à son secours. Il montrait sa tête comme le siège de son mal. Il eut quelque connaissance. Il fut assisté jusqu'à la fin d'un aumônier de M. le Prince. Il expira le 11 mai à deux heures du matin, et fut inhumé dans l'église Saint-Julien par P. H. Canaple, missionnaire, faisant les fonctions curiales, en présence de Robert-Pierre de la Bruyère, son frère, de Messire Charles Laboreys de Bospèche, aumônier de Son Altesse Mme la Duchesse, et de M. Huguet, concierge de l'hôtel de Condé, qui signèrent le procès-verbal, 12 mai 1696. »

L'église Saint-Julien servit, en 1791, de lieu de réunion à la société des amis de la Constitution, et fut démolie en 1797. Nous ne savons ce qu'on a fait des restes de la Bruyère.

---

(1) Chap. XVI, n° 34. Variante de la 9° éd., *innocence des mœurs* au lieu de *innocence de vertus*.

(2) *Histoire de l'Académie*, t. II, p. 321, 322.

(3) Lettre d'Antoine Bossuet à son fils l'abbé Bossuet, qui était allé à Rome avec son ancien précepteur, l'abbé Phélypeaux (Paris, le 21 mai 1696), publiée par M. Montmerqué en 1836, dans la *Revue rétrospective*, t. XIII, p. 189.

CHAPITRE XL.

ÉPILOGUE.

La Bruyère ne fit point de testament. — Inventaire après décès de ses biens, meubles et autres choses. — Son appartement dans l'hôtel de Condé à Versailles ; son appartement au Petit-Luxembourg à Paris. — Description du mobilier. — On ne trouve aucun manuscrit. — Bossuet regrette de plus en plus la Bruyère : du reste, toute la cour l'a regretté, surtout M. le Prince. — Les Théobaldes font courir de mauvais bruits sur sa mort. — Fleury leur répond dans son discours à l'Académie. — Bonaventure d'Argonne l'injurie : Coste le défend avec l'approbation de Bayle. — Saint-Simon fait en deux mots un portrait de la Bruyère : on exagère son désintéressement. — Dot de la fille de Michallet. — Des diverses éditions des *Caractères* pendant la vie de l'auteur. — Après sa mort parurent une foule de contrefaçons, de fausses clefs, d'ouvrages apocryphes, d'imitations et d'altérations du texte de la Bruyère, comme la *Suite des caractères* et les *Dialogues sur le quiétisme*. — L'auteur était mort à propos pour ne pas voir la folie de M. le Prince, l'étrange maladie de M. le Duc, les tristesses de Mme la Princesse, les désordres de Mme la Duchesse, les prouesses de Lassay père et fils, les malheurs de la France, la fin du règne de Louis XIV et le triomphe des esprits forts sous la Régence. — La Bruyère fut heureux de vivre dans la maison de Condé quand il publia les diverses éditions de son livre, et la maison de Condé ne fut pas médiocrement honorée par cette publication.

La Bruyère n'avait jamais aimé les testaments. L'abus qu'avait fait l'oncle Jean de ce genre de contrat l'en avait dégoûté pour toujours. Persuadé que les testaments, si bien qu'ils fussent rédigés, étaient l'origine de la plupart des procès (1), il ne voulut pas réduire ses héritiers à plaider sur sa tombe : il ne fit pas de testament. Ses héritiers recueillirent son héritage sans difficulté, et se le partagèrent sans querelle ; mais le philosophe ne leur laissa pas une grande fortune.

(1) Chap. XIV, n° 58.

Ses héritiers étaient, chacun pour un tiers : 1° M⁰ Robert-Pierre de la Bruyère, clerc au diocèse de Paris, demeurant à Saint-Denys en France, dans l'enclos des Annonciades ; son frère ; 2° Mlle Élisabeth-Marguerite de la Bruyère, dont je n'ai pu découvrir le domicile à ce moment, mais qui se retirera peu après au couvent des Bénédictines du Val d'Osne, à Conflans près Charenton ; sa sœur ; 3° dame Claude-Angélique Targas, veuve de Louis de la Bruyère, sieur de Romeau, bourgeois de Paris, au nom et comme tutrice de ses enfants mineurs, habiles à se dire et porter pour héritiers du défunt, leur oncle ; sa belle-sœur.

Le jour où la Bruyère fut inhumé (12 mai), son frère Robert fut nommé procureur et fondé par procuration spéciale de Mme Targas, passée à Paris devant Raymond et Junot, notaires au Châtelet. Le 13, il se fit et porta fort d'Élisabeth-Marguerite de la Bruyère, sa sœur ; et dès le 14 mai on commença l'inventaire après décès de tout ce qui avait appartenu au défunt Jean de la Bruyère en biens, meubles, effets, livres, deniers comptants et autres choses, tant à Versailles qu'à Paris.

A Versailles, on était pressé de donner l'appartement vacant à un autre gentilhomme de M. le Duc. Les pièces que la Bruyère avait occupées n'étaient ni vastes ni nombreuses ; mais elles lui suffisaient bien, surtout quand il les comparait à celles dont se contentaient les plus grands seigneurs dans l'entresol du palais de Sa Majesté. C'étaient des mansardes. Il y en avait trois, savoir : une chambre, assez grande (1), avec une fenêtre au midi sur les plombs d'une gouttière, un cabinet à côté de la chambre, et une garde-robe. Ces trois pièces étaient liées entre elles, de sorte qu'on ne pouvait entrer dans le cabinet et la garde-robe sans passer par la chambre. Aussi, après la mort de la Bruyère, il avait suffi que L. Huguet, concierge de l'hôtel, mît son cachet sur la serrure de la porte de la chambre, pour éviter la dissipation des biens du défunt. Le 14 mai 1696, lorsque les sieurs Mabile et Lamy, notaires gardes-notes du roi à Versailles, se transportèrent à l'hôtel de Condé, L. Huguet ôta et leva son cachet ; ils firent prêter serment à Jacques Paillot dit Duplessis, et à Françoise Savaris, serviteur et servante, domestiques du défunt, de représenter et mettre en évidence, sans rien omettre ni cacher, les meubles, hardes

---

(1) Cf. Lettre de la Bruyère à Jérôme Phélypeaux, 16 juillet 1695.

et autres effets ; et en présence de M. Laboreys de Bospèche, aumônier de Mme la Duchesse, du sieur du Monteil, écuyer de Mme la Duchesse, de Robert de la Bruyère, et de Roland Fresson, procureur du roi à Versailles, chargé de défendre les droits d'Élisabeth-Marguerite de la Bruyère, on procéda aussitôt à l'inventaire, et les divers objets furent prisés et estimés par Claude Mercier, huissier audiencier au bailliage de Versailles et qui avait serment en justice.

On trouva dans la chambre un lit complet, à hauts piliers, estimé 50 liv. ; un petit mobilier de toilette, estimé 6 liv. ; une garniture de foyer, estimée 4 liv. ; un fauteuil en noyer garni de paille, trois fauteuils dits de commodité, dont deux couverts de serge verte et l'autre de tapisserie, ensemble estimés 16 liv. : voilà tout. On peut donc dire que la chambre était meublée modestement et convenablement pour servir à la fois de chambre à coucher et de salon. C'est là que la Bruyère dormait la nuit, et recevait le jour ceux qui lui faisaient l'honneur de le venir voir. Le seul ornement de cette pièce était un portrait garni d'un cadre doré, représentant Mgr l'évêque de Meaux, prisé et estimé 15 liv. Est-ce là du luxe ? Quinze livres, le portrait de Bossuet, son protecteur, qui l'avait fait entrer dans la maison de Condé et l'y avait soutenu de ses conseils et de son autorité ; de Bossuet, son guide et son appui au milieu des épreuves et des difficultés de toutes sortes qu'il avait traversées ; de Bossuet, son ami qui ne l'avait jamais abandonné, qui pleurait sa perte et défendait sa mémoire contre les attaques de ses ennemis! Je ne suis pas surpris qu'il ait voulu avoir cette image vénérée sous ses yeux jusqu'à sa mort.

Le cabinet, à côté de la chambre, était le bureau de l'écrivain : c'est là qu'il écrivit les *Caractères ou Mœurs de ce siècle,* la harangue à MM. de l'Académie et la préface de ce discours. On y trouva une table de bois de chêne et de sapin, garnie d'un tiroir fermant à clef, couverte d'un tapis vert ; un pupitre à lire monté sur son pied, trois chaises de bois de noyer, une petite cassette de cuir noir à plaques de cuivre ; 145 volumes, tant petits que gros, de divers auteurs et traitant plusieurs matières ; trois cartes de géographie ; onze jetons de l'Académie ; la somme de 128 liv. 12 sols en trente-six écus de nouvelle espèce ayant cours. Nous ne parlerons pas des autres objets insignifiants que l'on trouva dans le cabinet, ni de la lingerie qui était dans la garde-robe, pas même du manteau rouge bordé d'or et des vêtements de grande toilette (1), indispensables au gentilhomme de Mgr le Duc. Un objet pourtant a piqué notre curiosité : ce n'est pas cette épée de deuil, ni cette canne à petite poignée d'argent, il pouvait en avoir besoin dans l'hôtel de Condé ; ce n'est pas non plus cette chaîne, ce crochet d'argent, cette plaque de manchon, ni ce petit flacon de vermeil, cela pouvait lui servir, même à l'Académie : c'est cette guitare dans son étui. Qu'est-ce qu'elle voulait dire ? Lui rappelait-elle des souvenirs de sa jeunesse ? Pour nous (2), elle nous rappelle ce musicien « qui, après l'avoir comme enchanté par ses accords, semble s'être remis avec son luth dans son étui, ou n'être plus sans cet instrument qu'une machine démontée, à qui il manque quelque chose, et dont il n'est plus permis de rien attendre. » Nous avons vu que ce musicien fut Théobald, professeur de viole, compositeur de l'opéra de *Coronis*, qui en dehors de son art manquait d'esprit et de jugement, qui ne pensait point et s'énonçait mal. Et voilà pourquoi la Bruyère appela ses ennemis des Théobaldes. Poètes harmonieux, critiques judicieux, habiles gens, pleins d'esprit chacun dans leur métier, ils n'avaient pas plus de discernement ni de lumières que sa guitare dans son étui, quand ils voulaient apprécier ce qu'il écrivait, dans la maison de Condé, sur les mœurs du dix-septième siècle.

L'appartement qu'avait occupé la Bruyère au Petit-Luxembourg, à Paris, était composé de quatre pièces, savoir : une petite chambre ayant vue sur la rue de Vaugirard, au second étage ; une garde-robe attenant à ladite petite chambre ; un cabinet où étaient les livres ; une espèce de grenier à côté du cabinet. Les clefs de ces lieux avaient été mises dans les mains de Robert-Pierre de la Bruyère, après le décès de son frère, par les officiers de Mgr le Duc : Robert de la Bruyère demeurait responsable. Claude-Angélique Targas assistait à l'inventaire, qui commença le 17 mai ; Élisabeth de la Bruyère y était représentée par Jacques Devin, procureur au Châtelet ; Jacques Duval, priseur-vendeur de meubles ès ville, prévôté et vicomté de Paris, estima les effets et objets ; Étienne Michallet, marchand libraire, imprimeur du roi, demeurant rue Saint-Jacques, paroisse Saint-Séverin, estima les livres ; les notaires Bonot et Auvray estimèrent les deniers comptants à 2,000 liv. 15 sols, et inventorièrent tous les papiers, qui étaient uni-

---

(1) Chap. XI, n° 71.
(2) Chap. XII, n° 56.

quement des papiers d'affaires. Il y avait de tout dans cet appartement du Petit-Luxembourg : bureau de bois chêne, prie-Dieu de bois de sapin, tapisseries de Bergame, même une vieille paire de bottes à l'écuyère garnie de ses éperons, et une perruque à longs cheveux gris blonds ; mais on n'y trouva aucun manuscrit, aucune copie qui pût servir à l'éditeur des œuvres de l'auteur défunt. Il en fut de même à Saulx-les-Chartreux, où la Bruyère possédait un petit appartement. Nous ne voyons dans l'inventaire rien qui puisse nous intéresser, sauf un acte sous seing privé par lequel Louis de la Bruyère, conseiller du roi, receveur général et payeur des rentes assignées sur le clergé de France, avait promis d'indemniser son frère Jean de la Bruyère d'une obligation de 3,000 liv. par eux faite à la demoiselle Anne Paysant, veuve de Sébastien Brunet, datée du 3 juin 1694. Car il résulte de là que le moraliste, sans être riche, n'était pas gêné dans ses affaires, puisqu'il trouvait encore moyen d'aider son frère. Il jouissait dans la maison de Condé (1) de la modeste aisance du sage, qui ne veut être heureux ni malheureux et se réfugie dans la médiocrité. Cela lui suffisait pour demeurer parfaitement libre au milieu de gens qui ne savaient pas s'affranchir de leur servitude.

Pendant que l'on faisait ces inventaires, M. de Meaux écrivait à l'abbé Bossuet, qui était à Rome : « Nous vous demanderons les nouvelles : c'en a été pour vous une bien fâcheuse que celle de la mort de M. de la Bruyère. Toute la cour l'a regretté, et M. le Prince plus que tous les autres (2). » Cette lettre est du 28 mai et datée de Paris. Le 30 juin, Bossuet écrivait de Germigny à son neveu : « Nous vous avons écrit la mort du pauvre M. de la Bruyère, et cependant nous voyons que vous l'avez apprise par d'autres endroits. » Enfin le 16 juillet, Bossuet écrit encore au même abbé : « Je revins hier de Versailles (à Paris), pour assister à la réception de l'abbé Fleury et à sa harangue à l'Académie. Il a la place de notre pauvre ami, que je regrette tous les jours de plus en plus. » Heureux, mille fois heureux la Bruyère d'avoir eu de tels amis !

On avait annoncé la mort « de l'auteur si connu des *Caractères* » de manière qu'on pût l'attribuer à une indigestion, « cet auteur ayant soupé avec un appétit extraordinaire » (3). Il faut savoir gré à Doneau

---

(1) Chap. VI, n° 47.
(2) Lettre à son neveu, 28 mai 1696.
(3) *Mercure galant,* n° de mai, p. 309.

de Visé de n'avoir pas comparé le moraliste défunt à son personnage de Gnathon. Les Théobaldes l'avaient accusé d'hypocrisie : sa mort subite semblait justifier leurs doutes sur la sincérité de sa foi chrétienne, parce qu'il n'avait pas eu le temps de recevoir tous les sacrements de l'Église. Enfin on alla jusqu'à insinuer que ce satirique avait bu le poison que quelqu'une de ses victimes lui avait versé pour se venger de ses médisances et calomnies (1). Tous ces bruits n'étaient pas plus vrais que ceux qu'avait fait naître la mort subite de Pellisson. Lorsque Fénelon avait succédé à Pellisson dans l'Académie, il s'était appliqué à dissiper ces faux bruits par le témoignage certain qu'il rendit, avec l'approbation de M. de Meaux, à la religion sincère de son prédécesseur. Fleury fit de même en succédant à la Bruyère ; il parla ainsi (2) : « Les *Caractères de ce siècle* sont un de ces ouvrages qui ne vieillissent pas, et que la postérité lira toujours avec plaisir : ouvrage singulier en son genre, et, d'après le jugement de quelques-uns, au-dessus du grand original que l'auteur s'était d'abord proposé. En faisant les caractères des autres, il a parfaitement exprimé le sien : on y voit une forte méditation et de profondes réflexions sur les esprits et sur les mœurs ; on y entrevoit cette érudition qui se remarquait aux occasions dans les conversations particulières ; car il n'était étranger à aucun genre de doctrine ; il savait les langues mortes et vivantes. On trouve dans ses *Caractères* une sévère critique, des expressions vives, des tours ingénieux, des peintures quelquefois chargées pour ne pas les faire trop ressemblantes. La hardiesse et la force n'en excluent ni le jeu ni la délicatesse ; partout y règnent une haine implacable du vice et un amour déclaré de la vertu : enfin ce qui couronne l'ouvrage et dont nous, qui avons connu l'auteur de plus près, pouvons donner un témoignage certain, on y voit une religion sincère. »

Noël, dit Bonaventure d'Argonne, parent de Fontenelle et ami des Théobaldes, qualifie ce témoignage certain de compliment académique qui ne mérite aucune confiance (3). Mais l'autorité de ce chartreux mondain est faible auprès de celle de Bossuet et Fleury. Il a été convaincu d'erreur et de mensonge par P. Coste dans sa défense de M. de la Bruyère contre les accusations et les objections de M. de

---

(1) Gâcon, *poète sans fard*, éd. de 1710, p. 154.
(2) *Recueil des harangues des Académiciens*, éd. de 1714, t. IV, p. 69 et suivantes.
(3) *Mélanges d'histoire et de littérature*, par M. de Vigneul-Marville (in-12, Rouen, 1701), t. III, p. 332-369.

Vigneul-Marville (1). Bayle, qui n'est pas suspect, écrivait à P. Coste, (15 mai 1702) : « Soyez bien sûr de la sincérité avec laquelle je vous dis que votre ouvrage m'a paru très bon, et que tous les bons connaisseurs en jugent de même (2). » Nous ne voulons pas nous arrêter à toutes les critiques ou à tous les éloges de l'auteur des *Caractères*, pas même aux inventions bizarres de l'avocat Brillon, qui, pour se faire connaître fut à la fois, et sous divers titres, l'imitateur, le critique et l'apologiste du célèbre M. de la Bruyère, et qui n'en est pas moins resté parfaitement inconnu (3).

La Bruyère fut plus loué que blâmé après sa mort (4); s'il avait été décrié pendant sa vie comme un Pison, il gagnait à mourir d'être loué comme un Caton. « C'était, dit Saint-Simon, un fort honnête homme, de très bonne compagnie, sans rien de pédant, et fort désintéressé. » Voici ce qu'on rapporte : « Il venait presque journellement s'asseoir chez son libraire, où il feuilletait des nouveautés et s'amusait avec une enfant fort gentille, celle du libraire, qu'il avait prise en amitié. Un jour, il tira un manuscrit de sa poche et dit à Michallet : « Voulez-vous imprimer ceci? Je ne sais si vous pourrez y trouver votre compte, mais en cas de succès le produit sera pour la dot de ma petite amie. » Le libraire, plus incertain que l'auteur sur la réussite, entreprit l'édition; mais à peine fut-elle exposée en vente qu'elle fut enlevée, et qu'il fut obligé d'imprimer plusieurs fois de suite le livre qui lui valut deux ou trois cent mille francs. Et telle fut la dot imprévue de sa fille, qui fit dans la suite le mariage le plus avantageux. » C'est ainsi que cette anecdote fut racontée pour la première fois dans un mémoire sur la littérature française par M. de Formey, pasteur calviniste français à Berlin, devant l'Académie des sciences et belles-lettres de cette ville, le 23 août 1787. On l'a trouvée si jolie que tout le monde a voulu y croire : depuis ce moment tout le monde la répète. Nous n'avons pu découvrir d'autre preuve de son authenticité.

M. de Formey était Prussien, mais il était né de parents français, qui avaient quitté la France après la révocation de l'édit de Nantes. Père de famille très respectable, il avait de fort nombreux enfants des deux sexes. Écrivain extrêmement fécond, il avait produit tant

---

(1) Amsterdam, T. Lombrail, 1702, in-12.
(2) *Œuvres de Bayle*, éd. de 1727, in-folio, t. IV, p. 816.
(3) Cf. M. Servois, *Notice bibliographique*, p. 182, 183, 186, 187, 188, 195, 196, 197, 198.
(4) Chap. XII, n° 78.

d'articles de journaux, d'opuscules, de discours, de mémoires, d'ouvrages de tout genre, qu'il est très difficile aujourd'hui d'en faire la liste. « Vivez gaiement, lui écrit Voltaire, qui le connaissait pour l'avoir vu à Berlin, vivez gaiement de l'Évangile et de la philosophie. » Il en vécut fort longtemps, car Voltaire l'appelle, dans une de ses lettres, le secrétaire éternel de l'Académie de Berlin; on trouve dans ses écrits l'honnête médiocrité d'un christianisme raisonnable, mais peu de gaieté : il avait trop de fils à placer, trop de filles à marier. Cependant il dédiait ses ouvrages à des personnages capables d'en être touchés, et il avait obtenu ainsi pour ses fils d'utiles protections. En attendant qu'il pût trouver de bons partis pour les filles, il leur faisait jouer la comédie. Au printemps de 1764, il avait écrit au patriarche de Ferney, qui alors, tout en critiquant avec une sévérité excessive les tragédies de Corneille, s'occupait avec beaucoup de fracas de marier une petite-fille du grand poète français. Voltaire répondit à M. de Formey. « Il est vrai, Monsieur, que nous ne sommes pas, vous et moi, de la première jeunesse. On dit dans le monde que la vie est courte, et qu'elle se passe en malheurs ou en niaiseries. J'ai pris ce dernier parti, et il paraît que vous en faites autant. Ce n'est pourtant pas une niaiserie que d'avoir de jolies filles qui jouent la comédie, et je vous félicite de tout mon cœur de tous les agréments que vous avez dans votre famille. Réjouissez-vous dans vos œuvres : car c'est là votre portion. Une de vos vocations, à ce que je vois, est de faire des journaux. Il y a longtemps que vous passez en revue les sottises des hommes, et quelquefois les miennes; si vous y trouvez plaisir et profit, continuez... J'ai fait bâtir en France à une lieue de Genève un fort joli théâtre : envoyez-moi toutes vos filles, je leur donnerai des rôles. » M. de Formey comprit sans peine les railleries de Voltaire : il avait pris parti pour Maupertuis dans sa querelle avec Voltaire, et il avait blâmé la *Diatribe du docteur Akakia*. Il se souvint alors d'un fait que lui avait raconté Maupertuis et qui valait bien mieux que ces folles plaisanteries. Le moraliste la Bruyère, disait M. de Maupertuis, avait donné une riche dot à la fille du libraire Michallet, son éditeur, en lui livrant le manuscrit des *Caractères ou Mœurs de ce siècle*. Il est certain que Mlle Michallet avait fait un beau mariage en épousant M. Rémy de Jully, qui devint fermier général. Maupertuis avait connu Mme de Jully dans son opulence; elle n'en pouvait nier l'origine, elle aimait mieux l'embellir. Les détails qu'on racontait sur les rapports de la Bruyère avec son éditeur importaient peu, et chacun les arrangeait de la manière qui lui semblait la meilleure à son gré. Le fait d'avoir donné deux ou trois cent mille francs à son éditeur pour sa fille n'était pas démontré ; mais il frappait fortement l'imagination des gens, surtout des écrivains, qui n'étaient pas millionnaires. Le vénérable pasteur M. de Formey ne laissa pas tomber dans l'oubli une si belle action : il la raconta, dans les termes que nous venons de citer, pour en transmettre le souvenir à la postérité.

C'était vers la fin du dix-huitième siècle, à la veille de la révolution française : l'Europe était déjà émue de ce qui allait arriver. En Prusse, on écoutait avec respect les anecdotes d'un vieux serviteur de Frédéric le Grand. En France, on admirait volontiers ce qui venait de Prusse. On démolissait avec enthousiasme les saints catholiques, mais on canonisait les hommes de lettres que l'on appelait des philosophes. Ils avaient tous la prétention de se moquer, comme la Bruyère, des folies humaines. Voilà une belle occasion de lui faire sa légende : les esprits forts ne la manquèrent pas. Dans cette légende, comme dans beaucoup d'autres, il y a un fond de vérité : la Bruyère ne s'enrichit pas ; il contribua à enrichir son éditeur.

Dès 1689, des gens sages avaient dit à la Bruyère : « La matière est solide, utile, agréable, inépuisable ; vivez longtemps et traitez-la sans interruption pendant que vous vivrez : que pourriez-vous faire de mieux ? Il n'y a point d'année que les folies des hommes ne puissent vous fournir un volume. » J'ai supposé que l'éditeur Étienne Michallet était un de ces gens sages : il y trouvait son profit. C'est pourquoi il fit renouveler son privilège en mars 1694 ; l'éditeur comptait que son auteur ferait chaque année un nouveau volume sur les folies des hommes. Mais la Bruyère ne voulut pas continuer ce travail. Il ne mit point d'additions à la huitième édition dans la neuvième. Aussi, quoique la neuvième édition ait paru en 1696, très peu après la mort de l'auteur, elle n'eut guère de succès. La dixième édition, qui était la reproduction exacte de la neuvième, en eut encore moins. Étienne Michallet mourut presque aussitôt, en 1699. Sa veuve se hâta de vendre sa maison, et n'imprima aucune édition authentique de la Bruyère. Le successeur de la veuve Michallet fit cession de son privilège sans en user lui-même. Les contrefaçons, avec des clefs en marge ou par ordre alphabétique, répondaient bien mieux à la curiosité du public. Les imitations ou les apocryphes remplaçaient pour un instant les additions de la Bruyère aux huit éditions qui parurent de son vivant. Il y eut tant de supercheries de ce genre dans les éditions posthumes des *Caractères,* qu'il est devenu bien difficile et peu intéressant de les énumérer. Nous ne voulons citer que la *Suite des Caractères de Théophraste et des mœurs de ce siècle,* parce qu'on y a joint le portrait de la Bruyère gravé par Drevet. Le portrait est-il authentique? L'ouvrage ne l'est pas.

Dans le même temps où l'on publia tant de contrefaçons, d'imitations et d'altérations de l'ouvrage de la Bruyère parurent les *Dialogues posthumes du sieur de la B*** sur le quiétisme* (1). Le nom de la Bruyère figure en toutes lettres dans le privilège (daté du 30 juin 1698), dans l'approbation des docteurs de la faculté de théologie de Paris (2 décembre 1698), dans l'avis au lecteur et dans la préface de ce livre, qui fut achevé d'imprimer le 5 décembre 1698, et mis en vente en 1699. Dès septembre 1698 Basnage, en Hollande, l'avait annoncé comme un ouvrage posthume de M. de la Bruyère, et d'un même dessein que les *Caractères ou Mœurs de ce siècle* (2). A peine l'ouvrage est-il achevé d'imprimer qu'il en signala l'apparition, mais avec une certaine froideur. « C'est, dit-il (3), pour tourner le quiétisme en ridicule, en poussant et peut-être aussi en outrant les conséquences. » En effet ce livre est un ouvrage de critique, mais de cette critique qu'avait définie la Bruyère dans sa septième édition (4); ou si l'on veut, c'est l'œuvre d'un pamphlétaire qui a voulu imiter les *Provinciales* de Pascal. En un mot, ce ne sont pas des dialogues d'un même dessein que les *Caractères ou Mœurs de ce siècle,* tels que ceux que l'auteur lisait gaiement à M. Antoine Bossuet, deux jours avant de mourir : ou bien le sel de la Bruyère est tellement délayé dans la prose de l'abbé Dupin, qu'il en devient fade, et n'a rien conservé de sa saveur primitive Ce livre cependant fut prôné par le *Journal des savants* (5) et par les *Nouvelles de la république des lettres* (6), mais peu goûté du public. Il en parut, la même année, une contrefaçon, sans doute pour faire croire que c'était une œuvre originale.

---

(1) Paris, C. Osmont, 1699, in-12.
(2) *Histoire des ouvrages des savants.* Septembre.
(3) *Ibid.* Décembre.
(4) Chap. I, n° 63.
(5) N° du 5 janvier 1699, p. 10.
(6) N° de juillet 1699, p. 80.

Vraiment qui pouvait s'attacher à cette pâle copie, quand Bossuet et Fénelon traitaient le même sujet avec la supériorité de leur génie et le charme de leur éloquence? Dans la controverse si vive et si animée qui les mit aux prises, on devait trouver des dialogues plus intéressants que ceux de l'abbé Dupin, attribués à la Bruyère.

Après avoir passé en revue tant de légendes, de fausses clefs, de contrefaçons, d'erreurs et de tromperies, nous serait-il permis de hasarder une affirmation bien simple? La Bruyère mourut à propos. Il connaissait trop bien le monde qu'il quittait pour le regretter beaucoup; et sa mort eut un bel endroit, qui fut de prévenir la vieillesse (1), et bien des chagrins auxquels il eût été exposé, s'il eût vécu jusqu'à la caducité.

Il avait vu M. le Prince, en proie à la fièvre et à la goutte, s'enfermer dans la solitude, n'y vouloir admettre personne, ou tourmenter sa famille par de bizarres caprices. La maladie de Son Altesse ne fit que s'aggraver, et la Bruyère n'existait plus lorsque les accès de M. le Prince allèrent jusqu'à la folie la mieux avérée. « Finot, son médecin et le nôtre, dit Saint-Simon, ne savait plus que devenir avec lui: car il ne voulait rien manger, disant pour toute raison que les morts ne mangent point. Jamais on ne put lui persuader qu'il vivait, et qu'il fallait qu'il mangeât pour vivre. Enfin Finot, et un autre médecin qui le voyait ordinairement, s'avisèrent de convenir qu'il était mort, mais de lui soutenir qu'il y avait des morts qui mangeaient. Il voulut voir ces morts-là: on lui amena quelques gens sûrs et bien recordés, qu'il ne connaissait point; ils firent les morts tout comme lui, mais ils mangèrent. Cette adresse le détermina; mais il ne voulait manger qu'avec eux et avec Finot. Moyennant cela, il mangea très bien. Cette fantaisie dura assez longtemps, et désespéra Finot, qui toutefois mourait de rire en nous racontant ce qui se passait, et les propos de l'autre monde qui se tenaient à ces repas. M. le Prince vécut encore longtemps après (2). »

La Bruyère avait admiré la vertu, la piété, la douceur de Mme la Princesse; mais il ne fut pas témoin des dernières épreuves auxquelles la patience d'une femme peut être soumise par l'extravagance de son mari, ni des divisions qui éclatèrent dans la maison de Condé

---

(1) Chap. XI, n° 45.
(2) 1er avril 1709.

après la mort de M. le Prince, et qui déchirèrent le cœur d'une mère si digne de respect et si mal obéie. Avec des millions dont elle était maîtresse absolue et dont elle pouvait disposer comme elle voulait, elle ne laissa pas d'être comptée pour rien dans les querelles de sa famille. Sa timidité était extrême avec le roi, elle en avait à l'égard de tout le monde et de tous ses enfants. M. le Prince l'avait matée jusqu'à l'avoir abrutie, dit Saint-Simon en colère ; mais Saint-Simon ne comprenait pas comme la Bruyère la grandeur de cette vertu surnaturelle qui s'appelle l'humilité chrétienne (1).

La Bruyère connaissait mieux que personne les qualités et les défauts de M. le Duc, son élève ; mais ce fut pour lui un grand bonheur de n'être plus dans la maison de Condé quand M. le Duc en devint le maître : il ne vit point ce despotisme hautain qui souleva toute sa famille contre lui, ni ces colères féroces qui firent horreur à ses meilleurs amis, ni ces accidents équivoques d'épilepsie ou d'apoplexie qui firent trembler pour sa vie, ni enfin cette mort si prompte qui épouvanta le monde. Saint-Simon la raconte ainsi : « M. le Duc avait depuis quelque temps un mal de tête continuel, souvent violent. Mme la Princesse, sa mère, le pressait de penser à Dieu et à sa santé. A force d'entendre ses exhortations, il lui promit l'un et l'autre, mais après le carnaval : jusque-là il voulait se livrer aux plaisirs. Il fit venir Mme la Duchesse à Paris pour lui donner, à elle et à beaucoup de dames qu'il invita, deux magnifiques soupers, l'un le lundi et l'autre le mardi gras : après souper, il devait les mener courir le bal toute la nuit. Sur le soir du lundi, il revenait de l'hôtel Coislin, avec un seul laquais derrière son carrosse, lorsqu'en passant sur le Pont-Royal, il se trouva si mal qu'il fit monter son laquais auprès de lui, et lui demanda s'il n'avait pas la bouche tournée. Puis il ordonna à son cocher de l'arrêter au petit degré de sa garde-robe, pour entrer chez lui par derrière, sans être vu de la grande compagnie qui était venue souper à l'hôtel de Condé. En chemin, il perdit la parole, et même la connaissance. Son laquais, et un frotteur qui se trouva là, le tirèrent de son carrosse ; mais la porte de sa garde-robe était fermée. Ils y frappèrent tant et si fort, qu'ils furent entendus de tout ce qui était à l'hôtel de Condé. On accourut, on le jeta au lit. Médecins et prêtres, mandés en diligence, firent inutilement

---

(1) Chap. XI, n° 69.

leurs fonctions. Il ne donna nul signe de vie que d'horribles grimaces, et mourut sur les quatre heures du matin du mardi gras (1), au milieu des parures, des masques, des costumes de bal, sous les yeux de tout ce grand monde convié pour un spectacle bien différent, et devant Mme la Duchesse éperdue, mais qui conserva toute sa présence d'esprit. »

La Bruyère avait discerné mieux que personne les qualités et les défauts de Mme la Duchesse dès sa première jeunesse, dès son mariage ; il avait approfondi son cœur, lorsque le voile de la modestie couvrait encore son mérite, ou que le masque de l'hypocrisie cachait sa malignité (2). Il était du petit nombre de connaisseurs qui fussent en droit de se prononcer ; il avait indiqué dans le portrait d'Arténice les changements qu'il apercevait dans le caractère de Mme la Duchesse, depuis qu'elle faisait briller ses vertus sur le grand théâtre de la cour (3). Mais ce n'est que peu à peu, et forcés même par les temps et les occasions, que la vertu parfaite et le vice consommé viennent enfin à se déclarer. La Bruyère ne vit pas ces temps et ces occasions. C'était après la mort du prince de Conti, de M. le Prince, de M. le Duc (4) : la mort fauchait alors les princes autour du vieux roi ; elle n'épargna pas même le Dauphin ni le duc de Bourgogne. Le malheur s'acharnait sur la France. Mme la Duchesse tomba de ses plus vastes espérances, et ne connut plus les douceurs de cette vie brillante, et toujours agréablement occupée, qui lui mettait la cour à ses pieds. En mauvaise intelligence avec Mme de Maintenon, en pique et en jalousie avec la duchesse de Bourgogne, en haine ouverte avec le duc du Maine, en querelle déclarée avec Mme la duchesse d'Orléans, en procès avec ses belles-sœurs, elle n'avait personne sur qui s'appuyer : sa belle-mère ne voulait rien entendre à l'intrigue de cour ; son fils n'avait que dix-huit ans ; ses filles lui échappaient déjà ; tout le reste était enfant ; elle se trouva réduite à regretter M. le Prince et M. le Duc, dont la mort l'avait tant soulagée. Ce fut alors que l'image chérie de M. le prince de Conti se présenta sans cesse à son esprit : son cœur n'aurait plus trouvé d'obstacle à son penchant pour ce prince, orné de tant

---

(1) 4 mars 1710.
(2) Chap. XII, n° 27.
(3) Chap. XII, n° 28.
(4) Le prince de Conti mourut le 22 février 1709 ; M. le Prince, le 1er avril 1709 ; M. le Duc, 4 mars 1710.

de charmes et de tant de talents que l'envie avait rendus inutiles. Tel était alors l'état de la cour qu'il en eût été bientôt le modérateur, et par suite de tout l'État (1). Il était le seul pour qui elle eût été fidèle, elle était l'unique pour qui il n'eût pas été volage ; il lui aurait fait hommage de sa grandeur, et elle aurait brillé de son lustre. Quels souvenirs désespérants avec Lassay pour tout réconfort! C'est le roman d'Émire (2) qui s'achève ; mais quel triste dénouement!

Ce Lassay n'était pas l'époux de Mlle de Chateaubriand : leur bonheur avait duré peu ; ils s'étaient séparés ; elle était morte folle. De ce mariage était née une fille qui mourra aussi folle. Le vieux Lassay se raccrocha à Mme de Bouzols, et lui écrivit des lettres qu'il a publiées avec bien d'autres (3). Ce pauvre flatteur se cramponna partout où il put, jusqu'à l'âge de 87 ans. Mais ce fut son fils, le fils qu'il avait eu de son second mariage avec la fameuse Marianne Pajot, qui se chargea de consoler Mme la Duchesse en 1711. Il avait un visage de singe, mais une belle tournure et beaucoup d'esprit. Elle n'était point faite pour les larmes ; elle se jeta dans les amusements pour y noyer ses chagrins, et elle y réussit. M. de Lassay devint le directeur de toutes ses affaires. Il y eut bien quelque voile de gaze là-dessus, pendant le reste de la vie de Louis XIV (4), qui, sur ses fins, laissait aller bien des choses de peur de se fâcher et de se donner de la peine : mais après la mort du roi il n'y eut plus de mesure. « Lassay a élevé dans Paris, dit Saint-Simon (5), un palais joignant et communiquant avec celui que Mme la Duchesse s'est bâti en même temps, qui sera un monument éternel de la longue, utile et persévérante affection pour lui de cette princesse. » Le palais de Mme la Duchesse est aujourd'hui la chambre des députés. La Bruyère, qui avait vu les honteux succès de l'hypocrisie, ne vit pas du moins les malheurs de la France et l'humiliation de la maison de Condé, ni le triomphe des esprits forts et le débordement de l'immoralité sous la Régence. Il en eût été trop malheureux.

Ce fut donc un grand bonheur pour la Bruyère d'avoir vécu dans la maison de Condé avant toutes ces infortunes, quand elle brillait

---

(1) Saint-Simon.
(2) Chap. III, n° 81.
(3) *Recueil de différentes choses*, t. III, p. 111-202.
(4) Saint-Simon.
(5) Addition aux mémoires de Dangeau, t. XIII, p. 372 et 373.

encore d'un certain éclat, et que sa décadence, déjà commencée, ne semblait pas pourtant définitive et irrémédiable. Il put contempler à loisir ces caractères d'un si haut relief, les pénétrer jusque dans les moindres détails, tout voir, tout connaître ou deviner tout. En vain la vanité humaine revêt des apparences trompeuses ; en vain la fausse grandeur s'enveloppe d'une mystérieuse obscurité ; en vain des spectacles éblouissants, des plaisirs de toute sorte, les repas, la chasse, l'opéra, les ballets, les carrousels couvrent tant de passions cachées, tant d'ambitions si vives, tant d'inquiétudes et de chagrins, tant de bassesse et d'orgueil : le moraliste porte la lumière partout. Pour lui point de mystère, nul prestige, aucune illusion ; le vice se montre dans toute sa laideur, et les bizarreries monstrueuses qu'on regardait presque comme le privilège d'une race supérieure deviennent de vulgaires réalités trop faciles à expliquer. Oui, les Altesses à qui le philosophe appartenait, ces personnages extraordinaires, tellement élevés au-dessus des autres hommes que, avant d'entrer à leur service, il ne pouvait les apercevoir qu'à force de lever la tête, ne sont plus pour lui, sauf le grand Condé, que des hommes de petite taille, qu'il regarde en face, et qu'il respecte pour être respecté à son tour ; des hommes semblables aux autres, qui n'en diffèrent que par leurs ridicules et par une maladie héréditaire, des hommes dignes de notre pitié. On a dit qu'il n'y avait pas de grand homme pour son valet de chambre ; qu'était-ce donc pour un domestique comme la Bruyère ?

Aussi rien de plus honorable pour les princes et princesses de la maison de Condé que d'avoir supporté, gardé, protégé ce redoutable critique. Cela prouve qu'ils valaient mieux que leur réputation. C'étaient des hommes comme d'autres, qui le niera ? Mais, quoi qu'en dise Saint-Simon, ils étaient humains, et ils aimaient ceux qui les servaient bien. Bossuet fit un grand éloge de Henri-Jules de Bourbon quand il écrivit que son pauvre ami, M. de la Bruyère, fut regretté de M. le Prince plus que de toute la cour de France. En effet où l'auteur des *Caractères* pouvait-il être mieux apprécié qu'à Chantilly, l'écueil des mauvais ouvrages ? Où pouvait-il être plus à l'aise, et pour ainsi dire dans son élément, que dans l'hôtel de Condé à Versailles ou à Paris ? Où avait-on plus que là le goût de l'esprit et le talent de la fine plaisanterie ? On y prit plaisir à suivre le travail de l'écrivain et à saisir ses plus délicates allusions ; on le critiqua, on le loua, on s'associa au progrès de chaque édition sur les précédentes. Il donnait si beau jeu aux connaisseurs en littérature, en politesse, en philosophie, en éloquence, en modes et en politique, que tous y prirent quelque intérêt. Chacun disait son mot, chacun exprimait son avis comme il lui plaisait; bientôt il ne resta plus personne, en cette petite cour, qui n'eût fourni quelque trait à l'auteur, ou pris part en quelque manière à la perfection de son livre, mieux que messieurs de l'Académie. Ceux-là même qui traitaient avec hauteur le bonhomme la Bruyère, et se moquaient de lui, furent, sans le savoir et sans le vouloir, ses meilleurs collaborateurs. Dans ce milieu plein de prétentions insolentes et de ris moqueurs, un caractère faible ou mal trempé aurait perdu son indépendance; la Bruyère sut y conserver la sienne. Il s'y trouva si bien qu'il ne voulut plus quitter cette demeure; et, comme dit l'inscription de Versailles (1), là il livra sa pensée aux hommes, et rendit son âme à Dieu.

(1) Rue des Réservoirs. (*Histoire des rues de Versailles,* par A. Le Roi, 1861.)

FIN DU TOME SECOND.

TABLE DES MATIÈRES.

CHAPITRE XXII.
1687-1688.

État de la maison de Condé en 1687. — Quels changements apporte la mort de Condé dans les caractères de M. le Prince son fils, de Mme la Princesse, de M. le Duc et de Mme la Duchesse. — Situation particulière de la Bruyère auprès des Altesses auxquelles il est attaché. — Leçons de littérature à Mme la Duchesse, de blason à M. le Duc. — Quelles sont les graves occupations de M. le Duc. — Le carrosse d'un grand, ou la faveur de M. de Xaintrailles. — Les bonnes fortunes de M. le Duc. — Le roi casse la chambre des filles d'honneur de Mme la Dauphine. — De l'opinion morale et religieuse au commencement de l'an 1688. — Le livre des *Caractères* est achevé d'imprimer; cartons de la première édition. — Publication de l'ouvrage; effet qu'il produit à la cour, à la ville, jusqu'en Hollande, auprès des protestants et des catholiques. — L'*Histoire des variations* par Bossuet n'a pas d'abord un succès aussi prompt ni aussi étendu.................................... 1

CHAPITRE XXIII.
1688.

M. le Prince approuve le livre de la Bruyère; l'auteur se hâte de faire deux corrections nécessaires dans la deuxième édition. — M. le Prince reconnaît que la Bruyère peut lui être utile. — Vues politiques de M. le Prince. — Amitié de Mme la Duchesse avec Mlle de Bourbon; sa liaison avec Mme de Caylus. — Situation nouvelle du prince de Conti. — Préparatifs de son mariage avec Mlle de Bourbon. — Cérémonies et noces à Versailles. — Fête de l'hôtel de Conti à Paris. — Fête Dauphine à Chantilly. — Génie mécanique de M. le Prince. — Comment agit Gourville dans la maison de Condé. — Vanité des artistes et leurs prétentions. — Maladresse des connaisseurs. — Contes et faux bruits sur M. le Prince. — Sa véritable faute. — La Bruyère défend Son Altesse contre les critiques des mécontents, et remplit consciencieusement ses fonctions d'homme de lettres dans la maison de Condé... 34

CHAPITRE XXIV.
1688-1689.

La guerre de la ligue d'Augsbourg est décidée. — Horreur de la Bruyère pour la guerre. — Sentiments du peuple, de la noblesse et de la cour. — Mgr le Dauphin au siège de Philippsbourg. — M. le Duc et le prince de Conti font campagne ensemble. — Leur ardeur pour se distinguer; jalousie qu'ils inspirent. — Prise de Philippsbourg et siège de Manheim. — Répétitions d'*Esther*. — Opéra-ballet de l'abbé Genest. — Le musicien Lalande. — Imprudences de Mme la Duchesse. — Retour subit de M. le Duc. — Intrigues galantes de la cour. — Manque de mémoire de M. le Prince. — Réflexions de la Bruyère sur la révolution d'Angleterre. — M. le Prince lieutenant criminel. — Comment M. le Duc découvrit l'art de se faire aimer de sa femme. — Rivalité de Mme la Duchesse avec Mme la princesse de Conti, la veuve. — La Bruyère homme d'esprit dans la maison de Condé, non comme Voiture et Sarrasin, mais en quelque sorte journaliste. — Il défend M. le Duc contre les envieux, Mme la Duchesse contre les flatteurs, et cache un bon conseil dans le roman d'Émire.. 64

CHAPITRE XXV.

1688-1689.

Succès des trois premières éditions des *Caractères*. — Talent, goût, esprit, bon sens, choses différentes, non incompatibles. — Les Perrault. — Querelle des anciens et des modernes. — Charles Perrault et Fontenelle. — De Visé et le *Mercure galant*. — Don Quichotte et Sancho Pansa. — La Bruyère voulait rendre les grands meilleurs, mais il n'était point un cynique : il imite Socrate. — Il avertit les jeunes gens, même les princes, pour corriger leurs mœurs. — Mauvaise politique, selon Gourville. — Diplomatie des courtisans. — Manière de Gourville pour railler les philosophes. — Riposte de la Bruyère. — Caractère politique du ministre ou du plénipotentiaire, ou la fin justifie les moyens. — Mépris de la Bruyère pour cette politique. — Son but, comme celui de Socrate, est d'être bon; mais il élève son idéal jusqu'à Jésus-Christ. — C'est Bossuet qui le dirige. — Réflexions sur la prédication chrétienne et ses défauts. — Bossuet Démosthène; Bourdaloue Cicéron. — Fénelon prédicateur. — Raisonnements des libertins. — Qu'est-ce qu'un Père de l'Église? — Bossuet n'avait pas besoin d'être cardinal. — Érasme. — La Bruyère arbore l'enseigne de moraliste comme Érasme................................... 98

CHAPITRE XXVI.

Morale populaire.

1688-1689.

Obscurité de la quatrième édition. — But de l'auteur. — Originalité de sa morale populaire. — Qu'entendait-il par le peuple? — Il passe en revue les différentes classes de la société depuis la plus basse jusqu'à la plus haute, et tire de cette revue une conclusion morale qui convient à toutes : il ne faut mortifier personne. — Ensuite il applique ce précepte aux divers âges de l'homme indifféremment, à l'enfance, à la jeunesse, à l'âge mûr et à la vieillesse. — Il traite des caractères de chaque âge et décrit les passions qui lui appartiennent, comme l'amour, l'amitié, l'ambition, l'avarice, la vanité, l'égoïsme et l'esprit de routine. — Il prouve avec Mme Dacier que le cœur humain est toujours et partout le même, en Grèce, à Rome et à Paris. — Mais s'il signale bien des vices et abus, il montre aussi des réformes dont il a été témoin. — Toujours préoccupé de l'intérêt du peuple, il déplore la guerre de la ligue d'Augsbourg. — Peu lui importe la gloire militaire des grands et du roi; il veut être tranquille et jouir des douceurs d'un bon gouvernement. Aussi prévoit-il dans l'avenir des révolutions en France comme celle d'Angleterre. — Du progrès dans les arts, dans les sciences et dans les institutions politiques...... 135

CHAPITRE XXVII.

1689.

Importance des événements politiques en 1689. — État des affaires au commencement de cette année. — Prophéties protestantes; inquiétudes des catholiques. — Effet en France de l'arrivée du roi et de la reine d'Angleterre. — Accueil fait aux exilés. — Sentiments de la cour; opinions diverses. — Politique de Louis XIV. — Plan de campagne pour l'année 1689, en trois parties : contenir les nouveaux convertis en France; écarter l'ennemi des frontières; l'attaquer en Irlande. — Louis XIV prend le parti de Jacques II contre les protestants. — Discussions politiques à la cour de France. — Ne pas confondre Hermagoras avec la Bruyère, qui devine la grandeur du prince d'Orange et suit les progrès de l'influence de Mme de Maintenon. — Éducation du duc de Bourgogne. — Beauvilliers, Fénelon, Fleury. — Revers militaires en Irlande, en Flandre, en Allemagne, imputés à Louvois. — Le roi prend en dégoût le système de la dévastation. — Triomphe de Seignelay, il devait peu durer. — Dieu n'a besoin de personne. — Mort d'Innocent XI; élection d'Alexandre VIII. — Le roi ne réussit en rien; pessimisme des politiques de la cour. — L'égoïsme, cause d'erreurs en politique. — Vues de la Bruyère sur les révolutions. — En 1789, qu'arrivera-t-il ? — Le philosophe ne porte pas envie au bonheur des rois... 178

CHAPITRE XXVIII.

1689-1690.

Dans la société du XVIIe siècle, la tragédie d'*Esther* fut un événement considérable. — La Bruyère imite Racine auprès de Mme la Duchesse. Sa théorie littéraire expliquée d'après les écrivains du XVIe et du XVIIe siècle : le goût des anciens pour le simple et le naturel brille dans Molière et la Fontaine, mais ni dans l'*Homme à bonnes fortunes*, ni dans le *Débauché* de Baron. — Aventures galantes de M. de Béthune, dit Cassepot. — Querelle de M. le duc d'Estrées et de M. le duc de Gesvres; M. le Prince paraît les réconcilier. — Il gagne son procès et fait rompre le testament de Mlle de Guise. — Il cherche querelle à Mme la Duchesse, et fait si bien que le roi casse la chambre de ses filles d'honneur. — Il en est désolé, tombe malade; Mme la Duchesse va le consoler et le distraire à Chantilly. — Mlle de Croissy remplace les filles d'honneur. — Mme la Duchesse prend un ascendant singulier dans la maison de Condé; elle se moque de son mari, qui s'en prend à la Bruyère. — Le philosophe rit de M. le Duc trop bien marié, de M. de Marsan mal marié, de M. de Mailly, l'heureux époux de Mlle de Sainte-Hermine. — Satisfaction de Gourville qui vient d'obtenir son brevet d'honnête homme en faisant de la fausse monnaie. — Xaintrailles ne veut pas saluer la Bruyère : le moraliste n'en est pas plus fier pour cela. — Il examine les effrontés qui fourmillent à la cour. — Lanjamet et Lassay sont deux types curieux. — Leur histoire : pour ces gens-là le moraliste est un rustre, un Vulteius, un Vespasien. — Il aime mieux être du peuple que des grands, mais il reconnaît qu'il n'est pas bon de passer pour un philosophe........................ 214

CHAPITRE XXIX.

1690.

Pages.

Querelle d'Étienne Michallet avec les Célestins : il veut amener son auteur à faire une 5ᵉ édition. — L'auteur regimbe. — Raisons que chacun d'eux fait valoir en faveur de son opinion. — La Bruyère aspire à l'Académie. — Perrault même l'en juge digne, mais Charpentier s'y oppose. — Pourquoi? Il se moque des gens. — Triste métier que celui d'écrivain. — L'auteur hésite à publier sa 5ᵉ édition. — Il n'est plus curieux de raconter les folies des autres au public; il est un homme de bien, c'est-à-dire un chanteur enrhumé qui ne peut plus chanter. — D'ailleurs il est triste et pense à la mort. — Qu'est-ce que la vie? Un sommeil; l'homme qui pense, quel qu'il soit, se pose le problème de la destinée humaine. — La Bruyère ne cherche pas d'autre solution que celle du christianisme : il rappelle quelques-uns des grands motifs qui l'ont déterminé à croire, et fait l'histoire de ses propres pensées depuis sa jeunesse jusqu'à l'année 1690. — Il raconte même ses illusions sur l'éloquence de la chaire et du barreau, sur les joies de la vie, sur l'amour, sur la philosophie; revenu de ses erreurs, il raille celles des autres : à quoi pensent l'arbitre des bons morceaux, le joueur, celui qui veut faire fortune, le riche, l'homme très riche, le premier noble de sa race, le puissant bourgeois, le grand seigneur, le courtisan, le voyageur, le misanthrope, le sceptique, le favori des modes et du bel air? — La vertu seule va au delà des temps; où la trouver, si ce n'est dans la religion? mais dans la religion sincère, non pas dans celle des mondains. — Être l'apôtre d'un seul homme suffirait à l'ambition de notre auteur : c'est pourquoi il achève et publie sa 5ᵉ édition............................... 252

CHAPITRE XXX.

1690-1691.

État de l'Europe en 1690. — Politique des puissances coalisées. — Opinions diverses dans la société française. — Guerre sur terre et sur mer. — Bataille de Fleurus. — Combat naval du cap Beveziers. — Victoire de Guillaume d'Orange à la Boisne en Irlande. — On le croit tué; réjouissances à Paris. — Campagne du Dauphin en Allemagne. — Le roi veut commander en personne. — Imprécations de la Bruyère contre l'amour de la gloire. — Congrès de la Haye. — Siège et prise de Mons. — Siège et prise de Nice par Catinat. — Rivalité de Louvois et Vauban. — La Bruyère a le tort de parler des événements militaires au point de vue politique. — On lui en sait mauvais gré. — Ses inquiétudes et ses malédictions contre la police. — Profession de foi politique en faveur de l'humanité et de la vertu; résumé du cours qu'il avait fait à M. le Duc sur l'histoire moderne et contemporaine.. 288

CHAPITRE XXXI.

1690-1691.

La Bruyère ne tient pas à la fortune; ni riche ni pauvre, il est indépendant et blâme la philosophie des égoïstes. — Assemblée du clergé. — Ses deux principaux personnages, l'archevêque de Paris et l'évêque d'Autun. — Attitude particulière de

TABLE DES MATIÈRES.

Pages.

la maison de Condé à cette époque. — Mort de Mme la Dauphine; effet qu'elle produit à la cour. — Oraison funèbre par Fléchier. — Mort de Montausier. — Grossesse de Mme la Duchesse; ses distractions. — Changement surprenant dans la conduite de M. le Prince à son égard. — Rôle de la Bruyère auprès d'elle : petits caractères, la mode et ses fantaisies. — Situation singulière. — Naissance de Mlle de Bourbon, fille de M. le Duc. — Ce que devient le ménage de M. le Duc et de Mme la Duchesse. — Le philosophe raille les Pamphiles. — Il se moque des grands, mais avec quelque colère. — Il l'avoue et se corrige. — Rien ne ressemble plus au peuple que les grands. — La véritable aristocratie est celle de la vertu. — Le moraliste ne cherche qu'à faire régner la raison.............. 323

CHAPITRE XXXII.

1690-1691.

Mme de Maintenon parvient au comble de la faveur. — Mme de Montespan est bannie de la cour. — Mme la Duchesse imite les *Caractères ou mœurs de ce siècle*. — Remarques de la Bruyère sur les modes et les révolutions du goût. — Légèreté des femmes et des hommes. — De la forme des coiffures et du mouvement philosophique. — Caractères de la nouvelle dévotion. — Influence des directeurs de conscience. — Les directeurs infidèles. — Les hypocrites : Onuphre et Tartuffe, différence des deux personnages. — Changements remarquables dans le caractère du roi. — Benserade vieilli et baissé. — Racine à la mode. — Fontenelle veut éclipser *Esther* avec l'opéra d'*Énée et Lavinie*. — Racine ne peut faire jouer *Athalie*. — Comparaison de ce poème tragique avec la pièce de Fontenelle. — Mort de Villayer; sortie de Benserade contre la Bruyère. — Fontenelle est élu à l'Académie. — Son discours de réception efface Racine. — Le *Mercure* triomphe. — La Bruyère manque d'esprit. — La Fontaine et Corneille en manquent aussi, mais ils ont du talent. — Développement du caractère de Santeul ou Théodas. — Portrait de Socrate. — Rapports de la Bruyère avec Ménage. — Le moraliste écrit par humeur; Bonaventure d'Argonne veut l'imiter. — Michallet le presse d'achever son ouvrage. — Il cède enfin, pour le rendre plus complet, plus fini et plus régulier. — Le volume de la 6e édition n'est guère plus gros que celui de la 5e.............. 355

CHAPITRE XXXIII.

1691-1692.

Situation politique de la France en Europe au mois de juin 1691. — Grandeur et faiblesse de Louis XIV. — Empire de Louvois, son activité fébrile, ses inquiétudes, sa mort. — Effet que produit cette mort en France et en Europe. — Le roi de France veut gouverner seul. — Succès de Guillaume d'Orange en Irlande; combat de Leuse en Flandre; Catinat, chassé du Piémont, prend Montmélian en Savoie. — Rôle politique de Mme de Maintenon : sa réforme à Saint-Cyr et à la cour de France. — On fait marier Courtanvaux et Barbézieux, fils de Louvois, le duc du Maine et le duc de Chartres. — Étranges intrigues. — L'abbé Dubois se révèle : il réduit le duc de Chartres à épouser, malgré sa mère, Mlle de Blois. — Le duc du Maine est amené par Mme de Maintenon à épouser Mlle de Charolais, fille de M. le Prince. — Scènes curieuses à la cour de France et dans la maison de Condé.

— La Bruyère jouit de ce spectacle et fait une ample récolte d'observations de tout genre. — Le gouvernement du royaume ressemble à une pastorale. — Mais pendant ce temps les événements les plus graves se préparent : la guerre la plus terrible au dehors, et au dedans une révolution sociale........................ 392

CHAPITRE XXXIV.

1691-1692.

Qu'est-ce que la richesse ? — Sa puissance. — Comment s'élèvent dans la société les bourgeois qui s'enrichissent. — Peu à peu ils se sentent capables de tout, même de gouverner. — Presque tous les ministres de Louis XIV sortis du peuple. — Traité de la Bruyère sur l'art de gouverner. — Comment Mme de Maintenon gouvernait ; comment Monsieur était gouverné. — Impertinence de Drancès. — Habileté de Troïle à gouverner les grands. — Dans Troïle il y avait du Chaulieu chez MM. de Vendôme, du la Chapelle chez le prince de Conti, et surtout du Gourville dans la maison de Condé. — Pendant que les grands négligent de rien connaître aux affaires publiques et à leurs propres affaires, des citoyens s'instruisent du dedans et du dehors du royaume, deviennent politiques et puissants, et partagent le pouvoir avec le prince sous le nom de secrétaires d'État. — Puissance de Pontchartrain. — Il préside à l'avènement de la bourgeoisie qui prime la noblesse dans les fonctions d'État. — Caractère de l'homme et du ministre ; caractère de sa femme, qui partage l'autorité avec Mme de Maintenon. — Caractère de Celse, ou l'homme d'un rang médiocre. — Caractère de Ménippe, ou l'oiseau paré de divers plumages. — Caractère des Pamphiles, ou courtisans de M. de Pontchartrain. — Où avait abouti la fameuse maxime des grands : se faire valoir par des choses qui ne dépendent point des autres ? A l'abaissement des grands, à l'élévation de la classe moyenne ou du tiers état... 426

CHAPITRE XXXV.

1691-1692.

M. de Pontchartrain est chargé du soin des Académies. — Amitié de Tourreil et de la Bruyère. — Théodote. — Pavillon et Tourreil à l'Académie française prennent les places de Benserade et Leclerc. — Éloge de M. de Pontchartrain par Tourreil. — Discours de Charpentier contre la Bruyère. — Le caractère de Théobalde en dehors de l'Académie. — Les amis de la Fontaine et de Corneille sont des Théobaldes. — Apparition des clefs de divers côtés. — Santeul défend son ami le moraliste. — Théodas fou et sage. — La Bruyère sérieux, cynique et mordant. — Mme la Duchesse pendant la campagne de Flandre. — Des mots à la mode. — Histoire des mots et leurs diverses aventures ; variations du goût littéraire. — Correspondance de Mme la Duchesse avec Mme de Caylus et Mlle de Croissy surprise et interrompue par le roi. — La Bruyère disserte sur la pruderie et les prudes, sur la science et les femmes savantes ; il ennuie Mme la Duchesse. — Devant Namur, M. le Duc fait à la Condé. — On se moque des bourgeois qui étaient au siège de Namur. — Caractère d'Émile.. 462

TABLE DES MATIÈRES.

CHAPITRE XXXVI.

1691-1692.

La réforme des mœurs inspirée par Mme de Maintenon parut compromise par le scandale del'abbé de Mauroy, curé des Invalides. — Sermon de Bourdaloue devant le roi sur l'hypocrisie. — Approbation de l'Onuphre de la Bruyère, et critique du *Tartuffe* de Molière. — Corrections et additions au caractère d'Onuphre. — Hypocrisie raffinée de la femme galante, Glycère. — Où en est réduite Lélie, l'impudique effrontée? — La Bruyère essuie d'amères critiques : le sermonneur est plus vite récompensé que le plus solide écrivain. — Que signifient les jugements des hommes? Un bon conseil donné par Bossuet. — La Bruyère partage le chagrin de Bossuet contre la critique. — Singulière démonstration de l'existence de Jésus-Christ. — Scepticisme de Fontenelle; opinion de Leibnitz sur ce sujet. — La Bruyère entreprend la réfutation de la *Pluralité des mondes.* — Ses erreurs et ses solides raisons pour démontrer l'existence de Dieu, sa providence et les vérités éternelles de la justice et de la vertu. — Mystère de la vie morale. — Répartition de la richesse en ce monde. — Système des compensations; elles viennent de Dieu et se trouvent dans tous les gouvernements. — La morale indépendante prépare les révolutions du XVIIIe siècle. — La Bruyère les prévoit, mais ne les annonce pas.. 496

CHAPITRE XXXVII.

1693.

Situation de la Bruyère à la ville, à la cour et dans la maison de Condé. — Zénobie, ou Mlle de Montpensier, et son château de Choisy. — Mademoiselle donne ce château à Monseigneur. — Mort de Pellisson; on l'accuse de n'être pas mort dans la foi catholique : Fénelon lui rend un témoignage public. — Réception à l'Académie : son beau discours et sa théorie littéraire. — Alors Pontchartrain fait nommer à l'Académie l'abbé Bignon son neveu, et la Bruyère. — Ruse de la Loubère pour entrer à l'Académie après eux. — État des esprits le 15 juin, lorsque la Bruyère prononça sa harangue. — Contraste entre les deux orateurs. — Causes diverses de l'insuccès de la Bruyère. — Son apostrophe aux gens pécunieux, ses cinq portraits, caractère du roi : il se moque de la Loubère, de l'Académie et des académiciens. — Réponse de Charpentier. — Fureur des Théobaldes : ils font de vains efforts pour se venger. — Pontchartrain et son neveu se prononcent contre eux. — Le roi aussi, et M. le Prince, et la cour et la ville. — Élection de la Loubère. — Le roi fait savoir à l'Académie qu'il n'aime pas les cabales........ 528

CHAPITRE XXXVIII.

1693-1694.

Comparaison des caractères de la 8e édition avec la préface du discours à l'Académie. — Orgueil et modestie de la Bruyère. — Thomas Corneille et de Visé associés pour la rédaction du *Mercure galant.* — Médiocrité de leurs ouvrages. — Ils dénigrent les ouvrages de mœurs qui réussissent. — « C'est médisance, c'est calomnie. » Comment la Bruyère se justifie lui-même. On reprend des endroits faibles de son livre. Où n'y en a-t-il pas? — Statue équestre de Louis XIV par le Bernin. — Fontenelle, ou Cydias. — Charpentier et le caractère d'Arrias. — Protestation éloquente contre les clefs. — Antagoras, ou le chicaneur. — Le courtisan ambitieux : M. le Prince, M. de Vendôme et toute la cour fournissent différents traits à ce caractère. — Arténice, Mme la Duchesse; Elvire, et la duchesse du Maine. — Fagon Esculape. — Irène vient le consulter. Le marquis de Caretto, ou les charlatans. — Clitiphon ou de l'égoïsme, Gourville. — Des hommes de lettres, ou l'amour de la gloire. — La Bruyère reçoit de Bossuet d'éloquents conseils sur ce sujet : il renonce à écrire de nouveaux caractères et se prépare à mourir chrétiennement.. 558

CHAPITRE XXXIX.

1694-1696.

La Bruyère est si attaché à la cour, qu'il ne veut plus la quitter même pour Paris. — Il décrit sa situation à Versailles. — Il ne met au-dessus des grands politiques que ceux qui se consacrent à Dieu. — Dévotion à la mode, pure courtisanerie. — Saluts, concerts des Théatins. — Le père Caffaro. — Exagération de Bossuet contre les poètes dramatiques. — Insuccès du père Séraphin. — Force de l'habitude. — Famine et misère du peuple; procession de la châsse de sainte Geneviève; il pleut ! — Mort de Mme la Princesse douairière. — Vie des grands agitée et malsaine, vie tranquille du philosophe dans la maison de Condé. — Il a l'air d'un fou. — Il se moque de M. Phélypeaux, fils de Pontchartrain. — Bouffonneries de Santeuil, souffleté par Mme la Duchesse et consolé par la Bruyère. — Phélypeaux finit par irriter la Bruyère, qui lui répond avec une certaine impertinence. — On ne rit pas toujours. — Histoire du mariage de M. de Lassay avec Mlle de Chateaubriand, fille légitimée de M. le Prince. — La Bruyère entreprend une 9e édition. — Point d'augmentations, mais seulement quelques corrections. — Ces corrections indiquent dans quels sentiments était l'auteur lorsqu'il fut arrêté par la mort. — Il avait essayé de faire quelques dialogues sur le quiétisme. — Dégoûté de tout, sauf des vérités éternelles, il mourut subitement le 11 mai 1696 à Versailles, à l'hôtel de Condé. — Il fut inhumé le 12 mai dans l'église de Saint-Julien................ 590

CHAPITRE XL.

ÉPILOGUE.

La Bruyère ne fit point de testament. — Inventaire après décès de ses biens, meubles et autres choses. — Son appartement dans l'hôtel de Condé à Versailles; son appartement au Petit-Luxembourg à Paris. — Description du mobilier. — On ne trouve aucun manuscrit. — Bossuet regrette de plus en plus la Bruyère : du reste, toute la cour l'a regretté, surtout M. le Prince. — Les Théobaldes font courir de mauvais bruits sur sa mort. — Fleury leur répond dans son discours à l'Académie. — Bonaventure d'Argonne l'injurie : Coste le défend avec l'approbation de Bayle. — Saint-Simon fait en deux mots un portrait de la Bruyère : on exagère son désintéressement. — Dot de la fille de Michallet. — Des diverses éditions des *Caractères* pendant la vie de l'auteur. — Après sa mort parurent une foule de contrefaçons, de fausses clefs, d'ouvrages apocryphes, d'imitations et d'altérations du texte de la Bruyère, comme la *Suite des caractères* et les *Dialogues sur le Quiétisme*. —

L'auteur était mort à propos pour ne pas voir la folie de M. le Prince, l'étrange maladie de M. le Duc, les tristesses de Mme la Princesse, les désordres de Mme la Duchesse, les prouesses de Lassay père et fils, les malheurs de la France, la fin du règne de Louis XIV et le triomphe des esprits forts sous la Régence. — La Bruyère fut heureux de vivre dans la maison de Condé quand il publia les diverses éditions de son livre, et la maison de Condé ne fut pas médiocrement honorée par cette publication 619

FIN DE LA TABLE DES MATIÈRES.

ERRATA DU TOME SECOND.

Page 13, ligne 11 et 12, *lisez :* M. le Prince en Lorraine, *au lieu de :* M. le Prince de Lorraine.

Page 141, ligne 9, *lisez :* Courir après la fortune.

www.ingramcontent.com/pod-product-compliance
Lightning Source LLC
Chambersburg PA
CBHW071149230426
43668CB00009B/887